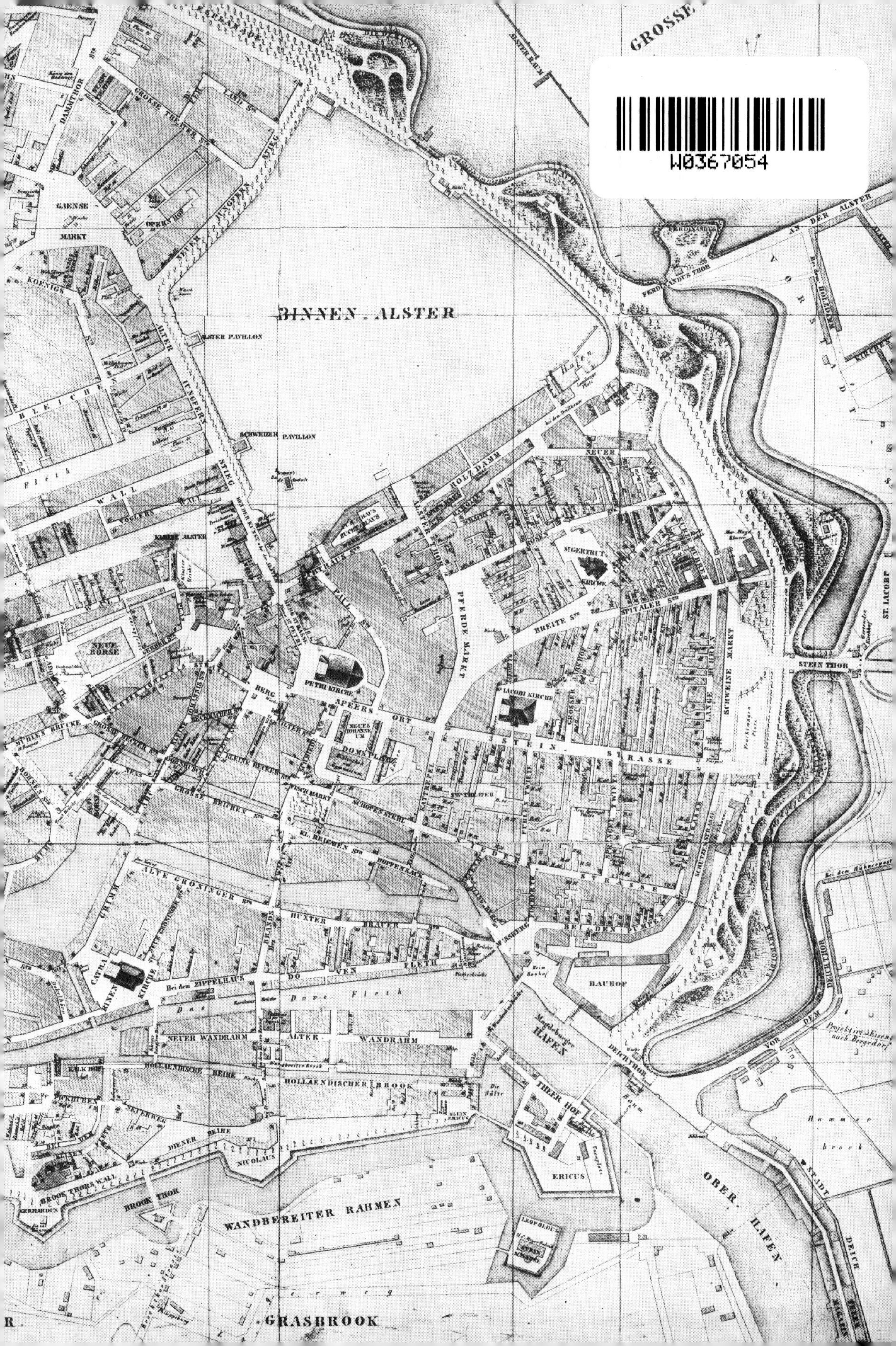
GROSSE
BINNEN . ALSTER
ALSTER PAVILLON
SCHWEIZER PAVILLON
AN DER ALSTER
FERDINANDUS THOR
GAENSE MARKT
DAMMTHOR
GROSSE THEATER STR.
NEUER JUNGFERN STIEG
ALTER JUNGFERN STIEG
BLEICHEN
KOENIGS STR.
Fleth
WALL
HOLZ DAMM
NEUER WEG
ST. GERTRUT KIRCHE
PFERDE MARKT
BREITE STR.
SPITALER STR.
STEIN THOR
ST. JACOBI
NEUE BÖRSE
PETRI KIRCHE
SPEERS ORT
DOMSPLATZ
ST. JACOBI KIRCHE
STEIN STRASSE
SCHWEINE MARKT
LANGE MUHREN
FISCHMARKT
SCHOPENSTEHL
ALTE GRONINGER STR.
HOPFENSACK
HUXTER
BRAUER
BEI DEN PUMPEN
CATHARINEN KIRCHE
Bei dem ZIPPELHAUS
DOVEN FLETH
Das Dove Fleth
BAUHOF
NEUER WANDRAHM
ALTER WANDRAHM
HOLLAENDISCHE REIHE
HOLLAENDISCHER BROOK
KALK HOF
DEICHTHOR
VOR DEM DEICHTHOR
THEER HOF
Magdeburger HAFEN
DIENER REIHE
NICOLAUS
ERICUS
BROOK THOR
BROOK THORS WALL
GERHARDUS
WANDBREITER RAHMEN
LEOPOLDUS
OBER HAFEN
Hammer brook
Projektirte Eisenb. nach Bergedorf
STADT DEICH
GRASBROOK

Anne-Marie Thede-Ottowell · Hamburg

A.-M. Thede-Ottowell

HAMBURG

Vom Alsterhafen zur Welthafenstadt

Koehlers Verlagsgesellschaft mbH · Hamburg

Dokumentation:

Max Kipke, Hamburgensien-Archiv Hamburg
Staatsbibliothek Hamburg
Hamburg-Sammlung der Autorin

Redaktionelle Mitarbeit:

Karl-Ludwig Mönkemeier, Hamburg
Günther F. Brandt, Hamburg

Abbildungsnachweis/Schutzumschlag:
Hamburg um 1850 von Steinwerder aus gesehen
mit den Raddampfern *Victoria*, *Vorwärts* und *Pilot*;
Photographie nach einer Lithographie, Staatsarchiv Hamburg

Die Deutsche Bibliothek – CIP-Einheitsaufnahme
Thede-Ottowell, Anne-Marie:
Hamburg: vom Alsterhafen zur Welthafenstadt /
Anne-Marie Thede-Ottowell. –
Hamburg: Koehler, 1996
ISBN 3-7822-0647-9

ISBN 3 7822 0647 9; Warengruppe 61

Produktion und Schutzumschlaggestaltung:
Hans-Peter Herfs-George unter Verwendung der o.g. Abbildung.
Herstellung: Hans Kock Buch- und Offsetdruck GmbH, Bielefeld
Printed in Germany

INHALTSVERZEICHNIS

Teil 1 HAFEN

Von der Hammaburg zum Alsterhafen
8. bis 16. Jahrhundert

Vom Alsterhafen zum «natürlichen» Elbehafen
16. bis 19. Jahrhundert

Vom «natürlichen» Elbehafen
zum Ausbau mit Hafenbecken und Kaimauern
19. bis 20. Jahrhundert

Von der Hafenstadt zur «Welthafenstadt» im 20. Jahrhundert

Teil 2 SCHIFFAHRT

Vom Holzsegelschiff über Karavelle, Galeone, Fleute zur Fregatte und Klipper 15. bis 19. Jahrhundert

Vom Raddampfer und eisernen Dampfschiff mit Schaufelrädern zum Dampfschiff mit Schraubenantrieb und Turbinenschiff
19. bis 20. Jahrhundert

Teil 3 HANDELSHÄUSER UND REEDEREIEN

Geleitwort

Im ersten Satz der Präambel der Hamburger Verfassung von 1952 heißt es: «Die Freie und Hansestadt Hamburg hat als Welthafenstadt eine ihr durch Geschichte und Lage zugewiesene besondere Aufgabe gegenüber dem deutschen Volke zu erfüllen.»

Wer aber weiß schon, wie es zu dieser «Welthafenstadt» kam? Wie es mit der Hammaburg (oder ihrer Vorgängerin) anfing und sich dann, nach und nach, über den Alsterhafen, mit dem es begann, zum Elbehafen und über die «Freihafenstadt» Hamburg zur «Stadt mit Freihafen» entwickelte? Was sich auf diesem langen, wechselvollen Weg – «Kaufmannsgut wie Ebbe und Flut» – zu Lande und zu Wasser abspielte?

Noch niemand hat meines Wissens bisher den Versuch gemacht, dieses alles mal insgesamt zu schildern, im historischen Ablauf bis zur Gegenwart. Bisher haben sich Autoren immer nur Rosinen aus diesem Riesenteig herausgepickt und dargeboten. Für eine umfassende Darstellung der Entwicklung Hamburgs zur Welthafenstadt mußte erst eine Frau, eine gebürtige Hamburgerin kommen, die nicht nur am Hamburger Hafen aufgewachsen ist – «ihr Leben wurde geprägt von der Elbe, vom Hafen, von Schiffen, vom Leben und Treiben auf dem Wasser und am Wasser» –, sondern deren Familie auch stärksten maritimen Einschlag hatte: der Vater arbeitete als Schiffbau-Ingenieur auf der Deutschen Werft und drei ihrer Onkel waren ebenfalls im Hafen tätig «vom Schipper bis zum Kapitän». Aber damit nicht genug, Anne-Marie Thede-Ottowell war nach dem Besuch der Höheren Handelsschule langjährig in Hamburg im Im- und Export und als Prokuristin in der Schiffahrt tätig und übernahm schließlich – nach der Ausbildung zur Bibliothekarin – die Leitung der Bibliothek im Seminar für Versicherungswissenschaft an der Universität Hamburg. So war sie, die in den letzten Jahren wiederholt durch Veröffentlichungen über historische hafen- und schiffahrtsbezogene Themen hervortrat, sozusagen prädestiniert, das Werden und Wachsen unseres Welthafens anschaulich darzulegen.

Ich habe rund zwanzig Jahre, von 1967 bis Ende 1986, für den Hamburger Hafen gearbeitet, gebe aber gerne zu, daß ich erst jetzt, als sogenannter Ex-Hafendirektor von der Autorin erfahren habe, welch große Schwierigkeiten Hamburg jahrhundertelang damit hatte, die Norderelbe tiefer und breiter zu machen und näher an Hamburg heranzuführen – gegen die harte Konkurrenz Harburgs und Lüneburgs mit der Süderelbe.

Oder wußten Sie schon vom jahrzehntelangen Ringen in Hamburg, ob unser Hafen als Dockhafen, wie z. B. London, oder als offener Tidehafen, also ohne Schleusen, gebaut werden sollte? Und daß der Hamburger Hafen, so wie er sich heute darstellt, also mit Hafenbecken und Kaimauern, erst ab ca. 1840 – und wie – entstand? Vielleicht werden auch Sie überrascht sein, nicht nur vom Seeräuber Störtebeker, sondern von jahrhundertelangen Kämpfen Hamburgs gegen Piraten zu lesen, wo die die Seeräuber köpfenden Scharfrichter bis zum Knöchel im Blute standen? Und war Ihnen bekannt, daß Hamburg bis 1888 insgesamt eine Freihafenstadt war und erst dann – Bismarck war entscheidend beteiligt – eine Stadt mit einem Freihafen wurde, einschließlich der heute in aller Munde befindlichen Speicherstadt? Hatten Sie schon mal vom 79 Tage dauernden Generalstreik der Hamburger Hafenarbeiter 1896/97 gehört, der u. a. bewirkte, daß endlich die Gewerkschaftsführer als Arbeitervertreter anerkannt wurden? Sie können sich darüber informieren, wie aus Seglern schließlich Turbinenschnelldampfer wurden oder, spannend wie ein Krimi, über so manches Schiffsschicksal lesen. Nicht vergessen wurde auch zu schildern, wie Ham-

burger Kaufleute sich zunächst zu Handelshäusern zusammenschlossen und schließlich zu Welt-Reedern wurden – und vieles andere mehr.
Bei alledem wird nicht vergessen zu beschreiben, wie das Leben im und am Hafen sich abspielte, von der Speicherstadt bis zur Hafenkneipe, vom Kaufmannshaus bis zum Gängeviertel. Die einzelnen Schilderungen der Dinge, wie die von «Männlein»' und «Weiblein» durch die wache und mit trockenem Humor begabte Autorin, Kennerin des Hafenmilieus, lassen dabei oft schmunzeln.
Schließlich darf nicht unerwähnt bleiben, daß der lange Weg Hamburgs zur Welthafenstadt mit zahlreichen Plänen, Skizzen und Bildern im wahrsten Sinne des Wortes anschaulich gemacht wird.

Ex-Hafendirektor
Dr. Karl-Ludwig Mönkemeier,
Leitender Regierungsdirektor a. D.

Vorwort

Ich bin am Elbstrom aufgewachsen. Im Elternhaus, am Stadtdeich Nr. 81, lebte ich in der vierten Generation, als das Haus den Bomben des 2. Weltkrieges zum Opfer fiel. Kindheit und Jugendjahre waren eng verbunden mit der Norderelbe, den Gezeiten, Sturmfluten, Lauenburger Dampfern, Böllerschüssen von der Signalstation am Stadtdeich. Meine Spielplätze waren gefährlich und abenteuerlich zugleich: Es waren die Schuten und Barkassen im Deichhafen, die Schiffsschmiede am Stadtdeich und die Pferdeställe in der Ernst- und Banksstraße, die vollen Speicherhäuser in der Danielstraße (besonders «de Plumhoff») und nicht zuletzt die Bahngleise, die vom Hauptbahnhof nach Harburg und weiter Richtung Süden führten und die nur durch das Fahrwasser schwimmend zu erreichen waren! Die Schilder «Betreten verboten» blieben unbeachtet und das brachte manche Knochenbrüche ein.
Meine drei Onkel, die Brüder meiner Mutter, waren im Hafen tätig, vom Schipper bis zum Kapitän. Als kleines Mädchen liebte ich sie mehr als meine vier Tanten, die so fein angezogen waren, immer nur Klavier spielten und mir «Panasche Cremeschokolade» schenkten. Die Onkel dagegen brachten mir interessante Dinge mit: eine Kokusnuß aus dem Hafen oder einen kleinen Ebenholzelefanten aus Afrika. Außerdem rochen sie kräftig nach Teer und Pfeifentabak, der viel interessanter war als der «Toska-Duft» der Tanten.
Mein Vater baute «große Schiffe» als Schiffbau-Ingenieur auf der Deutschen Werft in Hamburg und der Vulcan-Werft in Bremen. Außerdem war er in der Technischen Hochschule in Hamburg für die Nachwuchsausbildung tätig. So fand ich bei heimlichem Stöbern im elterlichen Bücherschrank auch nur Fachliteratur über Schiffbau. Das war erstaunlicherweise für mich von höchstem Interesse, da ich ja mit den Schiffen im Deichhafen groß wurde.
Im Elternhaus wurde Plattdeutsch gesprochen bis zu dem Zeitpunkt, an dem ich die «höhere Schule» besuchte und den Familienmitgliedern – ab 1932 – klarmachte, daß «man» nur Hochdeutsch zu sprechen hat!
Mein Interesse galt also von klein auf dem Hafen, den Schiffen – und geschichtlichen Zusammenhängen. Es war schon immer für mich außerordentlich spannend, in alten Büchern, wissenschaftlichen Werken und vergilbten Urkunden zu lesen und herauszufiltern, wie es «früher» war, wie sich der Hafen und meine Vaterstadt Hamburg entwickelt haben.
Das Motiv, dieses Buch zu schreiben, liegt also eigentlich schon in meinen frühen Kinder- und Jugendjahren begründet. Andererseits ist heute das «Geschichtsbewußtsein» derartig gewachsen, daß es für mich verlockend war, meine Kenntnisse und Studienerkenntnisse allen anderen Interessenten mitzuteilen. Überdies war sicher mitentscheidend die große positive Resonanz aus dem Leserkreis der Monatszeitschrift „Der Hafen", die mich immer wieder veranlaßte, historische Ereignisse zu beschreiben und in die Gegenwart zu rücken. So ist dieses Buch entstanden.
Es soll dem Leser herausragende Ereignisse und Begebenheiten aus der Hamburger Hafengeschichte in kurzer, leicht lesbarer Form vermitteln. Es erhebt keinen Anspruch auf Vollständigkeit und soll kein chronologisches Geschichtswerk sein.
Die geschilderte Zeitspanne liegt schwerpunktmäßig im 19. Jahrhundert und soll nicht die Weiterentwicklung des 20. Jahrhunderts im einzelnen erfassen. Firmen, Reedereien, Werften und andere Betriebe, die genannt oder beschrieben worden sind, wurden lediglich als Beispiele ohne Wertung herausgegriffen. Ich habe mich jedoch bemüht, die Geschichte(n) des Hamburger Hafens so bunt und vielfältig zu schildern, wie er wirklich ist und dabei

die interessantesten oder auch unbekanntesten Dinge besonders herauszustellen.

Ich würde mich also freuen, wenn ich Ihnen, lieber Leser, mit diesem Buch in «einer leicht bekömmlichen Fassung» einiges aus der alten Zeit vermitteln kann, das Sie bisher nicht so genau wußten oder was Sie immer schon einmal gern erfahren hätten.

Abschließend möchte ich an dieser Stelle Max Kipke meinen Dank aussprechen für die Zurverfügungstellung seines Hamburgensien-Archivs und für seine Mitarbeit bei der Auswahl und Zusammenstellung des umfangreichen Quellen-, Bild- und Kartenmaterials.

Darüber hinaus danke ich Günther F. Brandt für seine redaktionelle, fachliche Mitarbeit.

Ganz besonders danke ich dem Ex-Hafendirektor, Dr. jur. Karl-Ludwig Mönkemeier, für seine hilfreiche Unterstützung, der sozusagen als Lotse dieses Hafenbuches immer den richtigen Weg fand.

Hamburg, im April 1996

Anne-Marie Thede-Ottowell

Teil 1

HAFEN

Hammaburg und Hansestadt.

Weise: Dort Saaleck, hier die Rudelsburg.

Dort wo vor tausend Jahren Karl
Die Hammaburg ließ bauen,
In Wald und Moor, als deutsche Wehr,
Ein Nordwall deutscher Gauen,
Dort pranget heut ein Städtebild,
Der schönsten eins im Reiche,
O Hamburg, alte Hansestadt,
Nicht eine, die dir gleiche.

Als noch das Reich zerrissen lag,
Turnierplatz fremder Fehde,
Und jeder gute deutsche Stamm
Ging seine eignen Wege,
Trug deine Flagge schon hinaus,
Hinaus auf alle Meere
Der Hanseaten Wagemut
Und warb für deutsche Ehre.

Was rauschet uns die Elbe zu
Von Sagen und von Taten,
Bespülten ihre Wellen doch
Die besten deutschen Staaten!
Vom Riesen= und vom Erzgebirg,
Vom Kyffhäuser, der Saale,
Bringt raunend sie die Poesie
Alt=Deutschlands uns zu Tale.

Und seewärts sehn hinaus wir ziehn
Die Schiffe, reich beladen,
Sie tragen deutschen Fleißes Frucht
Und deutschen Geistes Gaben.
Die neue mit der alten Welt
Verknüpft mit tausend Fäden,
Mein Hamburg, du mit deinem Strom
Und deiner Bürger Streben.

Hoch ragt an deinem Hafen auf
»Bismarck«, der deutsche Recke!
Was »Karl« einst schuf, er schmiedets fest,
Vernietet jede Ecke!
Für deine Größe, deine Kraft,
Fürwahr ein stolzes Zeichen,
O Hamburg meine Vaterstadt,
Mein Hamburg ohne Gleichen!

Georg Raven.

Von der Hammaburg zum Alsterhafen
8. bis 16. Jahrhundert

Hamburgs Wiege stand nicht an der Elbe! Es war die HAMMABURG, von wo aus die Stadtgeschichte ihren Anfang nahm.
Zum Schutz der nördlichen Reichsgrenze gegen die slawischen Obotriten war 808 von fränkischen Baumeistern eine Fluchtburg aus Erdwällen errichtet worden. Sie stand zwischen dem steilen Geestabhang (am heutigen Alten Fischmarkt) und den Sumpfwiesen zwischen Alster und Bille.
Durch Ausgrabungen an der Stätte der ehemaligen Hammaburg sind die Archäologen zu neueren Erkenntnissen gelangt: Es wurden Beweise gefunden, daß Hamburg 200 Jahre älter ist als vermutet. Auch waren die Sachsen bereits vor den Franken an der Elbe seßhaft.
Im Jahre 845 kamen Wikinger aus ihrer südskandinavischen Heimat in schnellen Booten die Elbe heraufgefahren, um zu rauben und zu plündern. Bei einem blitzartigen Überfall brannten sie das Festungswerk, die Hammaburg nieder. Die hölzernen Palisaden und schweren Eichenbohlen wurden leicht ein Raub der Flammen.
Der Name HAMMABURG leitet sich her von der altsächsischen Bezeichnung ham = Ufergelände, Marschland und ist bewahrt im heutigen Hamburger Stadtteil Hamm am Übergang von der Geest- in die Marschzone. Hamm, ursprünglich ein altsächsisches Dorf, hat Hamburg vielleicht den Namen gegeben. (Mittelniederdeutsch: «Hamborch»).

Hamburg um 1050 In dieser Zeit errichtete der Herzog von Sachsen auf dem rechten Alsterufer an der Mündung der Alster in die Elbe eine Trutzburg, die «Neue Burg», gegen die alte Burg der Erzbischöfe in der Altstadt. Sie wurde Mittelpunkt einer neuen Siedlung, der späteren Neustadt um St. Nikolai.
Um 1072 zerstörten Wenden die Stadt und Burg. Die von den Herzögen eingesetzten Schauenburger Grafen bauten sie wieder auf, bis sie im Jahre 1137 bei den Kämpfen zwischen Welfen und Hohenstaufen durch Feuer endgültig vernichtet wurde. Um diese Zeit hielt der prachtliebende Erzbischof Adalbert in Hamburg seinen Hof. Er plante die Errichtung eines nordischen Papsttums und pflegte die kirchlichen und kulturellen Verbindungen mit Finnland, Skandinavien und Island.
Um 1200 bestand die Stadt aus zwei Teilen: der Altstadt, die auf einer Geestzunge um Petrikirche und Dom herum errichtet worden war, und der in der Marsch erbauten Neustadt um St.Nikolai mit dem Alsterhafen. Die nächste Erweiterung fand dann auf den noch wenig bebauten Inseln statt. Im Jahre 1235 wurde am Reesendamm, dem heutigen Jungfernstieg, die Alster gestaut, um Kornmühlen zu betreiben. Dadurch entstanden die beiden Alsterseen, die heutige Binnen- und Außenalster.

Hamburg, ein Alsterhafen Noch um die Mitte des 12. Jahrhunderts war Hamburg keine Elbe-, sondern eine Alsterstadt.
In der bischöflichen Altstadt siedelten sich auch Kaufleute an. Ihre Häuser standen in der Reichenstraße und grenzten an das Reichenstraßenfleet, wo sich ein Schiffsanlegeplatz befand. Hier hatte also schon ein kleiner Vorhafen die Keimzelle gebildet für

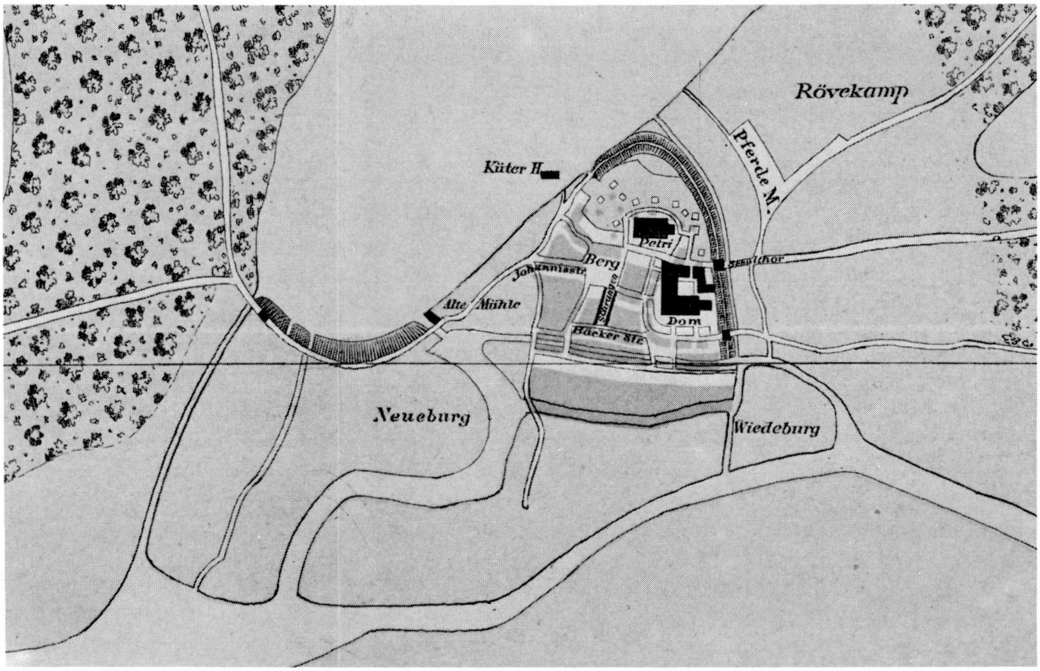

Hamburg um 1150

den späteren Hafen im benachbarten Nikolaifleet.

Die Stadt entwickelte sich schnell zum Handels- und Schiffahrtsplatz.

Wirad von Boizenburg gründete im Auftrag des schauenburgischen Grafen Adolf III. die gräfliche Neustadt bei der «Neuen Burg». Eine größere Hafenanlage war erforderlich. Sie wurde unterhalb der Trostbrücke im Hauptalsterlauf angelegt. Die ursprüngliche Mündung der Alster, das s-förmig gekrümmte, breite Nikolaifleet mit den von ihm abzweigenden Fleeten bildete den Ausgang aller Hafenentwicklungen.

Die Einfahrt in diesen ersten Hafen führte beim Straßenzug Kajen – Mühren durch die Hohe Brücke und hieß bis zur Holzbrücke Deichstraßenfleet, dann Nikolaifleet und ab Reimersbrücke Katharinenfleet.

Für diesen ersten Hafen erwirkte Graf Adolf III. vom Kaiser Friedrich I. angeblich am 7. Mai 1189 jenen Freibrief für Hamburg, der die Grundlage seiner Elbeherrschaft bildete.

Der angebliche Freibrief Barbarossas 1189

Am 7. Mai 1189 kam jene Urkunde zustande, die wir als den Freibrief des Kaisers Friedrich I. (genannt Barbarossa) kennen und die Geburtsurkunde des Hamburger Hafens nennen.

Die Urkunde wird heute im Staatsarchiv verwahrt. In nur schwer lesbaren Schriftzügen beginnt der Text: «Fridericus Dei gracia Romanoroum imperator et semper augustus ...» (Wir, Friedrich von Gottes Gnaden Kaiser der Römer und allzeit Mehrer des Reiches ...) Es wird darin im einzelnen aufgezählt, was der Stadt an Vergünstigungen zugesichert wurde. Ihre Bürger sollten u.a. mit ihren Schiffen, Waren und Leuten vom Meer bis in die Stadt frei von allem Zoll hin und zurück verkehren können. Niemand durfte eine Burg bei ihrer Stadt «zwei Meilen in der Runde» bauen. Die Fischerei durften sie auf der Elbe ausüben, zwei Mei-

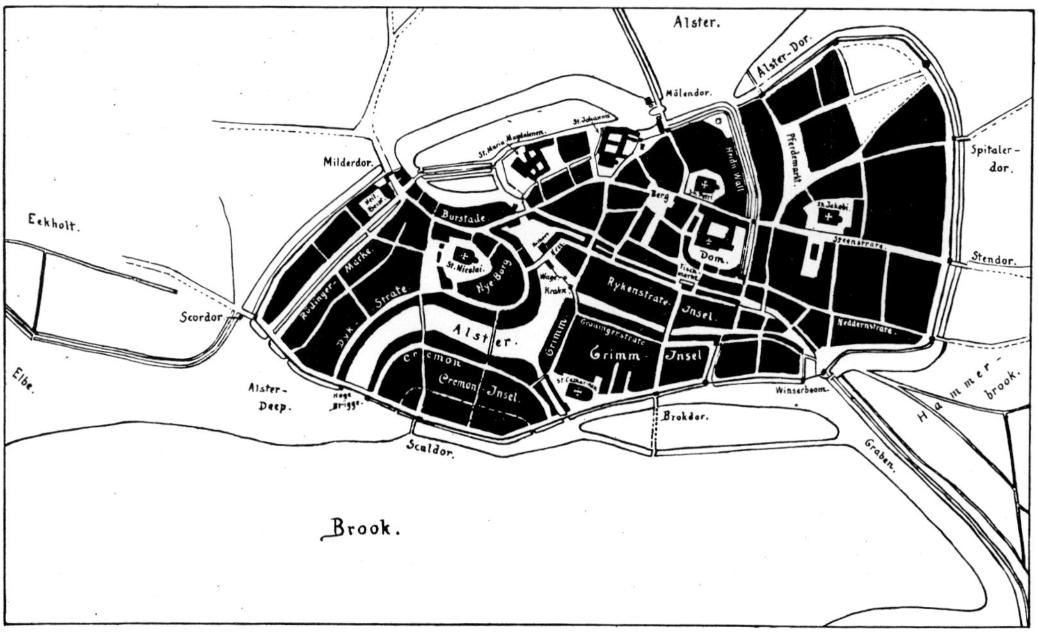

Hamburg 14. Jahrhundert

len auf beiden Seiten der Stadt. Sie sollten freien Holzschlag haben und die Waldbäume wie bisher frei verwenden. Sie erhielten Vollmacht, Geld zu wechseln und die Pfennige der Münze auf Gewicht und Reinheit nachzuprüfen. Sie sollten nicht zuletzt von aller Heerfahrt frei sein, ebenso auch von der Verteidigung des Landes.

Mit diesem Freibrief war der Grundstein gelegt für die spätere Entwicklung der Stadt. Sehr eifrig wachten die Bürger auf genaue Einhaltung ihrer Privilegien.

Der Plan des Grafen Adolf, den norddeutschen Handel der Stadt Hamburg zuzuführen, nahm immer mehr Gestalt an.

Als der Hansebund an Bedeutung verlor und Lübeck den Ostseehandel aufgeben mußte, war die Stadt Hamburg längst aus den Anfängen ihrer Entwicklung heraus. Kaiser Friedrich I. und Graf Adolf III. hatten Mittel und Wege geschaffen, daß der gewaltige Aufschwung der Stadt seinen Lauf nehmen konnte.

Als Anmerkung muß hier ein Zitat wiedergegeben werden aus der Wochenzeitung Die Zeit Nr. 37 vom 10. September 1982: «Jahrhundertelang hat an dieser «Kaiserurkunde vom 7. Mai 1189» nie jemand Anstoß genommen. Dann aber wies der Hamburger Historiker Heinrich Reincke unzweifelhaft nach, daß sie keinesfalls aus einer kaiserlichen Kanzlei stammt, sondern aus dem Hamburger Rathaus. An Hand einer Reihe untrüglicher Indizien betr. das Siegel, das Pergament, die Schrift, den Stil, die Anzahl und die Namen der Zeugen, schließlich die Tatsache, daß sich die Hamburger auf ihre Urkunde nicht vor 1266 berufen haben und die Urkunde überhaupt nie zuvor erwähnt wurde, konnte Hamburgs wichtigstes Dokument als Fälschung entlarvt werden.» Ferner wird in dem Buch: Griem/Fischer, Kaufmannsträume – Die Hamburger Speicherstadt, Heidelberg 1982, auf die Fälschung hingewiesen.

Hafenbauliche Veränderungen der Alsterstadt Schon im Jahre 1258 unternahmen

die Hamburger die erste hafenbauliche Verbesserung. Durch eine Verbindung von Alstermündung und Bille (späterer Zollkanal) erzielten sie eine bessere Durchspülung und damit eine Vertiefung des Alsterhafens.
Im 13. Jahrhundert gaben Urkunden den Umfang der Stadt folgendermaßen an: «Südöstlich von dem Winkel, den das Zusammenfließen der drei Ströme bildete, zog sich ein Deich (Butendyk), mit Bardowiker Mauersteinen erbauten Vorsetzen und aufgezogener Mauer mit Türmen an der Elbe entlang über die Mühren, Alten Krahn und Kayen bis zum Ende des Rödingsmarktes.»
In früherer Zeit begrenzten Tore die Stadt: das Hadelertor, wo später die Zollenbrücke gebaut wurde, das Hopfen- oder Lüneburger Tor zwischen der Kleinen Reichenstraße und dem Hopfensack, und das Schul- oder Marientor am Kattrepel.
Schon viel früher hatten sich, durch Privilegien geschützt, trotz unruhiger Zeiten, auch im südlichen Teil der Stadt fleißige Leute, vornehmlich Fischer und Handwerker dort angesiedelt, wo später das Katharinen-Kirchspiel entstand.

Stadt- und Schiffsrecht 1270 wurde zum ersten Male das hamburgische Stadtrecht schriftlich niedergelegt, das Ordelbok, das für Alt- und Neustadt gemeinsam galt. Das Ordelbok enthielt auch das älteste Schiffsrecht in Deutschland. Seine Bestimmungen regelten u.a. das Verhalten der Schiffsmannschaften im Hafen, z.B. Verbot des Vonbordbleibens bei Nacht, Ausweichen beim Verkehr im Hafen, Nothilfe bei Schiffsunfällen auf der Niederelbe, Schadensersatzpflicht des Schiffers (=Kapitän) bei fahrlässigem Ansegeln.

Privileg für Hamburg von Kaiser Karl IV. Grundlage für das Vorgehen Hamburgs in seiner Erwerbungspolitik war ein Privileg Kaiser Karls IV. von 1359. Es räumte den Hamburgern die Verfolgung der «schändlichen Leute» in ihrem Umland ein. Gestützt auf diesen Freibrief und weitere von Kaiser und Papst war es der Stadt gelungen, die Niederelbe unter ihren Einflußbereich zu bringen.
1445 sicherte der Kauf von Nord-Finkenwerder den Zugang zur Unterelbe.
Durch die Erwerbung von Glindesmoor (= Moorburg) im Jahre 1375, Ochsenwerder und Moorwerder im Jahre 1395 und den Vierlanden im Jahre 1420 gelang es Hamburg, auch die Süderelbe unter Kontrolle zu bringen. Auf dem Glindesmoor wurde eine Burg erbaut, die Moorburg.
Später haben die Herzöge von Lüneburg wegen der Moorburg Prozesse gegen die Stadt Hamburg geführt. Die Beschwerden richteten sich gegen die Anlegung der Burg und die Störungen der Schiffahrt der Lüneburger auf der Süderelbe.
Die hamburgische Landeshoheit war schon in den Verträgen von 1548 ausdrücklich anerkannt worden. Die kleinen Werder und Sande in der Süderelbe bei Moorburg waren Jahrhunderte lang der Zankapfel zwischen Lüneburgern und Hamburgern. In der von Melchior Lorichs 1568 gezeichneten Elbkarte ist nur der Allwerder als hamburgisch bezeichnet. Sicher waren aber Moorburger Sand und Kleine Kattwyk auch schon hamburgisch gewesen.

Stecknitz-Kanal, ältester Kanal in Nordeuropa Lübecker Kaufleute nutzten seit dem 12. Jahrhundert einen von einer eiszeitlichen Schmelzwasserrinne vorgezeichneten Wasserweg, um das zur Fischkonservierung (von Salzheringen) wichtige Lüneburger Salz heranzuschaffen. Man brachte es die Delvenau in Booten elbaufwärts bis in die Nähe von Mölln, von wo es mit Pferdefuhrwerken über die Wasserscheide gefahren und auf der Stecknitz und Trave wieder in Booten weiterbefördert wurde.
In den Jahren 1390 bis 1398 wurde ein Schiffahrtsgraben zwischen Delvenau und

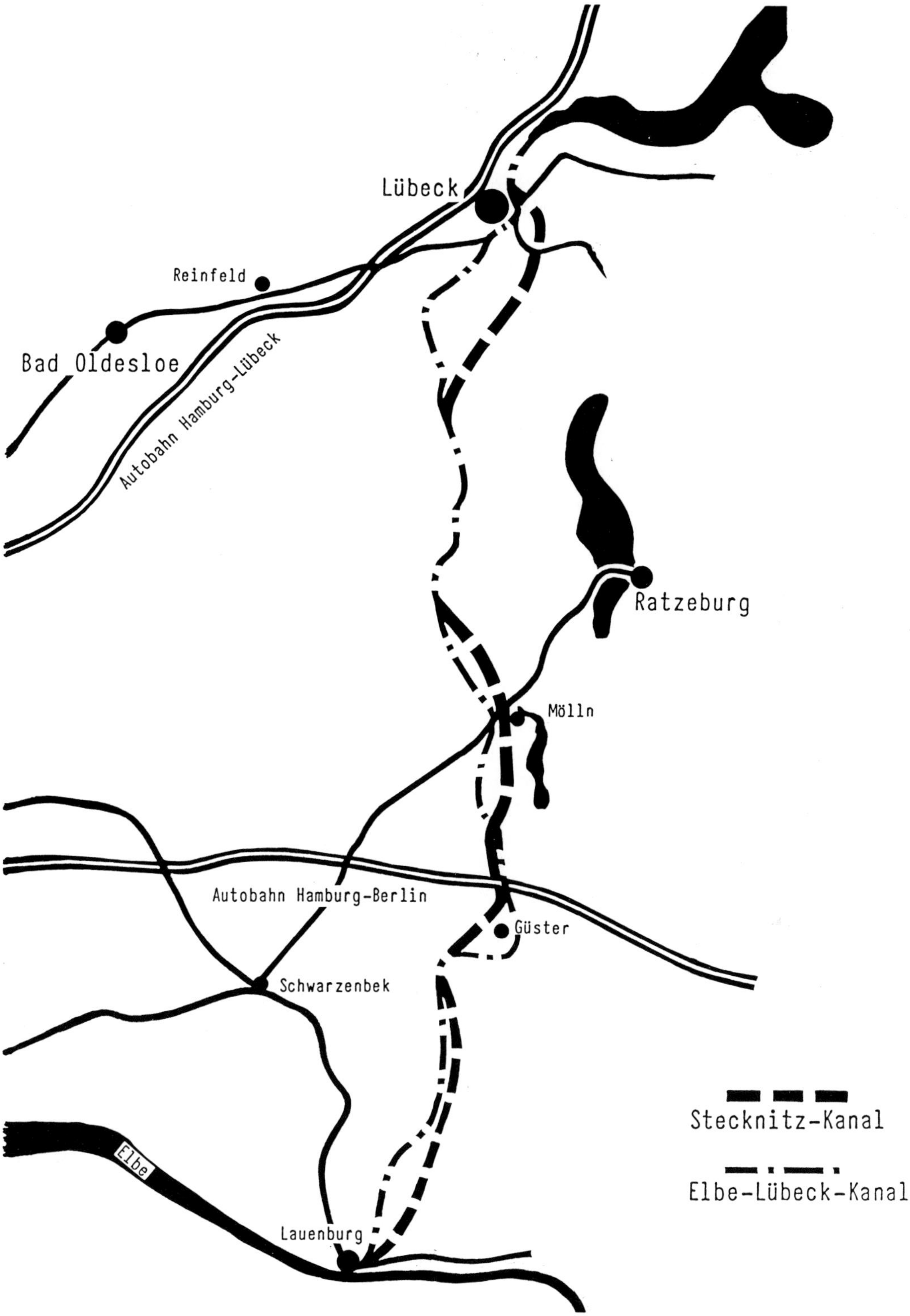
Lübeck
Reinfeld
Bad Oldesloe
Autobahn Hamburg-Lübeck
Ratzeburg
Mölln
Autobahn Hamburg-Berlin
Güster
Schwarzenbek
Stecknitz-Kanal
Elbe-Lübeck-Kanal
Elbe
Lauenburg

Stecknitz ausgehoben, so daß man von da an mit den kleinen Booten (10 bis 20 m lang und zwei bis drei m breit) von Lüneburg direkt bis zu den Salzspeichern in Lübeck fahren konnte.
Diese 93 km lange Wasserstraße erhielt den Namen Stecknitz-Kanal. Er ist die älteste künstliche Binnenwasserstraße in Nordeuropa. Im Laufe der Zeit wurden siebzehn Stauanlagen eingebaut, um für die Kanalfahrt günstigere Wassertiefen und Strömungsgeschwindigkeiten zu erreichen. Die meisten Stautore wurden im 19. Jahrhundert durch Kammerschleusen ersetzt. Die Palmschleuse bei Lauenburg stammt aus dieser Zeit. Sie steht heute unter Denkmalschutz.
Der Schiffahrtsgraben wurde bis 1823 von 7,5 auf 12 m Breite und von 0,85 auf 1,44 m Tiefe ausgebaut und 1845 nochmals erweitert. Die Kanalschiffe konnten dann 30 t laden.
Die Fahrt zwischen Lauenburg und Lübeck dauerte um die Mitte des 19. Jahrhunderts zwei bis drei Wochen.
Nach dem Bau der Lübeck-Hamburger Eisenbahn (1865) kam der Kanalverkehr gänzlich zum Erliegen, der Kanal verfiel. Einige alte Bauelemente wurden beim Bau des Elbe-Lübeck-Kanals mit verwendet. Die restlichen Teile des alten Stecknitz-Kanals sind (auch heute noch) nur noch schmale Wasserläufe ohne Durchfluß.

Das Flußgebiet der Elbe Die Elbe, einstmals ein wilder, reißender Urstrom, von den Römern Fluvius Alba genannt, entspringt im Riesengebirge im Gitschiner Kreise des früheren Königreichs Böhmen in der Nähe der schlesischen Grenze. In 1350 m Höhe entspringen zahlreiche Wasserläufe – Seifen oder Flessen – am Südabhang des Riesengebirges von dem Hohen Rade bis zur Schneekoppe. Zwei dieser Bäche werden als Hauptquellen der Elbe bezeichnet: der Elbseifen oder Elbbach, der an der Südseite des Hohen Rades auf dem westlichen Kammflügel des Riesengebirges entsteht und das Weißwasser, das am Brunnenberge nahe der Schneekoppe entspringt.
Diese beiden Quellflüsse kommen von Osten und Westen und vereinigen sich auf einer Höhe von 600 m in einem nach Süden fließenden Flußbett.
Als reißender Gebirgsfluß mit einem durchschnittlichem Gefälle von 1 : 25 durchbricht er den südlichen, böhmischen Kamm des Riesengebirges und tritt bei Hohenelbe ca. 440 m über dem Meeresspiegel aus dem Gebirge heraus. Hier verringert sich das Gefälle. Der Fluß ist schon groß genug, um Holzflöße zu befördern.
Weiter fließt der Strom nach Südosten, von Josephstadt nach Süden. Am Südrande des böhmischen Elbkessels bei Pardubitz wendet er sich nach Westen. Erst an seinem südlichsten Punkte bei Kolin fließt er in die bei seinem weiteren Laufe vorherrschende nordwestliche Richtung.
Der erste Hauptabschnitt des Elblaufes endet dort, wo der größte böhmische Nebenfluß, die Moldau, sich bei Melnik mit ihm vereinigt.
Die Moldau ist der bedeutsamste Fluß Böhmens. Sie ist größer und wasserreicher als die Elbe selbst. Die Elbe hat bis Melnik ein Niederschlagsgebiet von 13.742 qkm und die Moldau eines von 28.068 qkm zu entwässern. Die Moldau hat ein wesentlich geringeres Gefälle und ist daher auf einer Länge von 241 km von Melnik über Prag aufwärts bis Budweis schiffbar. Die Elbe jedoch wird erst von ihrem Zusammenfluß mit der Moldau an schiffbar.
Der zweitwichtigste Nebenfluß der Elbe ist die Eger. Nach dem Zusammenfluß dieser beiden Flüsse nimmt die Elbe ihren Lauf in nördliche Richtung, um zwischen Mittel- und Kegelgebirge durchzubrechen. Hier beginnt die romantische Talsenke, die erst am Ausgange des sächsischen Berglandes unterhalb von Meissen endet.
Zwölf km unterhalb von Tetschen bei Herrnskretschen passiert die Elbe die böhmisch-sächsische Grenze.

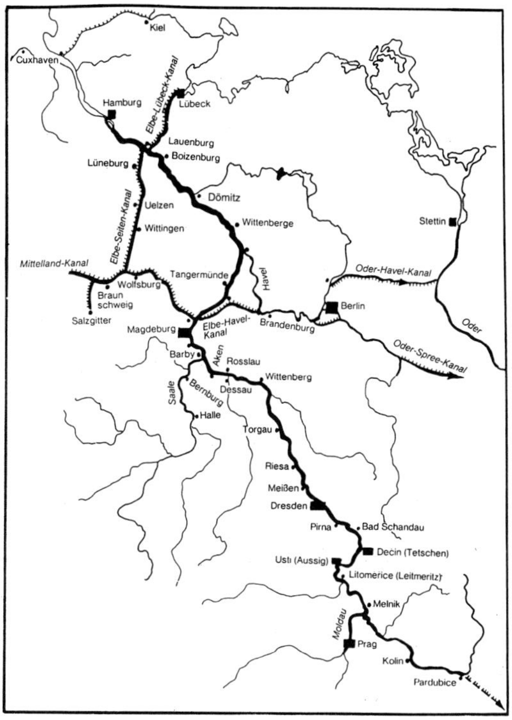

Innerhalb des ehemaligen Königreiches Sachsen durchbricht sie das Elbsandsteingebirge und geht wieder in nordwestliche Richtung über. Hier durchfließt sie die herrliche Sächsische Schweiz mit ihren 300 m hohen Felsenwänden und den Talkessel von Dresden mit seiner lieblichen Landschaft. Unterhalb von Meissen tritt sie aus dem sächsischen Bergland heraus. Die Höhenzüge folgen dem Flußlauf nördlich bis Riesa; südlich treten sie weiter flußabwärts noch einmal an die Ufer heran und ziehen sich hin bis nach Torgau.

Etwa 14 km unterhalb Riesa erreicht der Elbfluß die ehemals sächsisch-preußische Grenze und gelangt nun in die norddeutsche Tiefebene. Bis hierher beträgt sein Niederschlagsgebiet etwa 54.750 qkm.

Bis Wittenberg behält der Flußlauf die nordwestliche Richtung bei. Hier wird er durch den Höhenzug des Fläming nach Westen abgelenkt und durchzieht bis Aken in westlichem Laufe das ehemalige Herzogtum Anhalt. Dann wendet er sich wieder nordwestlich bis nach Magdeburg.

Bei Magdeburg durchsetzen zum letzten Male Felsenriffe das Flußbett. Von Magdeburg abwärts bis zur Havelmündung verfolgt die Elbe eine nordnordöstliche Richtung und fließt dann wieder in nordwestliche Richtung, die sie bis zur Mündung in die Nordsee beibehält.

Der zweite Hauptabschnitt des Elbelaufs endet bei Hamburg. Die von Osten kommende, oberhalb Wittenberg mündende Schwarze Elster und die am südlichen Ufer bei Dessau in die Elbe fließende Mulde sind nicht schiffbar. Die Saale mündet etwas oberhalb Barby in die Elbe und wurde bis Naumburg auf 180 km durch Schleusen schiffbar gemacht.

Der wichtigste deutsche Nebenfluß der Elbe ist die Havel mit der Spree. Als Tieflandfluß ist die Havel schiffbar und vermittelt den Schiffsverkehr nicht nur durch die Spree mit Berlin, sondern auch durch den Oder-Havel-Kanal und den Oder-Spree-Kanal mit dem großen Gebiet der Oder.

Nach der Einmündung der Havel nimmt die Elbe bis zu ihrer Mündung noch kleinere, durchweg der Binnenschiffahrt dienende Nebenflüsse auf.

Die Elde, bei Dömitz mündend, vermittelt durch einfache Stauschleusen einen begrenzten Schiffsverkehr mit den mecklenburgischen Seen.

Die bei Lauenburg mündende Delvenau bildet den Ausgangspunkt einer Wasserverbindung Lübecks mit der Elbe.

Linkselbisch ist die Jeetzel 38 km weit bis Salzwedel für kleine Kähne schiffbar.

Im dritten Hauptabschnitt des Elblaufs fließen ihm zu: die Ilmenau mit der Luhe, die Bille und Alster bei Hamburg; unterhalb Hamburgs am rechten Ufer die Pinnau, Krückau und Stör, am linken Ufer die Este, Lühe, Schwinge und Oste, alle schiffbar.

Dieser Abschnitt, der von Hamburg abwärts vornehmlich der Seeschiffahrt dient, beginnt etwa dort, wo die Elbe bei Geesthacht zum ersten Male hamburgisches Gebiet berührt. Ebbe und Flut der Nordsee geben diesem Abschnitt sein charakteristisches Gepräge. Das Niederschlagsgebiet der Elbe bei Geesthacht hat eine Größe von 134.970 qkm erreicht, das bis zur Mündung bei Cuxhaven auf rund 145.600 qkm ansteigt.

Die Gesamtlänge des Elbstromes von den Quellen bis Cuxhaven beträgt rund 1140 km, wovon 307 km auf den ersten nicht schiffbaren Abschnitt (bis Melnik) entfallen. Die schiffbare Strecke beträgt 833 km, von denen der Binnenschiffahrt, überwiegend der Tschechoslowakischen Elbeschiffahrts-AG (CSPL), bis nach Hamburg etwa 735 km dienen. Die Seeschiffahrt erstreckt sich von der Mündung elbaufwärts bis zu den Hamburger Elbbrücken über eine Flußlänge von rund 106 km.

Lorichs Elbkarte 1568 Die lang andauernden Streitigkeiten, die Hamburg damals mit anderen Elbstaaten hatte, waren der Anlaß, daß der Rat eine Elbkarte zeichnen ließ, die Grundlage von Schlichtungsverhandlungen werden sollte. Hauptgrund der Fehden war das Hamburger Stapelrecht, wonach alle elbauf- und abwärtsfahrenden Schiffe sich einige Tage im Hamburger Hafen vor Anker legen und ihre Ladung zum Kaufe anbieten mußten. Die Herzöge von Braunschweig-Lüneburg sorgten dafür, daß viele Schiffe die Süderelbe benutzten, um sich so diesem Zwang zu entziehen. Langwierige Prozesse brachten keine Einigung.

Im Jahre 1565 erhielt Melchior Lorichs vom Hamburger Rat den Auftrag, eine erste Elbkarte anzufertigen.

Melchior Lorichs war der Sohn wohlhabender Eltern in Flensburg. Er war weit gereist, vom Kaiser geadelt, gelernter Goldschmied, Architekt, Holzschneider und Kupferstecher, Kartograph und Maler, Poet und Verfasser von Länderbeschreibungen. 1568 zeichnete er die Elbkarte und erhielt dafür die Summe von 406 Mark und 4 Schillingen, das war etwa ein Jahresgehalt eines Hamburger Ratssyndikus.

Die 12 m lange und ein m hohe Karte zeigt die ganze Länge des Stromes von Geesthacht bis zur Mündung bei Neuwerk mit

Ausschnitt aus Lorichs Elbkarte

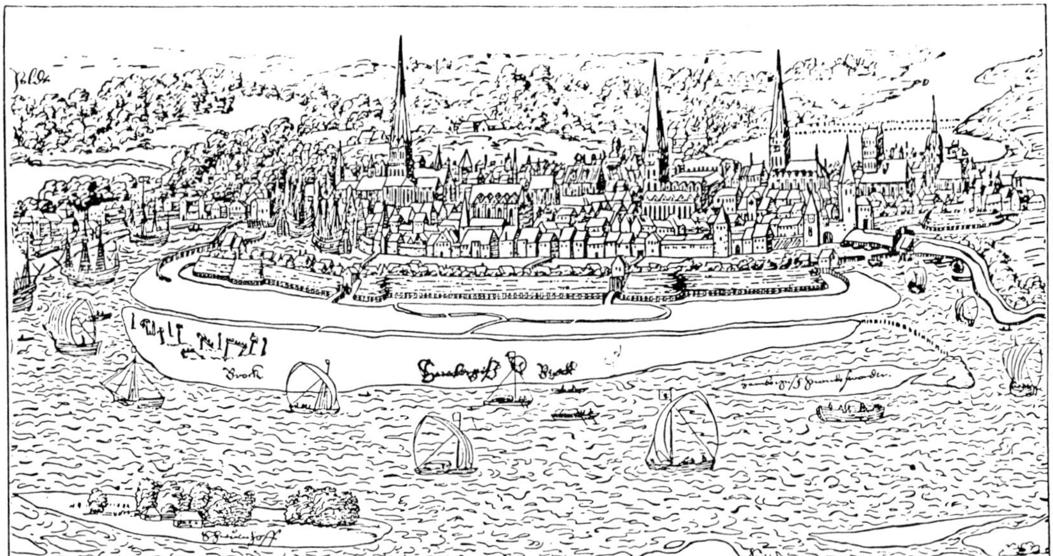

allen Städten, Dörfern und Nebenarmen. Alle von Hamburg gelegten Fahrwassertonnen und Landbaken, die Türme von Neuwerk, Ritzebüttel und Moorburg versah der Maler mit dem hamburgischen Wappen. Als hamburgische Stützpunkte hoben sie die Machtstellung hervor und brachten das Selbstbewußtsein und den Stolz der Hamburger zum Ausdruck. Die Karte befindet sich guterhalten im hamburgischen Staatsarchiv.

Melchior Lorichs hatte u.a. den Neubau des Schaartores entworfen, aber der Rat verweigerte ihm für die Ausführung eine feste Anstellung. 1575 verließ er die Stadt und wurde Hofmaler in Kopenhagen.

Sicherung der Schiffahrtswege Hamburg mußte stets bemüht sein, seine Schiffahrtswege zu schützen. Im Jahre 1286 erwirkte die Stadt vom Herzog Albrecht von Sachsen das Recht, auf einer kleinen Watteninsel vor Cuxhaven ein Seezeichen mit einem Leuchtfeuer zu errichten. Der Herzog und seine Neffen hatten eine Hälfte ihrer Insel an den Erzbischof Giselbert von Bremen abgetreten, dort durfte der Hamburger Rat seine Landmarke setzen.

Dreizehn Jahre später erlaubten die Herzöge der Stadt Hamburg auch, ein «Werk» zu errichten, das die Elbmündung besser kennzeichnen sollte. So entstand in zehnjähriger Bauzeit von 1300 bis 1310 ein Turm mit zwei Meter dicken Ziegelwänden, «dat nige Wark» genannt. Dieser Turm diente auch als Burg und nach ihm wurde die Insel «Neuwerk» benannt.

Für die Unterhaltung des Turmes wurde seit dem 14. Jahrhundert von Hamburg von allen ein- und ausgehenden Seeschiffen der «Werkzoll» erhoben.

In den Jahren 1376 bis 1379 wurde die Anlage durch mehrere Brände beschädigt. Nach dem Wiederaufbau erhielt der Turm 1386 ein Bleidach.

Seit 1450 wurde das schwierige Fahrwasser der Elbe durch Tonnen und Baken gekennzeichnet. Melchior Lorichs bezeichnete auf seiner Elbkarte von 1568 die eingetragenen Tonnen mit dem besonderen Zusatz «hamburgisch».

Um nicht ständig die großen Koggen und später Convoyschiffe unter Segel zu halten, hatte Hamburg um 1458 einen kleineren Schiffstyp, die Barse oder das Tonnenschiff, eingeführt. Kommandant war der Barsenmeister (capitaneus bardesarum). Er hatte die Überwachung der Elbmündung vorzunehmen, auf die Elbbetonnung zu achten und die Hoheitsrechte der Stadt zu kontrollieren (Stapelrecht). So kann man sagen, daß die Barsenmeister, unter deren Befehl die Tonnenleger standen, die Schifffahrtspolizei auf der Elbe waren. In ihren Bestallungen sprach der Rat von «unserem Elfstrom». Ab 1692 führten sie nur noch Tonnenarbeiten durch.

Während man auf Neuwerk schon Mitte des 17. Jahrhunderts eine Blüse, ein hohes Holzgerüst mit Kohlenfeuer im Kupferbekken, errichtet hatte, wurde bei Cuxhaven 1717 eine erste Kugelbake errichtet. 1733 wurde sie zum ersten Male in einem Gutachten von dem Erbauer der Alten Liebe, Ingenieur-Capitain Spanninger, erwähnt. Sie diente den Schiffern über zwei Jahrhunderte als nautisches Zeichen. Mit der modernen Radarlotsung hat die Kugelbake ihre eigentliche Bestimmung verloren. Aber für den Seemann bedeutet ihr Anblick noch heute Abschied vom Festland oder Willkommensgruß nach langer Seefahrt. Die Stadt Cuxhaven führt die Kugelbake in ihrem Stadtwappen.

Im Jahre 1814 ersetzte der Spritzenmeister J.G. Repsold die alte Kohlenblüse auf Neuwerk durch eine Laterne. 35 m über dem Hochwasserspiegel gab sie allen in der Elbmündung ein- und ausfahrenden Schiffen ein Lichtzeichen.

Ende des 16. Jahrhunderts war die Insel eingedeicht worden. Wenige Fischerhäuser und Bauernhöfe und der «Friedhof der Namenlosen» fanden dadurch Schutz. Noch heute dient der Leuchtturm auf Neuwerk als ältestes, erhaltenes Bauwerk der

Hansestadt Hamburg der gesamten Schiffahrt.
Erst 1802 bis 1803 baute man den heute noch bestehenden Leuchtturm in Cuxhaven am Bollwerk der «Alten Liebe». Sein knapp 25 m über dem Meeresspiegel liegendes Feuer wies zwei Jahre später erstmals der Schiffahrt den rechten Weg.

Helgoland Im 11. Jahrhundert nannte «Adam von Bremen» die Insel Heiliges Land. Wahrscheinlich ist daraus der Name Helgoland entstanden.
Im frühen Mittelalter siedelten sich Friesen auf Helgoland an, im hohen Mittelalter kam die Insel an Dänemark, seit 1490 an die Herzöge von Gottorp. Die Dänen versuchten immer wieder, die Insel in Besitz zu nehmen. 1714 wurde sie endgültig der dänischen Krone unterstellt.
Im Jahre 1807 besiegten die Engländer die dänische Flotte vor Kopenhagen. Gleichzeitig besetzten sie Helgoland und ließen sich diesen Besitz 1814 vom Wiener Kongreß bestätigen.
Für die Helgoländer war die Kontinentalsperre von 1806 bis 1812 eine goldene Zeit. Die Insel wurde Speicher- und Stapelplatz für alles, was von hier aus auf das Festland geschafft und geschmuggelt werden sollte. Jede kleinste Hütte war mit Waren bis oben hin prall gefüllt und die Helgoländer verdienten großartig!
Mit der Gründung des Reiches wurde die Lage für England unhaltbar, denn das «Bad», das Jakob Andresen Siemens 1826 ins Leben gerufen hatte, zog immer mehr Deutsche an und sie betrachteten Helgoland als eine deutsche Insel.
Am 10. August 1890 übernahm das Deutsche Reich die Insel im Tausch gegen Sansibar und Witu, sehr zum Unwillen Bismarcks. Er verfolgte eine große europäische Politik und sah in diesem Tausch einen künftigen Streitpunkt zwischen England und Deutschland.
Der englische Afrikaforscher Stanley sprach hier von einem «Hosenknopfvertrag», eine ganze Hose für einen Knopf!
Seit 1932 ist Helgoland dem Kreise Pinneberg eingegliedert.

Feuerschiffe Feuerschiffe fahren nicht, sie liegen vor Anker im Wasser an wichtigen Orientierungspunkten und dienen der Wegebezeichnung in Fahrwassern und Flußmündungen für die Schiffahrt. Leuchtfeuer entstanden mit der Seefahrt von Anbeginn an. Seit 1450 wurde das Fahrwasser auf der Unterelbe durch Baken und Tonnen bezeichnet.
Das erste Feuerschiff wurde 1734 in der Themsemündung vor Anker gelegt. Es sollte die Einfahrt zwischen den Sandbänken und Untiefen sichern. Bei Versetzung des Fahrwassers durch Stürme, Strömungen usw. konnten die Feuerschiffe durch Veränderung ihrer Lage dem geänderten Weg angepaßt werden.
Nachts wurde am Mast des Feuerschiffes eine Laterne hochgezogen und am Tage ein besonders gestaltetes Toppzeichen aus Rohrgeflecht angebracht. Zur besseren Unterscheidung der einzelnen Feuerschiffe wurden die Lampen später mit besonderen Erkennungszeichen ausgestattet, d.h. sie blinkten in einer unterschiedlichen Folge in verschieden langen Phasen. Sie konnten aber wegen ihrer beweglichen Lage am Anker keine Kreissegmente ausleuchten.
Im Jahre 1815 wurde die Eidermündung, und 1818 die Wesermündung durch Feuerschiffe gesichert. Schon während der Napoleon-Zeit hatte der Hamburger Kapitän, Amtmann und spätere Bürgermeister Abendroth die englischen Erfahrungen gesammelt und ausgewertet.
1816 legte Hamburg das erste Feuerschiff vor die Elbmündung, die SEESTERN. Dadurch konnte sich die Schiffahrt schon von weit her sichtbar zur Elbmündung hin orientieren. Jahre hindurch versah dieses Schiff den verantwortungsvollen Dienst. Ein sehr schwerer Sturm zog es am 26. Dezember 1824 mit zehn Mann Besatzung in die Tiefe.

Im Jahre 1827 wurde ein zweites Feuerschiff vor die Elbmündung gelegt und 1854 ein drittes. Hauptsächlich während der Wintermonate wurde 1889 ein viertes Boot ausgelegt. Im Jahre 1891 kam ein kleines vor der Ostemündung hinzu und querab von Cuxhaven folgte 1905 ein weiteres.
Da die Feuerschiffe auch bei größtem Unwetter ihren Platz nicht verlassen durften, mußten sie besonders verankert werden. Sie waren an einen Pilzanker (Mushroomanker) gelegt. Dieser Anker aus Eisen hatte ein Gewicht von 6.000 Pfund und die Form eines Pilzes, der mit dem Kopf im Strombett versenkt war. An dem aufrecht stehenden, ca. 2 1/2 m langen, ca. 25 cm dicken Schaft war die ca. 2.000 Pfund wiegende Ankerkette befestigt.
Die gewichtigen Feuerschiffe hatten drei Masten, die Form war massig und schwer, der Boden flach. Sie mußten gut «reiten» können, also «Wellenreiten».
Der Rumpf aller Feuerschiffe war leuchtend rot angestrichen. In großen, weithin erkennbaren Buchstaben trugen die ersten drei Feuerschiffe den Namen ELBE und die Zahl (ELBE 1, ELBE 2, ELBE 3). Individuell hatten sie noch Eigennamen wie z. B. das erste SEESTERN (später NORDSTERN, noch Signalschiff genannt), oder sie trugen Namen sich verdient gemachter Bürgermeister und Senatoren wie KIRCHENPAUER usw.
Zur Ausrüstung der Schiffe gehörten besondere Leuchtapparate. Die Lampen waren in einem eisernen Polygonrahmen hängend befestigt, um die ständigen Schwankungen ausgleichen zu können. In jedem Rahmen befanden sich neun Lampen.
Die Besatzung wurde stets für sechs Monate verproviantiert. Der Capitain, Steuermann und sechs Knechte wurden alle 14 Tage abgelöst und kehrten an Land zurück. Kleinere Staatsschiffe, die Staatsewer, versorgten die Feuerschiffe mit frischem Trinkwasser in Tonnen und Fässern. Diese wurden unter dem Lotsenwachhaus in einem Lager bereitgehalten.

Das Feuerschiff auf der Station ELBE 1 war unter dem 54 Grad N.B. und 8 Grad O.L. vor der Elbmündung verankert. Es hatte eine Länge von 28 m, 7 m Breite und 3,7 m Tiefgang. Es war aus Holz gebaut und kostete 100.000 Mark.
Die Feuerschiffe ELBE 1, 2, und 4 waren Nebelsignalstationen. Mit Lärmkanonen oder explodierenden Raketen gaben sie weithin hörbare Signale ab. Auch die feste Lotsgaleone, ein Dreimaster mit je zwei Rahsegeln am Fock- und Hauptmast und einem Lateinersegel am Besanmast und einem Rahsegel um den Bugspriet, war Nebelsignalstation. Sie war 2,8 Seemeilen OSO vom ersten Feuerschiff in 18 m Tiefe in der Elbmündung verankert und trug ein festes Licht am Fockstag, 5,5 m über der Wasserlinie und ein rotes festes Licht am Besanmast, 18,7 m über der Wasserlinie.
Als am 27. Oktober 1936 ein arktischer Orkan mit 90 Stundenkilometer über der Deutschen Bucht tobte, ließ die Flut das Hochwasser über drei Meter über normales Hochwasser ansteigen und die Schiffahrt war völlig lahmgelegt. Es war der Schicksalstag des Feuerschiffes ELBE 1 (GUSTAV HEINRICH). Augenzeugen des englischen Dampfers THE PRESIDENT und des holländischen Dampfers POELAU BRAS sahen das kleine Schiff hilflos an seinen Ketten rollend im verzweifelten Kampf gegen die Übermacht des tobenden Elements. Es versank mit der gesamten Besatzung in den Fluten wie sein Vorgänger, ELBE 1, die NORDSTERN. Rettungsboote, Bergungsdampfer und Lotsenfahrzeuge, die ausliefen, um Hilfe zu leisten, konnten die wandhohen Grundseen nicht durchbrechen.
Später fand man das Schiff in einer Tiefe von 21 m auf dem Meeresgrund liegen. Die Ankerkette hatte gehalten! Eine Bergung mißlang, die Versandung hatte das Wrack umklammert. 15 Seeleute hatten hier den Tod gefunden.
Die Position ELBE 1 übernahm 1936 das Feuerschiff mit dem Namen BÜRGERMEISTER O'SWALD. Es galt als das modernste und si-

cherste Feuerschiff der deutschen Nordseeküste. 1951 wurde es von tobendem Unwetter mit 15 Mann in die Tiefe gerissen. Auf der Position ELBE 2 war 1879 die CASPAR ausgelegt worden, ein Vorgänger des späteren Feuerschiffes BÜRGERMEISTER BARTELS, das 1905 auf der Hamburger Werft von J.H.N. Wichhorst vom Stapel lief. Dieses stählerne Schiff war 39 m lang, 7,45 m breit und hatte einen Tiefgang von 3,20 m. An Bord befanden sich Wohnräume für 40 Lotsen.

Nach vielen überstandenen Stürmen und Rettungsaktionen mit Hilfeleistungen aus Seenot war der Schicksalstag dieses treuen Wächters der 6. Dezember 1973. Bei orkanartigen Stürmen riß die Kette des Stationsankers und das Schiff vertrieb. In der darauf folgenden Nacht strandete es östlich der Position von ELBE 3 auf dem Spitzsand. Ein Abschleppen des Havaristen durch die Bergungsschlepper GREIF und WALTER KÖRTE war infolge Grundberührung nicht möglich. Aber der Seenotkreuzer RICKMER BOCK rettete die gesamte Besatzung. Nach Beruhigung der See konnte ELBE 2 vom Spitzsand geborgen und nach Cuxhaven geschleppt werden.

Siebzig Jahre hatte danach BÜRGERMEISTER BARTELS auf Position ELBE 2 seinen Dienst erfüllt. Dann wurde das Schiff eingezogen und die Position ELBE 2 aufgegeben. 1975 übernahm der Leuchtturm Vogelsand vollautomatisch die Aufgabe, die Einfahrt der Schiffe zu sichern.

Die Position des Feuerschiffes ELBE 3 übernahm nach Kriegsende das Schiff BÜRGERMEISTER ABENDROTH. Es war 1909 auf der Eiderwerft A.G. in Tönning gebaut worden. Länge über alles: 44 m, Breite 7 m, Tiefgang 2,70 m, 450 BRT, 16 Mann Besatzung. Es wurde stationiert auf der schon 1815 vorhandenen ältesten Feuerschiffsposition in der Deutschen Bucht vor der Eidermündung. Diese typische Eider-Galiot war ein Segler mit drei Masten und drei Garnituren Segel für jeden Mast. Bei etwaigem Ankerkettenbruch konnte sie sich mit Hilfe der Segel vor möglicher Strandung retten. Bis 1914 war diese Galiot Eider-Feuerschiff und schwimmende Lotsenstation zugleich. Ihre Lotsenversetzboote waren ständig ausgeschwungen. Petroleum speiste ihre Leuchtfeuer. Warnsignale wurden mit der Schiffsglocke oder einer Kanone gegeben. Als Nebelhorn diente eine handgekurbelte Blasebalg-Takelure. Von 1914 bis 1918 lag diese Galiot als Sperrfeuerschiff neben den Minenfeldern der Nordsee.

Nach dem Kriege wurde dieses Schiff modernisiert mit Dieselaggregaten, elektrischer Befeuerung und einem elektrischen Luftschallsender, auch eine Funkanlage wurde installiert.

Bis 1939 diente das Schiff als Reserve für die Positionen der Feuerschiffe ELBE 1 und 4.

1939 bis 1945 lag diese Galiot zeitweilig als Feuerschiff in der Ostsee.

21 Jahre lang war die BÜRGERMEISTER ABENDROTH auf der Position der ELBE 3 zwischen Gelbsand und der Insel Neuwerk. In diesen Jahren erlitt das Schiff dreimal Kettenbruch und wurde viermal von anderen Schiffen gerammt. Es mußte jedesmal in Sicherheit geschleppt werden, da es keine eigene Antriebsanlage besaß. Nach bewegter Vergangenheit wurde es 1966 außer Dienst gestellt. Heute liegt es als Museumsschiff im Hafen von Övelgönne.

Im Jahre 1966 kam als Nachfolger das Feuerschiff WESER auf diese Position. 1974 wurde es von dem automatischen Leuchtturm TEGELER PLATE abgelöst.

ELBE 1 BÜRGERMEISTER O'SWALD wurde 1948 durch einen Neubau ersetzt. Im März 1988 wurde es aus dem Verkehr gezogen und wird als Reserveschiff in Cuxhaven zur Verfügung bleiben.

Sturmfluten Seit eh und jeh ist das Gebiet der Elbniederung von der Oberelbe her, meist aber von der Nordsee durch Sturmfluten überschwemmt worden. Im 12. Jahrhundert begannen die Siedler mit dem Bau von Warften und Deichen. Aber sie hielten dem Druck der Elemente nicht stand. In den Chroniken ist nachzulesen, daß und wann Wassereinbrüche stattgfunden haben und welche verheerenden Folgen sie hatten für Hab und Gut und für die Menschen selbst.

Von den unzähligen Schreckensereignissen seien einige hier aufgezählt:

17. Februar 1164: die Julianenflut verursachte Einbrüche des Jadebusens und richtete im Elbegebiet große Schäden an.

16. Januar 1219: erste Marcellusflut mit großen Überschwemmungen auch im Elbegebiet.

28. Dezember 1248: die Allerkindleinsflut zerteilte die hamburgische Elbinsel Georgswerder (früher Gorieswerder) in mehrere Teile und forderte im gesamten Elbegebiet viele Todesopfer.

16. Januar 1362: die zweite Marcellusflut, die bis dahin größte Katastrophe der deutschen Küste, forderte mehr als 10.000 Todesopfer.

21. November 1412: durch die Cäcilienflut wurde die Elbinsel Hahnöfersand vom Festland getrennt und an der Estemündung ein ganzes Dorf verwüstet.

1. November 1570: durch die Allerheiligenflut brachen wieder die Deiche im Alten Land, in Stillhorn, Moorwerder und in den Vier- und Marschlanden.

25. Februar 1625: die Fastelabendflut, auch Eisflut genannt, richtete verheerende Schäden an im Alten Land und Hamburg.

25. Januar 1634: die St. Pauli-Bekehrungsnachtflut zerstörte den Estedeich von Hove über eine Länge von 900 m.

24./25. Dezember 1717: die Weihnachtsflut wütete von der holländischen bis zur dänischen Küste und forderte über 11.000 Todesopfer.

Die Aufzählung ließe sich detailliert fortsetzen. Einige besondere Flutkatastrophen sollen noch erwähnt werden:

Am 3./4. Februar 1825 tobte eine Sturmflut, die bis 1962 unübertroffen den höchsten Wasserstand mit NN + 5,24 m am Pegel St. Pauli erreichte. Es kam im Hamburger Gebiet, im Alten Land, Finkenwerder, Moorburg, Wilhelmsburg, Ochsenwerder und am Stadtdeich zu zahlreichen Überschwemmungen, Deichbrüchen und vielen Todesopfern. Bei dem Deichbruch am Stadtdeich wurden große Teile der Niederung Hammerbrook überflutet.

Die Sturmflut vom 1./2. Januar 1855 erreichte bei St. Pauli einen Wasserstand von NN + 5,11 m; sie stieg in Harburg und an der Oberelbe noch darüber hinaus und hatte im Alten Land, Moorburg, Neuland, Wilhelmsburg und in den Vier- und Marschlanden abermals viele Deichbrüche und katastrophale Überschwemmungen zur Folge.

Genau 107 Jahre lang hat es danach im Hamburger Raum keine sehr schwere Sturmflut mehr gegeben. Nicht, daß die Deiche sicherer geworden wären, aber die bis dahin gemessenen Wasserstände wurden nicht mehr erreicht. Nur in den Niederlanden hatte eine schwere Flutkatastrophe am 1. Februar 1953 nochmals über 1.800 Menschenleben gefordert.

Die Hamburger Deiche wurden in den Jahren 1955 bis 1961 an vielen Stellen erhöht und verstärkt. 4,7 Millionen DM wurden für die Sicherheit der Bevölkerung investiert. Weitere 15 Millionen DM waren bewilligt worden für eine Erhöhung der Deiche auf NN + 6,50 m ab 1963. Das eine Jahr dazwischen wurde zum Unglücksjahr. Es ließ in der Nacht vom 16. zum 17. Februar 1962 den Wasserstand am Pegel St. Pauli auf NN + 5,70 m ansteigen, eine nie zuvor gemessene Zahl. Die gesamte Nordseeküste und das Hamburger Gebiet wurden von dieser schweren Sturmflut heimgesucht; an einigen Pegeln wurden sogar noch höhere Werte abgelesen. Orkanböen über der nördlichen Nordsee mit Windstärke neun Bf (Beaufort) aus Westnordwest drückten Fernwellen aus dem Atlantik in die Elbmündung. Der Scheitelwert dieser Flutwelle traf in Hamburg 40 Minuten vor der berechneten Zeit ein. Der bis dahin

höchste Sturmflutwasserstand von NN + 5,24 m wurde über 3 1/2 Stunden lang mit fast einem halben m überschritten. Binnen kurzem kam es zu über 60 Deichbrüchen. 200 Millionen cbm Wasser flossen in die Niederungsgebiete und überschwemmten mehr als 12.500 ha Land. Das war 1/6 des hamburgischen Staatsgebietes. 315 Menschen wurden ein Opfer der Fluten, über 20.000 Bürger mußten für längere Zeit evakuiert werden.
In kurzer Zeit war die gesamte Elbinsel Wilhelmsburg überschwemmt. Allein hier kamen 200 Menschen ums Leben. Die größten Schäden traten an den Deichen im Süderelbegebiet zwischen Moorburg und Neuenfelde/Cranz ein, besonders am Ufer des Spreehafens im Norden von Wilhelmsburg. Fast eine Woche lang waren alle Verkehrswege, die Hamburg mit dem Süden verbanden, überschwemmt.
Es war am 24. Februar 1967, als wieder eine Sturmflutwarnung über alle Medien verbreitet wurde. Über der Nordsee tobten Stürme mit Orkanstärke. Aber das Windstaumaximum trat nicht zur Zeit des normalen Höchstwasserstandes ein und die Windrichtung war Westsüdwest, also für Cuxhaven und die Elbe nicht so gefährlich wie 1962.
In der Zeit vom 6. November bis 17. Dezember 1973 wüteten in Hamburg 28 Sturmfluten! Zwei davon waren schwer. Am 7. Dezember wurde der Scheitelwert am Pegel St.Pauli mit NN + 5,33 m gemessen. Aber die Schäden blieben gering durch die neuen Hochwasserschutzanlagen. An Gebäuden und Gütern im Hafengebiet und der Stadt Hamburg waren dagegen erhebliche Schäden entstanden.
Eine weitere Serie von Sturmfluten in der Nordsee war von Dezember 1975 bis Januar 1976 zu verzeichnen, es waren elf an der Zahl.
Der bisher höchste Wasserstand in der Geschichte des Hamburger Hafens ereignete sich dann während der Sturmflut am 3./4. Januar 1976. Am Pegel St.Pauli wurde NN + 6,45 m gemessen! Die Deiche hielten und ließen es nicht zu einer Katastrophe kommen. Aber in den Außendeichgebieten, vor allem im Hafengebiet sowie am Nordufer der Elbe zwischen Altona und Tinsdal entstanden wieder erhebliche Schäden von mehreren 100 Millionen DM.
Am 24. November 1981 erreichte der Pegelstand noch einmal 5,81 m. Der Hamburger Fischmarkt St.Pauli wurde wieder überschwemmt. Aber die inzwischen weiter verbesserten Hochwasserschutzanlagen hielten im großen und ganzen stand.
Seit 1639 sorgten Deichverbände in ihren Gebieten für die Erhaltung und Verbesserung der Deiche. Sie trugen alle Lasten, die mit dem Deichbau zusammenhingen. Als nach der Flutkatastrophe 1962 der Hamburger Staat die außergewöhnlich hohen Kosten für die neuen Hochwasserschutzanlagen übernahm, mußten die Zuständigkeiten neu geregelt werden. Am 15. September 1977 wurde von der Bürgerschaft eine Senatsmitteilung angenommen, die Gebietsberechtigungen der Verbände, Aufgaben und Kostenfragen neu regelte. Die ehrenamtliche Mitwirkung der Bürger in den eingedeichten Gebieten am Hochwasserschutz blieb dabei erhalten.

Vom Alsterhafen zum «natürlichen» Elbehafen 16. bis 19. Jahrhundert

Abriegelung der Süderelbe Im Jahre 1395 erwarb Hamburg Moorwerder und Ochsenwerder an der Oberelbe. Damit hatte die Stadt nun die wichtige Stelle, an der sich die Elbe in Norder- und Süderelbe teilt, unter ihre Herrschaft gebracht. Nun war die Möglichkeit gegeben, die Verteilung des Oberwassers auf Norder- und Süderelbe zu beeinflussen.
Mit großer Zielstrebigkeit wurde die ursprünglich breitere und günstiger bewässerte Süderelbe vom Verkehr abgedrosselt und die an Hamburg vorbeiführende Norderelbe zur Hauptzufahrtsstraße gemacht. Durch kostspielige Stromregulierungen erreichte man schließlich das gesteckte Ziel. Der Strom wurde an die Stadt herangeführt. Aus dem Alsterhafen entstand der Elbehafen.
Schon Kaiser Karl IV. (1336–1378) hatte die Hamburger Bemühungen unterstützt, mit Handel und Schiffahrt in den Bereich der mittleren und oberen Elbe nach Böhmen vorzustoßen. Er plante ein Kanalsystem bis hin zur Donau und zum Schwarzen Meer.

Bergedorf und Vierlanden wurden hamburgisch Bergedorf wurde 1162 zuerst als Kirchspiel erwähnt, 1275 war es Stadt geworden. Das Schloß, vom Grafen Albrecht von Orlamünde erbaut, gehörte den Herzögen von Sachsen, ab 1295 den Herzögen von Sachsen-Lauenburg. Diese waren hoch verschuldet, liehen sich Geld von der Stadt Lübeck und verpfändeten dagegen zunächst die Stadt Mölln, dann Schloß und Stadt Bergedorf. Die Stadt Lübeck gewährte dem Herzog Erich III. die Nutznießung des Schlosses und Amtes Bergedorf bis an sein Lebensende.
Als der Herzog starb, hatte sein Nachfolger, Herzog Erich IV., durch einen Handstreich das Schloß besetzt. Seine Soldaten überfielen auch die Stadt Mölln und plünderten sie aus.
Nachdem es den Lübeckern nicht gelang, ihre an sie verpfändeten Gebiete zurückzuerobern, schlossen sie mit Hamburg und Brandenburg ein Bündnis. Auch die Hamburger hatten dem Herzog einiges vorzuwerfen. Er hatte Krieg mit dem Grafen von Holstein geführt und bei Henstedt einigen Hamburgern Schweine, Pferde und Kühe geraubt – unter anderem. Auch verlangte er von Hamburger Kaufleuten in Bergedorf neue Zölle für Bier, Wein und Vieh, was ihm «nicht zustand».
Hamburg und Lübeck eroberten mit ihren Truppen 1420 das Städtchen Bergedorf und das Schloß zurück. Sie zogen weiter und besetzten die Riepenburg und das Schloß Kuddewörde.
Der Kurfürst von Brandenburg vermittelte einen Waffenstillstand. Durch den Frieden zu Perleberg kamen die Schlösser Bergedorf und Riepenburg mit dem Städtchen Bergedorf, den Vierlanden und Geesthacht mit dem Zoll zu Eislingen und der Fähre gemeinsam in den Besitz der Städte Hamburg und Lübeck. Am 2. August 1867 trat Lübeck seine Rechte gegen Zahlung von 200.000 Talern an Hamburg ab.

Der Bergedorfer Schleusengraben Die Rückeroberung der Vierlande im Marschgebiet östlich der Stadt erleichterte die geplanten künstlichen Wasserregulierungen sehr.
1443 wurde von Bergedorf nach Curslack ein «Graben» gezogen. Er erhielt den Na-

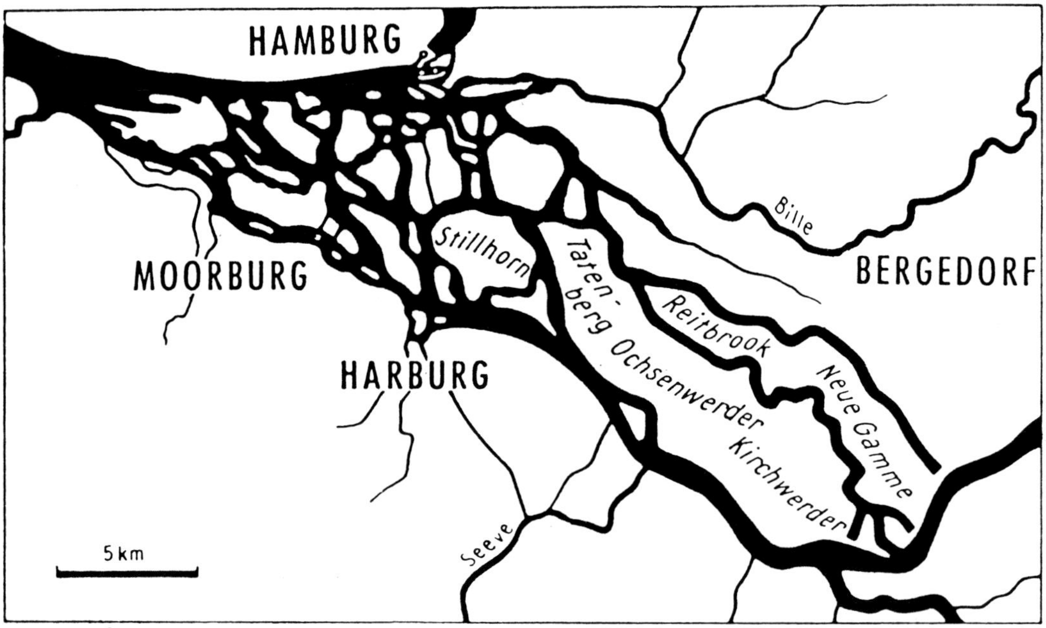

men Schleusengraben und leitete das Wasser der Bille in den Oberlauf der später (1471) abgedämmten Dove-Elbe ab. Dadurch wurde die Verstärkung des Elbarmes erreicht und gleichzeitig war das Billwerder und Hammerbrooker Marschland vor Hochwasser und Überflutung der Bille geschützt.

Dove- und Gose-Elbe Zwischen Alten- und Neuengamme östlich der Stadt floß ein Elbarm, der den Namen Gamme trug. Im Jahre 1471 wurde dieser abgedämmt und hieß seitdem Dove-Elbe (Doeff Elve, taube Elbe). Ein zweiter Elbarm etwas weiter südlich mit dem Namen Gose-Elbe (Goess-Elve, trockene Elbe), war schon 1344 abgedämmt.
Die Errichtung des Gammer Deiches an der Dove-Elbe hatte für Hamburg böse Folgen. Die Herzöge von Braunschweig-Lüneburg drängten hartnäckig 150 Jahre lang auf Wiederherstellung des ursprünglichen Gammer Elbarmes, da ihre Elbdeiche den verstärkten Wassermassen nicht gewachsen waren. 1620 versuchten sie mit einem vernichtenden Plünderungszug in den Vierlanden den Deich zu durchstechen. Es kam zu einem Kampf zwischen den hamburgischen und den lüneburgischen Truppen. Die Hamburger behaupteten sich, bis ein Vergleich zustande kam.
Die Mündung der Gose-Elbe wurde später bei Allermöhe in die Dove-Elbe gelenkt. Der südlichste der drei Elbarme, auch die Große Elbe genannt, war schon im 13. Jahrhundert der Hauptschiffahrtsweg. Hier befanden sich die alten Zollstätten zum Krauel und zu Eislingen.
Bei Zollenspieker (Toln Spicker, 1460 zuerst erwähnt) waren Stacke in den Fluß hineingebaut, um die Gewalt des Stromes zu brechen und die Ufer zu schützen.
Allen Prozessen und Streitereien zum Trotze bestand Hamburg auf einer geschlossenen Deichlinie und erreichte, daß der südlichste der drei Elbarme wasserreicher als vorher bis zur Moorwerder Spitze floß, wo sich dann der Elbstrom in zwei Arme gabelte, die Süder- und Norderelbe.

Die abgedämmten Elbarme Dove- und Gose-Elbe wurden zu großen Reservebekken, die sich täglich zweimal mit Flutwasser füllten, das bei Ablauf zur Tiefhaltung der Elbe beitrug.

Vom Stapelrecht zum Gottorper Vergleich Durch den Freibrief des Kaisers Barbarossa hatten die Hamburger am 7. Mai 1189 die freie Elbschiffahrt von Hamburg bis zur Mündung erhalten. Ihr nächstes Ziel war, den gesamten Schiffsverkehr auf der Elbe über ihre Stadt zu lenken.
Die mächtige Stadt Lüneburg besaß seinerzeit das Recht, alle Schiffe, die auf der Elbe an der Mündung der Ilmenau vorbeifuhren, in ihren Hafen einzubringen. Dort mußten sie löschen und ihre Waren zum Kauf anbieten. Dieses Recht nannte man Stapelrecht.
Die Hamburger kämpften für die freie Elbeschiffahrt und gegen die Sperrung der Elbe durch die Lüneburger. Das Vorrecht, «daß niemand Getreide, Mehl, Wein und Bier elbabwärts an Hamburg vorbeiführen dürfe», hatte König Christian I. von Dänemark, der Landesherr von Holstein, der Hansestadt «auf ewige Zeiten» schon verliehen. Und 1492 verbriefte Kaiser Friedrich III., «daß keines der genannten Güter die Stadt seewärts umgehen könne.» Dieses sogenannte Stapelrecht wurde von den Herzögen von Braunschweig-Lüneburg erfolglos angefochten.
Die Hamburger verbündeten sich 1538 durch Verträge mit Magdeburg und anderen Städten an der Oberelbe. Sie ließen sich das Stapelrecht mehrfach von den deutschen Kaisern als «Gewohnheitsrecht» bestätigen. Händler, Schiffer und alle, die vom «Warenstapel» profitierten, waren an der Einhaltung dieser Privilegien interessiert. Und der Rat deckte einen erheblichen Teil des städtischen Geldbedarfs aus Zöllen für Ein-, Aus- und Durchfahrt.
Zur Umgehung des «Stapelrechts» bot sich die der Stadt abgewandte Süderelbe an, wo die kleine braunschweigisch-lüneburgische Stadt Harburg einen regen Handel trieb.
Schon im 14. Jahrhundert hatten die Hamburger an diesem Arm der Elbe Land erworben und Befestigungen angelegt, um der Unterwanderung ihrer Stapelrechte Einhalt zu gebieten.
Am Elbstapelplatz Hamburg sammelten sich Getreideladungen aus Böhmen, den Odergebieten und baltischen Ländern. Nachdem 1574 durch kaiserliche Verordnung die Freiheit des Verkehrs auf der Elbe verfügt worden war, wurde Hamburg nach Amsterdam und Danzig der größte Getreide-Exporthafen des Kontinents. Hamburgs Schiffe brachten das deutsche Getreide nach den Niederlanden, England, Spanien, Skandinavien und Italien.
Diese Monopolstellung Hamburgs wurde im 17. Jahrhundert immer häufiger durchbrochen, sowohl auf der Süderelbe als auch durch den Frachtverkehr zu Lande südlich der Elbe. Brandenburg-Preußen trieb direkten Handel mit Holland, ohne sich um Hamburgs Stapelrecht zu kümmern. Auch die Nachbarstadt Altona hatte sich inzwischen zu einer Handelsstadt und Konkurrentin entwickelt. 1713 mußte Hamburg die Durchfuhrzölle herabsetzen. Nachdem 1692 die Planung eines Freihafens aufgetaucht war, ging man 1727 endgültig zum Prinzip des Transithafens mit zollfreier Lagerung der Waren im Freihafengebiet über.

Gottorper Vergleich 1768 Die Auswirkungen des Nordischen Krieges in den Jahren 1700 bis 1721 waren bis hin zu den Toren von Hamburg spürbar. Dennoch war das Ende des Krieges für Hamburg günstig. Die bisher schwedischen Bistümer Bremen und Verden kamen 1719 im Frieden von Stockholm an das seit 1714 mit Großbritannien in Personalunion verbundene Kurfürstentum Hannover, dem hiermit auch die Domhoheit in Hamburg oblag.
Bremen und Verden waren somit dem Zugriff Dänemarks entzogen. Das bedeutete

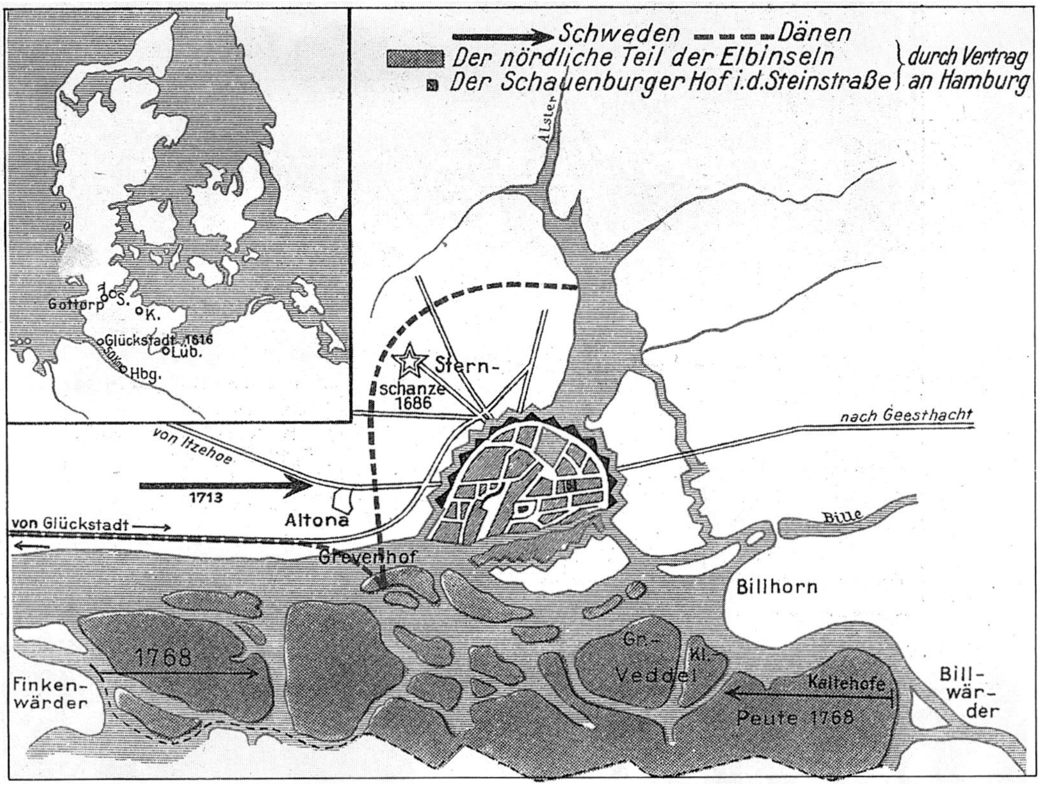

Zum Gottorper Vergleich 1768

Verzicht Dänemarks auf die Eroberung des Elbe-Weser-Gebietes. Auch wirtschaftlich war Dänemark nicht mehr in der Lage, Großmachtpolitik zu betreiben. Immer wieder erzwangen die dänischen Könige Geldzahlungen oder Anleihen von Hamburg. Das ging soweit, daß Dänemark bald nicht mehr in der Lage war, die Schuldzinsen zu bezahlen.
Um die ständigen Reibereien zwischen Dänemark und Hamburg aus der Welt zu schaffen, kam es durch Betreiben des Kanzlers Graf Bernstorff am 27. Mai 1768 zum GOTTORPER VERGLEICH. Schloß Gottorp war der Sitz der Herzöge von Schleswig-Holstein. Mittler zwischen Dänemark und Hamburg war der Freiherr Heinrich Carl von Schimmelmann, den Kopenhagen zur Sanierung seiner Staatsfinanzen gerufen hatte. Ratssyndikus Jacob Schuback führte für Hamburg die Verhandlungen.
Hamburg verzichtete auf die Rückzahlung des größten Teiles der auf vier Millionen Taler angewachsenen Schulden. Außerdem gab Hamburg die ihm verpfändeten Gebiete, Sande (Lohbrügge), Meiendorf, Sasel, Alsterdorf u.a. an das Haus Holstein zurück.
Dafür erkannte Dänemark den Status Hamburgs als «Kaiserlich freye Reichs-Stadt» an in völliger Unabhängigkeit von Holstein. Damit fand ein hundertfünfzig Jahre andauernder Rechtsstreit sein Ende.
Weitere Zugeständnisse Dänemarks an Hamburg waren: die Überlassung des an der Steinstraße gelegenen Schauenburger Hofs und des Mühlenhofs mit dem Schauenburger Zollanteil, ferner die Abtretung

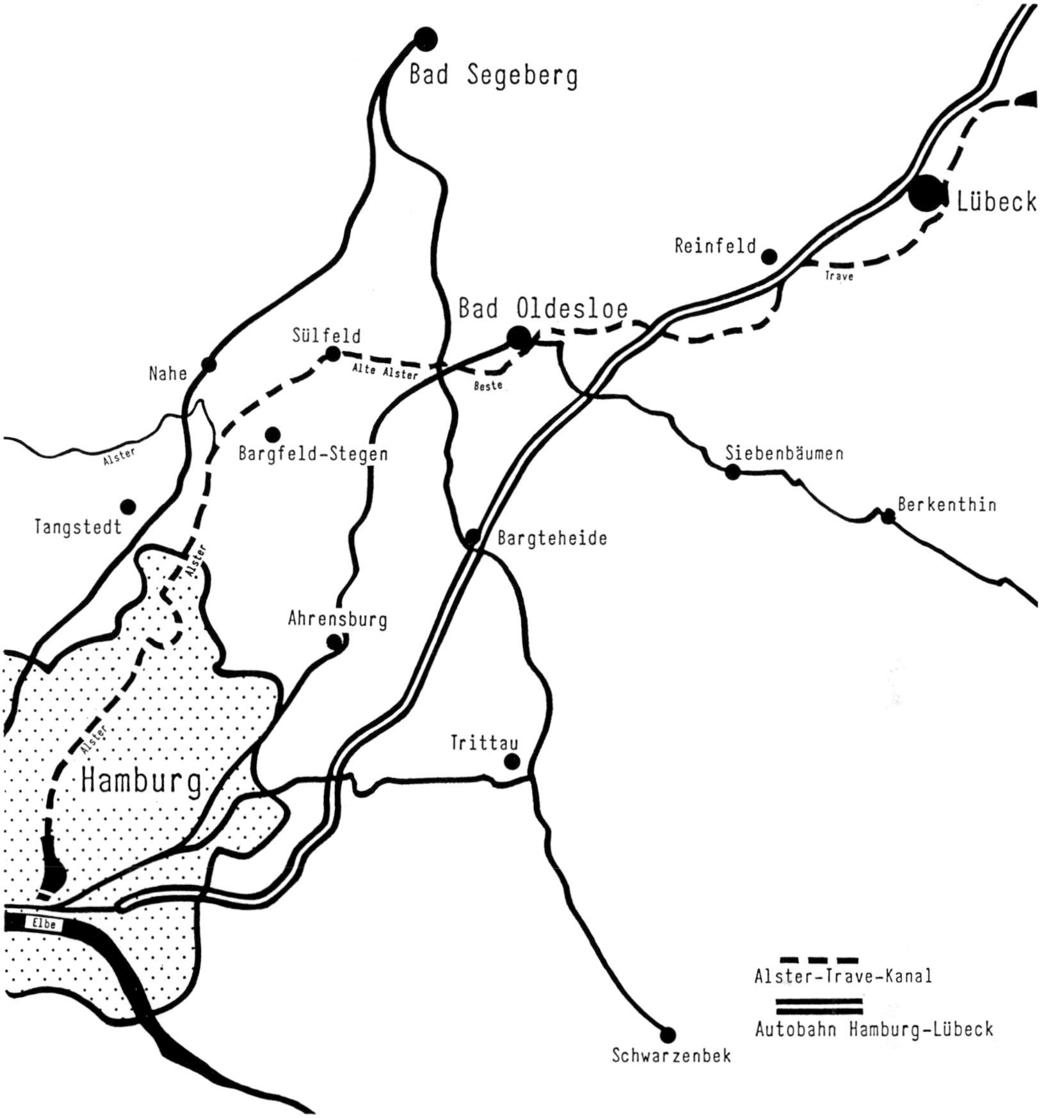
Bad Segeberg
Lübeck
Reinfeld
Trave
Bad Oldesloe
Sülfeld
Alte Alster
Beste
Nahe
Alster
Bargfeld-Stegen
Siebenbäumen
Berkenthin
Tangstedt
Bargteheide
Alster
Ahrensburg
Alster
Trittau
Hamburg
Elbe
Alster-Trave-Kanal
Autobahn Hamburg-Lübeck
Schwarzenbek

der Elbinseln zwischen Billwerder und Finkenwerder (Kaltehofe, Peute, Große und Kleine Veddel, Steinwerder, Grevenhof mit Kuhwerder, Griesenwerder und Pagensand). Hinzu kam die Abtretung der in dem Hamburger Landgebiet liegenden dänischen Besitzungen Reitbrook, Ost-Krauel, Gut Nettelnburg u.a. Die Erwerbung der Elbinseln war für Hamburg von besonderer Bedeutung im Hinblick auf die künftige Entwicklung des Hafens.
Am 30. Mai 1769 bestätigte auch Kaiser Joseph II. den Vergleich.
Der Plan, Helgoland durch Kauf zu erwerben, konnte wegen Geldmangels nicht realisiert werden. Helgoland blieb dänisch.

Alsterkanal, erster Nord-Ostsee-Kanal Um einen kurzen Wasserweg für die Waren von der Nordsee nach der Ostsee zu schaffen, planten die Hamburger und Lübecker einen Kanal. Er sollte von der Alster über die Beste in die Trave führen. Das Land zwischen Hamburg und Lübeck gehörte dem Grafen von Holstein. Er war gleichzeitig König von Dänemark. Mit ihm schlossen die Hamburger und Lübecker im Jahre 1525 einen Vertrag. Die Städte durften den Kanal bauen. Zimmermeister bauten Schleusen, neun in der Alster, vier im Kanal und acht in der Beste. An jeder Schleuse baute man ein Haus für den Schleusenmeister. Es diente gleichzeitig als Gasthaus. Daran erinnern die Fuhlsbüttler-, Poppenbüttler-, Mellingburger- und Wohldorfer Schleuse, deren Schleusenmeisterhäuser heute Gasthäuser sind.
1529 fuhren die ersten vier Schiffe von Lübeck aus durch den neuen Kanal. Aber im Nienwohlder Moor war bald nicht mehr genug Wasser und die Schiffahrt nur noch zwischen Hamburg und Stegen möglich. Hinzu kam, daß die holsteinischen Adeligen nicht wollten, daß sich die Städte Hamburg und Lübeck auf dem Wege durch ihr Gebiet bereicherten. Schließlich mußten beide Städte aufgeben. Seit 1550 verfiel der erste Nord-Ostsee-Kanal.

Die Düpekommission, die «Fleetenkieker» Die Stagnation des wirtschaftlichen Aufschwunges bis 1712 bildete für fast zwei Jahrhunderte die Grundlage der hamburgischen Verfassung. Die Rechte der Bürger wurden weiter ausgebaut und die ersten bürgerlichen Verwaltungsbehörden, später Deputationen oder Kollegien genannt, gebildet.
Im Jahre 1548 wurde die Düpekommission für das Baggereiwesen zur Überwachung der Fahrwassertiefe im Hafen und im Strom gegründet. (Düpe = Tiefe). Die Beamten der Düpekommission hießen offiziell «Fleetenkieker» (später Fleetenschauer). Der Name «Fleetenkieker» ist später als Spottname auf jene Männer übergegangen, die zur Ebbezeit im Schlick der Fleete nach noch brauchbaren Gegenständen suchten! Die Leitung der ersten Düpekommission wurde dem Ratsherrn und späteren Bürgermeister Ditmar Koel übertragen.
Aufgabe der Düpekommission war es, das Fahrwasser im Hafen, in den Fleeten und auf dem Elbstrom ständig auszubaggern und dadurch die erforderliche Tiefe des Flusses als Schiffahrtsweg zu gewährleisten. Auch die Kennzeichnung durch Tonnen, Baken usw. und die Einrichtung des Lotsenwesens oblag ihr.

Elbinseln Finkenwerder und Griesenwerder Die Niederelbe wurde um das Jahr 1200 von gewaltigen Sturmfluten heimgesucht, durch die die große Elbinsel Griesenwerder in mehrere kleine Inselstücke zerrissen wurde. Sie erstreckte sich von Blankenese bis vor die Tore Hamburgs. Für die am weitesten nach Westen gelegene Insel tauchte seit 1236 der Name Vinkenwärder auf.
Erzbischof Gerhard II. von Bremen belehnte den Lüneburger Herzog Otto mit zwei Inseln: «Gorieswerder et Vinkenwerder». Über die Herkunft der Namen ist nichts überliefert.
Die ersten Siedler der Inseln bauten ihre kleinen schilfgedeckten Häuser auf Wur-

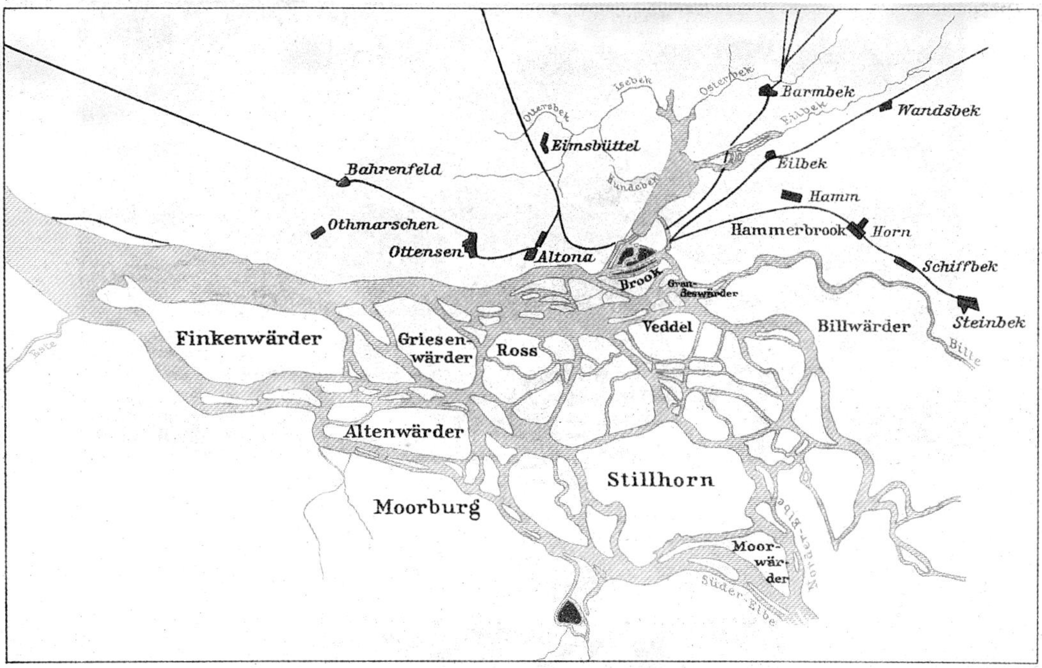

Elbelauf um 1600

ten, die sie mit Eschen, Erlen und Weiden bepflanzten. So konnten sie den schweren Stürmen, die oft über die ebenen Inseln hinwegbrausten, besser standhalten.
Wie Halligbewohner lebten einst die ersten Finkenwerder. Ihre Haupterwerbsquellen waren Fischfang und Jagd. Zur Ebbezeit wurde das Land um die Wurten herum trocken. Die Flut brachte ihnen Fische und Wasservögel zurück. So trotzten sie in jahrhundertelangem Kampf den Naturgewalten. Auch nachdem die Insel von einem Deiche umgeben war, hörten die Sturmflutschäden nicht auf. Erst, nachdem der Hamburger Bürgermeister Wilhelm Amsinck 1801 dafür sorgte, daß Finkenwerder einen verstärkten Deich bekam, hielt er den Sturmfluten stand.
Von 1625 bis 1825 war die Insel von 64 schweren Sturmfluten heimgesucht worden. Die Bewohner retteten oft nichts weiter als das nackte Leben.
Die Bevölkerungszahl stieg und man hielt Ausschau nach Einflußnahme im Umkreis. Es dauerte nicht lange und die Finkenwerder hatten den Blankenesern, die noch um 1800 die niederelbische Fischerei beherrschten, den Rang abgelaufen.
1819 hatte Finkenwerder 19 Seefischerfahrzeuge, 1849 waren es 42 und im Jahre 1887 187 Finkenwerder Ewer und Kutter. Die Blankeneser sahen sich gezwungen, ihre letzten Schiffe an die Finkenwerder zu verkaufen.
Finkenwerder Fischerfahrzeuge waren in jener Zeit nicht nur in allen deutschen Nordseehäfen zu finden, auch die Küstenplätze Hollands und Englands wurden von Finkenwerdern mit lebenden Schollen versorgt. Die nach und nach an der Unterweser und auch an der Unterelbe gegründeten Fischdampfergesellschaften wurden den Finkenwerdern zum Verhängnis. Viele Fischer mußten ihr Schiff verkaufen und auf die Fischdampfer gehen. Einige Fischer ließen auf ihren Seglern einen Motor einbauen.
Der Hamburger Staat wollte in Finkenwerder eine große Hafenanlage bauen. Aber der 1. Weltkrieg machte den Plan zunichte.

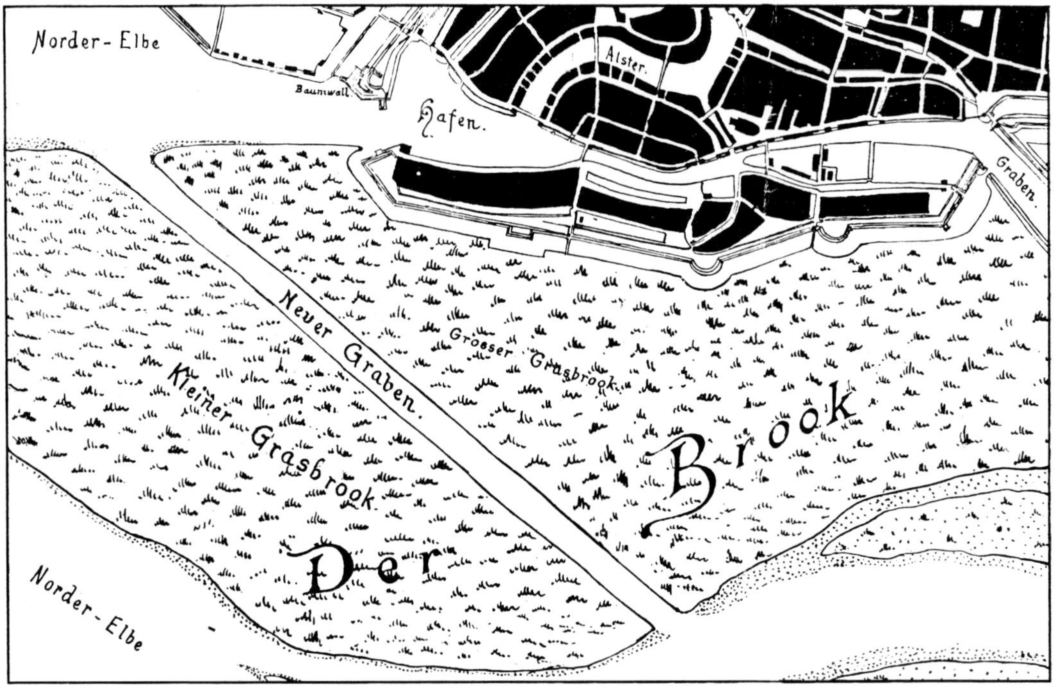

Durchstich Grasbrook 1550

Der schöne, grüne Norderelbdeich, der bereits aufgehöht war, bildete nach dem Kriege das Vorland, auf dem die Deutsche Werft entstand.
Mit großen Wohnblocks wurde die Landschaft wesentlich verändert.
Der ständige Kampf mit Naturgewalten und anderen widrigen Umständen hatte hier einen Menschenschlag entstehen lassen, der seinesgleichen suchte, mit all seinen Eigenheiten in Sitte und Brauchtum.

Durchstich Grasbrook Brook bedeutet Bruchlandschaft, feuchte Wiesen und Weiden, an Wassern gelegen. Die Viehweiden auf dem Grasbrook wurden nach und nach bebaut, als die Stadt sich nach Süden ausdehnte. Mit vielen Grünflächen und Wasserarmen entstand ein idyllischer, malerischer Stadtteil. Prächtige Kaufmannshäuser, große Speicher und ein herrlicher, alter Baumbestand - Kastanien und Linden - prägten das malerische Bild.
1550 wurde der Grasbrook durchstochen, um eine Verbindung zur Norderelbe herzustellen. Dadurch wurde der Kleine Grasbrook abgetrennt. Er erhielt durch weitere Regulierungen mit den Inseln am Südufer der Norderelbe landfeste Verbindung. Im Osten wurde er durch ein Stackwerk mit dem Grandeswerder verbunden. Das Stackwerk wurde später in einen Damm verwandelt. So wurde der Grasbrook mit Grandeswerder zu einer Insel vereinigt.
Viele Straßen und Gassen im Katharinen-Kirchspiel wurden mit dem Namen Brook bezeichnet.

Durchstich der Marschinsel Grandeswerder In der ersten Hälfte des 16. Jahrhunderts verringerte sich die Tiefe der Norderelbe vor dem Eichholz südlich der Stadt durch Versandung. Deshalb durchstach man 1550 den Grandeswerder vor der Billemündung. Damit war Grandeswerder vom Brook getrennt und erreicht, daß nun

ein Teil des Stromes unmittelbar durch den Ober- und Niederhafen floß. Der Hafen wurde besser durchspült und der Versandung hatte man damit entgegengewirkt. Damals lag der Hafen noch im Mündungstrichter der Alster. Das Wasser drang somit auch in die Fleete ein und verminderte dort den Schlickanfall.
Wenn man bedenkt, daß zu jener Zeit die Fleete als Abwässer und Kloaken dienten, war eine verbesserte Durchspülung durch Ebbe und Flut von großer Wichtigkeit!

Abschluß der Stromregulierungen auf dem Brook Der Durchstich des Brooks im Jahre 1604 war der Abschluß der wichtigsten Stromregulierungen. Bereits 1568 war an der gleichen Stelle ein Graben ausgehoben worden. Jetzt erhielt er den Namen «Neuer Graben».
Der Brook wurde durch den Graben in den Großen und Kleinen Grasbrook geteilt.
Schon 1550 war durch den Grasbrook ein schmaler Graben ausgehoben worden. Er begann gegenüber der Veddel und endete vor dem Eichholz. Man hatte sich hierzu entschlossen, weil das tiefe Fahrwasser, das Ober- und Niederhafen miteinander verband, zu verschlicken drohte. Auch vor dem Eichholz hatte sich eine Sandbank gebildet, die größeren Schiffen zeitweilig die Einfahrt in den Hafen unmöglich machte.
Der südliche, unbebaute Teil der Elbinsel Brook wurde Grasbrook genannt und lange Zeit als Viehweide genutzt. Im Westen befand sich der Richtplatz, wo u.a. die Seeräuber hingerichtet wurden.
Der Grasbrook diente den in Hamburg wohnenden «Milchern», den Milchhändlern, für ihre Kühe und den «Gassenpächtern» für ihre Pferde als Weideland. Die Gassenpächter sorgten mit ihren «Gassenkummerwagen», die von Pferden gezogen wurden, für den Abtransport von Müll, Abfällen und Exkrementen.
Die Anzahl des Viehs wuchs, die Weide wurde magerer. Um hier einen Ausgleich zu schaffen, ließ man in der Stadt die Schalen von Erbsen und Bohnen sammeln, um sie zusätzlich an die Tiere zu verfüttern. In der Gemüsezeit fuhren also die Milcher mit ihren Wagen - von unterernährten Pferden gezogen - durch die Stadt. Man sah sie zu jeder Tageszeit in den Gassen und hörte sie rufen: «Bohnschlu to Waagen!» (Bohnenschoten auf die Wagen!).
Als die Stadt sich nach Süden ausdehnte, wurden auch die Viehweiden auf dem Grasbrook bebaut. Mit den vielen Grünflächen und Wasserarmen entstand ein idyllischer, malerischer Stadtteil, der bald dem Hafenausbau zum Opfer fiel. Prächtige Kaufmannshäuser, große Speicher und ein herrlicher, alter Baumbestand mit überwiegend Kastanien und Linden mußte den modernen Plänen weichen.
1616 bis 1625 wurde beim Bau der neuen Festungswerke auch der Brook, die Elbinsel im Süden, mit einem Wall versehen und bebaut. In der warmen Jahreszeit wurde am Grasbrook auch gebadet. Hunderte von Menschen säumten dann die Ufer. Die Grenzen im Strom waren durch Stangen bezeichnet. Aber der Strom forderte trotzdem immer wieder seine Opfer. Auch der Unterschied von Ebbe und Flut mag hierzu beigetragen haben.

Künstliche Veränderungen des Elbstromes Der Hamburger Rat wollte erreichen, daß der gesamte Schiffsverkehr über den Hamburger Markt geleitet wird. Dafür mußte die Süderelbe für den Durchgangsverkehr unpassierbar gemacht werden. Starke Gegner versuchten, das zu verhindern. Es waren die welfischen Herzöge von Braunschweig-Lüneburg, die in der Harburg (Burg im Sumpf) ihren Sitz hatten. Diese Burg wurde schon 1142 zur Sicherung der Slawengrenze erwähnt. Der neben der Burg liegende Ort erhielt 1299 Stadtrecht. 1547 entstand hier ein großes Lagerhaus und es entwickelte sich ein lebhafter Korn- und Holzhandel.
Die durch den Rat zwischen 1568 und 1650 veranlaßten Maßnahmen brachten den

Elbstrom durch Anlage von absperrenden Deichen endlich in die gewünschte Richtung! Allmählich verschwanden die vielen Stromläufe in den Vierlanden. Durchstiche im Stromspaltungsgebiet begradigten die Richtung des Stromes, der sich mit der Zeit sein Hauptbett ausspülte.

Der Durchstich des Neuen Grabens führte das Wasser der Elbe unmittelbar an die Stadt heran. 1443 schon floß das Wasser des Bergedorfer Schleusengrabens von der oberen Bille her der Dove-Elbe zu. Sie wurde 1471 an ihrem Oberlauf abgedämmt. Dadurch wurde ihr Unterlauf Zufluß für die künftige Norderelbe.

Ohne die Voraussicht und Ausdauer, die Hamburg schon seit dem Mittelalter dem lebenspendenden Strom zuwendete, wäre es eine kleine Landstadt an der Alster geblieben.

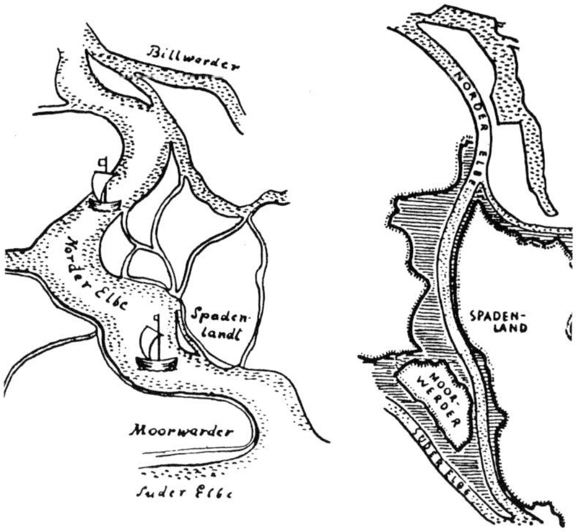

Durchstich Spadenländer Busch 1570

Durchstich Spadenländer Busch 1465 wurden östlich von Hamburg die Namen Ochsenwerder und Spadenland zum ersten Mal erwähnt.

Von Spadenland und Ochsenwerder durch die Gose-Elbe getrennt lag – von Wasser umgeben – Tatenberg. Nach der allmählichen Versandung des westlichen Mündungsarmes der Gose-Elbe wurde Tatenberg mit Spadenland und Ochsenwerder in einen einzigen Deichverband einbezogen. Die Inseln Ellerholz-Weide, der Spadenländer Ausschlag, der Busch und die Warder-Weide (die spätere Billwerder Insel) blieben uneingedeicht.

Den Spadenländer Ausschlag hatte die Stadt Hamburg 1450 von den holsteinischen Grafen gekauft, Busch und Warder-Weide waren bereits in hamburgischem Besitz.

Bald nach der Anfertigung der Lorichsschen Elbkarte machten die Hamburger 1570 einen Durchstich durch das Vorland des Spadenlandes und trennten den vorspringenden Teil, den Busch, ab. Er wurde später allmählich mit dem gegenüberliegenden Ufer verbunden.

Diese Veränderung des Stromes bewirkte auch die völlige Loslösung der Ellerholz-Weide, die Ende des 17. Jahrhunderts noch auf der Moorwerder Seite lag. Hier spaltete sich der Strom, so daß das Wasser teilweise in die Stillhorner Elbe abfloß. Der Durchstich verlegte den Spadenländer Busch auf das linke Ufer der Elbe, so daß der Strom in gerader Richtung nach Norden floß. Die Stillhorner Elbe wurde dadurch fast trokkengelegt.

Durch diese Stromregulierungen und -verlegungen wurde der Arm der Norderelbe künstlich vergrößert und an Hamburg herangeführt.

Die Schiffe, die die Elbe herunterkamen, wurden dadurch gezwungen, ihren Weg durch die Norderelbe nach Hamburg zu nehmen. Sie konnten nicht mehr über andere Elbarme ausweichen. Es war der Stadt Hamburg gelungen, den gesamten Holz- und Getreidehandel Nordwestdeutschlands in ihre Hand zu bekommen.

Bastion Hölzernes Wambs und das Blockhaus Anfang des 17. Jahrhunderts erhielt die Stadt bei der Neubefestigung 21 Bastio-

nen, vom Johannisbollwerk bis zur Georgiusbastion auf der Westseite des Grasbrooks. Zur Verstärkung der Georgiusbastion legte man 1642 an der Kehrwiederspitze noch eine niedrige Bastion an, das Hölzerne Wambs genannt.
Von dieser Bastion aus führte eine Palisadenreihe zum Baumwall hin und bildete den «Niederbaum».
Im Hölzernen Wambs wurde 1721 ein Lusthaus erbaut und eine Anpflanzung von Lindenbäumen gemacht.
Später befand sich hier eine Bindgarnspinnerei der Armenanstalt, die 1801 zwischen die Bastionen Hieronimus und Eberhardus verlegt wurde.
Zur Verteidigung des Niederbaumes wurde 1655 noch ein Blockhaus in die Elbe hineingebaut. Nun zählte das Hölzerne Wambs mit seinen Vorwerken als eine volle Bastion, die 22. der Wallbefestigungen. Das Blockhaus, die Bastion Neptun, war ein vorgeschobener Posten der Brookbefestigung und hatte die Aufgabe, den Hafen zu überwachen und die Wallbastionen Albertus und Johannis in der Verteidigung und Beherrschung des äußeren Hafens zu unterstützen. Es lag 400 Fuß von der Spitze des Brooks am Kehrwieder entfernt, mit der es durch einen Damm verbunden war. Mit der gegenüberliegenden, vom Johannisbollwerk herkommenden Seite machte es den Niederbaum aus, der den Rummelhafen von dem inneren Hafen trennte.
Der Anblick des Blockhauses machte einen beschaulichen, idyllischen Eindruck, besonders am Abend, wenn es mit hell erleuchteten Fenstern vom ruhigen Wasser umgeben dalag. Bei Mondschein im Zwielicht schien die ganze Anlage aus dem Wasser aufzutauchen oder zu versinken, ein ungemein romantisches Bild, das viele Maler anzog.
Das Blockhaus war auch Hauptquartier des Hafenmeisters am Niederbaum. Viele Festlichkeiten fanden hier statt. Fremde und einheimische Biersorten und besonders fein zubereitete Stockfischmahlzeiten waren neben der schönen Aussicht und Hafenatmosphäre ein beliebter Anziehungspunkt.
Mit Wach- und Schilderhaus hat es fast 200 Jahre seinen Dienst zum Schutze der Schiffahrt versehen. Es wurde allgemein bedauert, als im Jahre 1853 im Zuge der Niederlegung aller Bastionen auch die Bastion Neptun, das Blockhaus, abgebrochen wurde. Es war ein idyllischer Anachronismus im immer hektischer werdenden Hafengetriebe gewesen.

Das Baumhaus 1662 entschloß man sich – da das Blockhaus wegen des stark wachsenden Verkehrs für die Unterbringung der städtischen Angestellten nicht mehr ausreichte –, am Ende des Baumwalls ein geräumiges Gebäude zu errichten, das den Namen Baumhaus erhielt.
Blockhaus und Baumhaus wurden von dem Stadtbaumeister Hans Hamelau nach holländischen Vorbildern gebaut und haben durch ihre Schönheit zwei Jahrhunderte lang das Bild des Hamburger Hafens geprägt.
Das Baumhaus diente verschiedenen Zwecken. Es war Treffpunkt des gesamten Verkehrs im Hafen. Schon bald nach seiner Errichtung wurde es Gesellschaftshaus und Mittelpunkt der vornehmen Welt. Unten war ein großes Gastzimmer eingerichtet, unter dessen Decke ein Krokodil und andere ausgestopfte Tiere hingen, zwischen einem Kanu mit einem ausgestopften Grönländer. Im 1. Stock befand sich ein Speisesaal für 200 Personen. Die Decke war mit der Darstellung einer Seeschlacht dekoriert. Auf dem Dach war eine Galerie ausgebaut, die einen herrlichen Rundblick über den ganzen Hafen bot.
Hochzeiten und viele andere Festlichkeiten wurden im Baumhaus gefeiert. Reisende mit berühmten Namen trafen sich mit Persönlichkeiten der Stadt Hamburg. Auch Lessing und Klopstock zählten zu den Stammgästen. Im Sommer tagte hier

der Künstlerverein. Auf dem Dach befand sich ein Observatorium und seit 1837 ein optischer Telegraf, der Hamburg mit Cuxhaven verband.

Höhepunkt des geselligen Lebens im Baumhaus war die Verlosung von zwei fetten Ochsen im November jeden Jahres. Der Einsatz betrug einen Taler. Da es nur zwei Gewinner gab, wurden alle Verlierer nach der Verlosung mit einer kostenlosen sogenannten Ochsenmahlzeit getröstet. Sie bestand in der Hauptsache aus einem Stockfischgericht!

In seinen «Hamburger Bildern» schildert H. Smidt anschaulich das bunte Leben und Treiben im Baumhaus:

«Da lag es, am Eingang des Binnenhafens, mit seinem schwarzglänzenden Dache, mit dem Balkon, der wie eine Halskrause sich um den ganzen Bau wand, mit den weißgewesenen Wänden und den hohen Weinfässern, auf die man über eine Leiter hinaufsteigen konnte. Auf der Schwelle oder auf den leeren Fässern standen oder saßen die Jollenführer, die hamburgischen Lazzaroni. Einer von ihnen war Flint von Dortrecht. Er lauerte auf den französischen Schiffskapitän, der ihm versprach, ihm gegen gute Zahlung größere Mengen Butter und Käse abzukaufen. Statt des Franzosen kam ein Spanier und machte das Geschäft. Verspätet eilte der Marseiller mit goldgefüllter Börse herbei, konnte aber nur noch einen mitleidig lächelnden Blick des entfliehenden Castilianers erhaschen. Drei dicke Männer erregten wiedermal Aufsehen. Die deutschen Schiffer kennen das ... Aber jetzt hatte jeder auf seine Weise Wichtigeres zu tun: Der eine hat sein Schiff kalfatern lassen und will es morgen wieder aufrichten. Der zweite wartet auf Wind, denn seine Liegetage sind vorüber. Der dritte ist gestern aus Westindien gekommen und sucht gute Käufer für seine mitgebrachten Affen, Papageien und Kokosnüsse.

Da kommen zwei Matrosen mit groggeröteten Gesichtern, den leichten Strohhut auf dem rechten Ohr und die Haare voll Federn. Arm in Arm wollen sie hinein. Zu spät ... um sechs Uhr sollten sie an Bord sein und jetzt ist es Mittag. Sie singen: «Komm ich mal an Land, hab ich meine Freiheit wieder; geh ich nicht mehr zur See, die See ist mir zuwider!» «Du bist ja an Land!» ruft Tom und stößt den Kameraden in die Rippen. Er taumelt zur Seite und fällt auf den Schoß eines baumlangen Kerls, der eben zum fünften Glase Rum das dritte Butterbrot verzehrt. «Fallen den Anker!» ruft der Stürzende und umklammert die Knie des Langen. Der aber erhebt sich voll Zorn, sieht die beiden lustigen Kerle an und ruft: «Tom, William, plagt Euch das Donnerwetter? Warum seid Ihr nicht an Bord und was wollt Ihr hier?» «Es ist nur, Kapitän,» nimmt der etwas nüchternere William das Wort, «weil wir Euch fragen wollten, ob Ihr auch etwas zu bestellen hättet.» «Allerdings», sagt auf einmal ganz gelassen der Kapitän: «geht nur an Bord und sagt der FORTUNA, ehe es Abend wird, werde ich zurückkommen und zweien ihrer nichtsnutzigen Passagiere das Rückenfell mit dem besten Tauende weichgerben, das ich nur finden kann.» «Ganz wohl, Kapitän!» lallt William und nimmt den Arm des Gefährten. Beim Hinausgehen sagt er: «Wie werden sich die Kerls wundern, wenn der Alte mit Sonnenuntergang kommt und Wort hält. Wir wollen das Maul halten und der FORTUNA nichts sagen, die alberne Metze könnte es sonst ausplaudern.»

Das Baumhaus

Gotthold Ephraim Lessing (Mitte) auf der Baumhausterrasse

Da tritt ein Mann herein mit weißer Wäsche, blanken Stiefeln und im grauen Oberrock. Es ist der Wirt des Hauses. Er ist stets heiter und guter Dinge, und warum sollte er auch nicht? Er sieht alle Tage lustige Gesellschaft und versteht den Scherz. Er hat manches armen Mannes Flasche gefüllt und den empfangenen Schilling wieder in die Hände des Käufers zurückgeschoben. Das macht leichtes Blut und eröffnet einen außerordentlichen Kredit an Dankbarkeit und Liebe. Das sind Kapitalien, die nicht klingen, aber sie leuchten wie helle Sterne in dunkler Nacht, auf die man auch ohne Kompaß und Steuer mit ruhigem Herzen vertrauen kann.» –

Im Zuge der Hafenerweiterung nach den Plänen der Ingenieure W. Lindley, James Walker und Wasserbaudirektor Hübbe wurde 1853 das Blockhaus und 1857 das Baumhaus abgebrochen, um dadurch einen besseren Zugang zum Sandtorhafen zu erreichen. Beide Häuser waren 200 Jahre lang durch ihre Gastlichkeit bekannt und für fremde Besucher «eine sehenswerte Merkwürdigkeit Hamburgs» gewesen; sie hatten bis zur Mitte des 19. Jahrhunderts das Hamburger Hafenbild bestimmt.

Wohlleben Hamburgs Anfang des 19. Jahrhunderts Es herrschte nirgendwo mehr Gastfreiheit als in Hamburg. Die Mittagstafel wurde gewöhnlich nach der Börse gehalten. Dem «Dinner», wie es damals hieß, folgte häufig eine Partie Whist, ein englisches Kartenspiel, das sich oft bis zur wohlgedeckten Abendtafel hinzog. Hohe Trinkgelder an die Domestiken waren üblich.

Die Elbe lieferte Lachse, die Nordsee Austern und Hummer, die Ostsee Dorsche, Holstein Rindfleisch und Karpfen, Lüneburg Wildbret, Westfalen Schinken. Der Seehandel brachte russischen Kaviar, westindische Schildkröten, köstliche Südfrüchte und die besten Weine Portugals und Frankreichs auf den Tisch. Das Hamburger Rauchfleisch war berühmt. Es kam größtenteils von den kleinen jütländischen Ochsen, die bei einem Gewicht von nur 400 bis 500 Pfund das zarteste Fleisch lieferten.

Die Gasthöfe waren teuer, besonders dort, wo sie eine schöne Aussicht boten wie am Jungfernstieg und an der Elbe. Am Jungfernstieg wurde damals vom «König der Gastwirte» ein Streit vom Zaun gebrochen. Er hatte große Hinterhäuser angebaut und eröffnete einen glanzvollen Speisesaal mit musterhafter Bedienung. Seine Rechnungen waren nicht hoch. Er verfolgte das Prinzip: «Ich will nicht auf einmal reich werden!» – zum Leidwesen seiner Konkurrenz. Unter den Kaffeehäusern zeichneten sich vor allem die beiden Pavillons am Jungfernstieg aus. Die Restauration des Theaterpavillons an der Dammtorstraße fand ebenfalls großen Anklang, besonders für geschlossene Gesellschaften. Der Inhaber dieses Pavillons, Schindler, war noch mehr bekannt geworden durch seine interessante, bildschöne Frau Marianne, die von der Gastwirtschaft «Mariannenruh» in Eimsbüttel stammte und über Hamburgs Grenzen hinaus in aller Munde war.

Die Besiedelung des Brooks Auf dem Brook begann schon Ende des 15. Jahrhunderts vereinzelt der Häuserbau. 1461 bezog die Stadt Einnahmen aus Gärten auf dem Brook. 1483 verlangten die Bürger vom Rate, er solle das Backen und Brauen auf dem Brook verbieten. Noch im gleichen

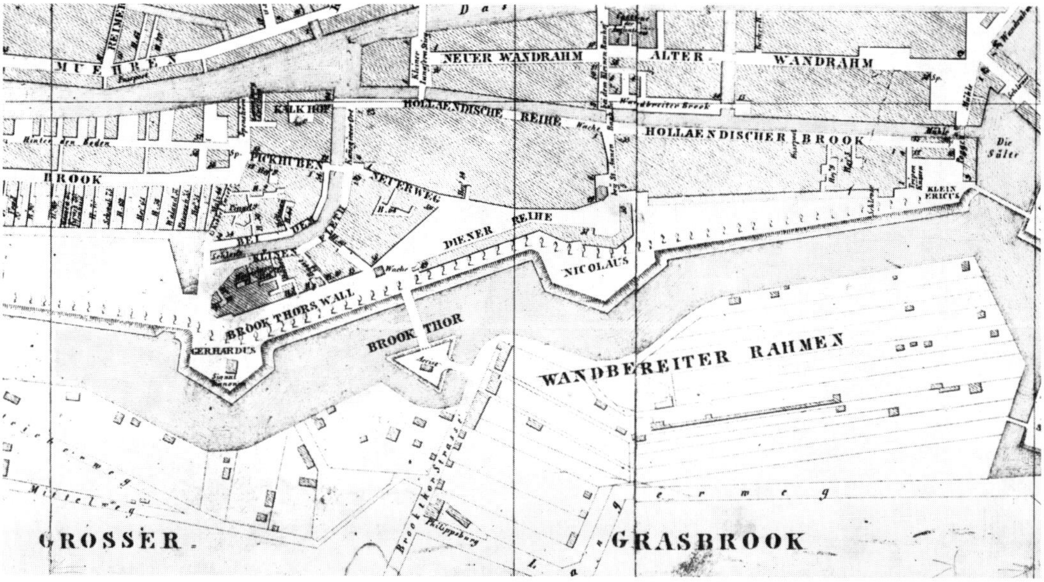

Der Brook

Jahr bestimmte ein Erlaß: «... daß niemand Korn, Mehl, Butter, Fleisch oder andere Eßwaren bei Verlust der Güter auf dem neuen Brook auf oder in die dortigen Häuser tragen und bringen lasse.» 1529 wurde untersagt, daß auf dem Brook Leute wohnten. Nur Kaufmannsgüter durften unter Aufsicht dort lagern. Etwaige Diebe sollte man «gern braun und blau schlagen dürfen».

Erst 1531 wurde der Brook vom Rat zur Bebauung freigegeben. Auch das Gebiet, das vorher nur für Schiffbauzwecke benutzt werden durfte, konnte nun für Wohnzwecke bebaut werden. Der gesamte Schiffbauerbrook wurde im nächsten Jahr mit Wall und Graben befestigt, was die Anziehungskraft des so gewonnenen neuen Stadtteils hob. Der bisherige Stadtgraben im Süden der Stadt wurde dadurch ein innerhalb der Stadt belegenes Fleet. Die alte, südliche Stadtmauer, die nunmehr weit innerhalb der Stadt lag, war unnötig geworden und wurde abgerissen. Dadurch wurde neuer Ladeplatz am Ufer geschaffen. Der alte Name «Kajen» weist heute noch darauf hin.

Auf dem rechten Ufer des «Alsterdeep», des letzten Teiles des Alsterunterlaufes, brachte die neue Stadtbefestigung ebenfalls bedeutende Änderungen. 1529 standen außerhalb der Stadtmauer bis zum Eichholz «Höfe».

1531 schüttete man den Baumwall mit seinen Fortsetzungen bis zum oberen Alsterbecken auf, versah ihn mit einer starken Befestigung gegen das Wasser hin und verlegte den Niederbaum hierher. So lag der einem spitzen gleichschenkligen Dreieck gleichende Außenhafen ganz innerhalb der Stadtbefestigungen.

Das Hereinziehen des Hafens und des Brookteils in die Stadt beendete den letzten Schritt des Hafens der Elbe zu.

Holländischer Brook, Holländische Reihe, Wandbereiterbrook Zum Unterschied von «Brook», wo sich an beiden Seiten des Fleetes Kai und Straße befanden, wies die Bezeichnung «Reihe» darauf hin, daß Kai und Straße sich nur auf einer Seite entlanggezogen.

An der Holländischen Reihe standen die

Häuser vom Neuen Wandrahm mit der Rückseite direkt am Fleet, auf der anderen Seite mit ihrer Vorderseite zur Straße hin, zur Holländischen Reihe. Über das Fleet führte die «Brücke des kleinen Jungfernstiegs» zur Katharinenkirche. Die Holländische Reihe war die Fortsetzung des Holländischen Brooks auf der westlichen Seite des St.Annen-Kirchhofs. Die vielen Winden zeigten an, daß hier reger Schiffsverkehr und Güterumschlag stattfand.
Der Holländische und Wandbereiter Brook war ein Straßenzug, der von einem Fleet in der Mitte der Gasse durchschnitten war. Wenn man auch von den Haustüren der einen Seite in die Haustüren der anderen Seite sehen konnte, hieß doch die eine Straße Holländischer und die andere Wandbereiter Brook.
Schon im frühen Mittelalter hatten sich niederländische Auswanderer in den Marschgebieten links der Elbe niedergelassen. Sie schufen hier ein Obstanbaugebiet, das seinerzeit noch zum Erzbistum Bremen gehörte. Heute ist es das «Alte Land» das größte zusammenhängende Obstanbaugebiet Deutschlands.
Schon im 13. Jahrhundert wanderten einige ihrer Nachfahren in die Stadt Hamburg ein. Antwerpener Tuchmacher und Färber ließen sich um 1530 am Rödingsmarkt nieder. 1566 begann in den Niederlanden die «Hispanisierung» durch den spanischen König Philipp II. Auf sein Geheiß errichtete Herzog Alba in den Niederlanden eine Militärdiktatur, die in gnadenloser Gewalt die Niederländer zum Freiheitskampf zwang. Während dieses mehrere Jahrzehnte dauernden Kampfes flüchteten über 10.000 Niederländer mit ihren Angehörigen Richtung Hamburg. Die Bevölkerung nahm sie mit großer Hilfsbereitschaft auf. Durch die niederländischen Emigranten erblühte ein reger Tuchhandel. Sie brachten Fertigungsmethoden mit, die hierzulande unbekannt gewesen waren. Einer der ersten Ansiedler war Hermann Rodenhorch, ein reicher Tuchfabrikant aus Amsterdam. Er sorgte für seine Landsleute mit diversen Vergünstigungen wie freie Tuchfabrikation, Anlage einer Walkmühle, Steuerermäßigung. Das war ein Grund mit, daß der Zuzug der Niederländer in den folgenden Jahren weiter zunahm. Die meisten siedelten sich auf dem Brook an.
Im Jahre 1585, nach der zweiten Einnahme Antwerpens durch die Spanier, traf die zweite Flüchtlingswelle in Hamburg ein.
Nicht alle brachten Vermögen mit nach Hamburg, viele retteten nur das nackte Leben. Deshalb wurde 1585 die «Niederländische Armenkasse» gegründet, die von den Wohlhabenden unterstützt wurde. Diese Einrichtung war neu in ihrer Art und erlangte im Armenwesen großes Interesse. Ihr Verwalter Wilhelm Amsinck konnte im

Brooksfleet

Brooksgraben

Jahre 1587 806 Mark und 14 1/2 Schilling verteilen. 1618 war die jährliche Einnahme auf 2000 Mark angestiegen.
Niederländer als Bestandteil des hamburgischen Bürgertums wurden auch als Kulturträger für die Stadt Hamburg von großer Bedeutung. Viele von ihnen haben höchste Regierungsämter der Stadt bekleidet.
Holländische Baumeister hatten im besten niederdeutschen Bürgerbarock repräsentative Bauten errichtet mit prächtigen Fassaden, üppig verzierten Portalen, Erkern und Giebeln. Die Fleete hatten sie zu Grachten erweitert, in denen sich die Häuserreihen und Bäume malerisch spiegelten. Es war eine Idylle von besonderem Reiz entstanden.
1619 wurde nach Amsterdamer Muster die Hamburger Bank gegründet. Gleichzeitig trat eine Münz- und Banco-Ordnung in Kraft. Von 42 großen Handelshäusern der Stadt waren bereits 32 niederländisch. Niederländisch war Geschäftssprache und hamburgische Kaufleute führten ihre Bücher in Niederländisch! Es mögen bis zu 2000 Niederländer gewesen sein, die seinerzeit in Hamburg lebten. Hamburg hatte damals etwa 40.000 Einwohner und war damit die größte Stadt Deutschlands.

Schiffszimmerleute auf dem Brook 1514 erhielt die Zunft der Schiffbauer, «Schepebowertimmerlüde», ihre erste Zunftrolle. Nach Hansischem Recht durften bis dahin nur für Hanseaten in Hamburg Schiffe gebaut werden. Die neue Ordnung räumte den Schiffbauern das Recht ein, auch für Freunde und Nachbarn der Stadt mit besonderer Erlaubnis des Rates Schiffe zu bauen. Gemeint waren «Staders, Hadelers, Ditmarschen, Fresen, Husmers, Brehmers». Bevor die fertigen Schiffe «durch die Brücke gelegt», d.h. vom Schiffbauerbrook unter der Brooksbrücke hindurch in den Hafen gebracht wurden, mußten von jeder Last fünf Speziesthaler an die Stadt abgeführt werden.
Lehrlinge der Schiffbauerzunft hatten ab 1544 vier Jahre zu lernen und anschließend ein Jahr auf der Werft zu arbeiten. Jeder Meister durfte nur zwei Lehrknechte haben. An Knechten durften die Älterleute vier, die anderen Meister drei halten. Zusätzlich konnten sie bei Bedarf Tagelöhner anstellen. Wollte ein Knecht «sines sülves» werden, so mußte er ein Meisterstück fertigen.
In einem Artikel der Zunftrolle hieß es: «En frömmet gesell, de hier nicht gelehret hafft», dürfe bei Geldmangel in Hamburg nur vierzehn Tage arbeiten, um sich Geld für die Weiterreise zu verdienen.
Schiffer, die einen Zimmermann mit auf See nehmen wollten, mußten sich mit den Älterleuten in Verbindung setzen «up dat de kopman desto beter verwahret sy». Bei Licht durfte in der «Bude» nicht gearbeitet werden. In einem weiteren Artikel war zu lesen: «Welck meister, de een schip bouwet, dat under de brügge nicht dör en mag, sunder man mut se upnehmen (oder klappen) so schall de meister dat fordern, de dat schip gebouwet hefft, dat de schipper de tonne beers uhtgeven, eer dat schip dorch de brügge kumpt, welckere tonne beers höret dem ambte vor den kehl tho richtende unde den spanne up den kehl tho settende, und helpen idt goede schip int water bringen, effte de meister schall vor tonne beers geholden sin. Des so schall een jeder meister wedderum guhtwillig eenen knecht folgen laten!»
Das Hamburger und das Hansische Schiffsrecht schreiben weiter vor, daß der Schiffer, der ein Schiff bauen ließ, alle am Bau Beteiligte vorher beisammen haben mußte. Der genaue Plan müsse vorher festgelegt werden, z.B. «wie groß, wie viel Ellen Keels, wie viel Füße flaches, wie viel auff dem Balcken, wie tieff verbunden».
Für den Bau eines Schiffes durfte keiner der Auftraggeber ohne Einwilligung der anderen eigenes Material liefern und in Rechnung stellen. Das Einkaufen des erforderlichen Materials besorgten der Schiffer und zwei der Teilhaber.

Der Vertrag der Schiffer und Schiffbauer von 1557 besagte: «Wat binnen Scheeps-Bordt to macken, kan im Winter geschehen, Scheepe to dichten un to vragen (kielholen), ock im Grund antoleggen up dat Vorjahr».
Die Älterleute hatten für gute Arbeiter zu sorgen und mit dem Meister die Arbeit täglich zu beaufsichtigen. Auch die Schiffer sollten die Arbeiten beaufsichtigen und ggf. sogar «das Volck verwiesen un andere söcken».
War das Schiff fertig, konnten sich die Auftraggeber auf der Kanzlei einen sogenannten Bielbrief geben lassen, der den Bau des Schiffes in Hamburg bestätigte.
Der Lohn der Schiffszimmerleute betrug im Sommer 30, im Winter 20 Schilling pro Tag. Die Späne, die auf's Land fielen, gehörten den Meistern, die auf's Wasser fielen, den Tagelöhnern. Ausgenommen aber waren große, noch verwendbare Stücke aller Schiffe und die zur Brennung der Dielen oder Barghölzer noch zu verwendenden Späne.
Die ältesten Schiffbauereien lagen auf dem Brook innerhalb der Brooksbrücke. Später kamen Werften vor dem Deichtor, am Kehrwieder, am Hamburger Berg und auf dem Grasbrook vor dem Winserbaum hinzu.
Die Schiffbauer besaßen mehrere Häuser in der Stadt. Ihr Amtshaus lag Bei den Mühren. Es hatte Windfahnen aus vergoldetem Kupfer und war mit dem Gewerkzeichen der Zunft, einem Schiff, versehen. Ein anderes Haus hatte zur Wasserseite hin einen «Rosenordt», einen Lustgarten mit schönem Lusthaus. Diese Anlage brannte 1684 nieder, als durch ein großes Feuer, das auf dem Schiffbauerbrook begann, die Straßen Kehrwieder, Kibbeltwiete, Kleines Fleet, Kalkhof, Neuer Weg, Holländische Reihe und Kannengießerort in Asche fielen. Am Schiffbau beteiligt waren außer den Schiffszimmerern die Reepschläger, Mastenschneider, Segelmacher, Blockdreher, Schmiede, Bildhauer, Maler u.a.m.

Das Amtshaus der Reepschläger

Der Stapellauf eines Schiffes fand statt, wenn es «bis an's Kanonendeck geplankt» war. Deck und obere Plankengänge wurden auf dem Wasser gebaut.
Die hamburgische Schiffbaukunst war sehr leistungsfähig, «sowol zu Orlog- als Last- und Kaufschiffe zu bauen gerecht». Die ersten beiden Kriegsschiffe wurden noch unter der Leitung eines holländischen Schiffbaumeisters gebaut, die folgenden von Hamburgern. Für das zweite, die Wapen von Hamburg, erhielt der Schiffbaumeister 30.000 Mark.
Die ehrsame Zunft der Schiffbauer war sich ihres Könnens bewußt, mit Stolz! Als Ende des 18. Jahrhunderts die Admiralitätsjacht in England erbaut wurde, erregte das großen Ärger. Ein patriotischer Schiffbauer sagte damals zu einem Geistlichen, der diese Auftragsvergabe in Schutz nahm, warum die Herren denn ihr neues Gesangbuch nicht auch in England hätten machen lassen! Die Hamburger behaupteten, sie

hätten das Schiff für einen weit geringeren Preis herstellen können und es wäre für den Strom auch noch besser geeignet gewesen!

Die Amtsgelage Im alten Rechnungsbuch des Schiffbaueramtes ist unter der Jahreszahl 1556 folgende Eintragung nachzulesen: «Item de spisinck tho sunte Johans tho lichtenn is gespiset wo volgeth anno 56. Des Sondages jegem denn Aventh up de langen tafelnn 4 schinckenn undhe up der knechte (Lehrknechte) tafelnn 2 schinkkenn; darnha schapennflesch undhe botter undhe kese undhe kasseberenn (Kirschen). Des abendes desulvenn schinnken de des middages aver geblevenn sinth, undhe lamflesch, botter undhe kese alse ith des middages aver gebleven iss. Item des dinsdages tho middagge rotscher (Stockfisch) mith botter unde lass (Lachs). Des avendes spisende de nien schaffers lass undhe botter undhe kese.»
Anfang des 17. Jahrhunderts beginnend, fanden jährlich zwei größere Festessen statt, das eine wurde «Rolltonne» genannt, das andere «Höge», auch «Große Höge». Mit der Rolltonne hat es sicher folgende Bewandtnis: Die Rollen (Rundhölzer), die zum Herablassen der Schiffe vom Schiffbauplatz ins Wasser benutzt wurden, bezahlte die Amtskasse. Gewißlich wurde das bezahlte Rollgeld pro Tonne für diese gemeinsamen Amtsgelage verwendet!
Bei der Hauptfestlichkeit, der Großen Höge, bildete der Ochsenbraten das Hauptgericht. Meistens wurden die Ochsen lebend gekauft und erst im Gesellschaftshause geschlachtet. Außerdem kamen Lammfleich, Fisch und Geflügel auf den Tisch. Als «Beikost» gab es Reis mit Milch oder Reismus, gewürzt mit Rosen- oder Kaneelwasser, einiges Gemüse und Obst (Kirschen und Birnen), auch «Haselnüsse und Altgurken». Gewürzt wurde mit Ingwer und Nelken. Viel «Syrop» wurde immer wieder genannt. Käse, Brot und Butter wurden in großen Mengen verzehrt. Auch Kuchen und «schönes Brot» kamen auf die Tafel.
Bei der Rolltonne wurde Rauchfleisch und Schinken gegessen mit allerlei Gewürzen und Kraut. Außerdem gab's Mettwurst, Lammfleisch, Fische, Brot, Butter und Käse. Bei beiden Gelagen war das übliche Getränk Bier, in ganz seltenen Fällen Wein und «Brandtwin».
«Nach altem Gebrauch» wurden die Türen mit Kränzen und Laub geschmückt. Während und nach dem Essen erklang Musik von Spielleuten und Lautenisten.

Wandbereiter Das Wort «Wand» finden wir heute noch in Leinwand, Beiderwand, Gewand. Die Wandbereiter waren Tuchmacher und bildeten eine eigene, hochangesehene Zunft. Heinrich der Löwe soll im Jahre 1152 diese Zunft begründet haben. 1267 soll es schon vierzig Gewandbereiter in Hamburg gegeben haben.
Um die Mitte des 14. Jahrhunderts war ihnen der Raum zwischen dem Zollkanal und dem Fleet zugewiesen worden. Hier stellten sie ihre Rahmen auf. Zum Bleichen der Leinwand benutzten sie die Abhänge zu den beiden Wasserläufen. Im Jahre 1625 wurden die Befestigungsanlagen ausgebaut und die Wälle erhöht. Das nahm den Wandbereitern den frischen Wind und den Sonnenschein. Sie gingen hinauf auf die Wälle und stellten dort ihre Rahmen auf. Später mußten sie aber auch hier wieder weichen. Die Befestigungsanlagen sollten den fremden Tuchmachern nicht in allen Einzelheiten bekannt werden.
Noch im 17. Jahrhundert schickten die Engländer ihre Tücher roh und ungeschoren nach Hamburg, wo die Wandbereiter ihnen die letzten Feinheiten gaben. Später scheerten und breiteten die Fabrikanten die Tücher selber aus, so daß den hiesigen Wandbereitern nur ihre eigene wenige gröbere Arbeit übrig blieb.
Das Wandbereiteramt bestand aus Meistern und Gesellen. Es hatte den Rang einer Zunft oder Handwerksgesellschaft in der

Stadt. Als im 19. Jahrhundert die Fabrikation begann, ging das Gewerbe zurück und mußte schließlich ganz eingestellt werden. Aber der Handel mit Tuchen und die Verarbeitung blieben.
Die Wandbereiter wurden Lakenhändler und Gewandschneider.
Straßennamen wie Alter und Neuer Wandrahm, Wandrahmsbrücke, erinnern noch an diese Tuchmacher.
Als der Freihafen angelegt wurde, mußten hier ca. 8000 Menschen umquartiert werden; man brauchte Platz für Speicherbauten.

Kehrwieder Die Straße Kehrwieder war eine Sackgasse und der Name sollte sicherlich schon anfangs daran erinnern, daß man am anderen Ende der Straße wieder umkehren mußte. Das andere Ende, die Kehrwiederspitze, hatte keine Verbindung zum gegenüberliegenden Ufer.
Hier an der Kehrwiederspitze mündete der Niederhafen, der früher einmal der Haupthafen der Stadt gewesen war, in den Elbstrom. Der Niederhafen entwickelte sich zum Binnenhafen, weil die Schiffe mit der Zeit größer und zahlreicher wurden und deshalb draußen ihre Liegeplätze finden mußten. In den Jahren 1531 bis 1852 lag an der Kehrwiederspitze eine Balkensperre, was den Namen Niederbaum erklärte. Eine Brücke von der Kehrwiederspitze zum Baumwall wurde erst 1878 gebaut.
Durch die günstige Lage an der Brookseite des Binnenhafens wurde Kehrwieder für den Handelsverkehr zum wichtigen Zentrum. Hier fand daher die früheste Bebauung der Brookinsel statt. Schon 1537 wurde der Kehrwieder mit dem Schiffbauerbrook als Straße der Brookinsel erwähnt. Sie entwickelte sich zu einer der vornehmsten Kaufmannsstraßen des Brooks und des ganzen Katharinenkirchspiels.
Am Ende des Kehrwieders lag die Bastion Georgius, die man 1619 erbaute. 1827 wurde sie abgetragen und es entstand hier das Wilhelminenbad. Nur drei Kanonen blieben stehen, die bei Sturmflut Alarm gaben.
Ende des 19. Jahrhunderts waren die Tage der idyllischen Gemütlichkeit gezählt. Der Freihafenausbau forderte den Abbruch des Kehrwieder. Über 24.000 Menschen mußten aus diesem Viertel umgesiedelt wer-

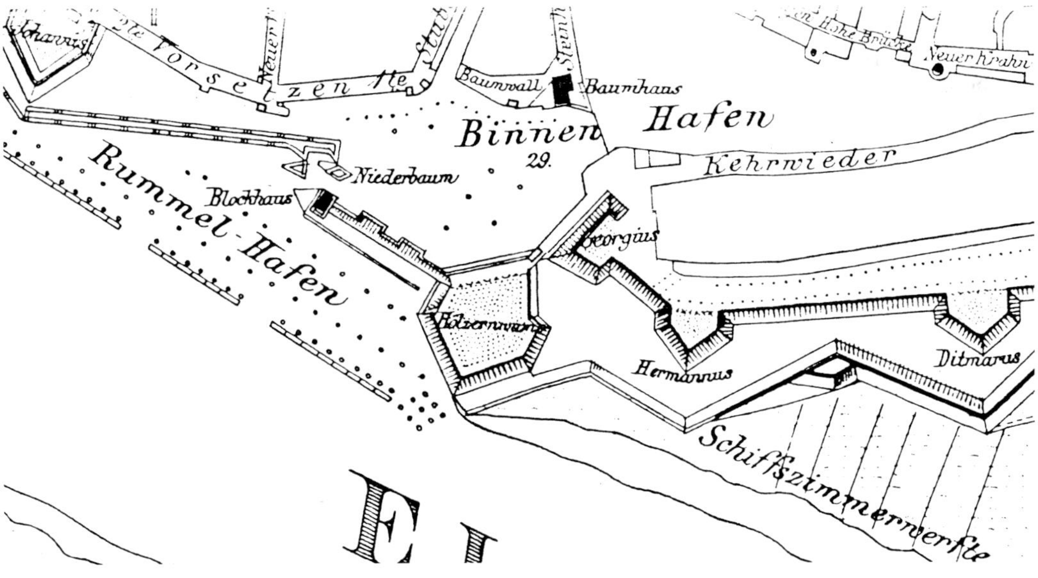

den. (Die genaue Zahl ist wahrscheinlich nicht zu ermitteln, da sie in verschiedenen Quellen variiert). In den Vororten Barmbek, Eilbek, Eimsbüttel und Hammerbrook wurden den Vertriebenen Ersatzwohnungen angeboten, klein und teuer, die sie oft nur durch Weitervermietung einzelner Zimmer finanzieren konnten.

Poggenmühle Zwischen Meßberg und dem Platz vor dem Bauhof führte eine hölzerne Brücke über den Kanal auf den Platz «Bei der Poggenmühle». 1555 war hier eine Walk- oder Pochmühle in Betrieb genommen worden, die den Wandbereitern zur Bearbeitung der Tuche diente. Im Jahre 1609, als die Rahmen der Wandbereiter wegen der Besiedelung der Insel weiter südlich auf den Grasbrook umgesetzt wurden, war die Walkmühle an dieser Stelle überflüssig. Sie wurde in eine Kornmühle umgewandelt und Poggenmühle genannt. Die Bezeichnung mochte daher kommen, daß hier besonders viele Frösche (Poggen) ihr Revier hatten. Die Mühle bewegte das Wasser aus dem Wallgraben in einen kleinen Mühlengraben zwischen dem Holländischen und Wandbereiterbrook, der am Ende der Holländischen Reihe in den Kanal floß.
Als 1897 weitere Häuser und Straßenzüge für die Erweiterung des Freihafens abgerissen wurden, fiel dem auch die Poggenmühle zum Opfer.

Bei St.Annen Um 1565 wurde auf dem freien Platz zwischen der Holländischen Reihe und dem Neuerweg eine kleine Kapelle erbaut und der Heiligen Anna geweiht, der Mutter Mariä. Die Gläubigen, meist arme Leute, kamen vom Kehrwieder, vom Sande, aus der Kibbeltwiete und vom Kleinen Fleet. Der Friedhof hieß im Volksmund «Arm Lüds Karkhoff». Etwa 200 Jahre später wurde diese Kapelle abgebrochen und der Friedhof eingeebnet. Aber den Turm hatte man stehenlassen und nutzte ihn als Verkaufsbude und Wagenunterstand. 1869 wurde auch er abgetragen – und weitere zwanzig Jahre später waren Höfe und Häuser dieses dicht besiedelten Stadtteils ebenfalls verschwunden.
Wo einst die St.Annenkapelle stand, baute man im Jahre 1885 das zinnen-, erker- und türmchengeschmückte Verwaltungsgebäude der Freihafen-Lagerhausgesellschaft. In einem Erker des Hauses ist uns bis heute die Figur der Heiligen Anna fast in Lebensgröße erhalten geblieben.

Sülze Schon im 16. Jahrhundert hatte Hamburg eine Vorrangstellung im nordeuropäischen Salzhandel erlangt. Handelsgut war vor allem das sogenannte «Boy- oder Baiensalz», das aus dem portugiesischen Setubal importiert wurde. Dieses Salz mußte für den Weiterverkauf gesotten werden. Im Jahre 1673 errichtete daher die Stadt am Stadtgraben eine Salzsiederei. Hier wurde das grobe Salz, das auch von St.Ubes in Spanien kam, gereinigt. Nach dieser Salzsiederei erhielt der Teil des alten Stadtgrabens zwischen Brook und Ericusinsel den Namen «Sülze».

Teerhof Bis 1612 durften Teer und andere feuergefährliche Güter wie Pech, Terpentin, Schwefel nur in den Höfen auf dem Brook lagern. Erst aufgrund einer Bittschrift der Bewohner des Kehrwieder wurde 1613 das Teermagazin vor den Winserbaum verlegt, am Ende des Dovenfleetes. Die älteste «Theerhofs-Ordnung des Hochedlen Raths» trägt das Datum 21. März 1614.
Als die Bastion Ericus um 1620 angelegt wurde, befand sich der Teerhof innerhalb der Stadt auf dem Gelände des alten Bauhofes, wo vorher eine Roßmühle gestanden hatte, die von Pferden gezogen worden war. «Bei dem Theerhof» wurde die umliegende Häuserreihe benannt. Die hölzerne Brücke, die die Gebäude des Teerhofes miteinander verband, hieß Theerhofsbrücke und dieser Teil des Stadtgrabens trug den Namen Theerhoffleet.
1720 wurde das Teermagazin nach dem Stadtdeich verlegt, etwa in der Höhe, wo 1845 die 2. Kammerschleuse gebaut wurde. Ein Wachhaus in der Nähe beherbergte Wachsoldaten, die die feuergefährlichen Stoffe schützen und «suspekte» Umherschleicher fernhalten sollten.
1842, nach dem großen Brande, verlegte man das Teermagazin abermals, diesmal in das dünner besiedelte Baakenwerder. Im Gebäude am Stadtdeich richtete man Hilfswohnungen ein für die durch Feuer Geschädigten.

Kornhaus Der schöne Fachwerkbau mit den schweren Eichenholzbalken Am alten Wandrahm wurde 1660/61 von Hans Hamelau errichtet, der auch das Baumhaus, das Blockhaus, das Zucht- und Werkhaus in Hamburg erbaut hatte.
Das Kornhaus diente der Vorratshaltung des «Stadt-Getreides». Die Finanzierung übernahm die Hamburger Bank, die 1619 nach dem Amsterdamer Vorbild gegründet worden war. Sie befaßte sich auch mit dem Handel von Getreide und Mehl. An Minderbemittelte, die auch bei Mißernten und Teuerungen zu niedrigen Preisen einkaufen konnten, wurde das Mehl unter Marktpreis abgegeben. Rats- und Bürgerbeschluß legten eine bestimmte Menge der Vorratshaltung für Notfälle fest und für den Fall einer Belagerung. Ein Kornverwalter und zwei Kornwärter waren für die Aufsicht im Gebäude zuständig.
Die Preise für das auf der Wassermühle in der Stadt oder in einer Windmühle außerhalb gemahlene Korn waren unterschiedlich. Mußte das Korn in Notfällen in Fuhlsbüttel oder Harburg gemahlen werden, hatte die Bank einen Aufpreis zu zahlen. Der Getreide- und Mehlhandel belastete die Hamburger Bank mit einem Verlust von 10.000 Mark jährlich.
Die Franzosen benutzten das Kornhaus nach ihrem Einmarsch als Kaserne. Nach der Befreiung 1814 wurde die Vorratswirtschaft im Kornhaus nicht wieder aufgenommen, dafür wurden nun Speicherräume genutzt. Später übernahmen die Lagerhäuser diese Aufgabe am Wandrahm. Im ehemaligen Kornhaus wurde nach 1814 das hamburgische Infanterie-Kontingent untergebracht. 1866, als Hamburg dem Norddeutschen Bund beigetreten war, löste man das hamburgische Kontingent auf und das 2. Hanseatische Infanterie-Regiment Nr. 76 zog in die Kaserne ein.
1871 wurde das Haus im Zuge der Hafener-

weiterung abgerissen. Nur der Name «Kornhausbrücke» erinnert heute noch an das große Kornmagazin, das über 200 Jahre in der Geschichte der Stadt eine bedeutende Rolle gespielt hatte.

Bauhof Die Anfänge des Wege- und Wasserbaues und der Bau von Staatsgebäuden liegen im dunkeln. Der erste Bauhof wurde 1386 erwähnt. Er lag zwischen der Jungfern- und Kornhausbrücke am Zollkanal. Bis zum Ausgang des 18. Jahrhunderts gab es in allen Städten solche Bauhöfe. Der Staat finanzierte und unterhielt so ein Magazin mit allen möglichen Baumaterialien und einem Stamm von Werkleuten und Beamten, jederzeit verfügbar, jederzeit abrufbar.
In Hamburg wurde der Bauhof von Ratsherren und im städtischen Dienst stehenden Handwerksmeistern geleitet. Hier steuerte man zentral alle für Rechnung der Stadt ausgeführten Bauten, Brücken, Wasserbauwerke, die Herstellung und Erhaltung der Festungstürme, der Wälle, Gräben, Tore usw. Materialien wurden hier nicht nur gelagert, sondern häufig auch hergestellt.
Der alte Bauhof diente oftmals auch anderen als baulichen Zwecken. 1610 brachte man hier Gefangene unter und 1655 wurden Wachgebäude für das Militär eingerichtet. 1675 wurde das Gebäude abgebrochen.
Im Jahre 1666 hatte man auf einem hinter dem Deichtor belegenen Platz einen neuen, großen Bauhof errichtet. Die Roßmühle und Wandrahmen waren nach dem Grasbrook verlegt worden. Dieser neue Bauhof erregte Aufsehen. Das große Gebäude stand zwischen Oberhafen und Bahnhofstraße. Ein unregelmäßiges Viereck umschloß einen weiträumigen Hof. An der Straße am Oberhafen hatte es eine Länge von 108,9 m, am Wall 126,4 m, längs des Schützengrabens 137 m und an der dem Winsertor zugekehrten Seite 55 m. Es war ein reiner Fachwerkbau mit zwei Stockwerken. Er enthielt nicht nur Arbeits- und Lagerräume, sondern auch Wohnungen und Amtszimmer. Schöne Bildhauerarbeiten aus Holz und Sandstein zierten die großen, in den Hof führenden Portale. Ein derartiges Sandsteinrelief ist heute noch im Museum für Kunst und Gewerbe zu sehen. Auch das holzgeschnitzte Nord- und Westportal ist in der Sammlung hamburgischer Altertümer erhalten geblieben.
1672 legte man unter die Straße eine Holzschleppe hindurch, so daß das Bauholz vom Wasser aus direkt in den Hof geschafft werden konnte.
1804 begann die Abtragung der Festungswerke. Damit büßte der Bauhof erheblich an Bedeutung ein. 1814 endete die französische Besetzung Hamburgs. Eine Baudeputation wurde eingesetzt und damit war die Bestimmung des Bauhofes nicht mehr gegeben. Er wurde nur noch als Materiallager der Baudeputation und Magazin der Bürgerartillerie benutzt. Ferner diente er als Militärzeughaus und zur Unterbringung des Rödingschen Museums für Kunst und Natur.
Nach dem Hamburger Brand 1842 wurden Notwohnungen in einem großen Teil des Bauhofes eingerichtet. 1847 wurde ein Teil und 1851 der ganze nördliche Teil des Bauhofes abgebrochen. Im Zuge der Anlage des Berliner Bahnhofes wurde 1852 die fast 30 m breite Bahnhofstraße dort ausgebaut. Der längste Flügel südlich der Deichtorstraße mußte erst 1868 einem Zollschuppen weichen, der neben der Ericusbrücke errichtet wurde. 1906/07 mußte dieses Gebäude abgerissen werden, um für die Vergrößerung des Gemüsemarktes am Meßberg Platz zu schaffen.

Galgenspeicher Hinter den Häusern des Alten Wandrahm Nr. 46-48 lag ein großer Fachwerkspeicher, der sogenannte «Galgenspeicher». «Galgen» nannte man die Pfosten, die den Vorbau mit der Winde über der Laderampe stützten. Über das Kleine Fleet, das den Wandrahm zwischen Do-

Der Galgenspeicher

venfleet und Holländischem Brook teilte, war vom Wandbereiterbrook her eine kleine Brücke angelegt, so daß der Speicher vom Wasser und auch vom Land aus beladen werden konnte. Der kleine Steg war nicht für Fuhrwerke befahrbar. Die Säcke mußten von der anderen Seite des Fleets zum Speicher getragen werden. Aber der Wasserweg blieb auch hier der bequemere.

Vom Fleetspeicher zum Kaufmannshaus

Das alte Hamburg zeigte – wie alle anderen Flußstädte auch – seine schönste Seite von der Flußseite her. Zwischen Stadt und Hafen lag das Marschenland, der Mastenwald der Schiffe war weithin sichtbar, die eng aneinanderliegenden Giebelreihen der Kaufmannshäuser gehörten dazu und die Kirchtürme auf der Höhe der Geest krönten das imposante Stadtbild. Die Fremden waren überwältigt von den Prachtbauten der Patrizier, der «feinen», reichen Leute, in den Hauptstraßen.

Da war aber noch ein anderes Bild: Die Stadt der Fleete, Twieten und Speicher in den Nebenstraßen.

Das Hamburg der Marschen war aufgebaut auf eingedeichten Poldern. Die Ringstraßensysteme der Deiche auf diesen Inseln, die von Elbe, Alster und Bille gebildet wurden, erforderten kurze Verbindungswege als Straßen zweiter Ordnung. Diese Inseln waren Siedlungsland für den Handwerker und kleinen Mann. Fachwerkhäuser wurden hier errichtet. Enge Gassen und Twieten bildeten die Durchlässe zwischen den Häuserblöcken. Einige Namen haben sich bis heute erhalten, z.B. Reimerstwiete, Mattentwiete, Katharinentwiete. Als Querwege zu den alten Landstraßen führten die Twieten vielfach vom Berge abwärts in die Marschen und bildeten so manch malerischen Winkel. Aushängeschilder vor den Häusern der Handwerker kündeten von ihrer Arbeit. Hier fand man eine kleine, stille Welt hinter der Fassade des Welthafens.

Aus den natürlichen Rinnsalen zwischen den Marschinselchen im Elbvorland der Hammaburg entstanden die Fleete. Manche dienten der Entwässerung, manche waren schiffbar. Im 16. Jahrhundert wurden sie für den Warenverkehr auf dem Wasser nutzbar gemacht.

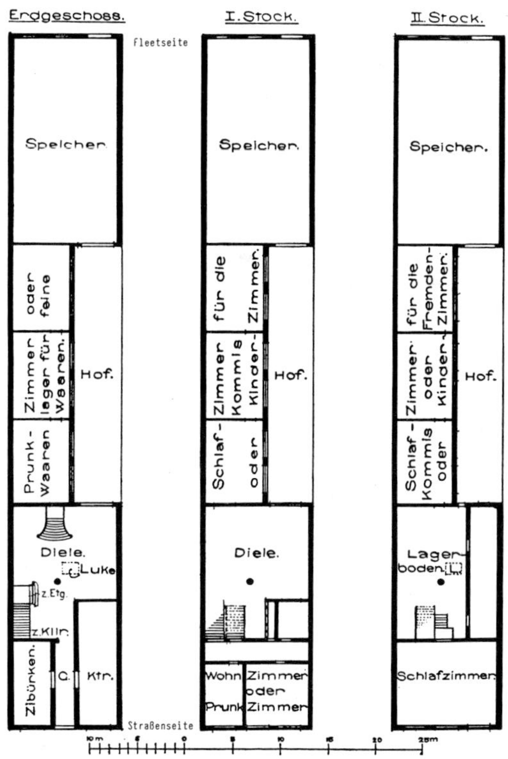

Hier darf angemerkt werden, daß aus diesen Kanälen, in die aller Unrat geworfen wurde, die Hamburger Brauer ihr Wasser für die Bierherstellung bezogen. Von den fast 500 Brauhäusern lagen die meisten an Fleeten. Sie führten den Erfolg ihrer Produktion auf die besonderen Eigenschaften des Fleetwassers zurück. Dieses «Fleetenbier» hatte zuerst eine rote und von 1233 an eine weiße Farbe. Außerdem sollte Hamburg seine gute Luft der gründlichen und pünktlichen «Müllabfuhr» durch Ebbe und Flut von den Fleeten in die Elbe zu verdanken haben!

Im Gegensatz zu Venedig, wo sich der Personenverkehr auf den Kanälen abspielte, blieben die Hamburger auf den Straßen und sahen in ihren Fleeten nur Wege für billigen Warentransport.

Schon im Mittelalter erfolgte eine Aufteilung der Grundstücke in schmale Streifen zwischen Fleet und Straße. Das Vorderhaus an der Straße enthielt Kontor- und Wohnräume und drei Speichergeschosse. Dahinter lag das schmalere Haus mit den Festräumen, das durch ein separates Treppenhaus mit dem großen, wieder dahinter liegendem Speicher verbunden war. Die Rückseite vom Speicher lag am Fleet.

Schuten trugen die Waren des Kaufmannes vom Hafen an die Speicher am Fleet oder zu den Elbkähnen des Hinterlandverkehrs. Es gab Naturfleete, die Durchstiche der Bille oder der Alster waren. Ihre Uferstreifen waren mit hoflosen Häusern besetzt, die Wohnhaus und Speicher unter einem Dach vereinigten. Hölzerne Lauben zierten die Hinterfront am Fleet, besonders am Mührenfleet, an der Poggenmühle und am Wandrahmsfleet. Von diesen Lauben aus wurde aller Unrat in die Fleete geschüttet; zweckmäßigerweise befanden sich hier auch die Aborte, – sozusagen mit Wasserspülung!

Das Reichenstraßenfleet war Hamburgs ältester Löschplatz. Das Nikolaifleet, früher auch das Große Fleet genannt, war Hamburgs erster Hafen. Alte Festungsgräben, wie das Bleichenfleet, wurden mit Speichern besetzt. Auch die an der Rückseite der Grundstücke auf den Poldern schiffbar gemachten Wetterungsgräben gehörten zum Speichergelände.

In den großen Kaufmannshäusern aus dem 17. und 18. Jahrhundert mit der hochgegiebelten Front zur engen Straße, mit der nüchternen Rückseite zum Fleet hin, spielte sich der wesentliche Teil des Warenumschlages ab. Lagerhaus an Lagerhaus säumten die Fleete, vier bis sechs Böden (Stockwerke) hoch. An der «Luke», der Speicheröffnung, stand der Lukenvize, der beim Auf- oder Abnehmen der Waren die Kommandos gab: «Hiev opp», «Fier dol», «Hol in»! Nach diesen Kommandos handhabten die Speicherarbeiter die Winde. Beim Absetzen mußten sie einen festen Handschutz benutzen, weil durch das schnelle Gleiten des Windetaues durch die Reibung große Hitze entstand.

Damals waren Kontor und Speicher, auch die Wohnung des Chefs, in einem Baukomplex vereinigt.

Von der Straße aus trat man in die große Diele ein, von der mancher Kaufmann sagen konnte, daß ein Fuhrwerk in ihr hätte wenden können. Hier befand sich die große Waage und das Tau der Winde hing herunter, mit dem die Waren auf den Boden gehievt wurden. Im Gegensatz zur großen Bedeutung einzelner Firmen waren die Kontorräume von einfacher Ausstattung.

In den Fleetspeichern wurde die «trockene Luft» mit SCHWEIZER bekämpft, das war ein Getränk aus Wermut und Pfefferminz. Für ein paar Groschen war es schon zu haben. Auch «Köhm un Brunbeer» (Kümmel und Braunbier) und «Schimmel un Brun» (Weiß- und Braunbier) wurden getrunken.

Die Speicherarbeiter waren «Lüd von de Eck». Sie hatten ihre bestimmte Köhminsel (Kümmelinsel = Gastwirtschaft) – immer an einer Ecke gelegen! Hierher mußte auch der Hausküper, der Speichervorarbeiter,

gehen, wenn er Leute anheuern wollte.
Die Tracht der Arbeiter war ein dunkler Anzug, Schurzfell und Zylinder. Bei der Arbeit legten sie Zylinder, Jacke und Schurzfell ab und zogen ein Busseruntje, ein Hemd über den Oberkörper und setzten sich ein Klottje, eine Mütze auf. Die Hälfte eines Kaffeesackes banden sie sich als Schürze um.
Im althamburgischen Kaufmannsviertel standen an den trüben Wassern der Fleete die verwitterten Speicher in Reih und Glied, teils nach vorn, teils seitlich geneigt, mit blinden Fensterscheiben, ausgetretenen Schwellen und Luken so groß wie Scheunentore. Das Mauerwerk war verwittert, Hamburger Schmuddelwetter und Sott haben sie schwarzgrau gemacht. Aber immer noch standen die wuchtigen Träger und Ständer aus Eichenholz fest, Jahrhunderte lang. Stiegen knarrten, würzige Düfte standen in den Räumen, Dunkelheit und schmale Gänge zwischen hochgetürmten Ballen und Fässern... Da stand noch «de Markputt», der Marktopf mit der Farbe und dem Pinsel, mit dem die Kisten markiert wurden. Da streifte noch der halbwilde Kater durch alle Böden, und über Fässer und Ballen kletterten ausgelassene Stifte, die Lehrlinge, zur Mittagszeit.
Aber ihre Tage waren gezählt. Draußen an den freien Wassern des Elbstromes entstand ein ganz neues Viertel von Speichern aus Stahl und Eisen. Hier strömten jetzt die Massengüter zusammen. Nicht mehr viel fand man auf Schuten, die den Weg in die engen Fleete nahmen.
In den Speichern wurde es ruhig. Manchmal, wenn die Dämmerung sich in den Giebelschluchten einschlich, sangen die Arbeitsleute ihren alten Zählgesang:
«Nu hebbt wi een op'n Neet – Terriwe kumpleet –
Hebbt wi en Diaree – dat veerte Mol –
Scheun sind de groten to fief – en halbes Dutz davon in'n Liew –
Söben is de Galgentool – goht wie de ganze Nacht opp dol –
Negen is de Rummelee – Tein! tein is fein –
Mein Hamburg an der Elbe Strand – wie liegst du tief im Tal;
du bist nicht mehr dasselbe Land – wie Anno dazumal –
Wie hat man dich entrissen – aus Altertümlichkeit –
du mußt noch vieles missen – aus deiner gold'nen Zeit –
denn so wie du, vallera – so bin auch ich, vallera.
Een und de twintig ...»

Die ehemaligen Marschinseln waren durch Brücken und Straßen so miteinander verbunden, daß sie mit den Fleeten zu einem organischen Stadtbild verwuchsen.
Als 1886 das Fleet des Rödingsmarktes zugeschüttet und 1903 die letzten Haspelwinden hinter der Deichstraße 31/32 abgebrochen wurden, begann diese Welt zu verschwinden.

Das Kaufmannshaus Die Zeit der Erbauung der ersten, schmalfrontigen Gebäude ist nicht genau zu ermitteln. Im südlichen Cremon wurden die Häuser bald nach der Feuersbrunst von 1676 wieder aufgebaut. Die großen, stattlichen Kaufmannshäuser datieren aus dem 17. und 18. Jahrhundert. Innerhalb der Festungsmauern war der Bebauungsraum beschränkt. Daher waren die Grundstücke schmal und tief. Das Dreifensterhaus bildete die Regel. Weil das tiefliegende Gebiet um die Fleete oft Überschwemmungen ausgesetzt war, wurden die Erdgeschosse hochgebaut und es entstanden die Beischläge mit einigen Treppenstufen.
Zur Entwicklung des besonderen Typs des Hamburger Kaufmannshauses läßt sich folgendes sagen: Die norddeutschen Städte sind aus Dörfern entstanden, deren Wohn- und Wirschaftsgebäude man zusammenrückte, um sie mit einer Mauer zu umschließen. Die Wohnungen waren Bauernhäuser mit großer Diele aus Hauptraum und einem darüber befindlichen geräumigen Bo-

den zur Unterbringung der Vorräte. Als die Bierbrauerei in Hamburg ihren Anfang nahm, fand man diese Bauernhäuser mit Dielen und dem Bodenraum darüber als besonders geeignet. Das benötigte Wasser war durch Alster und Elbarme vorhanden. So entstanden an den Wasserfronten Brauhäuser, groß und hoch, um Braupfannen und Bottiche übereinander unterbringen zu können. Über den Dielen befanden sich im Dachboden noch mehrere niedrige Stockwerke, Lagerräume für Korn und Malz.

Bis ins 16. Jahrhundert hatte fast jedes Haus in Hamburg die Braugerechtigkeit.

Im Hamburger Kaufmannsviertel standen die Häuser eng nebeneinander. Der Uneingeweihte konnte nicht ahnen, welche Raumfülle sich dahinter verbarg. Die schon im Mittelalter erfolgte Aufteilung der Grundstücke in schmale Streifen zwischen Straße und Fleet zwang zu einer Tiefenstaffelung:

A Vorderhaus, der Fahrstraße zugewandt, mit Wohnräumen, Schlafkammer, Kontor und Lagerböden;
B Mittelhaus mit den Festräumen;
C Treppenhaus;
D Speicher, auf Pfahlrosten ruhend und mit seiner Rückseite dem Fleet E zugekehrt.

Das Mittelhaus Neben dem Braugewerbe entwickelte sich nach und nach das Handelsgewerbe. Beide, sowohl der Kaufmann als auch der Brauer waren auf die Nähe des Wassers angewiesen. So waren in den noch erhalten gebliebenen Kaufmannshäusern alten Typs immer wieder ehemalige Brauhäuser zu erkennen. Das Braugewerbe ging jedoch allmählich zurück, dafür brachte es das Handelsgewerbe zu großer Blüte. Die hohen Dielen in den Kaufmannshäusern mit ihren niedrigen Böden reichten bald für die Warenlager nicht mehr aus. Man baute an der Wasserseite der Grundstücke Speicher, die mit dem Hauptgebäude an der Straße noch durch ein schmäleres Mittelhaus verbunden wurden. Dieses Mittelhaus war nicht repräsentativ, aber der Kaufmann legte seinerzeit großen Wert darauf, seine Waren unter eigenem Dach «zu besitzen», im Gegensatz zu späteren Zeiten, in denen der Kaufmann meist als Commissionär oder Spediteur seine Waren vertrieb.

Die Diele Die Dielen der Kaufmannshäuser waren interessanter, schöner, anheimelnder als die großartigen Treppenhäuser prächtiger Barockvillen. In diesen Dielen spielte sich das tägliche Leben ab in seiner ganzen Vielfalt in einem oft kompliziertem Ablauf. Die von der Straße zur Diele führende Haustür lag aus Raumersparnisgründen häufig an der Seite des Hauses. Das Kontor befand sich neben der Haustür, von wo der Hausherr, der Handelsherr, das Ein- und Ausgehen überblikken konnte. Der erste Teil der Diele nahe der Haustür hatte nur die Höhe des Erdgeschosses. Hier an der Straße waren übereinander liegende Zimmer abgeteilt, die zusammen die Höhe der großen Diele ausmachten. Diese Diele, der besonders eigenartige Teil des Vorderhauses, war unmittelbar von der Straße durch eine breite Haustür zugänglich und stand mit dem Hofplatz, der sich bis an den Speicher erstreckte, wiederum durch eine Tür in Verbindung. Die breite Haustür hatte oben ein großes Fenster, um der Diele Tageslicht zu geben.

Ein starker Eichenholzpfeiler mit schönem Schnitzwerk verziert, trug das eichene Hauptgebälk des Vorderhauses.

Dem Kontor gegenüber lag das «Zibürken», oft nur ein kleiner Glaskasten, den man als Portierloge bezeichnen kann. Außerhalb der Geschäftszeit saßen hier – gegen Zugluft geschützt – die «Einhüter»; oft waren das das Dienstmädchen oder die Nähjungfer, die bei einer Handarbeit auf die Haustür achteten.

Der Hauptteil der großen Diele lag zum Hofe hin und nahm durch zwei Geschosse

hindurch die ganze Breite des Hauses ein. Das Erdgeschoß hatte meistens einen schachbrettartigen Fußboden aus weißen und schwarzen Marmorfliesen. Dieser Hauptteil wies oft die doppelte bis vierfache Tiefe des ersten Teils auf und bildete so eine Halle großen Ausmaßes. Später hatten fast alle vornehmen alten Häuser in Hamburg derartig große Erdgeschoßräume, sogenannte Dielen. Nicht mehr, um sie als Lagerräume für Waren zu benutzen, sondern aus Freude an der Weiträumigkeit. In England nannte man solche großen Eingangsräume «hall», auch die Italiener bauten sich zu jener Zeit am Eingang ihrer Häuser großartige Treppenhäuser.
Anfang des 18. Jahrhunderts leistete man sich gern den Luxus vergoldeter Karossen. Da in der engen Stadt oft nicht genug Platz für Unterstand und Ställe war, stellte man die Kutschen häufig auf die großen Dielen und brachte die Pferde im Keller unter. So schrieb Richey im «Patrioten» 1772: «Er ginge an manches jungen Herrn Haus vorbei, auf dessen Dehle eine vergoldete Karosse eine größere Parade machte als ein Faß Garn» und Herr von Griesheim berichtete 1760: «Wer Equipage hat und besitzt nicht so viel Hofraum, daß er den Wagen in ein Schauer stellen kann, da steht er oft mit auf der Dehle.»
Handel und Brauereigewerbe brauchten viel Raum. Für Wohnräume und Prunkzimmer blieb wenig Platz, das Lagern der Waren hatte Vorrang. So war auch stets auf der Diele die Haspelwinde zu finden. Um die Warenballen von der großen Diele nach oben zu schaffen, hing nahe einem säulenförmigen Ständer ein mächtiger Eisenhaken an einem dicken Tau herab. Mit Hilfe der unter dem Dach angebrachten Haspelwinde konnten die an das Tau gehängten Waren durch eine aufklappbare, mit Geländer umgebene Luke in der Decke der Diele nach den oberen Geschossen gehoben werden. Die starke Winde stand oben im Hause mit ihrer Leitrolle gerade über der Mitte aller dieser Luken und beförderte Ballen und Fässer bequem durch das ganze Haus auf und ab.
Weiter nach hinten, in einem anderen abgetrennten Raum oder auch in einem von allen Seiten zugänglichen Teil der Diele lag der Wirkungsbereich der Hausfrau, die Küche.
Nicht selten waren Küche, Weinkeller und andere Wirtschaftsräume auch im Keller unter der Diele untergebracht.
Für die Kinder des Hauses waren die großen Dielen ein einziger, herrlicher Spielplatz, für die Erwachsenen war es der Raum für Festlichkeiten. Wohlhabende Familien veranstalteten hier auch das übliche Ochsenschlachtfest.
Wenn ein Familienmitglied die Augen für immer schloß, diente die Diele – der Schauplatz seiner Kinderzeit – schwarzverhangen der Aufbahrung des Sarges. Mit Kerzen und Blumenschmuck wurde hier auch der Trauergottesdienst abgehalten. Noch 1840 wurde von einem Gottesdienst dieser Art auf der Diele eines Hauses im Alten Wandrahm berichtet.
Nach und nach verschwanden die schönen Dielen der Kaufmannshäuser, wurden verbaut oder mit Lattenverschlägen versehen, um Waren zu lagern.
In jeder Diele befanden sich großzügig gebaute Treppen, die nicht nur vorn, sondern auch an der Wand geschnitzte Holzgeländer hatten. Diese Treppen führten zu einer auf der ersten Balkenlage längs der großen Diele sich hinziehenden Galerie mit reichgeschnitzter Ballustrade; hier lagen die Zimmer des ersten Stockes. Dieses und das darüber befindliche Geschoß des Vorderhauses an der Straße war meistens als täglich benutzte Wohn- und Schlafräume der Familie des Kaufherrn eingerichtet.
In den oberen Geschossen lagen auch die Schlafzimmer des Geschäftspersonals, die Fremdenzimmer, die Spiel- und Arbeitszimmer der Kinder.
Von dem 1873 abgebrochenen alten Kaufmannshaus Ecke Cremon und Mattentwiete ist im Museum für Kunst und Ge-

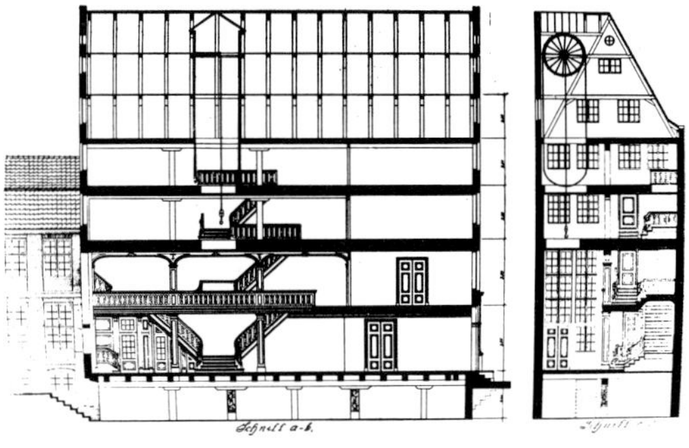

werbe ein freistehender eichener Pfeiler erhalten geblieben, mit Konsolen und Schnitzwerk reich verziert; ebenso ein Wandpilaster, von unten bis oben mit Ornamenten und Sprüchen versehen (u.a. trägt er die Jahreszahl 1536). Auch die Wendeltreppe mit schön geschnitztem Geländer, die in einer Ecke der Diele nach oben führte, ist hier – mit schönem Renaissanceschmuck – noch zu sehen.
Die Prunkzimmer wurden nur bei festlichen Gelegenheiten geöffnet. Sie lagen meist im Ergeschoß des Mittelhauses in einer Flucht von zwei bis vier Räumen. Manche befanden sich auch im ersten oder zweiten Obergeschoß des Vorderhauses. In diesen Prunkzimmern spiegelte sich der Reichtum und die Kunstliebe der Hamburger Kaufherren wider.

Schutz des Hammerbrooks durch Stadtdeich und Schleusen Um den Hammerbrook, die ausgedehnte, sumpfige Marschniederung im Osten der Stadt zwischen dem Geestrande und der Bille, die sich vom Deichtor bis nach Billwerder erstreckte, vor den Fluten der höher fließenden Elbe zu schützen, wurden Deiche und Schleusen angelegt.
Der westliche, am tiefsten gelegene Teil des Hammerbrooks, schien ursprünglich mit dem Grasbrook Zusammenhang gehabt zu haben. Ob der trennende Wasserarm, der Oberhafen, ein natürlicher oder künstlicher ist, läßt sich nicht mehr feststellen.
Die Eindeichung erfolgte schon früh von den östlichen Stadtteilen Hamm und Horn aus. Der westliche Teil wurde 1258 mit niedrigen Deichen umschlossen, dem Bollwerksdeich, später Stadtdeich, dem Bullerund Grünendeich.
Bis in die vierziger Jahre des vorigen Jahrhunderts war der Hammerbrook von unzähligen Quergräben durchzogen, die ihr Wasser in den Längsgräben oder Wetterungen sammelten. Ihr Wasser floß in die Fleete durch eine Schleuse, die zuerst am Winserbaum, später weiter östlich vor dem Wall lag.

Brandshofer Schleuse Als im Jahre 1620 die Stadt eine neue Befestigung erhielt, wurde der Wall vom Steintor quer durch den südlichen Teil von Hammerbrook bis zur Elbe hin am Deichtor aufgeworfen. Die bis dahin durch die Stadt in die Elbe fließende Bille mußte nun umgeleitet werden. In der Gegend der Grünen Brücke führte man sie in die Elbe und baute hier eine Schleuse neben Bürgermeister J. Brandt's Hof und nannte sie daher die Brandshofer Schleuse. Das war im Jahre 1625.
Als 1644 am Stadtdeich noch ein Tor nach dem Bau der Schleuse errichtet wurde, erreichte man die Trennung des Deiches von der Stadt, so daß im Verteidigungsfalle die ganze Gegend unter Wasser gesetzt werden konnte. Die Schleuse diente gleichzeitig zur Ableitung des überflüssigen Wassers und der Abwässerungsrinnen, der Siele und Kanäle. 1909 entstand der Neubau, eine kleine und eine große Schleuse, beides Kammerschleusen. Sie bestehen noch heute.
Der fortschreitende Anbau auf dem Stadt- und Grünendeich ab 1700 schaffte auch Verbindungswege durch den Hammerbrook. Dies waren keine öffentlichen Wege, sondern abschließbare, die nur gegen Gebühr benutzt werden durften. Ihre Namen erhielten sie von den Eigentümern der Ländereien, z.B. Plathsweg, Boyesweg. Im Jahre 1842 genehmigten Rat und Bür-

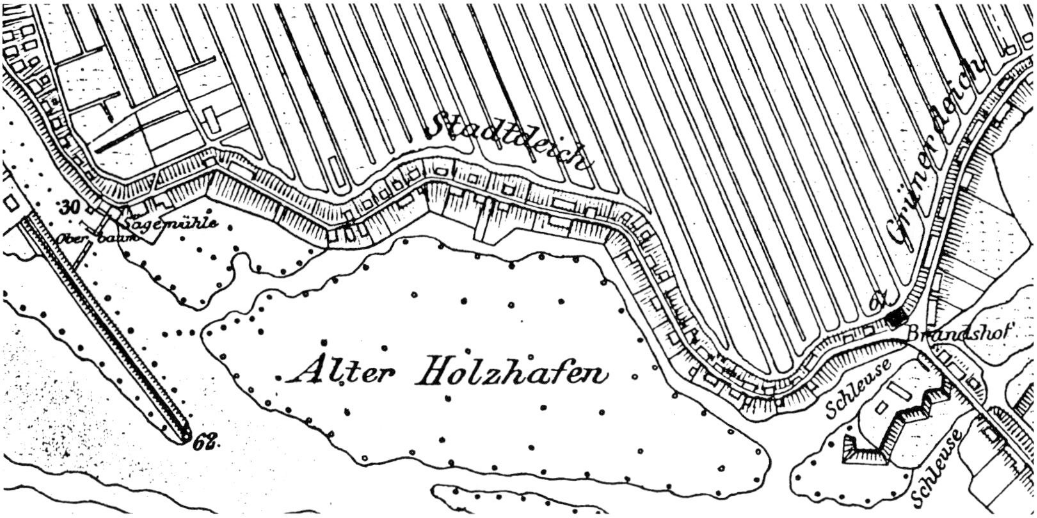

gerschaft einen von dem englischen Ingenieur W. Lindley entworfenen Plan zur Entwässerung des Hammerbrooks. Das Wasser von Längs- und Querkanälen sollte nach Osten in ein großes Bassin geleitet und nach Süden durch eine am Stadtdeich anzulegende Schleuse mit der Elbe in Verbindung gebracht werden. Dieses Kanalnetz sollte nicht nur die Entwässerung und Gewinnung von Bauplätzen am Wasser erreichen, sondern auch dazu dienen, das überflüssige Wasser aufzunehmen und bei Ebbe der Elbe zuzuführen.

Nord-, Mittel- und Südkanal, das Hochwasserbassin und mehrere Querkanäle wurden gebaut und durch kleine Erddämme eingefaßt. Um das Wasser des äußeren Hammerbrook zu sammeln, wurde östlich vom Hochwasserbassin ein Niedrigwasserbassin ausgehoben. 1845 errichtete man zwischen beiden Bassins ein Gebäude für eine Entwässerungsmaschinerie.

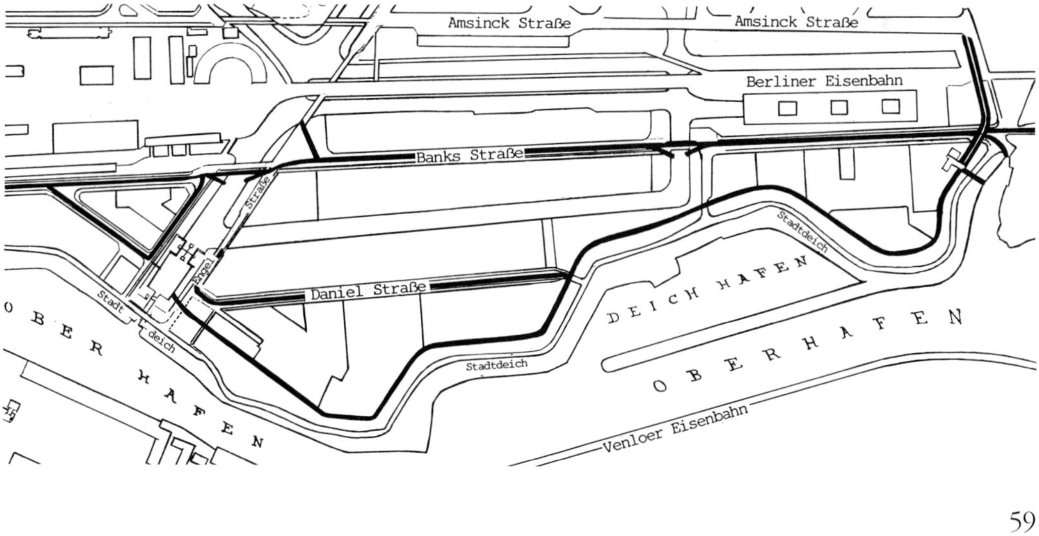

Formular,

zu welchem E. E. Raths und der Stadt Hamburg Schutz-Verwandte auf dem Stadt-Deiche und dazu gehörigem Districte binnen Neuen-Werkes, mittelst Eides, bey dem p. t. Land-Herrn zu Hamm und Horn sich zu verpflichten haben:

Ich lobe und schwöre zu GOTT dem Allmächtigen, daß ich E. E. Hochw. Rath und dieser Stadt will getreu, hold, gewärtig und gehorsam seyn, keine Unruhe, Tumult oder Aufstand wider Hochgedachten Rath und die Stadt, mit Worten oder Werken, anrichten, oder daß solches mit meinem Wissen durch andere geschehe, gestatten, sondern solches so fort dem mir vorgesetzten Land-Herrn anzeigen, meinen Schutz-Thaler aljährlich, und die übrige mir angemuthete Pflichten zu rechter Zeit gebührend abtragen, so lange ich in dieser Stadt Schutz und dessen nicht erlassen bin, in keine fremde Dienste und anderweitige Pflichten mich begeben, vielmehr dem hiesigen Gerichts-Zwang jederzeit mich stellen und unterwerfen, und diesem allen getreulich nachkommen wolle: So wahr mir GOTT helfe, und sein heiliges Wort!

Ao. 1819 den 14. Augustus Anton Philipp Klare zum Schutz-Verwandten angenommen, und hat den Eyd geleistet.
Das Schutz-Geld wird jährlich gleich nach Ostern bey dem Land-Voigt auf dem Hammer-Baum eingebracht.

Brunnemann Dr
Landherr

1. Hammerbrookschleuse

1. und 2. Hammerbrookschleuse Am Stadtdeich wurde von 1844 bis 1847 auf dem Baugrund des Teermagazins, das man nach Baakenwerder verlegte, eine Schleuse angelegt. Sie wurde 1866 durch eine weitere Stauvorrichtung landeinwärts vergrößert. Diese Schleuse ist erhalten geblieben und steht heute unter Denkmalschutz.

Nordöstlich der Schleuse führte eine Brücke die Banksstraße über den Kanal. Ihr Brückenschmuck war der imposante Vogel Greif, der aus den Vorstellungen der Inder stammt und von den Assyrern, Babyloniern, Griechen und Römern übernommen worden war. Er empfing die ankommenden Schiffe mit gespreizten Flügeln und bösartigem Blick! Der Grund dafür ist nicht überliefert.

Östlich von dieser 1. Hammerbrookschleuse wurde 1887 bis 1889 eine neue, die 2. Hammerbrookschleuse erbaut. Sie hatte zwei Torpaare, so daß gleichzeitig in beiden Richtungen ein- und ausgeschleust werden konnte. Das Schleusenbassin faßte 30 Fahrzeuge, die Kammern waren 6,6 m breit. Diese 2. Hammerbrookschleuse wurde im 2. Weltkrieg zerstört und später zugeschüttet.

Hafenausbau, Begradigung des Stadtdeiches In den Jahren 1884 bis 1888 wurde der mittlere Teil des Stadtdeichs beim alten Holzhafen und Oberbaum zwischen den beiden Hammerbrookschleusen, verbreitert und begradigt. Hübsche alte Katen und Patrizierhäuser fielen den neuen Hafenbauten zum Opfer. Nur fünf Häuser aus der alten Zeit blieben bis 1943 erhalten. Sie wurden durch englische Spreng- und Brandbomben total zerstört. Da war das Haus Nr. 10 der Holzhändlerfamilie Jauch mit dem prächtigen Rokokoeingang, Nr. 79, 80 und 81 sowie das «Pienappelhaus» Nr. 97 der Bleicherfamilie Paulsen.

Ab 1840 wurde parallel zum Deich die Banksstraße angelegt, es folgten die Amsinck- und Spaldingstraße, benannt nach

Männern, die sich um die Aufschließung Hammerbrooks verdient gemacht hatten. In der Hammerbrookstraße wurden im Jahre 1845 Hilfswohnungen gebaut für die durch den Hamburger Brand Vertriebenen. Infolge der allmählichen Geländeaufhöhungen des Hammerbrooks verloren die Deiche ihren Charakter als Schutzwälle.
Der Hammerbrook, Hamburgs ältestes Industrieviertel mit einförmigen, vielstöckigen Wohnhausbauten und Terrassen, den kleinen Gassen, die gleich Hinterhöfen die Häuser miteinander verbanden, blieb immer der Stadtteil der dicht zusammengedrängten Arbeiterbevölkerung.
Dagegen hatte sich der Stadtdeich eine ländliche Idylle bewahrt. Die ersten Bewohner des Deiches waren Bleicher, Holzhändler, Sägereibesitzer, Bootsbauer, Schiffer und Segelmacher. Sie wurden «de Dieker», später Deicher genannt und galten als urwüchsiges, eigenwilliges Völkchen. Mit der Zeit entstanden hier kleine Binnenschiffahrtswerften, diverse Lagereien, besonders aber Sägewerke, für die das Holz aus Böhmen und Sachsen mit Flößen herangebracht wurde. Von hier aus wurde dann der Holzhandel mit Frankreich, England, Spanien und Portugal betrieben. Das kleine Hafenbecken wurde deshalb Holzhafen genannt.
An den vom städtischen Getriebe unberührt gebliebenen Stadtdeich zog es auch viele junge Künstler. Die Schriftstellerin und Herausgeberin der «Pariser Modeblätter», Frau Dr. Amalie Schoppe, geb. Weise, wohnte in dem 1752 gebauten Fachwerkhaus Nr. 81 im 1.Stock zur Miete. Sie zog junge Künstler zu sich heran und förderte sie. So holte sie auch Friedrich Hebbel aus Wesselburen 1835 nach Hamburg und brachte ihn zunächst am Stadtdeich Nr.43 unter, wo er seine spätere Lebensgefährtin Elise Lensing kennenlernte. Von Wien aus besuchte Hebbel mehrmals im Sommer 1850 Amalie Schoppe in ihrer hübschen Wohnung in Nr. 81.
Hier darf die Verfasserin anmerken, daß

sie in Nr.81 – ihrem Elternhaus – oft heimlich in das obere Stockwerk schlich, die knarrenden Stiegen hinauf ... Hier waren die großen, nach Süden gerichteten Fenster ... der alte Lindenbaum vor der Tür ... der Deichhafen voller Leben mit den Schuten, Schleppern, Barkassen, Elbkähnen, den Lauenburger Raddampfern, die einem zu Füßen lagen ... Über den Bahnkörper hinweg sah man die Schornsteine und Masten der großen Schiffe, die am Versmannkai lagen ... «darunter» schnaufte die Eisenbahn, vollbeladene Güterzüge und der Personenverkehr Richtung Elbbrücken nach Süden ... Was war das für ein An- und Ausblick! Eine Art «geschäftlicher Stille» lag über diesem Deichhafen. Das Dampfertuten schallte nur bei Südwind dumpf herüber.
Ab und zu polterte ein Pferdewagen über das Kopfsteinpflaster – was Hebbel in seinen Tagebüchern übellaunig vermerkte! Der Wagen- und Autoverkehr lärmte hinter dem Deich in der Banksstraße.

Dieses sonnendurchflutete Haus mag manchen Künstler inspiriert haben. Hier lebte und atmete alles im Pulsschlag des Elbelaufs. Das vorstadttypische Lokalkolorit blieb bis 1943 erhalten.
In diesem Fachwerkhaus Nr. 81 wohnten nach 1842 vier Generationen der Familie Edler/Ottowell.
Ludwig Andreas Edler, Maler und Karikaturist, eröffnete im Erdgeschoß 1889 eine Gaststätte. Sie ist deshalb erwähnenswert, weil bereits morgens um vier Uhr die lange Reihe der Gläser mit «Lütt un Lütt» – ein kleines Bier und ein Kümmel – bereitstanden für die Schiffer der Oberelbekähne, die zu dieser Zeit im Deichhafen festmachten, um sich zu stärken, bevor sie zum Deichtormarkt weiterfuhren. Das Gleiche wiederholte sich mittags, wenn sie auf diese Weise ihre Heimfahrt unterbrachen. Das Haus Nr. 80 lugte nur noch mit dem kleinen Spitzdach über den Deich, was mehrere Deicherhöhungen bewirkt hatten. Zu der idyllischen Häusergruppe direkt am Deichhafen gehörte auch das Haus Nr. 79, das von 1752 bis zur Vernichtung 1943 der Tischlerfamilie Beck gehörte. Nachfahren der Familie haben die – später Sargtischlerei und Beerdigungsinstitut genannten Firmen – an anderen Plätzen der Stadt wieder aufgebaut. Noch heute unterhält Peter Beck am Ohlsdorfer Friedhof sein Beerdigungsinstitut St.Anschar.
Im Volksmund wurde der Stadtdeich auch «Krondiek» oder «Kronendeich» genannt, weil hier mit der Zeit reiche, «feine Leute» wohnten, im Gegensatz zum ärmeren südlichen Hammerbrook, von dem sich die Deicher fernhielten. Auch die Kinder dieser Regionen spielten nicht miteinander. Im Gegenteil, die «Halbstarken» lieferten sich groß angelegte «Straßenschlachten» mit Knüppeln und allerlei Wurfgeschossen.

Erweiterung des Deichhafenbeckens Die Wasserfläche des Deichhafens wurde durch Abtragung des 140 m langen Leitdammes, der ihn vom Oberhafenkanal trennte, 1901/1902 beträchtlich erweitert. Die Pfahlreihe vor dem Leitdamm schob man sechs Meter in den Oberhafenkanal hinein und begrenzte die Wasserfläche durch Schlengel. Die Einfahrt am oberen Ende des Hafens war jetzt 24 m, am unteren Ende 40 m breit. Für die Schuten mit feuergefährlichen Gütern, die auch früher schon im Deichhafen lagen, wurde ein bestimmter Platz mit Pontons abgegrenzt. 1908 wurde im Hafenbecken auch ein Liegeplatz für Barkassen geschaffen.

Die Schiffsschmiede An der Einmündung der Ernststraße in den Stadtdeich baute Theodor F. Schlüter 1904 eine Schiffsschmiede, die später Huf- und Wagenschmiede hieß. An der Stadtdeichseite standen die Fuhr- und Pferdewagen, wäh-

rend die Pferde beschlagen wurden. Diese Wagen und Schottschen Karren, die zur Vermietung bereitstanden, waren Tummelplatz für große und kleine Kinder. Immer wieder saßen die Gören auf den Kutschböcken und drehten mit der Handkurbel die Bremsen los! Es war der schönste Spielplatz der Welt, besonders, wenn die Wagen mit «hochinteressanten» Gütern beladen waren! In der Schmiede selbst sammelten Kinder und Erwachsene Hufspäne, um damit ihre schönen Gärten am Deichabhang und die vielen Blumen auf den Fensterbänken zu düngen.

Die alte Wasserpumpe Diese Wasserpumpe wurde nach 1842, nach dem Hamburger Brand, für die Schiffer im Deichhafen gebaut. Sie stand am Stadtdeich zwischen den Häusern Nr. 81 und 97, dem «Pienappelhaus», dort, wo eine schmale, winklige Steintreppe hinauf in die Olgastraße führte, wo Krämer Bösche seinen kleinen, dunklen Kolonialwarenladen hatte, in dem immer eine trübe Gaslampe brannte. Weil hier auch die «Kattenjule» wohnte, wurde dieser Weg im Volksmund auch «Stinkbüdelsgang» genannt.
Von dieser Pumpe mußten die Deichbewohner noch bis kurz vor 1900 mit ihren hölzernen Drachten eimerweise das Wasser von weither in ihre Häuser holen.
Die Pumpe war ständig umlagert von Kindern, die hier herumplantschten. Eines von ihnen stand immer Schmiere und pfiff, wenn ein «Udl» – so wurde derzeit der Schutzmann genannt – in Sicht kam. Im Winter bei Frost gossen die Jungs viel Wasser den Abhang hinunter in die Wettern. Dann hatten wir alle am nächsten Tag die beste Rodelbahn von ganz Hamburg! Da nur wenige Kinder Schlitten besaßen, gingen wir in die Treppenhäuser und klauten Fußmatten für die Rutschpartie. Wenn keine Fußmatten mehr zu haben waren, gingen wir in Mutters Küche und «borgten» uns eiserne Bratpfannen! Damit konnte man sich auch noch schön am Stiel festhalten ... Mein Vater löste das Problem mit seinem Geigenkasten! – Im Sommer zauberte die gute alte Wasserpumpe aus unserem Brausepulver eine köstliche Limonade! Diese Pumpe war auch ein Teil unseres Kinderparadieses. Sie überstand den 2. Weltkrieg und wurde erst mit dem Bau der Großmarkthallen 1958 abmontiert.

Das Wachtschiff im Deichhafen Wo die Ernststraße in den Stadtdeich mündete, führte eine kleine Holzbrücke hinab zu einer schwimmenden Schutenwachstation. Es war das erste Wachtschiff des Vereins der Hamburg-Altonaer Ewerführer-Baasen, das nur für die Bewachung von Schuten eingerichtet war. Das Gesamthafengebiet wurde vom Hamburger Staat bewacht. Im Betriebsjahr 1884 machten hier 4831 Fahrzeuge fest, im Jahr 1887 suchten fast doppelt so viele Schuten hier Bewachung und Schutz. Sie brachten 6301,80 Mark Wachgelder ein. Als Aufseher stellte der Verein bei der Eröffnung der Wachstation 1883 den mit der Ewerführerei vertrauten Zimmermann und Schutenvermieter J.W. Flint als Pächter ein.
Noch bis kurz vor Beginn des 2. Weltkrieges räucherten hier am Wochenende einzelne kleine Elbfischer am Ponton ihre frischgefangenen Elbaale. Der Südwind brachte die Schwaden des süßen Aalrauchs an die Fenster und die Bewohner kamen aus allen Ecken und Winkeln, um für ein paar Pfennige die noch warmen Aale zu erwerben.
Im Sommer saß man am Ponton oder «vor der Haustür» in der Laube – eine stille Oase mit einem Hauch von Hafenflair mitten in der Großstadt.

Der «Kleine Stintfang» am Stadtdeich Die alten Kanonen auf der Bastion Ericus, die die Hochwasserwarnschüsse abgaben, wurden mit dem Ausbau des Freihafens abgerissen und die Anlage auf den Stintfang verlegt. Eine weitere Signalstation wurde 1885 am Stadtdeich in der Nähe der

Signalstation Stadtdeich

Polizeiwache auf der südlichen Seite der 1. Hammerbrookschleuse gebaut. Sie war mit zwei bronzenen Hinterladern ausgerüstet. Auf dem Gebäude befand sich ein mit Zinnen gekröntes Plateau. Das Innere war Unterkunftsraum für die Bedienungsmannschaft und Munitionskammer. «Schießstand» hieß diese Station im Volksmund.
Die Grundmauern sind bis heute erhalten geblieben und stehen unter Denkmalschutz.
Wenn die Deicher die Böllerschüsse vom Stintfang an den Landungsbrücken hörten und kurz darauf der Schießstand am Stadtdeich seine Warnschüsse abgab, war an der Zahl der Schüsse die Alarmstufe zu erkennen. Geschah dies in der Nacht, mußte bei Stufe 1 alles aus den Betten und in die Kleider. Dann kläfften die Hunde, die Hühner gackerten wild, die Gänse stießen ihre Warnrufe aus.
Die Familien gingen am Deich auf und ab, voller Angst, daß das Wasser über das Ufer schwappen könnte. Manchmal handelte es sich nur um Zentimeter! Vom Wassersaum bis zu den Eingängen und tiefliegenden Fenstern der Häuser waren es nur wenige Meter. Schuten, Schlepper und Barkassen schienen fast in die Zimmer zu kommen! Gottseidank lag die Zeit der großen Deichbrüche damals weit zurück, der letzte hatte sich 1825 ereignet.

Elbinsel Wilhelmsburg und ihre königliche Vergangenheit «Hamburg, eine Meile von Wilhelmsburg entfernt» . . . stand unter einem der ersten Stiche des berühmten Kupferstechers Merian im Jahre 1654.
Seit 1937 ist Wilhelmsburg der größte Stadtteil Hamburgs.
1672 erwarb Herzog Georg Wilhelm von Braunschweig-Lüneburg den Groteschen Besitz mit dem Grotenschloß auf den Elbinseln. Er ließ die drei Inseln Stillhorn, Georgswerder und Reiherstieg-Rotehaus zusammendeichen und nannte diese Gesamtinsel Wilhelmsburg. 1673 vermachte er die Insel seiner Tochter Sophie Dorothea, die aus der Mesalliance mit der französischen Adligen Eleonore Desmier d'Olbreuse stammte.
Dieses herzogliche Testament befreite die Wilhelmsburger von allen Steuern und Abgaben.
Um seine Gemahlin Eleonore d'Olbreuse und seine Tochter Sophie Dorothea in einen höheren Stand zu versetzen, ließ Herzog Georg Wilhelm von Braunschweig-Lüneburg seine Gemahlin zur Frau von Harburg und Gräfin von Wilhelmsburg und seine Tochter zur Gräfin von Wilhelmsburg vom Kaiser Leopold I. ernennen. Sophie Dorothea bekam die Burg in Stillhorn, die nun Wilhelmsburg genannt wurde. In der Kirche wurde für sie der Fürstenstuhl bereitgestellt. Durch die Zwangsheirat mit ihrem Vetter Georg Ludwig war ihr Leben von Tragik überschattet. Vater Georg Wilhelm und sein Bruder wollten dadurch dynastische Pläne verwirklichen. Ihr Ziel schien bald erreicht: Hannover und Lüneburg-Celle wurden vereinigt und 1714 bestieg Georg Ludwig auf Grund eines alten Erbvertrages auch noch den englischen Königsthron als Georg I.
Sophie Dorotheas Tochter, auch Sophie Dorothea genannt, heiratete den Soldatenkönig Friedrich Wilhelm I. und war die Mutter Friedrichs des Großen. Die ehemalige Reichsgräfin von Wilhelmsburg, Sophie Dorothea, oft die «Mutter der Könige»

genannt, war damit Vorfahrin der englischen und der preußischen Königsfamilie. Auch nach dem Tode Georg Wilhelms im Jahre 1705 blieb die Insel noch 150 Jahre das «Hannoversche Amt Wilhelmsburg». Das alte Grotenschloß, baufällig geworden, wurde 1724 in ein Amtshaus umgebaut. Heute ist in dem Gebäude das «Museum der Elbinsel Wilhelmsburg» untergebracht.

Eindeichung der Insel Wilhelmsburg Zur Geschichte von Wilhelmsburg gehört die Geschichte des Deichbaues. Im Jahre 1331 war bei einer Sturmflut der Deich von Ochsenwerder gebrochen. Daraufhin veranlaßte der Ritter Johann von Schacke 1333 die erste Teileindeichung für Stillhorn, eine der vielen Inseln, aus denen das spätere Wilhelmsburg entstand. Die in den eingedeichten Gebieten liegenden alten Elbarme blieben als Hauptabflußgräben erhalten. Sie hießen Wettern oder Wetterung (nach dem holländischen «Wateringe»). Senkrecht zu den Wettern zog man kleine Gräben. Sie teilten das Land in rechteckige Flurstreifen. Durch weitere Eindeichungen wuchsen die Ländereien langsam zusammen. So entstanden die drei großen Deichverbände Stillhorn, Reiherstieg-Rotehaus (eigentlich Grotenhaus) und Georgswerder.

1570 war der Spadenländer Busch durchstochen worden. Damit war dem ehemaligen Hauptarm der Norderelbe (später Wilhelmsburger Dove-Elbe) soviel Wasser entzogen, daß er langsam versandete und verschlickte, was im 17. Jahrhundert die Eindeichung der Bauwiese und Hövel möglich machte.

Die drei genannten Deichverbände wuchsen zur Insel Wilhelmsburg zusammen.

Jahrzehnte hindurch fanden nach altem Brauche Frühjahrs- und Herbstdeichschauen statt. Anschließend fand in Kirchdorf die Deichschaumahlzeit statt. Dem zum erstenmal teilnehmenden Gast wurde der vom König Georg V. dem Deichverband gestiftete silberne Pokal mit einem halben Liter Rotwein gefüllt gereicht. Er mußte den Pokal in einem Zuge leeren mit dem Spruch: «Auf des Landes Wohlfahrt, dieses Hauses Gerechtigkeit, aller Deichschauer und Deichschauerfrauen Gesundheit!».

Im Jahre 1852 wurde – gemeinsam mit Hamburg – auch das an der Norderelbe noch unbedeicht liegende Vorland in den Wilhelmsburger Deich einbezogen. Damit war die Eindeichung Wilhelmsburgs abgeschlossen.

Die Teilinsel Hohe Schaar hatte nur Sommerdeiche und war vor ihrer industriellen Nutzung mit Baggersand aufgehöht worden.

Über fünfhundert Jahre hatte die Eindeichung Wilhelmsburgs gedauert. Aus den ständig überfluteten kleinen Werdern war eine große, geschützte Insel geworden. Nach der reinen Weidewirtschaft hatte sich recht schnell Ackerbau entwickelt.

Wilhelmsburg und seine Industrie Die spätere industrielle Entwicklung auf der Elbinsel hatte drei Ursachen: Einmal das seit 1870 geeinte Deutsche Reich, das auf dem Wege zu einer bedeutenden Wirtschaftsmacht günstige Bedingungen für Im- und Export schuf, dann das kapitalkräftige Unternehmertum und nicht zuletzt die Arbeiterschaft selbst, gestützt auf einen mehr und mehr erstarkenden Sozialismus. Techniker und Handwerker, vor allem die Hamburger Kaufmannschaft hatten Interesse an der Insel in der klugen Voraussicht, daß Wilhelmsburg eines Tages ein Stadtteil von Hamburg werden würde.

Hamburger Kaufleute, Techniker und Handwerker begannen mit Unternehmensgründungen auf der Insel. Es entstanden Zweiggründungen und Tochtergesellschaften. Sie alle haben in Wilhelmsburg eine Weltindustrie geschaffen.

Das tragende Fundament der Wilhelmsburger Industrie aber war der Arbeiter. Zu Beginn der industriellen Entwicklung war

kein Arbeiterstamm vorhanden. Mit den ersten Gründungen aber, und durch die Räumung Steinwerders, setzte eine Massenzuwanderung von hamburgischen Arbeitern nach der Elbinsel ein. Dieser Zustrom dauerte bis zum Ausbruch des 1. Weltkrieges an. Weiteren Zuwachs erhielt die Wilhelmsburger Arbeiterschaft aus der eigenen Provinz, der näheren Umgebung und aus fast allen anderen Gegenden Europas. Trotz des Völkergemisches auf der Elbinsel waren die sozialen Verhältnisse gesund.
Der absolut ländliche Charakter von Wilhelmsburg änderte sich nach 1888, als am 1. Oktober der Anschluß Hamburgs an das Zollgebiet vollzogen wurde.
Die Plangesche Weizenmühle, 1897 am Reiherstieg entstanden, war die größte des Kontinents. Die Teerdestillation von Johann Haltermann, 1898 erbaut, stellte täglich 15.000 kg Teerprodukte her. Die Kokerei AG, 1896 in Betrieb genommen, produzierte täglich bis zu 300 t Koks mit den entsprechenden Nebenprodukten. 1901 waren die Deutsche Erdölwerke GmbH entstanden. Die Produkte aus 30 Millionen kg (180.000 Faß jährlich) Roh-Erdöl gingen nach England, Frankreich, Belgien und Deutschland. Die Norddeutsche Wollkämmerei und Kammgarnspinnerei, Filiale Reiherstieg, 1889 erbaut, importierte 12 Millionen kg rohe Schafwolle jährlich aus Australien, La Plata, Marokko, Syrien und aus Deutschland, um sie für Spinnereien zu Kammzug – Ausgangsmaterial für hochwertige, feine Garne – zu waschen.
Diese Aufzählung könnte beliebig fortgesetzt werden. Es entstanden nicht nur Fabriken, sondern auch Werften für Barkassenbau, Ewer und Schuten, Flußfahrzeuge, Leichter und für Reparaturarbeiten ließen sich nieder. Chemische und Ölkuchenwerke importierten und verarbeiteten ihre Produkte, eine Dampf-Reepschlägerei stellte Tauwerk aus Halbfabrikaten her. Zu nennen wären schließlich noch die Eisenkonstruktionsanstalt, die Mahlwerke, die Zinnwerke, das Fustagenlager und vieles andere mehr.
Die Wilhelmsburger Bevölkerungszahl stieg rasch an. Hier fand jeder Arbeit. Die Wohngebiete weiteten sich aus. Die Schlote rauchten Tag und Nacht. Das Leben war hektisch geworden. Eine reine Industriestadt war entstanden.

Das «Notgeld» von Wilhelmsburg Als die Kasse des Wilhelmsburger Heimatvereins 1921 – wie die meisten oder alle anderen Institute ähnlicher Art – in Not geriet und Hilfe brauchte, faßte der Vorstand den Beschluß, sich durch «Notgeldscheine» eine neue Einnahmequelle zu erschließen. Fünf Serien wurden herausgebracht, deren Bilder und Verse eine Lösung der damals viel bewegten Groß-Hamburg-Frage aus Wilhelmsburger Sicht andeuten sollten.
Als Hamburg damals in seiner schwierigen Lage immer wieder die Eingemeindung Wilhelmsburgs und anderer Elbinseln verlangte, erkannte die Preußische Regierung plötzlich bei der Untersuchung dieser Frage den Wert der Insel, das «Goldland der Zukunft». Berlin faßte kurzerhand den Entschluß, Wilhelmsburg mit Harburg und den benachbarten Gebieten zu einem mächtigen preußischen Industrie- und Handelsplatz zu entwickeln. Unter anderem sollten Kanäle die Insel von Nord nach Süd und von Ost nach West durchziehen. Für die seeschifftiefe Ausbaggerung des Reiherstiegs und den Bau eines Kanals, der den Osten von Georgswerder bis an die Süderelbe in Stillhorn durchziehen sollte, waren bereits 48 Milliarden Mark bereitgestellt worden.
Gleichzeitig wuchs der fast einmütige Protest der Wilhelmsburger Bevölkerung gegen die Bestrebungen Preußens. Sie fanden weder bei der alteingesessenen, hannoversch-welfisch gesonnenen Bevölkerung noch bei den mit Hamburg verbundenen, dort beschäftigten Neu-Wilhelmsburgern Sympathie.
Den preußischen Ideen setzte nun auch

Wilhelmsburger «Notgeld»

der Vorstand des Vereins für Heimatkunde seine Serie von fünf Gutscheinen mit launigen Bildern und Versen entgegen, die reißenden Absatz fanden.

Auf den Bildern der Gutscheine befanden sich u.a. folgende Texte: «Ich kann mich nicht rühren, mein Haus wird zu klein. Erlöse mich, Wilhelmsburg, aus meiner Pein – Wilhelmsburg, das Land der Zukunft»; oder: «Hammonia heißt uns froh willkommen, das Sachsenroß fühlt angstbeklommen das unbestimmte Schicksalslos und Hamburgs Liebe, die so grenzenlos»; oder: «Ihr Herren von der Elbe Auen, laßt uns gemeinsam das Groß-Hamburg bauen. Wir Wilhelmsburger bieten unser Land als dieses Zieles hehrstes Unterpfand»; oder schließlich: «War einst das Feld meine Welt – heut ist die Welt mein Feld!» und «Für Hamburg-Nord und Hamburg-Süd in Wilhelmsburg der Weizen blüht.»

Am 28. April 1922 verfügte das Gericht die Einziehung der «Notgeldscheine» und verurteilte jedes Vorstandsmitglied zu einer Geldstrafe. Der Vorstand widersprach diesem Urteil sofort und legte Berufung ein. Offenbar war dem Gericht die Tatsache, daß es sich nicht um Notgeld, sondern nur um Eintrittsgutscheine für das Museum handelte, entgangen. Denn auf der Rückseite aller Scheine war zu lesen: «Dieser Schein berechtigt zum einmaligen Eintritt in das Wilhelmsburger Museum des Vereins für Heimatkunde. Er verliert die Gültigkeit, wenn er nicht drei Monate nach erfolgtem öffentlichen Aufruf bei der Wilhelmsburger Sparkasse oder beim Wilhelmsburger Bankverein eingetauscht wird. Wilhelmsburg, September 1921.»

Das Landgericht in Stade erkannte dagegen den wahren Sachverhalt und schloß sich dem Standpunkt der Verurteilten an. Es hob das Harburger Urteil auf und sprach den Vorstand frei.

Kanäle und Inseln 1872 wurde mit dem Bau der Elbbrücken eine Eisenbahnverbindung zwischen Hamburg und Harburg geschaffen. Neue Straßenzüge durchquerten baureifes Gelände. Kanäle durchzogen das gesamte Gebiet. Fabrikanlagen breiteten sich aus. Saugbagger brachten weite Flächen auf vermeintlich sturmflutfreie Höhe. Zwischen all den neuzeitlichen Schöpfungen standen häufig traurig und verlassen alte Marschenhäuser, weideten eingeengt friedliche Herden.

Die Inseln Kattwyk, Krusenbusch, Hohe Schaar mit der Moorburger Weide und Langer Morgen mit Blumensand gehörten ursprünglich zu der großen Elbinsel Gorrieswerder. Große Sturmfluten im 12. und 13. Jahrhundert. zerstückelten den Gorrieswerder in mehrere kleine Inseln. So entstanden die Inseln Finkenwerder, Altenwerder, Roß, Karckhoff (Neuhof) und andere, die auch bald eingedeicht und bebaut wurden.

Das Gebiet von Kattwyk/Hohe Schaar war

von vielen kleinen Elbarmen durchzogen und ständigen Veränderungen unterworfen. Nach verheerenden Sturmfluten im ersten Viertel des 15. Jahrhunderts erhielt das Gebiet eine neue Gestalt. Bei diesen Sturmfluten hatte sich auch der Köhlbrand gebildet.
1890 wurde Kattwyk von der «Preußischen Seehandlung» für den preußischen Staat erworben. Zusammen mit der Hohen Schaar unterstand es einschließlich Krusenbusch der preußischen Domänenverwaltung.
Das fruchtbare Marschenland mit den satten Wiesen und vielen Kühen und Pferden war ein beliebtes Ausflugsziel der Wilhelmsburger Bevölkerung. Auch tausende von Hamburgern besuchten im Sommer den schönen Badestrand am Köhlbrand, der mit dem Harburger Dampfer bequem zu erreichen war.
Die Hohe Schaar war dagegen nicht bewohnt. Sie diente nur als Weideland. Die Moorburger Weide an der Süderelbe oder Sandau war von drei Seiten von der Hohen Schaar eingeschlossen und nicht bebaut. Die Insel Langer Morgen mit Blumensand, die vom Reiherstieg und Ewerschween umschlossen wurde, diente zur Gewinnung von Bandholz, Korbweiden und Heu. Durch die Aufspülung dieser Insel und des Ewerschweens entstand mit Hohe Schaar, Kattwyk und Krusenbusch ein geschlossener staatlicher Grundbesitz. Damit waren alle Voraussetzungen für das «Goldland der Zukunft» geschaffen.

Von «Kirchhof» zu «Neuhof» nach Wilhelmsburg Die Insel Neuhof hieß im 14. Jahrhundert noch Kirchhof. So benannt nach einem «wüsten Kirchhof», auf dem alle Leichen beigesetzt wurden, die ans Ufer trieben und nach denen keiner fragte.
Im Jahre 1672 verkauften die Freiherren Grote ihren altvererbten Besitz, die Insel Wilhelmsburg, an die Lüneburger Herzöge. Der Kaufpreis bestand neben barem Geld in der Insel Kirchhof. Sie wurde von den Groten als neuer Stammsitz betrachtet und dementsprechend in «Neuhof» umgetauft. Über 200 Jahre blieb Neuhof Grotesches Fideikommißgut.
Im Jahre 1895 ging die Insel Neuhof in den Besitz einer Grundstücksgesellschaft über, die die Erschließung der Insel für industrielle Zwecke vornahm. Als 1908 große Teile von Neuhof an Hamburg abgetreten wurden, erfolgte die Eingemeindung des Restes nach Wilhelmsburg.
Der Reiherstieg, die kürzeste Wasserverbindung zwischen Hamburg und Harburg, hat in früheren Zeiten stark unter unzureichenden Wasserverhältnissen gelitten. Die 1887 erfolgte Vertiefung erwies sich als unzureichend. In den Jahren 1900 – 1904 wurde die Reiherstieg-Sperrschleuse gebaut. Sie hatte im Gegensatz zu einer echten Schleuse den Zweck, den Ebb- und Flutstrom von den Nebengewässern abzuhalten, um so eine Versandung oder Ausspülung zu verhindern.
Im Jahre 1924 begann der planmäßige Ausbau der Rethe und des Reiherstieghafens mit einem erheblichen Kostenaufwand durch den preußischen Staat. Nach der Erschließung des Geländes durch Straßen und Bahnanlagen und nach der Errichtung der Rethe-Hubbrücke entstanden an den Ufern die ersten Silobauten. So hatte sich das frühere Wiesengelände der Insel Kattwyk/Hohe Schaar – einst die Fettweide von Wilhelmsburg – zu einem beachtlichen Industrie- und Hafengebiet entwickelt.

Harburg, die Stadt an der Süderelbe Die bis 1937 selbständige Stadt Harburg hatte sich im Vorland einer Burg entwickelt. Die Horeburg (Hor = Sumpf) lag in der Niederung am Ufer der Süderelbe. Der Geesthang stieß dort am weitesten bis zur Elbe vor. Schon seit der Steinzeit bestand hier ein Elbübergang. «Harburg» wurde um 1142 zum ersten Male urkundlich erwähnt. Hier hatten sich Fischer, Schiffer, Handwerker und Fuhrleute angesiedelt.
Schon im 13. Jahrhundert war Harburg Marktflecken als Burg der Herzöge von

Braunschweig-Lüneburg. Im 17. Jahrhundert gab es hier bereits ein herzogliches, später städtisches Kaufhaus, ein Lagerhaus für die dortigen Kaufleute.
Die Zahl der einkommenden Schiffe, meist aus Holland, betrug 1667 schon 251.
1830 zählte die Stadt Harburg 4000 Einwohner. Der Hafen am ehemaligen Schloßplatz, der «Citadelle», war ein Dockhafen mit zwei Kammerschleusen. Ein weiterer, der Holzhafen für die Oberländer Holzschiffe und Flöße, befand sich am Reiherstieg.
Der Verkehr zwischen Hamburg und Harburg konnte nur auf dem Wasserwege stattfinden, man benutzte Ewer und seit 1829 auch Dampfboote. Es gab noch keine Landverbindung. Um eine bessere Verbindung mit Harburg zu schaffen, baute man durch die neueingedeichten Ländereien 1852 die Harburger Chaussee auf dem 1813 von den Franzosen erstellten Damm. Diese

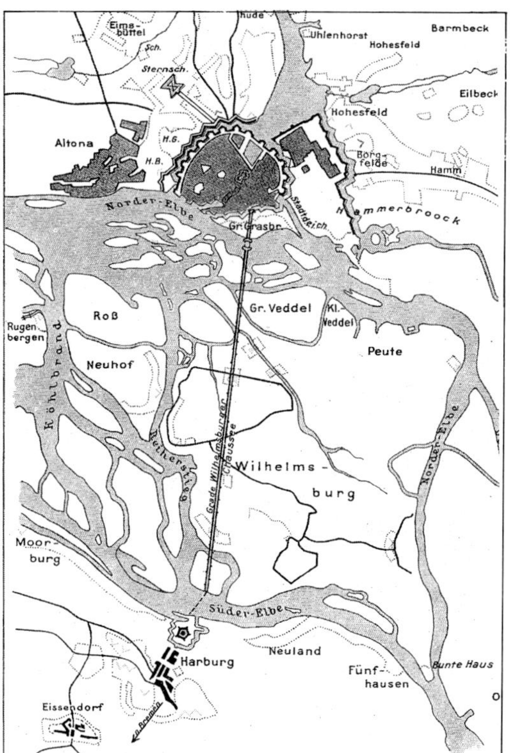

neue Straße aber blieb ein beschwerlicher Weg über die sich weit herumziehenden Deiche und den Überquerungen verschiedener Elbarme. Reisende, die von weither kamen, hatten diesen letzten Abschnitt ihres Weges oft als den schlimmsten, abenteuerlichsten und gefährlichsten, besonders im Winter, beschrieben!
Am 1. Mai 1847 wurde die Eisenbahnlinie von Celle nach Harburg, von Hannover kommend, eröffnet.
Die Verbindung über die Norder- und Süderelbe Harburg-Hamburg wurde durch Ziehfähren, wie bereits 1813, geschaffen. Am 12. Januar 1853 wurde die neue Anlage dem Verkehr übergeben. 1860 wurden die Ziehfähren durch Dampffähren ersetzt.
Im Jahre 1887 wurde diese «Chaussee», die von Süden her über Wilhelmsburg, den Kleinen Grasbrook, über die Norderelbe mit Wagenfähre nach der Harburger Straße bei der Gasanstalt führte, südlich von der Grenze des Freihafengebietes über den Ernst-August-Kanal nach Osten hin verlegt, so, wie die alte Trassenführung des von den Franzosen erbauten Dammes einst verlief. Im Anschluß an diese Arbeiten wurde die Petroleumhafenbahn parallel zu ihrer alten Lage nach Norden verlegt.

Der Harburger Hafen Die Horeburg lag am Mündungsgebiet mehrerer Bäche, die von den Geesthöhen von Süden her kamen. Das Mündungsgebiet bildete mehrere kleine Inseln. Der Mündungsverlauf wurde zum Kanal ausgebaut und bildete so den ersten Hafen Harburgs. Um 1288 war aus einer kleinen Ansiedlung eine richtige Stadt geworden. Hier entstanden die ersten Speicher für den Hafen und das erste Kaufhaus zur Lagerung von Waren. Die Güter kamen auf den Landstraßen heran. Das Frachtfuhrwesen war zu der Zeit Harburgs wichtigste Einnahmequelle. Vielspännige Harburger Frachtwagen fuhren durch ganz Deutschland. Von Harburg aus wurden die Güter per Schiff weiterbefördert, u.a. nach Hamburg, der Niederelbe und Holland.

Als zwischen 1645 und 1650 die Festung erweitert wurde, baute man Schleusen, um den Wasserstand in den Gräben unabhängig von Ebbe und Flut auf gleicher Höhe zu halten. Ein Schleusenmeister registrierte die Schiffe und forderte Schleusengeld und Zoll.
Durch den Ausbau des Hamburger Hafens wurde die Entwicklung des Harburger Hafens sehr behindert. Im Stromspaltungsgebiet beanspruchte Hamburg auch die Süderelbe. Hamburg sandte seine bewaffneten «Ausleger» in das Gebiet und zwang jedes Schiff, das nach Harburg fahren wollte, erst Hamburg anzulaufen. Sie kaperten die Harburger Kornschiffe auf der Süderelbe, damit sie ihre Ladung in Hamburg zum Verkauf anboten.
Die Harburger verklagten die Stadt Hamburg vor dem höchsten deutschen Gericht, dem Reichskammergericht. Aber das schreckte die Hamburger nicht ab. Sie versenkten alte Schiffe und rammten Pfähle in die Süderelbe. Sie blockierten sogar die Ausfahrt aus dem Schloßgraben. Der Prozeß vor dem Reichskammergericht dauerte viele Jahre. Erst 1619 wurde den Hamburgern endgültig verboten, die Schiffahrt auf der Süderelbe zu behindern. Doch für Harburg kam das Urteil zu spät. Viele Kaufleute waren fortgezogen. Die meisten Schiffe folgten dem inzwischen verbesserten Lauf der Norderelbe nach Hamburg.
In der zweiten Hälfte des 17. Jahrhunderts machte Hamburg weniger von seinen unliebsamen Maßnahmen Gebrauch. Dadurch lief der Getreidehandel, den Hamburg bis dahin praktisch allein betrieb, auch über Harburg und wurde von den Herzögen von Braunschweig und Lüneburg sehr gefördert. Aber der Harburger Markt konnte die Getreidemengen nicht aufnehmen. Ebenso ging es mit dem Holzhandel. Nur der Handel mit Krummholz, das für den Schiffbau wichtig war, blieb für Harburg von Bedeutung. Selbst Hamburg, dessen Holzhandel führend war, kaufte sein Krummholz in Harburg.

Harburg um 1700

Auch Harburgs Versuch, den Seeverkehr mit Holland zu beleben, mißlang, weil es an genügend Rückfrachten fehlte. Holländische Schiffe kamen mit Muschelkalk, Dachpfannen, Mauersteinen und Fischen, nicht ausreichende Rückfracht war Holz oder Getreide. Aus Kehdingen und Hadeln landeten Schiffe mit Butter, Getreide und Mauersteinen.
Aber alle Versuche, der Harburger Schiffahrt zu einem Aufschwung zu verhelfen, schlugen fehl.
Nach dem Ende des 30jährigen Krieges wurde in Harburg ein Festungssystem geschaffen, weil der Stadt die Aufgabe zufiel, die Grenze gegen die Dänen, die sich auf der anderen Elbseite befanden, und gegen die Schweden, die Regenten im Herzogtum Bremen-Verden geworden waren, zu verteidigen.
Die Baugeschichte des Schlosses in Harburg ist nur lückenhaft überliefert. Nach 1527 hatte der Herzog Otto zu Lüneburg-Celle hier seinen Wohnsitz. Auf Lorichs Elbkarte von 1568 erscheint das Schloß als hochragendes Steinhaus mit Zinnen und Türmen. Im 7jährigen Krieg und Befreiungskrieg diente das Schloß den Franzosen

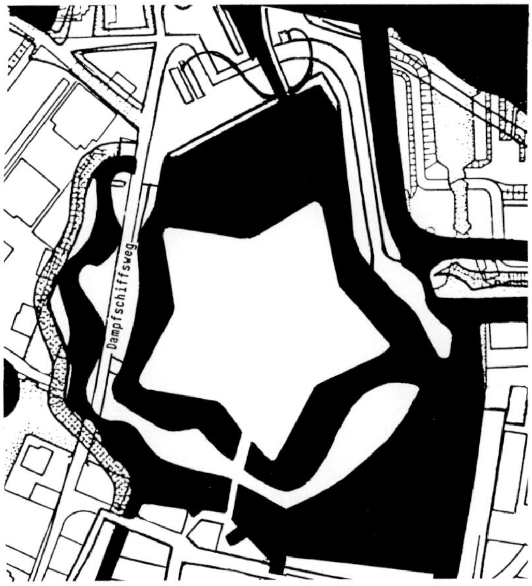

Harburg 1850

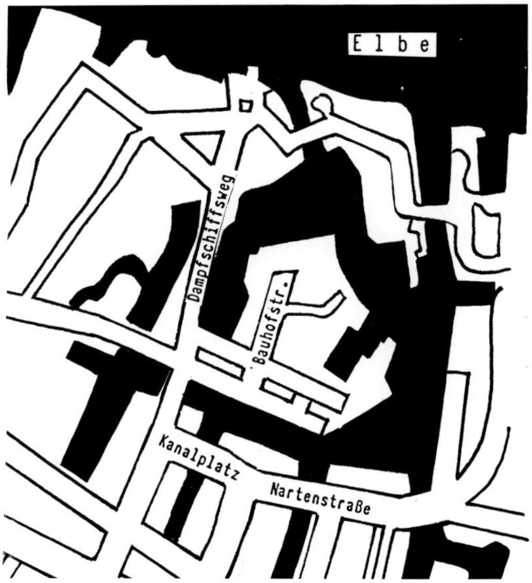

Harburg 1980

als Stützpunkt. Es erlitt schwere Schäden, wurde um- und wieder aufgebaut. Nur die Flügel des Schlosses aus alter Zeit blieben erhalten.
Seit dem Ausbau des Schlosses im 17. Jahrhundert hatte der Teil des äußeren Schloßgrabens, der vor der Stadt lag, als Hafen gedient. Die Postewer nach Hamburg fuhren hier ab. 1845 fand sich die Regierung in Hannover bereit, diesen Hafen zu erweitern. Im Norden des Schlosses wurde der Überwinterungshafen ausgebaggert. Im Südosten wurde der bisherige Hafen vergrößert und vertieft. Es entstand der Verkehrshafen. Ferner wurde die Verbindung dieser beiden Hafenteile hergestellt. Für die Hafeneinfahrt wurde die «Neue Schleuse» gebaut. Der so entstandene neue Binnenhafen erhielt Kaimauern und Kräne. Hafenbaumeister Blohm hatte bei alledem entscheidend mitgewirkt.
Als Hannover 1854 dem Deutschen Zollverein beitrat, wurde als Ersatz für den Freihafen, den Harburg seit 1848 besessen hatte, die «Zollfreie Niederlage» am Ufer des östlichen Bahnhofskanals geschaffen. Hier wurden Waren ohne Verzollung eingelagert und auch wieder ausgeführt.

Der Verkehr belebte sich weiter durch die Heranführung der Eisenbahn nach Harburg am 1. Mai 1847. Zahlreiche Fabriken siedelten sich nun in Harburg an. Zweifellos lockte auch die Nähe Hamburgs Unternehmer hierher.
Im Jahre 1855 gründeten Noblée & Co. eine Hydrocarbure Fabrik und Gasanstalt, die Firma, die später unter dem Namen Noblée & Thörl GmbH geführt wurde.
Auf dem Nachbargelände an der Wilstorfer Straße errichteten die aus Paris stammenden Franzosen Albert und Louis Cohen ihre «Fabrik zur Herstellung von Gummischuhen und vulkanisiertem Gummi». Daraus ging später die Phoenix Gummiwerke AG hervor, deren Warenzeichen noch heute in der ganzen Welt bekannt ist.
Die Phoenix AG ist die älteste und zweitgrößte Gummiwarenfabrik Deutschlands. Kautschuk und Kunststoffe wurden damals ferner verarbeitet von der Firma Rost & Co., die seit 1860 in Harburg ansässig war. Hinzu kommt die New-York-Hamburger Gummi-Waaren-Compagnie, die 1856 gegründet wurde.
Zum Teil wurde die Steigerung des Hafenverkehrs durch Großindustrien bewirkt.

1857 kam es zur Gründung einer Schwefelsäurefabrik, 1858 folgte eine große Maschinenfabrik, 1859 eine Ölfabrik.
Neben der Industrie entwickelten sich Eisengießereien und Maschinenfabriken.
Den Hafenplatz beherrschte damals das Hotel «Zum König von Schweden». Hier soll Joseph von Eichendorff übernachtet haben. In seinem Tagebuch ist unter dem Datum vom 17. zum 18. September 1805 nachzulesen: «. . . in dem niedlichen hanövrischen Städtchen Harburg auf dem morgendlichen Wege zum Hafen, von wo aus alle Tage um diese Zeit ein Postboot die Reisenden nach Hamburg bringt.» Ihm fiel das französische Militär auf, über dessen «spießbürgerliches Exterieure» er sich lustig machte.
Der Harburger Hafen wurde in seinem Seeverkehr durch die Zufahrtsstraße Köhlbrand stark behindert, weil diese nicht genügend Wassertiefe aufwies. Im Vertrag zwischen Hamburg und Preußen (1. Köhlbrandvertrag) wurde 1868 zwar eine Wassertiefe von 4,80 m vereinbart, aber die Ausmaße der Schiffe wuchsen so schnell, daß auch diese bald nicht mehr genügte. Viele Schiffe, die für Harburg bestimmt waren, leichterten daher zunächst in Altona. 1896 wurde deshalb in einem 2. Köhlbrandvertrag die Vertiefung auf 5,80 m festgelegt. Eine weitere Vertiefung hätte die Neue Schleuse in Harburg nicht vertragen. Als trotz Erweiterung der Schleusenanlagen die großen Seeschiffe die Hafeneinfahrt nicht mehr passieren konnten, entschloß sich die Stadt, mit Hilfe preußischer Staatsgelder in den Lauenbrucher Wiesen vier offene Seehafenbecken, Tidehäfen, anzulegen (1904 bis 1907). Das vierte Bekken wurde nach dem 1. Weltkrieg gebaut. Da die neuen Häfen für die Aufnahme großer Seeschiffe bestimmt waren, mußte auch der Köhlbrand auf entsprechende Tiefe gebracht werden. Dies geschah auf Grund eines 3. Köhlbrandvertrages vom Jahre 1909. Er bestimmte nunmehr für den Köhlbrand eine Tiefe von acht m bei Mitteltide-Niedrigwasser. Damit bahnte sich eine Entwicklung an, durch die Harburg zu einem bedeutenden Industriehafen Deutschlands wurde. Außerdem war Harburg bereits zu einem wichtigen Eisenbahnknotenpunkt mit einem umfangreichen Güterverkehr geworden.
Dieser Aufschwung brachte Harburg viele Zuwanderer aus Niedersachsen, Mecklenburg, Böhmen und den Ostgebieten.

Vereinigung Harburg-Wilhelmsburg
Nachdem die letzten Stadtwälle und Burganlagen abgetragen worden waren, entstand in Harburg – wie geschildert – nach und nach eine Industriestadt mit riesigen Fabrikgebäuden, Speichern, Öltanks, rauchenden Schloten und kahlen Häuserblökken.
Die Ausdehnung der Wohnviertel führte zur Eingemeindung von Wilstorf (1888) und Eissendorf (1910) und Wilhelmsburg (1927) mit 33.000 Einwohnern, das gemäß Beschluß des damaligen preußischen Innenministers Severing am 1. September 1925 die Stadtrechte erhalten hatte. Es war mit seiner jungen, hochentwickelten Industrie eine wertvolle Bereicherung und wurde so am 1. Juli 1927 mit Harburg zur damals jüngsten deutschen Großstadt «Harburg-Wilhelmsburg» vereinigt. Am 1. April 1937 erfolgte der Anschluß an Hamburg. Die Groß-Hamburg-Frage war damit gelöst.

Vorstadt Hamburger Berg, St. Pauli Zwischen dem alten Hamburg am Millerntor und Altona entstand Anfang des 19. Jahrhunderts eine Vorstadt. Zunächst gab es dort nur eine weite Wiesenfläche, die als «Hamburger Berg» hochgelegen den freien Blick auf Elbstrom und Hafen bot. Ein kleines Wäldchen, der Eichholz, bot Abwechslung und so war diese Gegend ein beliebtes Ziel der Hamburger und Altonaer für sonntägliche Spaziergänge.
Schausteller suchten schon von alters her nach neuen Plätzen und Erwerbsmöglich-

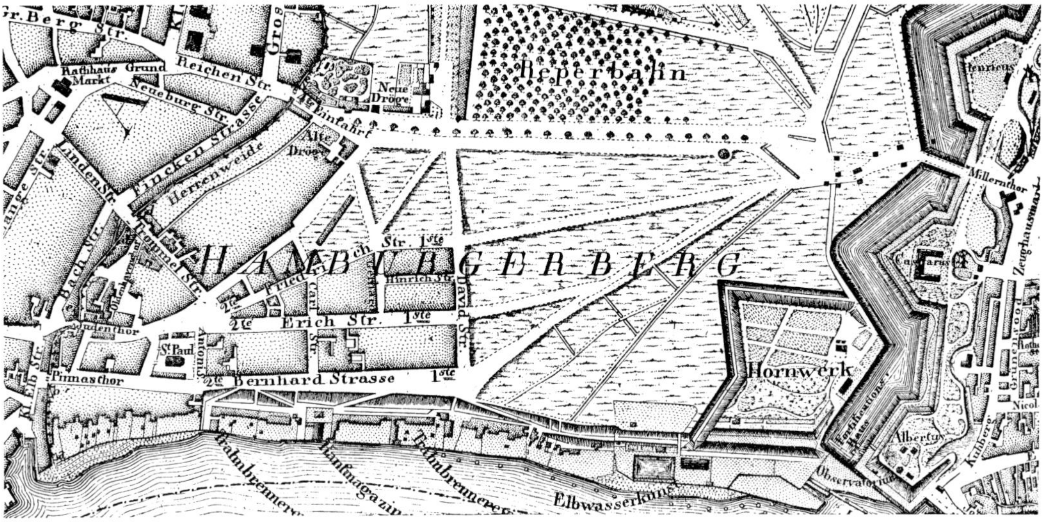

keiten ... und mit wachsendem Reichtum der Stadt Hamburg und Zunahme der Bevölkerung wurden sie bald auf dem «Hamburger Berg» seßhaft. Hier war der rechte Ort für sie, hierher kamen die Menschen, um sich zu entspannen und zu amüsieren. «St. Pauli» lag hier in der Wiege!

Aber das Jahr 1813 brachte für die Vorstadt am Hamburger Berg die völlige Zerstörung und damit das Ende der stillen, ländlichen Ära. General Davoust hatte für seine französischen Truppen freies Schußfeld zu schaffen.

Der Wiederaufbau dieser Vorstadt hat einen Teil des heute noch bestehenden Stadtteilcharakters mitgeprägt. Bis 1820 war eine große Anzahl von Häusern wiederaufgebaut. Schausteller und Theater siedelten sich auf dem Spielbudenplatz an, alle möglichen Eß- und Kramwaren wurden hier verhökert. Aber ab 1. Januar 1860 sorgten Torsperren dafür, daß der Hamburger Berg von Hamburg und Altona völlig abgesondert ein eigenständiges Dasein führte.

Da es noch keine Straßenbeleuchtung gab, riskierten die Fußgänger im Dunkeln, in Baugruben zu stürzen. Daher war ihnen die Möglichkeit geboten, sich zu ihrem Schutz Laternengänger zu mieten, die sie des Wegs begleiteten. Die Straßen waren unwegsam, nur zum kleinen Teil mit festem Untergrund versehen. Meistens mußte man durch tiefen Sand stapfen.

Die Allee, die vom Millerntor nach Altona führte, die Prachtstraße, war durch unsaubere Abflußgräben begrenzt. Holzbohlen deckten sie ab. Sie dienten gleichzeitig als Brücken für die Fußgänger. Erst 1831 gab es die ersten zwölf feststehenden Laternen-

Tormarken (Originalgröße)

kugeln und 191 Leuchten, die mit Öl gespeist wurden.
Ab 1840 wurden die zum Teil sehr primitiven Bretterbuden allmählich durch Steinhäuser ersetzt.

St. Pauli, woher kommt der Name? In der zweiten Hälfte des 17. Jahrhunderts nahm im Kirchspiel St. Michaelis die Bevölkerungszahl stetig zu, besonders erhöhte sich die Zahl der hier ansässigen Schiffer. Die Verwaltung der St. Michaeliskirche faßte daher den Plan, außerhalb des Millerntores eine Filialkirche zu bauen. Im Jahre 1682 wurde am Pinnasberg, auf dem Begräbnisplatz, der Grundstein für eine Kirche gelegt, die den Namen des Apostels Paulus tragen sollte.
1686 belagerten die Dänen die Stadt Hamburg. Die Hamburger wehrten sich und dabei zerstörten dänische Kugeln die St. Paulus Kirche. Nach Abzug der Dänen kehrten die geflüchteten Bewohner des Hamburger Berges aus den schützenden Mauern der Hansestadt zurück und bauten ihre Kirche wieder auf.
1814 wurde sie abermals, diesmal von den Franzosen, niedergebrannt und zerstört. Im Jahre 1819 wurde am alten Platz der Grundstein für eine neue Kirche gelegt. Der Turm wurde später, 1864, aufgebaut. Jeden Sonntagmorgen läuteten die Glokken als Signal zum Schließen der Stände auf dem Altonaer Fischmarkt.
Am 6. November 1833 erhielt die Vorstadt Hamburger Berg den Namen ihrer Kirche St. Pauli-Vorstadt.

Die Reeperbahn und ihre Reepschläger
In den Chroniken sind die Reepschläger zuerst im Jahre 1345 erwähnt. Bis dahin hatten sie ihre Arbeitsplätze, die Reeperbahnen, im Eichholz gehabt. Sie mußten dann, um der Erweiterung der Stadt zu weichen, nach dem Hamburger Berg umziehen. Hier erinnert die Straße Reeperbahn an eines der ältesten Hamburger Handwerke.

Bahn der Reepschläger

Im Eichholz, dem Waldbestand auf dem Reeperberg – dort etwa steht heute die Michaeliskirche – zogen sich damals die langen Bahnen 250 m entlang, wo die Schiffstaue gemacht und geteert wurden (Reep = geteertes Schiffstau). Jede einzelne Bahn durfte nicht unter 1800 Fuß in der Länge messen. Sie waren von alten Bäumen alleeartig eingefaßt. Achtzehn Reeperbahnen der Hamburger Reepschlägermeister hatten hier gestanden. Das Handwerk vererbte sich meistens vom Vater auf den Sohn.
Es sah einfach aus wie der Reepschläger aus seiner Schürze den selbstgehechelten und vorbereiteten Hanf mit seiner durch ein Stück Schaffell geschützten Hand zu einem starken Faden spann. Nach Bedarf wurden mehrere Fäden zu einem Seil geschlagen, indem die einzelnen Fäden an dem Haken der Spinnmaschine in drehende Bewegung gesetzt wurden. Hinter dem Leitholz schlossen sie sich dann zu einem Tau zusammen. Als Material diente für gröbere Arbeiten wie Schiffstrossen Manilahanf, sonst wurde der europäische Hanf verwendet, weil er feinere Faserung aufwies. Der Antrieb der Seilmaschine wurde durch den Reepschläger selbst durch Rückwärtsschreiten mit einem am Griff befestigten Seil besorgt. Diese Seilmaschine hatte sich jahrhundertelang unverändert erhalten.

Reepschläger bei der Arbeit

1883 wurde das 55.745 qm umfassende Reeper-Areal enteignet und eine großangelegte Bebauung vorgenommen. Bis zum Jahre 1889 wurden mehrere neue Straßenzüge voll bebaut. Das Reepschlägeramt hatte seine «Bahnen» in der Innenstadt verteilt.
In ganz alten Kontobüchern und Rechnungen des Reepschlägeramtes ist nachzulesen, daß die Torwächter am Schaar- und Ellerntor laufend mit Trinkgeldern versorgt wurden. Sie sollten die Reepschläger-Gesellen nicht unnötig schikanieren, wenn sie ihr fertiges Tauwerk durch die Stadt zum Hafen trugen. Wer unterwegs fragte, was denn eigentlich der Unterschied sei zwischen Reepern und Seilern, bekam zur Antwort: Die Seiler drehen die Taue mit der linken, die Reeper das Reep mit der rechten Hand!
Einmal im Jahr feierten die Reepschlägermeister ein Zunftfest, ihre Reepschläger-Höge. Dabei wurden die neuen Meister aufgenommen.
Das Tauende, das sie als Meisterstück anfertigen mußten, wurde meist für ein viertel Daumenbreite zu dick befunden, wofür der Neue dann zwei Tonnen Bier Strafe zahlen mußte! Drei Tage dauerte das Fest. Zuvor wurde der ganze Saal mit Riechpulver bestreut, weil ein Reeper doch immer so sehr nach Teer roch!
Es wurde reichhaltig getafelt: Schmorbraten mit Safran, Gemüse und Rosinen. Dann kam der Fischgang und schließlich ein halber Ochse am Spieß. Als Nachtisch gab es Hamburger Krullkuchen und viel Bier!

Reepschläger auch in Moorburg 1752 machte sich der Reepschlägermeister Hanns Hinrich Lohmann in Moorburg selbständig. Seit dieser Zeit ist das Unternehmen vom Vater auf den Sohn übertragen worden. Im Jahre 1885 wurde zum ersten Mal Kokosgarn eingeführt und in Moorburg zu Tauwerk verarbeitet. Eine «Seeschlange», die aus ca. 480 wäscheleinenstarken Fäden «geschlagen» wurde, bestand jetzt aus Kokosgarn. Der «Trossenschlag», vergleichbar mit gegenläufig zusammengedrehten Handtüchern aus alter Zeit, war eine Kunst für sich. Ohne Maschinen waren die dicken Trossen, die 1000 kg und mehr wogen, nicht mehr anzufertigen. So wurde aus dem Handwerk des Reepschlägers im Laufe der Zeit die mechanische Tauwerkfabrik. 1930 arbeiteten in Moorburg 30 Reepschlägereien.

Walfang, Tranbrennereien Das Walfieber hatte die seefahrenden Nationen ergriffen, nachdem 1596 die Überlebenden der holländischen Barentsseeunternehmung zurückgekehrt waren und die Nachricht mitbrachten, daß in den Meeren zwischen Grönland und Spitzbergen sich große Walfischscharen befänden. Bald wimmelte es in den Gewässern von Spitzbergen von holländischen, englischen, dänischen, russischen und französischen Walfängern. Reichtümer und Abenteuer winkten. Tran und Fischbein waren begehrte Handelsartikel geworden. Die damals einsetzende Bewegung hatte viel Ähnlichkeit mit dem späteren Gold- und Diamantenfieber.
Auch in Hamburg horchte man auf, aber die Verhältnisse waren dort im Nordmeer fürs erste so schlecht, daß man sich zunächst nicht mit dem Walfang befaßte, sondern bei den Islandfahrten blieb.
Es waren anfangs nur kleine Schiffe, manchmal von 160 t, die im Frühjahr die Fahrt nach dem Eise wagten. Zunächst

heuerte man noch Portugiesen und Basken als Führer und Harpuniere an. Schon um 1500 kannte man in der Biscaya den Fang und die Verarbeitung des Wales. Er wurde allerdings im Laufe der Jahre völlig aus der dortigen Gegend vertrieben.
Bald lösten die Friesen die Romanen ab. Föhr wurde zu einer «Pflanzschule für Walfänger».
Mühelos war der Wal zuerst in den zahlreichen Buchten von Grönland und Spitzbergen zu fangen. Die Schiffe gingen unter Land vor Anker. Die Kapitäne bauten sich am Ufer Wohnhütten, luden sich gegenseitig zu kleinen Festen ein und verlebten gute Tage. Die Gaststätten wimmelten abends von Matrosen und der Jantje ließ hier auch seinen heimischen Kirmesjubel aufleben. Morgens verkündeten Hornsignale, daß das frische Weißbrot fertig sei. Hütten, Schenken, Lagerräume, Küpereien, Schmiedewerkstätten, Trankochereien usw. wuchsen aus dem kahlen Felsboden empor. In wenigen Jahren hatte die berühmteste aller Sommersiedlungen, Smeerenborg, 3000 Bewohner. Es ging häufig wüst her in den Schenken, in denen sich auch Hafenmädchen aufhielten. Mancher Streit endete mit erstochenen Matrosen. In den heimischen Häfen verabschiedete man sich mit dem bezeichnenden Wort: «Up Moord un Doodslag in Grönland!»
Zeitgenössische Darstellungen zeigen, daß die harpunierten Tiere mit Schaluppen an Land gebracht, hier abgespeckt, der Speck in Würfel geschnitten und ausgekocht wurde. Dann brachte man die Tranfässer an Bord. Oft mußten wegen der großen Menge noch Schiffe nachgeschickt werden.
1643 war man auch in Hamburg soweit, am Fang teilzunehmen. Der Holländer Johann Been gründete eine von dem dänischen König Christian IV. privilegierte Grönländische Kompagnie. 1644 fuhr Hein Nannings mit dem ersten hamburgischen Walfangschiff auf Fang. Er brachte im Herbst 850 Fässer Tran heim. 1649 baute man auf dem Hamburger Berg, heute St. Pauli, die erste Trankocherei.
Zwischen holländischen und englischen Fängern kam es im Eise oft zu blutigen Streitereien, zu regelrechten Schlachten. Auch Dänemark meldete seine Ansprüche an und erklärte Spitzbergen als sein Hoheitsgebiet. Die Streitigkeiten endeten damit, daß man die Küste in Interessenbezirke aufteilte. Als nun die Hamburger sich anmeldeten, überwies man ihnen die Hamburger Bai. Um 1650 begann in Hamburg, 14 Jahre später auch in Altona, die Fahrt nach Grönland und Spitzbergen für Walfang und Robbenschlag.
Damals wurden die im Nordmeer erlegten Wale zunächst an Ort und Stelle abgespeckt. Den Speck brachte man in Fässern an das Elbufer von Hamburg und Altona. Hier wurde er unter freiem Himmel «ausgesonnet und gebrennet», d.h. in gewaltigen Kesseln der Tran ausgekocht. 1677 fuhren von Hamburg 72 Schiffe auf Walfang aus. Von diesen kamen sechs leer zurück, eines verunglückte und fünf wurden von Kaperern erbeutet. Die übrigen sechzig Walfangschiffe aber brachten eine Beute von 295 Walen heim, aus denen Tran gekocht wurde.
Als die Hamburger erschienen, war die eigentliche Glanzzeit der Baienfischerei schon vorbei. Der sehr verfolgte Wal wurde scheu und flüchtete ins Eis. Das bedeutete, daß die Fangschiffe größer und stärker werden mußten.
Die größten Schwierigkeiten aber bereiteten dem Hamburger Fang die politischen Verhältnisse. Die Stadt war ohne Schutz und mußte manchmal bei anderen Staaten betteln gehen. Besonders versuchte Dänemark es immer wieder, den Hamburgern Schwierigkeiten zu machen. Hinzu kamen mancherlei Kriegswirren jener Jahre. Schließlich raffte sich Hamburg zur Selbsthilfe auf und ließ seine Grönlandfahrer durch Kriegsschiffe hin- und zurückbegleiten. Zuweilen schlossen sich diesen Kon-

voyschiffen auch Bremer und Ostfriesen-Fangschiffe an.
Zur Berühmtheit gelangt ist das Konvoyschiff Leopoldus Primus, das Jacob Berend Karpfanger kommandierte. 1677 brachte er 55 Hamburger Walfangschiffe mit insgesamt 513 Walen sicher heim. In der Elbmündung besiegte er den gefürchteten französischen Kaperkapitän Jan Bart aus Dünkirchen.
Auf den hamburgischen Schiffen fuhren auch Friesen. Nach altem Hamburger Recht mußten alle Schiffer Hamburger Bürger sein. Mit Genehmigung des Senats wurden nun die Friesen, zumeist dänische Untertanen, gegen «angelobte» Treue einfach durch Handschlag «der Stadt Einwohner und Untertanen». Diesen Schiffsführern gab man die sonst nicht übliche Bezeichnung «Kommandeur».
Jahrzehntelang war der Walfang in Hamburg der alles beherrschende Erwerbszweig. Nicht nur die Gewerbetreibenden hatten hiervon ihren Nutzen, auch die Bauern, denn die Schiffe mit ihren großen Besatzungen, Fang- und Zubereitungsmannschaften, brauchten große Mengen Proviant. Wer Geld übrig hatte, legte es in Walfängern an. Die Reedereianteile waren nach holländischem Vorbild so klein, daß man schon 1/32 Part haben konnte. In der Wilster- und Krempermarsch war fast kein Bauer, der sich nicht an den Kollmarer und Glückstädter Fangschiffen beteiligte. Auch die Besatzungen konnten entsprechende Anteile erwerben.
Im Frühjahr erschienen auf der Elbe die Schmackschiffe (den holländischen Tjalken ähnlich) und brachten die Inselfriesen. Bei ihnen blieben manchmal nur Greise, Frauen, Kinder und Kranke zurück. Anfang April ging man dann in See und kam nach etwa 14 Tagen an das erste Eis.
Das Grönländische Recht, das später auch Hamburg anerkannte, hatte viele Bestimmungen über erbeutete Tiere, gestrandete oder vom Eise blockierte Schiffe. Wer zuerst das Eisen im Fleisch hatte, war Eigentümer. Kam das Tier jedoch wieder frei, durften auch andere Jagd darauf machen. Oft taten sich Bekannte zu «Mackerschaften» zusammen, d.h. man ging gemeinsam auf Jagd, insbesondere dann, wenn man an einem Eisfeld verankert lag.
Es gab nicht nur Erfolge. 1744 verunglückten die Schmackschiffe, die Sylter, Amrumer, Föhrer und Halligfriesen von Hamburg nach Hause bringen wollten, auf Kniepsand und fünfzig Mann ertranken. Am 24. April 1764 gingen in der Elbmündung drei absegelnde Walfänger mit dem Kommandeur und elf anderen Borkumern unter.
Wurden die Schiffe vom Eise blockiert, dann verließ man sie oft und quartierte sich auf anderen Schiffen ein. Manchmal saßen bis zu zwanzig Schiffe im gleichen Eisfelde fest und die Mannschaften irrten in der Eiswüste umher. Nur wenigen gelang es, an Land zu kommen, sich Hütten zu bauen und den fürchterlichen Winter zu überstehen. Die meisten jedoch kamen um. Allein auf der Amsterdam-Insel befanden sich 1818 1000 Gräber; dabei handelte es sich allerdings hauptsächlich um Tote, die durch Skorbut gestorben waren.
Zwar wagte man 1815 wieder neue Fahrten, aber die Ergebnisse waren mager. Bremen wurde für einige Jahre führend, Hamburg beteiligte sich kaum noch. Hinzu kam, daß Petroleum und Gas den Tran überflüssig machten. Stahlstangen verdrängten Fischbein und der Welthandel schlug neue Richtungen ein. 1891 lief das letzte hamburgische Schiff nach Grönland aus.
Zur Erinnerung an die Walfangzeit sah man Walfischknochen auf den Inseln als Zaunpfähle. In Hamburg standen Walkiefer als Torbogen. Die Museen zeigen heute noch Erinnerungsstücke an diese große Zeit des Walfangs.
Zu erwähnen ist noch, daß die Straße Schulterblatt ihren Namen dem Walfang verdankt. Hier stand einstmals an der Grenze von Dänemark und Hamburg ein

Wirtshaus, das als Aushängeschild ein riesiges bemaltes Schulterblatt eines Wales hatte!
Erst 1935 fuhren nach langer Pause wieder deutsche Schiffe auf Walfang. Moderne Harpunengeschütze, Bombenlanzen und andere Erfindungen ließen den gejagten Walen kaum noch eine Chance. Allerdings wurde durch die Geschoßharpune die sonst oft tagelang dauernde Tierquälerei beim Jagen eines «festgemachten» Wales abgekürzt.
Der Walfänger von einst wurde zur «Tranfabrik». Früher ging die seitlich «festgemachte» Beute oft im Sturm verloren, sie riß sich los und mußte freigelassen werden. Heute führen modern ausgerüstete Fängergruppen ein Schiff mit sich, das man als schwimmende Trankocherei bezeichnen kann: die Wale werden durch eine Klappe ins Schiff hinaufgezogen und an Bord in aller Ruhe sachgemäß zerlegt und bis ins kleinste ausgenutzt. Das Ergebnis ist sauberer, billiger und besser als nach der alten Methode. Heute wird von Deutschland kein Walfang mehr betrieben.

Stintfang Ursprünglich hieß Stintfang eine kleine Strecke der Elbe zwischen den Bastionen Albertus und Johannis, also vor dem jetzigen Johannisbollwerk. Später übertrug man den Namen auf die höchste Bastion Hamburgs, Albertus, wo Repsold 1801 eine Sternwarte errichtete. 1834 erhielt dieser Hügel den Namen Elbhöhe. Zum Millerntor hin befanden sich schöne Anlagen. Man hatte eine herrliche Aussicht auf Elbe und Vorstadt. Am Fuße, in den Gärten, lag das Fortifikationshaus, auch Bürgerlusthaus genannt.
Nach der Gründung der Kirche St. Pauli (1682) – eine kleine Kapelle, die zur Hauptkirche St. Michaelis gehörte – war das Umfeld nur wenig bebaut. Zwischen dem Hamburger Berg und Altona befand sich freies Feld, das nur hin und wieder von einigen Teerbuden und Tranbrennereien in seiner Einförmigkeit unterbrochen war. Die Bebauung außerhalb der Wälle fand erst nach Niederlegung der Festungswerke statt. Die Franzosen waren sehr bemüht, die Festungswerke zu verstärken. Die Bastion Albertus, Stintfang genannt, die Bastion Johannis und das Blockhaus Neptun in der Elbe am Ende des Grasbrooks (gegenüber dem Baumwall) hatten vornehmlich die Aufgabe, den Hafeneingang zu bewachen und zu verteidigen. Stintfang war eine der stärksten von den zweiundzwanzig Bastionen, die die Wälle um die Stadt beherrschten.
Die Hamburger gaben ihrem seinerzeit schönsten Aussichtspunkt diesen Namen sicherlich aus Dankbarkeit. Die Stinte, eine Art kleiner Fische, die hier gefangen wurden, dienten besonders den niederen Klassen, den Ärmeren der Bevölkerung, als Nahrung. Man hat sie nicht vergessen, die kleinen Stinte, auch nicht, als im ELBPAVILLON edelste Fische den reichen Bürgern und Kaufleuten mundeten.
«Heute abend trotz aller Trübseligkeiten doch einmal wieder eine schöne, erhebende Stunde. Ich ging auf den Stintfang. Diese stille, schweigende Stunde; die säuselnden Bäume rund umher; die ruhenden Schiffe im Hafen, auf denen hie und da ein Hund bellte und ein Lichtlein brannte; in der Ferne die Lichter an der hannöverschen Grenze, und darüber der ernste Nachthimmel, an dem der Mond, bald von Wolken bedeckt, bald klar hervortretend, langsam hinwandelte; alles machte auf mich einen unsäglich linden, versöhnenden Eindruck, so daß ich mich auf eine Bank setzte und die Hände unwillkürlich zum Gebet faltete.» Das schrieb Dr. Friedrich Hebbel am 19. Oktober 1839 in einem Brief an Elise Lensing.
Das ganze Terrain wurde an der Stadtseite mit einer Einfriedigung zum Schutze der zurückverlegten Akziselinie versehen. Auf dem Plateau der Elbhöhe wurden 1872 die Signalkanonen vom Kehrwieder aufgestellt, bis für sie 1876 am Abhange ein Batteriestand erbaut wurde.

Fortifikationshaus – Elbpavillon Unterhalb des Stintfangs, der Bastion Albertus, lag im 18. Jahrhundert an der Elbe das Fortifikationshaus (= Befestigungs-Verwaltungshaus). Jeder sich darum bewerbende Hamburger Einwohner erhielt von dem ältesten bürgerlichen Vorsteher der Fortifikation gegen Zahlung von sechs Mark die Erlaubnis, das Häuschen einen ganzen oder auch halben Tag lang zu benutzen, wenn er dort seinen Freunden ein Fest geben wollte. Anfänglich war das «Hüschen», wie man es früher nannte, so klein, daß man, wenn die Gesellschaft etwas größer war, ein Zelt mit zu Hilfe nehmen mußte. 1766 wurde dann ein einstöckiges, dreißig Fuß langes und siebzehn Fuß breites Haus erbaut, in dessen einzigem Zimmer achtundzwanzig Personen tafeln konnten. Ein fünfzehn Fuß großer Anbau enthielt eine Küche, in der man Teewasser bereiten oder die mitgebrachten Speisen wärmen konnte.

In dem «Hüschen» war jede Musik verboten, höchstens gestattete man ein einfaches Gesellschaftslied. Die dort sich vergnügenden Bürger fanden aber Ersatz an der schönen Aussicht auf die Elbe. Auch lustwandelten sie gern in den hübschen Anlagen längs des Festungswalls, die sich bis zum Millerntor hin erstreckten.

Nachdem das Fortifikationshaus bei der Belagerung zerstört worden war, entstand im Mai 1806, als die Entfestigung Hamburgs ihren Anfang genommen hatte, auf der Bastion Kasparus eine Erfrischungsbude, der ELBPAVILLON. Hier, unter bedeckten Arkaden, spielten zweimal wöchentlich Spanier, wenn auch mit Toresschluß im Pavillon die Bewirtung aufhören mußte. Mit der Wiederbefestigung Hamburgs durch die Franzosen hatte auch der Pavillon zu verschwinden. Erst im Jahre 1822 entstand der neue, größere, schönere ELBPAVILLON auf dem Mühlenberge. Die Mühle wurde schon 1625 in einer Chronik erwähnt. In der Franzosenzeit fiel auch sie den Zerstörungen durch General Davoust zum Opfer. Sie wurde in den vierziger Jahren mit fünf Flügeln wieder aufgebaut und war seinerzeit ein sehr beliebtes Motiv der Maler.

Promenadenmäßig schöne Gartenanlagen und größere Anbauten machten den Pavillon zu einem beliebten Konzertlokal, das sich hier auf der Anhöhe mit freiem Blick auf die Elbe besonderer Anziehungskraft erfreute.

Man hörte Opern-Ouvertüren, Potpourris, Walzer von Strauß, Lanner . . . alles für ein Eintrittsgeld von vier Schillingen (1 Sch. = 12 Pfg.).

Durchreisende Sänger, Equilibristen und andere Künstler wählten vorzugsweise den ELBPAVILLON für ihre Debüts. Unter verschiedenen Wirten diente er vielerlei Vergnügungsarten. Am 30. April 1901 wurde die Anlage abgebrochen.

Hafentor Zum Schutze der Akzise und Torsperre wurde auf dem schmalsten Teil des Johannisbollwerks an der Ostecke der Stützmauer des Walles eine eiserne Barriere, das Hafentor, aufgestellt – etwa dort, wo heute die Straße «Hafentor» liegt – und 1841 zuerst benutzt; seit dem 1. Juni war es auch bei Nacht geöffnet. Zur Bewachung erbaute man ein burgartiges Gebäude für die Akzisebeamten und die unumgänglich notwendige Wache und an der Wallmauer ein Häuschen für die Polizei und die Torsperre. Um von dem Kai eine Auffahrt zur Vorstadt und zum Millerntor zu ermöglichen, wurde statt des bisherigen steilen, winkeligen Weges durch den alten Hornwerksgraben ein gerader Hohlweg angelegt.

Der Hafen war durch die Austiefung und Erweiterung des alten Jonashafens bedeutend vergrößert worden. Auf einer Karte von 1839 werden ein alter und neuer Jonashafen, ein alter und neuer Hullhafen, früher Rummelhafen, und ein alter und neuer Brandenburgerhafen unterschieden. 1866 wird offiziell für Alt und Neu die Bezeichnung Innerer und Äußerer gebraucht.

St. Pauli-Fährhaus Ursprünglich war es ein wirkliches Fährhaus gewesen, eine Wartehalle für Passagiere, die nach Harburg fahren wollten.
1841 wurde hier eine Landungsanlage eingerichtet, die mit einem Marinebeamten im Offiziersrang und einem aus der Staatskasse zu besoldenden Matrosen besetzt war. Die beiden Männer hatten nicht nur für Ordnung zu sorgen, sondern auch für die Benutzung der Landungsbrücke eine Gebühr einzuziehen.
Aus der Wartehalle wurde bald ein beliebtes Restaurant. Es stand noch nicht einmal 25 Jahre, als 1870 die Landungsbrücken umgebaut wurden; wo die Helgoländer Allee ihre Einmündung zu den Landungsbrücken erhalten sollte, stand das Fährhaus im Wege und wurde abgerissen. Das neue entstand am Fuße des Stintfangs, gegenüber den Landungsbrücken. Es wurde am 2. April 1896 eingeweiht. Mit kleinen Veränderungen hatte es bis zu den Bombenangriffen 1943 gestanden: ein Prachtbau aus der Wilhelminischen Zeit mit einem herrlich weiten Ausblick auf den Hafen.

Seemannshaus An den St. Pauli-Landungsbrücken besaß Neptun, der Gott der Meere, für seine Seeleute aus aller Welt ein «Grand-Hotel» mit ca. 200 Betten. Es entstand 1860 auf einer kleinen Anhöhe, genauer gesagt, zehn Meter über dem Meeresspiegel. Die Hotelkasse wurde von Heinrich Petersen geführt, dem Sohn des berühmten Laeisz-Kapitäns Boy Petersen, der damals zur ersten Garnitur gehörte, die Fünfmaster durch die Weltmeere gejagt hatte. Im Direktorium saßen Männer vom Fach mit besten Namen aus der Hamburger Schiffahrt wie Reeder H.M. Gehrckens, Gansauge, Amsinck, Lothar Bohlen u.a. In besseren Händen konnte das Hotel nicht liegen. Schließlich hatte es internationales Publikum, das zwischen Nordkap und Afrika zu Hause war. Es war idyllisch, hier zu wohnen, auch wenn es manchmal hoch herging mit dem Reiz der Bohème. Das Sagen hatte seinerzeit Kapitän Scharf. Aber er hieß nur so. Er war ein Seelentröster und ein Biedermann, verstand es aber sehr geschickt, den Seeschlawiner-Betrieb in Ordnung zu halten. Die Seelords, die «auf Kapitän» studierten, ließen oft die Miete anschreiben. Aber kaum hatten sie das Patent in der Tasche und ein Schiff unter den Füßen, zogen ihnen die Reeder «ruck-zuck» die Mietschulden ab.
Kapitän Scharf hatte eine Menge Geschichten zu erzählen, die sich in diversen Variationen des öfteren in jenem «Grand-Hotel» zugetragen hatten. Zum Beispiel: Einer der Seestudenten wohnte damals in einem Zimmer mit Doppelbett und einem «Fremdenzimmer», d.h. eine Chaiselongue. Bei einer üblichen Tour durch das Hafenviertel traf er Freunde. Das Geld für das Hotelzimmer war schnell auf den Kopf gehauen. Er nahm die Vier mit in sein Zimmer, heimlich, versteht sich.
Morgens öffnete sich die Tür (die Bude war nie verschlossen, da bei den Seestudenten

bekanntlich nichts zu holen war): im Türrahmen stand der «Bootsmann». Das war der Spitzname für die Mamsell. Sie war hager wie Bambus und beißend wie Tabak, der hier in unseren Breiten gewachsen ist. Auf ihr «Huch-Rufen» richteten sich die bis dahin unter der Decke versteckten Gäste auf. Mit knöchernem Zeigefinger zählte sie FÜNF wie ein Tallymann im Hafen die Säcke einer Ladung. An diesem Morgen wurde nun auch noch Kapitän Scharf tatsächlich scharf wie eine Rasierklinge.
Heute steht hier das HOTEL HAFEN HAMBURG, äußerlich im Stil wie ehemals das Seemannshaus.

Seewarte Auf dem Gipfel der ehemaligen Bastion Albertus hatte Repsold im Jahre 1802 eine kleine Sternwarte errichtet. 1813 mußte sie der französischen Wiederbefestigung weichen.
Das Gesetz über die Gründung der Reichsanstalt «Deutsche Seewarte» trug das Datum vom 9. Januar 1875. Die Aufgabe dieses Institutes sollte die geophysikalische Erforschung des Seeraumes für die praktischen Bedürfnisse des Seeverkehrs und der Seewirtschaft sein. Meteorologie, Meereskunde, Astronomie und Erdmagnetismus waren Fachwissenschaften, deren Anwendung und Weiterführung der Seewarte oblagen. Die Ursache der horizontalen und vertikalen Bewegungen des Meerwasses, seiner Stauerscheinungen an den Küsten, der Stürme, Nebel, Gewitter und sonstiger Wetterunbilden, der Anomalien der atmosphärischen Strahlenberechnung, der Polarlichter, der Abweichungen der Funkpeilstrahlen, der erdmagnetischen Störungen usw. liegen vielfach nicht innerhalb des betreffenden Spezialwissenszweiges selbst, sondern in einem anderen, benachbarten. Auf dieser Tatsache gründete sich die Einheit des Instituts trotz der Mannigfaltigkeit seiner Sachgebiete.
Auf der Elbhöhe, am Stintfang, wurde von Seiner Majestät, Kaiser Wilhelm I., die Einweihung des Neubaues der Deutschen Seewarte am 14. September 1881 vollzogen. Diese Anstalt war die älteste, freie, d.h. nicht mit Lehren verbundene, sondern allein den Bedürfnissen der Praxis dienende Forschungsstätte des Deutschen Reiches. Ihr Gründer war der Hydrograph der Kaiserlichen Admiralität, Professor Dr. Georg von Neumayer (gest. 1909). Bis 1919 gehörte das Institut zum Reichsmarineamt, sodann bis 1934 zum Reichsverkehrsministerium. 1934 übernahm der frühere nautische und wissenschaftliche Leiter der großen Deutschen Atlantischen Expedition auf dem Forschungs- und Vermessungsschiff METEOR, Konteradmiral a.D. Dr. e.h. Spieß die Leitung der Seewarte. Unter ihm entstand 1935 ein großer Ergänzungsbau. Das Gebäude wurde im 2. Weltkrieg zerstört und die Aufgaben vom Hydrographischen Institut und Seewetteramt in der Bernhard-Nocht-Straße übernommen.

St. Pauli-Landungsbrücken Man sollte meinen, eine Landungsanlage, die dem Hafen- und Niederelbeverkehr dienen sollte, sei unmittelbar an der Stadt angelegt worden. Immerhin bestand schon 1818 ein regelmäßiger Dampferverkehr nach Harburg und 1817 war der erste Dampfer von See her in den Hamburger Hafen eingelaufen. Aber eben weil es Dampfer waren, rückte man den Landeplatz weit aus der Stadt heraus. Das ständig unterhaltene Feuer unter den Kesseln sah man als eine Gefahrenquelle im Hafen an, für die an Pfählen liegenden Segelschiffe und auch für die Stadt. Dampfer durften deshalb nur im Winter in den Hafen gebracht werden, wenn während des Aufliegens die Feuer unter den Kesseln gelöscht waren.
Erst 1839 entstand die erste, aus Holz gebaute Landungsbrücke etwa dort, wo sich heute der alte Elbtunnel befindet.
Der immer mehr zunehmende Dampfschiffsverkehr erforderte eine Vergrößerung des Hafens und die Anlage einer weiteren Landungsbrücke. Hierfür sollte das Ufer vom Johannisbollwerk bis zum Jonas

in einen Kai umgewandelt werden, der – soweit die Akziselinie reichte – vom Wasser unzugänglich bleiben mußte. Die Spitze des Johannisbollwerks wurde abgegraben, nach dem 1837 die Wache abgebrochen und die Signalbatterie neben das Wilhelminenbad verlegt worden war. Unterhalb der Akziselinie wurden eine steinerne Landungstreppe für Jollen und beim ehemaligen Jonas zwei Dampfschiffsbrükken mit hölzernen Pontons angelegt.

1860, als man den Grundstein für das Seemannshaus legte, begann man, eine zentrale Landeanlage zu schaffen. Der Staat erwarb einige Grundstücke, um Platz zu gewinnen. 1865 wurden auch die Tranbrennereien und das Hanfmagazin abgerissen.

Die Entwicklung der St. Pauli-Landungsbrücken fällt zeitlich zusammen mit der Aufhebung der Torsperren, die am 31. Dezember 1860 erfolgte und den ungehinderten Zugang zu den Anlagen zu jeder Tages- und Nachtstunde gestattete.

Westlich vom Fährhaus, auf dem alten Wasserkunstplatz, wurde 1861 eine dritte Landungsbrücke gebaut. Sie diente vornehmlich der Verschiffung von Vieh. Deshalb entstanden hier auch sogenannte «Viehgehege», Viehschuppen.

Diese Landungsbrücken wurden 1870 erneuert. Die Kaimauer wurde bis zu den Speichern der Nordamerikanischen Dampfschiffahrtsgesellschaft fortgeführt und eine Reihe eiserner Pontons statt der hölzernen angelegt. Es entstanden drei eiserne Brücken mit steinernen Pfeilern, die die hölzernen ersetzten.

Tropeninstitut – Tropenkrankenhaus Das Institut für Schiffs- und Tropenkrankheiten zu Hamburg verdankt seine Entstehung den Erfahrungen, die Professor Dr. Nocht nach der Choleraepidemie im Jahre 1892 mit der gesundheitlichen Überwachung des Schiffsverkehrs im Hamburger Hafen machte. Er war zu der Zeit Hafenarzt. Es hatte sich herausgestellt, daß in Hamburg viele Arten von Tropenkrankheiten und eine Fülle von wissenschaftlichem, tropenmedizinischem Beobachtungs- und Forschungsmaterial zusammenkam. So schien es geboten, in einem besonderen Institut und Krankenhaus die wissenschaftliche Ausnutzung und die Behandlung der Tropenkrankheiten zu etablieren.

Im Jahre 1899 beschlossen Senat und Bürgerschaft somit das bisherige «Seemannskrankenhaus» zu einem «Institut für Schiffs- und Tropenkrankheiten» auszubauen, gleichzeitig wurde ein Krankenpavillon mit 52 Betten erstellt. Dieser diente nicht nur der Aufnahme von Tropenkranken, besonders Seeleuten, sondern auch der Ausbildung von Schiffsärzten. Ausschlaggebend hierfür war der Umstand, daß Hamburg als Welthafen die beste Gelegenheit zur Beobachtung von Tropenkranken bot. Mit der Leitung dieses Instituts und dem dazu gehörigen Krankenhaus wurde der Hamburger Hafenarzt Dr. Bernhard Nocht betraut. Schon 1906 mußte die Anlage erheblich erweitert werden. Als auch das nicht mehr ausreichte, entschloß man sich Anfang 1910 zu einem großen Neubau an anderer Stelle, etwas weiter stromab-

wärts – weithin sichtbar – in der Bernhard-Nocht-Straße.
Als der 73jährige Altmeister der Tropenmedizin, Professor Dr. Bernhard Nocht, im Jahre 1930 die Leitung des Tropeninstitutes seinem langjährigen Mitarbeiter, Professor Dr. Fülleborn, übergab, war die Schöpfung des einstigen Hafenarztes von weltweitem Ruhm gekrönt. Zu Ehren des ältesten Pioniers der tropenmedizinischen Wissenschaft führt es seither den Namen «Bernhard-Nocht-Institut für Schiffs- und Tropenkrankheiten».

Kersten-Miles-Brücke im Elbpark Gehen wir zurück in das Jahr 1813, als man nach der Franzosenzeit begann, die alten Befestigungen abzutragen.
Für die bevorstehende Gartenbauausstellung 1869 wurde der Südwesten Hamburgs wesentlich umgestaltet. Nach Beendigung der Ausstellung ließ man die Grünanlagen und Brücken über dem Stadtgraben stehen und gab ihnen den Namen Elbpark. Der rasch wachsende Verkehr erforderte bald eine erneute Umgestaltung. Unter der Leitung des Oberingenieurs Andreas Meyer entstanden in den Jahren 1895 bis 1897 die großzügig angelegte Seewartenstraße, die die Neustadt mit St. Pauli verband, und die Verbreiterung der Helgoländer Allee, die direkt zu den St. Pauli-Landungsbrücken führte. Im Zuge dieser Modernisierung entstand, ebenfalls von Andreas Meyer 1896 im frühgotischen Stil entworfen, eine Brücke, die die Helgoländer Allee in Richtung West/Ost überspannte. Vier ausgestellte Vorbauten betonen in der Architektur der Brücke die Widerlager gegen den Schub des gewaltigen Gewölbes. Diese Risalite (ital. = Vorsprung einer Gebäudefront) mündeten nach oben in vier kleine Brückenhäuschen (Spitzdachhäuschen) aus, die wegen Baufälligkeit bald wieder abgebrochen werden mußten. Vor den Risaliten sind unter Baldachinen die Statuen von vier berühmten Hamburgern aufgestellt. Der Baldachin trägt als Schmuck jeweils acht Wappen von früheren Hansestädten.
Die Brücke erhielt den Namen Kersten Miles, der ein zuverlässiger Bürgermeister und weit vorausschauender Politiker gewesen war. Sie trägt insbesondere deshalb seinen Namen, weil er ohne Waffen, nur auf friedlichem Wege, die Interessen Hamburgs durchgesetzt hatte. Der Hamburger Bildhauer Börner hat den Bürgermeister in der Ratsherrentracht seiner Zeit dargestellt, mit zurückfallendem Pelzrock, der ein geblümtes Untergewand zeigt. In der rechten Hand hält er die Abtretungsurkunde für Ritzebüttel an Hamburg mit den Siegeln Hamburgs und der ehemaligen Schloßherren von der Lappe.
Die Schloßherren von Ritzebüttel hatten an der Elbmündung den Hamburgern durch Strand- und Landraub viel zu schaffen gemacht. Kersten Miles war es, der den Hamburgern diesen wichtigen Stützpunkt an der Elbmündung zurückeroberte. 1394 verzichteten die früheren Besitzer, die Herren von der Lappe, endgültig auf den Besitz ihrer alten Stammburg.
Kersten Miles hatte erkannt, daß Hamburgs Handel und Schiffahrt lahmgelegt werden konnten, wenn die Stadt nicht die Flußmündung der Elbe, ihres Lebensstromes, besaß. Er erlebte noch, daß die Eroberung Ritzebüttels durch friedliche Verträge gesichert wurde. Er verstarb, hochgeehrt, 1420.
Eine posthume Ehrung hat Kersten Miles durch den Verein für Hamburgische Geschichte erfahren, der dem Senat für das Bürgermeisterzimmer im Rathaus die erste Wappentafel der hamburgischen Bürgermeister schenkte. Dieser Schenkung, an deren Spitze das Wappen Kersten Miles' steht, verdanken wir die lückenlose Aufeinanderfolge der Wappen unserer Bürgermeister, wie sie heute noch im Rathaus zu sehen sind.
Die Statue von Simon von Utrecht steht dem Bürgermeister im Friedensgewande gegenüber. Sie zeigt den berühmten Seehelden von Kopf bis Fuß geharnischt, das

Schwert in der Rechten. Zu seinen Heldentaten zählt insbesondere der Kampf der BUNTE KOH VON FLANDERN gegen Störtebekers Schiffe in der Elbmündung. Er verstarb 1437.

Die Statue von Ditmar Koel befindet sich an der Nordseite der Kersten-Miles-Brücke. Bildhauer Giesecke stellte ihn im Panzer und mit dem Schwert dar, weil er 1525 den gefürchteten dänischen Seeräuber Claus Kniphoff in der Osterems besiegte und gefangennahm.

Im Jahre 1529 erwarb er sich große Verdienste bei der friedlichen Einführung der Reformation.

Wie Simon von Utrecht stieg er vom Kriegshauptmann zum Ratsherrn und Bürgermeister auf. Sein Wirken fiel in eine Zeit, da Hamburg innere Zwiste und schwere Kämpfe zu bestehen hatte. Er verstarb 1563.

Die vierte Statue zeigt Berend Jacob Karpfanger, einen der berühmtesten und bekanntesten Seefahrer in der Konvoyschifffahrt Hamburgs. Sein Name ist untrennbar verbunden mit dem prächtigen hamburgischen Konvoyschiff WAPEN VON HAMBURG (= Waffe von Hamburg).

Er starb 1860 auf seiner letzten Fahrt, als in der Bai von Cadiz vor Spaniens Küste plötzlich auf seinem Schiff Feuer ausbrach. Eine gewaltige Explosion zerfetzte das schnell sinkende Schiff, nachdem das Feuer die Pulverkammer erreicht hatte.

Fast ist dies alles schon vergessen . . . wer sie waren und was sie taten, diese Männer, für Hamburg und für uns.

Der alte Elbtunnel In Hamburg gelang im ersten Jahrzehnt des 20. Jahrhunderts zum ersten Male auf dem europäischen Kontinent die Untertunnelung eines Flusses.

Der quadratische Kuppelbau neben den Landungsbrücken wurde 1907-1911 erbaut und verbindet das nördliche Elbufer mit der Werftinsel Steinwerder im Freihafengelände. Diese Verbindung entlastete die Fährschiffahrt und ersparte den Kraftfahrzeugen einen 6 km langen Umweg über die Elbbrücken.

Wagenaufzüge und Personenaufzüge, Treppen und seit 1959 auch Rolltreppen führen hinab zu den beiden 448,5 m langen Tunnelröhren. Sie sind je 6 m weit, mit Majolikakacheln ausgestattet und strahlend hell beleuchtet. Eine Entlüftungsanlage sorgt ständig für frische Luft. 6 m unter der Sohle der hier (bis zur 1982 begonnenen Vertiefung) etwa 10 m tiefen Elbe verbindet der Tunnel die beiden Elbufer.

Bei der Planung des Objektes standen Baudeputation und Senat vor schwierigen Entscheidungen: Hochbrücke, Schwebefähre oder Tunnel? Damals gab es Segelschiffe mit 60 m hohen Masten. Eine Hochbrücke hätte also mindestens diese Durchfahrtshöhe haben müssen. Bei einer Schwebefähre wäre in unserem oft nebligen Klima die Kollisionsgefahr sehr groß gewesen. Nach gründlichen Studien der Brücken, Fähren und Tunnel in den Häfen von Rouen und Glasgow entschied sich der Senat für das Tunnel-Projekt. Aber es mußte ein «Aufzugstunnel» werden, weil für Auffahrtsrampen das hochgelegene St. Pauli-Gelände ungeeignet war. Der Grundgedanke war einfach: Auf jeder Seite der Elbe wird ein tiefer zylindrischer Schacht von 22 m Durchmesser gebaut, der die Fahrstühle und Treppen aufnimmt. Die beiden Schächte werden unter dem Fluß durch zwei 6 m weite Röhren miteinander verbunden.

Im April 1904 wurde der Antrag des Senats an die Bürgerschaft auf Bewilligung von 8.200.000 Mark für den Bau gestellt. Im November 1906 bewilligte die Bürgerschaft die dann beantragten 10 3/4 Millionen Mark. Das Gesamtbauwerk wurde der Frankfurter Firma Philip Holzmann übertragen.

Am 22. Juni 1907 erfolgte auf Steinwerder der erste Spatenstich. Zwei Jahre später, am 24. Juni 1909, war für die vorwärtsschreitenden Arbeiten ein verhängnisvoller Tag. Vormittags fand ein gewaltiger

Der alte Elbtunnel

Luftausbruch statt, der einen ungeheuren Sand- und Wassereinbruch in den Osttunnel zur Folge hatte. Dank der Besonnenheit aller Beteiligten gelang es jedoch, alle Arbeiter unverletzt aus dem auf etwa 135 m vorgedrungenen Tunnel herauszubringen.
Am 29. März 1910, 2 Jahre, 8 Monate und 7 Tage nach der Aushebung der ersten Schaufel Erde konnte in Anwesenheit von Senat und Bürgerschaft der Durchschlag des Osttunnels vonstatten gehen. Am 4. Juni, mit dem Durchbruch des westlichen Tunnels, war die Anlage im Rohbau fertiggestellt.
Während auf der Steinwerder Seite der Schacht als Senkkasten unter Anwendung von Preßluft gebaut werden mußte, konnte beim St. Pauli-Schacht einfacher verfahren werden. Hier konnte man zunächst das Schachtmauerwerk aufführen, um dann die dazwischen stehengebliebene Erdmasse auszuheben. Der in seiner Einfachheit dennoch geniale Arbeitsvorgang sei hier erläutert:
In 28 m Tiefe wurden von beiden Ufern aus die Tunnelröhren aufeinander zugetrieben. Es mußte mit Druckkammern gearbeitet werden. Bei 2,8 Atmosphären Druck schaufelten sich die Arbeiter Meter für Meter voran und reichten die ausgehobene Erde durch die Kammertüren eines «Vortriebsschildes», das die Druckluftkammer nach hinten abdichtete. Mit dem Fortschreiten der Arbeit wurde dieser Schild hydraulisch nachgeschoben. Das jeweils ausgeschachtete Tunnelstück mußte mit Stahlringen abgesichert werden, die sofort aneinandergeschweißt und mit meterdikkem Beton befestigt wurden.
Das war gefährliche Arbeit. Die «Caisson-Arbeiter» (Druckluftkammer-Arbeiter) mußten in einer Luftdruckkammer stundenlang ein- und ausgeschleust werden. Es gab Hunderte von Überdruckerkrankungen. Trotz vieler Vorsichtsmaßnahmen kostete der Bau das Leben von vier Männern. Ständig waren ein Hund und ein Affe auf der Baustelle, weil man vermutete, daß sie bei Gefahren Alarm signalisieren würden.
Die lange, große Spannung wich, als – wie geschildert – am 29. März 1910 im Osttunnel die letzte Wand fiel, die die von beiden Uferseiten aus vorgetriebenen Tunnelstücke noch trennte. Präzise um 12 Uhr wurde gesprengt. Oberingenieur Franz Xaver Beck, der «Caisson-Fachmann», räumte die letzten Brocken weg.
Am 18. Juni besichtigte und durchschritt der Kaiser den Tunnel.
Nach einer Gesamtbauzeit von fast 50 Monaten wurde am 7. September 1911 der Elbtunnel für den Personenverkehr freigegeben. Es ist interessant, was am Abend jenes denkwürdigen Tages über die Eröffnung des gewaltigen Bauwerkes nachzulesen war:
«Die Eröffnung des Elbtunnels hat heute morgen stattgefunden. Ohne Sang und Klang ist dieser eigenartige, volkswirtschaftlich so überaus bedeutsame Verkehrsweg dem Betrieb übergeben worden. Die Hamburger Bevölkerung, die mit regem Anteil die verschiedenen Bauabschnitte dieses 20 m unter dem Wasserspiegel der Elbe hindurchgeführten Bauwerkes verfolgt hat, war heute morgen in großen Scharen angerückt, um, soweit sie es nicht schon an den drei der Eröffnung voraufgegangenen Tagen getan hatte, das Riesenwerk durch eigene Anschauung kennenzulernen.
Die erste Einfahrt fand 1 Minute nach 9

Uhr statt. Die Polizeibeamten, denen die Absperrung der Einfahrtschächte übertragen worden war, hoben auf ein vom leitenden Tunnelbeamten gegebenes Zeichen die Sperre auf und ließen das Publikum in einen der Aufzüge hinein.
Eine große Anzahl Schaulustiger, denen die Fahrt in die Unterwelt auf elektrisch betriebenem Wege wohl Unbehagen einflößte, benutzte die zu beiden Seiten angebrachten Treppen und traf etwas später auf der Schachtsohle ein. Als dann die vom jenseitigen Ufer eingefahrenen Passanten in Sicht kamen, ertönten Freudenrufe von hüben und drüben.
An die Stelle der vielfach sonntäglich bunt gekleideten Passanten traten später die Arbeiter, die sich nun zu Fuß auf den Weg nach Hause machten.
Das moderne Zyklopenwerk wird wohl immer eine Sehenswürdigkeit unserer Hansestadt bleiben.»
Wie bei ähnlichen Anlässen, wurden auch in diesem Falle etliche Spottbilder veröffentlicht, die sich z.B. über die Enge des neuen Verbindungsweges lustig machten.
Nach der Eröffnung strömten unausgesetzt von nah und fern Schaulustige herbei, die das Wunderwerk der Technik kennenlernen wollten. Der Andrang war so stark, daß der Verkehr durch den Tunnel an Sonntagen zunächst eingestellt werden mußte.
Der Freigabe des Tunnels für den Personenverkehr am 7. September 1911 folgte am 30. November desselben Jahres die Freigabe für den Fuhrwerkverkehr.
Die großartige monumentale Ausstattung schufen die Architekten Raabe und Wöhlecke.
Es sind im Durchschnitt rund 40.000 Menschen täglich durch den Tunnel gegangen. Und wie viele Fremde mögen unter diesen gewesen sein, für die der Spaziergang unter der Elbe ein grandioses Erlebnis war. Für die Arbeiter bedeutete diese Tunnelstraße besonders bei schweren Frost- und Nebelperioden der Wintermonate Schutz und Sicherheit.

Eine zeitgenössische Karikatur zur Eröffnung des Elbtunnels 1911

Im September 1959 begann man in beiden Schachtgebäuden mit dem Einbau von Rolltreppen. Sie sollten vor allem vor und nach der Tagschicht die Fußgänger befördern. Die Fahrkörbe standen dann allein für Radfahrer, Moped-, Motorrad- und Autofahrer zur Verfügung. Die Rolltreppen wurden einen m breit, so daß zwei Personen nebeneinander stehen konnten. Man hing sie an die Haltekonstruktion der Fahrstühle an. Drei Treppenteile hatten sich für jeden Schacht als notwendig erwiesen. Das bedeutete, daß man unterwegs – wie in den Stockwerken der Kaufhäuser – zweimal «umsteigen» mußte. Die Treppen mündeten nicht direkt an der Tunnelsohle. Auf 4,50 m hohen Brücken erreichten die Fußgänger – über den Fahrzeugverkehr hinweg – die Tunnelröhren.
Die Anlage sollte in der Stunde 8000 Personen befördern können. So wollte man zu den Hauptverkehrszeiten alle Fahrstühle für die Zweiräder freigeben können, die wenigen Autos nahmen ohnehin andere Wege.
Der Einbau der Rolltreppen hat etwa fünf Wochen gedauert und erforderte ca. 650.000 Mark. Man brauchte den Tunnel während der Bauzeit nicht zu sperren.
Zwar hat der Personenverkehr seine anfänglich hohen Zahlen nicht wieder erreicht, aber dafür ist die Zahl der motori-

sierten Zweiradfahrer auf ein Vielfaches gestiegen. Erst nach dem 2. Weltkrieg nahm die Zahl der Kraftwagen stark zu.
Der Hamburger Wasserbaudirektor Ludwig Wendemuth war der geistige Urheber des Elbtunnelplanes, der unter seiner Leitung ausgeführt wurde. Zu seinen Ehren für seine grandiose Idee dieser technischen Meisterleistung hat die Kaimaueranlage vom Lotsenhöft bis zum Trockendock Elbe 17 auf Steinwerder den Namen «Wendemuthkai» erhalten.
Mit dem Elbtunnel war auf der Steinwerder Seite ein dringend notwendig gewordenes Zollhaus gebaut und ein kleines Kraftwerk errichtet worden, das heute nur noch für Notfälle betriebsfähig gehalten wird.
Anfang 1982 wurde der Tunnel für den Verkehr vorübergehend geschlossen, um ihn sicherer zu machen. Die Schiffe waren immer größer geworden und damit auch ihr Tiefgang. Daher war eine Vertiefung der Fahrrinne um ca. drei m notwendig geworden, wodurch die Sanddecke über den Tunnelröhren entsprechend dünner würde. Das hätte zu Beschädigungen z.B. durch Ankerwurf führen können.
Im Schutze einer Taucherglocke, dem «Deckelmoker», wurde die Tunneldecke mit einer 60 bis 80 cm starken Eisenbetonplatte – als Ersatz für die teilweise weggefallene schützende Sanddecke – gesichert. Das dauerte bis Anfang August 1983.
Wenn auch der neue Elbtunnel als Teilstück der Autobahn in Waltershof den Autofahrern die gleiche Verkürzung bietet, bleibt der alte Elbtunnel immer noch für monatlich ca. 80.000 Fußgänger, 15.000 Radfahrer und 33.000 Autos die kürzeste Verbindung zwischen dem Stadtgebiet im Norden und dem Freihafengebiet im Süden. Außerdem ist der alte Tunnel noch immer eine große Attraktion für Hamburger und auswärtige Fußgänger, ca. 400 m trockenen Fußes unter schwimmenden Schiffsbäuchen den Elbstrom zu «unterwandern», mit gewaltigen Wassermassen zwischen sich und dem Himmel!

Bismarck-Denkmal Seit dem 2. Juni 1906 schaut Reichskanzler Fürst Otto von Bismarck, der «Eiserne Kanzler», als Denkmal aus Schwarzwälder Granit über den Hamburger Hafen und die Reeperbahn. Die Statue wurde nach Entwürfen des Berliner Architekten Emil Schaudt und des Bildhauers Hugo Lederer gebaut und kostete genau 536.348,62 Mark, die zum Teil aus freiwilligen Spenden aufgebracht wurden.
Schaudt schuf den 19 m hohen, reich mit Reliefs verzierten Sockel, Lederer das 15,30 m hohe Standbild, zu dessen Füßen er zwei Adler setzte. Der Kanzler, der am 30. Juli 1898 in Friedrichsruh verstorben war, trägt einen wallenden Mantel und hält ein gewaltiges Schwert. Allein der Kopf des Denkmals hat 5,25 m Umfang und wiegt 400 Zentner. Er wurde mit einem Gespann von 16 Pferden zum Aufmontieren gefahren.
Die Meinungen der Hamburger über dieses Denkmal waren geteilt. Schon der Zollanschluß, den Bismarck noch zu Amtszeiten für die Hansestadt durchgesetzt hatte, war manchem ein Dorn im Auge und sie verspotteten sein Vorhaben in der Öffentlich-

keit. Arbeiter hatten sich gegen sein «Sozialistengesetz» aufgelehnt. Schließlich war er bis 1866 wohl der meistgehaßte Politiker. Das änderte sich erst nach der Gründung des Deutschen Reiches. Achtung und Verehrung für den genialen Kanzler bis zur Vergötterung schienen dem Kaiser Wilhelm II, dem ehemaligen Dienstherren des Fürsten, sehr übertrieben. So sehr, daß Seine Majestät zur Einweihung des Denkmals nicht erschien.
Noch heute blickt der geniale, starke Mann des deutschen Volkes mit etwas gesenktem Haupt von der Höhe auf die Hamburger herab. Das Haupt gesenkt vielleicht deshalb, weil er so gut wie niemals den Weg von Friedrichsruh nach Hamburg fand?

Alte Wirtshäuser und Schifferschenken
In den Wirtshäusern des Hafens ging es gewiß immer fröhlich und trinkfreudig zu. Lange und oftmals langweilige Seereisen ließen Wünsche und Sehnsüchte offen, die sich ansässige ehrsame Hamburger Bürger selbst nur selten erfüllten. Dazu gehörte das Glücksspiel, z.B. Würfelspiele ebenso wie Musik, Gesang und Schaustellung von viellerlei fahrendem Volk, Gauklern und Klopffechtern.
Das Getränk der Hafenschenken war Bier. Wirte und Wirtinnen hatten sich nach ganz bestimmten Vorschriften zu richten. Nur Bürger und Bürgerinnen der Stadt, die Steuern zahlten, erhielten die Schenkgerechtigkeit, die Konzession.
Der Preis des ausgeschenkten Bieres richtete sich nach dem Preis des Bieres in Tonnen. Es wurden viertel (= 1 Quartier – von quatre franz. vier), halbe oder ganze «Stübchen» (= Gläser) ausgeschenkt.
Die Polizeistunde begann mit Eintreten der Dunkelheit und spätestens um 10 Uhr abends mußte das Wirtshaus geschlossen werden.
Fremde Gäste sagten vom Hamburger Bier z.B. «... eine sonderliche Hoheit der Stadt Hamburg, gänzlich ohne Gleichen!» Sie lobten auch die Hamburger Nationalspeisen, das Rauchfleisch und die Aal- und Saure Suppe aus «fünferlei Kraut, vielerlei Gemüse, dreierlei Klößen, zweierlei Obst und einerlei Fisch»... «ein schier kaiserlich Mahl».
Alle Schifferschenken waren mit allerhand Kuriositäten ausgestattet, was sehr zur Gemütlichkeit beitrug und das Erzählen der großen Abenteuer anschaulicher machte. Im Schifferlatein, dem Seemannsgarn, hörte man überall von Seeräubern, Meeresungeheuern und wundersamen Klabautermännern. Jeder Erzähler hatte natürlich alles selbst erlebt. Aber auch alte Sagen, z.B. von der Insel des Heiligen Brandanus, fanden gläubige Zuhörer.
Draußen ertönte das immer gleiche Lied: das Klopfen der unzähligen Niethämmer, das Ächzen und Stöhnen der Pontons, das dumpfe Poltern in den Schiffsbäuchen, das Kreischen der Winden, das schrille Pfeifen der Dampfsirenen zwischen dem tiefen Baß eines aufkommenden Überseedampfers. Manchmal hörte man auch das Klatschen, wenn die aufgepeitschten Wellen gegen die Ufermauern prallten.
Es gab Kneipen wie Sand am Meer... zwei im Keller und eine im Parterre! «Zum goldenen Anker», «Zur gemütlichen Tante Dora», «Zum kühlen Heizraum», «Zur Hafenbörse», «Internationaler Verkehr», «Old Commercial Room», «American Bar»... überall die besondere Atmosphäre, die Luft verqualmt, geschwängert mit süßem Duft des Jamaika-Rums, vermischt mit Teergeruch, überlagert von den aufsteigenden Schwaden all der vielen abgestandenen Biere. Manchmal roch es auch nach allerlei Gewürzen, wenn die Durstigen aus den Lagerhäusern kamen und die Taschen voller exotischer «Kostproben» hatten.
Von den vielen alten «Seemannskneipen», die sich nur wenig voneinander unterschieden, sind nachfolgend einige wenige beschrieben:

Matrosen-Herberge H. Smidt gibt in seinen «Hamburger Bildern» die nachfolgende

Schilderung aus der Hafengegend in Hamburg:
«Ein wunderliches Bild! Neben der Wirtin sitzt ein Kerl mit sonnenverbranntem Gesicht und teerbedeckten Händen. Vor ihm liegt ein Haufen bunter, zum Teil seltener Muscheln. Er behauptet, sie selbst gesammelt zu haben. Die Wirtin aber ist nicht daran interessiert. Sie liebäugelt mit einem strotzenden Kaffeesack, den ihr Nachbar unter seinen Sitz geschoben hat. Sie kommen ins Gespräch, werden aber nicht handelseinig.
Ein anderer hat einen irdenen Topf vor sich stehen und wühlt mit einem hölzernen Löffel darin umher. Der unscheinbar aussehende Topf enthält die kostbare, in Zucker eingemachte Tamarinde. Sie schmeckt lieblich und erfrischend. Ihr heilbringender Saft soll noch dem Sterbenden in seinen letzten Minuten ein irdisches Lächeln entlocken. Der prellsüchtige Italiener wird seinen guten Preis dafür bekommen.
Ein Dritter hat eine große Rolle des feinsten Portorico vor sich. Mit einem scharfen Messer schneidet er emsig, ohne aufzusehen, kleine Teilchen. Entweder wird davon jetzt hier geraucht oder man nimmt einen Vorrat mit nach Hause.
Auffallend ist ein junger Mann mit buschigen Augenbrauen und üppigem, wolligen Lockenhaar. Der leichten Kleidung nach und seiner rotbrauen Farbe des Gesichtes entsprechend könnte er Westinder sein. Aus jeder Tasche seiner kurzen Sommerjacke leuchtet eine große Ananas hervor. Auf seiner Schulter sitzt ein unaufhörlich plappernder Papagei, der offensichtlich mit der Zigarre seines Herrn in einen nicht zu gewinnenden Kampf verwickelt ist.
Es kommen immer wieder neue Raritäten zum Vorschein. Der Wirt und die Wirtin wollen auch etwas bieten und spendieren eine Flasche Genever aus Holland. Dazu gibt's eine Schüssel mit Pfeffernüssen und Zuckerkringel. Alle sind lustig und guter Dinge.
Da kommt ein freundlich grinsender Schwarzer herein und deutet auf etwas sorgsam Verhülltes in seinem Arm. «Na, mein guter Massa, was bringst du uns denn da Schönes?» ruft der Baas. Alle schauen gebannt auf den Schwarzen. Der macht eine rasche Bewegung, und aus der Umhüllung springt ein großer Affe auf die Tafel. Lautes Gelächter erschallt von allen Seiten. Am lautesten aber schreit der Papagei, als er seinen alten Reisegefährten und Landsmann erblickt! Liebkosend springt dieser zu ihm auf. Der Vogel duckt sich scheu und beißt dem Affen ins Bein. Da reicht dieser ihm mit der einen Pfote eine Kopfnuß und mit der anderen stiehlt er dem Westinder eine Ananas aus der Tasche. Mit seinem Schwanz wirft er einige Groggläser um und saust von einem Ende der Tafel zum anderen. Der Wirt will das Tier ergreifen und streckt fluchend die Hände nach ihm aus. Der Affe aber wirft ihm die erbeutete Ananas mit großem Schwung ins Gesicht, so daß er zurücktaumelt und zwei friedlich schlafende Burschen umreißt.
Die beiden wälzen sich am Boden, der Affe verkriecht sich in einer Ecke, der Papagei flattert kreischend umher. Fluchen und Gelächter übertönen das Chaos. In diesem Augenblick geraten ein stämmiger Normanne und ein winziger Schwede miteinander in Streit. Der Nationalhaß entflammt den Kampf. Der eine nimmt hier Partei, der andere dort. Pfeifen und Tabaksdosen fliegen durch den Raum. Schläge fallen hageldicht. Der Tumult ist im vollen Gange. Die Wirtin schmiegt sich an die Brust eines jungen Burschen, der sich schützend vor sie stellt. Der Wirt kommandiert fluchend: «Unter die Tische!»
In diesem Augenblick öffnet sich die kleine Eingangstür. Ein Spielmann tritt ein, den man gerade wegen gemachten Skandals aus der nebenanliegenden Taverne hinausgeworfen hat. Er zieht seine Geige – plötzlich herrscht Stille – und spielt: «Wenn's immer, wenn's immer, wenn's immer so wär!»

Alles bricht in ein lautes Gelächter aus. Der Westinder springt über den Tisch, holt die Wirtin zum Tanz und zieht dabei den Wirt unter dem Tisch hervor. Er muß mittanzen. Die übrigen folgen paarweise. Es wird wieder laut und fröhlich. Der Tanz dauert bis zum hellen Morgen.
So geht es hier den ganzen Tag, morgen wie heute. Es ist immer mal anders, doch im Grunde immer das Gleiche!»

Kutscherkneipen Es gab eine Zeit, da erregten die ersten Automobile großes Aufsehen. Bis dahin hatte es Pferdewagen gegeben.
Die Wagenlenker, die Kutscher, waren ein Stand für sich.
Sie konnten auf eine lange Tradition zurückblicken. Schließlich gab es hochherrschaftliche Privatkutscher, die große Zunft der Droschkenkutscher und die Bierkutscher, Müllkutscher, Rollwagenkutscher.
Die Pferdedroschken waren das erste Verkehrsmittel im Nahverkehr. Am 13. Dezember 1824 hatte sie der Unternehmer Andley ins Leben gerufen. Sie konnten sich ein volles Jahrhundert trotz starker Konkurrenz, der späteren Automobile, im hamburgischen Verkehrsgetriebe behaupten. Das Knallen der Peitschen, das muntere Klappern der Pferdehufe und die Zurufe der Kutscher gehörten zum beschaulich-geschäftigen, alten Hamburg.
Man konnte, ohne Gefahr für Leib und Leben, langsamen Schrittes von einer Straßenseite zur anderen gelangen und dabei auch noch, mit dem Einkaufskörbchen am Arm, ein kleines Schwätzchen abhalten.
Überall im Stadtgebiet befanden sich seinerzeit Kutscherkneipen, die sich von anderen Gaststätten durch einige Besonderheiten unteschieden: immerhin mußten Mann und Pferd bewirtet werden! Auch kehrten hier keine Pferdedroschkenkutscher ein, sie beförderten Personen und hatten besondere Auflagen!
Gewöhnlich befand sich hinter dem Wirtshaus ein geräumiger Platz zum Aus- und Einspannen mit Ställen, Stroh und Hafervorräten. Vor dem Hause leuchtete ein blankgeputzter Wasserhahn und davor, auf niedriger Bank aufgereiht, frisch gefüllte Wassereimer, innen rot und außen grün gestrichen, das hieß: Diese Eimer sind nur für Pferde!
Zur Versorgung der Tiere gab es eigens einen «Peerkellner», einen Pferdekellner, der als Zeichen seines Standes eine lange, weiße Leinenschürze trug. Die Rösser wurden nicht nur getränkt, sie bekamen bei kurzer Rast auch einen Hafersack umgehängt, bei längeren Aufenthalten labten sie sich an der bereitstehenden, vollgefüllten Krippe.
Die Wassereimer waren so sauber, daß des öfteren das Görenvolk daraus trank. Wenn der Peerkellner das merkte, stieß er sie «zur Strafe» mit dem Kopf ins Wasser und es gab eine fröhliche Plantscherei.
An diesen Kutscherkneipen fand man meistens neben dem Reklameschild einer Brauerei noch den Hinweis: «Hest all Woter geben?»
Um 1925 mußten nach und nach die Pferdedroschken den Automobilen weichen. Es entstand die HEDAG, die «Hamburgische Elektrische Droschken-Aktien-Gesellschaft». Sie fuhr noch eine ganze Zeitlang mit ihren Automobilen neben den Pferdedroschken.
Wehmütig wurde dem Wechsel Pferd/Automobil nachgetrauert, nicht nur von den Fahrgästen und Schrebergartenbesitzern, auch die gesamte Sperlingswelt konnte nicht begreifen, warum diese Zeit des Schlaraffenlandes zu Ende gehen mußte! Sah man doch vorher noch ganze Spatzensippen vor den Kutscherkneipen sich gütlich tun! Sie gehörten zum Straßenbild mit ihrem lauten Gezeter.

London Tavern Eine außerordentlich beliebte Gastwirtschaft in der St. Pauli-Elbgegend war die LONDON TAVERN Bei den Tranbrennereien Nr. 11. Diese englische Bierschänke war 1826 eröffnet worden.

Eine hölzerne Laufbrücke führte von der Straße in das Haus. An seiner Rückseite gab es auf einem großen Altan die Möglichkeit, beim Speisen direkt auf die Elbe zu blicken.
Hier wurde echt englisches Ale und Porter-Bier ausgeschenkt, das große Glas für vier Schillinge. Das Bier wurde durch Pumpen aus dem Keller in das Gastzimmer gebracht, eine damals noch ganz neue Methode, die viele Neugierige in das Lokal lockte. Neben guten Bieren genoß man dort Natives-Austern, englischen Käse und ganz vorzüglichen Schottischen Whisky.
LONDON TAVERN wurde noch lange nach dem Tode des Wirtes Heidmann von seiner bekannten und beliebten Witwe weitergeführt.
Später war Wiezel hier Wirt, bis er 1855 den Platz am Jonashafen erwarb, wo ganz früher die Biebersche Wasserkunst gestanden hatte. Dort gründete er WIEZEL'S HOTEL, und Louis Pudey übernahm LONDON TAVERN.

Der Schiffspavillon Um 1830 stand ein sehr merkwürdiges Wirtshaus, der SCHIFFSPAVILLON, auch ALTER PINNAS genannt, dicht an der Altonaer Grenze. Nach ihm hat der Pinnasberg seinen Namen erhalten. Der Pavillon war ein großer, ausgedienter Ostindiensegler, den man halb auf den Helgen gezogen hatte.
Die Pinasse war ein Boot, das aus Fichtenholz (lateinisch Pinus) gebaut war. Um so ein Schiff muß es sich beim SCHIFFSPAVILLON gehandelt haben.
Der Eigentümer betrieb sein Geschäft im Rumpf des Schiffes. Das Deck hatte er verpachtet an den früheren Kapitän Lincker, der hier einen sehr gemütlichen Wirtschaftssaal, wie man damals sagte, mit Ausschank einrichtete. Der Gast konnte bei vortrefflichen Austern, gepflegten Weinen und vielerlei Bieren den herrlichen Elbstrom mit seiner ganzen lebendigen Szenerie genießen. Vom Ufer aus führte ein langer Steg zum Schiffsgasthaus hinauf.
Noch bis 1870 veranstaltete Lincker's Witwe neben der köstlichen Bewirtung musikalische Unterhaltung der leichten Muse.

Pik-As, der Tiefe Keller PIK-AS, «Herberge zur Heimat», hat es zu fast allen Zeiten gegeben. Eine von ihnen war der TIEFE KELLER, der in der Nikolaistraße Nr. 33 in den Räumen eines ehemaligen Gasthofes mit Kegelbahn eingerichtet war.
Wer hier die zwölf ausgetretenen Stufen hinabstieg, sich um 180 Grad drehte und weitere zwölf Stufen in halsbrecherischer Weise hinabkroch, traf im Vorraum des TIEFEN KELLERS auf das Gemach der Frau Wirtin dieser Bettlerherberge.
Auf Pritschen, die auf einer ehemaligen Kegelbahn standen, kostete die Übernachtung zwei Schillinge (1 Schilling = 12 Pfennig zu jener Zeit. Für eine Fahrt mit dem Pferdeomnibus von Altona bis zum Schweinemarkt, Hauptbahnhof Hamburg, zahlte man vier Schillinge). Wer sich den Luxus von zwei Schillingen nicht leisten konnte, durfte für einen Schilling auf dem Dachboden übernachten. Dieser war über eine Leiter erreichbar. Zu diesem Preis gab es auch noch Schlafstellen im Schuppen auf dem Hof, der Residenz der slowenischen Mausefallenhändler. Als «Gesellschaftsraum» für Fischfrauen und ambulante Höker diente der ehemalige Tanzboden dieses Etablissements.
Die Luft in dieser Herberge dürfte ihre besondere Note gehabt haben. Dreihundert Jahre früher, im Jahre 1518, schrieb der mehr oder weniger bekannte Erasmus von Rotterdam über das Leben in diesen Gemächern in seinen «Colloquia»: «Nichts scheint mir gefährlicher zu sein, als wenn so viele Menschen denselben warmen Dunst einatmen ... und in dieser Atmosphäre essen und stundenlang verharren. Von den Knoblauchrülpsereien und dem verdorbenen Atem will ich nicht reden. Aber viele gibt es, die an geheimen Krankheiten leiden, und jede ist irgendwo ansteckend.»

Es muß etwas Wahres an diesen Vermutungen des Scholastikers gewesen sein, denn im Jahre 1850 brach im TIEFEN KELLER zuerst in Hamburg die Cholera aus.
Daß dieses Unternehmen dennoch von 1832 bis 1882 vortrefflich florierte, mag seinen Grund nicht zuletzt darin gehabt haben, daß es eine bequeme «Mausefalle» für die Polizei darstellte.

Käppen Haase Käppen Haase, A. E. Th. Haase, Kapitän a.D. und Professor der unentdeckten Wissenschaft in seinem Museum für Kolonie und Heimat, besaß seinerzeit die größte zoologische und völkerkundliche Privatsammlung Hamburgs in der Erichstraße Nr. 46.
Wenn Gäste seine Schankstube betraten, begrüßte er die Männer alle mit «Guten Tag Heinrich, wie geht es Dir?» Die Damen nannte er stets Mariechen.
Wenn er seinen Gästen ein kleines Helles und «'n Lüttn voruut» serviert hatte, begann er mit seinen Erklärungen über seine verschiedenen Museumsstücke. ... japanische Vasen, sechtausend Jahre alt – alle zusammen natürlich – ... Hier ein Sägefisch, er ruft Ebbe und Flut hervor ... Hier eine Giraffe, sie bringt Hamburg die Kinder, weil es hier keine Störche mehr gibt. ...Dies sind die Verlobungsringe von Adam und Eva ... hier eine Totenhand, die aus dem Grabe gewachsen ist... In einer Ecke bewegen sich Krabben, Spinnen, Schlangen...
Seine Seemannsgeschichten waren ein Born wahrer Freude. Sein Leitspruch: «Wer Swatten kaut und Gott vertraut, hat immer dicke Backen un'n hellschen Grips.»
Auch der Abschied von seinen Gästen lief stets in gleicher Weise ab: «Es war mir ein Fackelzug, eine Flottenparade, ein Kaisermanöver und eine Kanalfeier!» Dabei nahm er denn den letzten Schluck aus seinem Grogglas. «Auf Wiedersehen, Heinrich, ich habe die Ehre im Namen der Seeordnung der vereinigten Frachtschiffe und Walfischfänger! Tschüß Mariechen!»
Wurde er auf ein Glas eingeladen, sagte er: «Ich habe noch keinen gehabt seit dem Letzten».
«Wenn ich Wasser trinke, gehe ich tot» argumentierte er. Aber es hat ihn niemals jemand betrunken gesehen.
Mit 75 Jahren ist er 1930 verstorben.

Eier-Cohrs am Altonaer Fischmarkt Im Jahre 1865 hatte der Gastwirt Cohrs neben der ehemaligen dänischen Wache einen Schankbetrieb eröffnet. Der Marktplatz hier direkt am Elbufer war von Wohnhäusern umgeben.
Später verlegte er den Betrieb zur Großen Elbstraße, wo der Junior sich seinen Namen «Eier-Cohrs» erwarb.
Man kannte ihn überall, alle liebten seinen Eiergrog, Eisbrecher oder Knickebein. Unter den Gästen, die mit den Dampfern auch aus weiter Ferne kamen, waren z.B. Gorch Fock, Gustav Frenssen, Liliencron und Richard Dehmel. In einigen dichterischen Werken ist manch nettes Gespräch mit Vater Cohrs nachzulesen.
Aus «Eier-Cohrs» wurde bald «Eier-Corl» und die gemütliche Beschaulichkeit der Vergangenheit verlor ihre Urtümlichkeit. Die fahrenden Sänger blieben aus. Aber noch um die Jahrhundertwende gaben sich Sänger hier ein Stelldichein, die später Karriere machten. Cohrs galt auch als Mäzen, der begabten jungen Künstlern gern zur Karriere verhalf.
Mit der Zeit wurde es auch weniger mit der großen Zahl der Händler und Händlerinnen, die mit Bauchläden und Körben Blumen, Seife, Sirupskringel und allerlei andere Utensilien anboten.
Das Lokal unterschied sich bald kaum noch von irgend einer anderen «Hafenkneipe».

Was ist Hamburger Grog? «Pett di man nich op'n Slips!» secht Hein, «mit diene edelsten Weine höchst anspruchsvoller Provenienzen ... Hamburgs Nationalgetränk ist der steife Rumgrog!»
Seine Güte steigert sich mit den Breitengraden, je nördlicher, desto besser und in

Hamburg schmeckt er am allerbesten an naßkalten Tagen und bei Windstärke sieben!
Hier noch einmal das Rezept für die bedauernswerten Unkundigen:
Man bringe Wasser zum Sieden, nehme ein Grogglas (kein anderes!), stelle den traditionellen Glasstöpsel hinein (nur in Notfällen darf es auch ein Teelöffel sein), gebe zwei bis drei Stücke Zucker hinzu (wohlgemerkt: Stückenzucker muß es sein) und fülle das Glas bis zur Hälfte mit siedendem Wasser. Dann bis zum Rand auffüllen mit mindestens 45 %igem guten, alten Rum. Ganz behutsam umrühren und sofort so heiß wie möglich trinken!
Herz und Seele werden Geburtstag feiern! Alle weltlichen Übel, wie da sind Schuldner, Finanzamt, böse Verwandte, überlaute Nachbarn, falsche Freunde, alles wird ganz klein und häßlich werden! Die Gegenwart wird schön, heiter und rosig die Zukunft! Die Augen werden blank und das Lächeln fällt dir ganz leicht ...

Vom «natürlichen» Elbehafen zum Ausbau mit Hafenbecken und Kaimauern 19. bis 20. Jahrhundert

Die alte und die neue Ringstraße Die alte Ringstraße führte ehemals am Brook und Sandtorkai entlang durch das später erbaute Speicherviertel des Freihafens über die Niederbaumbrücke nach den Vorsetzen hin und weiter westwärts.
Die neue Ringstraße wurde an das Nordufer des Zollkanals verlegt in den Straßenzug Dovenfleet, Beim Zippelhaus, Bei den Mühren, Bei dem Neuen Krahn, Hohe Brücke, Kajen, Bei dem Alten Waisenhause, Steinhöft und Baumwall. In diesem Straßenzug waren nur einige Teile des Ufers am Binnenhafen freigeblieben, die Wasserseite der Straßen war mit schon recht baufälligen Wohnhäusern besetzt.

Das Bürgergefängnis am Winserbaum
Am Ende des Dovenfleets zum Oberbaum hin befand sich die Anlegestelle der aus Winsen kommenden Schiffe, daher der Name Winserbaum. Der Baum(stamm) lag vor dem auf der Landzunge stehenden 1383 erbauten viergeschossigen Turm. Er wurde als Sperre für die Durchfahrt quergelegt.
Die Wachsoldaten hatten vom Dache des Turmes einen weiten Blick über die Elbe. Der Turm wurde auch «Roggenkiste» genannt, weil er zur Lagerung von Getreide diente, bevor und nachdem er als Gefängnis benutzt worden war. Den oberen Stock, wo Einsitzende unwürdig schlecht behandelt wurden, nannte man «Tollkiste».
An der Seite, an der das Brauerstraßenfleet in das Dovenfleet und in den Oberhafen mündete, nannte man die Häusergruppen im Bogen «Winserbaum».
Der alte Winserbaum war eine kurze Twiete mit nur wenigen Häusern, eng und schmal, mit dem Rinnstein in der Mitte, ohne Fußgängerweg, begrenzt von hohen Häuserfronten aus Fach- und Ständerwerk mit überhängenden Stockwerken.
Damit die Fuhrwerke beim Anfahren nicht die Häuser beschädigen konnten, waren an den Mauern Prellsteine angebracht.
Hier am Winserbaum diente ein Privathaus nach dem Abbruch des Turmes als Bürgergefängnis dazu, «muthwillige Banquerottirer oder solche, deren Straftaten als nicht

kriminell angesehen wurden» einzusperren. Ein Aufseher, Wirt genannt, wurde «angemietet» und erhielt für die Versorgung der Delinquenten Geld, das er zum Teil an den Brookvogt abgeben mußte. Die Gefangenenzimmer waren von einem Privat-Wohnzimmer nicht zu unterscheiden. Wenn trotzdem einer, der «auf dem schweren Schilling gesetzt war», ein besseres Zimmer oder «mehr gereicht» haben wollte, ließ sich der Wirt für die Sonderzahlung einen Bürgen stellen.
1651 fiel dieses Haus, da kein Erbe vorhanden war, der Stadt zu.
Erst 1768 wurde das Bürgergefängnis neu aufgebaut, aber nicht in der alten «Baum»-Form.

Der Meßberg Zwischen Winserbrücke und Wandrahmsbrücke lag der Meßberg, etwa westlich vom Bauhof und südlich vom Klingberg. Hier hatten die Hamburger einst ihren Unrat zusammengekarrt und abgeladen. Da man Plattdeutsch sprach, könnte «Mistberg» – nicht aber das «messen von Holz und Getreide» – die Erklärung des Namens Meßberg sein.
Dieser kleine Platz zählte bald zu den Hauptplätzen der Stadt. Grünwarenhändlerinnen, meist Vierländerinnen, und Fischfrauen boten hier ihre Waren an. 1874 wurde ein Landungsplatz mit Treppen bis zum Wasser hin angelegt. Die Anlieferung der Waren erfolgte vor allem aus den Vierlanden. Die Bootsleute der Kähne mußten schon in halber Nacht unter Segel gehen oder, wenn der Wind ungünstig stand, nach den Rudern greifen, um frühmorgens zur Stelle zu sein. Das war noch kein Großmarkt. Hier kaufte die Hausfrau noch selbst oder die von ihr geschickte «Köksch» den täglichen Bedarf ein.
1878 wurde auf dem Platz ein Brunnen aus Sandstein errichtet, auf dessen Sockel zu lesen war: «Am Markt lernt man die Leute kennen!» – eine alte hansische Weisheit. Vom Sockel herab grüßte eine kräftige Vierländerin das Marktvolk. Über dem

Standbild war ein Baldachin angebracht mit einer Eisenkrönung, die vier Laternen trug.
Je mehr Händler, Höker, wie man damals sagte, den Markt aufsuchten, um ihre Kundschaft in den Vororten zu beliefern, umso enger wurde der Raum, so daß man in den Jahren 1907 bis 1911 den Markt nach dem Deichtor verlegte. Als sich der Marktbetrieb dort eingespielt hatte, stellte man fest, daß rund 4000 Bauern am Marktgeschäft beteiligt waren.
Der Brunnen der Vierländerin steht heute auf dem Hopfenmarkt.

Die Straße Dovenfleet mit vielen kleinen Kellerwirtschaften Dovenfleet war die Fortsetzung der Straße Beim Zippelhaus. Der Name mag wohl so entstanden sein: Dieser Arm der Elbe war verschlammt, das Wasser lief nicht ganz durch, er war taub, «dove».
Der tiefste Punkt der Straße lag bei der zum Fleet führenden Wassertreppe am Südende des Winserbaumes. Der Straßenzug führte durch den Winserbaum zur Brauerstraße. Auch in diesen Straßen befand sich der Wasserablauf in der Mitte der Fahrbahn, erhöhte, mit Kantsteinen begrenzte Fußgängerwege fehlten.
Grünhöker und Milchhändler aus Bill- und Ochsenwerder, Tatenberg und den Vierlanden hatten am Dovenfleet und in den angrenzenden Straßen ihre vielen kleinen

Kellerwirtschaften, in denen Straßenverkäufer ihre Mittagspausen machten. Schifferknechte, wie man die Schiffer damals nannte, sollen diese schmale Straße als «sehr anrüchig» bezeichnet haben!
Im Zuge des Freihafenbaues wurden 1883 bis 1884 alle Häuser an der Wasserseite und von der Gerckenstwiete an auch die Häuser an der gegenüberliegenden Nordseite abgebrochen. Auch das einstige Kaufmannsviertel der Niederländer, das sich vom Binnenhafen über die gesamte Wandrahm-Insel bis zum Oberhafen hin erstreckte, wurde mit den Uferstraßen des Katharinenkirchspiels ein Opfer der sieben Jahre dauernden Abbruch- und Neubauarbeiten.

Bardowick, Heinrich der Löwe und das Zippelhaus Im Jahre 1180 war der Herzog Heinrich der Löwe bei Kaiser Friedrich, seinem Vetter, in Ungnade gefallen. Er mußte sich in die Verbannung nach England begeben. Auf dem Wege dorthin ritt er an Bardowick vorbei, das zu seinem Herzogtum Sachsen gehört hatte. Bardowick, in seinen Anfängen eine wichtige Stadt an der Elbe, war zu Gunsten der rasch aufstrebenden Stadt Lübeck fast vergessen. Man hatte dem Herzog Heinrich diesen Abstieg nicht verziehen. So drängte man sich nun auf den Mauern, als er vorbeireiten mußte. Die Bardowicker ließen die Hosen herunter und zeigten ihrem einstigen Herrn zum Abschied die nackten Hintern!
Während Heinrich der Löwe noch in England saß, brachen böse Nachbarn in seine Erblande ein. Heinrich saß ihnen im Nakken und der erste, der zu ihm hielt, war der Bischof Hartwich von Bremen. Er hoffte, durch Heinrichs Beistand in Nordalbingen seine frühere geistliche Macht wiederzugewinnen. Stade wurde ihm eingeräumt. Holsteinische Edelleute traten ebenfalls auf seine Seite und so wurden im Fluge Hamburg, Plön und Itzehoe erobert. Auch die Grafen von Schwerin und Ratzeburg hielten zu Heinrich.
Der einmal in Zorn geratene Löwe ergriff nun die Gelegenheit, sich an der ihm verhaßten Stadt Bardowick dafür zu rächen, daß sie ihm in den Tagen der Not, da er in die Reichsacht erklärt worden war, nicht nur keine Zuflucht in ihren Mauern gewährte, sondern auch noch mit Hohn und Spott verabschiedete. Er rückte mit großer Heeresmacht vor die festverrammelte volkreiche Stadt. Die Bardowicker hatten alle Fahrzeuge an das jenseitige Ufer gebracht. Keiner wußte, wie man den Strom überqueren sollte. Zwar war das Wasser seicht und auch eine Furt vorhanden, über die kundige Leute ihr Vieh zur jenseitigen Weide trieben. Aber niemand kannte die Lage genau. Da kam jemand auf die Idee, einen unweit des Ufers weidenden Bardowicker Ochsen herbeizutreiben in der Erwartung, daß er die Furt kannte. Man hatte sich nicht geirrt. Das einfältige Tier «zeigte» den gefährlichen Fremden die Stelle, wo die Elbe ohne Gefahr passiert werden konnte.
So zog – der Bulle vorweg – das ganze Heer über den Strom gen Bardowick. Wenn man später eine Bardowickerin fragte: «Wat makt de Bardowicker Bull?», gab sie mit zornglühendem Gesicht eine nicht mitteilbare Antwort!
Die Stadt leistete heftigen Widerstand und reizte dadurch den Zorn des Herzogs noch mehr. Er gab keine Ruhe, bis der Sieg errungen war und kein Stein mehr auf dem anderen blieb. Es wurde geraubt und geplündert, die Häuser wurden in Brand gesteckt, die vornehmsten Bürger erhängt und was von den übrigen am Leben blieb, wurde gefangengenommen. Nur wenige entkamen dem Blutbad. Diese wandten sich – besonders die Kaufleute – nach Hamburg, Lüneburg und Lübeck. Manch alte Handelsverbindung von Bardowick ging auf diese Weise auf die genannten Städte über.
Bardowick erholte sich von diesem Schlage nicht mehr. Die Hamburger kauften für 300 Mark Silber eine solche Menge

Quadersteine aus den Trümmern, daß man die Vorsetzen vom Winserbaum bis zum Niederhafen damit erbauen lassen konnte. Hamburg gab den unglücklichen Einwohnern später noch ein kleines Aufgeld zum billigen Kaufpreis: Es trat den Gemüsehändlern von dort «für ewige Zeiten» einen Marktplatz «nebst Behausung» ab, der später als das «Zippelhaus» bekannt wurde. Für die Elbschiffahrt war der Übergang eines Teils des Bardowicker Seehandels nach Hamburg insofern wichtig, als dadurch die südlicheren Elbarme, die den nächsten Weg nach Bardowick bildeten, einen Teil ihres Verkehrs an die Norderelbe abgeben mußten. Dies war jedoch eine Umstellung, die auch ohne jenes schreckliche Ereignis erfolgt wäre. Denn der wachsende Tiefgang der Seeschiffe und die zunehmende Versandung des Oberlaufes der Elbe und Ilmenau machten die Erreichbarkeit Bardowicks durch Seeschiffe nach und nach unmöglich.

Das Zippelhaus, ein «Geschenk» an Bardowick Das Zippelhaus – auf Hochdeutsch Zwiebelhaus – lag in der Nähe der Katharinenkirche. Es war ein Haus mit drei Eingängen und einer Einfahrt zur Linken in der schmalen Reihe von Gebäuden, die dem Bauhof gegenüber mit ihrer Rückseite an das Fleet stießen. Es war Warenlager und diente Bardowickerinnen als Unterkunft und Verkaufsstelle. Sie boten hier Hausfrauen Gemüse an, das aus ihrem Heimatort auf dem Wasserwege nach Hamburg gebracht wurde. Um ihren Absatz zu vergrößern, zogen sie auch regelmäßig durch die Straßen und priesen durch Ausruf an, was gerade vorrätig war. Ihre Ware lag in einem langen Korb, den sie über einer kreisrunden gepolsterten Unterlage geschickt auf dem Kopf balancierten. Ursprünglich hatten die Bardowicker ihren Stand beim alten Rathause an der Trostbrücke. 1535 wies man ihnen einen Platz «Bei den Mühren» zwischen St. Katharinen und dem Bautor an.

Die Fensterläden des Zippelhauses konnten heruntergeklappt werden und – durch Stangen geschützt – wurden sie so zum Ausstellen der Waren benutzt. 1604 wurde ihnen das Haus von der Kämmerei «auf ewige Zeiten» überlassen.
Als es baufällig wurde, ersetzte man es 1674 durch einen Neubau. Dieser mußte 1887 den Zollanschlußbauten endgültig weichen.
Bald darauf waren die schmucken Bardowickerinnen, die ihre länglichen, geschwungenen Körbe so überaus zierlich freihändig auf dem Kopf trugen, aus dem Straßenbild Hamburgs verschwunden.

Steckelhörn Der Steckelhörn war seinerzeit eine der wichtigsten Geschäftsstraßen der Altstadt. Zu beiden Seiten befanden sich Speicher, «Comptoires» und 12 Brauerben, also Brauereien.
Das Wort «Hörn» bedeutet Ecke oder Winkel. Für das Wort «Steckel» gibt es zwei Deutungen: nach der einen stammt es von St. Thekla, einer Heiligen, die unter Nero den Märtyrertod erlitt und der zuerst die Katharinenkapelle geweiht gewesen sein soll; nach der anderen soll es von Staket abgeleitet sein, weil hier das Ufer mit einem Staket geschützt war.
Die Straße wurde 1316 bebaut.
Während die Katharinenkirche durch die Franzosen in einen Pferdestall umgewandelt worden war, wurde 1813 in einem Hause dieser Straße der Gottesdienst abgehalten.
Zwischen dem Steckelhörn und dem Katharinenkirchhof ging ein kurzes Fleet hindurch, das früher als Elbarm die Hauptteile des Werders trennte.

Cremon-Insel, Grimm-Insel, Nikolai-Insel, Rödingsmarkt Cremon- und Grimm-Insel waren nach den gleichnamigen Straßen benannt, die sich am Ostufer des Alstermündungsarmes entlangzogen. Eine Erklärung dieser Namen ist noch nicht gefunden worden.

Nikolai-Insel

Cremon-Insel

Die Cremon-Insel war einst Weideland des Wirad von Boizenburg und wurde 1230 in schmale Grundstücke aufgeteilt und besiedelt. Sie wurde eingedeicht und in westöstlicher Richtung ein Entwässerungsgraben gezogen, der später Fleet wurde. Die alte Deichlinie deckt sich mit dem Straßenzug Cremon – Katharinenstraße – Steckelhörn – Bei dem Neuen Krahn – Bei den Mühren.

Speicher und Kaufmannshäuser entstanden zunächst nur an der Innenseite des nördlichen Deiches. Auch Handwerker und Arbeiter bauten hier ihre Häuser.

Als man sich nach neuen Bauplätzen umsehen mußte, entstanden Anfang des 13. Jahrhunderts die Reimerstwiete und Mattentwiete. In Verlängerung beider führten die Reimersbrücke und Holzbrücke über das Nikolaifleet und stellten ebenso wie die Hohe Brücke an der Einmündung des Fleets in die Elbe eine Verbindung mit der Nikolai-Insel her.

Die Reimerstwiete gilt als älteste Twiete der Hamburger Altstadt. Sie war wie die Mattentwiete eine enge, schmale Straße gewesen, die die Querverbindung der Cremon-Insel zur gräflichen Neustadt bildete. Die Reimersbrücke war eine schmale Brücke aus Holz, für Fußgänger bestimmt. Vermutlich war es ein ortsansässiger Grundbesitzer, nach dem sie schon im Jahre 1285 «Pons Reyneri» genannt wurde. Unter der Brücke befanden sich Landungsstellen für die Oberländer, die mit Steinzeug handelten. Dieses große Fleet bildete den Hauptteil des alten Hafens, der sich vom Winserbaum bis zur Hohen Brücke erstreckte.

Die Hohe Brücke wurde schon 1260 erwähnt, einige Jahre früher als ihre Nachbarinnen. Sie war durch Wehrtürme zu beiden Seiten gesichert. Als Beweis für einen regen Verkehr über diese Brücken mag gelten, daß sie und die Trostbrücke die einzigen waren, an denen schon vor 1500 öffentliche Laternen brannten.

Nach 1200 wurde die Cremon-Insel in das befestigte Stadtgebiet einbezogen. 1676 brannte der ganze Cremon nieder, blieb jedoch 1842 von dem Großen Brand verschont.

Noch im 13. Jahrhundert wurde auch die Grimm-Insel besiedelt. Es entstanden die Straßen Grimm, Gröningerstraße, Hüxter, Beim Zippelhaus, Dovenfleet und Brandstwiete.

Gleichzeitig mit den Werdern, die der Stadt im Süden vorgelagert waren, wurde der bis dahin noch freigebliebene Teil der Nikolai-Insel bebaut. Dort entstand der Rödingsmarkt, richtiger: Rödingsmark, denn hier wurde niemals ein Markt abgehalten. Aber er war lange Zeit die Grenzmark der Stadt nach Westen. Rödingsmark wurde schon

1251 erwähnt. Das Wort Rödingsmarkt könnte jedoch vom ehemaligen blühenden Brauwesen stammen. Die Brauer hatten neben ihren Häusern sogenannte Steden (Stätten oder Stellen), wo sich das zum Brauen nötige Holz befand. Die zum Brauen benutzten Gefäße mußten ausgemessen werden beim Erstellen. Ausmessen hieß früher rojen (Rojestab = Meßstab). Der Ausmesser hieß Rojer, wonach ganz früher der Platz Rojer-Mark oder -Markt genannt wurde, woraus dann wohl Rödingsmarkt geworden ist.
Nur die Ostseite gehörte seinerzeit zur Stadt. Die Westseite bildete mit der Straße Herrlichkeit früher den Festungswall.
Jahrhundertelang war hier das Zentrum der Brauwirtschaft. Das Bier wurde auch exportiert. Neben dem Landtransport wurden die Bierfässer vor der Haustür in Schuten verladen, die sie zum Binnenhafen brachten.
1842 wurde das Fleet zum Burstah hin mit Schutt vom Hamburger Brand zugeschüttet. 1886 verschwand auch der Rest des Fleetes. Es entstand eine breite Straße mit schönen Giebelhäusern, die holländischen Einfluß zeigten.
Die vielen Haspelwinden entlang des Fleetes gaben dem Rödingsmarkt ein besonderes Gepräge. Sie bildeten eine zweite «Häuserreihe», da jedes Haus seine eigene Winde hatte. Die Haspelwinden waren große, umbaute Holzrollen (keine Zahnradübersetzung). Über die Rollen lief ein Seil, das bis zu einer Tonne tragen konnte. Alle Waren, Holz, Torf usw. wurden hiermit direkt von den Schuten ein- und abgeladen.

Bei dem Neuen Krahn Wo ein Kran als neuer bezeichnet wird, muß es auch einen alten gegeben haben. Dieser stand am Fleet zwischen der Zollen- und Trostbrücke. Beide Brücken stammten schon aus dem 13. Jahrhundert. Dort befanden sich das Zollhaus (die Tolle), die Börse und der alte Kran. Von ihm ist überliefert, daß

die Winde, um die sich das Seil wickelte, durch ein Tretrad gedreht wurde. Dieses bewegte sich, wenn Menschen in seinem Innern – scheinbar – vorwärts gingen. In Wirklichkeit traten sie auf der Stelle, aber das Rad drehte sich unter ihren Füßen.
Angeblich soll der alte Kran, der mehrfach erneuert wurde, mehr als 4000 kg getragen haben.
Zu Kran und Waage gehörten die Kranzieher, die «mit den groten Kahren by dem oden undt nyen krane» fuhren und das «kopmangutt up un aff, uth un in de wage ock up de schale» schafften. Die Karre mit der Gabeldeichsel wurde von drei oder mehr Männern gezogen, der mittlere von ihnen wurde «Stangenherr» genannt. Der Patron der Zunft war der älteste «worthaltende Bürgermeister». Die Zunftrolle stammte aus dem Jahre 1594. Bisweilen scheinen den Kranziehern auch ihre Frauen geholfen zu haben. 1616 erwähnte ein Reisender, daß «starke vierschrötige Männer mit ihren Weibern ihre Karren zögen».
Die Angehörigen der Brüderschaft waren verpflichtet, sich bei Bränden gegenseitig zu Hilfe zu kommen.
Sie hatten ferner das Vorrecht, ihre ver-

storbenen Genossen selbst bestatten zu dürfen. Andererseits oblag ihnen die merkwürdige Verpflichtung, den hamburgischen Frohn und seine Familienmitglieder zu bestatten. (Zur Frohn zählte man Menschen, die harte, niedere Arbeit leisteten, u.a. auch Gefängniswärter, die andere züchtigen durften, die sogenannten «Unehrlichen»). Die Kranzieher empfanden diese Verpflichtung als höchst peinlich. 1651 weigerten sie sich und 1703 abermals entschieden. Als die Witwe des Frohns den Leichnam durch vermummte Bootsleute bestatten ließ, gab es eine große Prügelei, da die Kranzieher Angehörige ihrer Brüderschaft unter der Vermummung vermuteten. Erst 1710 wurden Kranzieher, die mit ihren Sammetjacken und Pudelmützen eine imposante Erscheinung im Hafengetriebe boten, ausdrücklich als «völlig ehrliche Leute» anerkannt im Gegensatz zu alten Begriffen der Unehrlichkeit wie z.B. der Frohne, Spielleute oder Gaukler.

Als der Hafenbetrieb nach dem Binnenhafen verlegt wurde, mußte auch dort ein Kran errichtet werden, der den Namen Neuer Krahn erhielt. Er wurde 1570 von einem holländischen Zimmermann gebaut, die Straße heißt seitdem «Bei dem Neuen Krahn».

An den Baukosten beteiligten sich auch die Merchant Adventurers, eine englische Handelsgesellschaft. 1676 brannte die Anlage völlig aus – wurde aber in der alten Form wieder aufgebaut. 180 Jahre lang hat dieser Kran seinen Dienst versehen, bis er dann schließlich erneuert werden mußte. Eine holländische Firma lieferte die neue Anlage, die noch heute dort steht.

Später, als die Schiffe größer wurden und nicht mehr in die Stadt hineinfahren konnten, blieben sie im Hafen. Hier wurde teils mit dem neuen Kran gelöscht, teils brachten Schuten die Waren zu den Speichern. Die Waage bei der Hohen Brücke, die zur Unterscheidung von der Waage bei der Börse am Neß «Neue Waage» hieß, wurde 1570 zuerst erwähnt. Sie brannte im Jahre 1676 gemeinsam mit dem Neuen Kran nieder und wurde – wie dieser – wieder aufgebaut. Sie war bis 1885 in Betrieb. Inzwischen waren die umfangreichen Bauarbeiten zur Schaffung des Freihafens so weit fortgeschritten, daß die Uferstraßen verbreitert werden mußten. Der Verkehr staute sich an der Hohen Brücke; auch die Rathswaage war ein Hindernis und wurde 1887 abgebrochen.

Die Hohe Brücke Unmittelbar vor der Mündung der Alster in die Elbe führte eine Brücke über das Alsterfleet. Sie wurde schon 1260 mit dem Namen Hohe Brücke erwähnt. Er kommt wohl daher, weil ein besonders hoher Bogen gebaut werden mußte, damit auch größere Schiffe passieren und so in das Fleet zwischen Neueburg und Katharinenstraße in den Niederhafen gelangen konnten. 1390 erhielt die Einfahrt zwei starke Türme, der östliche war 1621 noch auf dem Stadtplan verzeichnet, der westliche wurde 1587 abgebrochen.

Die Hohe Brücke lag auf einem alten Deiche, den man gegen die Fluten der Elbe aufgeworfen hatte. Bis Mitte des 15. Jahrhunderts wurde dieser «Lütte Dyk» genannt. Die massiven Pfeiler der alten Hohe Brücke stammten von 1615. Auf diesen standen Pfeilerfortsätze und ein Oberbau in Holzkonstruktion. Die Brücke hatte ehemals drei Öffnungen und ist in den Jahren 1886 bis 1887 abgebrochen worden. Der Bau der neuen Brücke begann 1886. Zur gleichen Zeit wurde eine Notbrücke errichtet. Die 1887 vollendete neue Brücke war ganz aus Stein und überspannte den Fleetzug an der ehemaligen Alstermündung mit einem 24 m weiten Gewölbe. Das 1887–88 an der Südwestecke der Brücke errichtete Gebäude enthielt die Kranmeisterwohnung.

Der große Seehafenbetrieb spielte sich Ende des 19. Jahrhunderts längst jenseits des Baumwalles ab. Nur noch Elbsegler und Schuten passierten die Einfahrt in das Nikolaifleet.

Bald nach 1900 baute man vor die Hohe Brücke ein Sperrwerk, das bei Hochwasser ein Überfluten der Innenstadt verhindert. Von den alten Speichern am Rande des Fleets haben einige sich bis heute halten können, wie auch die Hohe Brücke noch heute an die «guten alten Zeiten» erinnert.

Uferstraße Kajen Westlich vom Rödingsmarkt gelangte man in die Kajen. Als parallel zu diesem Straßenzug zur Wasserseite hin eine neue Häuserreihe entstand, nannte man die innere Straße Binnenkajen und die äußere Butenkajen. Hübsche, dichte Baumreihen vor den Häusern prägten hier das Stadtbild.
Vor der westlichen und östlichen Zufahrt zu den Butenkajen waren im Binnenhafen Schwimmbäume gelegt; breite, groß angelegte Treppen führten an das Wasser zum Landeplatz.
Wo das Deichstraßenfleet den Kai durchschnitt, wurde eine bewegliche Brücke gebaut, die Kajenbrücke. Ihre Breite reichte gerade für ein Lastfuhrwerk. Eine hydraulische Hebevorrichtung sorgte dafür, daß Schuten auch bei Hochwasser die Durchfahrt passieren konnten. Die Brücke konnte also bis zu der in der oberen Verkehrsstraße befindlichen festen Kajenbrücke angehoben werden.
Die alte Kajenbrücke hatte ein Paar von der Deichstraßenfleet-Interessengemeinschaft unterhaltene Schutztore, die bei Hochwasser geschlossen wurden. Die neue Brücke mußte unter Berücksichtigung der Auflagen, die den Wasserschutz sichern sollten, gebaut werden (1887 bis 1888).

Herrlichkeit, Straße «nur für Herren»!
Eigentlich bezieht sich der schöne Name nicht auf die Straße selbst. Als sich im Mittelalter die Mauern Hamburgs von der heutigen Straße Alter Wall nach dem Neuen Wall hin verschoben, entstand hier am Fleet ein Geländestreifen, den man den Hamburger Ratsherren für die Anlegung von Gärten zur Verfügung stellte. Danach erhielt das Gelände – und später die Straße – ihren Namen!
1590 begann man mit der Bebauung. Am Fleet entstanden Speicher und an der gegenüberliegenden Seite Wohnhäuser. Diese Gasse, die nicht einmal Platz für einen Bürgersteig hatte, lief parallel zum Rödingsmarkt. Weil die Straße ohne Fußsteige und der Rinnstein in der Mitte war, konnten die Frachtwagen bis unmittelbar an die Speicher heranfahren. Treppen, die wie überall zu jener Zeit nach außen gelegt waren, wurden durch sogenannte Beischläge geschützt. Der obere Teil diente gleichzeitig als Ruhebank, wenn nicht sowieso extra eine Bank in den Stein eingehauen war.
Hier in der «Herrlichkeit» wurde in der Gaststube «Zum kleinen Alsterpavillon» im Jahre 1878 der erste Sparklub gegründet. In einem Hinterstübchen trafen sich Ewerführer, Schauerleute, Werftarbeiter. Man trank «Lütt un Lütt» – für zehn Pfennig –, aß dazu den geräucherten Störkopf oder frisch gebratene Heringe. Bei Tabakrauch, Rum- und Teergerüchen sprach man über die erste Pferdeeisenbahn zwischen Hamburg und Altona, über die neue Werft Blohm & Voß auf Steinwerder, über den neuen Petroleumhafen auf dem Kleinen Grasbrook und anderes mehr. Geld war knapp, Arbeitsplätze spielten eine große Rolle. Ein Schauermann verdiente seinerzeit 10 bis 12 Mark in der Woche. (Eine Portion Heringe für 15 Pfennige reichte zum Abendessen für die ganze Familie). Für Weihnachtsgeschenke oder besondere Gelegenheiten war bei den meisten Familien kein Geld übrig.
Hier und an jenem Abend beschloß man nun, ein Glas Bier weniger zu trinken und den ersparten Groschen in den Sparschrank zu stecken. Der Wirt hatte das Geld zu verwahren. Am Jahresende kamen für jedes Mitglied 10 bis 15 Mark zusammen. Der Sparklub erhielt den Namen: «Hol di von 1878». Das machte Schule. Nach und

nach entstanden viele Sparklubs, die «Neihbüdels», «Pennschieters», selbst Putzfrauen schlossen sich zum Sparen zusammen, die «Ata-Girls» oder das «Fußbodengeschwader».
Bekannt war in der Herrlichkeit auch das Haus der Familie Wilhelm Dose, die um 1720 einen Rohproduktenhandel (Altpapier, Lumpen) betrieb. Tochter Henny war mit 25 Jahren nach Südafrika ausgewandert. Sie war ein bildhübsches Mädchen, spielte nur mit Jungs, war ihnen auch an Mut und Kraft überlegen. Wenn die Gassenjungs ihre Streiche ausheckten, war sie dabei. «Man» kannte sie. Aber bewundert wurde sie durch ihre Angewohnheit, aus ihrem Schlafzimmerfenster mit Kopfsprung ins Fleet zu springen, so oft es die Witterung nur erlaubte!
Der Sohn Hans Dose war Rollfuhrkutscher in der Innenstadt und mit Caroline verheiratet. Diese Frau kannte im Laufe der Zeit jeder, der in der Herrlichkeit wohnte oder auch nur hindurchfuhr oder -ging, darunter auch Seeleute, Kapitäne, die nur in größeren Zeitabständen mal auftauchten. Caroline saß nämlich ständig auf der Bank des Beischlages und verbrachte dort den ganzen Tag. Hier nähte sie, putzte Gemüse, tat alles, was eben draußen möglich war.
Im Gasthaus «Trumm» war immer etwas los. Vier Treppen unter der Straßenoberfläche lagen die gemütlichen Gaststuben mit alten Möbeln ausgestattet. In einem Raum waren im sogenannten Flaschenbord kleine Fäßchen eingebaut, die die Aufschrift trugen: «Köm un Greunen Rum». Ein paar Häuser weiter lag die Gastwirtschaft «Verdun». Hier ging man hin, um das kleine Privatmuseum des Wirts im Hinterstübchen zu besichtigen. Er hatte nahezu alle wichtigen Schlachten des 1. Weltkrieges modelliert und ausgestellt. Nicht nur Deutsche, auch viele Franzosen suchten diese Stätte auf.

Schifferarmenhaus Dem Steinhöft gegenüber lag am Fleet das Schifferarmenhaus, 1556 mit Geldern von Schiffern und

Kaufleuten errichtet. Hamburg hatte sich früh um die Veteranen des schwersten aller Berufe gekümmert.
Hier fanden alte und kranke Seefahrer, ihre Witwen und Waisen freie Wohnung und dazu 50 Mark Courant jährlich. Mit dieser Einrichtung war auch eine «Casse» verbunden, woraus ein Teil des Lösegeldes bezahlt wurde, wenn hamburgische Seeleute zu Zeiten der Seeräubereien in die Gefangenschaft der Barbaresken gerieten. Das war die hilfreiche CASSE VON ACHTEN.
1713 wurde das Haus renoviert und 1773 von Grund auf neu gebaut. Alle drei Stockwerke des neuen Hauses hatten einen Speiseraum. Jeder aß aus seinem Blechnapf, ehemalige Kapitäne vielleicht aus einem Emaille- oder Aluminiumbecher. Der Inhalt war für alle gleich und äußerst karg. Nach mehreren Umbauten und Verbesserungen erhielt das Haus an der Schaartorbrücke 1827 den Namen SCHIFFERALTENHAUS, im Volksmund auch Trosthaus genannt.

Hamburgs erstes Waisenhaus am Binnenhafen Noch heute heißt die kurze Häuserreihe am Südende des Rödingsmarktes zwischen Kajen und Schaartor BEIM ALTEN WAISENHAUSE.

Als dieses Gebiet im 13. Jahrhundert in den Festungsring einbezogen wurde, verlief hier die Stadtmauer. In einer Nische an der Mauer war ein Standbild der Heiligen Jungfrau Maria aufgestellt. Im Gegensatz zu der Heiligen Maria im Dom nannte man dieses Bild nach seiner Lage am Elbufer «Maria tom schare». Das niederdeutsche Wort schar ist verwandt mit dem englischen Wort shore = Küste, Gestade, Ufer oder Strand. Später wurde schar irrtümlich für eine Verstümmelung von Anschar gehalten.

Nach der Reformationszeit wurde in Hamburg die Heiligenverehrung abgelehnt. Man verwandelte das Gotteshaus in ein Zeughaus und brachte dort u. a. Schiffsgeschütze unter. Einige Jahre später wurde auch ein Boden eingebaut und als Kornspeicher benutzt.

Als Ende des 16. Jahrhunderts in Hamburg eine Pestepidemie wütete, war die Zahl der Waisen in Hamburg so angestiegen, daß die «milden Anstalten» nicht mehr ausreichten, alle aufzunehmen. Zugewanderte reiche Holländer stifteten Geld für ein Waisenhaus. Der Rat ließ die baufällige Schaarkapelle abbrechen und baute an gleicher Stelle ein Waisenhaus mit Kirche. Etwa vierhundert Waisen konnten Aufnahme finden. Auch Findelkinder wurden hier verpflegt, gekleidet und unterrichtet. Wenn aber ausgesetzte Neugeborene nicht entdeckt wurden, verhungerten oder erfroren sie. Da das leider keine Einzelfälle waren, schlug ein wohlhabender Hamburger dem Rat vor, nach dem Vorbilde anderer Städte in einer Öffnung der Mauer des Waisenhauses einen drehbaren Kasten anzubringen. In diesen Kasten könnten dann die Kleinkinder gelegt werden, die von ihren Müttern nicht angenommen werden wollten oder konnten. Würde dieser Kasten gedreht, sollte im Hause ein Glockenzeichen erklingen und der Säugling aus dem Kasten herausgenommen werden. Damit wäre sein Leben gerettet.

Das «Waisengrün»

Der Rat ging auf diesen Vorschlag ein und der Kasten wurde eingebaut.

Der alles veranlassende große Menschenfreund hatte sich auch bereiterklärt, für die Pflege dieser Kinder eine stattliche Summe Geldes zu stiften. Die Verwalter des Waisenhauses mußten aber bald feststellen, daß auch diese große Summe bei weitem nicht ausreichte, die vielen «Findelkinder» aufzunehmen: viel mehr Mütter als zuvor nutzten die Gelegenheit, ihre nicht erwünschten Kinder hier «abzugeben». Sie brachten nicht nur Säuglinge, sondern auch mehrjährige Kinder. So mußte man sich schon nach einigen Jahren entschließen, diesen Kasten wieder abzuschaffen.

Die Unterhaltskosten für die Zöglinge des Waisenhauses wurden durch Stiftungen, «milde Beiträge», aufgebracht. Eine nennenswerte Einnahme brachte das «Waisengrün», ein Volksfest, das jährlich im Sommer in den Jahren 1633 bis 1876 veranstaltet wurde. Jung und alt war dann auf den Beinen. Festlich gekleidet und geschmückt zogen die Waisenkinder durch die Stadt, Geigen spielende Musikanten voran, gefolgt von dem «Kapitän», der ein schwarzes Ebenholzstäbchen, den Marschallstab, trug und als bravster Zögling des Jahres zu dieser Ehre gelangt war. Er und andere besonders ausgesuchte Jungen

trugen Sammelbüchsen, die an langen Holzstielen befestigt waren und in die Fenster gehalten wurden.
1785 entstand in der Admiralitätsstraße ein Neubau, ein großes, geräumiges Haus, in das die Waisenkinder umzogen. Das alte Waisenhaus am Schaartor wurde 1801 abgebrochen. Es hatte noch 16 Jahre als Schul- und Arbeitshaus der Armenanstalt gedient.
Das Haus in der Admiralitätsstraße wurde in der Franzosenzeit auch als Militärhospital benutzt. Von 1842 bis 1897 diente es als provisorisches Rathaus, später als Verwaltungsgebäude, das erst 1943 durch Kriegseinwirkung zerstört wurde.

Landeplatz Steinhöft und Kalkhof Schon 1471 tauchte der Name «tom Stenen Hovede», später Steinhöft, auf. Die Straße war nur an der Westseite mit Häusern bebaut. Die Wasserseite diente als Landungsplatz für Flußschiffe zum Löschen von Heu, Stroh, Steinen usw.
Von 1730 bis 1794 lag hier der kleine Kalkhof. Es war das Lagerhaus für den eigentlichen Kalkhof. Hier wurden die auf der Elbe ankommenden Mauersteine, Kalk usw. gelagert. Kam ein Schiffer mit dieser Ladung in die Stadt, mußte er sich zunächst beim Bauhof und beim Kalkhof melden. Wenn beide Institute keinen Bedarf hatten, durfte er seine Waren auch privat verkaufen.
1794 wurde dieses Lager aufgehoben und das Gebäude 1814 abgebrochen. Der Name Steinhöft aber blieb erhalten.

1840 bis 1854 Norder- und Süderelbe-Ausbaggerungen Von jeher hatte Hamburg große Sorgfalt auf die Verbesserung des Fahrwassers der Elbe verwendet, kostspielige Werke an den Ufern angelegt und durch Baggerungen die Vertiefung des Stromes angestrebt.
Aber erst seit 1840 hatte man größere und umfassendere Arbeiten vorgenommen und sich bemüht, den Fluß in geregelte Bahnen zu leiten.
Am rechten Ufer hatte man von Geesthacht her eine Menge Stacke erbaut.
1854 und 1855 fanden Verhandlungen mit Hannover statt, um die Uferlinien im beiderseitigen Interesse festzulegen.
Für Hamburg galt es vor allem, die Norderelbe so zu regulieren, daß das Flutwasser der kürzeren Süderelbe nicht mehr von oben her einströmte und dadurch Versandungen bilden ließ. Auch sollte die Strömung bei der Stadt und im Hafen verstärkt werden.

Vertiefung des unterelbischen Fahrwassers Mit dem großzügigen Ausbau des Stromes zu einer leistungsfähigen Schifffahrtsstraße für den immer stärker aufkommenden überseeischen Dampferverkehr begann Hamburg um die Mitte des 19. Jahrhunderts, das Fahrwasser zu vertiefen. So ging man dazu über, zur Erzielung besserer Strömungsverhältnisse und damit einer besseren »Selbsträumung« Leitdämme und Buhnen zu bauen. Dadurch erreichte man, daß das Fahrwasser, das 1859 noch eine Mindesttiefe bei mittlerem Niedrigwasser von 3,30 m hatte, 1879 schon 5,20 und 1897 sechs m betrug.
In den Jahren 1912 bis 1914 hatte man versucht, die Fahrwassertiefe durch Baggerung auf 10 m zu bringen. Doch ließ sich diese Tiefe in der Folgezeit ohne weitere Strombauwerke nicht aufrecht erhalten.
Vor dem 1. Weltkriege hatte das Fahrwasser bei Hamburg bereits eine Sohlenbreite von 200 m, die sich elbabwärts bei Cuxhaven allmählich auf über 500 m ausweitete.

Ausbau der oberelbischen Wasserstraßen 1821 bis 1900 Hamburg ist Flußschifffahrts- und Seeschiffahrtshafen. Man unterscheidet zwischen dem oberelbischen und unterelbischen Schiffahrtsverkehr. Die oberelbische Schiffahrt erstreckt sich über alle schiffbaren Wasserläufe, die von Hamburg an flußaufwärts sich befinden. Ihre Bedeutung für die Schiffahrt war nicht immer gleich. Erst durch stetige Verbesserungen der Fahrwasser, durch Korrektur des Flußbettes oder durch Kanalisierung des Flußlaufes oder durch Schaffung besonderer Kanäle konnte sich die Schiffahrt entwickeln.

Bis hinauf nach Böhmen war die Elbe als Schiffahrtsstraße selbst noch in der ersten Hälfte des 19. Jahrhunderts in seinem urtümlichen Zustand. An eine Veränderung des Elbelaufes für die Schiffahrt dachte man seinerzeit nicht. Veränderungen durch lokale Interessen führten häufig zu Verschlechterungen. Reißende Stromengen wechselten mit übermäßig breiten, verflachten und versumpften Strecken. Die sich vielfach verwerfende, von Sandbänken durchsetzte Fahrrinne ließ nur eine Schiffahrt mit kleinen, flachen Fahrzeugen zu, wie sie schon seit Jahrhunderten auf der Elbe und ihren Nebenflüssen üblich war. Dieser primitive Zustand wurde für die Elbe insbesondere dadurch verschlimmert, daß sie eine Reihe von Staaten durchfloß, deren entgegengesetzte Interessen ein gemeinsames Handeln in Bezug auf die Verbesserung des Elbstromes verhinderten.

Anfang des 19. Jahrhunderts erkannte man die Unhaltbarkeit dieser Verhältnisse. In der Wiener Kongreßakte von 1815 wurden die ersten allgemeinen Grundsätze für die Ordnung der Schiffahrt auf deutschen Strömen aufgestellt. Man ging gemäß der von den Elbuferstaaten 1821 vereinbarten Elbschiffahrtsakte zum ersten Male dazu über, eine gemeinsame Vereinbarung für die Verbesserung des Fahrwassers zu treffen. Hiernach sollte jeder Staat in den Grenzen seines Gebietes verpflichtet werden, alle im Fahrwasser sich befindenden Schiffahrtshindernisse ohne Rücksicht auf die Kosten zu beseitigen und keine die Schiffahrt gefährdenden Strom- und Uferbauten zu gestatten.

Trotz dieser recht dürftigen und allgemein gehaltenen Vorschrift oder gerade wegen ihrer unbestimmten Allgemeinheit, geschah in den nächsten zwanzig Jahren zur Verbesserung des Fahrwassers der Elbe gar nichts.

Erst 1842 kam es zu einem erneuten Zusammentreffen der Elbuferstaaten und zu einer Beratung technischer Vertreter über die Verbesserungsmöglichkeiten des Fahrwassers.

Es wurde vereinbart, daß auf der Elbstrecke von Tetschen bis Hamburg eine Fahrwassertiefe von mindestens 94,5 cm angestrebt werden sollte. Man wollte erreichen, daß Kähne jederzeit mit halber Ladung (83,7 cm Tauchtiefe) fahren konnten. In der Folgezeit wurde auf sächsischem, preußischem und hamburgischem Elbegebiet manches Strombauwerk zur Verbesserung der Fahrrinne errichtet. Aber es fehlte ein einheitlicher Plan. Die hannöverschen, lauenburgischen und mecklenburgischen Elbstrecken blieben nach wie vor verwildert. Wie wenig in den nächsten Jahrzehnten erreicht worden war, zeigte sich daran, daß noch im Jahre 1869 Wassertiefen von nur 45 cm vorhanden waren.

Nachdem aber die einer Elbverbesserung bisher am meisten abgeneigten Staaten Hannover und Lauenburg zu preußischen Provinzen geworden waren, und nachdem im Jahre 1871 das neue Deutsche Reich errichtet worden war, fielen gemeinsame Bestrebungen der Einzelstaaten auf fruchtbaren Boden. Die Verbesserung des Elbstromes wurde von Böhmen bis Hamburg energisch vorangetrieben. Es wurden neue Vereinbarungen getroffen und festgelegt, daß die für die Elbe anzustrebende geringste Fahrwassertiefe bei niedrigstem Wasserstande von Leitmeritz bis Hamburg 94 cm, oberhalb Leitmeritz bis Melnik 80 cm betragen sollte.

Im Jahre 1885 war es der preußischen Elbstrombau-Verwaltung in Magdeburg möglich, aufgrund von Beobachtungen ein verbessertes «Korrektionsprojekt» auszuarbeiten. In den nächsten zwanzig Jahren wurde die Elbe von Böhmen abwärts in einheitlicher Weise verbessert. Die Schiffahrt hatte bei mittlerem Niedrigwasser auf

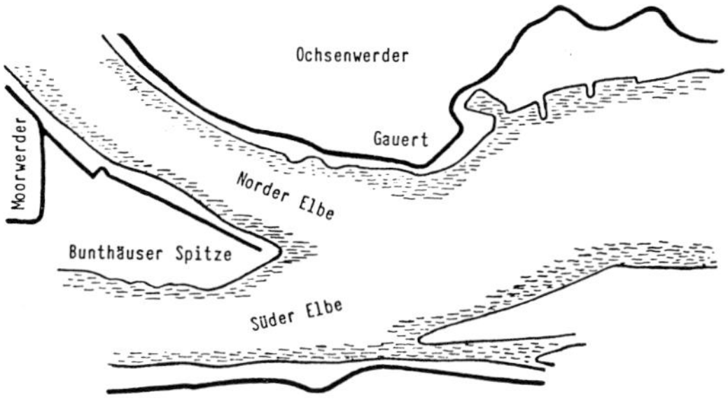

vor 1870

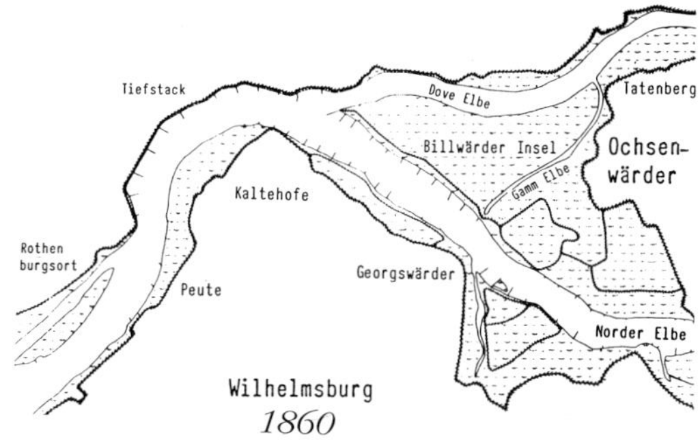

1860

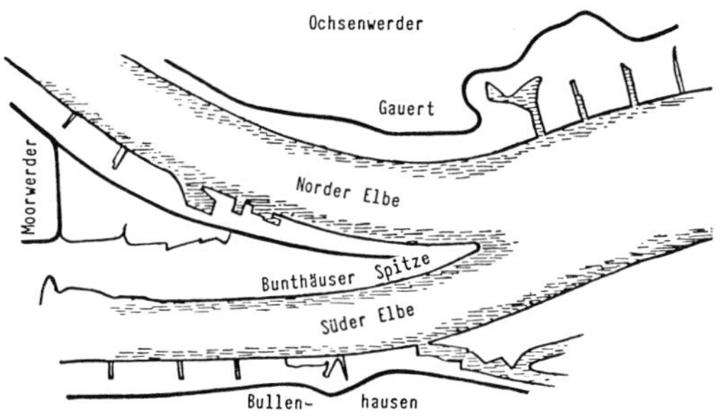

nach 1870

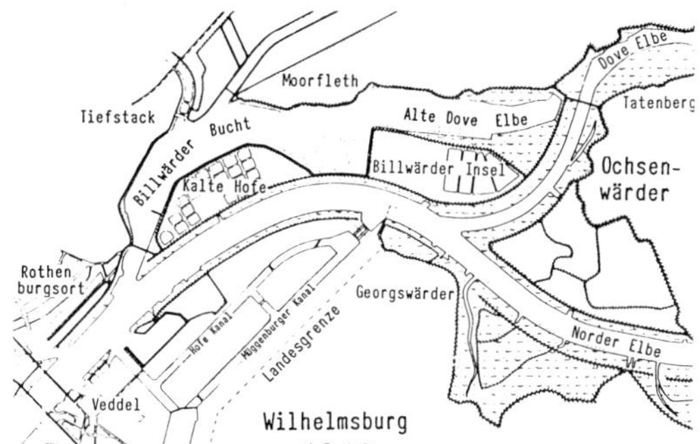

1913

der böhmischen Elbstrecke eine geringste Tiefe von 80 cm, auf der deutschen Elbe bis Magdeburg abwärts von 94 cm und unterhalb Magdeburg bis Hamburg 116 cm zur Verfügung.

Die Erfolge der zu jener Zeit im wesentlichen beendeten Regulierungen des Stromes brachten andererseits auch Schwierigkeiten mit sich. Die Schlangenwindungen des Flußlaufes haben die natürliche Tendenz, an scharfen Krümmungen zwar Tiefen auszuwaschen, aber auf den Übergängen von einer Krümmung zur anderen seichtere Stellen zu bilden.

Die Erfolge der Verbesserung des Fahrwassers der Oberelbe zeigten sich in dem ungemein lebhaften Aufschwung der oberelbischen Schiffahrt und in der Zunahme der Schiffsgrößen. 1869 waren Kähne von 250 t Tragfähigkeit noch eine Seltenheit, während zwanzig Jahre später die mittlere Tragfähigkeit der Kähne nahezu dieses Maß erreicht hatte und die größten Abmessungen folgende Daten hatten: 70 m Länge, 10 bis 11 m Breite und 1,85 m Tiefgang bei 800 t Tragfähigkeit.

Nach dem Bau des Kaiser-Wilhelm-Kanals, später Nord-Ostsee-Kanal genannt, sah man in Lübeck die Wettbewerbsfähigkeit des Hafens stark bedroht und entschloß sich zum Bau eines modernen Kanals. Die Gesamtlänge der neuen Wasserstraße, die etwa dem Lauf des alten Stecknitzkanals folgte, betrug 67 km von Lübeck nach Lauenburg.

Im Jahre 1900 wurde der Elbe-Trave-Kanal in Betrieb genommen. 1936 wurde er umbenannt in Elbe-Lübeck-Kanal. Diese Wasserstraße war in der Lage, die größten Elbkähne, d. h. Schiffe von über 1000 t, aufzunehmen. Zum größten Teil wurden Kies und Sand verladen. Beides wurde am Kanal billig gewonnen und dann in Kähnen Richtung Hamburg gebracht.

Heute können die Europa-Binnenschiffe bis zu 1350 t Ladung befördern.

Durchstich bei Hofe/Kaltehofe Dieser Durchstich erfolgte im Rahmen umfangreicher künstlicher Stromveränderungen, wobei südöstlich von Hamburg 1878 das Gebiet Kaltehofe entstand.

Die Norderelbe wies hier eine starke Krümmung auf. Der Durchstich verkürzte den Lauf der Norderelbe um 900 m und vergrößerte das Gefälle.
Die abgetrennte Insel Kaltehofe wurde mit der Billwerder Insel durch einen Damm verbunden, der dem alten Flußlauf den Weg versperrte. Ein zweiter Damm verband die Billwerder Insel mit Moorfleet. Dieser Damm schnürte die Dove-Elbe ab, die weiter südlich einen neuen Mündungsarm erhielt.
Das alte Flußbett der Norderelbe zwischen Kaltehofe und Tiefstack trug den Namen Holzhafen.

Elbinsel Steinwerder Am 27. Mai 1768 hatte Hamburg Nordersand im sogenannten Gottorper Vergleich zusammen mit anderen bis dahin dänischen Besitzungen im Elbegebiet erwerben können.
Bis in das 19. Jahrhundert trug der nördliche Teil Steinwerders diesen Namen Nordersand. Der Name Steinwerder erscheint zwar schon in Chroniken aus dem 18. Jahrhundert, er bürgerte sich aber erst nach 1842 ein.
Die zur Verbesserung des Fahrwassers der Elbe unternommenen Arbeiten auf den der Stadt gegenüberliegenden Elbwerdern brachten starke Veränderungen. Um 1840 diente die Insel Steinwerder lediglich als Ablagerungsstätte für den aus der nahen Fahrrinne der Norderelbe ausgebaggerten Schlick und wurde dadurch gleichzeitig vor Überschwemmungen gesichert. Nach dem großen Brande von 1842 luden vollbeladene Ewer Schutt und Trümmer aus den Ruinenfeldern der nahegelegenen Stadtteile ab. Die allmähliche Aufhöhung der Insel Steinwerder war zunächst nur die natürliche Folge der Stromverbesserung und keineswegs das Ziel einer geplanten Erschließung der Insel. Eine Bebauung war weder vorhanden noch vorgesehen.
Als Hamburger um Benutzung einer Bodenfläche auf dem im Volksmund «Schuttinsel» genannten Steinwerder beim Senat vorsprachen, erfuhren sie, daß «die Nachsuchenden Baggererde zur Benutzung für Platzerhöhung nur verwenden dürften, soweit dies mit den Hafenarbeiten sich vertrage und die Mehrkosten zu Lasten jener gehe».
1842 wurde Steinwerder durch einen Querkanal, den Fährkanal, durchschnitten. Gleichzeitig verband ihn ein Damm mit dem Grevenhof und der Insel Roß.
Der östliche Teil von Steinwerder wurde durch einen Längskanal, das Nordersandfleet, in zwei Teile geteilt. Die Aufhöhungen wurden fortgesetzt. Anfang der vierziger Jahre verpachtete der Staat auf dem nördlichen Teil an der Elbe vier Plätze an Schiffbauer, deren Werften den neuen Anlagen auf dem Grasbrook weichen mußten. Es entstand die mit der Elbe parallel laufende Norderelbstraße.
Zur Verbindung der neuen Ansiedlung mit der Stadt wurden Dampf-Fährboote zu den St.Pauli – Landungsbrücken eingesetzt. Zum östlichen Teil führte eine Laufbrücke.

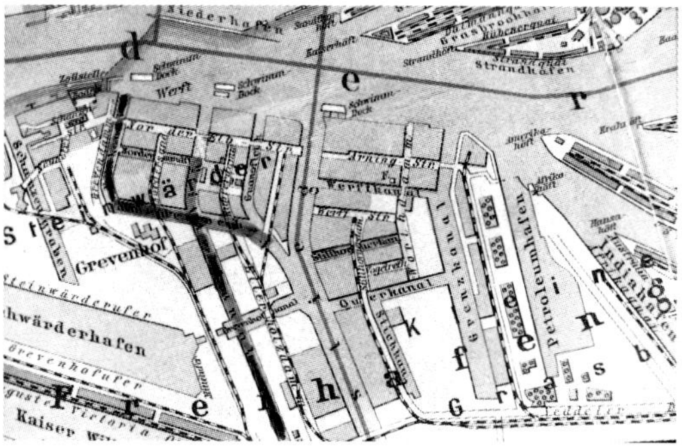

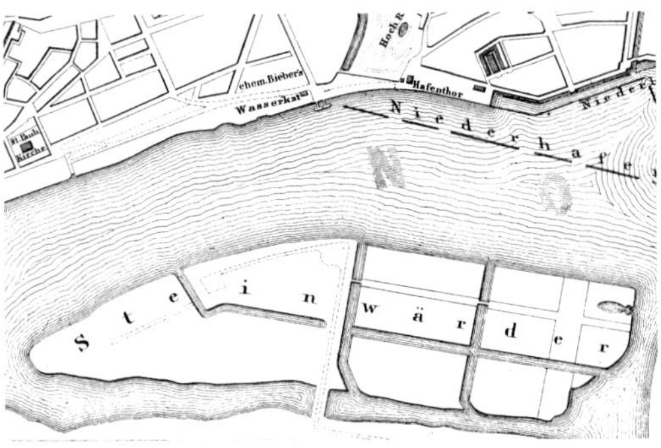

Auf der westlichen Spitze der Insel wurde 1848 eine Batterie mit schweren Geschützen zur Verteidigung des Hafens angesiedelt. Nach Beendigung des Krieges wurden die Brustwehren abgetragen und die alte Schanze als Materiallager benutzt.
Die ersten gewerblichen Betriebe siedelten sich zwischen dem Fähr- und Mittelkanal an. Später kamen Schiffbauer, Steinkohlenhändler, eine Schiffsbäckerei und Heinrich Brandenburg's Schiffswerft hinzu. Zu ihnen gehörten noch H. Holst und J. Eggers, die ihre Plätze dem Baggerer und Ballasthändler J. Thomas Guttery und dem Kaufmann Adolph Jakob Hertz überließen. Zwanzig weitere Plätze wurden vom Hamburger Staat zwischen 1840 und 1850 vergeben.
Alle auf 25 Jahre geschlossenen Mietvereinbarungen gestatteten nur die Einrichtung von Schiffswerften, Zimmererplätzen, Fabriken und Lagerplätzen für Steinkohle, Holz und Baustoffe sowie die Errichtung von Betriebsgebäuden und Wohnungen für ständig beschäftigte Personen.
Ausgeschlossen waren vor allem Gastwirtschaften und Kaufläden. Zugestanden wurden aber schon vor 1850 für Platzarbeiter alkoholfreie Erfrischungsräume als Vorläufer der späteren Volkskaffeehallen. Aufgrund einer Kontrolle im Juni 1847 wurden verschiedene «heimliche» Schank-, Schuster- und Zigarrengeschäfte von der Insel verwiesen. Dennoch nisteten sich immer wieder «unerwünschte» Geschäftsleute auf Steinwerder ein. Das starke Anwachsen der Betriebe und ihrer Angestelltenzahl und die Gewerbefreiheit im Jahre 1865 führte aber zur Duldung von Kleinhändlern. Es waren schließlich Tausende, die als ansässige Arbeiter und Gewerbetreibende mit dem Zollanschluß 1888 Steinwerder verlassen mußten.
Mitte des 19. Jahrhunderts, als sich bereits Werften und andere Industriezweige auf Steinwerder niedergelassen hatten, war die Insel für Hamburg interessant geworden. Aber die aufstrebende Gemeinde war ganz auf sich gestellt. Der Hamburger betrat die Insel nur, wenn er geschäftlich dort zu tun hatte oder wenn er im «Grevenhof», dem führenden Lokal auf Steinwerder, bei Tanz und Geselligkeit sich dem Vergnügen hingeben konnte.
Der «Grevenhof» war Anfang des 19. Jahrhunderts lediglich ein Kämmerei-Pachtgut (Domäne) auf der kleinen Insel gewesen, das nur 13 Anwohner zählte.
Die ersten Siedler auf Steinwerder lebten wie im Mittelalter. Es gab weder ausgebaute Straßen noch Straßenbeleuchtung. Kanalisation war unbekannt.
Das Wasser für den täglichen Gebrauch schöpften die Frauen aus der Elbe oder den Kanälen.
Bis 1860 gab es auch keinen Arzt auf der Insel. Ein Barbier ließ zur Ader und verschrieb Hausmittel, die manchmal auch halfen. Erst 1870 fand sich eine Apotheke auf Steinwerder, die der spätere Besitzer nach dem Zollanschluß auf die Veddel verlegte.
Verstorbene wurden nach Hamburg gerudert. Dort nahm sie der Hamburger Leichenwagen auf und fuhr sie nach dem St.Pauli-Friedhof.
Seichte, nicht regulierte Gräben durchzogen die Inseln Steinwerders. Durch kleine Brücken und Laufstege, die von Privatleuten unterhalten wurden, waren sie miteinander verbunden. Die Wege zu den Brükken waren oft so verschlammt, daß sie nicht begehbar waren, schon gar nicht des Nachts wegen der fehlenden Straßenbeleuchtung. Man half sich mit Schutzgittern an den Brücken und trüb brennenden Petroleumlampen.
Die Treppen, die zum Wasserholen führten, waren im Winter derartig vereist – und es ist nachzulesen –, daß manche Frau ertrank. Brunnenbauer bohrten nach Quellwasser, es war ungenießbar. Schließlich schickte Hamburg Schuten mit Trinkwasser an die Brücken. Wie oft aber schwammen tote Ratten und anderes Viehzeug oben in den Wassertanks! Erst 1875 wurde

Steinwerder an die Hamburger Wasserleitung angeschlossen.
Der einzige Polizist, der Zivil trug, sorgte auf der Insel für die «öffentliche Ordnung». Er war sozusagen das «Mädchen für alles». Seine Dienstwohnung mit einigen Arrestzellen hatte er neben dem Schulhaus.
Das Anwachsen der Bevölkerung Steinwerders machte eine ständige Fährverbindung mit Hamburg notwendig. Um 1845 bewarb sich Georg Dede um eine Fährkonzession. Über den Fährkanal führte eine Fußgängerbrücke auf das Grundstück, das er – Inhaber einer Hamburger Weinhandlung – pachten konnte. Mit der Fährkonzession übernahm er die Verpflichtung zum Fährbetrieb zu den Landungsbrücken in St.Pauli zu jeder Tages- und Jahreszeit. Für den gewöhnlichen Betrieb im Sommer wurden Ruderboote, sogenannte Jollen, eingesetzt. Bei schlechtem Wetter, bei Sturm, wurden Slupen genannte Segelboote benutzt und bei Eisgang verwendete man Eiskähne. Das waren vorn und hinten spitz zulaufende Fahrzeuge mit flachem, mit Gleitschienen versehenen Boden. Diese Eiskähne konnte man auch aufs Eis ziehen und sie dann als Schlitten benutzen. Die Fahrt nach St.Pauli oder zurück kostete einen Schilling, das waren acht Pfennige. Man konnte auch ein Dutzend «Fährzeichen» für acht Schillinge kaufen und hatte dadurch einige Fahrten frei. Bei schlechtem Wetter oder Nebel, auch bei Eisgang, konnte die Taxe auf vier bis sechs Schillinge erhöht werden.
Georg Dede hatte in seinem Fährhause einen Gastwirtschaftsbetrieb eingerichtet. Dieser Gasthof lag an der Einfahrt des Fährkanals in einem schönen Garten mit herrlichem Ausblick auf die gegenüberliegende Stadt. Aufgrund der guten Bewirtschaftung und weiten Aussicht über den Hafen entwickelte sich das 1847 eingeweihte Fähr- und Wirtshaus zu einem beliebten Ausflugsziel. Die Überfahrt von St. Pauli dauerte nur fünf Minuten. Schon zu Beginn der fünfziger Jahre besaß Dede 15 Schaluppen für jeweils 9 bis 40 Personen einschließlich Steuermann und zwei oder vier Ruderknechten, so daß kaum Wartezeiten entstanden. 1864 schaffte er einen Dampfer mit dem Namen STEINWERDER an. Mit der Einrichtung einer Badeanstalt westlich des Fährhauses hatte der Fährbetrieb stark zugenommen. Durch die Stadt wurde daher ein größerer Anleger direkt vorm Fährhaus errichtet.
Nach dem Tode Dedes übernahmen die Gebrüder Lüders die Fähre. Das alte Fährhaus wurde abgebrochen und durch einen Neubau ersetzt. In diesem Gebäude wurde auch das erste Postamt auf Steinwerder untergebracht. Die neuen Fährpächter griffen energisch in den alten, nicht mehr zeitgemäßen Fährbetrieb ein. Die Pontons – Fährbäume, wie man damals sagte – wurden aus dem Fährkanal heraus direkt in die Elbe gelegt und bedeutend vergrößert. Wege und Brücken zum Ponton wurden verbreitert und neue, praktisch eingerichtete Fährdampfer in Dienst gestellt.
Im Jahre 1859 wurde durch J.H.Grell am Ausfluß des Reiherstiegs in die Elbe – neben Wenckes Werft am »Schrotlock« – die zweite Fährverbindung mit Hamburg und der Elbinsel Kleiner Grasbrook eingerichtet. Auch diese wurde zunächst mit Jollen und Segelslupen betrieben. Sie hatte ihre Anlegestelle am Baumwall. 1862 ließ Grell zwei Dampfschiffe mit Namen LOUISE und THEODOR KÖRNER für den Fährbetrieb bauen.
Anfang der siebziger Jahre wurde vom Pächter Walter am Schanzengraben auf der Schanze eine dritte Fähre eingerichtet. Zunächst fuhren zwei Dampfschiffe, die ihre Fahrgäste zum St.Pauli-Fischmarkt brachten.
Alle drei Fährinhaber waren Pächter des Hamburger Staates und der Aufsicht der Behörde in Hamburg unterstellt.
Nach Gründung der Hafen-Dampfschifffahrt AG am 8. August 1888 wurden alle drei Fährbetriebe von dieser übernommen. Das es bis 1880 keine Eisbrecher gab, ruhte

der gesamte Schiffsverkehr, wenn die Elbe im Winter zugefroren war. Dann nahmen die Fährleute einen Eiskahn, zogen ihn aufs Eis und schoben ihn über die Elbe. War der richtige Weg gefunden, wurde er durch in das Eis gestecktes Buschwerk oder Aufstellen von Eisstücken kenntlich gemacht. Das Ausstreuen von Sand und Asche minderte die gefährliche Glätte. Oft dauerte es sechs bis acht Wochen, ehe Tauwetter einsetzte und die Dampfer das Eis in Bewegung bringen konnten. In diesen sechs bis acht Wochen, während eine dicke Eisschicht den Elbestrom bedeckte, entfaltete sich buntes Leben und Treiben auf den Fährstraßen. Auf den bezeichneten Wegen fuhren mit Pferden bespannte Schlitten über die Elbe. Mit Schellengeläute und Peitschenknall ging's auf der Eisbahn nach Altenwerder und Harburg, Finkenwerder oder Teufelsbrück.

Vor den St.Pauli-Landungsbrücken war – wie in der Stadt der Droschkenstand – ein Schlittenstand eingerichtet. Hier konnte man sich für sein Geld «rüschen» (mit dem Schlitten ziehen) lassen, auch, wenn man ohne Ziel nur dorthin auf's Eis wollte, wo Tanzzelte aufgebaut waren.

Schnell zusammengestellte Kapellen machten Musik. Für die Stimmung und innere Erwärmung gab es ein Getränk aus heißgemachtem Braunbier, Rum und Zucker, das man «Petum» nannte. Bis zum frühen Morgen wurde dann auf dem Eis getanzt. Wirtschaften gab es in Hülle und Fülle. Dazwischen waren Schlittenkarussels aufgebaut, von Ponys «betrieben», begleitet von krächzender Dudelkastenmusik.

Große Eisfeste mit Schlittenkorso wurden veranstaltet, wobei bunter Flaggenschmuck dem vereisten Elbstrom ein malerisches Bild gab.

Am Schanzengraben auf Steinwerder lagen in den sechziger Jahren noch keine Fabriken und Lagerhäuser. Daher fror der Graben meist fest zu und bildete eine glatte Bahn zum Schlittschuhlaufen. Auch hier wurden Tanzzelte aufgeschlagen und Eisfeste gefeiert. Von Friedrich Ellenberg ist unter vielen anderen die folgende Geschichte überliefert: Er war Maurer und hatte im Winter viel Zeit. Sein Trinkzelt nannte er »Kamellenbood«. Die ersten Eisbummler, die eintraten, verlangten Grog, »nördlich« versteht sich. Ellenberg braute die Grogs zusammen und ein kräftiges »Prost« erschallte. Der Besteller sagte: »Heuer mol Fietje, ik meen, ick heff Grog bestellt und keen Bulljong! Op denn Grog swemmt jo Fettogen!» Der Wirt nahm einen kleinen Schluck, spuckte aus und sagte: «Pfui Deubel, dat Gesöff smeckt jo no Petroleum!» Bei der Untersuchung stellte sich heraus, daß die an einem Bord aufgehängte Petroleumkanne leckte und das Petroleum in die darunter stehende Zuckerdose gelaufen war. Den nächsten Grog mit frischem Zucker servierte der Wirt mit den Worten: «Prost! Düssen gef ick ut, ober doht mi denn eenzigen Gefalln un snackt nie nich öber disse Petroleumgeschichte to irgendeen annern Minschen!»

War frischer Schnee gefallen, kam der «Bahnfeger».Bahnfeger waren Arbeitslose, die die Wege von Schnee säuberten und dafür von den Schlittschuhläufern eine kleine Entschädigung bekamen. Sie waren selbst auch mit Schlittschuhen ausgestattet, so daß ihnen kein Zahlungsunwilliger durch die Lappen gehen konnte.

Vor den Trinkzelten waren Bänke aufgestellt. Hier schnallte man sich die Schlittschuhe an und ab. Ersatzteile und Lederriemen hatten die «fliegenden Riemenhändler» bereit.

Schlimme Zeiten kamen für die Bewohner der Wasserkante, wenn im Frühjahr das feste Eis der Elbe durch Tauwetter und Hochwasser aufbrach und sich in Bewegung setzte. Tagelang vor diesem Ereignis barst die Eisfläche mit donnerähnlichem Krachen. Große, oft weit auseinanderklaffende Spalten wurden in das Eis gerissen. In Windeseile wurden alle Buden, Zelte und Gegenstände auf dem Eis in Sicherheit gebracht. Auch mußten die an gefährdeten

Stellen liegenden Fahrzeuge, Schlengel, Duckdalben usw. entfernt werden. Seedampfer, Schlepper und später die Eisbrecher begannen, das Eis zu zerteilen und in Trieb, «in de Drift» zu bringen. War der Aufbruch am Tage zu erwarten, dann belagerten Tausende von Zuschauern die Höhen des Stintfanges. Beim Seemannshaus und Wiezels Hotel umsäumten sie die Elbe. Kam dann der Augenblick, in dem unter Donnern und Knirschen sich das Eis in Bewegung setzte, dann löste sich die Spannung der Zuschauer und alle riefen: »Se geiht! Se geiht»!

Eine Februarnacht der siebziger Jahre des 19. Jahrhunderts wurde den Bewohnern von Steinwerder zum Verhängnis. Das Eis der Elbe war nicht zum Stillstand gekommen. Es konnte durch schon vorhandene Eisbrecher und stark gebaute Schlepper in Bewegung gehalten werden. Plötzlich setzte vormittags starker Sturm aus Südwest ein. Er verstärkte sich gegen Abend und drehte auf Nordwest. Ängstlich sahen die mit Eis, Elbe und Naturgewalten vertrauten Bewohner der Nacht entgegen. Die Flut kam gegen neun Uhr abends und mit ihr, vom Sturm gepeitscht, das schwere Treibeis. Die Nacht war außergewöhnlich dunkel. Alle verfügbaren Dampfschiffe waren an der Arbeit, um das Eis in Bewegung zu halten. Dennoch setzte es sich zwischen St. Pauli und der Werft von Blohm & Voß fest. Das Schwimmdock dieser Werft hatte einen derart schweren Druck auszuhalten, daß eine Katastrophe befürchtet werden mußte. Im obersten Teil des Dockes lag ein Seedampfer, auf dem ein Mann Wache hielt. Er erkannte die Gefahr und brannte »Blaulichter» ab, um Hilfe holen. Plötzlich brachen die schweren Ketten des Docks. Es wurde durch den Sturm und Eisgang in den Schanzengraben hineingedrückt. Hier gelang es jedoch, Dock mit Schiff zu bergen, ohne daß ein weiteres Unglück geschah.

Das hier frei gewordene Eis schob sich polternd und knirschend weiter, traf im Dunkerschen Dock abermals ein ähnliches Hindernis und riß auch dieses aus seinen Verankerungen. Es zerstörte beim Abtreiben einen in das Elbbett gerammten Eisbrecher mit nach Westen gebauten Schrägbalken völlig und bohrte die im Schutz des Eisbrechers vertäut liegende Damenbadeanstalt in den Grund.

Starke Duckdalben in Bündeln von je sieben Stück waren aus dem Boden gerissen und wie ein Bund Wurzeln an ihren Ketten am Dockkasten hängengeblieben. Viele Fahrzeuge hatten sich losgerissen und trieben im Eise umher.

Es war eine schlimme Nacht. In das Heulen des Sturmes, das Donnern und Knirschen des Eises mischten sich die Hochwasser-Warnungsschüsse der Kanonen vom Stintfang. Am nächsten Morgen sah man auch die Schäden an der Takelage vieler Schiffe. Schuten waren vom Eis in den Grund gedrückt, Häuser zum Teil abgedeckt, Schornsteine und Flaggenstangen umgeweht, Bäume entwurzelt. Glücklicherweise war kein Menschenleben zu beklagen.

1851 wurde der östliche Teil von Steinwerder in der Mitte durch einen Querkanal, den Mittelkanal, und 1853 weiter östlich durch das Guanofleet durchkreuzt, so daß er in sechs kleine Inseln zerfiel. Drei von ihnen wurden von der Norderelbe durchschnitten. Zwischen Mittelkanal und Guanofleet war einer Gesellschaft der Platz an der Elbe zum Betrieb einer Kupferschmiede verpachtet worden. Darin wurde das Kupfererz, das die hamburgischen Schiffe von der Westküste Amerikas als Rückfracht mitbrachten, ausgeschmolzen. Nach einigen Jahren hörte der Betrieb auf, gewinnbringend zu sein und wurde dann eingestellt. Die Räume blieben nur noch für Lagerungszwecke erhalten.

Am 1. Dezember 1862 wurde am Reiherstieg die neuerbaute deutsche Seemannsschule eingeweiht und mit 12 «Zöglingen» eröffnet. Sie war vor allem von Schiffsreedern gegründet worden.

Bis 1867 gab es auf Steinwerder keine Feuerwehr. Die Werften behalfen sich mit Handspritzen. Jedes Feuer wuchs sich daher zu einem Großbrand aus und vernichtete in diesen Jahren Millionenwerte. Erst 1872 wurde eine Berufsfeuerwehr geschaffen.

Einmal am Tag wurde der Briefkasten an der Fährstelle von der Hamburger Post geleert. Pakete mußten die Absender selbst nach Hamburg bringen.

Auf der zweiten, südöstlichen Insel Steinwerders erbaute der Staat 1869 eine eigene Gasanstalt, die 1870 ihren Betrieb eröffnete.

Die beiden mittleren Inseln waren durch einen Kanal getrennt, der allmählich wieder zugeschüttet wurde, und die Straßen beider Inseln wurden verbunden. Im Süden der Gasfabrik entstand eine neue Straße, die Süderstraße.

Das Trockendock der Hapag bei der Arningstraße wurde Mitte März 1870 durch den Postdampfer Allemania zum ersten Mal benutzt. Seitdem war die Gesellschaft von den kostspieligen und zeitraubenden Eindockungen in England frei. 1908 wurde dieses nicht mehr benutzte Trockendock an die Wichhorst Schiffswerft zur Vergrößerung ihres Betriebes verkauft.

1870 arbeiteten am Reiherstieg und auf Steinwerder 15 Werften. Einige von ihnen hatten sich bereits zu Großbetrieben emporgearbeitet.

1873 bewilligte schließlich die Hamburger Bürgerschaft rund 500.000 Mark für Straßen-, Brücken- und Vorsetzenbau, Vertiefung der Kanäle und Ausbau der Fährstelle auf Steinwerder.

1887, ein Jahr vor dem Zollanschluß, hatte Steinwerder 4500 Einwohner. Es war inzwischen ein Hamburger Vorort geworden, der bei den Hamburgern besonders wegen seiner 24 Gastwirtschaften so beliebt war.

Die dritte südliche Insel wurde 1873 vom Staate einem Fabrikanten käuflich überlassen. Er verlegte hierher seine, bisher an der Katharinenstraße liegende Spirituosenfabrik und finanzierte weit ausgedehnte, große Baulichkeiten.

Die Ansiedelungen mehrten sich bald so sehr, daß 1876 ein eigenes Schulhaus erbaut wurde.

Nachdem die Aufhöhungen weiter fortschritten, wurde 1868 die Nordwestecke des eingedeichten Kleinen Grasbrooks zur Anlage von Kanälen und Bauplätzen bestimmt und durch einen neuen Deich abgetrennt. Außerhalb des neuen Deiches wurden von der Elbe her der Grenzkanal und von diesem zum Reiherstieg zwei Kanäle angelegt.

Die Aufhöhungen des Vorlandes an der Elbe wurden fortgesetzt, die Holzhäfen bis auf wenige ausgefüllt und ein großes, den Überflutungen der Elbe nicht mehr ausgesetztes Terrain gewonnen. Westlich vom ehemaligen Landhause wurde 1869 eine Querstraße angelegt, die den Namen Worthdamm erhielt. Weiter östlich entstand die als Rethwisch bekannte Straße.

Nach dem Zollanschluß Hamburgs 1888 wandelte sich die in das Freihafengebiet einbezogene, inzwischen dicht bevölkerte Insel, zum reinen Industriegebiet. Nur wenige Meter südlich hinter dem Platz von Dedes Fährhaus erhob sich seit 1911 der südliche Fahrstuhlschacht des Elbtunnels.

Eine Badeanstalt war nicht nur Anziehungspunkt für die Inselbewohner, sie war auch bei den Hamburgern sehr beliebt. Von den St. Pauli-Landungsbrücken ließ man sich in kleinen Fährbooten hinüberrudern für nur fünf Pfennig – um 1900!

Wrackbewohner auf Steinwerder Ein Steinwerder Fischer hatte die Flora, den größten der sechs Elmshorner Grönlandfahrer, für ein «Butterbrot» gekauft und beim Schanzengraben aufs Festland schaffen lassen. Dann richtete er sich mit seiner Familie auf dem ausgedienten Walfänger wohnlich ein. Als Nebenerwerb betrieb er den Bierverkauf. An schönen Sommerabenden fand auf der Flora auch ein Tänzchen statt. Unter den Klängen einer St.Pauli-Kapelle, die der findige Fischer mit seinem Ruderboot vom Festland herübergeholt hatte, legte die Steinwerder Jugend manch zünftigen Schiffertanz auf die walfischblutgetränkten Bretter.

Als absonderlich verdient bemerkt zu werden, daß sich das Wohnschiff nicht etwa in gerader, horizontal gerichteter, vielmehr in beträchtlich geneigter Lage befand. Die Bewohner waren aber glücklich, brauchten keine Miete zu zahlen, sparten die Grundsteuer und lebten in frischer Luft nahe am Wasser.

Als nach dem Zollanschluß 1888 die Bewohner Steinwerders weichen mußten, um Platz zu schaffen für Werften und Industrie, wollte das Räumungskommando der Flora mit der Axt zu Leibe. Es gelang aber nicht, Kleinholz aus dem Grönländer zu machen! Die eichenen Planken, aus bestem Hartholz gezimmert, spotteten der Axt. Es blieb nichts anderes übrig, als das Schiff zu sprengen.

Reiherstieg Im Stromspaltungsgebiet war der Reiherstieg die Verbindung zwischen zwei Elbarmen. Die verschiedenen Ausmündungen des Reiherstieges zwischen Steinwerder und Roß wurden 1842 durch einen Damm verbunden. Das Wasser des Reiherstiegs leitete man durch die regulierte Hauptmündung und durch Kanäle in die Elbe und den Hafen.

Bereits im 17. Jahrhundert berichteten Urkunden vom Schiffbau am Reiherstieg. Zu der Zeit war das Gelände noch hannöversches Territorium. 1706 wurde hier die Reiherstiegwerft gegründet, die bis ins 20. Jahrhundert tätig blieb und 1927 von der Deutschen Werft übernommen wurde.

Die östlich vom Reiherstieg liegenden uneingedeichten Werder, Kleiner Grasbrook, Großer Werder und Teile von Klütjenfeld und Niedernfeld wurden 1851 mit einem Winterdeich umschlossen, der an der großen Veddel begann und sich an den Reiherstiegdeich anschloß. Gleichzeitig war der schiffbare Ernst-August-Kanal gebaut worden, den in der neuen Eindeichungslinie eine von Hannover erbaute Schleuse abschloß.

Auf dem Vorlande an der Norderelbe wurden mehrere Holzhäfen angelegt; durch die Ausgrabungen verfügte man über genügend Material zum Deichbau.

Die Domäne Grevenhof und ihre Feste Diese Domäne gehörte nicht unmittelbar zu Steinwerder, stand aber doch in engster wirtschaftlicher Verbindung mit der Insel und ihren Bewohnern.

Der Grevenhof oder Schrebenhof, wie er auf einer Karte von 1814 genannt wurde, soll als Bauerngut vom Grafen Adolf von Schauenburg gegründet worden sein. Er hatte seinerzeit in Pinneberg seine Residenz. Der Hof wurde auch «de Grofenhof», d.h. Grafenhof, genannt.

Das Gehöft lag idyllisch auf einer hohen Wurt (Warft) unter Bäumen an dem später «Norderloch» genannten Wasserlauf. Dieser trennte Steinwerder und den Grevenhof. Die Domäne umfaßte etwa 50 ha und stand durch eine feste Brücke über das Norderloch mit Steinwerder in direkter Verbindung.

Neben dem Bauernhof lag eine große Sommerwirtschaft mit Tanzsalon, Kegelbahn, Garten und kleinem Gehölz, die den Namen «Zum Grevenhof» führte. Hier herrschte im Sommer reges Leben. Das Lokal lag nahe bei Hamburg und war leicht zu erreichen. Es war ein beliebtes Ziel der Hamburger. Am Pfingstfest z.B. begann der Tanz bereits nachmittags um drei Uhr.

Ohne Unterbrechung wurde durchgetanzt bis zum dritten Pfingsttage morgens um drei Uhr! Musiker und das Personal arbeiteten im Schichtdienst.
Sehr beliebt waren auch die «Heufeste», die Anfang der sechziger Jahre des letzten Jahrhunderts ihren Höhepunkt erreichten. Dann traten schon mittags um zwei Uhr die Kinder in dem großen Garten des Grevenhofs an. Sie erhielten bunte Papierfahnen, ein Musikzug erschien und ein Erntewagen wurde mit Blumen und Girlanden geschmückt. Der Zug setzte sich in Bewegung. Hinzu kamen bunt kostümierte Knechte und Mägde, mit Heugabeln und Harken bewaffnet. Der Zug nahm seinen Weg in Richtung Wiese, wo das zum Einfahren bereitstehende Heu gestapelt war. Unter den Klängen der Musik und dem Jubel der Kinder wurde das Heu auf den Wagen geladen. Der Höhepunkt war, wenn sich einer der Heuhaufen öffnete und der «Erntekönig» heraustrat, angetan mit Purpurmantel, in der Hand das Füllhorn und auf dem Kopfe die goldene Krone! Er hielt eine Rede «an sein Volk»! Außer dem Dank für den Erntesegen ermahnte er die Kinder zum Gehorsam gegenüber Eltern und Lehrern. Mit einem dreimaligem Hoch auf die Landwirtschaft schloß er seine Rede. Dann wurde «Majestät» in den Erntewagen gesetzt und mit Musik und Gesang in das Lokal zurückgefahren. Bis abends um acht Uhr wurde getanzt, dann holten die Eltern die Kinder ab und die Erwachsenen tanzten weiter bis in den hellen Morgen.
Aber wie es so mit manchen alten Sitten und Gebräuchen geht, wurde im Laufe der Zeit aus diesem Heufest eine ganz gewöhnliche, allgemeine Tanzerei. Der Wirt Kämpf engagierte dafür die Kapelle der in Altona stationierten Hoch- und Deutschmeister, Österreichs Infanterie-Regiment Nr. 4, dessen Garnison in Wien beheimatet war.
Im Winter war es ruhiger. Nur die Vereine aus Steinwerder hielten dann im Grevenhof ihre Bälle ab. Der Hof und das Lokal wurden 1888 abgebrochen.
Außer diesen beiden Pachtungen von Hof und Wirtschaft befanden sich zu dieser Zeit auf Grevenhof mehrere Schiffswerften, wo kleinere Flußfahrzeuge gebaut und repariert wurden. Darunter waren die Werften von Gebrüder Wiswe, Gebrüder Fährmann, W. Ahrens, Jonni Koch, Reiher usw.

Domäne Ellerholz Die Werften von Wiswe und Ahrens wurden 1888 nach dem Reiherstieg, in die Nähe von Ellerholz, verlegt. Der Grund mag gewesen sein, daß die Viehweiden und das Umland des Grevenhofs sehr niedrig lagen und bei Sturmflut – trotz der Sommerdeiche – unter Wasser standen. Der Hof Ellerholz lag auf einer Anhöhe, Wurt oder Warft, wie man sagte. Im Jahre 1888 mußte der Hof der Zollabfertigungsstelle Ellerholz weichen.

Domäne Roß Der Hof Roß gehörte ebenfalls dem Hamburger Staat. Die Weiden lagen binnendeichs, teils da, wo sich später die Vulcan-Werft und deren Fabrikhöfe befanden. Auch diese Außendeichweiden waren nur durch Sommerdeiche geschützt und wurden bei Sturmfluten unter Wasser gesetzt. Der letzte Pächter, Lüchau, mußte ebenfalls 1888 weichen und dem Hafenbau Platz machen.
Die zu diesen drei Höfen gehörenden Weiden waren von Abflußgräben durchzogen. Das bei Sturmflut übertretende Wasser lief durch eingebaute, selbsttätige, kleine Schleusen ab. Die Binnendeichweiden des Hofes Roß wurden durch eine für diese Zwecke groß zu nennende Schleuse geschützt. Sie befand sich im Roßdeich, in der Nähe des Köhlbrandes.
Außer diesen Viehweiden gehörten zu den Höfen auch ausgedehnte Reetländereien, auf denen Dachreet und Deckenrohr geerntet wurden. Die Sumpfländereien hatten keinerlei Deichschutz und standen durch Gräben und Priele mit Ebbe und Flut der Elbe in direkter Verbindung.

Zum Gutshof Roß gehörte ferner eine am Roßdeich außendeichs gelegene Weidenschonung, auf welcher Korbweiden usw. geschnitten wurden. Auch Jagd und Fischerei wurden von den Pächtern auf ihrem Gelände ausgeübt.
Die zu den Domänen Grevenhof, Ellerholz und Roß gehörenden Weiden und Reetländereien bedeckten Flächen, die später von Werften wie Blohm & Voß, Vulcan-Werft oder Hafenbauten wie Kuhwerder Hafen, Kaiser-Wilhelm-Hafen, Ellerholzhafen, Vorhafen, Roßhafen, Oderhafen, Bauhafen, Werfthafen und Kohlenschiffhafen eingenommen wurden.
Außerdem lagen dort später die Kaianlagen Steinwerder-Ufer, Grevenhof-Ufer, Augusta-Viktoria-Kai, Kronprinzenkai, Mönckebergkai, Vulcankai, Roßkai, Stettiner Ufer, Breslauer Ufer, Reiherkai, Kohlenkai und die Kaianlagen der HAPAG sowie die Fähranlagen Lotsenhöft, Kuhwerderhöft, Kaiser-Wilhelm-Höft, Ellerholz-Höft, Vulcan-Höft und Roß-Höft mit ihren Kanälen, Schleusen, Docks, Bahnanlagen, Straßen und Betriebsanlagen für Licht und Kraftwerke usw.

Vereinsleben Das Vereinsleben stand auch in Steinwerder in hohem Kurs. Der Verein FORTSCHRITT befaßte sich mit kommunalen Angelegenheiten. Ihm gehörten die Fabrik- und Werftbesitzer an. Dieser Verein hatte für die Insel manche Vorteile erreicht. Gesangvereine waren gleich drei gegründet worden: ARION, TREUE und HOFFNUNG. ARION gehörte dem Sängerbund HEIDEROSE an, der sich über den ganzen Regierungsbezirk Lüneburg erstreckte.
So fanden auch im Grevenhof in den Jahren 1880 und 1886 große Sängerfeste statt, an denen sich etwa 500 Sänger beteiligten. Der Klub ARION war 1869 gegründet worden. Zusammen mit dem ELBINSEL-LIEDERKRANZ auf dem Kleinen Grasbrook und dem VEDDELER SANGESBUND veranstaltete er jeden Sommer im Vereinslokal auf Steinwerder in M. Wieses Biergarten ein Sommerfest. Das Lokal lag etwa an dem Platz, wo sich jetzt der Eingang zum alten Elbtunnel befindet. Es war ein Tanzsalon mit Kegelbahn in schönem alten Baumbestand. Der Garten war ein Überbleibsel des dem früheren Fährpächter Dede gehörenden Parks.
Auf dem Kleinen Grasbrook fand die Zusammenkunft in PETER BODES SALON und auf der Veddel in FRITZ HIEBS BIERHALLE statt.
Die Vereinsabende wurden so gelegt, daß die Sänger des ARION in großen Ruderbooten mit der Flut des Abends gegen sieben Uhr nach der Veddel fuhren, um gegen 12 Uhr mit der Ebbe den Heimweg anzutreten. Die Boote stellte die Seemannsschule kostenlos zur Verfügung! Die Sangesbrüder vom Kleinen Grasbrook mußten zu Fuß herüberkommen.
Außer den genannten Vereinen gab es noch Kegel-, Karten- und Sparvereine, Lotterie-Klubs usw. Es fehlten auch die Wohltätigkeitsvereine nicht. Besonders der WEIHNACHTSBESCHERUNGSVEREIN hat viel Gutes geschaffen und in Notzeiten manche Träne getrocknet. Von Armut konnte man auf Steinwerder nicht sprechen. Arbeit und Verdienstmöglichkeiten gab es immer genug.
Selbst im strengsten Winter, wenn Elbe und Hafen unter Eis und Schnee Winterschlaf hielten, gab es noch Arbeit. Alle Fahrzeuge, Hafenpfähle und die zum Schutz gegen das Eindringen von Treibeis vor den Hafen gelegten sogenannten Schlengel mußten ständig vom Eise frei gehalten werden. Eine Arbeit, die bei starkem Frost täglich erneut anfiel. Auch die Eiskeller in der Nähe des Hafens mußten immer wieder gefüllt werden.

Fahrende Leute auf Steinwerder Ein Jubel für die Kinder war es, wenn alljährlich im Sommer der in St. Pauli wohnhafte «Schnellläufer» Steier, «Steier-Puus», wie ihn die Kinder nannten, nach Steinwerder kam. Er trug einen bunten Harlekinanzug und Schellenkappe. So lief er in Steinwerder auf und ab und ging dann von Haus zu

Haus, um dafür seinen Lohn zu empfangen. Mit der Zeit wurde aber auch Steier alt und die Herren Jungens liefen ihm vorbei. Er drohte dann mit seinem Rohrstock, was ihm aber seine jugendliche Kondition auch nicht mehr zurückbrachte.
Auch Straßenkünstler besuchten die Insel. Auf einem Teppich, auf der Straße ausgebreitet, wurden Jongleur- und Akrobatenkünste vorgeführt. Schluß jeder Vorstellung bildete die übliche Geldsammlung.
Von Zeit zu Zeit kam auch ein Ehepaar aus Hamburg herüber, um in Wort und Bild die auf Leinwand mit Ölfarben dick aufgetragenen «neuesten» – oft schon 10 Jahre zurückliegenden – Mordtaten vorzuführen. Weithin erschallten dann die gesungenen Schauerballaden, Moritaten, die alle begannen: «Eine schreckliche Geschichte, die sich zugetragen hat ...» Ein meistens sehr verstimmter Leierkasten begleitete die schaurig-schönen Gesänge.
Es erschienen auch Bärenführer mit Bären, Kamelen und Affen. Auch eine Gruppe von Musikanten, die sich KAFFEEBRENNER nannte, tauchte auf. Es waren meist Italiener, die mit ihren Musikinstrumenten «herrliche Töne» hervorbrachten, wie sie meist bei den Kaffeebrennern zu hören waren.
Aber auch andere Straßenmusiker fanden hier ein gutes Betätigungsfeld. Unter diesen war ein Sänger mit Gitarre, der Professor Hansen genannt wurde. Mit wallendem Künstlerhaar und edlem Anstand trug er mit guter Stimme seine melancholischen Lieder vor. Er soll bessere Tage gesehen haben ... Aber der Alkohol stand seiner Karriere im Wege.
Dann war da noch die Kapelle des «Direktors Pankoken», wie ihn das Publikum nannte. Es waren drei Mann mit Klarinette, Trompete und Tuba. Sie entlockten ihren Instrumenten Töne, die es eigentlich gar nicht gab.
Anfang der achtziger Jahre erschien jede Woche einmal die Kapelle des Musikers Schneegans aus Altona. Sie bestand aus 10 bis 12 Mann und machte gute Musik. Es war für jung und alt eine reine Freude. Man drehte sich auf offener Straße zum Tanze.
Viele von diesen geschilderten öffentlichen Schaustellungen und musikalischen Veranstaltungen wurden bald von der Polizei verboten. Es wurde doch wohl zu bunt getrieben und artete teilweise in groben Unfug aus. So musizierten z.B. in einer Straße drei Leierkästen gegeneinander an und brachten dadurch Kranke und geistig tätige Einwohner zur Verzweiflung.
Segel- und Rudersport wurden auf Steinwerder sehr gepflegt. Der Werftbesitzer E. Höpner machte mit seiner auf eigener Werft erbauten Segeljacht KLABAUTERMANN manchen ersten Preis beim Wettsegeln auf der Unterelbe. Auch Gastwirt L. LONOW aus Wilhelmsburg, der eine sogenannte REISENKÄUFERJOLLE besaß, hatte sich mit seinem Fahrzeug oft Preise geholt. Der Barkassenbauer C. Breuning nahm mit den auf seiner Werft in Wilhelmsburg erbauten Barkassen sogar mit großem Erfolg an der Kieler Woche teil. Beim alljährlich stattfindenden Wettrudern der Rudervereine auf der Elbe wurden dem Bootsbauer Wilhelm Höpner viele Preise zugesprochen.
Sehr beliebt waren bei der Einwohnerschaft Steinwerders die nachts im Sommer im Gartenlokal RAINVILLE an der Elbchaussee in Ottensen veranstalteten Kunstfeuerwerke. Manchmal nahmen mehrere Familien sich ein Boot und fuhren auf das spätere Gelände von Blohm & Voß auf Kuhwerder, wo man in der Nähe vom «Kugelbaak» am «Dullenohrt» die Boote festmachte, an Land ging und sich ins Gras legte. Die Männer holten ihre Pfeifen hervor und die Frauen ihre Strickstrümpfe. Kinder tollten am Strand, bis bei Beginn der Dunkelheit ein Kanonenschlag den Beginn des Feuerwerks bekanntgab. Dazu erschallte von der Elbe herüber schöne Musik. Erst gegen 12 Uhr nachts wurden die Boote wieder bestiegen. Unter fröhlichem Gesang ging es dann stromaufwärts der Heimatinsel zu.

Heinrich vom Norderloch Es wäre noch das Original Heinrich Wolfrath zu nennen. Er hatte sich eine alte Schute gekauft, darin eine Hütte gebaut und diese für sich und seine Familie als Wohnung eingerichtet. Das Fahrzeug hatte er in der Nähe der Brücke über das Norderloch mit Hochwasser auf Strand gesetzt und lebte hier, ohne von einem Nachbarn behelligt zu werden. Um sein Heim gegen die Unbilden der Witterung zu schützen, hatte er die Hütte mit auseinandergeschnittenen Blechbüchsen von dem damals hier in großen Mengen eingeführten amerikanischen «Corned Beef»-Fleisch benagelt, auch, wo erforderlich, seine «Arche» damit abgedichtet. Er war in seinem ganzen Tun und Treiben ein Sonderling, und als Heinrich vom Norderloch auf Steinwerder überall bekannt.

Dock- oder Tidehafen? Der Hamburger Hafen war durch die Herrschaft Napoleons schwer geschädigt worden. An einen Hafenausbau war nicht zu denken. Erst nach den Befreiungskriegen konnten Handel und Schiffahrt wieder aufleben. Als erster wurde der Niederhafen zu klein. Vornehmlich Kaianlagen mußten geschaffen werden, damit der wachsende Verkehr mit seinen Fuhrwerken und später mit der Eisenbahn direkt an die Seeschiffe heranfahren konnte.

Das Beispiel in England hatte gezeigt, wie sehr viel leistungsfähiger ein mit Kaimauern versehener Hafen ist. In Hamburg gab es für die Seeschiffe Liegeplätze im Strom, d.h. an den Duckdalben. Der Verkehr zwischen Land und Schiff war ausschließlich auf kleinere Hafenfahrzeuge angewiesen. Schon in den dreißiger Jahren des 19. Jahrhunderts tauchten Pläne zum Ausbau von Hafenbecken mit Kaianlagen auf. Man hatte Englands Dockhäfen mit Kaianlagen vor Augen. Diese Dockhäfen waren hinter Schleusentoren angelegt worden im Hinblick auf die besonderen Tideverhältnisse in England. Nun sollte diese Bauart auch für Hamburg übernommen werden. Dabei war übersehen worden, daß die englischen Häfen ja einem ungewöhnlich hohen Tidewechsel unterliegen: der normale Unterschied zwischen Hoch- und Niedrigwasser betrug beispielsweise für London fast sechs und für Liverpool nahezu acht m. Infolgedessen mußte man dort zur Form der geschlossenen Dockhäfen übergehen, um Kaianlagen bauen zu können. In manchen anderen Fällen war wohl auch der Schlickanfall des Meerwassers Grund zur Anlage von Dockhäfen. Sie tief zu halten, war wesentlich leichter als Tidehäfen. Für englische Häfen waren also Dockhäfen sicher die richtige Lösung, nicht aber für Hamburg mit seinem viel geringeren Unterschied zwischen Hoch- und Niedrigwasser. Wäre man damals den verhängnisvollen Vorschlägen englischer Fachleute gefolgt, müßten heute alle ein- und ausgehenden Schiffe sehr viel Zeit mit dem Warten vor geschlossenen Schleusentoren verlieren.

Die lange Zeit der Auswertung verschiedener Projekte begann. Zunächst handelte es sich um die Vergrößerung des allzu eng gewordenen Bereichs des Niederhafens. Die ersten Pläne mußten sich deshalb auf das bis dahin frei gehaltene Gebiet der breiten Grasbrook-Insel beziehen. Hier sollten künstliche Hafenbecken entstehen und der alte Stadtgraben dabei Verwendung finden. Als Vorbild dienten die großen englischen und holländischen Seehäfen.

Reinhold Woltmann, seit 1814 an der Spitze der mit einer allgemeinen Verwaltungsreform neu geschaffenen Hafenbaubehörde, legte im Jahre 1828 sein erstes Grasbrook-Projekt vor. Schon 1804 hatte man mit der Beseitigung der im Hafengebiet noch stehengebliebenen Befestigungswerke begonnen. Woltmanns Plan sah eine Aufteilung des Gebietes durch Kanäle und Straßen vor, an denen eine große einheitliche Speicherstadt mit Geschäfts- und Wohnhäusern entstehen sollte!

Nachdem 1825 eine gewaltige Sturmflut

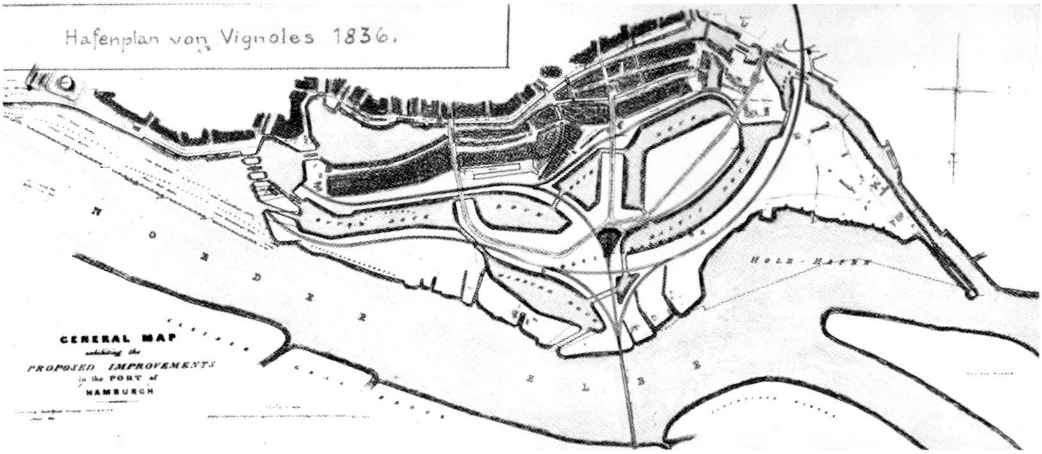

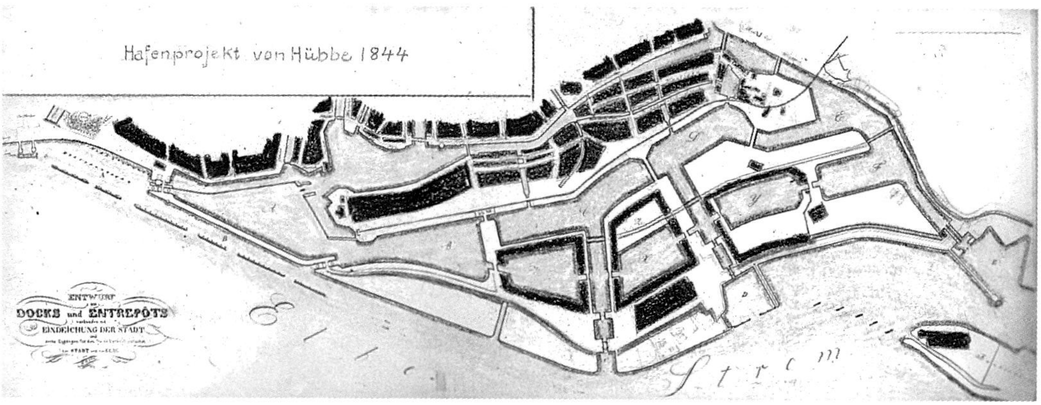

weite Teile von Stadt- und Hafengebieten überschwemmte und große Schäden angerichtet hatte, wurde 1833 ein Deich- und Schleusenplan von Woltmann und Wasserbaudirektor Büsch vorgelegt. Wiederum lehnte die Bürgerschaft den umstrittenen Gedanken an einen Dockhafen ab. Das Schicksal des Grasbrooks blieb weiterhin in der Schwebe.
Woltmann riet dringend, zunächst das weit in den Niederhafen hineinragende Johannisbollwerk und das «im Wege stehende» Blockhaus zu beseitigen, die Palisadenwand weiter nach innen zu verlegen und den viel zu flach gewordenen Hafen auszubaggern. Dies waren eigentlich die ersten Gedanken für die Entstehung eines ersten großen Seehafenbeckens, das später den Namen Sandtorhafen erhalten sollte.

Die Bürgerschaft aber bestand immer noch darauf, sich die Erfahrungen Englands auf dem Gebiet des Hafenbaues zunutze zu machen. Auf ihre Veranlassung berief der Rat noch im gleichen Jahr, 1833, den angesehenen englischen Fachmann Charles Vignoles nach Hamburg.
Er legte sein Projekt 1836 vor. Es berücksichtigte nicht nur den Woltmannschen Plan, sondern umfaßte den ganzen Grasbrook. Für die Ausdehnung des Niederhafens wollte er alle Reste der Festungswerke entfernen lassen und die sturmflutfreie Einfassung und Verbreiterung seiner Ufer vorschlagen. Seine Pläne stießen auf Ablehnung, weil sie die Aufteilung des Geländes in ein verschachteltes System von kleinen Hafenbecken mit gekrümmten Uferlinien vorsahen, die alle gegen die Elbe und un-

tereinander durch Schleusen abgeschlossen werden sollten.
Zum ersten Mal trat die schicksalhafte Frage auf: Dock- oder Tidehafen? Zur See hin offen oder nicht? Diese Frage wurde mehr als zwei Jahrzehnte lang heftig diskutiert und war umstritten.
Dem Engländer Vignoles erschien seine Lösung naheliegend, da er von den hydrologischen Verhältnissen englischer Häfen ausging. In Hamburg, wo man mit einem viel geringeren Wechsel des Wasserstandes zu rechnen hatte, mußte dieser Vorschlag jedoch als unpassend angesehen und abgelehnt werden. Woltmann hatte kurz vor seinem Tode noch einmal warnend seine Stimme dagegen erhoben.
Der erste Schritt zum Hafenausbau begann am 26. Oktober 1837, als der Rat an die Erbgesessene Bürgerschaft den Antrag richtete, die alte Johannisbollwerkbastion aus dem Dreißigjährigen Krieg abzutragen und davor eine erste Kaimauer für die Dampfschiffe im Jonashafen zu bauen. Zwar handelte es sich hier noch nicht um eine moderne Kaianlage, sondern lediglich um eine einfache Spundwand in Holzbauweise. Dennoch war eine solche massive Ufereinfassung etwas völlig Neues. Entsprechend hoch waren die Kosten, weil viele alte Pfähle herausgezogen, große Steine bewegt und der Kai wegen der Sturmfluten nachträglich erhöht werden mußte.
Mit diesem Bau wurden die Hamburger erstmals mit der Tatsache konfrontiert, größere Summen für den Hafenbau bereitzustellen. Entsprechend groß war anfangs die Verzögerung bei der Bewilligung. Ausschlaggebend für die Bewilligung der Mittel waren schließlich Befürchtungen, der moderne Dampferverkehr könne ohne den festen Weg auf dem Kai mehr die Vorstadt St. Pauli oder gar das benachbarte Altona und nicht das eigentliche Hamburg geschäftlich beleben.
Wegen der neuen Kaimauer und überhaupt aller Hafenpläne wandte man sich auch an die holländische Regierung, sie möge ihren besten Wasserbaufachmann nach Hamburg senden. Der holländische Wasserbauinspektor Mentz legte 1840 einen Hafenplan vor, der die Vorteile Büschs, Woltmanns und seines Nachfolgers Hübbe enthielt. Dies schlichtete schließlich den Streit zwischen Rat und Bürgerschaft. Mentz' Gedanken waren, Ober- und Niederhafen zu verbinden – was durch den Zollkanal später geschah – und die ganze innere Stadt durch ein Schleusen- und Deichsystem so zu umschließen, daß auf sämtlichen Kanälen und Fleeten auch bei Ebbe der Verkehr möglich war. Dies aber war den Hamburgern zu teuer!
Mehrere Male wurde der Wasserbaudirektor Heinrich Hübbe zu einer Studienreise nach England gesandt und der «rühmlichst bekannte» englische Ingenieur Charles Vignoles zur Beratung von England nach Hamburg gerufen.
Neu war Vignoles' Gedanke, eine Umschlagtechnik Seeschiff-Eisenbahn einzuführen. Er wollte den Grasbrook zum Eisenbahnhof ausbauen und mit der geplanten hamburgisch–hannoverschen Eisenbahnlinie in Verbindung bringen. Dieses Projekt scheiterte aber an der feindseligen Haltung Hannovers.
Heinrich Hübbe war es vergönnt, nach längerer Pause wieder den Ausbau des Hafens zu fördern. Das Johannisbollwerk wurde 1843 endlich beseitigt und an seiner Stelle die erste massive Ufermauer gebaut. Weiter westwärts entstanden die ersten St. Pauli-Landungsbrücken in einfacher Holzkonstruktion. Der erweiterte Niederhafen wurde vertieft. Vor allem aber entstand in jener Zeit aus einem Teil des alten Festungsgrabens nach Woltmanns Idee die westliche Hälfte des späteren Sandtorhafens.

Das erste Hafenbecken entsteht: der Sandtorhafen Um mehr Liegeplätze für kleinere Schiffe zu bekommen, hatte man die Bastion Ditmarus abgegraben und 1841 den

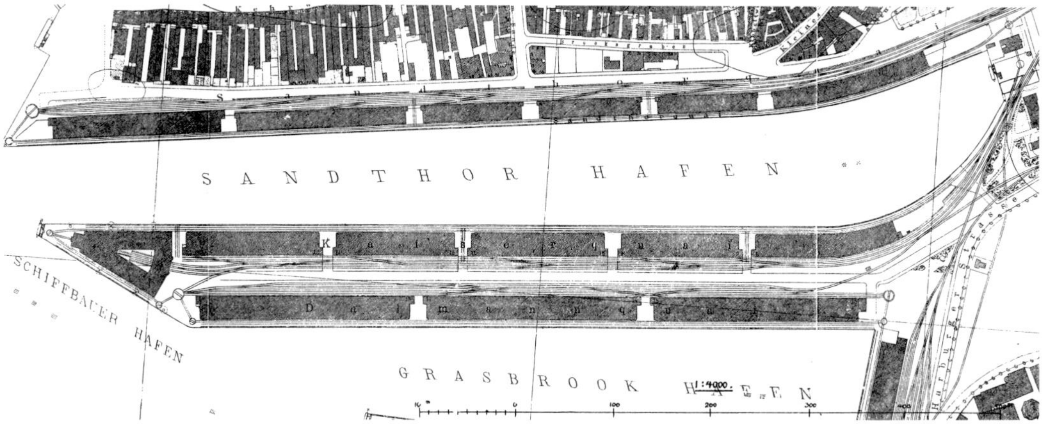

Stadtgraben zwischen dem Hölzernen Wambs und dem Sandtor vertieft, mit einer niedrigen Felsenvorsetze eingefaßt und mit einem niedrigliegenden Weg umgeben. Eine Einfahrt wurde durch die Verbreiterung des Grabens vom Hölzernen Wambs an der Westseite des Grasbrooks geschaffen. Dieser neue Hafen hatte anfangs keinen Namen und wurde vielfach nach dem Namen des Schiffers, der mit seinem Fahrzeug hier als erster einlief, Kleeschenhafen genannt. Erst später erhielt er den offiziellen Namen Sandtorhafen.

Zur Sicherung der Akziselinie (frz. accise = Verbrauchssteuer) wurde die ganze Anlage auf der Wallseite mit hohen Palisadenwänden umgeben. Mit dieser Anlage wurde gleichzeitig der Stadtgraben vom Oberhafen bis zum Brooktor vertieft, durch Zuschütten des Staudammes bei Groß-Ericus mit dem Oberhafen verbunden und als Liegeplatz für oberländische Kähne benutzt. Durch die unmittelbare Verbindung des Stadtgrabens mit der Elbe konnte er kein Sammelbecken für die Poggenmühle mehr sein. Der Mühlenbetrieb wurde eingestellt und die Teerhofschleuse überflüssig.

Schon zwei Jahre nach dem großen Brand von 1842 wurden entsprechend dem alten Grasbrookprojekt vier Forderungen aufgestellt:

1. Erweiterung des Oberhafens für die Flußschiffe und des Niederhafens für die Seeschiffe,
2. bequeme Verbindung zwischen beiden,
3. Verbindung zwischen Niederhafen und dem Bahnhof der Berlin–Hamburger Eisenbahn und
4. Bau von Speichern und Löschplätzen in unmittelbarer Verbindung mit den Seeschiffen.

Im Gegensatz zum Ausbau empfahl die Commerzdeputation den Hafenausbau als Staatsaufgabe. Beim Bau und bei der Verwaltung sollten private Unternehmer ausgeschaltet werden. Die Deputation war es auch, die – nach vorheriger Aufforderung des Senats – den englischen Ingenieuren James Walker und William Lindley den Auftrag erteilte, «unter umfassender Berücksichtigung der ferneren Entwicklung der Schiffahrt und des Handels» einen eigenen Plan für die Hafenverbesserung vorzulegen. Unabhängig davon erhielt Wasserbaudirektor Hübbe dieselbe Aufgabe. Außerdem wurde bei den beteiligten Wirtschaftszweigen eine Meinungsumfrage durchgeführt. Spezielle Wünsche konnten geäußert werden.

Der im Oktober 1845 vorgelegte Lindley-Walker-Hübbe-Plan ließ schon in großen Zügen die später entstandenen Hafenbekken erkennen:

Der Niederhafen würde durch Schleusen von der Elbe abgetrennt. Von hier aus sollte ein Weg zum Vorhafen und von dort zum Hafen Nr. 2 und 3 führen, von wo man in die Bassins A, B und C gelangen

könnte. Alle Häfen wären untereinander sowie vom Ober- und Niederhafen gut zu erreichen. Gleisanschlüsse und Kräne waren vorgesehen.
Dieser Plan scheiterte aber an dem Nachteil, daß er das alte Eindeichungsprojekt gegen die Sturmflut mit dem Hafenausbau verband und so den Dockhafen mit Schleusen vorschlagen mußte. Eindämmung der jährlichen Überschwemmungen und Vermehrung der Schiffsliegeplätze sollten Hand in Hand gehen. Aber dieses sehr komplizierte Schleusen- und Deichsystem war im Gegensatz zu London, Liverpool, Antwerpen und Le Havre in Hamburg mit seinem relativ kleinen Wasserstandsunterschied zwischen Hoch- und Niedrigwasser von nur zwei m nicht notwendig. So blieb der Lindley-Walker-Hübbe-Plan trotz genialer Gedanken nur auf dem Papier – zum großen Vorteil Hamburgs, wie sich später herausstellte!
Zwischen 1852 und 1855 gab es eine Reihe von Hafenverbesserungen, die schon in die Richtung offener Tidehäfen wiesen. Das neue Hafenbecken auf dem Grasbrook wurde zwar nach dem Walker-Lindley-Hübbe-Plan angelegt, aber ohne Schleusen!
Auch brachte der Abbruch der alten Bastion Hölzernes Wambs, des Blockhauses und der alten Neptunusbrücke neben den Pfahlwänden eine erhebliche Vergrößerung des Niederhafens. Die aus den Bassins ausgebaggerte Erde diente zur Erhöhung der Kais gegen die Sturmflut.

1858: Geburtsjahr des Tidehafens Im Jahre 1857 forderte der Senat die Commerzdeputation erneut auf, die Frage Dock- oder Tidehafen zu untersuchen. Noch einmal ging man an diese Arbeit. 1858 wurde wiederum ein Plan vorgelegt, der schließlich mit dem Hafenausbau verwirklicht wurde.
Diese Denkschrift vom 26. März 1858 ist damit die Geburtsurkunde des Hamburger Hafenbaues.
Sachverständige, Reeder, Kapitäne, Hafenmeister, Eisenbahndirektoren, Makler und viele andere waren zu diesem Plan gehört worden. Den Walker-Lindley-Hübbe-Plan von 1845 hatte man vervielfältigt und an alle Beteiligten verschickt. In 18 Sitzungen wurden mehr als 40 Personen gehört und ihre Aussagen zu Protokoll gebracht. Alle sprachen sich ohne Ausnahme für den offenen Tidehafen aus. Dies kam auch den Plänen von Wasserbaudirektor Johannes Dalmann, dem Nachfolger von Hübbe, sehr entgegen. Er war ein eifriger Verfechter des Tidehafens und setzte letztendlich seinen Bau durch. Dalmann war seit 1845 im hamburgischen Staatsdienst, wurde 1864 Wasserbaudirektor und begründete 1866 das moderne Hafenbausystem. 1879 regulierte er die Norderelbe und bewirkte den Durchstich beim Pachtgut Kaltehofe. Er wurde 1823 in Lübeck geboren und verstarb 1875 in Alexanderbad.
Die Begründung für die Ablehnung der Dockhafenpläne wurde in folgenden Hauptpunkten zusammengefaßt:

1. Die Schiffe können bei gewöhnlichen Stautoren nur bei Flut ein- und ausfahren, so daß beim Öffnen der Tore ein Andrang entsteht. Der Verkehr wird mehr gehemmt als gefördert und länger unterbrochen.
2. Größere Schiffe müssen bei Vorflut den Hafen verlassen, um über die Untiefen bei Teufelsbrück, Blankenese und Schulau zu gelangen. Es ist unmöglich, rechtzeitig bei genügend hohem Wasserstand dorthin zu gelangen, wenn sie erst bei Hochwasser aus dem Dock kommen.
3. Die Schuten, die dann auch erst die Docks verlassen können, müßten gegen starken Ebbstrom die Waren in die Fleete bringen.
4. Tritt kurz vor oder nach Hochwasser Nebel ein, so kommen die großen Schiffe in eine gefährliche Lage, weil sie auf dem Strom nicht ankern können, da sie dort schnell auf Grund geraten.

5. Selbst Kammerschleusen mit einem Becken davor erschweren den Verkehr, da ihre Benutzung sehr viel Zeit kostet.
6. In Hamburg spielt im Gegensatz zu England das Eis eine große Rolle; im stehenden Dock friert es eher als im bewegten Strom.

Am 19. Februar 1862 hatten sich Senat und Bürgerschaft geeinigt, einen Kai von der Abendrothschen Mühle, am Ende des Kehrwieder, bis zum Brooktor anzulegen und ihn durch Gleise mit dem Berliner Bahnhof verbinden zu lassen. Die Arbeiten wurden noch im selben Jahr begonnen. Der Kai wurde aber wegen schlechter Bodenbeschaffenheit und der rascheren Ausführung wegen nur aus Holz erbaut.

Die die Einfahrt in den Sandtorhafen beengende Abendrothsche Dampfmühle wurde 1872 abgebrochen und der Sandtorkai bis zum Niederhafen mit massiven Mauern verlängert und um einen Schuppen vergrößert. Die Holzvorsetzen wurden 1879 gebaut und 1880 durch Mauern ersetzt.

Hinter dem Brook wurde am Sandtorkai ein kleines Verwaltungsgebäude und ein Spritzenhaus gebaut. 1875 entstand östlich daneben die Feuerwache Nr. 2.

Zunächst wurde nur das nördliche Ufer des Sandtorkais weiter ausgebaut. Er erhielt eine ausreichend tief eingebaute hölzerne Vorsetze, die bis zu einer Höhe von acht m über Normalnull mit Boden hinterfüllt wurde. Hamburger Normalnull lag etwa 3,1 m unter dem gewöhnlichen Niedrigwasser und 5,1 m unter gewöhnlichem Hochwasser.

Auf der Hinterfüllung wurden in einiger Entfernung von der Vorsetze Schuppen errichtet, die an der Wasserseite offen, an den Giebelwänden und an der Landseite dagegen bis auf einige hier eingebaute Ladetore geschlossen waren.

Der Streifen zwischen den Schuppen und der Vorsetze erhielt Pflasterung und ein in der Pflasterung eingebettetes Gleis, so daß die Schiffe ihre Waren unmittelbar in Fuhrwerke und Eisenbahnwagen löschen und auch laden konnten. Für das Verladen der Waren wurden am Ufer der Kais auf Schienen fahrende Dampfkräne und einzelne Handkräne aufgestellt.

Die in einem spitzen Winkel zur Elbe gelegene Einfahrt des Hafenbeckens gestattete den mit der Flut aufkommenden Schiffen ein bequemes Einfahren. Die Längenausdehnung des Hafenbassins lag in der Richtung von Westen nach Osten. Da bei stürmischer Witterung die Winde meistens aus westlicher Richtung wehten, mußten die in den Hafen einfließenden Wellen abgeschwächt werden. Daher wurde das Hafenbecken an seiner Mündung schmaler angelegt als in seinem weiteren Verlauf. In der Nähe des östlichen Endes erhielten zwei kräftige Duckdalben ihren Platz. An diesen wendeten die einkommenden Dampfer mit Hilfe starker Trossen und eigener Maschinenkraft, um erst dann mit seewärts gerichtetem Vordersteven ihren Liegeplatz einzunehmen.

Das nördliche Ufer des Sandtorhafens erhielt den Namen Sandtorkai und wurde zusammen mit dem Hafenbecken im Jahre 1866 in Betrieb genommen. Der Ausbau des südlichen Ufers vollzog sich erst später. Der hier entstandene Kaiserkai wurde 1872 dem Verkehr übergeben.

Das Hafenbecken wurde soweit ausgebaggert, daß bei Hochwasser eine Wassertiefe von etwa sechs m vorhanden war. An seinem Ostende wurde es mit dem östlich gelegenen Brooktorhafen, der den Flußfahrzeugen völlig geschützte Liegeplätze bot, durch eine Schleuse, die Brooktorschleuse, verbunden.

Zum ersten Male wurde der Schiffahrt Gelegenheit gegeben, unmittelbar an dem durch ein hölzernes Bollwerk befestigtes Ufer die Ladung mit fahrbaren Kränen zu löschen und dort Anschluß an Eisenbahn, Fuhrwerk und Elbkahn zu finden oder auch in geräumigen Schuppen zu lagern. Damit befreite sich Hamburg von althergebrachten Vorstellungen und tat den ersten Schritt zum modernen Welthafen.

Die Freihafenidee taucht auf Über die Akziselinie konnte man sich nicht einigen. Hamburg bekannte sich zum Freihandel, wollte aber auf den «Oktroy» (Zwangsabgabe wie Akzise und Torsperre) als Einnahme nicht verzichten. Die alten Stadtmauern und die Wassertore Oberbaum und Niederbaum hatten diese Einnahmen gesichert.

Die Erklärung Hamburgs zur offenen Stadt, die Einbeziehung der Vorstädte St. Pauli und St. Georg und der Ausbau des vor den Toren liegenden Grasbrooks ließen die alten Zollgrenzen verschwinden. Die «löbliche Cämmerey» hatte daher aus fiskalischen Gründen den Hafenausbau lange bekämpft.

Man einigte sich schließlich, die neue Zolllinie zwischen Stadt und neuem Hafen verlaufen zu lassen. Die Idee des Freihafens war damit 1855 zum ersten Male aufgetaucht.

Durch Kauf und Tausch hatte sich der Senat auf gütlichem Wege in den Besitz des gesamten Grasbrooks gebracht. Das hat den Ausbau in den folgenden Jahren sehr erleichtert.

Duckdalben und Kaimauern Das Wort Duckdalben wird häufig mit dem Herzog von Alba (duc d'Alba), einem spanischen Heerführer, in Verbindung gebracht. Die Franzosen schreiben duc d'Alba sowohl für den Herzog wie für die Pfahlgruppen im Strom. Ein Zusammenhang ist zwar nicht erwiesen, aber möglich; ebenso wie mit ducere (führen), also: Führungsdalben. Laut DUDEN ist sowohl Dückdalben als auch Duckdalben richtig. Im Hafen spricht man wohl meistens von Duckdalben.

Der immer mehr zunehmende Schiffsverkehr machte es erforderlich, daß im Laufe der Zeit auch vor dem neuen Niederhafen Schiffsliegeplätze geschaffen wurden. Man rammte hier Dalbenpfähle zum Festlegen der Schiffe ein und grenzte den Raum gegen die freie Elbe durch Schlengel ab. Zweimal mußten auf diese Weise im 18.

Höhenvergleich Duckdalben und Häuser Neuer Wall

Jahrhundert die Liegeplätze der Schiffe vor dem Niederhafen vermehrt werden, zuerst 1768, dann 1795. Zu dieser Zeit hatte der Hafen Liegeplätze für 400 Schiffe. Von Osten nach Westen waren so außerhalb «des Baumes» der Brandenburger Hafen, der Rummelhafen und der Jonashafen entstanden. Der letztere lag schon westlich vom Johannisbollwerk.

In diesem älteren Hamburger Hafen vollzog sich fast der gesamte Güterumschlag «im Strom», da kaum andere Liegeplätze für die Seeschiffe als an den Dalben zur Verfügung standen. Die Schuten kamen längsseits der Schiffe, nahmen die löschenden Güter über und brachten sie mit der steigenden Flut an die Speicher, die an den Fleeten der Stadt lagen. In umgekehrter Richtung fand der Verkehr bei einsetzender Ebbe statt. Dieses gemächliche Zeitmaß beim Löschen und Laden wurde den damaligen Anforderungen vollauf gerecht.

Seeschiffe an Duckdalben

Bei der Planung der Hafenbecken berücksichtigte man schon, daß die Schiffe nicht nur am Kai, sondern auch im Strom an Pfählen festmachen konnten. Die ersten, der Sandtor- und der Grasbrookhafen, waren allerdings noch so schmal gebaut, daß in ihnen das Festmachen nur am Kai möglich war. Die nachfolgend gebauten Hafenbecken, besonders die linkselbischen, waren dagegen weiträumiger angelegt. In ihnen war es in der Mitte der Becken möglich, «im Strom» an den Duckdalben festzumachen. Der Segelschiffhafen hatte gleich zwei Duckdalbenreihen erhalten. Da an jeder der beiden Reihen und an den beiden Kais des Hafens je eine Reihe von Seeschiffen liegen konnten, fanden sechs Reihen von Schiffen in diesem Becken Platz. Die Anlage von zwei Duckdalbenreihen erklärte sich dadurch, daß die Segelschiffe in erster Linie zur Beförderung von Massengut dienten, das wegen seines verhältnismäßig geringen Wertes die Kaigebühren nicht tragen konnte. Alle anderen Häfen bekamen nur eine Duckdalbenreihe.

Die Duckdalben waren entweder Pfahlbündel oder einzeln gerammte Pfähle. Für das Anbinden der Seeschiffe kamen wegen des starken Zuges und Druckes im Strom nur Pfahlbündel in Betracht, die aus neun, zwölf oder sechzehn Pfählen bestanden.

Pfahlbündel und Einzelpfähle wurden außerdem auch dort eingerammt, wo sie dem Schutze solcher Punkte dienten, die dem Verkehr sehr ausgesetzt waren, wie z.B. die Spitzen der Kaizungen, Höfte genannt. Die größte Anlage von Schutz- oder Führungsduckdalben stand am Roßhöft und bestand aus 27 Pfählen. In Cuxhaven war eine noch größere von 52 Pfählen vorhanden, die zum Festmachen der Schiffe der IMPERATOR-Klasse diente.

Duckdalben, die den Gezeiten ausgesetzt waren, bedurften im Winter eines Schutzes gegen den Eisgang. Deshalb waren sie mit Eisbrechern versehen. Das waren schräg ins Wasser hinabführende, auf starken Pfählen ruhende und mit Eisen beschlagene Holme, die bewirkten, daß die Eisschollen zerbrachen oder wenigstens seitlich an der Duckdalbe vorbeiglitten.

Wenn auch ausreichend viele Liegeplätze für Seeschiffe im Strom vorhanden waren, so machte doch die weitaus größere Zahl der Schiffe am Kai fest.

Der Bau der Kaimauern war eine gewaltige Arbeitsleistung. Der eigentliche Mauerkörper der Kaimauer stand auf einem Pfahlrost. Der Pfahlrost sollte die Nachgiebigkeit des Untergrundes, der aus Moor-, Darg- und Kleischichten besteht, verhindern. Erst unter diesen Schichten liegt eine feste Sandschicht, die dem alten Bett der Elbe entstammt. In diese Sandschicht, die überall gut erreichbar war, mußten die Pfähle des Rostes drei bis vier m eingerammt werden. Der Pfahlrost bestand aus einzeln stehenden, nach der Wasserseite hin schräg eingerammten Pfählen und aus Pfahlblökken. Die Pfahlblöcke setzten sich aus zwei Pfählen zusammen, von denen der hintere senkrecht stand, der vordere schräg gegen diesen geneigt war, und die am Kopfe unterschiedlich miteinander verzimmert waren. Diese Pfahlblöcke standen an der hinteren Abschlußwand, durch die das hinter dem Rost befindliche Erdreich abgestützt wurde. Sie hatten den Zweck, den waagerechten Schub der gegen die Anlage drükkenden Erdmassen aufzunehmen. Die Querreihen der Pfähle waren je nach Dicke

1,25 bis 1,50 m voneinander entfernt. Die Pfähle wurden zopfrecht, d.h. mit dem Kronenende nach unten, gerammt. Nach der Wasserseite hin war der Pfahlrost in den meisten Fällen offen, so daß das Wasser in ihn hineinfließen konnte. Das Holzwerk wurde jedoch nur so hoch geführt, daß es dauernd feucht blieb, da es in diesem Zustand eine fast unbegrenzte Haltbarkeit hat. Holz, das mal feucht, mal trokken ist, fault leicht.
Auf die Pfähle wurde ein Schwellrost gelegt, der aus Längsholmen und Querschwellen bestand. Dieser wiederum wurde mit Bohlen belegt.
Auf diesem Unterbau wurde der Mauerkörper errichtet. Die Vorderfläche war im allgemeinen 1 : 20 gegen die Senkrechte geneigt. Nach hinten war er abgetreppt. Als Baustoff wurde früher Backstein, später Beton verwandt. An der Wasserseite wurden die älteren Kaimauern mit Klinkern verblendet. Da aber die Unterhaltung der vielen Mauerritzen zu kostspielig wurde, ging man zu Sandsteinverblendung und noch später zu Verblendung mit rheinischem Säulenbasalt über. Letzterer hat sich am besten bewährt.
Sockel und Oberkante der Mauer sowie vorspringende Ecken wurden aus Granit hergestellt. Der dahinter entstehende hohle Raum wurde mit gutem Sandboden ausgefüllt.
Das so geschaffene Gelände wurde mit einem Pflasterstreifen versehen, an dem sich die Kaischuppenrampe entlangzog. Im Plaster lagen Gleise für Kräne und Eisenbahn.
Die gesamte Länge der Kaimauern an seeschifftiefem Wasser betrug 1922 32 km. Bis 1900 hielt man an einer Kaimauerhöhe von 8,02 m fest. Da aber die höchste in Hamburg beobachtete Sturmflut 1900 8,70 m erreicht hatte, bestand bei sehr hohen Sturmfluten die Gefahr der Überflutung der Kaimauer. Nur die Schuppenrampe bot eine sturmflutfreie Lage.
Die Kaimauern hatte man deshalb nicht höher aufgeführt, weil man die Hubhöhe für die Beförderung der Güter aus dem Schiff auf die Schuppenrampe möglichst gering halten wollte.
Da gelegentliche Überflutungen der Kaimauern den Hafenbetrieb empfindlich störten, führte man etwa seit 1900 auch die Kaimauern zu sturmflutfreier Höhe bis Oberkante 9,20 m empor. Die Decks der großen Dampfer lagen auch dann noch höher als die Oberkante der Kaimauern. Die Ozeanriesen wurden praktisch an derselben Kaimauer vertäut wie die kleinen Dampfer der sechziger Jahre des 19. Jahrhunderts.
Beim Anlegemanöver der Schiffe bestand immer Gefahr, daß sie die Kaimauer beschädigten oder selbst Schaden erlitten. Deshalb waren vor der Kaimauer in regelmäßigen Abständen Einzelpfähle eingerammt, die Streichpfähle. Sie sollten die Berührung von Schiff und Kaimauer verhindern. Damit die Schiffe beim Vertäuen auch wirklich fest lagen, war die Mauer mit Schiffsringen und Pollern ausgerüstet. Die Ringe waren mehr für kleinere Fahrzeuge gedacht, die mit Hanftauen festgemacht wurden. Später benutzte man Stahltrossen. Damit die Poller die gewaltige Zugkraft des Schiffes auch halten konnten, standen sie auf Granitquadern, die in die Kaimauer eingelassen waren. Außerdem waren sie noch durch mehrere tief in die Kaimauer hineingetriebene Anker gesichert.

Die ersten Eisenbahnen im Konkurrenzkampf Mindestens mit demselben Mißtrauen wie später Luftschiffe und Flugzeuge unserer Zeit betrachtet wurden, waren unsere Vorfahren Anfang des 19. Jahrhunderts den neu auftauchenden Eisenbahnen begegnet! Die bayerischen Ärzte hatten entschieden davon abgeraten, eine Konzession zum Bau der Nürnberg-Fürther Eisenbahn zu erteilen! Aber den ängstlichen Gemütern zum Trotz rollte 1835 die erste deutsche Eisenbahn zwischen zwei süddeutschen Städten.

In Hamburg dachte man danach zunächst an eine Verbindung mit Lübeck. Aber die Schienen hätten durch dänisches Gebiet gelegt werden müssen, und Dänemark lehnte ab.
Altona plante eine Verbindung nach Kiel. Es fürchtete die Konkurrenz der Hansestädte in Holstein.
Die wagemutigen Hamburger konnten also nur eine Bahn von Hamburg nach dem beiderstädtischen hamburgisch-lübischen Bergedorf projektieren. Im April 1839 begann man mit den Vorarbeiten. Der Bahnhof wurde auf dem Mühlenberg errichtet, einem Rest der ehemaligen Bastion Bartholdus, wo seit 1625 eine Windmühle ihre Flügel drehte. Die Gegend zwischen Deichtor und Steinstraße war kaum reguliert und erhielt nun eine gänzliche Umgestaltung durch die Anlage dieser Hamburg-Bergedorfer Eisenbahn. Am 5. Mai 1842 wurde sie – praktisch der Beginn einer Eisenbahn in Hamburg – eröffnet, als gleichzeitig der Hamburger Brand tobte. Die ersten Transporte waren daher Bergedorfer Spritzen und gerettete Güter der Obdachlosen, soweit sie in Bergedorf und den Vierlanden Unterkunft gefunden hatten.
1850 konstituierte sich die Lübeck-Büchener Eisenbahngesellschaft, aber erst am 1. August 1865 konnte die Bahnlinie Hamburg-Lübeck eröffnet werden. Der Bahnhof war ein einfacher Fachwerkbau, der immer wieder im morastigen Untergrund zu versinken drohte und des öfteren wieder «aufgerichtet» werden mußte.
Der Dänenkönig betrieb eine sehr zielbewußte Eisenbahnpolitik. Während er sich hartnäckig einer Bahnverbindung quer durch Holstein von Hamburg nach Lübeck widersetzt hatte, ließ er – gleichsam als Konkurrenzlinie – die Strecke Altona–Kiel bauen und seinen Elbhafen Glückstadt von Elmshorn aus durch eine Stichbahn anschließen. 1844 wurde diese Strecke «König Christian III-Ostseebahn» in Betrieb genommen und in den folgenden Jahren bis zum Ostseehafen Neustadt, nach Flensburg und darüber hinaus nach Jütland erweitert.
Der Wettbewerbscharakter der neuen Bahn gegenüber Hamburg wurde noch dadurch unterstrichen, daß der Dänenkönig schon während ihres Baues unterhalb des Altonaer Bahnhofes am Elbufer eine Kaianlage errichten und durch eine Steilrampe mit der Bahn verbinden ließ. Auf diese Weise erhielt der dänische Hafen Altona bereits mehr als 20 Jahre vor dem Hamburger Hafen eine unmittelbare Verbindung zwischen Seeschiff und Eisenbahn!
In Altona zeigte sich bald, daß der schmale Uferstreifen, hinter dem der Geesthang steil anstieg, nicht für große Hafenanlagen ausreichte. Die Verbindung zwischen Bahn und Kai war auch technisch nur schwer herzustellen.
1845 hatte man sich mit einer Steilrampe, einer «schiefen Ebene», beholfen, auf der die einzelnen Wagen mittels Flaschenzuges und Pferdekraft hinabgelassen und heraufgezogen wurden. Schon wenige Jahre später ersetzte man die Pferde durch eine Dampfmaschine. 1876 trat an die Stelle der Rampe ein 395 m langer Tunnel mit einer Steigung von 1 : 36, der 1895 um 566 m bis zum neuen Altonaer Bahnhof verlängert wurde.
Zwischen 1911 und 1955 wurde der Betrieb auf den Kaigleisen und auf der Tunnelstrecke mit elektrischen Lokomotiven durchgeführt, danach mit Diesel-Loks.
Wer vor 1866 von Hannover nach Kiel reisen wollte, konnte nicht einfach in Hamburg umsteigen, denn es gab noch keine direkte Bahnverbindung weder nach Harburg noch nach Altona. Der Reisende mußte also vom Harburger Bahnhof, der seit 1847 bestand, an die Fähre eilen, mit dieser die Süderelbe überqueren, danach einen Fußmarsch über Wilhelmsburg und die Elbinseln machen, bis er die Fähre der Norderelbe erreicht hatte. Endlich in Hamburg angekommen, ging es weiter mit einem Fuhrwerk zum Altonaer Bahnhof, wo er schließlich den Eisenbahnanschluß nach

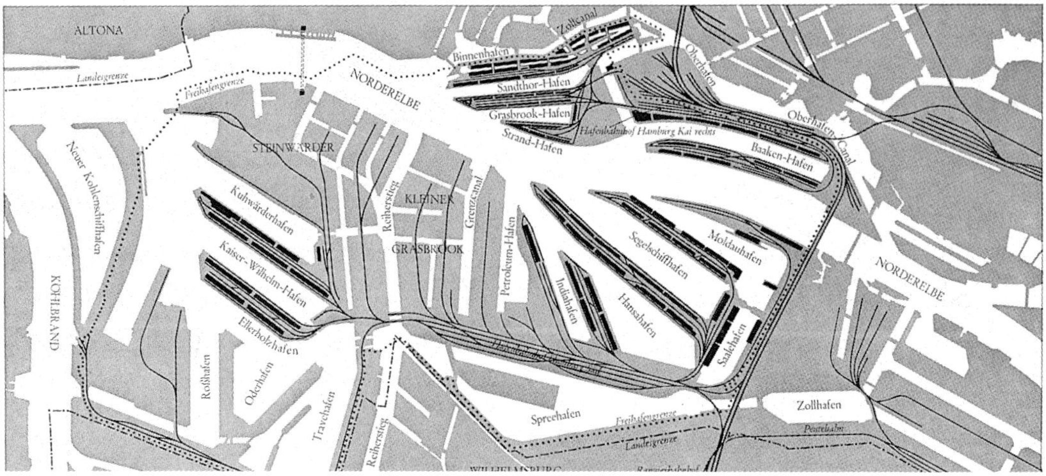

Das Gebiet des Hamburger Freihafens im Jahre 1914 mit den Gleisanlagen der Hafenbahn

Kiel erreichte. Das waren die Nachteile der vielen kleinen Staaten.

Wie die Hafenbahn entstand Schon 1846, als die ersten Züge auf der Berliner Strecke fuhren, hatte man erkannt, daß die Eisenbahn außerordentliche Bedeutung für den Güterumschlag im Hafen bekommen würde. Deshalb plante man eine Verlängerung der Schienenstränge bis in den Hafen hinein. Allerdings fehlte es noch an geeigneten Kaianlagen. Die Schiffe lagen im Elbstrom an Pfählen. Den Transport der Güter zwischen Seeschiff und Land besorgten die Ewerführereien.
So begnügte sich die Berlin-Hamburger Bahn zunächst damit, am Bankskanal im südlichen Hammerbrook in unmittelbarer Nähe ihres Bahnhofs eine Stelle einzurichten, an der Güter zwischen Waggons und Schuten umgeschlagen wurden.
1859 regte die Gesellschaft den Bau einer Kaianlage auf dem Großen Grasbrook an, die durch ein Gleis mit dem Berliner Bahnhof verbunden werden sollte. Kaianlage und Gleise wollte die Gesellschaft aus eigenen Mitteln herstellen und dann auch selbst den Umschlagbetrieb übernehmen. Während der Senat diesem Vorschlag zustimmte, machte die Bürgerschaft ihre Zusage von der Bedingung abhängig, daß die Berlin-Hamburger Eisenbahn-Gesellschaft für das Gelände, soweit Lagerräume erbaut würden, eine hohe Miete zu zahlen hätte. Da diese Bedingung nicht akzeptiert wurde, beschloß der hamburgische Staat, die Kaianlage und das Hafenbahngleis aus Staatsmitteln zu bauen und den Betrieb beider Anlagen der Gesellschaft zu verpachten. Als auch dieses Angebot keine Gegenliebe fand, wurden die Verhandlungen zunächst einmal abgebrochen.
Im Süden Hamburgs entwickelte sich das Eisenbahnnetz in ähnlicher Weise. Zwar hatte das Königreich Hannover schon 1847 eine Staatsbahnverbindung von Hannover über Celle und Lüneburg nach Harburg eröffnet, aber es weigerte sich, einen Anschluß über die Elbe nach Hamburg zuzulassen. Stattdessen wurden im Harburger Hafen Kaianlagen mit Gleisanschluß gebaut. Auch hier trat wieder die Absicht zutage, den Güterverkehr von Hamburg abzuziehen.
In Harburg waren zwar anfänglich von der Eisenbahn Impulse auf den Güterumschlag im Hafen ausgegangen, doch hatte die Entwicklung der Stadt – vor allem nach der Weiterführung der Bahn bis Hamburg –, mehr zu einer verstärkten Ansiedlung von

Industriebetrieben geführt. Harburg als Hafenplatz verlor immer mehr an Bedeutung.

Inzwischen war in Hamburg nach langen Beratungen die Entscheidung darüber gefallen, wie man die Erweiterung des Hafens bewerkstelligen könnte. Hamburgische, holländische und englische Ingenieure und deutsche Wasserbaufachleute hatten sich schon seit dem Ende der zwanziger Jahre des 18. Jahrhunderts mit diesen Problemen befaßt und entsprechende Pläne ausgearbeitet. Schließlich gaben die Memoranden von Wasserbautechniker Johannes Dalmann – wie geschildert – den Anstoß, daß Hamburgs neue Hafenbecken als offene Tidehäfen ohne Schleusenabschluß vom Strom gebaut wurden. 1863 wurde der Anfang gemacht: Als erstes, modernes Hafenbecken mit Kais, Kaischuppen und einem Eisenbahnanschluß baute man auf dem Großen Grasbrook den Sandtorhafen. Als zwischen dem hamburgischen Staat und der Berlin-Hamburger Eisenbahn-Gesellschaft 1866 ein Vertrag über die Verpachtung der Hafenbahngleise und die Betriebsführung unterzeichnet werden konnte, stand der Eröffnung nichts mehr im Wege.

Fahnen und Girlanden, Zylinderhüte und Gehröcke, Pickelhauben und Blasmusik, das war die Kulisse, vor der sich am 11. August 1866 die Einweihung des Sandtorkais vollzog. Mit Hochrufen wurde der erste Güterzug der Berlin-Hamburger Eisenbahn-Gesellschaft begrüßt, der über die 700 m lange zweigleisige Verbindungsstrecke vom Berliner Bahnhof an den Kai rollte. 11 Schiffe hatten hier festgemacht. Das bedeutete: Beginn der staatlichen Kaiverwaltung Hamburgs.

Am Kai befanden sich sieben Schuppen, an der Wasserseite offen, alle unter einem Dache. Dicht am Wasser lief ein Gleis für die zum Laden und Löschen der Schiffe dienenden sieben Dampfkräne. Im Jahre 1867 löschten hier 660 Schiffe. Über die Hafenbahn wurden 13.678 t Güter aller Art in den Hafen hinein- und 58.930 t aus dem Hafen herausgefahren.

Schon bald nach der Eröffnung des Sandtorhafens begann man, die Hafenanlagen zu erweitern, und legte am Nordufer des Brooktorhafens, am Teerhof, den ersten Rangierbahnhof an. Weitere Umschlag- und Bahnanlagen entstanden in den folgenden Jahren auf dem Kaiser-, Dalmann-, Hübener- und Strandkai.

Am 1. Januar 1880 wurde als erstes linkselbisches Hafenbecken der Petroleumhafen (der spätere Südwesthafen) auf dem Kleinen Grasbrook eröffnet und auf der Veddel an die Köln-Mindener Eisenbahn angeschlossen. Mit der Eröffnung dieses Hafenbeckens war der Anfang für die Entwicklung des Hafenbahnnetzes auf dem linken Ufer der Elbe geschaffen worden.

Auch der neue Baakenhafen erhielt Kaigleise, und zwischen Magdeburger Kai und Elbbrücke wurde am Versmannkai der Rangierbahnhof Kairechts angelegt. Dieser Freihafen-Bahnhof übernahm den gesamten rechtselbischen Übergabeverkehr zwischen dem Freihafen und dem Zollgebiet. Er wurde durch Tore im Zollgitter mit dem benachbarten Venloer Güterbahnhof verbunden. Die Entwicklung des Hafens auf dem rechten, stadtnahen Ufer und der Ausbau der dafür benötigten Gleisanlagen für die Hafenbahn war damit um 1890 im wesentlichen abgeschlossen.

Nun dehnte sich der Hafen auf dem linken Elbufer weiter aus. Zum Mittelpunkt der linkselbischen Hafenbahnanlagen wurde der Rangierbahnhof Niedernfelde, der später den Namen Hamburg-Süd erhielt. Er erstreckte sich von der östlichen Freihafengrenze bis an den Reiherstieg. Nach und nach wurden sämtliche neugeschaffenen Kaigleise an ihn angeschlossen. Anfänglich war der Bahnhof Niedernfelde nur durch einige Übergabegleise südlich der Norderelbbrücke mit der Hamburg-Harburger Bahnstrecke verbunden gewesen. Das änderte sich, als die Preußische Staatsbahn in den Jahren 1889/90 den Verschiebe-

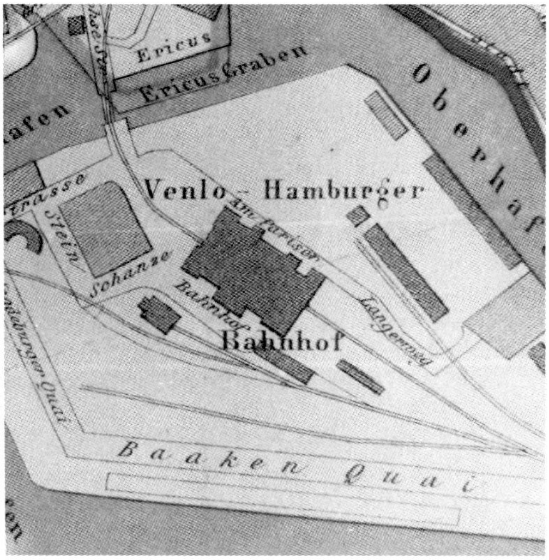

Lageplan und Halle des Venloer Bahnhofs 1880

bahnhof Wilhelmsburg gebaut hatte. Seit 1893 verband ein direktes Gleis den Hafenbahnhof mit dem Rangierbahnhof Wilhelmsburg. Am Haupthafenbahnhof Hamburg-Süd erfolgte das Auflösen der Güterzüge aus dem Binnenland, der sogenannten Eingangszüge. In der Gegenrichtung wurden die Ausgangszüge zusammengestellt.

Nach langen, zähen Verhandlungen, in denen Hamburg hartnäckig seine Sonderrechte verteidigte, kam es zum Abschluß eines Zollvertrages mit dem Deutschen Reich. Am 1. Januar 1882 wurde die Unterelbe in das deutsche Zollgebiet einbezogen. In Hamburg begann der Ausbau des Freihafens. Am 15. Oktober 1888 erfolgte der Zollanschluß Hamburgs an den Deutschen Zollverein. Die neue Freihafenregelung eröffnete Hamburg die Möglichkeit, im Hafen eine große Anzahl von Werften und Anlagen der veredelnden und verarbeitenden Industrie anzusiedeln.

In den letzten beiden Jahrzehnten des 19. Jahrhunderts entstanden auf dem Kleinen Grasbrook die Hafenbecken, die als östliche Hafengruppe bezeichnet wurden. Bis zum Ausbruch des 1. Weltkrieges kamen in rascher Folge die Hafenbecken jenseits des Reiherstiegs hinzu, die später die westliche Hafengruppe bildeten. Es war die Zeit, in der der Hamburger Hafen eine ungemein große Expansion erlebte.

Bei der Planung und dem Bau neuer Anlagen bestand zu keiner Zeit Zweifel daran, daß von vornherein jede Umschlagstelle, jeder Schiffsliegeplatz einen Gleisanschluß erhalten müßte und daß deshalb die Belange der Hafenbahn immer zu berücksichtigen wären.

Im Jahre 1906 wurde der Hauptbahnhof dem Betrieb übergeben. Er war Durchgangsbahnhof und ersetzte die früheren vier Kopfbahnhöfe. Im Freihafen nahmen die Verschiebebahnhöfe der Reichsbahn von Jahr zu Jahr zu.

Auch außerhalb der Freihafengrenzen vergrößerte sich in der Zeit um die Jahrhundertwende das mit dem Hafen verbundene Gleisnetz. So erschloß die Hafenbahn auch das hafennahe Industriegebiet Peute am linken Ufer der Norderelbe. Durch diese Peutebahn erhielt es 1910 einen Anschluß an den Rangierbahnhof Wilhelmsburg.

In Wilhelmsburg selbst hatten schon 1893 fünf Industrieunternehmen die Wilhelmsburger Industriebahn gegründet, die zahlreichen Betrieben Gleisanschluß verschaffte.

In Harburg waren industrielle Gesichtspunkte nach der Jahrhundertwende Anlaß, an der Süderelbe drei Hafenbecken zu bauen, die neben dem Umschlag von Massengütern vor allem den Industriebetrieben dienten. An den Seehafenbahnhof Harburg, der 1907 den Betrieb aufnahm, waren alle Betriebe und Kais angeschlossen.

Werftbetriebe siedelten sich bevorzugt auf Steinwerder an Von der Schiffswerft J. Dunker ist überliefert, daß sie um 1850 außer vielen Seeschiffen auf eigene Rechnung einen «Kasten» herstellte. Das war ein großes, aus mehreren Abteilungen bestehendes Schwimmdock, das viele Jahre lang in der Nähe der «Herrenbadeanstalt» in der Elbe seinen Platz hatte.

Diese Werft baute auch die CANDAZE (1864), ein Missionsschiff der Hermannsburger Mission. Da sie zu kurz gebaut war, wurde sie «ein Spielball der Wellen». Das Schiff wurde kurzerhand in der Mitte durchgesägt und ein Stück dazwischen gesetzt. So verlängert, hat die Brigg noch viele Jahre für die Missionsanstalt ihre Dienste getan.

Von dieser Werft ist noch folgendes überliefert: Sie baute u.a. auch die große, schöne Bark MARIA HEYDORN. Wie seinerzeit üblich, waren beim Stapellauf der Schiffe nur die Untermasten und der Klüverbaum aufgestellt. Stengen, Rahen, Gaffel, Vorklüver und Bugspriet samt Takelung kamen erst im Hafen hinzu, nachdem im Dock der Schiffsboden mit einer Kupferhaut überzogen worden war.

Dann lag das stolze Schiff fertig getakelt am Johannisbollwerk an den Duckdalben vertäut. Es wartete auf Ladung. Plötzlich, an einem Sonntagvormittag, bei völlig ruhigem Wetter, legte es sich auf die Seite «und fiel um». Die eigene Takelung und die der Nachbarschiffe wurde schwer beschädigt. Der Wachmann an Bord konnte sich rechtzeitig in Sicherheit bringen.

Man meinte, daß die Takelung des Seglers für das leere Schiff zu schwer gewesen war und dadurch das Unglück hervorgerufen worden sei. Nach dem Wiederaufrichten und neuer Takelung soll dieses Schiff später eines der schnellsten in der Hamburger Kauffahrteiflotte gewesen sein.

Der Werftinhaber Heinrich Brandenburg hatte die Brandenburgsche Werft von seinem Vater übernommen. Ausgang der vierziger Jahre des 19. Jahrhunderts hatte er die einstmals kleine Schutenwerft zu einer Schiffswerft ersten Ranges entwickelt und baute eiserne See- und Flußdampfschiffe. Er errichtete ein großes, eisernes Schwimmdock, das in der Nähe des Fährkanals in der Elbe verankert wurde und größte Segler aufnehmen konnte. Mehrfach wurde dort der Fünfmaster, die POTOSI, eingedockt.

Nach dem Tode Brandenburgs ging der Betrieb in die Hände der Ingenieure Rieck und Engel über und nach deren Ableben übernahm die Reiherstieg-Schiffswerft und Maschinenfabrik auf dem Kleinen Grasbrook die Anlage.

Auf dem Platz, wo sich ehemals die «Schanze» befand, richtete der Hamburger Staat, Abteilung Strom- und Hafenbau, einen Werftplatz ein, auf dem Staatsfahrzeuge wie Schuten, Schlepper, Bagger usw. repariert wurden. Neben dem Platz lag ein Stichkanal. Hier wurden die Fahrzeuge ins Winterlager genommen.

Auf der Guanoinsel am Reiherstieg gründete der Engländer James Empson Ende der fünfziger Jahre des 19. Jahrhunderts eine Schiffswerft und Maschinenfabrik. Sie baute Flußfahrzeuge und Dampfer und reparierte größere Seeschiffe. 1888 mußte der Werftbetrieb eingestellt werden.

Mehrere Werften befanden sich auch im Süden der kleinen Insel. Da war einmal die Werft von N. Reibstein, die später in den Besitz von E. Höppner überging. Sie baute hauptsächlich Segeljachten und später Motorboote. Daneben lag die Werft von J.G.R. Röger, die 1901 nach Wilhelmsburg verlegt wurde. Auf dem Nachbargelände folgte die Werft von Wilhelm Meyer, die später nach Billwerder verlegt wurde. Weiter lag hier die Werft von Friedrich Krüger und die Werft von J. Ölkers. Ihr Besitzer verlegte sie 1885 nach Wilhelmsburg-Neuhof an den Reiherstieg. Sie wurde durch eine Slip-

und Maschinenbauerei vergrößert. Die Ölkers-Söhne führten den Betrieb weiter, der noch heute besteht.
Zu nennen wäre noch die Bootsbauerei von Louis Leicht am Guanofleet, die später nach Billwerder verlegt wurde, und die kleine Schutenwerft von Münster und Both am Fährkanal. Sie wurde um 1860 gegründet und ging Mitte der siebziger Jahre ein.
Die günstige Lage Steinwerders inmitten des Hafengebietes zog nicht nur Werftbetriebe, sondern auch viele andere Gewerbebetriebe und Fabriken an.
Als einziger Betrieb seiner Art wurde Anfang der siebziger Jahre des vorigen Jahrhunderts auf Steinwerder von Schmiedemeister L. Kolberg eine Eisenverzinkerei eingerichtet.
Am Kupferdamm lag die Schmiede Hoffmann, auf dem Schanzenviertel die Schmiede von Schrader. Dazu gehörte die Schiffsschlosserei von C. Breuning, die später nach Wilhelmsburg übersiedelte und sich an der Barkassenbauerei beteiligte.
Erwähnt werden müßte wohl noch, daß sich auf Steinwerder zwei große Eiskeller befanden. Der eine gehörte dem Schlachtermeister H. Stölzing, der mit seiner umfangreichen Schlachterei vornehmlich die Schiffe verproviantierte. Der zweite Eiskeller stand auf dem ehemaligen Brandenburgschen Werftplatz. Er war an Hamburger Schlachtermeister verpachtet, die das Eis im Sommer nach Bedarf in Schuten nach Hamburg holten.
Eine der ersten Fabriken wurde auf der später «de grote Gas» genannten Insel erbaut. Hier wurde flüssiges Gas fabriziert. Als die Kesselanlage explodierte, wurde die Fabrik so stark beschädigt, daß man sie nicht wieder aufbaute. Doch behielt diese Insel, auf der die Fabrik gestanden hatte, noch viele Jahre die Bezeichnung «de Gas»! Hier lagen auch die Fabrik von J. Ferdinand Nagel Söhne und Gebäude der Lagerhaus-Gesellschaft. 1858 entstand hier eine Eisengießerei, die später an die Firma Harms überging. Eine zweite wurde von J.F. Reck gegründet, die auch einen Werftbetrieb ausbaute. In dieser Gießerei wurden recht schwere Stücke gegossen: große Schiffsschrauben, Maschinenfundamente, Kanonen. Diese wurden nach Fertigstellung auf der «Gas» ausprobiert. Das war dann ein Fest für jung und alt!
Die erste und einzige Reepschlägerei gründete 1859 der Reepschlägermeister Richter auf dem Grundstück der Eisengießerei von Molspeck. Das Betriebsrad der kleinen Reepschlägerei stand an der Norderelbstraße in einem Verschlag. Die Reeperbahn dehnte sich nach Süden aus zum Nordersandfleet hin. Von Richter bezogen die Hausfrauen ihre Wäscheleinen und die Jungens ihre «Bott» genannte Schnur zum Drachensteigenlassen. Hauptsächlich produzierte er Schiffstauwerk.
Anfang der sechziger Jahre des 19. Jahrhunderts gründete J.H. Menk an der Norderelbstraße eine Gelbgießerei. Es war der einzige Betrieb seiner Art auf Steinwerder. Neben der Gelbgießerei führte Menk auch ein gutgehendes Eisenwarengeschäft. Der Betrieb wurde 1888 nach St. Pauli verlegt.
Maurermeister Griese und Friedrich Holst betrieben hier ein Baugeschäft, das sich zu einem der größten Hamburgs entwickelte.
In den Jahren 1851 bis 1900 hatte sich auf Steinwerder ein bedeutendes Hamburger Werftunternehmen entwickelt, die Firma Bernhard Wencke. Schon 1839 hatte Bernhard Wencke in Bremen einen Schiffbaubetrieb gegründet. Auf Anregung von Robert M. Sloman sen. kam er nach Hamburg und eröffnete an der Reiherstiegmündung einen Werftplatz, auf dem 1851 das erste Trockendock an der deutschen Nordseeküste gebaut wurde.
Fast unüberwindliche Schwierigkeiten stellten sich dem Bau dieses Docks entgegen. Im Grund und Boden befanden sich viele Quellen, deren man nicht Herr werden konnte. Wurde eine Quelle abgedich-

tet, sprangen andere dafür auf. Aber Wencke ließ sich nicht entmutigen und nahm den Kampf gegen die Natur auf. Er schaffte es. Das Trockendock konnte gebaut werden. Aber wenn ein Schiff eingedockt war, mußte ständig eine Dampfpumpe arbeiten, um letztendlich das Dock trocken zu halten. Einzelne Quellen suchten sich hartnäckig nach wie vor ihren Weg. Die Schiffszimmerleute nannten dieses Dock zutreffend «Quellental», was sich als Bezeichnung schnell herumsprach.
Da dieses Trockendock damals das einzige in Hamburg und Umgebung war, drängten sich die Schiffe, um in ihm eingedockt zu werden. Meistens mußten sie lange Wartezeiten in Kauf nehmen. Von damals ist folgernder Ausspruch Wencke's überliefert: Sein Werkmeister (Meisterknecht nannte man ihn seinerzeit) fragte Wencke (seinen Baas), wie denn das Schiff hieße und wo es seinen Liegeplatz habe, das nun zum Eindocken aus dem Hafen herübergeholt werden soll. Wencke antwortete schnell: «Bindt man en los, ganz egol, watt vor een, her möt se doch all!»
Nach vielen Neubauten aus Holz baute Wencke nach 1870 auch Eisenschiffe. Das letzte Segelschiff der Werft war die KALLIOPE im Jahre 1876.
Auch in der «Hamburger Dampfschiffreederei» arbeitete die Firma Wencke mit. So war B. Wencke 1866 an der Gründung der «Vereinigten Bugsir-Dampfschiff-Gesellschaft» führend beteiligt.
Als 1882 der drei Jahre vorher eingerichtete Australiendienst der Fa. Rob. M. Sloman & Co. in die «Australia-Sloman Linie AG» umgewandelt wurde, gehörte F. Wencke – einer der Söhne Bernhard Wenckes – dem Verwaltungsrat an. 1888 ging F. Wencke auch in den Aufsichtsrat der neugegründeten «Deutsch-Australischen Dampfschiffs-Gesellschaft». 1905 bestimmte sein Testament, daß die Firma zu liquidieren und die Segelschiffsflotte mit allen Kontrakten im ganzen an die «Rhederei-AG von 1896» zu übertragen war.

Für die Werft hatte F. Wencke schon 1900, nachdem ein Pachtvertrag mit dem Hamburger Staat abgelaufen war, in der Reiherstieg-Werft einen Käufer gefunden.
Die vielen Werftbetriebe, die sich in der ersten Hälfte des 19. Jahrhunderts auf Steinwerder ansiedelten, wurden später jeweils von größeren, stärkeren übernommen. Seinerzeit bekannte Namen wie Johns'sche Werft, P.H. Mohrmann, Holtz, Schaal, Stamann, Lambrecht, H.C.S. Baumann, Offermann, von Somm, waren bald von nur wenigen Namen einiger Großwerften verdrängt.

Stülcken-Werft In der Festschrift zur Hundertjahrfeier des Stülcken-Unternehmens heißt es: «Die Stülckens stammen aus dem Alten Land, seit altersher erbeingesessen.» Von Johann Jacob Stölcken (alte Schreibweise), der, um 1700 geboren, im Jahre 1725 zuerst in den Kirchenbüchern von Moorburg vorkommt, wußte man, daß er Kätner war und alljährlich auf der Burg die Miete für seine Kate ablieferte. Sein neuntes Kind, der einzige am Leben gebliebene Sohn Johann Jacob Stülcken, zog nach Hamburg. Dort erwarb er 1784 das Bürgerrecht.
Bei den riesigen Holzlagern vor dem Stadtdeich in der Vorstadt St. Georg, wo Schiffbau und Holzhandel Hand in Hand gingen, fand Johann Jacob sein Unterkommen. Sein ältester Sohn, Johann Andreas Christian Stülcken, 1787 in Billwerder geboren, war direkter Vorfahre des Verlagsdirektors

des Hamburger Anzeigers, Walter K. Ehlers; sein zweiter Sohn, 1790 am Stadtdeich geboren und auf den Namen Johann Hinrich Friedrich getauft, kam zu einem der zunftfreien Schiffbauer auf Billwerder in die Lehre. Nach längeren Jahren als «Baas und Vorsteher des Geschäfts» auf der Werft der Wwe Cords machte sich Johann Hinrich Friedrich im Jahre 1837 selbständig. Aber bald verkaufte er Haus und Platz an den Schiffbauer Sander und zog selbst mit seiner Familie nach Altona, näher heran an das tiefe Wasser und den lebendigen Strom der aufblühenden Stadt.

Auf einem Platz der Holzhandelsfirma Möller, Elbstraße 55, mitten im Brennpunkt all dessen, was mit Schiffahrt zu tun hatte, errichtete nun Stülcken seine Werft. Am 20. August 1840 wurde für seinen ersten Neubau, den Schoner JOHANNES, in feierlicher Verhandlung der sogenannte Bielbrief (Bielbrief (niederl.) = Schiffbauvertrag) ausgestellt.

Stülcken war sparsam, legte zurück, rechnete, zeigte sich als kühl und klar denkender Kaufmann, der sein Ziel nie aus dem Auge verlor: die Pachtung eines Zimmererplatzes auf dem Steinwerder, dem alten Nordersand, der 1843 durch die Kämmerei zur Vermietung kam. «Gute Mitarbeiter und beste Qualitätsarbeit», diese beiden Maximen prägte er auch seinem Sohne Heinrich Christopher ein, der nach mehrjähriger Seefahrtszeit als Schiffszimmermann 1846 zurückkehrte. Er war 26 Jahre alt, als er es wagte, den seinem Vater benachbarten Platz von Segelmacher Möller zu mieten.

1853 kam der erste größere Neubau-Auftrag. Für. H.C. Stülcken waren die Anfangsschwierigkeiten schnell überwunden, die Firma wuchs. Es gab Umbauten und weitere Neubauten, u.a. 1856 das erste Schiff für F. Laeisz, die Bark PUDEL, die Nummer eins der berühmten Reihe der Flying-P-Liners.

1858 erhielt H.C. Stülcken in Konkurrenz mit Amsinck die Dockbau-Genehmigung. Es entstand ein hölzernes Kastendock, für dessen Bau der mutige Werftbesitzer eine Schuld von 140.000 Kurantmark aufnahm. Es wurde im Februar 1859 in Betrieb genommen. Bis 1911 tat es seine Dienste für die schönsten und besten Schiffe seiner Zeit, die der Stolz ihrer Reeder waren. H.C. Stülckens Rechnung ging auf: das Dock war das finanzielle Fundament der Werft geworden. Allein in den ersten drei Jahren dockten 304 Schiffe.

Um seine Arbeiter in flauen Zeiten zu halten, ließ Stülcken, wie andere Werften auch, Schiffe für eigene Rechnung bauen und fahren. Als erstes Schiff wurde so 1865 für die Reederei Stülcken die hübsche kleine Bark COQUETTE gebaut. Sie fuhr nach Rio und später nach Ostasien. Ihr folgte eine Reihe von Seglern.

1864 kam es zu der erforderlich gewordenen Erweiterung. Der Dunckersche Schiffbauplatz samt Sektionsdock wurde übernommen. Ein Jahr später wurde hier auf der Werft die erste Dampfmaschine gebaut.

Testamentarisch eingesetzte Leiterin der Werft «H.C. Stülcken Wwe.» wurde die Witwe des 1873 Verstorbenen bis zur Volljährigkeit ihres jüngsten Sohnes.

Von Jugend an mit Seefahrt und Schiffbau vertraut, übernahm die Mutter von neun Kindern die nach damaliger Anschauung für Frauen unlösbare Aufgabe. Aber sie löste sie nicht nur gut, sondern leitete auch die Umwandlung der Werft aus einem Handwerksbetrieb altväterlicher Art in ein modernes Industrie-Unternehmen ein.

1888 wurde der jüngste und letzte Überlebende Sohn H.C. Stülckens, Caesar, volljährig. Er trat in die Firma ein. Seine Mutter stand ihm bis zu ihrem Tode, 1892, weiter in der Leitung der Firma zur Seite.

Mehr und mehr stellte sich die Werft auf Mechanisierung und Dampfschiffreparatur ein. Die Ausbesserung von Holzschiffen ließ nach, bis sie mit der Reparatur einer großen havarierten Viermastbark und der Bekupferung des Bremer Tabakseglers COLUMBUS im Jahre 1913 endgültig abschloß.

Daneben spezialisierte sich H.C. Stülckens Sohn Caesar auf den Bau kleinerer Einheiten und dann – ab 1904 – auf den Fischdampferbau. So besaß Caesar Stülcken schon Erfahrungen im Eisen- und Stahlbau, ehe er zum ersten Male an einen großen Dampfer heranging. 1913 übernahm er den Auftrag eines Neubaus für die Deutsche Ostafrika-Linie, den Dampfer HEDWIG.
Mit Kriegsausbruch 1914 erfolgte (nach Umbenennung der Firma) auch für H.C. Stülcken Sohn die Umstellung auf Kriegsbetrieb. Caesar Stülcken bemühte sich in diesen Jahren, die Einrichtungen der Werft auf den nach dem Kriege zu erwartenden Bau von Handelsschiffen in Größen bis 4000 BRT vorzubereiten.
Nach Kriegsende sicherte er den Verbleib der Werft in seiner Familie durch die Umwandlung der Firma in eine Kommanditgesellschaft. Gesellschafter waren außer ihm selbst seine Neffen Heinrich, Wilhelm und Kurt von Dietlein bzw. für diesen seine Mutter Alwine, geb. Stülcken.
Trotz der Ungunst der Zeiten, Wirren und Inflation setzte die Werft ihre Tätigkeit unbeirrt fort. Die Dampfer MALMÖ, MELILLA, KÖNIGSAU, WIEDAU gingen dem ersten Schiff für eigene Rechnung voraus, dem Frachter DEUTSCHER RHEIN, mit dem Caesar Stülcken wieder die Reederei aufnahm. Zugleich setzte er sich nach einschlägigen Studien in England für die Einrichtung von Fischbratbetrieben in Deutschland ein. Die Werft baute sogar Bratherde. Caesar Stülcken wollte mit Steigerung des Fischkonsums zugleich den Bedarf an Fischereifahrzeugen steigern, die seine Werft baute. Aber nur langsam setzte diese Entwicklung mit Verbesserung der Transport- und Kühlmöglichkeiten ein. Da betrieb Stülcken selbst Fischreederei in diesen Jahren mit mehreren Kuttern.
Nachdem Caesar Stülcken seinen ältesten Neffen, Kurt von Dietlein, in die Arbeit eingewiesen hatte, starb er 1925.
Der dritte Abschnitt der Firmengeschichte begann.
Wie früher schon, baute Stülcken Schlepper, Hafenfahrzeuge, u.a. die JAN MOLSEN, dann Barkassen verschiedenen Typs, Marinetender, ein Segelschulschiff für Jugoslawien und Fischdampfer für Frankreich. In schlechten Zeiten hielt sich die Werft mit Reparaturen über Wasser.
Anfang der dreißiger Jahre kamen neue Aufträge für Fischdampfer, Walfangboote, Frachter, z.B. die SAVONA für Rob. M. Sloman jr. oder Motortanker wie die LISELOTTE ESSBERGER und Minensuchboote für die Marine.
Daneben lief die Umschulung der Belegschaft auf Schiffsschweißen anstelle des bisher üblichen Schiffsnietens.
Nach dem 2. Weltkrieg stand die Werft als eine der wenigen deutschen, die nach 1945 nicht total demontiert worden waren, schnell wieder in voller Leistungsfähigkeit da. 1945 wurde sie von den Engländern für das Reparaturgeschäft lizensiert.
Als alle Fesseln fielen, als wieder Schiffe auf deutschen Werften gebaut werden durften, fehlte die über hundertjährige Stülckenwerft nicht unter denen, die den deutschen Reedern neue, moderne Schiffe bauten.
Im Jahre 1966 wurde dann die Stülckenwerft von der Werft Blohm & Voß übernommen.

Reiherstieg – Schiffswerft und Maschinenfabrik 1849 kaufte Joh. Cesar Godeffroy Sohn die Werft B. u. H. Roosen am Reiherstieg. Sie erhielt den Namen «Godeffroys Werfte Reiherstieg». Zum Zwecke der Erweiterung wurde die Werftanlage 1863 nach dem Kleinen Grasbrook verlegt. 1857 beteiligte sich Dr. Ferdinand Beit i.Fa. L.R. Beit & Co. an der Werft, die jetzt «Reiherstieg Schiffswerfte und Kesselschmiede» hieß. Zwischen 1857 und 1886 entstanden hier weit über 300 Schiffsneubauten.
Godeffroy gewann als Schiffbaumeister Johann Eduard von Somm. Auf dem neuen Werftgelände der Reiherstiegwerft an der Norderelbe entstanden fünf Hellinge, eine

Maschinenfabrik, eine Kesselschmiede, dazu Tischlerei und Schmiede. 1864 wurde das Unternehmen umbenannt in «Reiherstieg – Schiffswerfte und Maschinenfabrik». Godeffroy plante den Übergang vom Holzschiffbau zum Eisenschiffbau. 1858 wurde auf der Reiherstieg – Schiffswerft das erste große Segelschiff aus Eisen gebaut, die Bark DEUTSCHLAND für die HAPAG. Es war das erste Segelschiff aus Eisen, das auf einer deutschen Werft gebaut wurde.

Für die Modernisierung der Reiherstieg-Schiffswerft wurden die finanziellen Voraussetzungen durch Neuordnung der Beteiligungsverhältnisse geschaffen. 1879 gab J.C. Godeffroy & Sohn die Teilhaberschaft auf. Das Unternehmen wurde in «Actien-Gesellschaft Reiherstieg Schiffswerfte und Maschinenfabrik» umgewandelt. Hauptaktionäre waren die Beitschen Erben und Senator Gustav Godeffroy. 1880 wurde der Umbau der Reiherstiegwerft vorgenommen. Die fünf kleinen Hellinge wurden abgebrochen. Es entstanden zwei große für Schiffe bis zu 180 m Länge. Die Wasserseiten der Werft wurden mit festen Bollwerken versehen. Die Schiffbauhalle, das Magazingebäude, die Schmiede, Kesselschmiede und andere Werkstätten wurden neu aufgebaut. Auch neue Kräne wurden montiert. 1885 wurde ein Schwimmdock nach den Plänen der Firma Clarke and Standfield, London, gebaut. Es war ein Dock von 100 m Länge, 30 m Breite und 5800 t Tragfähigkeit. Hier konnten Schiffe bis zu sieben m Tiefgang eingedockt werden.

Im Jahre 1900 konnte das Betriebsgelände abermals erweitert werden durch den Kauf der Werft Bernhard Wencke Söhne auf der Westseite der Einmündung des Reiherstiegs in die Norderelbe.

Mit der Erweiterung des Geländes begannen auf der Reiherstiegwerft abermals Modernisierungsarbeiten. Die Hellinge auf der Stammwerft bekamen elektrische Seilbahnen, neue hydraulische und Preßluftanlagen wurden geschaffen und die Betriebsmaschinen auf den neuesten Stand gebracht. Das Problem Platzmangel blieb weiterhin bestehen.

Andere Werften, die sich in diesen Jahren ohne Schwierigkeiten ausdehnen konnten, erhöhten ihre Gewinne gewaltig. Auch von Schiffbaubetrieben an der Weser und Ostseeküste wurde die Reiherstiegwerft überflügelt. Aber die Größe ihrer Neubauten stieg weiter an.

Von den Auftraggebern HAPAG, Hamburg-Süd, Deutsche Ost-Afrika-Linie, Woermann-Linie, war die HAPAG der wichtigste. Dieses Unternehmen hatte sein Kapital 1902 auf 100 Millionen Mark erhöht. Für seinen ersten deutschen Reederei-Manager, Albert Ballin, begann die Zeit der großen Erfolge. Die HAPAG-Flotte konnte laufend vergrößert werden.

Bei der Reiherstiegwerft wäre nach 1900 eine weitere Modernisierung dringend erforderlich gewesen. Der Kapitalbedarf dafür war jedoch für ein Familienunternehmen zu groß. Als Ausweg kam es zu Fusionsverhandlungen mit der Nachbarschaft, der Stülckenwerft. Ihr Inhaber fürchtete jedoch, ihm könnte die technische Leitung entgleiten und die Finanzierung evtl. zu einer Umwandlung in eine Aktiengesellschaft führen und somit die Kontrolle der Großbanken mit sich bringen. Die Verhandlungen zerschlugen sich. Aber 1912 konnte die Werft Heinrich Brandenburg am Steinwerder Fährkanal von der Reiherstiegwerft erworben werden.

Ebenfalls im Jahre 1912 konnte die Reiherstiegwerft das 18.000 qm große Gelände östlich der damaligen Wichhorst-Werft übernehmen. Hier, auf dem früheren Schiffbauplatz der Fa. Günther & Götze am Grenzkanal, wurde nun die neue Maschinenfabrik und Werkzeugmacherei gebaut. Auf der Elbseite entstand eine Kaianlage mit einem fahrbaren Hammer-Portalkran von 40 t Hebefähigkeit. Davor wurde das neue Schwimmdock III aus Flensburg, ein U-Dock von 20.000 t Tragfähigkeit mit 3-t-Kränen, stationiert. Die räumliche Enge auf

der Stammwerft wurde jedoch auch durch diese Erwerbungen nicht behoben. Denn der Auftragsbestand wuchs und die Finanzierung für eine Erweiterung wäre gesichert gewesen.
Bis 1914 hielt der Auftragsboom wie auch bei anderen Werften an. Dann kamen bittere Jahre.
Die großen Tonnageverluste der deutschen Reedereien durch Versenkungen oder Beschlagnahmen während des 1. Weltkrieges hatten in deutschen Schiffbaukreisen die Erwartung auf eine einträgliche Wiederaufbaukonjunktur geweckt. So wurden neue Werften gegründet und bestehende ausgebaut.
1917 kaufte die Reiherstiegwerft die nachbarlich gelegene Werft von J.H.N. Wichhorst. Diese war 1834 auf der Großen Veddel als Segelschiffswerft entstanden. 1860 verlegte Johann Wichhorst seine Werft nach dem Kleinen Grasbrook und baute dort weiter hölzerne Segler bis 1884. In der Folgezeit beschränkte sie sich auf den Bau von kleineren Fahrzeugen wie Schlepper, Barkassen, Leichter u.ä. Später entwickelte sie den Fischdampferbau und das Reparaturgeschäft.
Die Nachkriegszeit aber brachte nicht die erwartete Neubaukonjunktur.
Dennoch wurde 1920 von der Reiherstiegwerft das Gelände der Firma Emil Güssegeld in der Werftstraße angekauft und hier eine neue Schiffbauhalle errichtet. 1923 erweiterte man den Ölmaschinenbau. Es wurde eine Interessengemeinschaft mit den Motorenwerken Mannheim, vorm. Benz, gegründet. Man begann, nach Plänen aus Mannheim Ölmaschinen bis zu 4000 PS zu bauen.
Im Jahre 1927 wurde die Reiherstiegwerft von der Deutschen Werft AG übernommen.

Blohm & Voß Nach dem Kriege 1870/71 ging es mit der industriellen Entwicklung in Deutschland stark aufwärts. Der Schiffbau blieb jedoch ein Stiefkind. Neubauaufträge wurden nach wie vor nach England vergeben. Im kleineren Rahmen wurde in Ostseehäfen und Ostseeflußhäfen Schiffbau betrieben.
Hermann Blohm, familiär in Lübeck angesiedelt, schwebte die Gründung einer Werft vor. Er wollte größere Schiffe und auch in Deutschland bauen. In Lübeck fand er bei den zuständigen Behörden kein Interesse und wandte sich deshalb mit seinen Plänen und Vorschlägen nach Hamburg. Von befreundeter Seite wurde er auf Ernst Voß aufmerksam gemacht, der schon vor dem Kriege 1870 die Idee hatte, unterhalb von Blankenese eine Werft zu bauen. Beide wurden sich schnell einig. Sie beschlossen, ein größeres Unternehmen mit Maschinenfabrik und Kesselschmiede in Hamburg auf die Beine zu stellen.
Hermann Blohm und Ernst Voß waren beide Ingenieure. Blohm hatte den vom väterlichen Hause überlieferten Unternehmungsgeist und auch die erforderlichen Mittel zur Verfügung. Voß besaß hervorragende Kenntnisse auf dem Gebiete der Materialkunde und des Maschinenbaues durch seine Tätigkeit auf englischen Werften. Diese glückliche Verbindung befähigte beide, eine Schiffbauwerft zu planen und zu führen.
Auf Steinwerder wurde am 5. April 1877 der erste Spatenstich getan und die Firma Blohm & Voß gegründet. Der Bauplatz hatte eine Größe von rund 15.000 qm mit 250 m Wasserfront. Es entstanden drei Hellinge, von denen zwei für Schiffe bis zu 100 m Länge ausreichten, ein Schiffbauschuppen, eine Maschinenfabrik, Kesselschmiede und Hilfswerkstätten. Da es zu der Zeit noch keine deutsche Werkzeugmaschinenindustrie für Schiffbau gab, wurden die Maschinen in England gekauft. Auch der Scherenkran von 100 t Tragfähigkeit, der am Schanzengraben aufgestellt wurde, stammte aus England.
Als die Werftanlage fertiggestellt war, zeigten die Bemühungen um einen Neubauauftrag keinen Erfolg. Die Hamburger Ree-

der hatten kein Interesse, vielleicht auch kein Vertrauen in das junge Unternehmen. Um nun Ingenieure, Meister und Arbeiter für den Schiffbau auszubilden, sahen sich die Herren Blohm und Voß gezwungen, ein Schiff auf eigene Rechnung zu bauen. Im Mai 1878 wurde eine Bark mit der Bau-Nr. 1 auf Kiel gelegt.

Erst im November 1878 erhielt die Werft ihren ersten Neubauauftrag, und zwar von der Stade-Altländer Dampfschiffahrts- und Rhederei-Gesellschaft, Stade. Es handelte sich um den Raddampfer ELBE (138 BRT), der im regelmäßigen Dienst auf der Elbe auch eingesetzt wurde.

Weitere erwartete Neubauaufträge blieben aus. Das junge Unternehmen hatte einen schweren Start. Hermann Blohms Vater sah voraus, daß der Schiffbau allein die Werft nicht am Leben halten könnte. Auf seinem Krankenlager verfügte er, daß aus seiner Erbmasse ein hoher Betrag dem Unternehmen zum Bau eines Docks zufließen sollte.

Im Januar 1882 wurde das erste Schwimmdock mit 3000 t Hebefähigkeit in Betrieb genommen. Ein auf der Elbe schwer beschädigter Kohlendampfer wurde als erster eingedockt. Da mehrere Räume des Schiffes voll Wasser waren, überstieg das Gesamtgewicht die Hebefähigkeit des Dokkes. Die Arbeiten mußten unterbrochen werden. Schnell verbreiteten sich an der Börse Gerüchte, das Dock sei durchgebrochen. Aber am nächsten Morgen konnte das Eindocken zu Ende geführt werden, nachdem durch Losschlagen von Außenhautnieten das Wasser aus den Schiffsräumen abgeflossen war.

Die Kombination von Neubau, Dock- und Reparaturgeschäft brachte der Werft endlich Aufträge. Bis zum Jahre 1884 konnten 30 Neubauten erstellt werden. Es waren Geschäftsverbindungen entstanden mit der Hamburg-Südamerikanischen Dampfschiffahrts- Gesellschaft, der Firma C. Woermann, der späteren Woermann-Linie, und der Reederei F. Laisz.

Für den Dienst nach Helgoland baute die Werft auf eigene Rechnung 1885 den Raddampfer FREIA und ließ ihn unter eigener Flagge fahren. Ballins Dampfschiff-Rhederei kaufte ihn nach einigen Jahren.

Im Jahre 1887 rüstete die Werft zum ersten Male ein Schiff mit einem Hochdruckkessel von 100 Atü aus. ALIDA wurde der Dampfer getauft und war wieder auf eigene Rechnung gebaut worden. Die Anlage arbeitete auf der Probefahrt gut. Aber der ökonomische Gewinn war zu gering im Verhältnis zu den Kosten für eine so neuartige Konstruktion. Die Maschine wurde daher umgebaut und das Schiff verkauft.

Steigende Anforderungen machten es notwendig, daß die Werkstätten ausgebaut wurden. 1884 wurde das Schwimmdock II mit 3.800 t Hebefähigkeit in Betrieb genommen. Dreißig Jahre später erhöhte man die Hebefähigkeit dieses Dockes durch eine Verbreiterung auf 4.500 t.

Mit dem Anschluß Hamburgs an das deutsche Zollgebiet und der gleichzeitigen Schaffung des Freihafens planten Blohm und Voß, ihre Werft erheblich zu vergrößern. Langwierige Verhandlungen mit dem Senat führten am 6. Mai 1886 zu einem Pachtvertrag, der der Firma auf fünfzig Jahre das für eine Großwerft erforderliche Gelände von ca. 80.000 qm Fläche zur Verfügung stellte. Nach fünfjähriger Bauzeit wurden die neuen Anlagen 1891 in Betrieb genommen.

Noch während des Ausbaues erteilte die Kaiserliche Marine der Werft den Auftrag, den kleinen Kreuzer CONDOR zu bauen.

Der Ausbruch der Cholera 1892 brachte die Firma in eine kritische Lage. Hamburg wurde von der Außenwelt abgesperrt. Das hatte schwere Folgen für alle Geschäftszweige. Dock- und Reparaturbetrieb lagen völlig danieder, ein erteilter Auftrag für den Bau eines Helgoland-Dampfers wurde zurückgezogen und Aufträge des Norddeutschen Lloyd für den Bau von Reichspostdampfern kamen nicht zustande.

Auch nach der Beendigung der Choleragefahr ging es nur sehr langsam aufwärts.

Führende Reedereien gingen nämlich allmählich dazu über, bestimmte Schiffstypen in größerer Zahl bauen zu lassen und sie in regelmäßigen Liniendiensten einzusetzen. Diese Aufträge gingen weitgehend immer noch nach England, aber die deutsche Werft galt immerhin schon als Konkurrent. Für den Norddeutschen Lloyd wurden die Schiffe BAYERN, SACHSEN, PREUSSEN und PFALZ verlängert. Diese Arbeit erregte durch die Spezialarbeiten im Schwimmdock Aufsehen und brachte der Werft weitere Neubauaufträge. Aber Schnelldampfer und andere große Schiffe mußten immer noch in England docken. So wurde es für die Werft zwingend nötig, ein größeres Schwimmdock zu bauen, das eine Hebefähigkeit von mindestens 8.000 t hatte. Die Entwicklung der Schiffahrt schritt rasant voran. Verhandlungen mit der Kaiserlichen Marine wurden aufgenommen. Diese machte zur Bedingung, daß das Dock im Kriegsfalle auf der Unterelbe Verwendung findet. Eine finanzielle Beteiligung lehnte das Reich ab. So baute die Werft das Dock aus eigenen Mitteln und berücksichtigte letztlich – im Hinblick auf Aufträge – auch noch die Wünsche der Marine.

Für dieses von 1896 bis 1897 gebaute neue Dock III mit der Hebekraft von 17.000 t mußte ein geeigneter Liegeplatz gefunden werden. Die Verhandlungen mit dem Hamburger Senat führten schließlich dazu, daß der Hamburger Staat auf den Bau des von ihm geplanten Staatstrockendocks verzichtete. Dadurch konnte westlich der Werft der Dockhafen entstehen.

In den Jahren vorher, ab 1892, war schon damit begonnen worden, die nach der Elbseite hin liegenden Helgen zu verbreitern. Zum Dockhafen hin wurde ein neuer Kriegsschiffhelgen angelegt. Durch Bahnanschluß wurde die Werft vom reinen Wassertransport unabhängig. 1892/93 beschäftigte die Werft bereits 5.000 Angestellte und Arbeiter.

Im Jahre 1903 wurde das Schwimmdock IV fertig, ebenfalls mit 17.000 t Hebefähigkeit. Es bestand aus drei Sektionen, von denen eine mit dem Dock III verbunden war und dadurch Schnelldampfer von 200 m Länge wie z.B. die DEUTSCHLAND und KAISER WILHELM DER GROSSE heben konnte.

Nachdem 1898 der Reichstag ein Flottengesetz angenommen hatte, erhielt Blohm & Voß von der Kaiserlichen Marine den ersten Auftrag: Bau des Linienschiffes KAISER WILHELM DER GROSSE. Am 18. Oktober 1899 war Stapellauf. Der Tag war von historischer Bedeutung, einmal, weil der Kaiser beim Stapellauf persönlich anwesend war, und zum anderen, weil er in seiner Rede im Hamburger Rathaus die Notwendigkeit einer starken deutschen Flotte betonte.

Die Werft baute nun in regelmäßiger Folge für die Kaiserliche Marine. Im Jahre 1905 errichtete die Stettiner Vulcan-Werft eine Zweigniederlassung in Hamburg. Konkurrenz trat auf den Plan. Das war wieder ein Anlaß für Blohm & Voß, ihre Werft durch neue, moderne Anlagen weiter auszubauen.

Gleichzeitig mit dem Kriegsschiffbau entwickelte sich auch der Handelsschiffbau. Die deutschen Werften waren inzwischen in der Lage, hochwertige, große Schiffe selbst zu bauen. Ebenso stieg die Leistungsfähigkeit der Hilfsindustrien. Die Anforderungen an die gesamte deutsche Werftindustrie stiegen ständig, nicht zuletzt auch bedingt durch den Leistungswettbewerb zwischen In- und Ausland.

1906 erwarb Blohm & Voß von der Parsons Foreign Patent Company die Lizenz für die in England eingeführten und bewährten Parsons-Turbinen. Anläßlich des Bauauftrages für den Kreuzer DRESDEN entwickelte man selbst Turbinen für Schnelldampfer und große, schnelle Kriegsschiffe.

Eine Ausschreibung des Reichs-Marine-Amtes bewirkte, daß die Werft mit Kaiserlicher Anerkennung ihres Projektes den Auftrag erhielt, den Panzerkreuzer VON DER TANN zu bauen, den ersten Linienschiffskreuzer. Es folgten: MOLTKE, GOEBEN, SEYDLITZ, DERFFLINGER. Während des 1. Welt-

krieges wurden nicht mehr vollendet: MACKENSEN, Ersatz FREYA, Ersatz SCHARNHORST.
Im Jahre 1909 wurde Dock V und 1912 Dock VI in Betrieb genommen. Dadurch wurde eine Hebefähigkeit von insgesamt 29.000 t erreicht. Dock VI unterlag 1919 der Ablieferungspflicht an die Alliierten. Es wurde aber, noch ehe es abgeschleppt worden war, zurückgekauft. Ein Ersatzdock VII mit 12.000 t Hebefähigkeit wurde gebaut, 1926 für Dock V eine Zusatzsektion gefertigt, so daß nunmehr insgesamt eine Hebefähigkeit von 81.000 t vorhanden war. Es hatte lange gedauert, bis sich auch die Kaiserliche Marine davon überzeugen ließ, daß Schwimmdocks für die deutschen Gewässer das geeignetste waren. Sie ließ dann sowohl für Kiel als auch für Wilhelmshaven Schwimmdocks auf der Werft Blohm & Voß bauen. Die Werft beteiligte sich auch am Aufbau einer russischen Kriegsflotte. Im russisch-japanischen Kriege (1904–1905) hatte sie die Werkstattschiffe GORJISTAN und ANGORA ausgerüstet. Blohm & Voß hatte bei einem international ausgeschriebenen Wettbewerb der russischen Marine den Zuschlag erhalten.
Der Aufschwung der Werft hielt unverändert an. In wenigen Jahren hatte sich die Zahl der Belegschaft auf 14.000 erhöht. Das Gelände der Werft umfaßte zu diesem Zeitpunkt (1912) 560.000 qm. Die Werft spezialisierte sich auf den Bau großer Passagierschiffe. Am 3. April 1913 lief die VATERLAND vom Stapel (54.282 BRT) und am 20. Juni 1914 die BISMARCK (56.551 BRT). Sie waren 20 Jahre lang die größten Schiffe der Welt. 1927 entstanden u.a. die CAP ARCONA (27.560 BRT) und 1928 die EUROPA (49.746 BRT). Im Jahre 1930, als der Schiffbau wegen der allgemeinen Weltwirtschaftskrise daniederlag, nahm die Firma Blohm & Voß zusätzlich den Flugzeugbau auf. Bis zum Ausbruch des 2. Weltkrieges gelang es ihr, mit der Konstruktion und dem Bau von Übersee-Passagier- und Postflugzeugen nennenswerte Erfolge zu erzielen.
Nach Beendigung des 2. Weltkrieges mußte die Arbeit auf schiffbaulichem Gebiet gemäß Anordnung der Militärregierung Ende des Jahres 1945 eingestellt werden. In den Monaten davor hatte die Werft im Auftrage der englischen Besatzungsmacht Schiffsreparaturen und Rückbauten vornehmen müssen.
Im Jahre 1948 folgte der Befehl der Besatzungsmacht zur Demontage. Mit Dynamit und Schweißbrennern wurde er ausgeführt. 1200 Sprengbomben, 220 Brandbomben prasselten auf die Werft und zerstörten sie. Der Wiederbeschaffungspreis 1949 betrug etwa 77,3 Millionen DM (unter Abzug Neu für Alt). Der Neubeschaffungspreis lag erheblich höher, da beträchtliche Abschreibungen vorgenommen waren. Kriegsschäden waren in oben genannter Zahl nicht enthalten.
Der schwierige Wiederaufbau begann – mit Erfolg. 1965 übernahm Blohm & Voß die Stülcken-Werft und 1985 die HDW-Hamburg, die zu dem Zeitpunkt den Namen Roß Industrie GmbH trug.
Heute hat sich Blohm & Voß auf den Umbau und die Reparatur von Schiffen (z.B. QUEEN ELIZABETH II) spezialisiert und ist neben der Sietas Schiffswerft die einzig Überlebende der Hamburger Großwerften.

Vulcan-Werft AG Weil in den achtziger Jahren des 19. Jahrhunderts die deutsche Eisen- und Stahlindustrie sich darauf einrichtete, die von den Werften benötigten Fabrikate und Halbfabrikate im Lande herzustellen, entwickelten sich die deutschen Werften zu Großbetrieben. Sie waren nun nicht mehr auf das Ausland angewiesen.
An der Spitze dieser Unternehmen stand die «Stettiner Maschinenbau Actien-Gesellschaft Vulcan» in Stettin-Bredow (Vulkan). 1851 hatten zwei Hamburger, Franz Friedrich Dietrich Früchtenicht und Franz Wilhelm Brock eine Fabrik für den Bau eiserner Schiffe und Dampfmaschinen in Stettin-Bredow errichtet. 1857 wurde ihr Besitz an eine Gesellschaft übertragen, die unter der Firma: «Stettiner Maschinenbau-

Actien-Gesellschaft Vulcan» ihren Betrieb aufnahm. Schiff- und Lokomotivenbau wurden in das Programm aufgenommen. Ungünstige Wasserverhältnisse der Oder und Ostsee veranlaßten die Vulcan zum Bau einer Niederlassung an der Nordsee. Nach vielfachen Verhandlungen fiel die Wahl eines neuen Werftplatzes auf das Hamburger Freihafengebiet, wo ausreichende Wasserverhältnisse und geeignete Baugrundstücke den Anforderungen entsprachen. Auf der Halbinsel Roß, dem früheren Terrain der Domäne Roß, südlich von den neuen Kuhwerder Hafenanlagen, wurde die neue Vulcanwerft gebaut.
Die Betriebseröffnung fand am 21. Juni 1909 in Gegenwart des deutschen Kaisers statt. Mit dieser neuen Werft war eine Anlage entstanden, die seinerzeit alle fortschrittlichen Ansprüche der Schiffahrt erfüllte. Sie hieß jetzt: Vulcan-Werke Hamburg und Stettin Actiengesellschaft.
Im Westen war die Werft begrenzt vom Kohlenschiffhafen, im Osten vom Roßhafen, im Norden vom Ellerholzhafen und im Süden von der Straße Roßdamm. An der Ostseite des Werftplatzes wurde ein neuer Hafeneinschnitt für Seeschiffe ausgebaut. Das der Werft zugekehrte Ufer dieses Hafens war für Neubau und Reparatur von Schiffen angelegt worden. Auf der noch nicht benutzten Fläche des Ellerholz zwischen dem Oderhafen und dem Reiherstieg wurde die Anlage eines kleinen Bauhafens begonnen, in dem Bagger- und andere Staatsfahrzeuge im Winter ihren Platz fanden, da hierfür geeignete, kleine Hafenbecken fehlten.
Die Schwimmdocks, die unmittelbar an der Werft lagen und mit einer völlig unabhängigen Kraftzentrale ausgerüstet waren, konnten Schiffe bis zu einem Gewicht von ca. 10.000 t heben. Um ein schnelles und sicheres Arbeiten zu gewährleisten, standen Schwimmkräne und auf den Kais laufende Turmkräne zur Verfügung. Das ganze Werftgelände war von normalspurigen Eisenbahngleisen durchzogen.
Das junge Unternehmen hatte als ersten Neubau ein Schwimmdock von 35.000 t Tragfähigkeit für eigene Rechnung auf Stapel gelegt. In Kürze fanden hier 6.000 Arbeiter Beschäftigung.
Außer Schiffen für die deutsche Handelsmarine baute die Vulcan u.a. für Rechnung der HAPAG: Dampfer AUGUSTE VICTORIA, Schnelldampfer DEUTSCHLAND, Turbinendampfer KAISER und das 1912 größte Schiff der Welt IMPERATOR.
Für den Norddeutschen Lloyd baute die Vulcan u.a. die Dampfer KAISER WILHELM DER GROSSE, KAISER WILHELM II., KRONPRINZESSIN CÄCILIE, die Doppelschrauben-Fracht- und Passagierschiffe GEORGE WASHINGTON und BREMEN (III) ex PRINZESS IRENE sowie einige kleine Reichspostdampfer.
Was die Vulcan in der Ausführung der Pläne der verschiedenen Schlachtschifftypen geleistet hatte, fand nicht nur Anerkennung des deutschen Kaisers und der deutschen Marine, sondern auch desAuslandes. Die Kriegsmarinen von Rußland, Griechenland, Japan, China und Brasilien gaben Kriegsfahrzeuge von großen, schweren Schlachtschiffen bis zu den schlanken, schnellen Torpedobooten der Vulcan in Bau und in Reparatur. Auch im Turbinenbau hat die Vulcan sowohl für Kriegs- als auch für den Handelsschiffbau hervorragende Erfolge gehabt.
Laut Handelsregisterauszug wurde Ort und Sitz der Vulcan-Werke am 18. Dezember 1926 wie folgt geändert: Stettiner Maschinen-Actiengesellschaft Vulcan. Die Gesellschaft wurde nach Stettin verlegt.

Deutsche Werft AG Die Deutsche Werft AG (DW) war eine der größten Werften des europäischen Kontinents. Sie hat z.B. in den Jahren 1950 bis 1958 mit einer Belegschaft von über 10.000 Mann 1,5 Millionen t Schiffsraum gebaut.
Die Gründung der Werft beruhte allein auf den Ideen des Dr. William Scholz. Er war Schiffs- und Maschinenbauer, Kaufmann, Dr.rer.pol., Dr.Ing.h.c. und Verfasser des

Buches «Ölmaschinen». Sein Bericht über die Geschichte der Entstehung der Deutschen Werft sagt folgendes:

«Als ich 1910 zur Hamburg-Amerika-Linie kam – vorher war ich auf der Kaiserlichen Werft in Kiel –, wurde ich in enger Zusammenarbeit mit dem Generaldirektor der HAPAG, Albert Ballin, der jüngste Prokurist der Reederei. Die Reederei hatte in jenen blühenden Jahren schon über 200 Schiffe.

Heute glaubt niemand, in welchem Tempo damals schon gearbeitet worden ist. Wer kann sich heute noch vorstellen, welchen Mut Albert Ballin hatte, dessen Persönlichkeit und Willenskraft jeden Rahmen sprengte, innerhalb von zwei Jahren drei Schiffsriesen von je rd. 50.000 t und noch größer zu bestellen. Sie hießen IMPERATOR, VATERLAND, und BISMARCK. Den Kontraktpreis für den IMPERATOR habe ich heute noch im Kopf. Er betrug 25,2 Millionen Mark. Die Hamburg-Amerika-Linie finanzierte den Bau eines Docks mit einem Millionenbetrag.

Als 1914 der Krieg ausgebrochen war, erklärte Albert Ballin seinen Mitarbeitern: «England hat uns den Krieg erklärt. Der Krieg wird sehr lange dauern. Wir werden ihn niemals gewinnen. Am Schluß des Krieges wird die Hamburg-Amerika-Linie keine Schiffe mehr haben».

In diesem Augenblick schoß mir ein Gedanke durch den Kopf. Ich sagte zu Albert Ballin: «Wenn die HAL nach Ihrer Meinung die Schiffe verliert, dann müssen wir so bald wie möglich eine Werft bauen».

Bald darauf legte ich Ballin meine Denkschrift vor. Die zu gründende Werft muß Serienschiffe von 7000 bis 8000 t Größe bauen. Diese Schiffe müssen statt Dampfmaschinen Motoren haben. Ballin meinte: «Die Idee ist richtig, aber Geld haben wir nicht. Sehen Sie zu, daß wir eine Lizenz für diese Maschinen bekommen».

Zufällig traf ich Hugo Stinnes. Unvergeßlich ist mir, was der Großindustrielle schon damals über Kohle sagte: «Kohle ist ein wertvoller Artikel und sollte nur zu Goldmark verkauft und nicht verbrannt werden. Man müßte sie in ihre chemischen Bestandteile zerlegen».

Auch Hugo Stinnes wollte nach dem Krieg Motoren bauen. Er hatte keine Ahnung, daß ich den soeben geschlossenen Lizenz-Vertrag mit der großen Kopenhagener Firma Burmeister & Wain in der Tasche trug.

Besessen von der Idee, eine Werft aus dem Boden zu stampfen, wurde zunächst die Deutsche Ölmaschinen-Gesellschaft gegründet. Dieses Unternehmen sollte nach dem Lizenzvertrag von Burmeister & Wain Schiffsmotoren bauen. An der G.m.b.H. waren 50 : 50 die HAPAG und die AEG beteiligt. Ich wurde Geschäftsführer des technischen Teils. Der Chef der AEG, Walter Rathenau, hatte 1916 ein großes Gelände auf der Insel Finkenwerder erworben. Eine 200.000 qm große Fläche kostete jährlich mehr als 200.000 Mark Pacht. Rathenau war nicht glücklich.

«Woher nehmen wir Leute, Material und Aufträge?» «Lassen Sie das meine Sache sein», antwortete ich. «Als Geschäftsführer werde ich schon für Aufträge sorgen.»

Die Worte von Dr. Scholz waren der Startschuß. Man begann mit der Arbeit.

Zunächst wurden 20 Schiffsmotoren des Typs 63/90 (630 mm Zylinder-Durchmesser und 900 mm Hub) als einfach wirkende Viertaktermotoren gebaut. Sie wurden u.a. 1922 bei den ersten beiden Einschraubenmotortankern der Welt JULIUS SCHINDLER und OSSAG (je 3.940 tons deadweight) (tdw) mit Leistungen von 1.550 PS eingebaut. Auf den 22.000 tdw Erzschiffen SVEALAND und AMERIKALAND wurden ebenfalls Maschinen dieser Art eingebaut.

Die ständig geforderten höheren Leistungen und Geschwindigkeiten erforderten den Übergang zu stärkeren Zweitakt-Motoren. Burmeister & Wain wollten dieser Umstellung zunächst nicht zustimmen. So übernahm ab 1926 die MAN in Augsburg den Bau von Zweitaktmaschinen.

Es war ein glücklicher Gedanke Rathenaus,

die Gutehoffnungshütte für eine Beteiligung an dem neuen Werftunternehmen in Aussicht zu nehmen und den leitenden Mann, Paul Reusch, aufzufordern, sich an der neuen Werft zu beteiligen. Reusch erkannte sofort, daß eine Zusammenarbeit mit einer leistungsfähigen Großschiffswerft auch für sein Unternehmen von besonderem Interesse sein mußte, um mit Ende des 1. Weltkrieges für seine stark erweiterten Hüttenbetriebe sich neue Absatzgebiete zu sichern. Für das im Handelsregister eingetragene neue Werftunternehmen hatte Rathenau den Namen DEUTSCHE WERFT AKTIENGESELLSCHAFT HAMBURG vorgeschlagen. Am 6. Juni 1918 wurde sie gegründet mit einem Kapital von 10 Millionen Mark.

In kürzester Zeit entstanden Werkstätten für Maschinenbau, Schiffbau, Schmiede, die Kraftzentrale und vieles andere.

Dr. William Scholz erhielt im Reichsmarineamt in Berlin von der zuständigen Stelle im U-Boots-Amt einen Auftrag zur Instandsetzung von zwei U-Boots-Flottillen. Daraufhin stellte Rathenau zwei Millionen Mark für den Bau von Werkstätten auf Finkenwerder zur Verfügung. Damit war der Grundstein für die Werft gelegt.

Als dann am 9. November 1918 die Revolution ausbrach, wurde die rote Fahne auf dem Rathausmarkt gehißt. Der Krieg war zu Ende. Er hatte, wie Ballin vorausgesagt hatte, lange gedauert und war verloren worden. Dann starb Ballin. Das Geld schmolz zusammen. Arbeitskräfte waren kaum aufzutreiben. Mit viel Mühe und Not brachte Dr. William Scholz etwa 300 Mann auf die Beine. Darunter waren Männer mit Soldatenmützen, mit und ohne Kokarden, und Matrosen mit abgerissenen Mützenbändern.

Die Kriegsarbeit war vorbei. Die mit 300 Mann besetzten Werkstätten des U-Boot-Stützpunktes kamen nicht mehr zum Einsatz. Die vorangegangenen Monate brachten aber der Werftleitung den Vorteil, überhaupt die Arbeit aufgenommen zu haben. In jenen Tagen hieß es: Keine Entlassung von Arbeitskräften, gleiche Bezahlung von Gelernten und Ungelernten. Unter dieser Voraussetzung begann die Tätigkeit der DW auf Hamburg-Finkenwerder nach Kriegsende erneut. Es begann mit Erdarbeiten. Der hintere Teil des Werftgeländes war damals noch vollständig unter Wasser. Hinter Deichen wurden Hellinge gebaut. Das Gelände war trotz seiner Größe in dieser Form wenig für eine Werft geeignet. Es gab zuerst weder Wasser noch Strom, weder Siele noch Straßenverbindung.

Die Werft wurde dann so geplant, daß in den nächsten 40 Jahren kaum eine Änderung vorgenommen werden mußte. Zunächst wurde eine 24 m breite Straße gebaut. Die Werft selbst wurde so angelegt, daß das Schiff wie auf einem Laufband von einer Abteilung und Werkstatt in die anderen bewegt wurde, bis es fertig war. Am Ende der Piers konnte der Neubau sofort seine Maschinenprobefahrt durchführen, so daß er anschließend nicht mehr zur Werft zurück mußte.

Einen besonderen Ruf erwarb sich die DW mit dem Bau von Kesseln. Die großen La-Mont-Kessel in den Nachkriegsneubauten der HAPAG und des Norddeutschen Lloyd bewährten sich so gut, daß an Stelle der bisher acht Kessel des zur Zeit im Umbau befindlichen Passagierdampfers BREMEN ex PASTEUR nur vier Kessel der DW eingebaut wurden.

Der Bericht von Dr. William Scholz sagt dazu: «Als die Werft stand und von Deutschland nicht genügend Aufträge kamen, wurde ich mein eigener Commis, mein eigener Reisender zur Beschaffung von Schiffbauaufträgen im Auslande. In Holland hatte ich Glück. Ich brachte von der Reederei van Nievelt, Goudriaan & Co. den Auftrag von vier 8.000-t-Schiffen mit für über 10 Millionen Gulden. Das war die erste ausländische Bestellung in Deutschland nach dem Kriege.»

Die Werft war außerdem Lizenzträger der Firma Babcock & Wolcox für den Bau von

Wasserrohrkesseln. Seit 1921 wurde ein von der Werft entwickeltes Ölfeuerungssystem dazu geliefert.
Bald folgte ein Auftrag aus Schweden. Der Fachwelt stockte der Atem, als dieses Land zwei Erzschiffe bei der Dw bestellte, die je 22.000 t laden konnten. Es waren damals die größten Frachter der Welt. Jedes dieser Schiffe brauchte allein 10.000 t Stahl.
Während in Hamburg-Finkenwerder die Preßlufthämmer Tag und Nacht hämmerten und schwer gearbeitet wurde, war in der Politik der Teufel los. Der französische Ministerpräsident Poincaré besetzte die Ruhr und beschlagnahmte den Stahl. Nun mußte das Material im Ausland beschafft werden.
Es folgten weitere Aufträge aus England von der White-Star und der Prince-Line für drei Schiffe von jeweils 10.000 t Größe und 14 1/2 kn Geschwindigkeit.
In den Jahren 1924 und 1926 kam der Dw der große Kohlestreik in England zu Gute. Zahlreiche Aufträge kamen dorther.
1926 trat der Hamburger Senat an die Dw heran mit dem Wunsche, das Gelände Tollerort wieder zurückzuerhalten. Daraufhin wurde der Betrieb dort aufgegeben und auch das Vorland abgestoßen.
Gleichzeitig wurden Verhandlungen mit der Reiherstieg-Schiffswerfte und Maschinenfabrik aufgenommen, um das Reparaturgeschäft der Dw in Zusammenarbeit mit dieser Werft fortzuführen und weiter auszubauen. Nach einer Zeit guter Zusammenarbeit stellte man aber auf beiden Seiten fest, daß die Koexistenz zweier selbständiger Firmen doch nicht den Erwartungen entspricht. Deshalb kam es am 1. Oktober 1927 zu einer völligen Verschmelzung beider Unternehmen.
Nach Übernahme durch die Dw wurde die Leistungsfähigkeit der alten Reiherstieg-Schiffswerfte und Maschinenfabrik durch umfangreiche Neubeschaffungen von Maschinen und neuen Anlagen wesentlich erhöht. Bereits im Jahre 1928 arbeitete der Betrieb mit Gewinn. Im gleichen Jahr verfügte man über drei Hellinge, fünf Schwimmdocks bis zu 12.000 t Tragfähigkeit (das große 20.000-t-Dock mußte an Holland abgegeben werden), über das einzige Trockendock im Hamburger Hafen, über Kräne von 40, 15 und 10 t Hubkraft sowie über Liegeplätze für Schiffe bis zu 20.000 tdw. Ausgedehnte Schiffbauwerkstätten und eine eigene Maschinenfabrik bewältigten nicht nur den Reparaturbetrieb, sondern dienten auch dem Neubau.
Bald wurde die Hapag der große Kunde der Dw. Schiffe der Ballin-Klasse wurden umgebaut. Unter den ersten Neubauaufträgen der Hapag waren die Schiffe: San Francisco, Tacoma, Seattle und Vancouver.
Die Weltkrise in den Jahren 1930/31 überwand die Dw mit vielen langfristigen Aufträgen, die bis 1939 anhielten. Es wurde z.B. das Walfangmutterschiff Walter Rau mit einer Tragfähigkeit von 23.000 t gebaut. Es war so gut konstruiert, daß es nach dem Kriege unter dem Namen Kosmos IV unter norwegischer Flagge weiter fuhr. Kein Wunder, denn auf dem Gebiet des Walfangschiffbaues besaß die Dw bereits Erfahrungen. Aber die an den Neubau der Walter Rau gestellten Anforderungen gingen weit über die an ein normales Schiff gestellten hinaus. Eine komplette Fabrik sollte an Bord eingebaut werden, die die beim Walfang gewonnenen Produkte bis zur letzten Möglichkeit verwertete und versandfertig verpackte.
Kurz vor Beginn des 2. Weltkrieges waren die Walfangmutterschiffe Sir James Clerk Ross, Skytteren und C.A.Larssen umgebaut worden. Bei diesen Schiffen kam zu der vorhandenen Kocherei noch eine Futtermehlfabrik. So etwas war neu im Walfang gegenüber den Zeiten, die wir aus Melvilles Moby Dick kennen. Die Schiffe wurden jetzt wie eine komplette Fabrik ausgerüstet. Außer den Kochereien kamen Kühlanlagen, Dampf- und Motor-Knochensägen und Hilfsmaschinen aller Art hinzu, um mit den Walriesen fertig zu werden. Die Anlagen bestanden aus drei Hauptgruppen:

die zur Ölgewinnung, die zur Herstellung von Futtermehl und die zum Gewinnen von Nebenprodukten. Die räumliche Gliederung des Fabrikschiffes entsprach der Reihenfolge des Arbeitsvorganges auf dem Schlachtdeck, dem oberen freien Deck, unter welchem sich die Fabrikräume befanden: Die Speckkocher mit den zugehörigen Fettabschneidern, weiter vorn die Fleisch- und Knochenkocher, schließlich Waschmaschinen, Sack-Packmaschinen, Sackzunäh-Maschinen und alle für Fleischextrakt- und Fleischkonserven-Herstellung und -Verpackung nötigen Apparaturen.

Ein Teil des Fleisches kam in die Tiefgefrieranlage, in der Temperaturen bis zu -40 Grad erzeugt wurden. Das unterkühlte Fleisch wurde durch Eintauchen in Süßwasser mit einer dünnen Eiskruste überzogen, wodurch es luftdicht abgeschlossen war, um dann in dem auf -25 Grad gekühlten Laderaum aufbewahrt zu werden. Eine solche Fabrik war in der Lage, 2000 t Rohmaterial pro Tag zu verarbeiten, also durchschnittlich 20 Wale zu je 100 t.

Mitte der dreißiger Jahre beschäftigte sich das Unternehmen auch mit der Installation von dieselelektrischen Antriebsanlagen. Das Passagierschiff PATRIA wurde als erstes damit ausgerüstet. Es hatte 16.595 BRT, war 182,2 m lang, 22,5 m breit und erreichte 17 kn bei der Probefahrt am 8. Juli 1938.

Die Leistungsfähigkeit des Unternehmens zeigte sich nicht nur in dem Bau von Serienschiffen, Passagierschiffen und Spezialerzeugnissen für das Schiff, sondern auch in einer reichhaltigen Skala von Sonderkonstruktionen für in- und ausländische Auftraggeber. Z.B. bestellte die argentinische Regierung in den dreißiger Jahren für den Verkehr auf dem Rio Paraná Spezialfähren, deren Bau beinahe unlösbare Aufgaben an die Konstrukteure stellte. Die Schiffe durften u.a. nur 1,28 m Tiefgang haben. Die Bauausführung gelang so gut, daß die kleinen Einheiten auf eigenem Kiel die Überfahrt bewältigten.

Die Deutsche Werft AG hatte in Friedenszeiten in der amerikanischen TEXACO einen guten Kunden in den USA. Sie hielt der Werft auch über den 2. Weltkrieg hinaus die Treue. Vor 1939 wurde das Ziel des Serienbaus in großem Stil mit dem 15.000-t-Marina-Typ erreicht. 20 Einheiten dieser Serie entstanden auf den Helgen der Werft. 10 je 14.000 t tragende Doppelschraubentanker wurden für die amerikanische Texaco Inc. gebaut.

Bis zum Ausbruch des 2. Weltkrieges wurden auf der REIHERSTIEG-DEUTSCHE WERFT neben den ständigen Reparaturarbeiten 35 Schiffe gebaut.

Ab 1942 wurde auch die DW in die Rüstung eingeschaltet. U-Boote des Typs IXC und XXIII, Minensuchboote, U-Jäger, Torpedofangboote, Marinefährprähme und Artilleriefährprähme wurden gebaut.

Während des Krieges wollte man nicht auf die Erfahrungen dieser Großwerft im Handelsschiffbau verzichten. Sie wurde deshalb mit der Entwicklung von 1000-t-Tankkähnen für die Donau, von Kriegstransportschiffen (sogen. KT-Schiffen) und von Einheitsschiffen vom Typ HANSA A beauftragt. Dieser Typ bewährte sich so gut, daß allein die DW noch 20 Einheiten dieser je 3250 t tragenden Frachtdampfer baute.

Die Kriegsmarine forderte die Umstellung von Frachtern in U-Begleitschiffe, Hilfskreuzer, Sperrbrecher und Artillerieträger. Keiner der vielen Luftangriffe auf Hamburg hatte die Arbeit auf der DW zum Stillstand gebracht, auch nicht die schwersten Ende März 1945. Sie vernichteten zwar U-Boot - Werkstätten und das Marine-Arsenal, brachten einige U-Boote zum Kentern und zerstörten verschiedene Werkstätten: aber erst im Mai 1945, als der Krieg zu Ende war, wurde jede Bautätigkeit eingestellt.

Das Potsdamer Abkommen der Siegermächte sah nicht nur die Beseitigung der deutschen Hochseeschiffahrt, sondern auch die Vernichtung der Großwerften vor. Am Himmelfahrtstag 1946 um 11 Uhr sollte der Betrieb der DW auf alliierten Befehl gesprengt werden. 15 Minuten vor der angesetzten Zeit wurde durch Intervention der Bürgerschaft ein Sprengungsaufschub erreicht. Damit waren die Schwierigkeiten nicht überwunden, aber das Unternehmen war vorerst gerettet. Noch im gleichen Jahr wurde der 14.000-t-Tanker AMERIKA, dessen Rumpf bereits vor dem Kriege vom Stapel gelaufen war, an die Amerikaner abgeliefert.

In dieser dunkelsten Zeit Deutschlands wurde der Betrieb nur mühselig mit artfremden Arbeiten aufrechterhalten. Panzer wurden verschrottet, Straßenbahn- und Eisenbahnwagen kamen zur Reparatur. Es entstanden Maschinen für die Torfgewinnung und Waffelbackmaschinen. Eine besondere Leistung war die Herstellung eiserner Lungen aus alten Torpedodecksbehältern von U-Booten. Die Schwimmdocks – sie waren verlorengegangen oder beschlagnahmt – mußten von den Engländern zurückgepachtet werden.

Erst 1948 wurden die ersten Neubauaufträge – Fischdampfer von etwa 400 BRT – von den alliierten Besatzungsmächten genehmigt.

Bei der Währungsreform war die Geschäftsleitung wegen Arbeitsmangel gezwungen, die 3000 Mann starke Belegschaft vorübergehend auf Kurzarbeit zu setzen. Erst 1949/1950 kam der Wendepunkt in der deutschen Wirtschaft nach dem Kriege. Am 19. September 1950 wurden die meisten Schiffbaubeschränkungen aufgehoben. Die deutsche Schiffbauindustrie mit der Dw an der Spitze begann wieder in das internationale Geschehen einzugreifen. 1953 lag ihr Jahresumsatz erstmals höher als 200 Millionen DM, 1957 waren es über 400 Millionen. Die Werftbetriebe in Finkenwerder und Reiherstieg waren mit Neubauten, Reparaturen und Dockungen voll beschäftigt. Eines der schönsten Schiffe, das die Dw in der Nachkriegszeit baute, war die CAROLINE OETKER. Mit 32.000 t Tragfähigkeit war sie zu jener Zeit das größte deutsche Handelsschiff.

Zum Werftprogramm gehörte auch die Absicht, Schiffe in größeren Einzelteilen in den Schiffbauhallen und auf den Montageplätzen vorzufabrizieren. Die Kabelkrananlage war deshalb so eingerichtet, daß sie mit mehreren Katzen Einzelstücke bis zu 40 t Eigengewicht auf die Helling befördern konnte. Durch diesen Sektionsbau konnte die Hellingzeit erheblich verkürzt werden. So wurde ein 8000 t tragender Motorfrachter in sechs Teilen an verschiedenen Punkten der Werft gebaut. Mit Hilfe von Schlitten wurden diese Teile dann auf einen kurzfristig frei gewordenen Helgen gebracht und zusammengebaut. Bei diesem Verfahren war schnelle Lieferung an den Reeder gewährleistet.

Bald verfügte die Werft wieder über fünf Schwimmdocks am Reiherstieg und vor der Werft auf Finkenwerder. Sie konnten Schiffe bis zu 22.000 t Eigengewicht heben. Ein sechstes Dock mit rd. 30.000 t Hebefähigkeit kam hinzu. Es kostete ca. 18 Millionen DM und konnte Schiffe bis zu 65.000 t Tragfähigkeit aufnehmen.

1958 bis 1960 baute die Werft ein neues Bürogebäude, 14 Stockwerke hoch neben einer 280 m langen Kabelkrananlage.

Weitere Neubauaufträge für Tanker von ewa 45.000 t Tragfähigkeit sicherten der Dw Vollbeschäftigung.

Die meisten nach 1950 in der Bundesrepublik gebauten Fahrgastschiffe entstanden auf den Helgen in Finkenwerder. Dazu gehörten vier Schiffe für Israel: 1955/56 die 9850 BRT großen Schiffe ISRAEL und ZION und 1957 die 9900 BRT großen Zweischrauber THEODOR HERZL und JERUSALEM. 1962 folgten zwei 440 BRT große Fahrgastschiffe für Ägypten, SYRIA und ALGAZAYER.

Das Jahr 1953 sah die Dw an der Spitze aller Handelsschiffswerften der Welt.

Im Juli 1956 proklamierte der ägyptische Staatspräsident Nasser die Verstaatlichung der Suezkanalgesellschaft. Der darauffolgende bewaffnete Konflikt in Ägypten hatte spürbare Folgen für die gesamte Weltwirtschaft. Die Schiffahrt erlebte eine

der größten Konjunkturen der Geschichte. Die in Auftrag gegebenen Schiffe wurden nicht mehr mit Rücksicht auf die Kanalabmessungen dimensioniert und erreichten bis dahin nicht gekannte Größen. 85.000-Tonner wurden gebaut, auch 100.000-Tonnen, über Größen von 150.000 t wurde diskutiert. Die englische Fachpresse stellte Vorteile und Probleme der 500.000-t-Tanker zur Diskussion.
Bei der Dw wurden Rekordzahlen im Auftragsbestand erreicht. Die Belegschaft wuchs auf 10.000 Mann.
Von den Tankern, die die Deutsche Werft nach 1963 abgeliefert hat, hatte keiner weniger als 50.000 t. Die 1964 fertiggestellte Altanin war mit 84.700 t der größte auf der Dw gebaute Tanker.
Die Vielfalt der Schiffstypen, die die Deutsche Werft im Laufe ihrer fünfzigjährigen Geschichte baute, zeigt die nachstehende Zusammenstellung. Es wurden abgeliefert:

120	Tanker
12	Erzfrachter
18	Sonstige Massengutschiffe
198	Frachter
24	Kühlschiffe
7	Fahrgastschiffe
1	Walkocherei
24	Fischdampfer
25	Baggerschiffe
5	Fähren
5	Schlepper bzw. Barkassen
18	Leichter und Schuten
10	Schwimmdocks
14	Hebewerke und -pontons
11	Pontons für Krane usw.
114	U-Boote
6	Minensucher
5	U-Jäger
8	Torpedofangboote
16	Fährprähme
2	Tankreinigungsfahrzeuge
4	Mittelschiffe
1	Werkstattschiff
648	Neubauten insgesamt

Mit dem Waffenstillstand in Ägypten flaute die Konjunktur ab. Aufträge wurden annulliert.
Hohes Tonnageangebot und niedriges Ladungsaufkommen drosselten die Neubautätigkeit und Investitionen in der Werftindustrie. Trotzdem wurden alte Werften ausgebaut und neue Großwerften errichtet; vorwiegend in Japan, wo man sich wie sonst nirgendwo in der Welt auf den Bau großer Schiffe konzentriert hatte. Auch in Europa wurden neue Großwerften angelegt.
1962 regten die vier Küstenländer Hamburg, Bremen, Schleswig-Holstein und Niedersachsen eine umfassende Untersuchung über die wirtschaftliche Lage der deutschen Werftindustrie an. Rationalisierung war das Schlagwort. Moderne Technik und niedrige Löhne im Ausland waren für deutsche Werften und Reeder eine tödliche Konkurrenz.
Die Deutsche Atlantik Linie – am 1. Dezember 1965 von 238 Privatpersonen aus der ganzen Bundesrepublik gegründet – erteilte der Dw den Auftrag zum Bau eines 23.000 BRT großen Passagierschiffes. Es sollte das erste deutsche Passagierschiff dieser Größe sein, das nach dreißigjähriger Pause wieder auf einer deutschen Werft gebaut wurde. «Ein Leuchtzeichen unternehmerischer Initiative» nannte man es anläßlich des Stapellaufes im 50jährigen Jubiläumsjahr der Dw.
Das Schiff Hamburg war wahlweise für den Einsatz im Nordatlantik-Dienst und für Kreuzfahrten bestimmt. Im regulären Nordatlantik-Dienst war Platz für 800 Passagiere, auf Kreuzfahrten konnten 658 Fahrgäste untergebracht werden. Die Besatzungsstärke betrug 400. «Konzipiert für ein Reisepublikum nicht nur von heute, sondern auch für morgen und übermorgen», hieß es in der Werbung. Im Frühjahr 1969 wurde das Schiff in Dienst gestellt.
1968 stand die Dw vor ihrer größten Entscheidung: war sie bereit, zu Gunsten noch weitreichender Ziele auf die Selbständig-

keit ihrer bisherigen Unternehmensform zu verzichten? Sie beantwortete diese Frage durch den Zusammenschluß mit den beiden Howaldtswerken. Die «Howaldtswerke – Deutsche Werft Aktiengesellschaft Hamburg und Kiel» (HDW) stellten sich als größte deutsche und damit eine der leistungsfähigsten Werftgruppen der Welt dem internationalen Wettbewerb.
Blohm & Voß AG hat das Hamburger Werk der Howaldtswerke – Deutsche Werft AG (hieß nach HDW-Hamburg Ross Industrie GmbH) mit Wirkung vom 1. Oktober 1985 übernommen.

Erste Streiks in Deutschland Die ersten größeren Streikbewegungen in Deutschland fanden im Jahre 1865 statt, ausgelöst durch einen Ausstand der Leipziger Buchdrucker. Im gleichen Jahr traten auch die Hamburger Reepschläger in den Ausstand, um für Verkürzung ihres Zwölf-Stunden-Tages und Lohnerhöhung zu kämpfen. In Hamburg hatte man Anfang der sechziger Jahre damit begonnen, eine Allgemeine Arbeiterunterstützungskasse einzurichten. Arbeiter hatten im Notfall daraus einen Anspruch auf wöchentlich acht Mark.
1866 verfügte Hamburg über 517 Segel- und 22 Dampfschiffe mit 187.847 Registertonnen. Im Jahr 1871 waren es nur noch 399 Segel- und 36 Dampfschiffe mit 176.963 RT.

79 Tage Generalstreik im Hamburger Hafen 1896/97 Seit dem Zollanschluß Hamburgs 1888 waren, was den Hafen betraf, gewaltige Umwälzungen vor sich gegangen. Früher wohnten Hafenarbeiter in der Nähe der Elbe, die Schiffe lagen reihenweise auf dem Strom, und es war nicht schwer, z.B. von den Vorsetzen an die Schiffe zu gelangen. Durch den Freihafenausbau wurden aber die hier wohnenden Hafenarbeiterfamilien zwangsweise in vom Elbstrom zum Teil weitab liegende Gebiete umgesiedelt, z.B. nach Hammerbrook, Billwerder, Rothenburgsort, Barmbek, Horn, Winterhude. Wohnen im Freihafen war nur unter bestimmten Voraussetzungen gestattet. Daher waren jetzt die Arbeitsstätten im Hafen nur mit erheblich größerem Zeitaufwand – zum Teil eine bis anderthalb Stunde – zu erreichen, zu Fuß versteht sich. Die Mieten waren in den genannten Stadtteilen sehr viel höher als in unmittelbarer Hafengegend. Zudem erforderte das System der Arbeitsvermittlung, daß die Arbeiter sich jeden Morgen gegen vier Uhr in den Straßen oder Kneipen sammelten, um von dort aus vermittelt zu werden. Die Wirte, die mit den Arbeitgebern zusammenarbeiteten, vermittelten nur gegen mindestens 10 % einer Monatsheuer Arbeit. Die Arbeitslöhne blieben aber trotz steigender Mieten und Lebensmittelpreise konstant. In England und Rotterdam hatten Organisationen bereits mit Erfolg Ausstände durchgeführt. Das Schiffsaufkommen in Hamburg wuchs, Arbeitskräfte wurden dringend gebraucht und daher hatten kurze Steiks auch kleine Erfolge gezeigt. Als nun am 1. November 1896 die Forderungen der streikenden Schauerleute abgelehnt wurden, schlossen sich auch größere Gruppen an. Somit befanden sich am 4. Dezember 11.709 Arbeiter im Streik. Der Hafenbetrieb brach zusammen.
Im «Hamburger Echo» vom 8. Dezember 1896 läßt sich nachlesen: «Die Zahl der Streikenden beträgt zur Zeit annähernd 15.000, die etwa 18.000 Kinder zu ernähren haben. Die Gesamtzahl der durch den Streik in Mitleidenschaft gezogenen Personen beträgt rund 40.000. Sie kämpfen nicht nur für Herabsetzung der Tagesarbeitszeit von 14 bis 16 Stunden, sondern auch für Lohnerhöhung. Im In- und Auslande (besonders England und Dänemark) werden Gelder gesammelt, um die Hamburger Streikenden zu unterstützen. Das Leipziger Gewerkschaftskartell hat an die Streikenden 4.000 Mark gesandt. Auch der «Verein der Kolonialwarenhändler Hammerbrooks von 1894» hat Sammlungen veranstaltet

und den Ertrag dem Streikkomitee überwiesen.»
In Harburg, Bremen und Aalborg, Wismar und Stettin kam es zu Solidaritätsstreiks. Nachdem sich nun auch die staatlichen Kaiarbeiter, Werft- und Fabrikarbeiter dem Ausstand angeschlossen hatten, befanden sich am 21. Dezember 16.458 Arbeiter im Generalstreik. Die Hamburger Bevölkerung unterstützte die notleidenden Arbeiter mit Geldspenden.
Im Januar 1897 war der Schiffsverkehr durch scharfen Frost und niedrigem Elbewasserstand zurückgegangen und es wurden entsprechend weniger Arbeitskräfte im Hafen gebraucht. Auch herrschte jetzt ein Überangebot an Arbeitswilligen, an Streikbrechern. Somit führten Verhandlungen der beiden gegnerischen Seiten zu keinem Erfolg.
Um den Streikenden die «bedingungslose Unterwerfung» zu ersparen, wurde die Bevölkerung zu Geldspenden aufgerufen, «damit für alle Zukunft eine Verschärfung der Streitigkeiten zwischen Arbeitnehmern und Arbeitgebern vermieden werden könnte.» Daraufhin brachen die Arbeitgeber alle Verhandlungen ab. Infolge des harten Winters mußten mehr und mehr Arbeiter entlassen werden und auch die Arbeitslosenzahl der Flußschiffer stieg bedrohlich an. Die Unterstützungskassen waren der Last der notwendig werdenden Zahlungen nicht mehr gewachsen. So brach der Streik am 6. Februar 1897 zusammen.
Die siegreichen Arbeitgeber verkündeten dann, daß es den Streikenden nicht um Lohn- und Arbeitsbedingungen gegangen sei, sondern um «Macht» und gaben die Schuld dem «internationalen sozialdemokratischen Terrorismus.»
Gleichzeitig aber ließen sie 500 Arbeiter vor Gericht stellen, die zu Geld- und Freiheitsstrafen verurteilt wurden. Nur etwa 10 % der Arbeiter wurden – mit erheblichen Lohnkürzungen – wieder eingestellt.

Anerkennung der Gewerkschaft als Arbeitervertreter Dennoch bewirkte der unter großen Opfern durchgeführte erfolglos gebliebene Streik eine grundlegende Veränderung in der Gesamtregelung der allgemeinen Arbeitsbedingungen der Arbeiter. Die Gewerkschaftsführer wurden als Arbeitervertreter anerkannt. Die Hamburger Reeder richteten eine offizielle Heuerstelle ein und der Senat bestimmte einen Hafeninspektor; überwachte Lohnbüros traten an die Stelle von Gastwirten. Im Jahre 1898 wurden die ersten Tarifverträge für Schauerleute, Schiffsreiniger, Kesselreiniger und Schiffsmaler abgeschlossen.
Die Gewerkschaften verzeichneten starken Zustrom. Die Erhöhung der Löhne blieb dennoch hinter den steigenden Lebenshaltungskosten zurück. Erst 1912 konnte der Neun-Stunden-Tag durchgesetzt werden.

Auswanderer-Transithafen Hamburg

Ende des 17. Jahrhunderts schon wanderten Deutsche in die britischen Kolonien nach Nordamerika aus. Allgemeine Auswanderungsverbote machten ihnen das Leben noch schwer. Für die Landesherren galt z.B. im Jahre 1768 noch: sich eine möglichst hohe Einwohnerzahl, starke Arbeitskraft und ein großes Militärpotential zu erhalten.
Umgekehrt hatte der Hamburger Senat 1817, zur Zeit der ersten größeren Auswandererwelle aus Südwestdeutschland, ein Einwanderungsverbot erlassen. Verarmte württembergische Familien wurden an den Hamburger Stadttoren zurückgewiesen weil man befürchtete, sie könnten sich auf Dauer in Hamburg niederlassen und dem Staat zur Last fallen. 1836 schaffte Syndikus Dr. Karl Sieveking eine positive Gesetzesregelung zur Auswandererförderung, aber erst nach 1848/49 wurden mit einem generellen Auswanderungrecht die größten Hindernisse aus dem Weg geräumt. Nun förderte man die Auswanderwilligen sogar zur Stabilisierung der eigenen gesellschaft-

lichen Ordnung, zur Entlastung der Armenkassen und der Gefängnisse, auch zur Verminderung der revolutionären Kräfte.
Erste größere Auswandererwellen gab es um 1820. Europa wurde zum Ausgangspunkt von Massenauswanderungen in die noch unerschlossenen weiten Gebiete Nord- und Südamerikas.
Von 1821 bis 1932 gingen aus europäischen Landen über 60 Millionen Menschen in Länder nach Übersee, darunter waren sechs Millionen Deutsche. Allein über Hamburg wanderten über fünf Millionen Menschen aus. Nordamerika nahm in dieser Zeitspanne rund 34 Millionen Menschen auf, Argentinien sechs Millionen und Kanada fünf Millionen. Dabei muß aber auch die hohe Zahl der Rückwanderer erwähnt werden: Von den zwischen 1821 und 1924 nach Nordamerika eingewanderten Menschen kehrten rund 30 % in ihre Heimat zurück; aus Argentinien in der Zeit von 1857 bis 1924 rund 47 %.
In USA erhielten 32 Städte den Namen HAMBURG!
Warum wanderte man aus? Drei Hauptgründe wurden immer wieder genannt: religiöse, sozialwirtschaftliche und politische. Religiöse Gründe spielten im Zusammenhang mit der Reformation und Gegenreformation eine Rolle, besonders aber die allgemeine religiöse Intoleranz. Wirtschaftliche und soziale Notlagen waren im 19. Jahrhundert die Hauptursachen. Die politischen Motive waren vielfältig.
Es gab z.B. politische Flüchtlinge und Ausgewiesene während der Revolution 1848/49, auch Abgeschobene waren unter ihnen, z.B. Sträflinge, Verarmte und Revolutionäre. Für diese Abgeschobenen zahlte die Behörde sogar die Passage. So entledigte man sich der laufenden staatlichen Unterstützungsgelder.
Aus der Region Darmstadt wurden 1846 700 Verarmte und Kleinkriminelle auf Kosten der hessischen Regierung für 50.000 Gulden nach Amerika geschickt. Da sie aber nur unzureichend ausgerüstet waren, wurde der größte Teil von ihnen in New York gleich wieder ins Armenhaus gebracht, wo sie nun amerikanischen Steuerzahlern zur Last fielen.
Aber auch viele, die nicht mittellos und nicht ohne Besitz waren, Abenteurer und Glücksritter, reizte es, im gelobten Land der Freiheit herrenloses Ackerland zu bestellen oder in den Besitz des in Kalifornien entdeckten Goldes, der Nuggets, zu gelangen.
Zwischen 1880 und dem 1. Weltkrieg nahmen vorwiegend Russen, Polen, Ungarn, Österreicher, Serben, Rumänen und Juden verschiedener Nationalität ihren Weg über Hamburg nach Amerika.

Zwischenstation Hamburg Nachdem Bremens Wirtschaft durch das Auswandererwesen aufgeblüht war, bemühten sich die Hamburger, noch mehr Auswanderer anzuziehen. Diese kamen aus den verschiedensten Gebieten Europas, per Bahn und mit kleinen Flußschiffen. Die Bahnreisenden hatten ihre Endstation auf dem damaligen Berliner Bahnhof am Deichtorplatz und die per Schiff Anreisenden machten an der Landungsstelle der Harburger Fähre fest. Sie wurden von uniformierten Beamten der «Auswandererdeputation» empfangen, die für ihren Schutz bis zur endgültigen Einschiffung zu sorgen hatten. Diese Institution wurde 1847 gegründet und nannte sich anfangs «Hamburger Verein zum Schutze der deutschen Auswanderung», ein Zusammenschluß privater Initiative, weil vorher nicht energisch genug eingeschritten worden war gegen die Ausbeutung der rat- und wehrlosen Transitgäste. Später konstituierte sich daraus das «Auswanderungsamt der Behörde für Hafen und Schiffahrt.»
Schon gleich bei der Ankunft der Sonderzüge und der Flußschiffe hatten die Beamten dafür zu sorgen, daß die sogenannten «Hamburger Buttjers» oder auch «Litzen» – wie man sie in den Hansestädten nannte – den hilfslosen, gutgläubigen Auswande-

rern nicht mit Tricks und Betrügereien die Taler aus der Tasche lockten. So versuchten sie z.B. mit vielen Überredungskünsten die Verängstigten in ein Logishaus zu führen, wo der Wirt den »Litzen« gute Provisionen zahlte. Um die Ankommenden davor zu schützen, richtete man auf dem Berliner Bahnhof einen eigenen Ausgang für die Auswanderer ein. Oftmals mußten die Deputationsbeamten militärische Hilfe anfordern, um dem gewaltigen Ansturm gerecht zu werden.

Bald sah man am Jonashafen, der Liegestelle der Barken, Briggs, Schoner und Vollschiffe, viele Gruppen von Auswanderern lagern. Ihre wenigen Habseligkeiten hatten sie zum Teil mitgebracht, zum Teil in der Hansestadt erworben. Ganze Bettenballen führten sie mit sich, aber auch Bienenkörbe, Webstühle, Pflüge, alle möglichen Truhen, Obstbäume usw.

Das wenige Geld, welches sie mitbrachten, mußten sie hier auch schon ausgeben für das, was laut Vorschrift für die Überfahrt mitzunehmen war, z.B. Matratzen, Dekken, Blechgeschirr und andere Gebrauchsgegenstände. Bei der Deputation lagen Preislisten aus, um es den «Profitmachern» und anderen unlauteren Händlern schwer zu machen.

Die Unterbringung der vielen Durchreisenden war recht schwierig, die eng gebauten Fachwerkhäuser waren ohnehin schon dicht an dicht bewohnt. Der größte Teil der Auswanderer wurde in kleinen Wirtshausstuben einquartiert, in denen sie sich tagsüber nicht aufhalten durften. Sie hockten auf den Straßen zwischen Kellertreppen und Hauseingängen inmitten ihrer wenigen Habe.

Die Deputation wies mit Anschlägen auf ihre kontrollierten «concessionierten Auswandererlogiswirte» hin. Einige dieser Herbergen erinnerten an die «Seelenverkäufer» alter Zeiten. Natürlich gab es keine Einzelzimmer, meist waren es Säle, die nachts von außen verriegelt wurden, um Unbefugten den Zutritt zu verwehren. Die arbeitsscheuen «Hamburger Buttjers» versuchten, ihren Opfern u.a. Fahrkarten für überseeische Eisenbahnen zu verkaufen, die es gar nicht gab. Oder sie versuchten, für eine Provision Überfahrtskontrakte für englische Makler an den Mann zu bringen, u.a. eine «Billige Überfahrt via Liverpool». Auch Engländer wollten am Auswanderergeschäft verdienen. Sie beförderten ihre Menschenfracht auf den Oberdecks zwischen Vieh und Lasten mit ihren Hull-Dampfern und verschwiegen, daß die Menschen mit ihrem Hab und Gut, Kindern und Alten die ganze Insel zu durchqueren hatten, um von Liverpool aus die amerikanischen Segler zu erreichen. Hatte eine englische Firma inzwischen Konkurs gemacht, war das Geld für die Überfahrt sowieso verloren und die hilflosen Menschen blieben sich allein überlassen.

Es gab auch Auswanderer, die nicht in der Lage waren, ihren Weg in die Freiheit zu bezahlen. Sie boten ihre Arbeitskraft zur Zahlung der unerschwinglichen Passagegelder an. Schiffseigentümer oder Gesellschaften hatten durch Verträge das Recht, ihre «Fracht» in überseeischen Hafenstädten öffentlich zum Verkauf anzubieten. Man nannte sie Sklaven- oder Loskäufer. Sie «verkauften» die Arbeitskraft der ausgewanderten Menschen. Der «Kaufpreis» wurde nicht an diese ausgezahlt, sondern gegen die Passage «aufgerechnet».

Der «Hamburger Verein zum Schutze der deutschen Auswanderung» hatte 1851 ein «Nachweisbüro» eingerichtet, wo Ratsuchende unentgeldlich besser informiert und ihrer Finanzlage entspechend den Logishäusern zugewiesen wurden. Preisverhandlungen mit den Logiswirten hielten überhöhte Forderungen in Grenzen. Auch für die Gepäckbeförderung wurden billigere Tarife ausgehandelt und bei Händlern für Reisebedarf Rabatte erwirkt. Ende 1851 wurde ein privates Auskunftbüro für Auswanderer am Berliner Bahnhof eingerichtet. 1852 gelang es, auch die Eisenbahntarife für die Auswanderer zu senken.

Der Besitzer dieser Karte wird empfohlen

an

Pastor Berkemeier

im deutschen Emigrantenhause

Nr. 26, State Street, New-York,

Castle-Garden gegenüber.

Man trage diese Karte bei der Ankunft in Castle-Garden am Hute oder an der Brust.

Man lasse sich diese Karte, welche von zuverlässiger Seite gegeben ist, durch keine Vorspiegelungen wegnehmen, weder auf der Reise zur Hafenstadt, sowie in dieser selbst, noch auf dem Schiffe, da in New-York die Auswanderer in vielen Gasthäusern den ärgsten Betrügereien ausgesetzt sind.

Konzessionierte Auswandererwirte hatten Auflagen zu erfüllen: Sie durften keine Zimmer an engen Höfen oder in Kellern vermieten; die Häuser wurden kontrolliert und nur für eine festgesetzte Zahl von Gästen zugelassen.

Die Wirte hielten sich schadlos bei der Vermittlung von Passagekontrakten. Sie erhielten von Schiffahrtslinien, die in hartem Konkurrenzkampf standen, für einen vermittelten Vertrag von Hamburg nach New York von den Passagekosten von 90 Mark bis zu 40 Mark Vermittlungsgebühr!

Die Unterbringung der schubweise Anreisenden machte größte Schwierigkeiten. 1889 waren es 51.000 Auswanderer, 1891 schon 113.000; erst im Jahre 1894 ging die Zahl auf 22.500 zurück. Wegen der Überbelegung der Herbergen stellte die Hapag wiederholt Schiffe zur Verfügung, die gerade nicht fuhren. 1892 wurde der Hapag auferlegt, am Amerikakai Baracken zu errichten. Das Grundstück war vom Staat zur Verfügung gestellt worden. 14.000 Personen hatten hier Platz. Diese Unterkünfte ließen sich wirtschaftlicher betreiben als die ca. 40 kleinen Logishäuser in der Stadt. 1913 waren von letzteren nur noch acht übriggeblieben; sie waren zu teuer und daher unterbelegt.

Nach 1892 blieb die osteuropäische Transitwanderung in der Öffentlichkeit und bei der hamburgischen Bevölkerung so gut wie unbemerkt. Erst später war in den Berichten der Hapag, in den Akten der Behörden oder auch hin und wieder in den Zeitungen darüber nachzulesen. So berichtete z.B. das «Hamburger Fremdenblatt» am 9. Januar 1896: «Polen auf dem Bahnhofe in Empfang genommen ... so wird der Auswanderer in der Freien und Hansestadt Hamburg bei Nacht und Nebel, bei Frost und Schnee, bei Wind und Wetter auf offenem Rolllwagen nach der fast eine Stunde entfernten Baracke dirigiert, wo er aufhört, Herr seiner Freiheit zu sein.»

Auswandererhallen Das Gelände am Amerikakai, auf dem die Auswanderer-Baracken standen, wurde bald von der Stadt

für andere Zwecke benötigt. Da entschied sich Albert Ballin, der Direktor der HAPAG, auf der Veddel vor der Stadt eine größere und bessere Heimstätte zu errichten, um den auswandernden Menschen mehr Raum, Wärme und Fürsorge zu geben.
Im Jahre 1905 baute die HAPAG für die Auswanderer eine Unterkunft in der Nähe des Hafens, die Auswandererhallen. Verschiedene Hallen im Pavillonstil bildeten eine kleine Stadt für sich. Hygiene und Komfort zeichneten diese in ihrer Art einzige Anlage aus. 1907 fanden hier 113.000 Auswanderer Unterkunft, 1908 waren es 38.000 und 1909 98.000.
Hinzu kam wohl auch, daß Albert Ballin, der die Reederei zur Weltgeltung brachte, seine Laufbahn als Auswandereragent begonnen hatte.
In den Jahren 1905 bis 1907 wurde die Anlage wesentlich erweitert. Es entstand eine kleine abgeschlossene Siedlung mit verschiedenen Gebäuden in Pavillonform, mit Schlafsälen, Tagesräumen, Eßsälen, vorzüglich eingerichteten Großküchen. Auch ein Musikpavillon, Gartenanlagen und Ruheplätze fehlten nicht. Elektrische Beleuchtung und Zentralheizung galten derzeit schon als luxuriös.
Für die jüdischen Auswanderer aus Osteuropa standen ein besonderer Tagesraum und eine Küche zur Verfügung, in der den jüdischen Glaubensvorschriften entsprechend koscher gekocht wurde. Sogar eine Kirche hatte diese kleine Stadt mit Gottesdiensten für Katholiken, Protestanten und Juden.
Auswanderer, die nicht in den Schlafsälen übernachten wollten, konnten sich innerhalb des Gesamtkomplexes in einem Hotelhaus, wo es Vierbettzimmer gab, einmieten, wenn ihre Mittel es erlaubten. Angekommene, die eine ansteckende Krankheit hatten, kamen in die abgeschlossene Quarantänestation, andere Kranke wurden in einem gut ausgrüsteten Krankenhaus innerhalb der Wohnstätte aufgenommen.

Der Bau des Pavillonsystems ermöglichte die Trennung der verschiedenen Nationalitäten und Konfessionen und beugte möglichen Streitigkeiten vor.
Die Gesamtanlage bestand aus einem sogenannten reinen und einem unreinen Teil. Die Züge, mit denen die Auswanderer aus Osteuropa, vornehmlich aus Polen, Galizien, der Ukraine, der Slowakai und Ungarn kamen, fuhren vom Berliner Bahnhof – ohne die Stadt zu berühren – direkt zur heimeigenen Veddeler Bahnstation. Hier kamen die Reisenden zunächst in den «unreinen» Teil. Sie wurden untersucht und ihre mitgebrachten Sachen gingen durch die Desinfektionsabteilung. Waren sie gesund, kamen sie in den «reinen» Teil. Hier blieben sie dann bis zur Abfahrt ihres Schiffes, im allgemeinen jedoch nicht länger als fünf Tage. Die Wartezeit wurde ihnen so angenehm wie möglich gemacht. Musikalische Veranstaltungen, Tanz und andere Darbietungen sorgten für Abwechslung.

Sogar Läden, die alles anboten, was für die Überfahrt mitzubringen war, waren innerhalb des Auswandererhallengeländes vorhanden.

Im Vergleich zu anderen westeuropäischen Hafenstädten galten diese Auswanderungshallen als die beste Unterbringung von Auswanderern. An Abreisetagen brachten kleine Zubringerboote die Passagiere direkt an die großen Überseeschiffe, so daß die Hamburger Bevölkerung mit dem großen Strom des Auswanderer-Transitverkehrs nicht mehr in Berührung kam. Während des 1. Weltkrieges diente die gesamte Anlage der Auswandererhallen vorübergehend als Marinelazarett. Nach dem Ende des großen Auswanderungsstromes wurde die Anlage 1933 von der Nationalsozialistischen deutschen Arbeiterpartei mit Beschlag belegt. Als später die große, direkte Straße nach Harburg gebaut wurde, fielen die meisten Gebäude diesem Projekt zum Opfer. Die Kirche diente noch von 1946 bis 1954 der Gemeinde Veddel, die ihre eigene Kirche durch Bomben verloren hatte. 1954 fielen auch die letzten Auswanderergebäude dem Abriß zum Opfer.

1949 entschloß sich die Stadt Hamburg, in Finkenwerder ein neues Übernachtungsheim für Auswanderer einzurichten. Es galt als Notbehelf für die nun nur noch alle 14 Tage schwach besetzten Auswandererschiffe. Am 31. 12. 1959 wurde auch dieses Lager der Hansestadt geschlossen. Mit dem Wiederaufbau der Hotels in der Stadt wurde das Betreiben der Unterbringungsmöglichkeit außerhalb der Stadt unrentabel.

Einschiffung, der Schritt ins Ungewisse

Mit nur wenigen Ausnahmen wurden alle Auswanderer um 1850 im Zwischendeck, d.h. im Laderaum der Segelschiffe, untergebracht. Es war trotz aller Vorschriften zu voll und unhygienisch. Die Räume waren kaum mannshoch, dunkel und feucht. Zunächst schlief man in Hängematten. Dieser erbärmliche Zustand wurde dadurch geändert, daß für jede Ausfahrt Kojen aus rohen Brettern aufgeschlagen wurden. Zwei bis vier Personen schliefen dann in einem dieser zweistöckigen verschlagähnlichen Nachtlager. «Alleinreisende Frauenzimmer» wurden unter Aufsicht «respektierlicher Frauenspersonen» hinter festen Bretterwänden untergebracht.

In Seglern von 900 t mußten 237 Menschen Platz finden. Unvorstellbar! Trotzdem haben die meisten Schiffe ihr Ziel erreicht!

Das Bordleben war straff organisiert. Es wurde ein «Backmeister» gewählt, der seine Landsleute zu Reinigungsarbeiten einteilte und Verpflegung ausgab. Einmal wöchentlich wurden die Strohmatratzen zum Lüften an Deck gebracht. In der Zwischenzeit räucherten Matrosen das Zwischendeck mit Teerdämpfen aus, eine nicht ungefährliche Desinfektionsmethode.

Im Jahre 1858 war auf dem modernen HAPAG-Dampfer AUSTRIA beim Desinfizieren ein Teerfaß umgefallen und die Strohmatratzen hatten Feuer gefangen. Nur 89 Menschen überlebten von 453 Auswanderern, die sich auf dem Wege nach Amerika befanden.

Die Ereignisse auf der AUSTRIA bewog die Regierung des Norddeutschen Bundes, die Beaufsichtigung der Auswanderung intensiver durchzuführen. Aber erst 1897 gelang endlich eine reichseinheitliche Regelung der Auswandererorganisation und Fürsorgemaßnahmen.

Im hamburgischen Staatsarchiv befindet sich der Brief eines Mannes, der 1792 schildert, wie es damals oft auf Auswandererschiffen zuging: «Sechs Wochen vor unserer Landung war alles aufgezehrt und der Mann bekam ungefähr 2 Loth anderthalb jährig gesaltzenes Fleisch, ohne Brod und Gemüse. Noch 14 Tage weiter kriegten wir keinen Tropfen Wasser mehr und von der Zeit an habe ich meinen eigenen Urin getrunken. Einige von unmenschlichem Hunger und Durst geplagt, tranken von dem elenden Seewasser, und weil der Capitän Branntwein genug hatte, so mußten sie ihre Rechnung höher machen und auf Credit Branntwein, jedoch 2 mahl so theuer wie hier, kaufen. Um ihr Elend etwas zu mildern, besoffen sie sich, um nur im Schlaf zu kommen. Wachten sie auf, so wurde von frischem wieder gesoffen, bis zuletzt alle nach und nach am Scharbock (Skorbut) ganz abgemattet danieder lagen und ihre Leiber mehr ein todtes Gerippe als lebende Menschen ähnlich sahen ...»

«... in dem Schiffsraum war für die Mitreisenden pro Mann eine Hängematte angebracht und hirin konnten sie ruhen, ob es kalt oder warm war, darum kümmerte man sich nicht. Die Schiffskost war 5 Wochen so lange wir in der Nordsee waren, zwar reichlich, aber äußerst schlecht. Wie wir durch den Canahl und noch 14 Wochen in See waren, bekamen wir täglich die ersten 8 Wochen 1 Bouteilje stinkenden Wassers, elendiglich gesaltzenes Fleisch und Erbsen alle Tage, außer Sonnabends Stockfisch, ohne Butter und Gemüse. – Wenn jemand in Ordnung dem Capitän sagte, ihre Reise kamen so viel Geld, und sie bekämen so schlechtes und nicht einmal hinlänglich Proviant so kam der Bootsmann mit ein Strick in der Hand und sagte: «Hunde, wollt ihr hinunter, ihr seyd ja nur verkaufte Sclaven und vor euch ist dies überflüssig gut.»

Es gab strenge Vorschriften, was ein Schiff für die Überfahrt an Lebensmitteln mitzuführen hatte. Berechnet werden mußten die Mengen nach der Zeit der längstmöglichen Überfahrt. Bei gutem Wind und glatter Fahrt kam es schon vor, daß ein großer Teil der eingenommenen Lebensmittel übrig blieb. Dieser Rest wurde mit zurückgenommen und bei Beginn der nächsten Reise in Hamburg an die neuen Reisenden ausgegeben. Bei einigen Arten des Proviants mag das möglich gewesen sein, aber der Rest gab schon bald nach der Ausgabe Anlaß zur Rebellion. In einem anderen Brief ist daher nachzulesen: «... in dem Trinkwasser vermeinte man, Fischlein schwimmen zu sehen, das Fleisch war stinkend und grün und das Schiffsbrod war voller Maden ...» – Scharbock war gang und gäbe.

Vom Zwischendeckfrachtgut-Mensch zum Passagier Im Jahre 1847 überquerte das erste Dampfschiff der Hapag in vier bis sechs Wochen den Atlantik, 1889 schaffte der Schnelldampfer Auguste Victoria die Strecke Southamton – New York in weniger als sieben Tagen. Diese schnellen Schiffe mit größerem Komfort und guten sanitären Anlagen kamen auch den Auswanderern im Zwischendeck zugute, und wer Geld hatte, war sogar «Kajütspassagier», d.h. hatte sein eigenes Bett.

Die am 14. August 1892 in Hamburg ausgebrochene Cholera-Epidemie bewirkte eine sofortige Einstellung der Beförderung von osteuropäischen Auswanderern, da die Vereinigten Staaten keine Einwanderer aus den epidemischen Gebieten mehr aufnahmen. Auch in Deutschland glaubte man, die Krankheit sei von Osteuropäern eingeschleppt worden. Später stellte man fest, daß die Cholera wahrscheinlich von Paris und Le Havre herkam, da sie dort viel früher als in Hamburg auftrat. In der Auswandererbaracke in Hamburg wurde der Beginn der Cholera erst zehn Tage nach Ausbruch der Epidemie in der Hansestadt festgestellt. – Man richtete zu den Ostgrenzen hin besondere Kontrollstationen ein und setzte die Auswandererbeförderung erst ein Jahr später wieder fort.

Durch den in den folgenden Jahrzehnten immer stärker werdenden interkontinentalen Reiseverkehr wurde bald auch der Auswanderer zum »Passagier» und das ehemalige Zwischendeck zur «Touristenklasse». Innerdeutsche Auswanderungsagenturen nannten sich jetzt «Reisebüro» und die Reedereien nahmen in ihren «Passageabteilungen» nunmehr selbst die Belange der Reisenden wahr und verzichteten dadurch auf die Expedienten und die vielen Zwischeninstitutionen.

Die normale und gute Überfahrt mit erstklassiger Verpflegung wurde die Regel. Bei

gutem Wetter spielte sich das Leben an Deck ab. Neben Tanz und Unterhaltung sorgten viele Kinder für »Betrieb«.
Aber Stürme blieben wohl keinem Schiff erspart. Dann mußten die seekranken Binnenländer unter Deck bleiben, alle Lampen und das Feuer in der Küche wurden wegen Brandgefahr gelöscht. Man kann sich vorstellen, wie das schwer beladene Schiff im Kampf mit dem Element in den Spanten ächzte und manch unglücklicher Seekranker seinen Entschluß bitter bereute.
War aber der Zielhafen glücklich erreicht, war schnell alles vergessen und man bestätigte gern, «daß das Schiff tüchtig, der Kapitän liebenswürdig und überhaupt die Reise recht gut gewesen sei.»

Der Schaffer im Zwischendeck Ein Passagier der CESAR GODEFFROY hat ein Reisetagebuch hinterlassen, das uns etwas über den sogenannten Schaffer berichtet. Die Reise begann am 17. August 1852 und endete am 11. Dezember desselben Jahres im Hafen von Sidney. An diesem Tage, nach 123 Tagen Seefahrt von Hamburg aus, schreibt der Glückliche nieder: »Ich wurde diesen Morgen durch das Hin- und Herfallen in meinem Bette aus dem Schlafe gerüttelt. Da begrüßten mich zuerst sechs Paar verschiedene Pantoffeln, Schuhe und Stiefel. Bald kam mein Schreibkasten, der auf dem Boden stand, mit furchtbarem Geräusch gegen mein Bett angeprallt, um gleich wieder mit derselben Gewalt an seine Stelle zurückzukehren, sobald das Schiff nach der anderen Seite überholte. Dasselbe taten auch meine Koffer und sonstigen beweglichen Gegenstände. Endlich will ich aufstehen, falle aber in meine Coje zurück ...»
Was nicht niet- und nagelfest war, flog eben, wenn der Wettergott es so wollte, kreuz und quer durch die Kajüte.
Wenn man überhaupt in jener Zeit der Windjammer von Service sprechen konnte, so betraf er nur Passagiere, die sich mit einem gehörigen Einstand dafür prädestiniert hatten. Wer etwa als Auswanderer nach Amerika fuhr, der übernahm mit der Buchung der Passage wesentlich mehr Pflichten als Rechte. Zu Beginn der Reise wurde er von der Reederei ausdrücklich auf die «Hausordnung» aufmerksam gemacht: «Ruhe und Ordnung nebst friedlichem, anständigen Verhalten der Auswanderer sind wichtige Erfordernisse auf einer Seereise, wo der beengte Raum, die Geschäftslosigkeit und die daraus folgende Langeweile das Gemüt wohl verstimmen können.»
So stolz auch der Anblick jener großen Segler gewesen sein mag, wie sie «mit vollem Tuch» über das Meer glitten, so wenig erhebend waren die Bedingungen für die «Touristen» jener Zeit.
So teilte man beispielsweise die Zwischendeckpassagiere in Zwölfergruppen ein, und in jeder Gruppe mußte einer den «Schaffer» spielen, ein Mann, der etwa die Funktionen eines Stewards zu übernehmen hatte. Abends erhielt er vom Proviantverwalter das Fleisch für den nächsten Tag. Er mußte es mit einer Nummer versehen und dem Koch übergeben, um es dann am nächsten Tag zusammengekocht mit etwas wäßrigem Gemüse für seine Gruppe wieder abzuholen. Ebenso hatte er die Wochenration an Brot und Butter für seine Gruppe einzuteilen. Und jeden Abend hieß es für die Passagiere, das Geschirr selbst abzuwaschen.»

In jenen zeitgenössischen Berichten spiegelt sich das große Abenteuer wider, jenes Abenteuer, dessen Ablauf und Ausgang in einem direkten Zusammenhang stand mit der jeweiligen Windstärke auf hoher See. Eine ganz große Sensation war es, als die HAPAG verkündet hatte, daß jeder Kajütspassagier Anspruch auf ein eigenes Bett hatte. Und dennoch war es keine Vergnügungsreise – es sollte auch als eine solche nicht empfunden werden –, die z.B. das Vollschiff DEUTSCHLAND im Jahre 1848 zum ersten Male antrat, – von unseren Vorfahren voller Begeisterung verabschiedet, als sie in dichten Reihen die Vorsetzen säumten.

Auswanderermissionen Die Gründung der beiden Auswanderermissionen in Hamburg (1873) und Bremen (1881) erfolgte erst, nachdem die große Auswanderungswelle fünf Jahrzehnte lang gelaufen war. Aus Statistiken geht hervor, daß von 1831 bis 1910 5.372.618 Personen Deutschland verlassen hatten. Die höchsten Auswandererzahlen gab es in den Jahren 1854 bis 1881.

In den ersten Jahrzehnten der Auswanderung waren es insbesondere englische, französische und holländische Hafenstädte, die die Menschen aufnahmen und einschifften. Noch 1854, dem Jahr der stärksten deutschen Auswanderung, gingen mehr als die Hälfte der Auswanderer über ausländische Häfen. Erst allmählich konnten Hamburg und Bremen den Hauptanteil an der deutschen Auswanderung übernehmen. Das hing auch mit dem Umstand zusammen, daß die Herkunftsgebiete der Auswanderer sich langsam von Südwestdeutschland nach Norden verschoben.

Schon vor der Gründung der Auswanderermissionen hatte Johann Hinrich Wichern von der Inneren Mission sich intensiv mit der Auswandererfrage beschäftigt. Außerdem wurden im Gehilfeninstitut des Rauhen Hauses seit 1839 auf Veranlassung und Kosten des «Bremer Vereins für die protestantischen Deutschen in Nordamerika» Kolonistenprediger ausgebildet. Zwischen 1835 und 1845 entstanden an verschiedenen Orten Deutschlands Vereinigungen, die sich die Ausbildung und Aussendung von Kolonistenpredigern für die ausgewanderten Deutschen in Nordamerika zur Aufgabe machten. Neben dem Bremer Verein wurden solche in Hamburg, Stade und Hanau gegründet. Am bekanntesten war die Langenberger Gesellschaft, die 1937 ihr hundertjähriges Bestehen feiern konnte und über tausend Prediger und Pastoren nach Nord- und Südamerika ausgesandt hatte.

Anfang des Jahres 1848 schrieb ein Predigtamtskandidat aus einer Industriegemeinde in Pennsylvanien:

«Unser Homesdale, sechs Meilen von dem Delaware Fluß, ist eine von den Städten, die hier wie Pilze emporwachsen. Vor 18 Jahren war hier im Umkreis von 16 Meilen nur ein Blockhaus, jetzt sind hier fünf evangelische Kirchen und sieben Schulen. Die Kohlenminen in Carbondale und der Delaware-Hudson-Canal haben diese beiden Städte entstehen und wachsen lassen.

Meine Gemeinde ist 150 Köpfe stark, ohne die Kinder. Es ist hier nicht leicht, ein Pfarramt zu verwalten, im Vergleich zu Europa. Hier hat man zuerst mit Menschen, die falsche Begriffe von ihrer Freiheit haben, zu thun; die meinen, hier könnten sie sich durch Grobheiten und Störungen für das schadlos halten, was die drüben haben leiden müssen, nehmen aber doch noch einen Schein des christlichen Lebens an. Andere setzen alles bei Seite, und wenn der Geistliche nicht eben so freundlich ist, sie mögen im Wirthshaus sein oder in die Kirche gehen, so fallen sie ab und werden durch jede Zusprache erbittert. Aber es gibt auch solche, die ihren Herrn und Heiland treu lieben und Freude an seinem Worte haben. Hier lernt man nach und nach recht verstehen, was es heißt: Frucht bringen in Geduld. Der Krankenbesuch bildet einen

großen Theil meiner Wirksamkeit. Kommende Woche denke ich, meine Schule zu eröffnen, was bisher nicht möglich war, da die Deutschen hier gern den Engländern nachäffen und meinen, drei Monate Schule sei genug für ein Jahr. Alles Unglück, das die Kinderwelt durch Fabrikarbeit trifft, ist bei weitem nicht so herzzerreißend, als das die Canalarbeit den armen Kleinen bringt. Ich habe Kinder beiderlei Geschlechts von 7 bis 8 Jahren als Treiber auf den Pferden reiten sehen und mit ihren Kapitains auf das lästerlichste fluchen hören. Die Eltern habe ich oft ihre Kinder mit Tränen entlassen sehen, aber preisgegeben müssen sie doch werden, damit sie nur echt Geld verdienen. Da von New York aus der Zug der Handwerker und Arbeiter, die nicht nach dem Westen wollen, über hier geht, so kommt's, daß manche Woche 50, 60, ja 100 Deutsche hier ankommen, durchreisen oder eine Zeit lang hier bleiben. Darunter ist manches Herz, das nach einem Brosamlein vom Tische des Herrn hungert, freilich gibt's auch Gottlose und ich habe schon manchen Spott hinnehmen müssen.
Hier erst habe ich Einwanderer-Elend kennengelernt. Ach, es ist schrecklicher, als man es beschreiben kann.
Ja, wer Deutsche kennen lernen will, muß sie hier in Amerika sehen, viele leben wie das Thier und verdienen Geld, das ist ihnen genug. Wie der Deutsche hier behandelt wird, sah ich an Einem dort, der bei der Arbeit das Bein gebrochen hatte und nach 4 Wochen lag er noch wie am ersten Tage, ohne daß sein Bein verbunden war. Wir schickten ihm einen deutschen Barbier von unserer Gemeinde, denn diese sind in der Regel viel besser, als englische Ärzte im Lande, deren Laufbahn hier kurz ist. Sie treten als Pferdewärter bei einem Arzt in Dienst, nach einigen Jahren kommen sie in die Apotheke, die jeder Arzt selbst hat, und wenn sie Geld genug verdient haben, treten sie selbst als Ärzte auf...» –
Im Laufe von hundert Jahren war für den Auswanderer nach den Vereinigten Staaten ein großer Wandel eingetreten. Schließlich fand er überall, wo er sich niederließ, evangelische Gemeinden, denen er sich anschließen konnte. Viele Nachkriegsauswanderer sind seinerzeit von ihren neuen Ortsgemeinden eingeladen und im Gottesdienst begrüßt worden. Die Gemeinden waren auch bei der Beschaffung von Wohnung und Arbeit behilflich gewesen. So fand der Auswanderer, wenn er es nur wollte, auch in der neuen Welt eine kirchliche Heimat.»
Nord- und Südamerika konnten gewiß die europäischen Einwanderer mit ihrem großen Pioniergeist gut gebrauchen. Die Amerikanisierung setzte sich unter Druck schnell durch. Quotengesetzgebungen steuerten die schwer und leicht assimilierbaren Einwanderer. Volle Integrierung war das Ziel. Erst ab etwa 1960 setzte sich in Amerika der ethnische Pluralismus durch. Der große Wanderungspozeß von Ost nach West ist wohl im Rückblick gut erklärbar, viele Gründe lassen sich dafür finden, aber ein faszinierendes Phänomen wird er immer bleiben.

Goldrausch 1848 bis in den Hamburger Hafen Anfang 1848 wurde im kalifornischen Sacramento-Tal Gold gefunden. Von «fabelhaftem Goldreichthum» berichteten die Gazetten, und daß «Einzelne in zwei Monaten Gold im Betrage von 3000 Dollar gesammelt hatten». Ein Chronist bemerkte, «es wäre merkwürdig, wenn das Gold am Ende wohlfeiler würde als das Silber!»
In jenen Tagen kündigte eine Hamburger Reederei an, daß sie Schiffe nach Kalifornien entsenden werde. Sie forderte goldinteressierte Reisende auf, sich zeitig zu melden. Die Fahrt von Hamburg aus kostete etwa 130 Taler.
Tausende drängten zum Hafen, hatten das letzte Geld zusammengescharrt für eine Segelschiff-Passage im Zwischendeck via Kap Hoorn. Viele kamen gar nicht an, andere blieben verschollen oder fanden in der Neuen Welt noch nicht einmal das Nö-

tigste zum Leben. Nur die Reeder verdienten: zwar nicht Gold, aber schöne, runde, deutsche Silberlinge.
Der «Kalifornismus ist ausgebrochen» schrieben die Zeitungen. Aus Paris kam ein neues Modewort: Es hieß «Californiquer» und bedeutete «sich bereichern». Die Hamburger Reeder jedenfalls «californiquierten« ganz vorzüglich. Die älteste Tonnage wurde flottgemacht, schrottreife «Eimer« wurden der großen Fahrt anvertraut.
Viel zu spät warnten die Hamburger Zeitungen goldgierige Auswanderer vor dem kalifornischen Abenteuer. Es gäbe dort keine Lebensmittel, der Anbau läge brach, da alles nach Gold grübe, und der Tod sei schnell ereilt in Kalifornien!
Aber die Glücksritter ließen sich nicht warnen! Und so hielt denn der Tonnage-Boom auf Kalifornienkurs gute zwei Jahre an. Die Windjammer setzten das letzte Stück Zeug, um mit Hilfe der «Prospektoren» zu Wohlstand zu kommen. Es war die letzte große Zeit der Segler, während am Horizont schon die Rauchfahnen der Dampfer auftauchten.
Damals entstand und überall hörte man bald jenes berühmte Gangspill-Shanty: «Ick heff mol en Hamborger Veermaster sehn, de Masten so scheef as den Schipper sien Been, to me hoodah, to me hoodah, hodah ho!
Blow boys blow for Californio, there is plenty of gold, so I am told, on the banks of Sacramento...»

Östliche Häfen

Baakenhafen 1871/1887 Für die Eisenbahn war längst ein weiterer Damm in die Elbe geschüttet worden, der die Insel Baakenwerder an der Südostspitze berührte. Er schnitt den Elbarm ab, dadurch entstand 1871 der Baakenhafen.
Ein von der Meyerstraße abzweigender, längs dieses Hafens sich hinziehender Weg Am Baakenhafen (später Baakenkai) verband den Baakenwerder mit der Stadt.
Am nördlichen Elbufer wurde der Baakenhafen aus einem flachen Bassin in einen tiefen Hafen für Seeschiffe umgebaut. Beide Ufer des Hafens erhielten Kaimauern. Die zwischen dem Hafen und der Elbe liegende Landzunge wurde auch an der Elbseite mit einer Kaimauer versehen, so daß drei neue Kaistrecken entstanden. Wie bei den bisherigen Häfen wurden die erforderlichen Kaischuppen hinter den Kaikanten errichtet und Straßen und Eisenbahngleise angelegt.
Auf der Fläche nördlich des Baakenhafens lagen Gleisanlagen für das Einordnen der mit den nördlichen Kais verkehrenden Züge. Diese Gleise dienten auch dem Übergabeverkehr zwischen der Kai- und Bahnverwaltung und der Zollkontrolle beim Übergang der Züge über die Zollgrenze. Diese verlief hier mitten zwischen den Gleisen und war durch ein drei Meter hohes Gitter aus engmaschigem Drahtgeflecht gesichert.
Das Becken des Baakenhafens war jetzt tief genug, neben dem europäischen Verkehr auch den transatlantischen zu bewältigen, der im Jahre 1887 eröffnet wurde. Das Hafenbecken war 1400 m lang und hatte 17,8 ha Flächeninhalt. Die Nordseite wurde 1890 Versmannkai nach dem Bürgermeister Dr. jur. J. G. Andreas Versmann benannt, der 1820 geboren wurde und 1899 verstarb.
Der Versmannkai war im Staatsbetrieb, der gegenüberliegende Petersenkai ab 1900 an Reedereien verpachtet: die HAPAG, Woermann-Linie, Deutsche Ost-Afrika-Linie und Deutsche Levante-Linie. Im Staatsbetrieb war der Verkehr mit den Mittelmeerländern, England, Portugal und Ost-Afrika bemerkenswert, im Privatbetrieb der mit Ost-Afrika, der Westküste von Afrika und den Häfen des Mittel- und Schwarzen Meeres. 1906 verkehrten am Versmannkai 757 Dampfer mit 629.061 NRT, am Petersenkai 326 Dampfer mit 524.837 NRT.

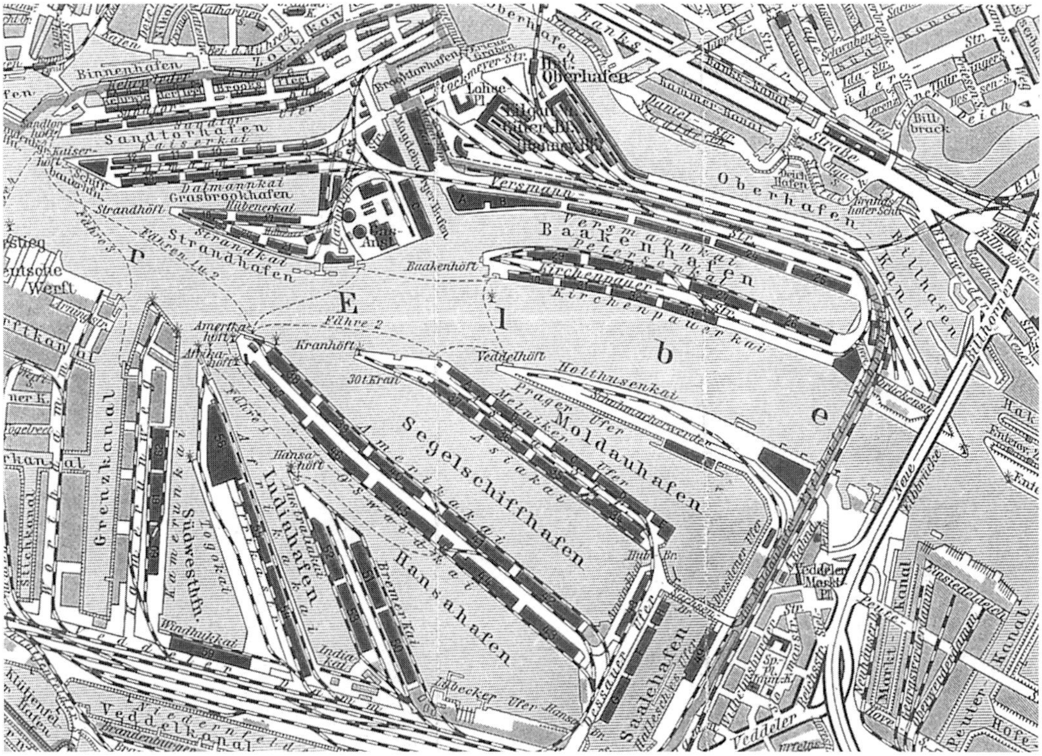

Die verschiedenen Kais erhielten ihre Namen nach hochverdienten Hamburger Bürgermeistern.
In der Nähe des Baakenhafens, etwas stromabwärts neben der alten Gasanstalt, befanden sich die Passagierhallen, die Abgangs- und Ankunftstation für überseeische Passagiere und Auswanderer.

Baakenschleuse Die Schleuse bildete den Zugang zu dem im Freihafengebiet belegenen Baakenhafen. Hier hatte man eine Zollabfertigungsstelle eingerichtet.
Die Schleuse war 100 m lang und 16 m breit, so daß ein Oberländer Kahn größter Bauart oder zwei Kähne mittlerer Bauart gleichzeitig durchgeschleust werden konnten.
Das Zollgitter war sowohl in vertikalerals auch in horizontaler Weise über die Schleuse hinweggeführt worden. Der Schleusenbetrieb wurde 1894 eröffnet. 1943 wurde die Schleuse durch Bomben zerstört.

Segelschiffhafen Das seinerzeit größte Hafenbecken lag am alten Holzhafen, am Kleinen Grasbrook. Es umfaßte drei ha und hatte eine Länge von etwa 1400 m. Die Breite von 275 m machte fast den ganzen Elbstrom aus und ließ unbehindertes Verholen der Schiffe auch dann noch zu, wenn Kaimauern und Pfahlreihen mit nach beiden Seiten löschenden Schiffen belegt waren.
Der Segelschiffhafen wurde 1888 eröffnet. Vorher mußten neue Holzhäfen und Plätze für die Oberländer Kähne geschaffen werden. Man verlegte sie in die Billwerder Bucht, den Billhafen und den Haken am Entenwerder.

Die südliche Kaimauer mußte quer durch die Harburger Chaussee gezogen werden. Hier brach 1887 der Damm und die gesamten Hafenanlagen gerieten unter Wasser. Nach Eröffnung der neuen Elbbrücke 1887 wurde dann die Harburger Chaussee auf dieser Strecke stillgelegt.
1885 wurde auch der Schumacherwerder, der die Holzhäfen von der Elbe trennte, abgetragen. An seine Stelle traten die Mündungen des Segelschiff- und Moldauhafens, die beide 1887 mit Schiffen belegt werden konnten.
Die Kaispitze zwischen dem Segelschiff- und dem Moldauhafen erhielt 1888 den Namen Krahnhöft, die Westspitze der Landzunge zwischen Elbe und Moldauhafen die Bezeichnung Veddelhöft. Die Uferstrecke zwischen Veddelhöft und dem Badeplatz wurde 1893 Schumacherwerder benannt.
Ursprünglich war dieses Hafenbecken nur für Segelschiffe vorgesehen. Sechs Duckdalbenreihen boten den Schiffen Platz «im Strom». Die an jedem Ufer stehende Duckdalbenreihe konnte an der Hafenseite mit Schiffen belegt werden, die zwei mitten im Hafen stehenden auf beiden Seiten.
Manche Schiffe waren so lang, daß sie über die Fährlandestelle hinausragten, wenn sie bei dem großen Kran Ware aufnahmen. Im Jahre 1900 fügte man deshalb an der Spitze des Krahnhöftes an den vorhandenen Fährprahm einen 18 m langen Schwimmkasten hinzu.
Dieses Hafenbecken, mit Segelschiffen voll belegt, bildete vom Elbufer aus gesehen den berühmten Blick auf den Mastenwald und war das Motiv zu «Hamburgs Nationalhymne»:
Stadt Hamburg an der Elbe Auen
wie bist du herrlich anzuschauen
mit deiner Schiffe Mastenwald,
mit deiner Türme hochgestalt ...
Segelschiffe beherrschten das Hamburger Stadtbild vom Baumwall bis zum Hafentor. Die Schiffe, die je nach Takelung Vollschiff, Bark, Brigg, Schonerbark, Schoner, Galeasse usw. genannt wurden, konnten ei-

nem Vergleich mit der Größe der die Meere befahrenden Ozeandampfer in späteren Jahren nicht standhalten. Aber sie (im Durchschnitt mit 200 BRT und weniger) überquerten ebenfalls den Atlantik und die Weltmeere, wenn auch in längeren Reisen. Gegenüber den Vorsetzen lagen sie in drei- und vierfacher Reihe vertäut. Dazwischen schaukelten kleine Flußfahrzeuge, die Waren an die Segelschiffe brachten oder die nach Hamburg gekommenen Waren «einnahmen». Es waren Schuten und wenn sie kleiner waren «Bullen». Ihre Besitzer nannte man Ewerführerbaase, ihre Lenker die Ewerführer, die ihre Fahrzeuge durch Peeken (Vorwärtsstoßen) oder durch Wriggen mit der Hand bewegen mußten.

Hansa- und Indiahafen Der 1893 eröffnete Hansahafen hatte 36,5 ha, der 1894 eröffnete Indiahafen 11 ha.
Wie Segelschiffhafen, Moldauhafen und Saalehafen, liegen die beiden obengenannten Hafenbecken im Gebiet der ehemaligen Elbinsel Große Veddel. Schon 1890 genügten die neugeschaffenen Hafenanlagen dem gesteigerten Schiffsverkehr für See- und Flußschiffe nicht mehr. Der Hansa- und Indiahafen wurden gebaut.
Während der Bauarbeiten wurde die östliche Landzunge des damaligen Petroleumhafens abgeschnitten, die dort stehenden Petroleumschuppen versetzt und die Mün-

dung des Petroleumhafens südlich verschoben.
Der Indiahafen und die Nordseite des Hansahafens wurden mit Kaimauern eingefaßt (Indiahafen 2100 m, Hansahafen 1953 m Kailänge), sie dienten als Seeschiffhäfen. Das Süd- und Westufer des Hansahafens ließ man als Böschung, da die dortigen Wasserflächen zur Aufnahme von Oberländer Kähnen und sonstigen Flußfahrzeugen bestimmt waren.
Zwischen Hansa- und Saalehafen wurde eine Wasserverbindung hergestellt. Diese wurde 1893 mit der Hansabrücke, einer eisernen Straßen- und Eisenbahnbrücke, überbaut.
1893 erhielten die Kaianlagen und Ufer der neuen Häfen ihre Namen: Am Indiahafen Afrikakai Indiakai, Australiakai, am Hansahafen, Bremer Ufer, Lübecker Ufer, O' Swaldkai. Die Spitze zwischen damaligem Petroleumhafen und Indiahafen wurde Afrikahöft genannt, diejenige zwischen India- und Hansahafen Hansahöft.
Zur Überwachung der genannten Häfen wurde 1894 am Hansahafen eine Hafenpolizeiwache erbaut.
1898 baute man auf der Kaistrecke zwischen Hansahöft und Bremer Ufer den vorläufigen Kaischuppen 49. Er diente dem Obstgeschäft. Das aus Amerika eingeführte frische Obst mußte untersucht werden, um die Einschleppung der San José-Schildlaus zu verhüten. Neben einer geräumigen Untersuchungsstelle war hier Platz für 30.000 Faß Äpfel. Der Kai war mit sechs Dampfkränen und drei Handabsetzkränen ausgerüstet. Der Schuppen war ringsrum doppelt verschalt und mit Niederdruckdampfheizung versehen, um das Obst gegen Frost zu schützen.
1899 wurde das gesamte Fruchtgeschäft zum Versmannkai verlegt. Schuppen 49 wurde an die Deutsche Levante-Linie vermietet.
Am Bremer Ufer bzw. Bremer Kai baute der Verein für Volkskaffeehallen (Speisehallen) 1900 in der Nähe der Hafenpolizeiwache Nr.8 auf Staatskosten die Speisehalle Nr. 7. Für den Bau des Schuppens Nr. 50 wurden beide Gebäude abgebrochen und am Lübecker Ufer wieder aufgebaut.
1903 wurde am Bremer Ufer eine 555 m lange Kaimauer gebaut und mit einer Landungsanlage am Südende versehen.
Die Kaistrecke südöstlich vom Hansahöft wurde 1908 mit Freiladegleisen und 1909 mit sechs elektrischen Rollkränen ausgerüstet. Das Bremer Ufer hieß jetzt Bremer Kai.
Auch am Lübecker Ufer wurde 1901 neben der Landesstelle eine Speisehalle erbaut. Von dort aus versorgte ein Motorboot die Arbeiter im Hafen mit Speisen und Getränken.
Der O'Swaldkai war benannt nach dem Kaufmann W.H.O'Swald, 1832 in Hamburg geboren und 1923 gestorben. Er wurde 1867 in die Finanzdeputation, 1869 in den Senat und 1908 zum Bürgermeister gewählt.
Die neuen Schuppen am Amerika- und O'Swaldkai erhielten als Betriebskraft Elektrizität. Hierfür war 1897 eine elektrische Zentrale für 60 Kräne und 140 Bogenlampen errichtet worden. Für die Schuppen 41–44 baute man bis 1900 34 elektrische Portalkräne.
Die HAPAG übernahm 1898 sowohl den vorläufigen Schuppen 46 als auch die beiden neuen großen Schuppen 43 und 44 am O' Swaldkai in Pacht. Ihr stand somit dieser Kai insgesamt zur Verfügung.
Die letzte verfügbare Fläche am Australiakai bebaute man 1912-1913 mit dem Schuppen 53. 1912 legte man Freiladegleise am Roßkai an mit Anschluß an das Zufahrtgleis zur Vulcanwerft. Schuppen 53 wurde mit acht Doppelkränen ausgerüstet, nach neuester Bauart, bei der Drehkran und Laufkatzenkran vereinigt waren.
1921 begann man mit dem Bau des Kaischuppens Nr. 56 am Afrikakai.

Die Norddeutschen Kohlen- und Cokes-Werke AG Die Gründung der Werke geht zurück auf Kaufmann Bernhard Blumenfeld mit folgender Bemerkung: «Die Lage des Wilhelmsburger Cokeswerkes Leo Küpper & Co. in großer Entfernung vom Hafen ist eine wenig glückliche. Die von England ankommenden Kohlen haben dadurch, daß sie in Schuten angefahren werden müssen, eine Fracht von 80 Pfennig bis eine Mark per Tonne zu tragen, und die fertigen Cokes, die ebenfalls in Schuten zum Hamburger Hafen verladen werden, zahlen mehr als eine Mark.»

Ebenso wichtig wie diese Verladespesen war aber auch die Verschlechterung der Qualität der Kohlen und des Kokses durch das mehrfache Umladen. Hinzu kam, daß die zur Wilhelmsburger Kokerei führenden Wasserwege schon bei geringem Frost zufroren.

Blumenfelds Vorschlag sah die Errichtung einer Kokerei am seeschiffstiefen Wasser vor. An der Kaimauer könnten die englischen Kohlen bei jedem Wasserstand direkt beim Werk gelöscht werden.

Nach langen Verhandlungen über einen geeigneten Platz und nach Erstellung eines Gutachtens des Hafenbau-Inspektors Max Jürgen Buchheister fand man schließlich eine Lösung.

Am 20. Juli 1896 veröffentlichte die Deputation für Handel und Schiffahrt folgenden Beschluß: «... die Überlassung des Platzes am Reiherstieg wäre an die Bedingung zu binden, daß der Finanzdeputation eine Kündigung zusteht, sofern der Pächter seinen Verpflichtungen, die Nachbarschaft nicht durch Staub und übelriechende Gase zu belästigen, nicht nachkommt...»

Die Gründungsversammlung der Norddeutschen Kohlen- und Cokes-Werke AG. trat am 20. Juli 1898 zusammen. Die Finanzdeputation vermietete der Firma Bernhard Blumenfeld eine 22.346,6 qm große Fläche Staatsgut am Indiakai. Die Fläche war für 30 Jahre gepachtet für die Errichtung eines Cokes-Werkes mit Gewinnung von Nebenprodukten und Erstellung einer Brikettfabrik.

Asiakai Die hier befindlichen Kaischuppen Nr. 34, 36, und 37 hatte man 1889-90 erbaut. Sie wurden mit den Straßen-, Gleis- und Krananlagen 1890 in Betrieb genommen.

An der Einfahrt des Segelschiffhafens zwischen den Eisenbahngleisen und der Elbe stand östlich vom Krahnhöft der 31 m hohe, zu jener Zeit schwerste Kran der Welt mit 150 t Dampfkraft. Er hatte eine Ausladung von 10 m und beherrschte mit seinem 34 m hohen Gerüst die ganze Umgebung.

Amerikakai und Amerikahöft Der Amerikakai lag an der Südseite des Segelschiffhafens; die an der Elbe gelegene, mit einem Feuerturm versehene Westspitze wurde Amerikahöft benannt. Hier baute man 1887-88 die Kaischuppen Nr. 38 und 39 von je 220 m Länge. Auf 500 m Länge mit Gleis-, Straßen- und Krananlagen versehen, wurden sie an die Hamburg-Amerika-Linie verpachtet. Wegen des Zollanschlusses mußte die HAPAG ihren Betrieb vom Jonas abziehen.

1914 wurde für die Hamburg-Süd ein Turmdrehkran von 30 t Tragkraft am Amerikahöft aufgestellt.

Um weitere Schuppen zu bauen, wurde der dort betriebene Freiladeverkehr nach dem Indiahafen verlegt.

1908-1910 wandelte man die alten Dampfkräne des Schuppens 40 in elektrisch betriebene um.

1911 wurde der Schuppen 42 an die Deutsche Levante-Linie vermietet.

Cholera Logirschuppen Um dem Einschleppen der im Auslande herrschenden Cholera zu begegnen, war 1892 für die Auswanderer hinter Schuppen Nr. 40 ein großer «Logirschuppen» mit Küche und Badevorrichtung erbaut worden. Die Auswanderer wurden in der «Quaibahn» direkt, ohne Berührung der Stadt, dorthin gebracht. Die Anlage bot 1400 Personen Unterkunft.

Elbschiffahrtsakte von 1821 Der Wiederaufbau der Stadt Hamburg nach dem Abzug der französischen Truppen konzentrierte sich hauptsächlich auf die Wirtschaft und den Hafen getreu dem Hanseatenwort: Navigare necesse est, vivere non est – Seefahrt ist not, zu leben nicht. Die Widerstände, die sich dem Aufbau eines modernen Hafens und den Verkehrswegen im Hinterland entgegenstellten, wurden durch verkehrsfeindliche Zölle immer wieder aufs neue unüberwindlich.

Nach langen Elbschiffahrts-Konferenzen mit den Uferstaaten unterzeichneten am 12. Dezember 1821 10 Staaten die ELBSCHIFFAHRTSAKTE in Dresden. Das waren das Kaiserreich Österreich, die Königreiche von Preußen (Sachsen, Hannover und Dänemark, letzteres für die Herzogtümer Schleswig, Holstein und Lauenburg), das Großherzotum von Mecklenburg-Schwerin, die drei Herzogtümer Anhalt-Bernburg, Anhalt-Cöthen und Anhalt-Dessau und die «Freye und Hansestadt Hamburg». Ab 1. Januar 1822 traten die neuen Bestimmungen in Kraft zur Beseitigung der Zölle und Verkehrserschwerungen auf der Elbe einheitlich für alle Anliegerstaaten.

Nach Artikel 1 der Akte «soll die Schiffahrt auf dem Elbstrom von da an, wo dieser Fluß schiffbar wird» (also ab Melnik, der Stadt, die etwa 30 km von Prag entfernt liegt, wo die Moldau in die Elbe mündet), «bis in die offene See und umgekehrt, sowohl auf- als abwärts, in bezug auf den Handel völlig frey sein». Die «cabotage», d.h. die Schiffahrt von einem Uferstaate zum anderen, blieb auf dem gesamten Strom den jeweiligen einzelnen Staaten vorbehalten. Erst die zweite Revision der Elbschiffahrtsakte vom 17. Oktober 1844 berechtigte alle Fahrzeuge sämtlicher Uferstaaten zum Schiffsverkehr zwischen den einzelnen Staaten. Hiermit wurden auch alle Stapel- und Zwangsumschlagsrechte und andere Privilegien ausnahmslos aufgehoben.

Eine wichtige neue Bestimmung war, daß der Betrieb der Elbschiffahrt «nur demjenigen gestattet ist, der mit geeigneten Fahrzeugen versehen, von seiner Landes-Obrigkeit nach vorhergegangener Prüfung hierzu die Erlaubnis (das Patent) erhalten hat».

Entscheidend für die neue Regelung war der Artikel 7 der Akte, wonach «sämtliche bisher auf der Elbe bestandenen Zoll-Abgaben, so wie auch jede, unter was immer für Namen bekannte Erhebung und Auflage, womit die Schiffahrt dieses Flusses belastet war, hiermit aufhören und in eine allgemeine Schiffahrtsabgabe verwandelt werden, die von allen Fahrzeugen, Flößen und Ladungen bey den durch gegenwärte Convention festgesetzten Erhebungsämtern entrichtet werden muß.» Die Einnahmen teilten die Elbuferstaaten im Verhältnis ihrer Uferstrecken unter sich auf. «Um jedoch die innere Industrie und die Ausfuhr der Landesprodukte zu befördern, zugleich auch den Verkehr der ersten Lebensbedürfnisse zu begünstigen ... war der Elbzoll für bestimmte Waren auf ein Viertheil, auf ein Fünftheil, auf ein Zehntheil, auf ein Zwanzigtheil oder auf ein Vierzigtheil» ermäßigt.

Im Jahre 1861 konnte erreicht werden, daß der Stader Zoll für die Befahrung der Niederelbe (der schon vor 1189 bestand) aufgehoben wurde.

Erst 1870 wurde die Elbe nach Entscheidungen des Norddeutschen Bundes gänzlich vom Zoll befreit.

Unterelberegulierungen, Köhlbrandverträge von 1868, 1896 und 1909 Nach Gründung des Deutschen Reiches (1871), hielt der wirtschaftliche Aufschwung der Hansestadt Hamburg bis 1914 an. Der Hafenbetrieb erweiterte sich und machte die Regulierung und Verbesserung des Elbelaufs und der Wasserstraßen dringend erforderlich.

Die natürliche vorhandene Fahrrinne der Elbe mußte ausreichend für die Schiffahrt bezeichnet werden; dazu kam die Vertie-

fung der Fahrrinne durch Baggerarbeiten. Seit Beginn der Seeschiffahrt war es Aufgabe Hamburgs, für Erhaltung und Bezeichnung des Fahrwassers zu sorgen, wenn auch zum hamburgischen Staatsgebiet nur ein kleiner Teil der Unterelbe gehörte. Erst die neue Reichsverfassung sah vor, daß Hamburg ab 1. April 1921 die Unterhaltung der Unterelbe von Blankenese bis zur See an das Reich abtreten mußte.
Ausbaggerungen der Fahrrinne hatten Erfolge gebracht, aber auf die Dauer mußte man Stromregulierungen vornehmen, um die zweimal täglich auftretende Flutwelle durch Leitdämme zusammenzuschieben und dadurch ihre Wassermenge und Strömungsgeschwindigkeit zu erhöhen.
Bis ins 20. Jahrhundert nahm die Elbe unterhalb Hamburgs an Breite stark zu und an Tiefe entsprechend ab. Bis 1845 floß sie in ihrem natürlichen Zustand dahin.
1913 wurden von Ufer zu Ufer folgende Breiten gemessen:

bei Geesthacht	300 m
bei den Elbbrücken (Norderelbe)	250 m
bei den Elbbrücken (Süderelbe)	300 m
bei den St. Pauli-Landungsbrücken	350 m
vor Finkenwerder	600 m
Blankenese und Estemündung	2.400 m
bei Glückstadt	3.000 m
bei Brunsbüttel, Einmündung des Kaiser-Wilhelm-Kanals	2.500 m
zwischen Kugelbake und dem Ditmarscher Ufer	15.000 m

Die Verbreiterung bei Blankenese war die Ursache der Sände und Untiefen in der Unterelbe. Die Erhaltung der erforderlichen Tiefen ereichte man durch Stromleitwerke zwischen Hamburg und Brunshausen. Hierdurch wurden nicht nur gefährliche Krümmungen des Fahrwassers beseitigt, sondern auch die Strömung des Niedrigwassers in einem Stromschlauch zusammengefaßt und die Neubildung von Sandbänken verhindert.
Man konzentrierte die Regulierungsarbeiten im wesentlichen auf die Norderelbe und begann damit Ende der fünfziger Jahre des 19. Jahrhunderts. Diese Arbeiten erforderten jedoch noch die Zustimmung der Elbuferstaaten Dänemark und Hannover. Erst 1868, nachdem Holstein, Lauenburg und Hannover vom Königreich Preußen vereinnahmt worden waren, kam zwischen Hamburg und Preußen der erste sogenannte «Köhlbrandvertrag» zustande. Dadurch erreichte man den Ausbau der Ober- und Norderelbe und eine Verbesserung des Köhlbrandes an der Süderelbe.
In 55 Paragraphen wurden für die Oberelbe von Ortkathen bis Bunthaus Normaluferlinien festgesetzt, die von den betreffenden Uferstaaten auszubauen waren.
In den folgenden fünf Jahren erreichte man elbabwärts sich allmählich vergrößernde Strombreiten und -tiefen für mittlere und hohe Wasserstände.
1875 bis 1879 erfolgte der Durchstich bei Kaltehofe und die Abtrennung der Billwerder Bucht. Dadurch wurde der Lauf der Norderelbe so verkürzt, daß die Begegnung der Flutwellen von Norder- und Süderelbe in der Nähe der Bunthäuser Spitze stattfinden konnte. Vorher hatte die in die Süderelbe eintretende Flutwelle wegen des um 1720 m kürzeren Weges die Teilungsspitze bei Bunthaus eher erreicht, als die die Norderelbe hinauflaufende Flutwelle. Die erstgenannte trat hier von oben in die Norderelbe ein und erzeugte einen Stau und Sandablagerungen.
Durch die Abtrennung der Billwerder Bucht entstand gleichzeitig ein großes Flutbecken, das unterhalb des Durchstiches die Stromstrecke bei eintretender Ebbe kräftig durchspülte. Hinzu kam, daß durch die Verlegung der Mündung der Dove- und Gose-Elbe bis oberhalb des Durchstiches der durchfließende Strom verstärkt wurde. Diese Arbeiten wurden nach Plänen und Anweisungen des Wasserbaudirektors Dalmann durchgeführt und waren grundlegend für die Gesamtentwicklung der Hamburger Häfen.

Die weiteren Bestrebungen Hamburgs zur Verbesserung des Fahrwassers auf der Unterelbe konzentrierten sich dann auf die Strecke bis zum westlichen Ende der Insel Finkenwerder. Hier war das Fahrwasser besonders eng und gefahrvoll. Baggerungen reichten nicht mehr aus. Man versuchte durch Strombauwerke die natürliche Spülkraft des Flusses zu erhöhen und das Hauptfahrwasser in bestimmte Bahnen zu lenken.

Gegenüber von Altona hatte sich unter dem Einfluß des einmündenden Köhlbrandes auf der anschließenden Strecke der Unterelbe eine schlängelnde Wasserrinne gebildet. Sie reichte zunächst bis dicht an das Altonaer Ufer heran, schwenkte dann unterhalb Neumühlen plötzlich zum südlichen Elbufer hinüber, bis sie bei der Mündung des Köhlfleets abermals ihre Richtung wechselte und sich bei Nienstedten wieder nach dem nördlichen Ufer hinzog.

Durch die geplanten Arbeiten wurden auch die Häfen von Altona und Harburg, die zu Preußen gehörten, berührt. Lange andauernde Verhandlungen waren notwendig, um zu genauen Abmachungen zu gelangen. Am 19. Dezember 1896 wurde endlich ein Staatsvertrag zwischen Preußen und Hamburg abgeschlossen, der sogenannte 2. Köhlbrandvertrag.

Zum gemeinsamen Nutzen von Hamburg und Harburg wurden verschiedene Regelungen auf der Norder-, Süder- und Oberelbe festgelegt. Hamburgs Wünschen wurde entsprochen bezüglich der Regulierung der Unterelbe durch Strombauwerke auf dem linken Elbufer unterhalb der Köhlbrandmündung bis nach dem westlichen Ende von Finkenwerder. Auch die Erweiterung des Altonaer Hafens wurde in diesem Staatsvertrag festgelegt. Seine südliche Begrenzung erfolgte durch einen Leitdamm. Die verschiedenen Forderungen und Pflichten wurden in 14 Paragraphen festgelegt.

Wegen der Verteilung des Oberwassers bei Bunthaus wurden künftig Preußen in der Süderelbe und Hamburg in der Norderelbe berechtigt, von der Bunthäuser Trennungsspitze an abwärts eine 500 m lange, in der Sohle 200 m breite Rinne zu baggern, deren Tiefe drei m unter Null betragen durfte. Diese beiden Rinnen wurden in der ungeteilten Oberelbe stromaufwärts bis Ortkathen fortgeführt und allmählich in einer Rinne vereinigt. Unterhalb der genannten 500 m konnte jeder Staat in seinem Stromarm die Flußsohle beliebig vertiefen. Ausgenommen davon waren gewisse Strecken am Köhlbrand und an dessen Mündung in die Norderelbe. Hier wurde Preußen bzw. Harburg gestattet, für den Harburger Seehafen die Flußsohle in 100 m Breite zu vertiefen und tief zu halten.

Vor Park- und Pagensand wurden 12 Stacks angelegt und der Böhnhafensand weggebaggert. Hierdurch wurde das Fahrwasser weiter nach Norden verlegt, begradigt und durch die Einengung des Flußquerschnittes in größerer Breite vertieft.

Zu den Stackbauten gehörte ein am Ende der Stacks zu errichtender Paralleldamm, der bis auf die niedrigste Sturmfluthöhe (+ 6,3 m) reichte, ein Hinterspülen der Stacks verhinderte und die Ableitung der Flutwassermengen regelte.

Das durch Stacks und Parallelwerke zu regulierende Köhlfleet erhielt eine Breite von 150 m und wurde für Ankerung der Finkenwerder Fischewer ausgebaggert.

Vor Finkenwerder war die Elbe ungewöhnlich breit. Im Zuge der Regulierungsarbeiten nahm man den Finkenwerdern ein von den sogenannten Finkenwerder Schallen gebildetes, etwa 800 m breites und über drei km langes Gelände ab, für das zu Aufhöhungszwecken eine neue Deichlinie festgesetzt wurde. Das innerhalb dieser Linie liegende niedrige Vorland wurde von vier Kanaleinschnitten aus durch Baggerboden allmählich aufgehöht. Eine Verschmälerung des freien Fahrwassers vom Altonaer Hafen zum Hamburger Hafen war mit den hamburgischen Interes-

sen nicht vereinbar. Daher verschob man das gesamte Fahrwasser nach Süden und stellte dort durch Baggerung die erforderliche Tiefe her. An der Nordseite schaffte man dann für Altona ein breites, im ruhigen Wasser liegendes Hafenbecken durch den Bau eines Dammes. Anfänglich lag die Dammkrone 0,1 m über der Höhe des gewöhnlichen Hochwassers (+ 5,20 m) und wurde stets bei außergewöhnlichem Hochwasser vollständig überflutet.
Ferner wurde im 2. Köhlbrandvertrag von 1896 die in der Mittellinie des regulierten Elbstromes verlaufende Hoheitsgrenze in zwei Elbstrecken festgelegt: Die eine Strecke ging von Ortkathen (Ochsenwerder) an der Oberelbe bis zum Großen Sande in der Süderelbe bei Moorwerder, die andere von der Hamburg-Altonaer Grenze bei St. Pauli abwärts an Altona und Finkenwerder vorbei bis zum westlich davon liegenden Sand gegenüber Blankenese. Hier lag die Hoheitsgrenze durch ältere Abmessungen fest.
Ferner sicherte sich Hamburg durch diesen Vertrag die Förderung seiner Maßnahmen auf den Elbinseln westlich des Köhlbrandes durch seine Nachbarn. Die Nutzbarmachung für gewerbliche und Hafenzwecke war wichtig geworden, da die Ausnutzung des Freihafengebietes östlich vom Köhlbrand bereits nach 10 Jahren erschöpft war. Der Schlußabschnitt des Vertrages bezog sich auf eine allgemeine und durchgreifende Regulierung der Unterelbe.
Die Ausführung der im Staatsvertrag vereinbarten Arbeiten oblag zum größten Teil dem Staat Hamburg. Das waren der Bau des Altonaer Hafendammes, der Bau der Stacks und des Paralleldammes vor Park- und Pagensand und der übrigen Regulierungswerke am Südufer der Elbe vom Maakenfleet – spätere Mündung des Köhlbrandes – bis zum Westrande von Finkenwerder und der Stacks und Parallelwerke an beiden Ufern des Köhlfleets. Dazu kamen die Erstellung der vier Kanäle vor Finkenwerder und umfangreiche Baggerungen bei Bunthaus in der Norder- und Oberelbe.
Diese beiden Köhlbrandverträge und die darin festgelegten Regulierungs- und Ausbauarbeiten des Elbstromgebietes waren wesentliche Grundpfeiler des Hamburger Hafenbaues.
Zwischen Preußen und Hamburg wurde 1909 ein 3. Köhlbrandvertrag abgeschlossen, der zur Verbesserung des Fahrwassers und für andere Maßnahmen zur Förderung der Seeschiffahrt nach Hamburg, Altona und Harburg im Entwurf folgendes vorsah:
«Seine Majestät der König von Preußen und der Hohe Senat der Freien und Hansestadt Hamburg, von dem Wunsche geleitet, die Seeschiffahrt nach den Häfen von Hamburg, Altona und Harburg mittels einer durchgreifenden Verbesserung des Fahrwassers der Elbe von der Seevemündung abwärts zu fördern, sowie den Ausbau der vorhandenen und die Einrichtung neuer Hafenanlagen Hamburgs durch den Austausch geeigneter Gebietsteile und die Herstellung neuer Eisenbahnverbindungen zu erleichtern, haben zum Zwecke einer Vereinbarung hierüber zu Bevollmächtigten ernannt:
Seine Majestät der König von Preußen:
den an Stelle des Staatssekretärs des Auswärtigen Amtes mit der Vertretung Allerhöchst ihres Ministers der auswärtigen Angelegenheiten betrauten Gesandten in Bukarest, Wirklichen Geheimen Rat Alfred von Kiderlen-Waechter,
Der Hohe Senat der Freien und Hansestadt Hamburg:
den Bürgermeister William Henry O'Swald.
Die Bevollmächtigten haben unter Vorbehalt der Ratifikation nachstehenden Vertrag abgeschlossen.
(Alle Paragraphen werden hier nur mit den Überschriften zitiert):
§ 1 Stromregulierung von der Seevemündung bis Brunshausen.
§ 2 Köhlbrand
§ 3 Bunthäuser Spitze, Verteilung des Ebbewassers

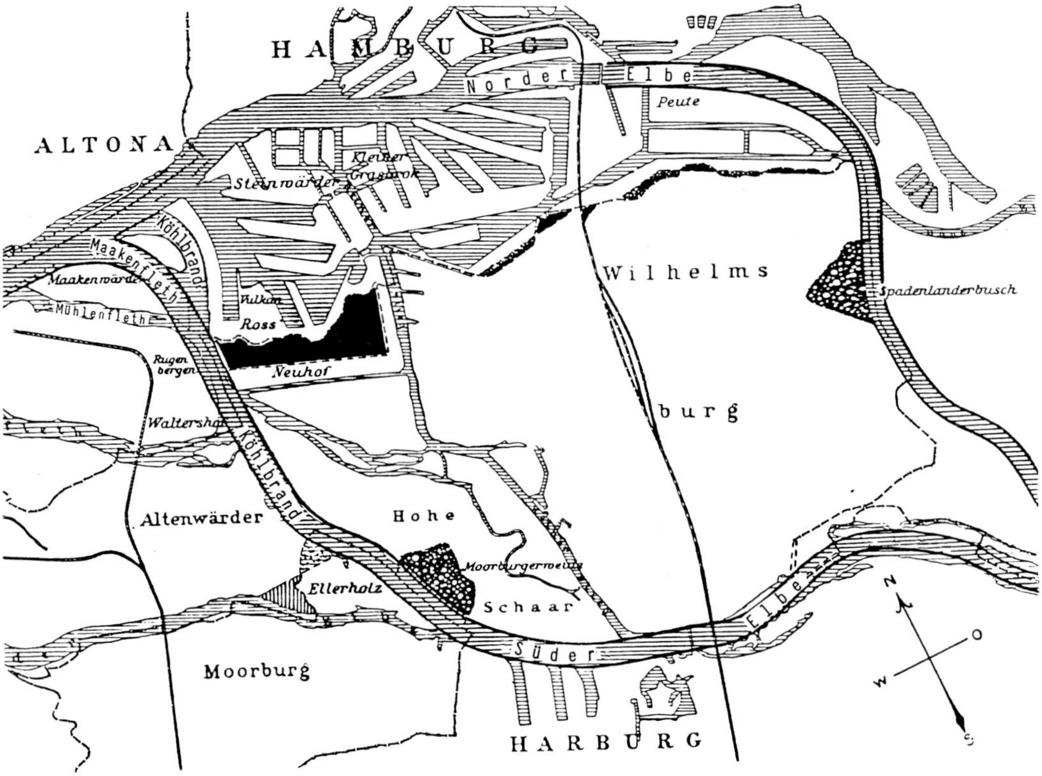

§ 4 Nebenarme

§ 5 Leitdamm

§ 6 Einstweiliger Umfang der Regulierungsarbeiten

§ 7 Die Unterelbe von Brunshausen bis zur See

§ 8 Verteilung der Kosten – Oberelbe, Norder- und Süderelbe, Köhlbrand, Nebenarme, Unterelbe

§ 9 Altonaer Hafen – Hafenerweiterung, Beseitigung des Querdammes am Ostende des Hafens, Kaimässiger Ausbau der Innenböschung des Leitdamms, Abfindung für etwaige Nachteile

§ 10 Maßnahmen zum Schutze der Landeskultur und Fischerei, Uferschutz

§ 11 Nebenflüsse

§ 12 Fischerei

§ 13 Allgemeine Bestimmungen, Tiefe der Unterelbe

§ 14 Regulierungslinien, Fährverbindungen

§ 15 Strominventar

§ 16 Mitteilung der Einzelentwürfe

§ 17 Ausführung der Arbeiten

§ 18 Ausgleichung von Nachteilen

§ 19 Schiedsgericht

§ 20 Vorlandsflächen, Anlandungen

§ 21 Besichtigungen

§ 22 Gebietsabtretung und Grenzregulierung

§ 23 Strommitte

§ 24 Kosten Gebietsabtretungen

§ 25 Neuhof zum Freihafengebiet

§ 26 Regelung der Entwässerungsverhältnisse
Anlegebrücke Köhlbrand
Deichwege
Neuhof Wasseranschluß

§ 27 Grundstücke Altenwerder

§ 28 Fischereirechte

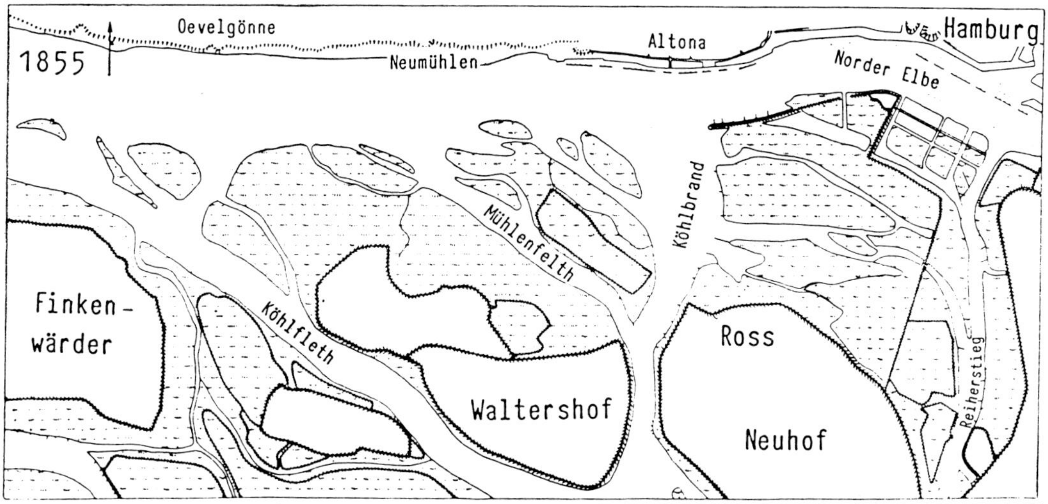

1855
Oevelgönne
Neumühlen
Altona
Hamburg
Norder Elbe
Köhlbrand
Mühlenfelth
Finken-
wärder
Köhlfleth
Waltershof
Ross
Neuhof
Reiherstieg

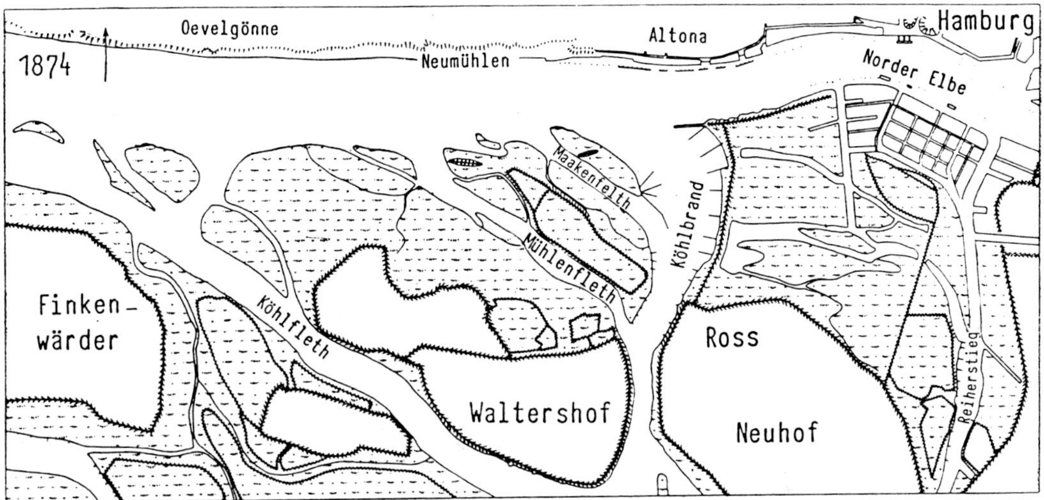

1874
Oevelgönne
Neumühlen
Altona
Hamburg
Norder Elbe
Maakenfelth
Köhlbrand
Mühlenfleth
Finken-
wärder
Köhlfleth
Waltershof
Ross
Neuhof
Reiherstieg

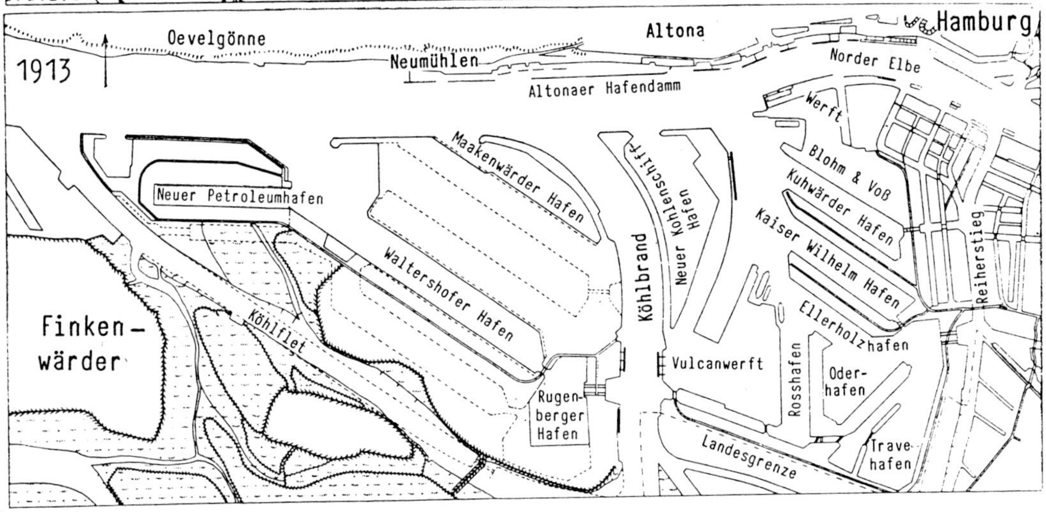

1913
Oevelgönne
Neumühlen
Altona
Hamburg
Norder Elbe
Altonaer Hafendamm
Werft
Blohm & Voß
Kuhwärder Hafen
Kaiser Wilhelm Hafen
Ellerholzhafen
Reiherstieg
Maakenwärder Hafen
Neuer Petroleumhafen
Köhlschiff
Neuer Kohlenschiff Hafen
Köhlbrand
Waltershofer Hafen
Finken-
wärder
Köhlflet
Vulcanwerft
Rosshafen
Oder-
hafen
Rugen-
berger
Hafen
Landesgrenze
Trave-
hafen

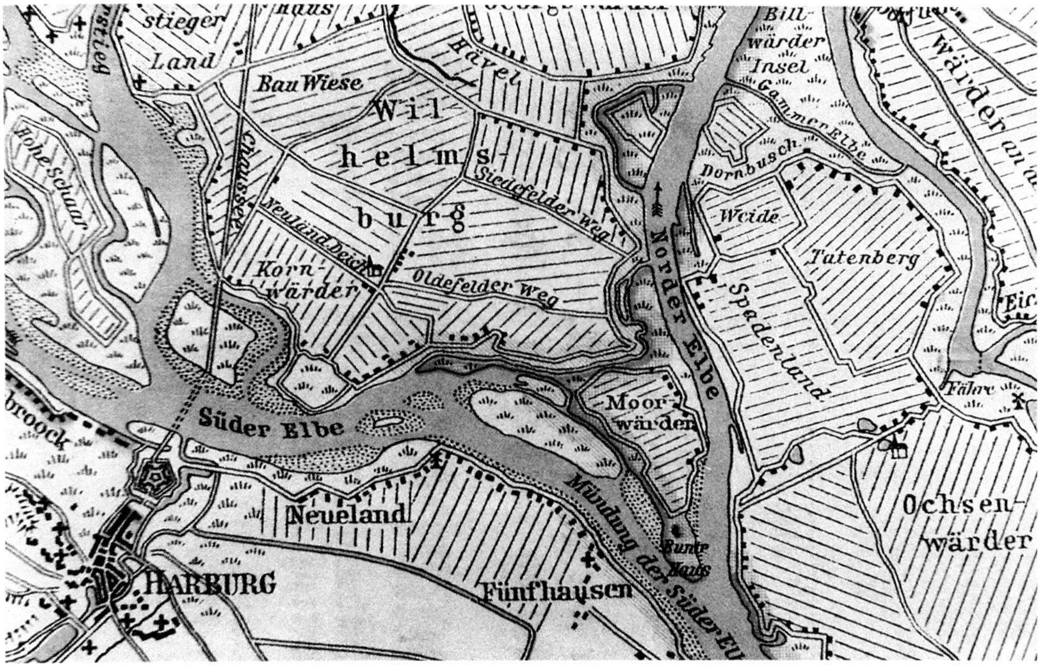

§ 29 Eisenbahn von Harburg über Altenwerder nach Finkenwerder und Waltershof
§ 30 Verwaltung und Betrieb Eisenbahn
§ 31 Bahnenteignungsrecht für Preußen
§ 32 Anschluß der Bahnstrecke Harburg – Cuxhaven
§ 33 Bahn Bauentwurf
§ 34 Bahn Entschädigungsansprüche
§ 35 Bahn – Einnahmen
§ 36 Eisenbahntarife
§ 37 Staatshoheit Bahnstrecke
§ 38 Bahnwärter usw.
§ 39 Bahnpolizei – Personal
§ 40 Landespolizeiliche Prüfung der Strekke
§ 41 bis § 43 Schlußbestimmungen

Zu Urkund dessen haben die Bevollmächtigten diesen Vertrag und seine Anlagen unterzeichnet und mit Siegeln versehen.
So geschehen in zweifacher Ausfertigung in Berlin am 14. November 1908
L. S. gez.: Kiderlen
L. S. gez.: Wm. O'Swald

Anlage A
Regulierungsentwurf für die Elbstrecke von der Seevemündung bis Brunshausen.
§ 1 Fahrwasser, Tidebewegung, bei Bunthaus gleiche Teilung
Köhlbrand, Mittelwasser, Sturmflutfrei
§ 2 Köhlbrand
§ 3 Bunthäuser Spitze
§ 4 Nebenarme
§ 5 Leitdamm
§ 6 Strombett Regulierungslinien
§ 7 Tiefen
§ 8 Breiten
Schlußprotokoll
Berlin, den 14. November 1908
gez.: Kiderlen
gez.: Wm. O'Swald.»

Der Vertrag wurde am 6. Januar 1909 abgeschlossen.

Köhlbrandverträge und Bunthäuser Spitze Die Vertragswerke sahen eine stufenweise Vertiefung des Köhlbrandes vor. Die Ausbaggerung erfolgte immer in niedrigen Stufen von je zwei Metern und war zeitlich auf 24 Jahre vom Zeitpunkt des Vertragsabschlusses an festgelegt. Es war Preußen genau vorgeschrieben, wann und unter welchen Bedingungen jedesmal eine weitere Vertiefung stattfinden sollte. Nur Schritt für Schritt wich Hamburg von seinen beiden älteren Verträgen aus den Jahren 1868 und 1896 zurück und gab dem Drängen Preußens und Harburgs auf Schaffung des sieben km langen Wasserlaufes zu einer «Überseestraße» Raum.

Die Oberelbe gabelt sich bei Bunthaus auf hamburgischem Gebiet in die Norder- und Süderelbe. Bei Bunthaus hatte die Elbe schon 300 m Breite, die sich auf 400 m oberhalb Harburgs erweiterte. Die Norderelbe hatte aber auf ihrem ganzen nördlichen Verlauf bis zur Peute nur durchschnittlich 180 bis 200 m Breite. Die Süderelbe verzweigte sich außerdem wiederum in viele kleinere Arme: Reiherstieg, Alte Süderelbe, Köhlbrand usw. Sie hatte demnach einen viel kräftigeren Strom, zog mehr Wasser an sich und spülte ihr Bett vorteilhafter als die Norderelbe. Die Norderelbe aber sollte in den Hamburger Hafenanlagen dem Ebbstrom als Nachschub bei der Spülung zu Hilfe kommen.

An der Gabelung bei Bunthaus lag sozusagen der Angelpunkt zur Lösung der Köhlbrandfrage. Wenn die dortigen Stromregulierungen so ausgeführt worden wären, daß beide Arme gleichviel Wasser aufnähmen, so wäre der Vorteil auf beide Vertragsseiten gleichmäßig verteilt.

Die bauliche Ausführung dieser Elbhalbierung war das ausschlaggebende Moment bei der ganzen Köhlbrandfrage. Wäre diese vor allen Arbeiten im Köhlbrand selbst zur Zufriedenheit beider Teile beschlossen und ausgeführt, wäre die weitere Debatte über eine stufenweise bauliche und zeitliche Vertiefung der Köhlbrandmündung eigentlich gegenstandslos gewesen. Nicht auf die Mündung mußte Hamburg Gewicht legen, sondern auf die Bunthäuser Spitze.

Über dieses Trennungswerk gibt der 3. Vertrag in einer großen Reihe von Bestimmungen erschöpfende Auskunft. Auf der Oberelbe sollte der Strom von der Seevemündung an bis Bunthaus durch Flügeldeiche auf einer Länge von fünf km begradigt werden.

Bei Bunthaus wurde das Trennungswerk durch einen Leitdamm von 400 m Länge hergestellt. Neben dem Leitdamm hatten beide Arme eine Breite von 200 m, die in der Norder- wie Süderelbe auf einer Länge von 3 1/2 km beibehalten wurden. Preußen mußte also die Süderelbe hier einschränken, Hamburg die Norderelbe erweitern.

Westliche Häfen

Ausbau der Kuhwerder-Hafenanlagen

Das Anwesen des hamburgischen Pachthofes Roß war ein Teil der Elbinsel Griesenwerder und von 1460 bis 1485 im Pfandbesitz der Stadt. Es lag östlich vom Köhlbrand, dem ehemaligen Mühlenfleet gegenüber und südlich vom alten Kohlenschiffhafen.

Dieser Pachthof verschwand um 1910, nachdem 1898 einem großen Teil seiner Flächen für die Hafenbauten auf Kuhwerder gekündigt worden war. Die der Fähranlage und der Zollabfertigung Roß zum Opfer gefallenen Häuser längs des Köhlbrandes wurden erst 1911 abgebrochen.

Das Gelände der ehemaligen Pachtung genügte zur weiteren Ausdehnung der Kuhwerder-Hafenanlagen aber nicht. Der Hamburger Staat erwarb 1907 einen 88 ha großen Teil des benachbarten unter königlich-preußischer Oberhoheit stehenden Gebietes. Es gehörte der Aktien-Gesellschaft Neuhof und der Kommandit-Gesellschaft auf Aktien von Blohm & Voß. Der Hamburger Staat zahlte dafür 5,8 Millionen Mark. Dieser Teil von Neuhof wurde 1909 dem Stadtteil Steinwerder zugeteilt und be-

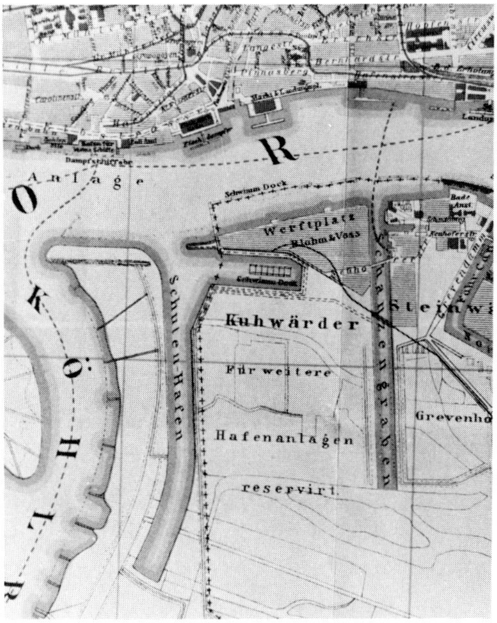

Kuhwerder-Hafenanlagen 1883

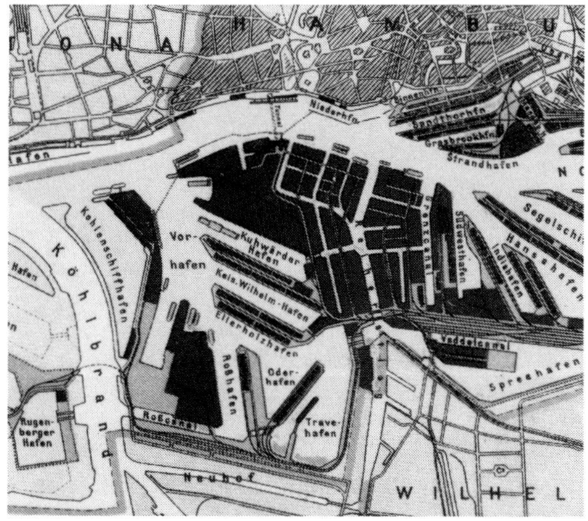

Kuhwerder-Hafenanlagen 1925

hielt den Namen Neuhof. Er war durch Austausch mit Preußen (Köhlbrandvertrag von 1909) unter hamburgische Staatsoberhoheit gelangt.
Über den preußisch gebliebenen Teil der Insel Neuhof ist folgendes zu berichten: Die etwa 200 ha umfassende Insel ging 1895 aus dem Besitz des Grafen Grote für den Preis von 2 1/2 Millionen Mark an eine Berliner Aktiengesellschaft über. Sie baute Straßen und Kanäle für gewerbliche Zwecke.
Um Eisenbahnanschluß von Wilhelmsburg her zu erhalten, wurde eine Drehbrücke über den Reiherstieg in Verlängerung der Brückenstraße auf Neuhof gebaut. Sie wurde am 26. März 1901 in Betrieb genommen.
Für die Schaffung der Kuhwerder-Hafenanlagen wurde die Insel um fünf m aufgehöht. Von Westen nach Osten wurde ein 40 m breiter Kanal gebaut, der den Köhlbrand mit dem Reiherstieg verband. Eine 140 m lange und 11,5 m weite sogenannte Sperrschleuse schloß ihn ab. Hier entstanden die Brücken-, Köhlbrand- und Freihafenstraße. 1910 wurden, von Westen her beginnend, große Häuserblöcke gebaut. Der erste Block bestand aus 42 viergeschossigen Häusern mit je 10 Wohnungen. Der zweite Block entstand 1912. Die Wohnungen dienten den für die in den Häfen, Werften und Betrieben des Freihafengebietes am linken Elbufer beschäftigten Arbeitern.
An der Abzweigung des Neuhofer Kanals von der Rethe wurde auf dem Industriegelände an der Brückenstraße 1912 eine große Ölfabrik errichtet. Die Rethe, ehemals wenig schiffbar, wurde 1914 im Zusammenhang mit der Köhlbrandregulierung preußischerseits als Schiffahrtsstraße ausgebaut.
Die hamburgische Aufschließung des Gebietes von Roß-Neuhof umfaßte die Verlängerung des Roßhafens und die Umwandlung des Oderhafens zum Seeschiffhafen. Hinzu kam die Erstellung des Travehafens für Fluß- und Hafenfahrzeuge und die Vergrößerung des Platzes der Vulcan-Werke. Weiter wurde ein Verbindungskanal gebaut in Fortsetzung des Veddelkanals nach dem Köhlbrand, der Ellerholz- und Roßkanal.
Südlich vom Ellerholzkanal entstand der für Schuten bestimmte Rodewischhafen,

der ebenso wie der Ellerholzkanal an der Ostseite durch einen Damm mit Durchfahrt vom Travehafen getrennt war.

Südlich an diesen Hafen- und Kanalanlagen entlang führte vom Ellerholz bis zum Köhlbrand das Hafenbahngleis mit verschiedenen Verschubgruppen, ferner die den Roßdamm ersetzende Straße, die vom Ellerholz ausgehend zunächst längs des Reiherstiegs nach Süden, dann nach Westen zu den Vulcan-Werken bis an den Köhlbrand führte. Sie nahm die nach dem Staatsvertrag von 1909 herzustellende Straßenverbindung mit der Freihafenstraße im preußischen Teil von Neuhof mit auf.

1911 setzte der Senat für diese Hafenerweiterungsanlagen folgende Namen fest: den westlich des Reiherstiegs anzulegenden Flußschiffhafen «Travehafen», den vom Bauhafen nach dem Südende des Roßhafens führenden Kanal «Ellerholzkanal», die Spitze der Landzunge zwischen dem Ellerholzkanal und dem Oderhafen «Oderhöft», den südwestlich an den Ellerholzkanal sich anschließenden Hafen «Rodewischhafen», den vom Südende des Roßhafens nach dem Köhlbrand führenden Kanal «Roßkanal», von den beiden über den Roßkanal führenden Brücken die östliche «Vulcanbrücke», die westliche «Roßbrücke», den neuen Köhlbrandlauf östlich begrenzenden Deich «Köhlbranddeich», das Ende des Köhlbranddeiches «Köhlbrandhöft».

Der Travehafen bildete als Flußschiffhafen einschließlich des an seiner Mündung liegenden ehemaligen Bauhafens den Ersatz für den Oderhafen. Der den östlichen Teil des neu erworbenen Gebietes einnehmende Travehafen wurde auf einen Meter ausgetieft. Die Erdarbeiten begannen 1912. 1913 wurde der Trennungsdamm zwischen Travehafen und Rodewischhafen fertiggestellt.

Die Uferbefestigungen wurden durch den Krieg zurückgestellt. 1914 kam ein Teil des Hafens für Schuten in Benutzung.

Die Schiffahrtsstraße Ellerholzkanal-Roßkanal für Flußfahrzeuge bildete die Fortsetzung der Wasserstraße von der oberen Norderelbe bei den Müggenburger Schleusen bis zum Reiherstieg durch die Ellerholzschleusen nach dem Köhlbrand.

Der Ellerholzkanal wurde 1911 begonnen und war 1915 etwa zur Hälfte fertig. Die Baggerungen wurden nach dem Kriege fortgesetzt.

Zwischen Ellerholzkanal und Travehafen blieb ein Damm stehen, um die Wasserstraße selbständig zu erhalten und den Flußschiffen ungestörte Liegeplätze mit möglichst langen Uferstrecken zu gewähren.

Nachdem bis zum Jahre 1893 nach und nach die gesamten Hafenanlagen auf dem Kleinen Grasbrook der Schiffahrt übergeben waren, konnte angenommen werden, daß dieser Zuwachs für längere Zeit auch den gesteigerten Ansprüchen des Verkehrs genügen würde. Dies traf nicht zu.

Der beim Zollanschluß aufgestellte Generalplan sah auch die Fläche zwischen Reiherstieg und dem Köhlbrand für den etwaigen Ausbau mit Häfen vor.

Im Laufe der Jahre hatte die HAPAG den Wunsch geäußert, daß für ihren Betrieb ein weiterer besonderer Hafen auf Kuhwerder angelegt werde. Dieser Hafen sollte mit Schuppen, Gleisanlagen, maschinellen Einrichtungen und allen zum Reedereibetrieb gehörenden Anlagen ausgerüstet werden. Sie hatte anfänglich nur den am Segelschiffhafen gelegenen Amerikakai gepachtet. Als dieser nicht mehr ausreichte, kamen später der Petersenkai am Baakenhafen und der O'Swaldkai am Hansahafen hinzu. Daß diese Kais durch die offene Elbe voneinander getrennt waren, erschwerte den Betrieb und die Gesamtübersicht der Reederei. Sie erreichte schließlich, daß ihre Wünsche und Forderungen berücksichtigt wurden. 1899 wurde ein Vertrag zwischen der Finanzdeputation und der HAPAG über die Anlage eines Hafens mit allem Zubehör abgeschlossen.

Inzwischen hatte sich der Betrieb der HAPAG laufend vergrößert. Die Gesellschaft

besaß 1898 60 Ozeandampfer mit 263.417 BRT, 1900 98 Ozeandampfer mit 486.528 BRT und nach Fertigstellung der damals noch im Bau befindlichen Schiffe 113 Ozeandampfer mit 585.128 BRT. Zugleich stieg die Anzahl der Flußdampfer, Schlepper und Leichter der Gesellschaft von 72 mit 13.579 BRT auf 136 mit 30.050 BRT.
Es mußten deshalb außerhalb des noch im Bau befindlichen Kaiser-Wilhelm-Hafens weitere Kaistrecken für Seeschiffe an dem südlich davon im Bau befindlichen Ellerholzhafen für die Gesellschaft geschaffen werden. Diese Bauten wurden 1903 fertig.

Kuhwerder Hafen Zunächst war die Ausführung des Kuhwerder Hafenbeckens geplant, mit dessen Bau 1897 begonnen wurde. Es sollte mit diesem Hafen eine weitere Gelegenheit für die unmittelbare Umladung zwischen Seeschiff und Flußschiff geschaffen werden.
Dieser besonderen Bestimmung entsprechend, wurde die Einrichtung des Hafens entworfen und auch ausgeführt. Er erhielt keine teuren Kaimauern als Einfassung, sondern gepflasterte Böschungen, deren Fuß sich gegen eine hölzerne durch Pfähle versteifte Spundwand stützte. Außerdem wurde sie durch 6,5 m breite kaimauerartige Pfeiler in Abständen von 18,5 m verstärkt, die wie kleine Bollwerke aus der Steinböschung hervortraten. Auf jedem Pfeiler befand sich ein großer eiserner Poller. An der Wasserseite waren kräftige Ringe zum Festmachen der Seeschiffe angebracht.
Durch diese neuartige Anordnung der Ufereinfassung war die ganze Hafenbreite für Seeschiffe nutzbar geworden. In der Mitte des Hafens stand eine Duckdalbenreihe, so daß vier Reihen Seeschiffe in dem Hafen untergebracht werden konnten.
Im westlichen Teil des Hafens hatte das neueste und größte Schwimmdock der Werft von Blohm & Voß seinen Liegeplatz erhalten. Ein nördlich von dem Kuhwerder Hafen geplanter Einschnitt, der zwischen ihm und der Werft von Blohm & Voß gelegen hätte, wurde nur teilweise ausgeführt und dann der genannten Werft für ihren Privatbetrieb als sogenannter Werfthafen pachtweise überlassen.
Im östlichen Teil der Werft von Blohm & Voß lag der am Nordende des Reiherdamms belegene letzte Rest des alten Pachthofes und des Wirtshauses Grevenhof, dessen Betrieb 1888 eingestellt worden war. Er fiel 1898 den Hafenbauarbeiten zum Opfer.
Der ältere Teil, der weitbekannte Vergnügungsort auf Steinwerder – richtiger Kuhwerder – wurde zum Bauhof für verschiedene Arbeiten auf dem Gebiet Strom- und Hafenbau.
Die Einfahrt in die neuen Häfen am Tollen Ort wurde 1901 an der Westseite des Vorhafens mit einer schwimmenden Zollbühne von 165 m Länge mit Dienstraum- und Schuppenaufbauten ausgerüstet.
Diese Zollabfertigungsstelle Kuhwerder kam 1902 zur Inbetriebnahme. Die Hafeneinfahrt war 1901-1902 auf 180 m verbreitert und auf fünf m H.N. vertieft worden.
Die Landungsstelle am Nordende des Köhlbranddeiches westlich des Vorhafens erhielt 1908 amtlich den Namen TOLLER ORT (nach alter Bezeichnung, weil der Punkt wegen seiner Gefährlichkeit verrufen war).
Die beiden östlichen Ausfahrten des Kuhwerder Hafenbezirks waren durch die Grevenhofschleuse und durch die beiden Ellerholzschleusen abgeschlossen. Diese Stromtore trennten die verschiedenen Häfen und Hafenbezirke von der Elbe, vom Oberhafenkanal und vom Reiherstieg. Jede sogenannte Schleuse war an ihren beiden Enden durch je zwei Tore abgeschlossen, die wie Schiebetüren auseinandergeschoben wurden. Mit solchen Toren konnte kein völliger Wasserabschluß erzielt werden, doch war die bleibende Durchströmung so unbedeutend, daß sie keine nachteilige Wirkung mehr verursachte.

Grevenhof-Schleuse Durch die Ausmündung des Kuhwerder Hafens gelangten die Schiffe in denjenigen Teil der Elbe, der zum deutschen Zollgebiet gehörte. Ohne besondere Vorkehrungen hätte daher der Kleinverkehr, der sich zwischen dem Kuhwerder Hafen und dem übrigen Freihafen entwickelte, die Zollgrenze zweimal kreuzen müssen. Um die sich hierdurch ergebenden Erschwerungen des Betriebes zu umgehen, wurde am Ostende des Hafens eine große Schleuse gebaut und diese durch den Grevenhofkanal mit dem Reiherstieg verbunden.
Auf dem südlichen Ufer nahe der Mündung wurde eine längere Uferstrecke für den Bau einer Reismühle verpachtet. Später wurde am südlichen Ufer östlich von der Reismühle eine Uferstrecke an die Hapag verpachtet und hinter der Ufereinfassung ein Schuppen errichtet.
Die 1903 fertig gewordene Straße zwischen Grevenhof-Ufer und Auguste-Victoria-Kai, die vom Reiherdamm zum Kaiser-Wilhelm-Höft führt, erhielt 1906 den Namen Nehlsstrasse nach dem Hamburger Wasserbaudirektor Joh. Chr. Nehls, der von 1841 bis 1897 gelebt hat. Er kam 1868 nach Hamburg, wurde auf Empfehlung seines Vorgängers Dalmann Wasserbaudirektor und führte bedeutende Hafenerweiterungen aus. Nehls war Mitglied der Berliner Bauakademie und des vom Kaiser eingesetzten Hochwasserausschusses.

Kohlenschiffhafen Von dem gesamten Gebiet auf Kuhwerder, das bis zum Köhlbrand reichte, lag der westlich von der Zollgrenze befindliche Teil im deutschen Zollgebiet. Hier war im Jahre 1893 ein kleiner Hafen für die Unterbringung von Kohlenschuten angeglegt worden.
Die Kohlenschiffe löschten damals am Elbufer vor St. Pauli und am Ufer vor dem westlichen Ende von Steinwerder. Im Laufe der Zeit waren diese Liegeplätze aber nicht mehr ausreichend.
Das auf diese Gebiete bezogene Hafenerweiterungsprojekt wurde im Jahre 1909 zur Ausführung genehmigt und für seinen ersten Teilausbau eine Summe von 45 Millionen Mark ohne Erörterung bewilligt. Es umfaßte die folgenden Bauten: östlich des verlegten Köhlbrandlaufs die Anlage eines neuen Kohlenschiffhafens in der ehemaligen Köhlbrandmündung, die Erweiterung des Vorhafens auf Kuhwerder um den nördlichen Teil des alten Kohlenschiffhafens und eine Verbesserung seiner Einfahrt. Der südliche Teil des alten Kohlenschiffhafens wurde der Vulcan-Werft für ihre Zwecke überlassen.

Das bedeutendste Einfuhrgut, die Kohle, erforderte also zahlreiche Sonderanlagen. Sie kam teils in Seeschiffen aus England, teils auf der Eisenbahn aus den binnenländischen Kohlenbezirken. Die englische Kohle wurde überwiegend im Kohlenschiffhafen gelöscht. Sein Ostufer war mit 12 elektrischen Verladebrücken ausgerüstet, die von zwei Privatgesellschaften betrieben wurden. Hier wurde die Kohle teils auf die Lagerplätze, teils auf die Eisenbahn, teils in Leichterfahrzeuge gelöscht.
Außerdem fand auf der breiten Wasserfläche des Kohlenschiffhafens wie auch an beliebigen anderen Stellen mittels schwimmender Kohlenheber der Umschlag von Seeschiffen unmittelbar in Kähne oder Hafenfahrzeuge statt. Von diesen aus wurden die Seeschiffe an ihren Liegeplätzen mit Bunkerkohle versorgt. Eine Bebunkerung der Schiffe vom Land aus war in Hamburg nicht üblich. Der Umschlag und die Bebun-

kerung mittels schwimmender Heber war an keine bestimmten Plätze gebunden. Zumeist konnten auch die am Kai löschenden und ladenden Schiffe zugleich von der Wasserseite her ihre Bunkerkohle einnehmen.

Petroleumhafen Bei der Eröffnung 1879 war der alte Petroleumhafen, später Südwesthafen, 330 m lang und 100 m breit. 1885 wurde er nach Süden verlängert und damit auf das Dreifache vergrößert. Zur Gewinnung einer freien Einfahrt in die Seeschiffhäfen legte man 1894 die feuersicheren eisernen Schwimmbaumschlengel, die tagsüber eine 24 m weite Einfahrt freiließen, um 90 m nach Süden zurück.
Das Petroleum wurde ausschließlich in Fässern nach Hamburg eingeführt. Erst 1886 ging man zur Herstellung von Versuchstanks über; ein Jahr später waren bereits sieben Tanks in Betrieb.
1913 wurde auf Waltershof ein neuer Petroleumhafen eröffnet. Der alte blieb während des Krieges ebenfalls in Betrieb.
Als die letzten Reste des früheren öffentlichen Petroleumlagers 1922 nach dem neuen Petroleumhafen verlegt worden waren, wurde der alte Hafen ausgetieft und diente nun unter dem Namen Südwesthafen dem Umschlagsverkehr von Seeschiffen.
Sein Ostufer wurde Togokai, das Westufer Kamerunkai genannt. Das von Tankanlagen frei gewordene Gelände am Südwesthafen wurde 1922 bis 1923 von industriellen Unternehmen genutzt.
Die Einfahrt zum neuen Petroleumhafen, zum Waltershofer Hafen und zu den später anzulegenden weiteren Seeschiffhäfen wurde durch einen geräumigen Vorhafen, dem Parkhafen, geschaffen. Er war groß genug, um das Wenden größter Seeschiffe – deren Bau man erwartete – zu ermöglichen.

Kaiser-Wilhelm- und Ellerholzhafen
1901,noch während des Baues des Kaiser-Wilhelm-Hafens, wurde der Vertrag mit der Hapag erweitert und ihr der nördliche Teil des Ellerholzhafens gleichfalls verpachtet. Der Ellerholzhafen war anfänglich zum Oberländerhafen für die neuen Kuhwerder Seeschiffhäfen bestimmt gewesen. Nach dem erweiterteten Vertrag mit der Hapag erhielt die durch eine Duckdalbenlinie abgetrennte nördliche Hälfte des Hafens Seeschifftiefe. Die für den Verkehr mit Flußschiffen vorgesehene südliche Hälfte wurde mit geringerer Wassertiefe ausgebaut.
Am nördlichen Ufer wurde der Ellerholzhafen durch eine Kaimauer begrenzt. An der Südseite wurden einfache, durch Buschpackungen und Steinschüttungen geschützte Böschungen gebaut. Im östlichen Teil des Hafens entstand die vertraglich vorgesehene Anlage zum Überladen von Kohlen aus Eisenbahnwagen in Leichter, die ihren Inhalt wieder an die Seeschiffe für den Betrieb der Schiffsmaschine abgaben.
Ferner mündete in diesen Teil des Hafens ein Kanal, der den Kaiser-Wilhelm-Hafen mit dem Ellerholzhafen verband. Stromtore vermittelten zunächst den Verkehr der Flußschiffe zwischen dem Ellerholzhafen und dem Reiherstieg.
Der Ellerholzhafen wurde erweitert und westlich vom Oderhafen entstand der Roßhafen (vollendet 1908), dessen westliches Ufer (Vulcankai) der Vulcan-Werft überlassen wurde.

An dem den Hafen hier abschließenden Reiherkai entstand 1902-03 die elektrische Zentrale für die Kuhwerder Häfen mit einem Verwaltungsgebäude für die HAPAG. In der Mitte des Kais wurde 1902 ein 20-t-Kran für Ausbesserungszwecke mit Gerätehaus errichtet. 1903 kamen zwei Ladungsanlagen für den Freiverkehr am Reiherkai und am Leichterkanal hinzu.
Die feierliche Eröffnung des Kaiser-Wilhelm-Hafens durch den deutschen Kaiser erfolgte am 20. Juni 1903.
Des großen Verkehrs wegen wurden im Müggenburger Kanal und beim Ellerholz Doppelschleusen (Stromtore) angelegt. Die gleiche Anordnung war auch für die neuen Häfen auf Walterhof mit den zu erbauenden Rugenberger Stromtoren vorgesehen.
Die Landzunge zwischen Kronprinzenkai und Mönckebergkai bis zu der zum Ellerholzhöft durchziehenden Straße wurde 1906 zur Buchheisterstraße, benannt nach M. J. Buchheister, geb. 1842 in Hamburg, von Dalmann herangezogen und 1897 Wasserbaudirektor geworden. Er hatte einen erheblichen Anteil an der Erschaffung des Freihafens.

Roßhafen Der Name Roß stammt von einem Kämmerei-Pachtgut, einem Teil einer Insel südlich des Grevenhofes.
Der Roß war eingedeichtes Land mit anfänglich 46 Einwohnern. Ein tiefer Elbarm, der Köhlbrand, trennte den Roß von Waltershof.
Die Ufer des Roßhafens wurden wie folgt benannt: das westliche Vulcankai, das östliche Roßkai; das Höft am Vorhafen der Vulcanwerft nannte man Vulcanhöft, dasjenige zwischen Roßhafen und Oderhafen Roßhöft. Östlich vom Oderhafen wurde 1908 der 200 m lange und ebenso weite für die Wasserfahrzeuge der Sektion für Strom- und Hafenbau bestimmte Bauhafen ausgebaggert. Er fiel später der nördlichen Mündung des Ellerholzkanals und des Travehafens zum Opfer.

Die Höfte Für die Kuhwerder Häfen waren vier Höfte von besonderer Bedeutung: das Lotsenhöft, das Kuhwerder Höft, Kaiser-Wilhelm-Höft und das Ellerholzhöft, alle mit Leuchttürmen ausgestattet.
Am LOTSENHÖFT erbaute man 1901 ein Stationsgebäude für Hafenlotsen mit einem Turm am Vorderhaus. Vor dem Höft errichtete man eine Landungsanlage. Die Gesamtanlage kam zugleich mit den Kuhwerder Häfen 1902 in Benutzung und die Hafenlotsenstation wurde von der Zolljacht St. Pauli-Landungsbrücken nach Kuhwerder verlegt.
Das KUHWERDER HÖFT lag zwischen dem Werfthafen und dem Kuhwerder Hafen und bildete das westliche Ende des Steinwerder Ufers. Die Landungsanlage wurde von der Werft Blohm & Voß mit dem Gelände am Steinwerder Ufer 1915 hinzugepachtet und von der Werft weiter benutzt.
Das KAISER-WILHELM-HÖFT bildete die westliche Spitze der Landzunge zwischen dem Kuhwerder Hafen und dem Kaiser-Wilhelm-Hafen.
Um im Mittelpunkt der neuen Häfen eine Wache zu haben, erbaute man 1901 am Kaiser-Wilhelm-Höft eine Hafenpolizeiwache in Verbindung mit dem dortigen Leuchtturm. Mehr landeinwärts wurde 1903 ein Wohnhaus für den Hafenmeister und seine beiden Gehilfen errichtet. Südlich des Höfts stellte man 1902 einen 75-t-Kran auf mit Gerätehaus. Die Kohlenüberladebühne dieses Kranes wurde 1905 für 20-t-Wagen umgebaut.
Das ELLERHOLZHÖFT lag südlich vom Kaiser-Wilhelm-Hafen und war der westliche Ausläufer des Kronprinzenkais. Alle drei Höfte wurden 1901 einschließlich der Landungsanlagen vollendet. Die drei Leuchttürme wurden 1901-1902 gebaut. Am Ellerholzhöft errichtete man 1902-03 ein Abfertigungsgebäude für Schlepper und Leichter, dazu 1903 neben der Fähranlage zwei durch bewegliche eiserne Treppen vom Kai erreichbare Schwimmkästen für den Leichterverkehr der HAPAG.

Das Athabaskahöft Das östliche Einfahrthöft am Parkhafen hieß anfänglich Mühlenwerderhöft. Im Jahre 1912 wurde es umbenannt in Athabaskahöft. Die kleine Anlegestelle für den Fährverkehr bestand aus einem Wrackteil des am 7. Oktober 1891 bei Finkenwerder untergegangenen englischen Dampfers ATHABASKA, der von dem deutschen Sloman-Dampfer PROCIDA gerammt wurde und sank.

Die Lage der hinteren Wrackhälfte hatte sich unter Einwirkung des Stromes so verändert, daß sie bei heftigem Wind oder bei Eisgang der Schiffahrt gefährlich werden konnte. Das tiefe Fahrwasser hatte sich allmählich bis an das Wrackstück nach Süden verschoben. Daher entschloß man sich im Jahre 1897, das Wrack zu heben und zu entfernen. Der Name Athabaskahöft aber blieb bestehen. Es gab und gibt noch eine Anzahl weiterer Höfte, die im Zusammenhang mit der Beschreibung der Hafenbauten erwähnt sind.

Köhlbrandfähren und Hafenbahn Erste Überlegungen, einen Fährbetrieb über den Köhlbrand einzurichten, wurden bereits Ende des vorigen Jahrhunderts angestellt. Der Grund dafür war, daß Hamburg für eine Ausdehnung seines Hafens westlich des Köhlbrandes auf Waltershof planen mußte. Der Güterumschlag im Hafen entwickelte sich äußerst günstig.

1909 wurden für den Köhlbrand-Fährbetrieb 45 Millionen RM bewilligt. Hamburg benötigte jedoch für einen Teil dieses Vorhabens das Einverständnis Preußens. Der Köhlbrand mußte reguliert und eine neue Mündung in die Norderelbe geschaffen werden. Der Köhlbrand war auch Seeschiffszufahrt zum preußischen Hafen Harburg.

Ferner benötigte Hamburg den Anschluß der Hafenbahn an das Hinterlandnetz der preußischen Staatsbahn. Wenn dies auch noch verhältnismäßig leicht erreichbar war, so war es schon bedeutend schwieriger, ein weiteres Ziel Hamburgs zu ver-

Köhlbrandfähre

wirklichen, nämlich für das Hafengebiet westlich des Köhlbrandes die gleichen Beförderungstarife zu vereinbaren wie für den bestehenden östlichen Hafen.

Neben dem geplanten Hafenbahnanschluß Waltershof-Hausbruch mußte Hamburg auch eine Eisenbahnquerverbindung über den Köhlbrand einrichten und auf seine Kosten betreiben.

Erst im Jahre 1912 war es soweit. Die neue Köhlbrandmündung war fertig, der Altarm, der Kohlenschiffhafen, abgedämmt. Zwei Fährschiffe, von Hamburg in Stettin bestellt, lagen vor Ort. Über die Toppen beflaggt und mit schweren Lokomotiven als Probelast an Deck begann die erste Überfahrt. Diese Fähren stellten die einzige Eisenbahnzufahrt nach Waltershof, insbesondere zum Petroleumhafen dar, der als erstes Hafenbecken dort in Betrieb genommen wurde.

Da Hamburg diese Fähren hatte finanzieren müssen, stellte es den Bahnbau nach Hausbruch zurück. Er wurde erst nach dem 1. Weltkrieg nachgeholt und der Betrieb selbst 1929 aufgenommen.

Zuvor ergab sich noch unerwartet ein anderes Problem: In Finkenwerder wurde die Deutsche Werft gegründet. Sie war besonders zum Antransport der Schiffsbleche auf einen Eisenbahnanschluß angewiesen. Dafür mußte über die Vorländer und Priele zwischen Waltershof und Finkenwerder ein Bahndamm mit zwei Brücken gebaut werden. Da die Hafenbahn mit dem Bautempo der Werft nicht Schritt halten

Eisenbahnfähre Köhlbrand

konnte, wurde 1919 am Köhlfleet in Finkenwerder eine provisorische Anlandestelle für Waggons geschaffen, zu der die Köhlbrandfähren als Hauszusteller Sondertouren einlegten, bis 1921/22 die Hafenbahn die Insel Finkenwerder erstmals erschloß.
In den ersten beiden Jahrzehnten wurden von den Fähren hauptsächlich Eisenbahnwagen übergesetzt, für Straßenfahrzeuge erhielten sie erst Anfang der dreißiger Jahre größere Bedeutung.
1926 wurden die Freihafen-Elbbrücken fertig, die der Hafenbahn eine unmittelbare Verbindung innerhalb des Freihafengebietes zwischen ihren Netzen links und rechts der Elbe brachte.
In der 1928 gegründeten «Hamburgisch-Preußische Hafengemeinschaft» sollten alle Neuplanungen für die drei Hafenteile Hamburg, Altona und Harburg-Wilhelmsburg so vorgenommen werden «als ob Landesgrenzen nicht bestünden». Wegen der Wirtschaftskrise blieben jedoch die Baumaßnahmen der Hafengemeinschaft auf die Elbinseln Neuhof und Kattwyk/Hohe Schaar beschränkt. Preußen hatte hier mit der Erschließung schon zu Beginn der zwanziger Jahre begonnen und die Hohe-Schaar-Bahn gebaut.
Der Bahnhof Kairechts lag hinter den Kaischuppen des Versmannkais am Nordufer des Baakenhafens. Er hatte eine Gleislänge von 750 Wagen unmittelbar bis an die Elbbrücken. Er bediente 39 Kaischuppen-Anschlüsse, darunter die Gasanstalt Magdeburger Hafen.
1928 erreichte der Hafen mit 29,8 Millionen t das bis dahin höchste Umschlagsergebnis, im gleichen Jahr war das Netz der Hafenbahn auf 366 km angewachsen. 1929 konnte man auch die Strecke von Hausbruch nach Waltershof in Betrieb nehmen, die zusammen mit dem neuen Hafenbahnhof Waltershof die Bedienung der hier inzwischen ansässigen Umschlag- und Industriebtrieb übernahm und die Fährverbindung über den Köhlbrand weitgehend ablöste.
Erst 1937 brachte das «Groß-Hamburg-Gesetz» die Voraussetzungen für eine einheitliche, von politischen Rivalitäten freie Verwaltung, Planung und Entwicklung der Hafenanlagen im gesamten Stromspaltungsgebiet der Elbe. Der 2. Weltkrieg verhinderte jedoch zunächst praktische Auswirkungen dieses Gesetzes. Als er im Mai 1945 zu Ende ging, waren vom Netz der Hafenbahn, das 1939 450 km Gleise umfaßte, 68 % (=305 km) zerstört.
Bis zum Jahre 1966 wurde die Hafenbahn nicht nur wieder aufgebaut, sondern auch das Gleisnetz auf 554 km erweitert.
Als im April 1965 der erste Güterzug mit einer elektrischen Lokomotive in den Rangierbahnhof Hamburg-Wilhelmsburg einlief, rückte damit der Hafen seinem Hinterland im Süden und Südwesten der Bundesrepublik, in Österreich und in der Schweiz, um Stunden näher. Elektrische Oberleitungen reichten nun bis in den Hafen hinein, so daß die Güterzüge ohne Lokwechsel bis zu den Hafenbahnhöfen fahren konnten.

Flußschiffhäfen

Liegeplätze für die Flußschiffahrt Hamburg war schon in frühester Zeit nicht nur See-, sondern auch überragender Flußschiffhafen. Da zeitweilig ca. 2000 Flußschiffe untergebracht werden mußten, waren die Raumansprüche der Flußschiffhäfen bedeutend. Ein Elbkahn von ca. 1000 t Tragfähigkeit hatte bei 70 bis 80 m Länge und 9 bis 10 m Breite Ausmaße, die diejenigen kleinerer Seeschiffe manchmal übertrafen. Bei den Planungen der Hafenbekken war ferner zu berücksichtigen, daß sich Flußschiffe bei ihrer größeren Abhängigkeit von Eisverhältnissen, Wasserständen und wirtschaftlichen Schwankungen im allgemeinen weit länger im Hafen aufhalten als Seeschiffe. Für Hamburg war es sogar charakteristisch, daß zeitweise große Mengen Massengutes bis zur Absatzmöglichkeit in Kähnen oder Schuten im Hafen lagerten. Nicht allein die Kähne waren es, die erhebliche Wasserflächen geringer Tiefe beanspruchten, sondern auch die im inneren Hafenverkehr verwendeten Schuten, von denen 1930 rund 5000 statistisch erfaßt waren. Dazu kamen noch 540 Personen- und Schleppdampfer und 850 Barkassen.

Kähne und Schuten fanden in den Flußschiffhäfen ihre Liegeplätze. Den größten Teil ihrer Ladung löschten sie aber in den Seeschiffbecken, wo sie auch ihre Rückfracht luden. Daher mußte die Verbindung zwischen Fluß- und Seehafen kurz sein. Soweit es die örtlichen Verhältnisse zuliessen, haben deshalb die Seeschiffbecken an ihrem oberen, dem Strom abgekehrten Ende eine kurze, unmittelbare Verbindung mit den zugehörigen Flußschiffhäfen in Form einer Durchfahrt erhalten, z.B. beim Sandtorhafen, Baakenhafen, Segelschiffhafen, Hansahafen, Kuhwerder Hafen, Kaiser-Wilhelm-Hafen, Roßhafen, Waltershofer Hafen. Damit war der Hafenschiffahrt die Möglichkeit gegeben, das bewegte Fahrwasser der Elbe und die den Seeschiffen vorbehaltenen hinteren Haupteinfahrten der Seeschiffbecken zu meiden. So wurde eine weitgehende Trennung der beiden Hauptverkehrsmittel auf dem Wasser erreicht und damit eine Klärung und Entwirrung der Verkehrsverbindungen. Dies hat sich nicht nur für die allgemeine Sicherheit und Unfallverhütung als nützlich erwiesen, sondern auch für die schnelle und glatte Abwicklung des Hafenverkehrs; See- und Flußschiffe begegnen sich auf den Hauptverkehrswegen kaum.

Flußschiffhäfen nördlich der Elbe Der Frachtaustausch zwischen See- und Flußschiff – ob unmittelbar oder am Kaischuppen – vollzog sich nur innerhalb der Seeschiffhäfen, die aber nicht gleichzeitig Liegeplätze für die Flußschiffe bieten konnten. So hatte jede Gruppe von Seeschiffhäfen in unmittelbarer Nachbarschaft eine Gruppe von Flußschiffbecken. Zur rechtselbisch gelegenen Seeschiffhafengruppe Sandtorhafen, Grasbrookhafen, Magdeburger Hafen (südlicher Teil), Baakenhafen, Schiffbauerhafen, Strandhafen und Kirchenpauer Hafen gehörte die Flußschiffhafengruppe Magdeburger Hafen (nördlicher Teil), Binnenhafen, Brooktorhafen, Erikus-Graben, Oberhafen, Oberhafenkanal, Deichhafen, Billhafen.

Zur linkselbisch gelegenen Seeschiffhafengruppe Segelschiffhafen, Hansahafen, Indiahafen, Südwesthafen, Grenzkanal, Reiherstieg und Holthusenkai gehörte die Flußschiffhafengruppe Moldauhafen, Saalehafen, Spreehafen, Klütjenfelder Hafen.

Peutehafen, Billwerder Bucht Etwas abseits dieser zusammenhängenden Gruppe kam der Peutehafen hinzu. Er lag auf der Peute am linken Elbufer und bot den Flußschiffen ausgedehnte Liegeflächen. Zusammen mit der Billwerder Bucht und den Zollhäfen bedeckte er eine Fläche von rund 348 ha. Sie hatten eine Wassertiefe von 4,10 bis 6,10 m unter Hochwasser (= 1,90 bis 3,90 m unter Niedrigwasser).

Auch hier waren an den Böschungen der Ufer Pfahlbündel eingerammt zum Anbinden der Fahrzeuge. Um den Schiffern, die mit ihren Familien oft für Wochen und Monate in diesen Häfen ihre schwimmenden Wohnstätten hatten, die Verbindung mit dem Lande zu erleichtern, waren die Ufer in kurzen Zwischenräumen mit Wasser-

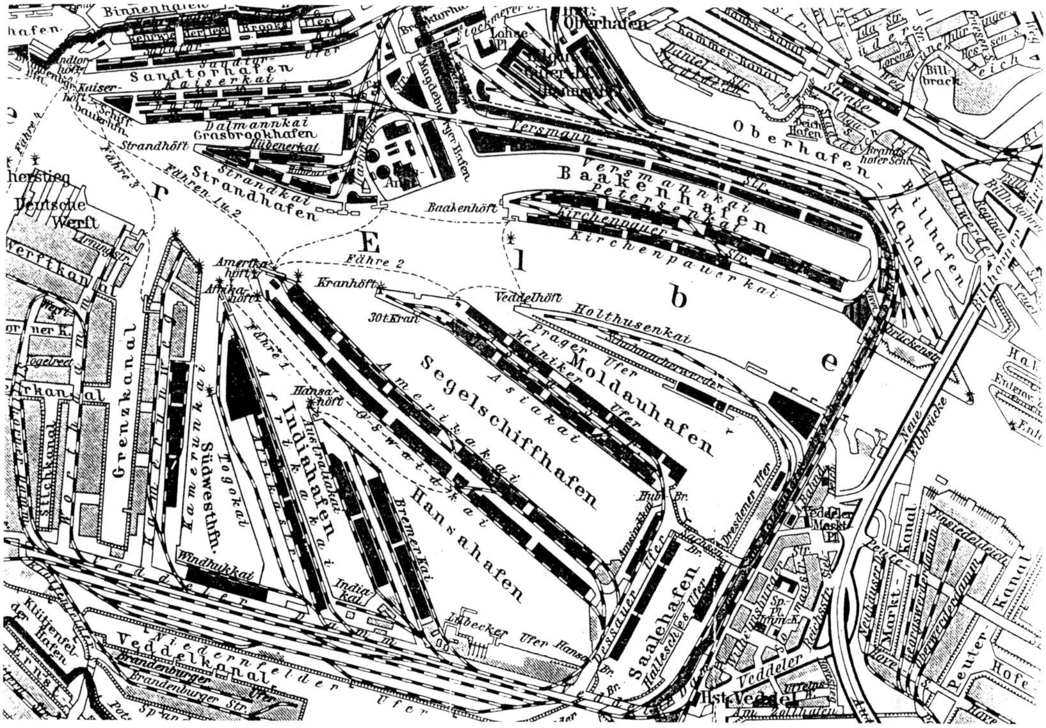

treppen versehen, die zum Teil durch Schlengel, Schwimmbäume mit Bohlenbelag, zugängig gemacht waren.

Die zahlreichen Schlepper und Barkassen fanden ihre Liegeplätze überwiegend im oberen Teil des Niederhafens vor den Vorsetzen und im Binnenhafen, wo sich außerhalb der Arbeitszeit eine stattliche Flotte dieser Fahrzeuge ansammelte.

Am Oberhafen, zwischen der Drehbrücke und der 1. Hammerbrooker Schleuse, lagen die Schuppen der Vereinigten Elbe-Schiffahrts-Gesellschaften. Am Oberhafen und Oberhafen-Kanal wurden neben den Kähnen auch die nach Lauenburg, Lübeck, Sachsen-Anhalt, Magdeburg, Berlin und weiter nach Osten fahrenden Eildampfer für Güter und zum Teil auch für Personenbeförderung abgefertigt. Neben den Vereinigten Elbe-Schiffahrts-Gesellschaften hatten hier die Neue Norddeutsche Flußdampfschiffahrtsgesellschaft und die Schlesische Dampfer-Compagnie Berliner Lloyd AG. ihre Schuppen und Lagerhäuser. Besonders der große, zweigeschossige Schuppen mit 5-t-Kränen der letztgenannten Gesellschaft am Billhafen gehörte zu den bedeutendsten Flußschiffanlagen des Hafens.

Moldauhafen Auch in der Nähe der auf dem Kleinen Grasbrook entstandenen Seeschiffhäfen wurden Häfen für die Flußschiffahrt angelegt.

Sie wurden nach ihren hauptsächlichen Benutzern Oberländer Häfen genannt. Sie waren so angelegt, daß sie die Seeschiffhäfen des Kleinen Grasbrooks umgaben und diese durch schmale, überbrückte Durchfahrten auf dem kürzesten Wege erreichbar machten.

Der Moldauhafen mündete in den Elbstrom und stand an seinem anderen Ende mit dem Saalehafen in Verbindung, der wiederum mit dem Spreehafen durch eine kurze Durchfahrt verbunden war. Der Spreehafen hatte durch den Veddelkanal und den Klütjenfelder Hafen Anschluß an

den Reiherstieg und durch diesen Verbindung mit der Elbe.
Als der Grenzkanal für Seeschiffe ausgebaut werden sollte, verwies man die Schuten von dort nach dem Saalehafen, wo die Oberländer Kähne lagen. Für die 24 großen Kähne erweiterte man 1906–1907 den Moldauhafen durch Abgrabung des Prager Ufers.
Die Vereinigten Elbeschiffahrts-Gesellschaften AG hatten im Freihafengebiet auf gepachtetem Staatsgrund zwei Schuppen: einen am Magdeburger Hafen, den anderen am Dresdener Ufer des Moldauhafens.
Beide dienten dem Verkehr der Oberländer Kähne.
1920 entstanden am Prager Ufer Baracken für die Sicherheitspolizei.
Am Melniker Ufer (benannt nach der Stadt am Zusammenfluß von Elbe und Moldau) baute die Freihafen-Lagerhaus-Gesellschaft zwischen 1898 und 1903 drei weitere Lagerhäuser und eine Ladestraße. 1913 begann man mit dem Bau von gemauerten Gebäuden im Gegensatz zum früheren Fachwerkbau. So entstand 1914 ein Baumwollschuppen. Die Freihafen-Lagerhaus-Gesellschaft besaß hier jetzt Lagerschuppen von 7000 qm.
Die nach dem Stadtteil Veddel führende Sachsenbrücke trennte den Moldauhafen vom Saalehafen. Die Erweiterung des Saalehafens wurde zum Spreehafen.
1876–1880 war der Jahresdurchschnitt der von der Oberelbe angekommenen Fahrzeuge 6940 mit 925.000 t Tragfähigkeit, 1888 waren es bereits über zwei Millionen t Tragfähigkeit.
1895 baute die Oesterreichische Nordwest-Dampfschiffahrts- Gesellschaft am Dresdener Ufer einen Lagerschuppen in den Hafen hinein.

Saalehafen Im Jahre 1904 wurde die bei der Sachsenbrücke liegende Schwimmbaumanlage nach dem Lotsenhöft verlegt und durch eine Wassertreppe mit Laufsteg ersetzt. Dadurch gewann man einige Uferliegeplätze für die Oberländer Kähne. 1908 wurde der Saalehafen zum Schutenhafen eingerichtet. Jedoch fehlte die Verbindung zum Lande. Der Verkehr mit den Schuten war auf Schlepper angewiesen. 1919 wurde eine Landverbindung dadurch geschaffen, daß man die Pfahlgruppen durch Schlengel miteinander verband. Quergelegte Schlengel führten zum Halleschen Ufer.
Die Freihafen-Lagerhaus-Gesellschaft baute hier 1903 zwei Speicher, F und G. Für die Erbauung eines weiteren Lagerhauses H am Nordende des Ufers wurde 1908 der Betrieb der Speisehalle Nr. 9 verlegt. Die alte Speisehalle wurde abgebrochen und der Neubau 1909 dem Betrieb übergeben.
Die Westseite des Hafens wurde Dessauer Ufer und die Ostseite Hallesches Ufer benannt.
1907 baute man hier einen 175 m langen und 35 m breiten Sammelschuppen. Die nördliche Hälfte der Landseite diente dem Straßen-, die südliche dem Schienenverkehr.

Spreehafen und Veddelkanal Der Spreehafen wurde 1902 nach Süden hin erweitert. Dadurch sollte Raum geschaffen werden für die aus dem südöstlichen Teil des Hansahafens verwiesenen Flußschiffe. Auf der südwestlichen Strecke geschah die Abgrabung parallel zu dem Ernst-August-Kanal. Es blieb noch Platz für Gleis- und Straßenanlagen. Südöstlich erfolgte die Erweiterung des Spreehafens gleichlaufend mit der Harburger Chaussee. Hier verblieb noch ein 100 m breiter Streifen für Lagerzwecke. Das Südostufer dieses Hafens wurde 1893 Berliner Ufer benannt.
Im Zusammenhang mit der Erweiterung des Spreehafens wurde der Veddelkanal von 60 m auf 90 m nach Süden hin verbreitert. Zwischen ihm und dem Spreehafen blieb eine etwa 90.000 qm große Fläche für Speicher und Lagerhäuser.

Der 1884 gebaute Kanal durchschnitt die ehemaligen Staatspachthöfe Niedernfeld und Klütjenfeld und wurde 1885 mit dem Reiherstieg in Verbindung gebracht.

Klütjenfelder Hafen Die zwischen dem Reiherstieg und dem Spreehafen verbliebene Wasserfläche erhielt den Namen Klütjenfelder Hafen. Auf etwa 15.000 qm Fläche hatten Schuten ihre Liegeplätze.
Die Nordseite der zwischen Veddelkanal und Spreehafen stehengebliebenen Insel erhielt den Namen Brandenburger Ufer, die Südseite wurde Spandauer Ufer benannt.
Zur Verbindung des Veddeler Dammes mit der Insel südlich des Veddelkanals baute man die Veddelkanalbrücke aus Holz.
Die Freihafen-Straßenbahn wurde 1909 in Betrieb genommen. Sie führte durch die Harburger Chaussee und das Potsdamer Ufer. Dann überschritt sie die Zollgrenze und folgte der später nach Westen verlegten Klütjenfelder Straße.
Zur Sicherung der Zollgrenze wurde 1903 an der Südgrenze des Freihafengebietes längs der Nordseite des Ernst-August-Kanals bis zum Reiherstieg ein Zollgitter von 2,5 km Länge errichtet. Am Ende der festen Zollgrenze beim Reiherstieg erbaute man ein Wachthäuschen und beim Nebenzollamt II an der Ernst-August-Schleuse einen Abfertigungsschuppen.

Ellerholz-, Oder- und Travehafen Um die später notwendige Wasserverbindung für Flußfahrzeuge zwischen den neuen Waltershofer Häfen und der Oberelbe zu schaffen, mußte die zwischen den Müggenburger Schleusen und dem Reiherstieg bereits vorhandene Wasserstraße von den Ellerholzschleusen an weiter bis zum Köhlbrand ausgebaut werden. Sie erhielt die Bezeichnung Ellerholz- und Roßkanal.
Der Roßhafen wurde nach Süden um etwa 200 m bis an die erwähnte Wasserstraße verlängert.
Der Oderhafen, der bisher nur zur Auf-

Dovenfleet, Altenländer Kähne, ca. 1905

nahme von Flußfahrzeugen diente, sollte mit Kaimauern eingefaßt werden und erreichte eine Tiefe, die der zukünftigen Tiefe der Elbe gleichkam.
Der Travehafen entstand südlich vom Bauhafen im östlichen Teil des auf Neuhof von Hamburg erworbenen Geländes. Zwischen dem neuen Hafen und der Wasserstraße für die Flußschiffe verblieb ein Damm, damit der Verkehr in beiden Teilen sich ungehindert entwickeln konnte. Dadurch erhielten auch die im Travehafen liegenden Flußfahrzeuge bessere Landverbindung.

Flußschiffhäfen der Unterelbe Die größtenteils seetüchtigen Flußschiffe der Unterelbe und die vielen kleinen Küstenfahrzeuge erhielten einen besonderen Hafen, den Maakenwerder Hafen. Bei einer größten Breite von 295 m und einer mittleren Länge von 1200 m hatte er eine Wasserfläche von etwa 24 ha. Durch Duckdalbenreihen an den Ufern und im Hafen wurden möglichst viele Liegeplätze geschaffen.

Rugenberger Hafen und Schleusen Für die Unterbringung der unterelbischen Flußfahrzeuge war ferner der Rugenberger Hafen mit einer Wasserfläche von etwa 37 ha vorgesehen. Nach dem Köhlbrand führten die beiden sogenannten Rugenberger Schleusen. Dem Vorhafen dieser «Schleusen» (tatsächlich sind es – bei gleichem

Flußschifferkirche im Müggenburger Zollhafen

Wasserstand auf beiden Seiten – nur Stromtore) gegenüber mündete der von Kuhwerder kommende Roßkanal, so daß hier die Verbindung mit der nach der Oberelbe führenden Wasserstraße hergestellt wurde. Die Lotsenstation wurde an die westliche Landspitze des Waltershofer Gebietes, der Mündung des Köhlfleetes, verlegt.
Außer den Hafenbassins waren auch die erforderlichen Landungsanlagen, Zollabfertigungsstellen, Straßenanlagen, Eisenbahnverbindungen usw. nach und nach gebaut worden.

Eine Kirche auf dem Strom, die Flußschifferkirche Im Zusammenhang mit den Flußschiffhäfen sollte auch die Kirche für die Flußschiffer beschrieben werden:
Am Kai im Müggenburger Zollhafen auf der Veddel liegt die einzige schwimmende, evangelische Flußschifferkirche in Deutschland. Sie ist ein Kleinod Hamburgs und bereichert die Hansestadt durch die Berufsbezogenheit ihrer fahrenden Gemeindeglieder.
In alten Chroniken kann man nachlesen, daß schon um 1700 von der hamburgischen Staatsmarine die ersten Schiffsprediger mit Convoischiffen ausgesandt wurden, um den Seeleuten auf ihren Fahrten aus der Postille vorzulesen. Domine wurden diese Männer genannt, die keine ausgebildeten Theologen waren, sondern sich aus befähigten Besatzungsmitgliedern rekrutierten.
Die damals in Spanien und Portugal lebenden evangelischen Deutschen richteten an die Stadt Hamburg die dringende Bitte, sie möge mit ihren Convoischiffen Prediger mitsenden, damit an Bord dieser Schiffe die im Exil Lebenden am Gottesdienst teilnehmen könnten. Seit dieser Zeit hatte Hamburg seinen Seemannspastor.
Das Konvoischiff WAPEN VON HAMBURG machte 1747 seine letzte Fahrt und diente dann als Wachtschiff im Hamburger Hafen. Hier fanden dann weiterhin Gottesdienste statt, die mit der Schiffsglocke eingeläutet wurden. Das Schiff erhielt eine Kanzel und eine Orgel.
Über Jahre war dieses Wacht- und Kirchenschiff auch eine von «Frömden» gerne besuchte Sehenswürdigkeit, bis es wegen Verrottung schließlich abgewrackt werden mußte.
In einem Tagebuch aus dem Jahre 1858 läßt sich nachlesen:«Im Schiffsgewirr fanden wir ein weißes Schiff mit vielen roten Eimern und mehreren Bootsspritzen. Es war das Hafenfeuerwachtschiff, welches auch die Schiffskirche enthielt, die 150 Menschen fassen mochte. Der Domine sah aus wie ein spanischer Inqisitionspriester mit einem steifen Kragen um den Hals.» – Der auf diesem Wachtschiff regelmäßig abgehaltene Gottesdienst wurde 1863 durch Rats- und Bürgerbeschluß ins Seemannshaus verlegt. Die Seeleute mußten also nun zum Gottesdienst in ihre Kirche an Land gehen.
Erst im Jahre 1870 hatte Johann Hinrich Wichern, der Gründer der «Rettungsanstalt Rauhes Haus», mit einem kleinen Boot den ersten Hafen-Missionar, Diakon Vockrodt, zu den Binnenschiffen hin entsandt.
In seiner Hauszeitung «Fliegende Blätter» veröffentlichte Wichern 1845 einen Artikel: «Fürsorge für Matrosen», in dem er u.a. sagt: «Zu den in christlicher und sittlicher Beziehung am meisten versäumten Klassen gehören die Matrosen ... hier geht es um das

geistige und leibliche Wohl von Tausenden.»
Nach Gründung der Evangelischen Gemeinde auf der Veddel wurde die Binnenschifferarbeit 1905 hier eingegliedert. Der Dienst zu den Binnenschiffen hin wurde jetzt nicht mehr mit kleinen Booten, sondern mit Barkassen versehen. Bis heute tragen alle Barkassen, die im Dienst der Kirche stehen, den Namen «Johann Hinrich Wichern».
Nach 1948 erhielt die Flußschiffermission unter Diakon Rudolf Giering und dem Pastor der Inneren Mission, Hans Rottenberger, neue Impulse. 1951 wurde eine Bauschute gechartert und an die Wassertreppe 16 des Hovekanals verlegt. Aber der Aufbau der Schute erwies sich als Windfänger und Gefahr für die Teilnehmer an den Gottesdiensten und Veranstaltungen.
Erneute Bemühungen, ein geeignetes Schiff zu finden, führten zu Verhandlungen mit der Verwaltungsstelle der Amerikaner für deutsches Heeresgut «Omgus» in Bremerhaven. Das Omgus-Schiff WK 6, ein Weserküstenleichter, wurde für 15 Jahre gechartert. Auf der Norderwerft wurde das Schiff zu einer schwimmenden Kirche umgebaut. Die Länge betrug 26,10 m, die Breite 7,10 m, die Innenhöhe 4 m, 150 Sitzplätze waren vorhanden. Das Richtfest fand am 19. August 1952 statt. Jetzt besaß Hamburg eine fahrtüchtige, schwimmende Flußschifferkirche mit Glockenturm und Kreuz!
Aus dem Chartervertrag wurde ein Kaufvertrag. Jetzt gab es für die Menschen aus der Flußschiffahrt ein Zuhause, d.h. mehr als nur Kontakte und Informationen. Sie finden hier nicht nur Hilfe für ihre Sorgen und Nöte, sondern auch Gedankenaustausch, Anregungen, Betätigung und Geselligkeit im Kreise von Gleichgesinnten.
In den fünfziger Jahren entstand hier das «Zentrum der Flußschifferjugend».
Der Küster dieser Kirche muß auch ein Schiffer sein! Das hat sich gezeigt bei der Flutkatastrophe im Februar 1962, als das Kirchenschiff in große Gefahr geriet und nur durch den selbstlosen Einsatz des Küsters Erich Henke vor Schaden bewahrt werden konnte.
Seit dem 1. November 1960 ist Christian Schulze als Flußschifferpastor in dieser Gemeinde tätig. Er ist gleichzeitig Vorsitzender des Verbandes der evangelischen Binnenschiffergemeinden in der Bundes republik.
Karl Heinz Geilen übernahm das Amt des Schiffermissionars im Mai 1972. Seiner Initiative ist es zu verdanken, daß ein Gesprächskreis zustandekam, der fahrende Schiffer mit den Ruheständlern verbindet. Im Mai 1988 ging er in den Ruhestand.
Bei allen Besonderheiten zeichnet sich dieses Gotteshaus noch dadurch aus, daß in ihm gelacht werden darf und auch seßhafte Hamburger sehr willkommen sind!

Von der Freihafenstadt zur Hafenstadt mit Freihafen 19. bis 20. Jahrhundert

Bauliche Veränderungen für den Zollanschluß

Hamburg mußte sich auf einen abgegrenzten Freihafen beschränken (Zollausland)
Mit dem bevorstehenden Zollanschluß wurde die Einrichtung des zugestandenen Freihafens notwendig, d.h. die Bebauung bestimmter Land- und Wasserflächen, die im Zollausland verblieben und dazu dienen sollten, auch weiterhin den freien Auslandhandelsverkehr Hamburgs zu erhalten.
Bis zum Zollanschluß 1888 war Gesamt-Hamburg Zollausland, d.h. Schiffe oder Waren, die aus außerdeutschen Ländern kamen, konnten dort ohne jede Zollzahlung und Zollkontrolle verkehren bzw. lagern. All dieses sollte sich künftig innerhalb des streng abgegrenzten Freihafengebietes abspielen: aus der «Freihafenstadt» Hamburg wurde eine «Stadt mit einem Freihafen».
1866 war mit dem planmäßigen Ausbau des Hafens mit Kaimauern usw. begonnen worden, der sich bald auf das weiträumige Elbinselgebiet zwischen der Norder- und Süderelbe ausdehnte.
Im Zuge des Freihafenausbaues hatte es sich auch als notwendig erwiesen, die Harburger Chaussee nach Osten hin zu verlegen und eine neue Brücke über die Elbe und den Oberhafen-Kanal zu bauen. Ferner mußte die alte städtische Ringstraße, die zum Teil durch das Freihafengebiet führte, an das Nordufer des Zollkanals verlegt werden. Dieser selbst mußte erweitert und Brücken und Landungsanlagen erstellt werden. Der Oberhafen wurde begradigt durch Wegfall der Landzunge des östlichen Stadtdeichbogens.
Auch in der Innenstadt wurden Veränderungen vorgenommen. So mußte das Fleet zwischen den Häuserreihen am Rödingsmarkt einer breiten Verkehrsstraße zwischen Innenstadt und Hafengegend Platz machen.

Neue Ringstraße Die neue Ringstraße behielt die bisherigen Straßennamen. An der Stadtseite waren teilweise alte, tiefliegende Häuser stehengeblieben, deren Anschluß an die neue Straßenhöhe recht schwierig war. 1885 bis 1887 wurde der Teil der nördlichen Ringstraße zwischen der Hohen Brücke und der Schaartorbrücke ausgebaut. Hier entstanden – wie am Dovenfleet – eine hochliegende Verkehrsstraße und eine tiefliegende Kaistraße, Kajen, deren Anfahrten von den genannten Brücken abzweigten. Zugleich mit der neuen Ringstraße wurden 1885 die anschließenden Rampen der Lembkentwiete und der Gerkenstwiete gebaut. Die an den veränderten Straßenteilen liegenden Häuser wurden der neuen Straßenhöhe angeschlossen durch Tieferlegen der Fußgängerwege mit entsprechenden Sicherheitsvorkehrungen. Wie überall sah man auch hier an den Häusern vortretende Keller- und Haustreppen, Beischläge und Abweiser für die Kellerfenstereinschnitte.

Brooksbrücke 1870 wurde diese Brücke von Grund auf neu gebaut als massive Bogenbrücke mit zwei 15 m weiten Durchfahrten und einer Straßenbreite von 17 m. Die alte Brücke war zwar noch in gutem Zustand, konnte aber das erhöhte Verkehrsaufkommen durch die Erweiterung des Zollkanals nicht aufnehmen.
Nachdem 1886 eine Notbrücke für den Straßenverkehr und die großen Gas- und Wasserleitungsröhren der alten Brücke abgebaut waren, begann der Abbruch. Die beiden über dem Mittelpfeiler an den Brük-

kenstirnen angebrachten Wappen-Löwen fanden An der schönen Aussicht auf der Uhlenhorst an der neuerbauten Feenteichbrücke ihren neuen Platz.
Die neue Brücke hatte eine Durchfahrtweite von 43 m. Die nördlichen Enden der Bogenträger wurden durch postamentartige Aufbauten abgeschlossen, auf denen die Standbilder der Germania und Hammonia aufgestellt wurden. Auf der Seite des Freihafengebietes flankierten zwei torartige Backsteinbauten im mittelalterlichen Stil die Fahrbahn. Vor der Reihe der neuen Freihafenspeicher gelegen, bildeten sie einen festen Abschluß des Zollinlandes gegen das Zollausland.
Am westlichen Turm hat beim Vollzug des Zollanschlusses Kaiser Wilhelm II den Schlußstein eingefügt. Er enthält die Worte: «Kaiser Wilhelm II. setzte diesen Stein am 29. Oktober 1888 bei dem Anschluß Hamburgs an das deutsche Zollgebiet.»
Der Ornamentenschmuck an der Westseite dieser Brücke bezieht sich auf Hamburg, der nach der Ostseite auf das Deutsche Reich.

Hellenenbrücke Die Hellenenbrücke, westlich der Brooksbrücke in der Straße Bei dem neuen Krahn belegen, war 1876 bei der Mattentwieten-Regulierung in 17 m Breite neu gebaut worden und konnte bei Erstellung des neuen Ringstraßenzuges unverändert erhalten bleiben.
Auch der Neue oder Große Kran wurde in seiner ursprünglichen Form belassen. Die 1887 gebaute Kaimauer wurde beiderseitig an das Fundament des Kranes angeschlossen. Dieser Kran und die Hellenenbrücke waren die einzigen aus älterer Zeit in der Ringstraße im Norden des Zollkanals verbliebenen öffentlichen Bauwerke.

Bei den Mühren Bei den Mühren erfolgte der Abbruch dieser Häuser an der Wasserseite im Jahre 1886. Einige Portale, Türen, Glasfenster und eiserne Treppengeländer aus Häusern von Sonnin erbaut, sind dem Museum für Kunst und Gewerbe übereignet worden.
Noch um 1883 war diese Straße auf beiden Seiten mit Fachwerkhäusern und Speichern bebaut. Die Grundstücke der südlichen Seite stießen an das parallel laufende Mührenfleet und bildeten die südliche Begrenzung der früheren Insel Cremon.

Katharinenkirchhof und Hankentwiete
Die Häuser an der Fleetseite des Katharinenkirchhofes und Beim Zippelhaus wurden 1887 abgerissen, ebenso die Gebäude an der Nordseite bei der ehemaligen Hankentwiete. 1888 folgten die Häuser unmittelbar am Katharinen-Kirchhof, die Katharinen-Apotheke und die Mietshäuser, in denen seit vielen Jahrzehnten die Pastoren wohnten.
1887 wurde die alte Katharinen-Brücke abgebrochen. Am Ringstraßenzug entstanden die Kleine und Große Katharinen-Brücke, die über das Steckelhörnfleet führten.
Von der Brandstwiete bzw. der Kornhausbrücke bis zur Hohen Brücke baute man nur die obere Verkehrsstraße aus. Diese schloß an den Katharinenkirchhof an und legte das Kirchengebäude nach der breiten Wasserstraße hin ganz frei. Dadurch bot sich vom gegenüberliegenden Ufer ein hübscher Anblick auf die Kirche. Die Bauarbeiten wurden teils 1887, teils 1888 fertiggestellt.

Jungfernbrücke Sie verband das südliche Ufer östlich der Ausmündung des Kleinen Fleets beim Neuen Wandrahm mit dem Katharinenkirchhof und war als Laufsteg von vier m Breite nahe dem ehemaligen Kleinen Jungfernstieg angelegt. Ein kleines Gebäude am südlichen Eingang zum Laufsteg diente zur Zollabfertigung des Personenverkehrs. Der ehemalige Kleine Jungfernstieg hatte zwei Brücken, die nördliche vom Katharinenkirchhof herführende Kleine Jungfernstieg-Fahrbrücke und die südliche, zur Holländischen Reihe führende hölzerne Kleine Jungfernstieg-Fußgängerbrücke. Diese wurde 1887 abgebrochen und 1888 mit eisernem Überbau wieder aufgebaut.

Kornhausbrücke Im Jahre 1872 war diese massive Bogenbrücke mit einer 16 m weiten Öffnung erbaut worden. Aber auch sie mußte, wie die Brooksbrücke, den Hafenerweiterungen geopfert werden. Die vier schönen Granitsäulen an den Landfesten und die schmiedeeisernen Geländer und Kandelaber blieben durch Einbau an der Feenteichbrücke an der Alster erhalten.
Für den Neubau der Kornhausbrücke mußten 1887 zunächst die in der nächsten Umgebung der alten Brücke stehenden Wandrahmhäuser abgebrochen werden, um eine Notbrücke für den Straßenverkehr und die Gas- und Wasserleitungen errichten zu können. Die Sichelträger der neuen Brücke lagen so hoch, daß der Verkehr zwischen Fahrbahn und Fußwegen darunter hindurchfließen konnte. Noch im Dezember 1887 wurde die neue Brücke dem Verkehr übergeben.

Zollkanal Der Zollkanal war aus dem früheren schmalen und flachen Fleetzuge zwischen Oberhafen und Binnenhafen entstanden. Er diente als Grenzkanal und für die Zollabfertigung der aus dem Freihafengebiet in die Stadt kommenden Schuten. Ferner nahm er den gesamten städtischen Wasserverkehr von Personen und Gütern und die Binnen- und Marktschiffahrt nach Hamburg auf. Er zweigte von der Elbe bei St. Pauli ab, eben oberhalb der großen Dampfschiffpontons. Im Westen war er Teil des bisherigen Niederhafens, von dessen übriggebliebenem Rest er durch zwei Reihen schwimmender Zollpalisaden getrennt war. Diese Strecke des Zollkanals wurde nach erfolgtem Zollanschluß den zollinländischen Seeschiffen durch Kaianlagen längs des Johannisbollwerks und der Vorsetzen zugänglich gemacht. Der Kanal folgte elbaufwärts dem

Binnenhafen und wurde unter Benutzung des ehemaligen Mühren- und Wandrahmfleets in etwa 45 m Breite durch die Stadt geführt.
Die Erdgrabungen zur Herstellung des Zollkanals wurden auf der Strecke von der Brooksbrücke bis zur Jungfernbrücke 1884–85, von der Jungfernbrücke bis zur Kornhausbrücke und weiter bis zur Wandrahmsbrücke 1886 ausgeführt. Auf dem westlichen Teil – von der Brooksbrücke bis zur Kehrwiederspitze – fand eine Bodeneinschüttung statt. Die neue Kaimauer wurde hier in den Binnenhafen vorgeschoben. Das gewonnene Erdmaterial wurde mit Schuten und Wagen nach dem Hammerbrook zur Aufhöhung von Straßen und Plätzen geschafft. Auch der Stadtdeich selbst wurde mit dieser Erde erhöht. Die Eingänge der Häuser hatten dann nicht mehr aufwärts, sondern abwärts führende Treppen.
Der Zollkanal verließ bei der Wandrahmsbrücke die innere Stadt und folgte dem Zuge des Oberhafens und Oberhafen-Kanals. Das nördliche Ufer dieser oberen Strecke, der Stadtdeich, wurde mit Lösch- und Ladeplätzen für die Flußschiffahrt der Oberelbe und zu Häfen für die Elbkähne ausgebaut. Vom Stadtdeich führten die1. und die 2. Hammerbrooker Schleuse die Schiffahrt in die Kanäle des Hammerbrooks und in die Bille durch die Brandshofer Schleuse.

Oberhalb der Billhorner Brücke mündete der Zollkanal wieder in die zollinländische Norderelbe ein.

Verbreiterung des Oberhafens Der Stadtdeich reichte bei seiner Landestelle für die oberelbischen Dampfschiffe bis auf 40 m an das gegenüberliegende Ufer heran. Hier mußte Platz geschaffen werden für eine große zollinländische Landungsstelle mit geräumiger Wasserfläche zum Wenden der langen oberelbischen Raddampfer. Um diesem sich hier konzentrierenden Schiffsverkehr gerecht zu werden, war die ganze Strecke des Stadtdeiches zwischen der 1. und 2. Hammerbrooker Schleuse zurückzuverlegen. Der bisherige Landungsplatz bei der Gasanstalt auf dem Grasbrook fiel in den neuen Freihafenbezirk.
Auch das beim Stadtdeich an der Danielstraße belegene Röhrenlager der Stadtwasserkunst mußte deshalb 1883 weichen, und zwar nach der Süderstraße, östlich des Hochwasserbassins. Dann begann die Abgrabung des Stadtdeichs.
Die neue 1884 begonnene 550 m lange Kaimauer baute man so weit wie möglich im Schutz des alten Deiches. Die westliche (bei der 1. Hammerbrooker Schleuse) und die östliche, an der Danielstraße durch den alten Deich führende Mauerstrecke wurden 1885 vollendet, die schönen schmiedeeisernen Geländer und Kandelaber ein Jahr später angebracht. 1886 erfolgte die Pflasterung der neuen Kaistraßenfläche. Zugleich wurde die Forträumung des vor der neuen Kaimauer nach Süden vorspringenden alten Stadtdeichs in Angriff genommen. Pfähle und Bohlen früherer Bollwerke erschwerten die Arbeiten. 1888 war die aus fünf großen, zusammen 120 m langen Pontons und zwei Landungsbrükken bestehende Landungsanlage fertig. Zum Zollanschluß im gleichen Jahre wurden die «Lauenburger Dampfer» vom Grasbrook dorthin verlegt.
1889–90 wurde dann die westlich von der Kaimauer am Stadtdeich liegende Strecke mit den Ladestellen am Oberhafen bebaut. Hier befand sich auch die Elbschiffahrts-Gesellschaft «Kette». Da der oberelbische Verkehr durch den Zollanschluß teils zollinländisch, teils zollausländisch abgefertigt werden mußte, erwies es sich als zweckmäßig, inländische Güter ohne Berührung des Freihafengebietes elbauf- und -abwärts zu befördern. Die Uferstrecke am Oberhafen westlich von der 1. Hammerbrooker Schleuse wurde daher als Ladestelle für den zollinländischen Flußschiffahrtsverkehr eingerichtet. 1889 erbaute man hier längs des Stadtdeichs zwischen der Heerenstraße und der Oberhafenstraße eine Kaimauer, auf deren östlicher Strecke 1890 zwei Ladeschuppen mit Krananlagen entstanden. Die Elbschiffahrts-Gesellschaft «Kette» nahm diese gesamte Anlage in Pacht. Hier wurde ihr Inlandverkehr abgewickelt, während sie sich im Freihafengebiet an der Ostseite des Magdeburger Hafens mit dem Auslandverkehr befaßte.

Billhafen Der Billhafen lag südöstlich der Brandshofer Schleuse. Um die im Oberhafen vertriebenen Oberländer Kähne aufzunehmen, wurde er 1884 bis zur Billhorner Brückenstraße vergrößert und der Leitdamm längs des Oberhafenkanals entsprechend verlängert.
Für den gleichen Zweck hatte man auch den Haken bei Entenwerder ausgetieft.
Als die Baakenschleuse erbaut wurde, mußte ein 350 m langes Stück des Leitdammes zwischen der Schleuse und Oberhafen-Kanal wieder weggebaggert werden.
Zur Aufnahme der Oberländer Kähne, die durch die begonnenen Bauten auch aus dem Baakenhafen weichen mußten, wurde 1883–84 die Billwerder Konkave ausgebaggert und mit Pfahlwerk berammt. 1885 wurden hier Landungsbrücken mit Treppen und Schwimmbäumen für die Oberländer Schiffer gebaut.

Billhorner Brücke Bis zur Fertigstellung der Billhorner Brücke 1888 führte der Weg

in die Stadt nördlich der Neuen Elbbrücke auf der späteren Zweibrückenstraße unter die Eisenbahn hindurch, weiter längs des Versmannkais zum Magdeburger Kai und zur Meyerstraße. Die Unterführung unter den Bahngleisen der Eisenbahn-Elbbrücke bei der Zweibrückenstraße wurde 1886–87 erbaut.
Die Billhorner Brücke war die Verlängerung der Neuen Elbbrücke über den Oberhafen-Kanal. Sie war so konstruiert, daß sich für bemastete oder hochgebaute Schiffe Brückenteile öffnen ließen, da sie über dem einzigen Wasserweg zwischen Ober- und Unterelbe lag.
Gleichzeitig mit dem Brückenbau wurde auf der nördlichen Seite im Oberhafen-Kanal eine Landungsanlage erstellt. Abgesehen von der Jollenfähre bei der Brandshofer Schleuse war dies die einzige öffentliche Landungsstelle zwischen den Stadtdeich-Dampfschiffbrücken und Rothenburgsort. Das auf der Südseite der Brücke erbaute Brückenwärterhaus wurde 1894 durch einen Anbau erweitert.

Verlegung der Harburger Chaussee Die Harburger Chaussee, die bisher von Süden her über Wilhelmsburg, den Kleinen Grasbrook, die Norderelbe mit Wagenfähre nach der Harburger Straße bei der Gasanstalt führte, wurde 1887 südlich der Grenze des Freihafengebietes über den Ernst-August-Kanal nach Osten verlegt.
Diese Straße war 1813 in der Franzosenzeit angelegt worden und hatte dieselbe Trassenführung.
Im Anschluß an diese Arbeiten mußte auch die Petroleumhafenbahn parallel zu ihrer alten Lage nach Norden verlegt werden.

Weitere Hafenbauten bis zum Zollanschluß 1888

Sicherung der Akziselinie Die Sicherung der Akziselinie vom Brooktor zur Stadt und von der neuen Brücke bis zum Sandtor wurde durch doppelte Palisadenwände (Schanzpfähle) an der Böschung des Walles und längs der Straße gewährleistet. Die ganze Anlage wurde am 20. Oktober 1858 fertig. Der neue Stadtteil wurde durch Bekanntmachung vom 6. Februar 1857 dem St. Katharinenkirchspiel zugeschrieben und der 6. Kompagnie des 2. Bataillons des Bürgermilitärs zugeteilt.
Als 1855 der Neubau der Wandrahmsbrücke notwendig wurde, baute man zunächst die Brücken bei Groß- und Klein-Ericus, die bis dahin nur für Fußgänger bestimmt waren, als Fahrstraßenbrücken aus. Die Wandrahmsbrücke wurde daraufhin aus Stein neu erbaut und der Schlußstein am 19. September 1857 gelegt. Auch die Poggenmühlenbrücke wurde 1856 massiv neu erstellt. Die Mühle selbst war 1841 außer Betrieb gesetzt, das Mühlengebäude aber erst 1865 abgebrochen worden.
Der sogenannte neue Kran – aus Holz nach älterem Muster errichtet – wurde 1857 abgebrochen, der Krankai erweitert und 1858 ein neuer, eiserner Kran erbaut.
Das in dessen Nähe mündende Katharinenstraßenfleet, das bisher von einer privaten Interessengemeinschaft unterhalten wurde, ging 1853 durch Vergleich an den Staat über.
1864 begann der Bau des Hafenbassins vom Brooktor bis zum Ericus. Der Rahmenweg zwischen der Meyerstraße und dem Stadtgraben wurde abgetragen und zur Anschüttung des nur mit einer Böschung versehenen Kais hinter dem Holländischen Brook benutzt. Der Graben hinter dieser Straße wurde 1865 ausgefüllt und den anliegenden Grundstücken überlassen. Hinter den Kaianlagen wurde eine ca. 20 m

breite Fahrstraße angelegt. Einige Häuser am Kleinen Fleet und Brooktorwall wurden abgebrochen und durch Neubauten ersetzt. Diese Straße erhielt den Namen Sandtorkai, vom Brooktor bis Klein-Ericus den Namen Brooktorkai.
An der Nordseite des Brooktorhafens lagen die schwimmenden Zollhäuser, Einrichtungen, wie sie auch an anderen Stellen des Hafengebietes zu finden waren.

Land wurde zu Wasser und Wasser zu Land Mit der Durchführung der umfangreichen Neubauarbeiten waren u.a. drei bemerkenswerte Männer betraut. Aufbauend auf den vorher von Johannes Dalmann ausgearbeiteten Plänen, wurde ein mustergültiges Werk geschaffen von Oberingenieur F. Andreas Meyer, Wasserbaudirektor Nehls und dem Baudirektor Zimmermann.
Ihre Leistungen waren umso großartiger zu werten, als es sich keineswegs um die Gestaltung einer freien Fläche handelte; vielmehr wurde «Land zu Wasser und Wasser zu Land umgewandelt»! Die Arbeiten mußten seinerzeit mitten im Getriebe des größten Festlandhafens durchgeführt, geplante Anlagen ohne Störung oder gar Unterbrechung der weltweiten Verbindungen von Handel und Schiffahrt erstellt werden.
1869 hatte man begonnen, ein zweites Hafenbassin in geringer Tiefe auszugraben, das 1871 den Namen Grasbrookhafen erhielt. Hier waren Liegeplätze für kleine Schiffe und eine provisorische Zollabfertigungsstelle für oberelbische Kähne vorgesehen. In den Jahren 1873 bis 1875 wurden der Grasbrookhafen und bis 1877 die Landspitze an der Elbe bis zu den beiden dort liegenden Fabriken mit tieffundierten massiven Kaimauern eingefaßt. Die Fabriken brach man 1878 ab. Die Nordseite des Grasbrookhafens und der östliche Abschluß wurden 1876 mit Schuppen bebaut. Der nördliche Kai, 1871 Grasbrookkai genannt, erhielt 1875 zum Andenken an den Planer der großartigen Hafenbauwerke den Namen Dalmannkai. Die Südseite wurde 1877 Hübenerkai – zu Ehren Senator Hübeners – und der Kai längs der Elbe Strandkai genannt. Die zwischen dem Sandtor- und Grasbrookhafen am Elbufer entstandenen Liegeplätze für Schiffe erhielten 1871 den Namen Schiffbauerhafen. Die ausgedehnten Anlagen hatten den Abbruch aller vom Brooktor westlich liegenden Häuser erfordert; außerdem verschwanden die alte Brooktorstraße, die Sandtorstraße sowie die Schiffbauerstraße.

Vorsetzen 1873–1875 1862 wurde an den Vorsetzen das Spritzenhaus vergrößert.
Die Begrenzung des Hafens vom Hafentor bis zur Schaartorbrücke erfuhr von Ende des Jahres 1873 bis 1875 eine gänzliche Umgestaltung. Nachdem die Wolfgangwache gegenüber dem Neuen Weg am 19. November 1873 geräumt und mit den am östlichen Ende der Vorsetzen an der Wasserseite nach und nach erworbenen Baulichkeiten abgebrochen war, wurden die Vorsetzen bis auf 26,5 m in den Hafen hinein erweitert. Es wurden neue hölzerne Vorsetzen erbaut und die schwimmenden Palisadenwände entfernt, die für den Schutz der Akziselinie nicht mehr benötigt wurden.
Der Platz beim Johannisbollwerk wurde nach den Vorsetzen hin bedeutend abgeflacht, die Hafenmauer dementsprechend erniedrigt und mit einigen hölzernen Treppen versehen, um die Verbindung mit den Schiffen herzustellen.
Die Vorsetzen wurden durch eine 1874 erbaute, 1875 vollendete eiserne Fahrbahnbrücke südlich von der alten nur für Fußgänger bestimmten Roosenbrücke mit dem Baumwall verbunden.

Niederbaumbrücke, Baumwall, Schaartorbrücke 1879 Der Baumwall wurde zur Wasserseite hin verbreitert, um von hier aus mit steinernen Futtermauern eine Überbrückung nach dem Kehrwieder vorzubereiten. Statt des schwimmenden Zoll-

gebäudes wurde an Land ein festes, über dem Wasser liegendes erbaut und 1878 bezogen.
Brückenpfeiler für die Brücke über den Binnenhafen wurden 1878 erbaut, die eiserne Drehbrücke 1879 aufgestellt und im Mai 1880 dem Verkehr unter dem Namen Niederbaumbrücke übergeben.
Auch das Steinhöft wurde auf 26,50 m verbreitert und mit einer massiven Kaimauer umgeben; die Eckhäuser am Schaartor brach man ab, um eine direkte Einfahrt in die Admiralitätsstraße zu erreichen.
Die Straße Beim Schaartor erweiterte man durch den Abbruch der ehemaligen Bäkkerei des Waisenhauses, die nach 1842 von der Bewaffnungs-Commission und anderen Behörden benutzt worden war.
Die Schaartorbrücke wurde 1868 massiv erbaut und bei dieser Gelegenheit verbreitert; einige Häuser an der Ecke Herrlichkeit und des Rödingsmarktes entfernte man zur Verbreiterung des Zugangs.

Akzise und Zoll Das alte Wort Aczise, Akzise (Abgabe, Verbrauchssteuer) hatte für Schiffe mit bestimmter Ladung Bedeutung. 1548 wurde lediglich die Bierziese erwähnt. Im Laufe der Zeit wurde sie auch auf Branntwein, Mehl, Vieh, Wein, zeitweilig auch auf Holz, Torf, Kohlen und Salz ausgedehnt.
Im Jahre 1718 wurden erstmals Transitgüter probeweise auf vier Jahre vom Zoll befreit. Bedingung war, daß sie nach sechs Wochen weitertransportiert werden mußten. Bei Nachentrichtung des Zolls war es allerdings möglich, diese Waren in Hamburg zu verkaufen.
Zöllner, «Visiteurs» und Aufpasser hatten im Hafen dafür zu sorgen, daß keine Zollhinterziehungen stattfanden.
In einer Instruktion von 1636 für die Pflichten der Hafenmeister ist zu lesen:
«... Die Zollknechte sind streng zu beaufsichtigen, damit sichergestellt ist, daß der Zoll und etwaige auferlegte Extraabgaben von den Schiffern bezahlt werden. Irgendwelche «Giffte und Gabe» anzunehmen, ist den Zollknechten strengstens zu untersagen ...».
Aus der Chronik der Wasserschutzpolizei kann man erfahren, daß 1814 die Hafenpatrouille mit 12 Mann in die Hafen- und Zolljachtpatrouille eingegliedert wurde. Zusammen mit der Besatzung der Zolljacht führte sie die Aufsicht über die im Niederhafen liegenden Seeschiffe. Als man diese auf 30 Mann verstärkte, wurde sie in Hafenrunde umbenannt. Zur Aufgabe der Verhinderung von Diebstählen im Hafen kamen Zollkontrollen hinzu. Fünf Jollen standen zur Verfügung.
Politische Wirren und Neuordnungen hatten zur Folge, daß künftig Polizei und Zoll getrennte Aufgabengebiete erhielten.

Gründung des Deutschen Zollvereins Im Jahre 1818 schuf Preußen ein Grenzzollsystem. Danach konnte aber lediglich der Wirtschaftsverkehr innerhalb seines Staatsgebietes ungehindert abgewickelt werden. Entsprechend war 1807 schon in Bayern, 1808 in Württemberg und 1812 in Baden verfahren worden.
Diese internen Erleichterungen entsprachen jedoch nicht den wirtschaftlichen Gesamterfordernissen. England und Frankreich verfügten bereits über geschlossene Nationalwirtschaften, außerdem produzierten sie ihr Ausfuhrgut fabrikmäßig, was zu erheblichen Preissenkungen führte. Der Export in die einzelnen deutschen Staaten bereitete Schwierigkeiten.
Auch die deutschen Territorialstaaten mußten über ihre Ländergrenzen hinweg zu Zusammenschlüssen kommen, mußten zum Schutz ihrer Wirtschaft vor billigen ausländischen Importwaren einen freien Güteraustausch zwischen ihren Ländern schaffen. So bildete sich im Januar 1828 der Bayerisch-Württembergische Zollverein. Im Februar 1828 folgte der Preußisch-Hessische Zollverein und im September 1828 der Mitteldeutsche Handelsverein. Zwar war damit noch nicht das Ziel er-

reicht, ungehinderten Warenaustausch zwischen allen deutschen Ländern zu gewährleisten, aber es wurde dadurch doch auf die noch nicht beigetretenen Länder ein gewisser Druck ausgeübt.
Die Folge dieser Entwicklung war die Gründung des Deutschen Zollvereins 1833, dessen Vorschriften am 1. Januar 1834 in Kraft traten. 18 von 39 deutschen Territorialstaaten hatten sich zusammengefunden, um Zollschranken für den Warenverkehr zwischen ihren Ländern abzuschaffen. Gleichzeitig wurde ein einheitlicher Zoll für ausländische Waren festgesetzt.
Parallel verlief die Vereinheitlichung des deutschen Postwesens. 1815 gab es im Deutschen Bund 15 Postverwaltungen, darunter auch die alte Thurn- und Taxissche Post. 1848 ergriff Preußen die Initiative zu einer wesentlichen Verbesserung der Posteinrichtungen in ganz Deutschland. Mit der Gründung des Norddeutschen Bundes übernahm Preußen auch die Thurn- und Taxissche Post. Es dehnte die Preußische Postverwaltung auf ganz Deutschland nördlich der Mainlinie aus. 1871, nach der Reichsgründung, behielten nur noch Bayern und Württemberg ihre eigenen Postämter.
Auch die Vereinheitlichung des Geld- und Münzwesens wurde durch die Gründung des Zollvereins ermöglicht.

Gründung eines neuen Zollvereins Die Gründung eines neuen, erweiterten Zollvereins war Folge der politischen Entwicklungen. Ihm gehörte der Norddeutsche Bund mit Ausnahme der Hansestädte Bremen, Lübeck und Hamburg an sowie Bayern, Württemberg und Baden.
Durch die Einigung Deutschlands 1871 war somit ein deutsches Zollgebiet entstanden unter Ausschluß von Bremen und Hamburg.
Der Zollverein blieb als Institution bestehen und wurde vom neuen Deutschen Reich übernommen. Luxemburg gehörte sogar weiterhin dem Zollverein an, obwohl es nicht Teil des Deutschen Reiches war. Der Zollverein wurde zwar nie durch einen Rechtsakt formell aufgehoben oder beendet, aber er verlor an Bedeutung. Erst mit dem Ende des Deutschen Kaiserreichs im Jahre 1918 hörte er schließlich auf, zu existieren.
Die Hansestadt Hamburg als eines der 39 Mitgliedsländer des Deutschen Bundes und auch des Norddeutschen Bundes blieb sowohl dem 1834 gegründeten alten als auch dem 1867 gegründeten neuen Zollverein fern.
Selbst 1871 noch, nach Gründung des Deutschen Reiches, konnten Hamburg und Bremen entsprechend den Vereinbarungen mit ihren Staatsgebieten außerhalb der deutschen Zollgrenze bleiben «bis sie ihren Einschluß beantragen würden». So wurden erst 1888 die beiden Hansestädte auch dem Zollgebiet des Deutschen Reiches eingegliedert.
Hamburgs wirtschaftliche Basis war der Hafen und die Elbe mit freiem Zugang vom und zum offenen Meer.
Noch 1819 wurden die tatsächlichen Verhältnisse wie folgt beschrieben: «... Um von Hamburg nach Österreich ... zu handeln, hat man 10 Staaten zu durchreisen, 10 Zoll- und Mautordnungen zu studieren, zehnmal Durchgangszoll zu zahlen».

1882: Vorschlag der Commerzdeputation Für die einheitliche Führung der Wirtschaftspolitik des Deutschen Reiches war die Einbeziehung seines größten Hafens Hamburg in das Reichszollgebiet unerläßlich. Bismarck, der die Selbständigkeit Hamburgs als Bundesstaat achtete, mußte nunmehr politische Druckmittel anwenden, um Hamburg zur Verhandlung über den Zollanschluß zu bringen.
Ein Kompromiß wurde aber erst erreicht, als Bürgermeister Kirchenpauer als Vertreter des konservativen «alten Hamburgs» 1880 aus dem Bundesrat ausschied und sein wendiger Nachfolger Versmann die

Lösung des Konfliktes zwischen deutscher und Hamburger Handelspolitik herbeiführte.
So machte die Commerzdeputation schließlich den Vorschlag, das Hamburger Staatsgebiet dem deutschen Zollverein anzugliedern. Im einzelnen wurden gefordert:

1. Der Fortbestand eines verkleinerten Freihafens mit Einschluß von Teilen des Elbstromes;
2. die Aufgabe der Speicher im Stadtgebiet, soweit sie Güter beherbergten, die zur Weiterbeförderung bestimmt waren; dafür Bau neuer Speicher am Sandtor- und Grasbrookhafen;
3. die Zulassung von Exportindustrie im Freihafengebiet;
4. die Übertragung der Zollabfertigung und des Abfertigungsverfahrens an eine dem Hamburger Senat zu unterstellende Behörde;
5. der Bau neuer Hafenanlagen am Südufer der Elbe zur Vergrößerung der Schiffsliegeplätze;
6. der Bau von Zollsperren quer über die Elbe, da der Strom mitten durch das Freihafengebiet führte;
7. die Gewährung eines angemessenen Beitrags von seiten des Reichs zu den Kosten des Zollanschlusses.
8. außerdem wurde die Aussiedlung der gesamten Bevölkerung aus dem künftigen Freihafengebiet beantragt.

Alle diese Punkte konnte Hamburg im Vertrag vom 25. Mai 1881 durchsetzen. Am 21. Februar 1882 bewilligte der Reichstag 40 Millionen Mark als Zuschuß zu den Zollanschlußkosten. Die Vereinbarung wurde abgeschlossen zwischen dem Reichskanzler – vertreten durch den preußischen Finanzminister Bitter und den Staatssekretär Scholz – und dem Senat der Freien und Hansestadt Hamburg – vertreten durch Senator Dr. Versmann, Senator O'Swald und den hanseatischen Ministerpräsidenten Dr. Krüger. Die Verhandlungen waren schwierig gewesen. Besonderen Dank zollte die Bevölkerung dem hamburgischen Senator Dr. Versmann für seine aufopfernde Tätigkeit. Auch der Senator O'Swald hatte sich verdient gemacht.

Entwicklung der Zollgrenzen 1868 waren dem Zollverein angeschlossen worden: die außerhalb der ehemaligen Vororte auf dem zusammenhängenden Gebiet nördlich der Elbe gelegenen Gebiete, die Landschaften Moorwerder und Moorburg und das Amt Ritzebüttel mit Ausnahme des Hafens und einiger Häuser außerhalb des Deiches und der Insel Neuwerk.
Die Stadt, die Vororte und die vorstehend nicht als angeschlossen bezeichneten Elbinseln bildeten mit der genannten Parzelle des Amtes Ritzebüttel das Freihafengebiet, wozu auch die holsteinischen Städte Altona und Wandsbek gehörten. Die Grenze des Freihafengebietes fiel fast mit der Landesgrenze und mit den Grenzen der Vororte zusammen. Von den Vororten wurde nur ein Teil von Eppendorf, Barmbeck und Billwerder Ausschlag abgetrennt. Dagegen lag ein Teil von Alsterdorf und von Billwerder an der Bille außerhalb des Zollvereins im Freihafengebiet.
1882 wurden dann die Unterelbe, die Gemeinde Finkenwerder, die Elbinseln: Waltershof, Mühlenwerder, Dradenau und die zu Moorburg gehörige unbewohnte Insel Kattwyk in das Zollgebiet einbezogen. Die Zollgrenze von 1882 begann am Ausfluß der Elbe bei den Uferwerken am Quarantänehafen von Cuxhaven an dem durch eine Zolltafel bezeichneten Punkte im Anschluß an die bisherige Zollinie und führte in gerader Linie zum westlichen Punkte des Kaiser-Wilhelm-Koogs. Hier vereinigte sie sich wieder mit der bisherigen Zollgrenze.
Von Altona lief die veränderte Zollgrenze im Anschluß an die bisherige vom Grenzstein XII (Gemeindegrenze zwischen Altona und Neumühlen) längs der nördlichen Einfriedigung des Neumühlener Kais bis zu dem auf der Mitte desselben durch eine Zolltafel bezeichneten Punkte. Von hier

aus lief sie in gerader Linie über den Kai und die Elbe bis zu der am Ufer des Mühlenwerder durch eine Zolltafel gekennzeichneten Stelle.
Von hier aus lief die Zollgrenze längs des westlichen Ufers des Köhlbrandes bzw. der östlichen Seite der in das Zollgebiet einzuschließenden Elbinseln Mühlenwerder, Waltershof und Altenwerder, das Mühlenfleet und Köhlfleet überschreitend bis zur südöstlichen Spitze von Altenwerder. Dann überschritt die Zollgrenze die alte Süderelbe und mündete bei dem mit einer Zolltafel bezeichneten Punkte des Landungsdammes bei dem Nebenzollamt Moorburg in die bisherige Zollgrenze.
Am linken Elbufer vom Landungsdamm beim Nebenzollamt Moorburg bis oberhalb Cuxhaven wurde die bisherige Zollgrenze aufgehoben, ebenso am rechten Elbufer vom Neumühlener Kai bis zum Kaiser-Wilhelm-Koog.
Im Amt Ritzebüttel wurde 1883 eine unbebaute Fläche und 1885 die erwähnte bebaute Außendeichfläche dem Zollgebiet einverleibt, so daß das hamburgische Freihafengebiet auf etwa 7.400 ha verkleinert wurde.

1883: Beginn der Zollanschlußbauten

Zwischen 1881 und 1883 waren nacheinander drei Kommissionen unter Vorsitz von Bürgermeister Petersen tätig, um einen Generalplan mit allen Einzelheiten über die Durchführung des Zollanschlusses zu entwerfen. Nach langen Verhandlungen entschied man sich schließlich für das billigste Projekt, für das Kosten von insgesamt 106 Millionen Mark berechnet wurden. Obwohl der Reichszuschuß nicht einmal die Hälfte dieser Summe deckte, entschloß man sich 1883 zum Bau des Freihafens.
Damit wurde ein bis dahin in der Welt einmaliges Projekt verwirklicht: Konzentrierte Warenlagerung in nächster Nähe der Handelsstadt, große zollfreie Hafenspeicher, Freiraum für Lagerung des Massengutes am tiefen Wasser und freie Zollinlandswasserstraße von Böhmen bis zum offenen Meer. Die Hafenindustrie hatte dadurch den Vorteil, billig Rohstoffe aus Übersee an Ort und Stelle verarbeiten und wieder ausführen zu können ohne die Belastung durch Ein- und Ausfuhrzölle.
Durch den Zollanschluß wurde auch der Hafenausbau wesentlich beschleunigt. Die größten Veränderungen fanden auf der Kehrwieder-Wandrahm-Insel und auf dem Großen Grasbrook statt. Die Wandrahm-Insel war ein Stadtviertel der armen Leute. Enganeinandergelehnte alte Fachwerkhäuser, schmale Gänge, die zu den Hinterhäusern führten, Twieten und Höfe, Kellerwohnungen, die bei jedem Hochwasser volliefen, Fleete, die die Insel durchzogen: alles das war «Alt-Hamburg», wo sich die Bewohner wohlfühlten, wo schon ihre Väter und Großväter gewohnt hatten.
Sie alle mußten nun ihre Wohnungen räumen, es waren insgesamt fast 25.000 Menschen. (Die genaue Zahl ist nicht zu ermitteln, da in den Quellen verschiedene Angaben gemacht werden). Ihre wenige Habe zogen sie auf einem Ziehwagen oder mit einer Schottschen Karre in Richtung Eimsbüttel, Barmbek und Hammerbrook, auch Wandsbek und Billwerder, ländliche Bezirke in Vorstädten, wo sie neue Unterkünfte fanden. In Hammerbrook entstand ein ganz neues Stadtviertel für diese Menschen, graue, mehrstöckige Wohnblöcke an Kanälen gelegen mit Terrassen, die zu den Hinterhöfen führten.
Auch reiche Kaufleute mußten ihre Häuser aufgeben. Die südliche Hälfte des St. Katharinenkirchspiels bestand zum größten Teil aus vornehmen Kaufmannshäusern. Diese im Barockstil gebauten Häuser lagen mit der Rückseite an Fleeten und dienten als Speicher, während der andere Teil des Hauses Kontore und Wohnungen enthielt. Dieser urtümlich-idyllische Teil der alten Hafenstadt fiel auch der Spitzhacke zum Opfer. Hier hatte alt-hamburgisches Bürgertum Geschichte gemacht. Unwiederbringliches mußte dem Neuen weichen.

Nur noch Namen einiger führender Kaufmannsfamilien sind geblieben wie Merck, Chapeaurouge, Amsinck, Gossler u.a. und einige Zeichnungen von Ebba Tesdorpf, Riefesell u.a., die im Museum für Hamburgische Geschichte aufbewahrt werden.
Das alte Wandrahmfleet, dem die Rückseiten der Häuser in der Straße Dovenfleet ein typisch hamburgisches und reizvolles Aussehen gaben, wurde Ausgangspunkt für den Zollkanal. Sein Name sagt, daß er eine zollinländische Verbindung zwischen dem Niederhafen und dem Oberhafen herstellt. Der gesamte südliche Straßenzug wurde erhöht.
Die Katharinenkirche, eingeengt zwischen engen Gassen und alten Häusern, wurde freigelegt und beherrschte den östlichen Teil des Hafens, wie die Michaeliskirche den westlichen.
Zur Umgebung der neuentstandenen Freihafenstadt, die außerhalb des deutschen Zollgebietes blieb (Zollausland), wurde gleichzeitig die rechtselbische Wasserstraße: Oberhafen-Kanal, Oberhafen, Zollkanal, Binnenhafen, Niederhafen als Zoll-Inlandsweg für die Flußschiffahrt angelegt. Eine linkselbische, südliche Wasserstraße, die die Seeschiffhäfen umging, wurde später geschaffen durch die Anlage: Müggenburger Kanal, Müggenburger Zollhafen, Müggenburger Durchfahrt, Spreehafen, Veddelkanal, Ellerholzkanal, Roßkanal.
Zur Sicherung und Überwachung des Freihafengebietes wurden Palisaden – hohe Drahtzäune bzw. schwimmende Holzgitter – zwischen Frei- und Zollhafen errichtet, Zollstationen gebaut und Zollkutter in Dienst gestellt. Hamburg erhielt vom Zollverein erhebliche Zuschüsse.
Die Häfen sollten so nah wie möglich an der Stadt liegen. Hier aber fehlte es an Raum. Also mußten nicht nur Häuser, sondern auch ganze Straßenzüge abgebrochen werden.

Aufhebung der hamburgischen Nahrungsmittelsteuer Die Einbeziehung Hamburgs in das deutsche Zollgebiet erforderte auch die Aufhebung der hamburgischen Nahrungsmittelsteuer («Consumptionsabgabe»). Infolge des Senats- und Bürgerschaftsbeschlusses vom 4./11. Juli 1888 trat die «Revidirte Consumptions-Accise-Verordnung vom 20. Dezember 1861» außer Kraft. Der nördlich der Elbe gelegene Teil des ehemaligen Freihafengebietes (Stadt und Vororte) mit Ausnahme der Vorstadt St. Pauli bildete den Bezirk, der der hamburgischen Consumptionsabgabe bisher unterlag. Die Abgabe für Wein und Spirituosen wurde jedoch auch in der Vorstadt St. Pauli erhoben. Um 12 Uhr nachts zum 1. September 1888 verließen die Akzise-Beamten ihre Posten. Die Leute, die sich bei den verschiedenen Akzise-Häusern versammelt hatten, begrüßten die ersten frei passierenden Wagen mit Hurrahrufen! Die Steuerposten-Häuser, 29 an der Zahl, wurden teils abgebrochen, teils vermietet oder anderweitig verwendet. Um nur einige aufzuführen: Der Steuerposten beim Deichtor wurde der Eisenbahnverwaltung überlassen, der beim Baumwall diente weiterhin als Zollabfertigung, der beim Hafentor wurde als Hafenpolizeiwache Nr. 1 eingerichtet und der beim Stadtdeich am Oberbaum wurde 1882 abgebrochen.

Der Zollanschluß Am 15. Oktober 1888 erfolgte der Zollanschluß Hamburgs an den Deutschen Zollverein. Er wurde am 29. Oktober in Anwesenheit des deutschen Kaisers mit einer Schlußsteinlegung feierlich vollzogen und damit der Freihafen eröffnet. Er ließ Hamburg die Möglichkeit, im Hafen eine große Anzahl von Werften und Anlagen der veredelnden und verarbeitenden Industrie einzurichten. Viele Firmen waren schon mit ihren Warenlagern in das «Zollausland» des Freihafens übergesiedelt.
Zur offiziellen Schlußsteinlegung für die Zollanschlußbauten, insbesondere auch

Eine nette Bescheerung!

die Speicherstadt, war Kaiser Wilhelm II. nach Hamburg gekommen. Zum Gefolge des Kaisers gehörten: Feldmarschall Graf Moltke, Graf Herbert von Bismarck, Chef der geheimen Staatskanzlei v. Lucanus und Staatsminister v. Goßler.
Weiter waren anwesend Mitglieder des Bundesrats, des Reichspräsidiums, des Reichstages und der Vollzugskommission. Präsidenten des Senats waren die beiden Bürgermeister Versmann und Petersen.
Von dem Anschluß an das deutsche Zollgebiet wurden die damaligen Hafenflächen einschließlich der geplanten Erweiterungsgebiete ausgenommen. Dadurch entstand der Freihafen zwischen Elbbrücken und Köhlbrand, nach 1918 wurden auch die auf der Insel Waltershof neu entstandehen Häfen zum größten Teil in den Freihafen einbezogen.
Durch die Einrichtung des Freihafens ermöglichte Hamburg den Schiffen eine sehr viel schnellere Abfertigung als in anderen Häfen; weder bei der Einfahrt in die Elbmündung noch in den Freihafen waren die Güter einer Zollkontrolle und Erhebung von Zollgebühren unterworfen. Wenn auch das Schiff auf der Unterelbe Zollgebiet durchfuhr, hatte es doch vor Einfahrt in den Hafen keinerlei Berührung mit dem Lande und blieb somit zolltechnisch Ausland. Für die Wahrung der Zollgesetze haftete der auf Zollinteresse vereidigte Lotse. Zum Zeichen, daß er sich an Bord befand, hatte das Schiff von der Elbmündung an die schwarz-weiße Zollflagge, bei Nacht ein Hecklicht (grün über weiß) zu führen. Sobald das Schiff die Freihafengrenze passiert hatte, konnte seine Ladung zollfrei und ohne jede Zollüberwachung gelöscht, umgepackt oder gelagert werden. Darüber hinaus war sogar eine Veränderung im Veredelungsverfahren ohne Fälligwerden von Zollgebühren und ohne Überwachung zulässig. Diese Bestimmung hat besonders die Fortentwicklung des Hafens im Transitverkehr erheblich gefördert. Im Zusammenhang damit entwickelte sich in Hamburg neben dem alteingesessenen Schiffbau eine mannigfache Freihafen-Industrie für Veredelungszwecke.
Sie hat den Vorteil der Verarbeitung unverzollter Rohstoffe und zudem der zollfreien Ausfuhr in veredeltem Zustand neben der Ersparnis der Beförderung zwischen Fabrikation und Seeverschiffung.
Erst wenn das zur binnenländischen Einfuhr bestimmte Gut die Freihafengrenze Richtung Innenstadt passierte, wurde der Zoll fällig. Der Ausgang vom Freihafen war deshalb auf einige bestimmte Zollübergänge mit Abfertigungsanlagen beschränkt. Im übrigen war die Zollgrenze durch Sperrbauwerke zu Lande und zu Wasser geschützt.
Die Grenze des Freihafens oberhalb des Köhlbrands verlief damals folgendermaßen: Stromaufwärts fiel sie mit der oberen Grenze des Seeschiffhafens zusammen und überquerte den Strom auf der Westseite der alten Eisenbahnbrücke. Vom Nordende der Brücke zog sie sich um den Baakenhafen herum, trennte im weiteren Verlauf den Freihafenbahnhof Kairechts von dem zollinländischen Bahnhof Hamburg-Hannover. Dann durchquerte sie den

Brooktorhafen, umschloß das Ostende der Speicherstadt am südlichen Rande des Zollkanals und Binnenhafens, bis sie an der äußeren Begrenzung des Niederhafens wieder den Elbstrom erreichte. Von hier durchquerte sie den Strom zum zweiten Mal und berührte das jenseitige Ufer vor der Werft von Blohm & Voß in der Nähe des Elbtunnels. Der Elbstrom lag also etwa vier Kilometer im Zollausland. Die Grenzlinie folgte dann dem Elbufer – vor diesem einen breiten Zollauslandstreifen für Schiffbauzwecke freilassend – bis zum Vorhafen auf Kuhwerder, kreuzte dessen Einfahrt und folgte unter Umgehung des Tollerorts dem Ostufer des Kohlenschiffhafens bis zum Köhlbrand. Jenseits des Roßkanals bog sie nach Osten ab und fiel von da bis zum Reiherstieg etwa mit der Landesgrenze zusammen. Bei den Ellerholzschleusen durchquerte sie den Reiherstieg und verlief am südlichen Spreehafenufer bis zur Bahnlinie Harburg-Hamburg, in deren Verlauf sie die Elbbrücke erreichte.
Das neuere – vom alten durch den Köhlbrand getrennte Freihafengebiet auf Waltershof – umfaßte zunächst die Wasserflächen und Ufer des Petroleumhafens, des Park-, Waltershofer und Rugenberger Hafens bei einer Größe von 259 ha. Mit dem weiteren Ausbau von Waltershof wurde auch das dortige Freihafengebiet erweitert.
Zur Sicherung der Zollgrenzen waren beide Freihafengebiete auf dem Lande durch hohe, eiserne Gitter, auf dem Wasser durch schwimmende Holzgitter abgegrenzt. Sie wurden sorgfältig bewacht. Auf dem Wasser, also bei den breiten Einfahrten auf dem Elbstrom sowie im Vorhafen und Parkhafen wurde die Überwachung von Zollbarkassen vorgenommen.
Das schwimmende Zollgitter von der Niederbaumbrücke bis zu den St. Pauli-Landungsbrücken unterhalb des Fährkanals bis zum Kuhwerder wurde 1888 zum Zollanschlußtermin fertiggestellt. Es bestand aus einer Reihe doppelter Holzpalisaden mit gekreuzten Stäben, sogenannten Spanischen Reitern, deren untere Balkenlage auf Petroleumfässern, stellenweise auch auf eisernen Pontons ruhte.
Am 10. Juli 1888 wurde mit dem Bau der schwimmenden Palisaden vom Brandenburger Hafen her begonnen. Der alte Hafen mußte geräumt werden, um längs der Vorsetzen eine zollinländische Wasserstraße zu bilden. Sämtliche aufkommenden Segelschiffe wurden von da ab nach dem neuen Segelschiffhafen oder dem Kirchenpauerkai verlegt.
1893 wurde die Zollgrenze im Niederhafen wegen des Seeschiffkais am Johannisbollwerk und den Vorsetzen bis an die südlichste Duckdalbenreihe hinaus durch einreihige schwimmende Palisaden verlegt.
1894 wurde an der Einfahrt zum Zollkanal – beim Hafentor beginnend bis zur Durchfahrt bei der Zollabfertigungsstelle Vorsetzen – neben der die Zollgrenze bildenden Palisadenreihe durch Einschlagen von Pfählen eine vier m breite Wasserstraße gebildet. Diese war ausschließlich für Grenzbewachung bestimmt und durfte nur von Zollbarkassen befahren werden.
Die Überwachung der Ein- und Ausfahrtstraßen, der Hafenbahnhöfe und die Zollabfertigung erfolgte von den Hauptzollämtern mit ihren Unterstellen. Acht Hauptzollämter der Reichszollverwaltung lagen an den Grenzen des Freihafengebietes. Von ihnen wurden auch die zolltechnischen Belange der Stadtbezirke durch die

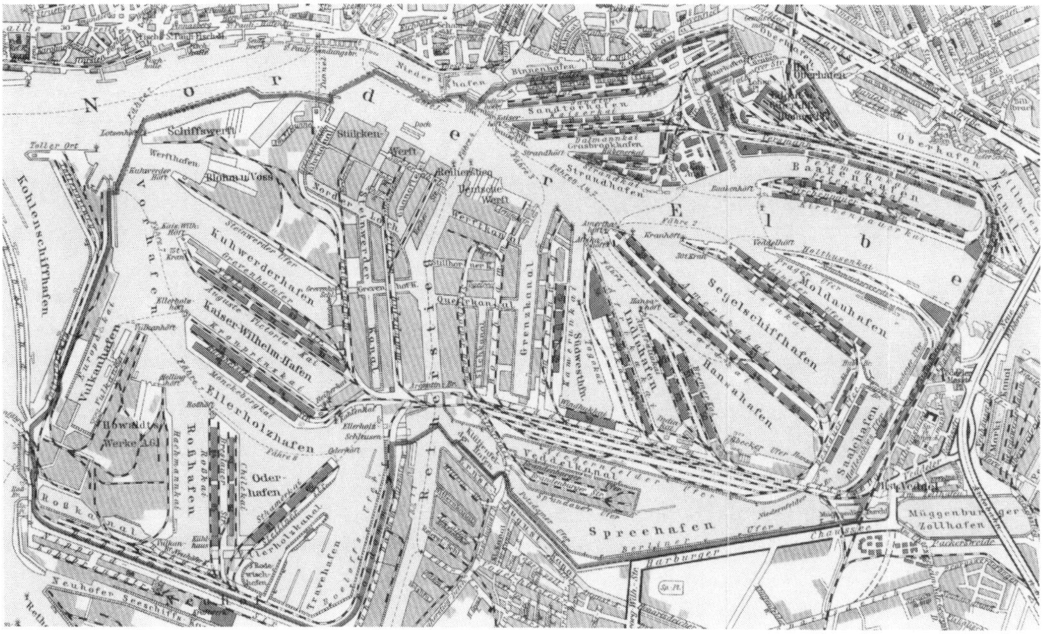

1930

unterstellten Zollinspektionen wahrgenommen. Außer diesen unterstanden den Hauptzollämtern jeweils eine Anzahl von Zollämtern und Zollabfertigungsstellen, die jedoch nicht für Seeschiffe zuständig waren.

Soweit Zollstellen mit dem Hafenverkehr zusammenhingen, gliederten sie sich wie folgt auf:

Rechtselbisch

1. Hauptzollamt Jonas (Am St. Pauli-Fischmarkt zwischen St. Pauli-Landungsbrücken und St. Pauli-Fischhalle)
2. Hauptzollamt Kehrwieder (Poggenmühle, Ostende der Speicherstadt)
3. Hauptzollamt St. Annen (Am Zollkanal)
4. Hauptzollamt Ericus (Teerhof, Ostende der Speicherstadt)
5. Hauptzollamt Lohseplatz (Südufer des Brooktorhafens)
6. Hauptzollamt Oberelbe (Entenwerder mit besonderem Zollhafen)

Linkselbisch

7. Hauptzollamt Steinwerder (Zollgebäude am Südschacht des Elbtunnels)

Außer diesen sieben Hauptzollämtern für die Abfertigung war am Ericus ein achtes für die Grenzaufsicht vorhanden.

Allen Hauptzollämtern unterstanden diverse Zollämter. Insgesamt waren die Zollgrenzen mit 43 Zolldienststellen ausgerüstet, die auch dem stärksten Verkehr gewachsen waren.

Die Freihafengrenze umfaßte zunächst sämtliche Seeschiffbecken. Ausnahme waren der Niederhafen und der Kohlenschiffhafen oberhalb der Köhlbrandmündung, weil für den hier erfolgenden Umschlag der englischen Kohle der Zollausschluß nicht erforderlich war. Wie die Seeschiffhäfen, lag auch der größte Teil der zugehörigen Flußschiffhäfen und der Kanäle im Freihafen, so daß der Verkehr zwischen den Liegeplätzen der Kähne und Schuten und den Umschlagplätzen in den Seeschiffbecken von jeder Zollkontrolle frei war. Ausgenommen hiervon waren die Billwerder Bucht, der Peutehafen, die beiden erwähnten Zollhäfen und die Industriekanäle oberhalb der Elbbrücken, der erwähnte zollinländische Wasserstraßenzug am Stadtrande (Zollkanal) mit den angeschlossenen kleineren Becken sowie auf Waltershof der Maakenwerder Hafen und der dem Segelsport auf der Unterelbe dienende Jachthafen.

Infolge des Anschlusses Hamburgs an das deutsche Zollgebiet ist das Freihafengebiet auf eine Fläche von 984 ha festgelegt worden.

Durch Beschluß vom 19. Juni 1891 sollte die Kehrwieder-Wandrahminsel mit 6 ha zu dieser Fläche noch hinzugezogen werden. Die Zollgrenze um das verbleibende hamburgische Freihafengebiet erhielt mit Bekanntmachung vom 19. September am 15. Oktober 1888 einen neuen Verlauf. Die Zollgrenzen um die Hafenanlagen von Cuxhaven blieben unverändert.

Laut Bundesratsbeschluß vom 24. März 1892 wurde dann das Gebiet zwischen dem Kleinen Fleet und der Straße Bei St. Annen am 1. April 1892 dem Freihafengebiet einverleibt.

Eine weitere Änderung der Zollgrenze gegen das Freihafengebiet fand statt, als Ende 1893 der Schutenhafen auf dem Kuhwerder fertig wurde und mit dem benachbarten Gebiet vom Freihafen abgeschnitten und dem Zollgebiet hinzugefügt wurde.

Kurze Zeit darauf fand eine nochmalige Einschränkung des Freihafengebietes statt, als die zollinländische Kaianlage am Johannisbollwerk und an den Vorsetzen vollendet war. Es wurde eine Erweiterung des zollinländischen Niederhafens vorgenommen. Der Senat setzte mit Bekanntmachung vom 22. Dezember 1893 fest, daß der zollinländische Niederhafen am Johannisbollwerk und an der Straße Vorsetzen bis zu einer Breite von 110 m erweitert und die durch Zollpalisaden gebildete Zollgrenze entsprechend in das Freihafengebiet vorgeschoben wurde.

Altona: Zollanschluß und Hafenbauten

Die erste urkundliche Erwähnung Altonas findet man in einer Konzession für den «Krug Altona» im Jahre 1536. Die Fischer- und Handwerkersiedlung an der Westgrenze Hamburgs gewährte Glaubensflüchtlingen, besonders niederländischen Mennoniten und Reformierten, portugiesischen und deutschen Juden Gewerbe- und Religionsfreiheit.

Die Franzosenzeit (1806 bis 1814) führte durch Kontinentalsperre, Elbblockade und dem nachfolgenden dänischen Staatsbankrott zum wirtschaftlichen Niedergang der Stadt.

Der Fischfang und -handel spielte schon in frühester Zeit eine Rolle. Nach einer Schilderung des Fischmarktes Altona um 1850 gab es dort eine Wache mit dänischen Soldaten. Zu der Zeit gehörte Altona als holsteinische Stadt noch zu Dänemark. Am Giebel des Wachhauses befand sich ein Kranich als Symbol der Wachsamkeit. Auf dem Marktbrunnen ragte das Standbild der Minerva empor, der Tochter des Zeus, als Beschützerin der Stadt. Der Brunnen war 1745 durch den Präsidenten von Schomburg angelegt worden und wurde 1864 abgebrochen.

An den Häusern sah man «Utluchten», das waren Vorbauten, in denen Waren zum Kauf angeboten wurden, Anfänge unserer Schaufenster.

Außer dem Fischhandel belebte hier eine große Schar von Händlern und Händlerinnen das Bild, die mit Bauchläden und Körben Blumen, Seife, Sirupskringel und allerlei Herrenutensilien anboten. In fröhlicher Stimmung wurden auch entsprechend gute Geschäfte gemacht.

1866 wurde Altona dem Königreich Preußen unterstellt.

Die Hamburger machten über Jahrzehnte hin den Kollegen der Nachbarstadt harte Konkurrenz, als sie 1880 ihre Löschmärkte für Seeschiffe an die Pontons des St. Pauli-Fischmarktes verlegten.

Der Stuhlmannbrunnen vor dem Altonaer Bahnhof erinnert heute noch an die alte Rivalität durch die mächtigen Figuren zweier Zentauren, die um einen Fisch kämpfen.

1880 stellte die preußische Staatsregierung beim Bundesrat den Antrag, Altona und die Unterelbe an das Zollgebiet anzuschließen. Dadurch wurde auch der Hamburger Senat veranlaßt, sich mit der Reichsregierung über den gleichzeitigen Anschluß Hamburgs zu verständigen. Der Zollanschluß erfolgte für beide Städte am 15. Oktober 1888.
Für die Zollanschlußbauten in Altona und die Erweiterung des Hafens, Kai- und Straßenanlagen bekam die Stadt auf Beschluß des preußischen Landtages vom 13. Mai 1886 eine staatliche Beihilfe von 6½ Millionen Mark.
Bis zum Zollanschlußvertrage zwischen der Reichsregierung und Hamburg lag der Mittelpunkt des Hamburger Fischhandels für den Ortsbedarf im Innern der Stadt. Durch die Ausführung der Zollanschlußbauten wurde es notwendig, die Fischerei-Landungsanlagen weiter elbabwärts zu verlegen. Im Gesamtplan der Zollanschlußbauten war dabei der westliche Teil des Elbufers vor St. Pauli bis zur Altonaer Grenze in Aussicht genommen.
Da Altona aber darauf angewiesen war, seinen seit alters her hart an der Hamburger Grenze gelegenen Fischmarkt und den Landungsplatz für die Fischereifahrzeuge dort miteinander vereint zu lassen, bemühte sich die preußische Regierung, mit Hamburg gemeinsam in der Grenzgegend einen Zentralfischereihafen zu schaffen. Er sollte Eisenbahnanschluß erhalten und neben der Versorgung der ganzen Städtegebiete Hamburg, Altona, Wandsbek mit Fischen auch die Betreibung des Gesamthandels ermöglichen. Dieser Gedanke wurde sowohl von Altona als auch von Hamburg bekämpft. Hamburg wollte nicht nur seinen von jeher bedeutenden Anteil am Gesamtfischhandel wahren, sondern auch durch eine bessere Absatzmöglichkeit noch weiter heben. Unter diesen Umständen mußte Altona selbständig mit seinen Zollanschlußbauten vorgehen.
Es wurden ein neuer Seeschiffhafen, ein niedriger Kai für kleine Schiffahrt und ein Fischereihafen gebaut. Durch Anlage der Hafenstraße wurde eine bequeme Verbindung des Hafens mit der oberen Stadt geschaffen. Der Kai für Seeschiffe war 560 m lang und wurde Ostkai genannt, zum Unterschied von dem älteren bei Neumühlen, dem Westkai. Es bildete sich eine «Altonaer Kai- und Lagerhausgesellschaft». Sie baute auf beiden Kais fünf geräumige, mit großen Dampfkränen versehene Lagerschuppen.
1901 wurde für den Seeschiffsverkehr ein Freibezirk vom Kaffeespeicher der Firma Stucken & Andresen, Große Elbstraße 115, bis zum Westkai geschaffen, der von der Zollbehörde als Zollausland zu behandeln war.
Noch vor der Erbauung des Fischereihafens wurde der Fischmarkt bedeutend vergrößert. Wo früher unschöne alte Häuser in engen, übelriechenden Straßen standen, wurde ein prächtiger, freier Platz geschaffen, eingefaßt von hübschen, vierstöckigen Neubauten. Über der Haustür eines dieser Gebäude war Schillers Wort zu lesen:
«Das Alte stürzt, es ändert sich die Zeit, und neues Leben blüht aus den Ruinen.»
Die Lage des Marktes unmittelbar am Elbstrom bot gute Gelegenheit, die landwirtschaftlichen Erzeugnisse der Elbinseln und die Erträge der Fluß- und Hochseefischerei den Käufern zugänglich zu machen.
Die 1896 fertiggestellte Fischauktionshalle wurde mit allen erforderlichen Einrichtungen für das Fischversandgeschäft versehen.
In kurzer Zeit war der Altonaer Fischhandel zu großer Bedeutung gelangt. Nach der Gründung des Deutschen Reichs im Jahre 1871 erfolgte eine völlige Umgestaltung des Fischhandels durch die Entwicklung der deutschen Hochseefischerei: der «Deutsche Seefischerei-Verein» wurde gegründet. Unter tatkräftiger Förderung der Reichsregierung und der Einzelstaaten gestaltete er den gesamten Fischereibetrieb um und erweiterte ihn damit. Statt der schwerfälligen Ewer verwendete man jetzt

größere und bedeutend schneller segelnde Kutter. Noch mehr fiel ins Gewicht, daß man Fischdampfer einführte, die zwar den zehnfachen Preis der Segelfahrzeuge hatten, aber mit dem mächtigen Baumschleppnetz auch den etwa fünfzehnfachen Ertrag lieferten.

Nicht nur der Fischereibetrieb, auch der Absatz der gefangenen Fische wurde gründlich umgestaltet. Man erweiterte zunächst das Absatzgebiet, indem man auch das Binnenland verstärkt einbezog. Ferner wurde der Fischverkauf neu geregelt. Früher schlossen die Fischer entweder feste Verträge mit einzelnen Fischhändlern, denen sie den Ertrag ihrer Fahrt lieferten, oder sogenannten Reiseverkäufern, die ihnen bereits auf der Elbe entgegenfuhren, die Ausbeute erwarben und sie auf den Markt brachten. Bei dieser Art des Verkaufs konnte von einem Wettbewerb unter den Käufern kaum die Rede sein. Die Folge war, daß die Fischer sich meistens mit niedrigen Preisen begnügen mußten.

Diesem Übelstande hatte man dadurch abzuhelfen versucht, daß seit 1887 auf Wunsch der Fischer täglich Fischauktionen abgehalten wurden, wie es in Holland schon lange vorher geschah. Durch einen von der Obrigkeit beeidigten Auktionator wurden die Fische unmittelbar aus den Fahrzeugen an die Händler versteigert. Das Ergebnis aus den Fischauktionen, Lieferungen ins In- und Ausland, und der Freihandverkauf von Fischen aus Seekuttern, Flußewern und Jollen auf den Landungsbrücken erbrachten einen erfreulichen Umsatz.

Unter den genannten Umständen war es erforderlich, einen zweiten Fischereihafen anzulegen. Er wurde am 1. April 1922 dem Verkehr übergeben. Dieser neue Fischereihafen am früheren Ostkai hatte ein etwa 100 m breites, im Schutze eines Leitdammes liegendes Hafenbecken von 30.000 qm Wasserfläche, dreimal so groß wie das alte. Die 300 m lange Auktionshalle war mit einem zweistöckigen Mittelbau versehen, der Kontore der Fischdampfer-Reedereien, den Zollraum und die Räume des Auktionators enthielt.

Am neuen Fischereihafen löschten und versteigerten in erster Linie Fischdampfer ihre Fänge, um dem Großhandel Möglichkeiten für den Versand zu bieten; auch die mit der Bahn ankommende ausländische Ware wurde hier gelöscht.

Der gesamte Kleinhandel und die gesamte Segelfischerei der Hochseekutter, Küstenfahrzeuge, Flußewer, Elbjollen usw. verblieben am Fischmarkt. Sie hatten ihre Liegeplätze an den Pontonanlagen des alten Fischereihafens behalten.

Altona hatte eine besondere Bedeutung auf dem Gebiete der deutschen Fischindustrie gewonnen: es wurde zum wichtigsten Platz. Erste Anfänge dieses Erwerbszweiges waren auch in einigen Betrieben an der Ostseeküste vorhanden. Hier wurden Heringe, Sprotten, Aale und Flundern geräuchert oder zu Konserven verarbeitet. Die Hauptsitze dieser Industrie waren außer an der pommerschen und mecklenburgischen Küste in Ellerbek, Eckernförde, Kappeln und besonders Kiel. Bei der Bevölkerung waren die «Kieler Sprotten» und «Kieler Bücklinge» bekannt und beliebt geworden.

Infolge des gewaltigen Aufschwunges der Hochseefischerei entstanden ebenfalls an der Nordseeküste Fischkonservenfabriken, auch in Altona, Hamburg, Harbung, Geestemünde (später Wesermünde), Bremerhaven u.a.m.

Durch das Groß-Hamburg-Gesetz erfolgte 1937 die Eingliederung Altonas in Groß-Hamburg.

Nach dem Zollanschluß 1888: Hamburg, das Tor zur Welt Der Zollanschluß trug seine Früchte. In den folgenden 25 Jahren friedlicher Entwicklung hat Hamburg zum politischen und wirtschaftlichen Aufstieg der jungen Großmacht Bedeutendes beigetragen.

Das Gesamtbild Hamburgs veränderte sich

Zollbrücke, Zollgitter und Sandtorhöft

nach dem Zollanschluß als Stadt und Hafen bis zum Ausbruch des 1. Weltkrieges gewaltig. Der Hafen wuchs von Jahr zu Jahr mit Schiffahrt und Handel. Die Stadt dehnte sich aus. Ein ungeahnter schöpferischer Bauwille gestaltete sie völlig um und schaffte Neues.
In den zweieinhalb Jahrzehnten bis zum 1. Weltkriege wurde Hamburgs Eisenbahn-Anschluß mit neuzeitlichen Bahnhöfen versehen. Es wurden moderne Geschäftsstraßen geschaffen, die zwischen Rathaus und Hauptbahnhof das Stadtbild prägten. Das Rathaus selbst wurde als würdiger Repräsentant der Stadt und ihrer großen Vergangenheit neu aufgebaut.
Einen leistungsfähigen Stadtverkehr schuf man durch Anlage der Hoch- und Untergrundbahn.
Die Neuanlage der St. Pauli-Landungsbrücken und der Bau des Elbtunnels wurden wichtige Glieder in der Verbindung von Stadt und Hafen.
Die Errichtung des Kolonialinstituts und zahlreicher repräsentativer Bauten für Schule, Wissenschaft, Forschung und Kunst, der Beginn der Sanierung ungesunder und überbevölkerter Wohnanlagen, all das waren Folgeerscheinungen einer Aufwärtsentwicklung, die mit dem Zollanschluß eingeleitet wurden. Dazu gehört auch die großzügige Anlage des Stadtparks und der parkartige Ausbau des Ohlsdorfer Friedhofs und die Gestaltung der prächtigen Anlagen am Elbabhang mit dem erhabenen Bismarck-Denkmal als Wahrzeichen Hamburgs. Diese Entwicklung fand auch ihren Ausdruck in einer Reform der Verfassung und der Verwaltung unter moderneren Gesichtspunkten.

Volkskaffee- und Speisehallen im Freihafengebiet Nach dem Zollanschlußvertrag vom 25. Mai 1881 durften im Freihafengebiet nur noch industrieelle Großbetriebe mit den dazugehörigen Gewerbebetrieben verbleiben bzw. derartige Neuanlagen gestattet werden. Alle sonstigen Geschäftsbetriebe wie Gastwirtschaften und Einzelhandelsgeschäfte im Privatbetrieb und Wohnungen der Bevölkerung waren nicht mehr zugelassen. Lediglich solche waren noch erlaubt, die Aufsichtspersonal für Betriebe beherbergten oder sonst als im öffentlichen Interesse dringend erforderlich waren.
So wurden die Bewohner Steinwerders und des Kleinen Grasbrooks ausgewiesen und Einzelhandelsgeschäfte, Schenken und Wirtschaften mußten verlegt werden. 1887 wurden 98 Detailgeschäfte und 65 Wirtschaftsbetriebe aufgehoben.
Um die verbliebenen Bewohner und Arbeiter mit Lebensmitteln zu versorgen, wurden Detailverkaufsstellen eingesetzt. Hier wurden ausschließlich verzollte oder zollinländische Artikel unter behördlicher Überwachung verkauft. Der «Verein für Errichtung von Volkskaffeehallen» übernahm den Betrieb der Speiseanstalten. Die Baukosten einschließlich der Dampfkochanlagen trug der Staat. Es wurden im Jahre 1890 auf Steinwerder und dem Kleinen Grasbrook, an den Ufern des Segelschiffhafens und des Baakenhafens je drei Speisehallen eingerichtet. Die Größe dieser Hallen betrug jeweils 1200 qm, eintausend Personen konnten je Halle ihre Mahlzeiten einnehmen. Die Gesellschaft übernahm auch den Betrieb der auf der Werft von Blohm & Voß, Steinwerder, vorhandenen Speisehalle.

Nach und nach entstanden weitere Speisehallen auch am Amerikahöft, am Kranhöft, am Ostende des Petersenkais; außerdem eine Kaffeehalle am Versmannkai, Kaffeepavillons auf den Grasbrookkais und zwischen Kaiser- und Dalmannkai sowie zwischen Hübener- und Strandkai. Ferner führte die Gesellschaft seit 1890 den Wirtschaftsbetrieb der Passagierhallen auf dem Grasbrook.

Die ersten Elbbrücken: die Harburger Eisenbahnbrücken Für Hamburg war über Jahrhunderte hin der See- und See-Fluß-Verkehr weit bedeutungsvoller als der See-Land-Verkehr. Landtransporte, die die Elbe kreuzen mußten, bevorzugten die bequemeren Übergänge oberhalb und unterhalb des Stromspaltungsgebiets zwischen Hamburg und Harburg.

Erst der Abbau der deutschen Binnenzölle und der Bau der Eisenbahnen erforderten feste Elbübergänge. Die Durchführung solcher Pläne scheiterte aber am Widerstand der Königlich-Hannoverschen Eisenbahnpolitik. Erst nach 1866, der Annexion Hannovers durch Preußen, kam es zu Staatsverträgen zwischen der Republik Hamburg und dem Nachbarn. Der Brückenbau begann 1868. Die Köln-Mindener Eisenbahngesellschaft ließ die beiden mit gleichen Portalen versehenen zweigleisigen Brükken mit typischen Lohseträgern aus Fachwerkzugbögen mit anhängender Fahrbahn bauen. Darüber waren Druckbögen gleicher Konstruktion gespannt, verbunden durch Hängestäbe. Die vierbogige Süderelbbrücke war im März 1872, die dreibogige Norderelbbrücke zum Jahresende fertig.

Von anfangs 10 Zügen täglich in jeder Richtung wuchs der Verkehr in seinerzeit unvorstellbarem Ausmaß schnell an. Die Brücken mußten diesem Verkehr angepaßt werden. 1894 wurde die Norderelbbrücke verdoppelt (ihr Oberbau wurde 1927 gegen eine Neukonstruktion ausgewechselt), 1911 die Süderelbbrücke. Ihre Eisenkonstruktion wurde 1920 unter Beibehaltung des Lohsesystems ausgetauscht.

Der vollständige Umbau der Brücke für den S-Bahnverkehr (1973 bis 1983) ließ das Auf- und Ab der Lohsebögen in der Vergangenheit versinken. Es bleibt nur noch die Süderelbestraßenbrücke von 1899 in alter Form als einziges Relikt aus dem 19. Jahrhundert.

Die erste Landstraßenbrücke: die Neue Elbbrücke Die Verbindung Hamburgs mit Harburg war lange Zeit ein unlösbares Problem für die Verkehrsplaner. Wer mit dem Fuhrwerk nach Harburg wollte, mußte zweimal eine Fähre benutzen, einmal über die Norderelbe und zum anderen über die Süderelbe. Dafür standen schwere Prahme zur Verfügung, auf denen Fuhrwerke und Fußgänger übergesetzt wurden.

Lange vor dem Zollanschluß 1888 hatte daher die Bürgerschaft den Generalplan für die wichtige neue Brücke über die Norderelbe und eines Brückenanschlusses über den Oberhafenkanal verabschiedet. Hamburg wollte die neue Verkehrsverbindung gern vor dem Zollanschluß nutzen, denn erst danach war es möglich, die alte Dampffähre einzustellen, die den Bau des südelbischen Segelschiffhafens behinderte.

1884 wurde mit den Brückenbauarbeiten begonnen. Die Leitung hatte Oberingenieur F. Andreas Meyer, der auch für die architektonische Gestaltung verantwortlich war.

130 verschiedene Sorten von Verblend- und Formziegel waren erforderlich, wurden aber nicht zügig geliefert. Deshalb wurde das Nordportal erst im Sommer 1887 und das Südportal noch ein Jahr später fertig. Offiziell war die Brücke zu diesem Zeitpunkt längst eröffnet. Die Fertigstellung und Abnahme erfolgte aber erst 1888.

In Anlehnung an den Gedanken, daß Hamburg einstmals Festung war, errichtete man die Portale als Bauwerk in mittelalterli-

chem Stil. Granitene Treppen führten auf die Galerien und die Türme. Die Zinnen der Türme und der Mauern gaben dem Ganzen ein vornehmes, burgartiges Aussehen. Über dem Mittelpfeiler an der Vorderseite des Portales war zwischen den hohen Durchlässen das Hamburger Wappen in Stein gehauen, die drei Türme, von zwei Löwen als Wappenhaltern flankiert. Darüber zog sich eine Gesimsleiste hin, die mit den Wappen Hamburgs und einiger anderer Städte und Länder verziert war. Über dem Giebelfeld in der Mitte prangte das Bild des Reichsadlers.

Die steinernen Portale waren von den Architekten Hauers und A. Pieper entworfen worden. Die heimatlichen Formen der alten Backsteintore der Mark, Mecklenburgs oder Lübecks trugen die Wappen der deutschen Hansestädte und auf ihrer Spitze stand die Seemöve, die Botin des Seewindes.

1957 mußten diese Portale leider abgerissen werden, da die Brücke zur Aufnahme des gesteigerten Verkehrs eine weitere Fahrbahn erhielt.

In den Jahren 1899 und 1937 wurden die beiden Harburger Süderelbbrücken gebaut.

«Umfahrt», Änderung des Schiffahrtsweges Durch den Bau der Norderelbbrücke konnten größere Schiffe mit stehendem Mast nicht mehr die Brücke passieren. Auch mußten die oberen Einfahrten zu den Seeschiffhäfen der oberelbischen Flußschiffahrt zugänglich gemacht werden. Deshalb mußte eine sogenannte Umfahrt geschaffen werden. Es wurde sowohl am südlichen wie am nördlichen Hafenrand je eine Umgehungs-Wasserstraße (Umfahrt) angelegt.

Die südliche von beiden, am Ostende des Hafens bei der Einfahrt zum Kanalsystem der Peute beginnend, kennzeichnete sich im Hafenplan durch folgende Bezeichnungen:

Müggenburger Kanal, Müggenburger Zollhafen, Müggenburger Durchfahrt, Spreehafen, Veddelkanal, Ellerholzkanal, Roßkanal. Die spätere Fortsetzung jenseits des Köhlbrandes erfolgte durch den Rugenberger Hafen.

Den nördlichen Wasserstraßenzug bildeten Oberhafenkanal, Oberhafen, Zollkanal, Binnenhafen und Niederhafen. Die alten Holzhäfen am Stadtdeich wurden zugeschüttet und der Oberhafenkanal von Entenwerder bis zum Oberhafen reguliert und, wo es erforderlich war, durch Leitdämme längs des Deiches eingeschränkt. So konnte die Schiffahrt ungehindert ihren Weg in die Elbe finden: durch den Oberhafen, Ericusgraben, durch die Drehbrücke in den Brooktorhafen und durch eine beim ehemaligen Brooktor neu angelegte Drehbrücke und den Magdeburger Hafen.

Aus der Geschichte der Speicherstadt

Die Hamburger Freihafen-Lagerhaus AG. Sie war 1885 gegründet worden; 1935 wurde sie umbenannt in: Hamburger Hafen- und Lagerhaus AG (HHLA). Zweck der Gesellschaft war «die Herstellung und Verwertung von Speichern, Lagerhäusern, Kontoren und sonstigen dem Handel dienenden Baulichkeiten im hamburgischen Freihafengebiet sowie die Betreibung damit in Verbindung stehender Geschäfte, und zwar in Ausführung des von der Fi-

Das «Rathaus der Speicherstadt»

nanz-Deputation der Freien und Hansestadt Hamburg mit der Norddeutschen Bank in Hamburg am 7. Januar 1885 geschlossenen Vertrages.»
Das Aktienkapital der HHLA wurde auf neun Millionen Mark festgesetzt. Der hamburgische Staat überließ der Gesellschaft für die Dauer ihres Bestehens zunächst im nördlichen Freihafengebiet nach und nach 30.000 qm Baugrund gegen eine Beteiligung am Reingewinn. Der Staat übernahm die Herstellung der erforderlichen öffentlichen Land- und Wasserwege sowie der Kaimauern.

Eine «Stadt in der Stadt» entsteht: Die Speicherstadt Für den Bau der Speicheranlagen wurde das Gebiet der Kehrwieder-Wandrahm-Insel bestimmt. Es wurde für diesen Zweck völlig umgestaltet. Alle vorhandenen Gebäude wurden staatsseitig angekauft und abgebrochen. Allein von dieser Insel mußten zwangsweise fast 16.000 Menschen sich in anderen Teilen Hamburgs neue Wohnungen suchen. Betroffen war das Gebiet Kehrwiederplatz, Kehrwieder, Kehrwiedersteg, Auf dem Sande, Brook, Kibbelsteg, Pickhuben, Kleines Fleth, St. Annenplatz, Sandthorkai, Wilhelminenplatz. Hier begann der 1. Bauabschnitt. Alle Gebäude und Straßen fielen in den Jahren 1885 bis 1888 den neuen Speicherbauten zum Opfer.
Von dem weiteren Gebiet, das die Hamburger Freihafen-Lagerhaus-Gesellschaft nach und nach gegen Zahlung einer vereinbarten Pacht auf die Dauer von 50 Jahren übernahm, wurde die Fläche zwischen Kleines Fleth und Bei St. Annen von 1891 bis 1896 im Rahmen des 2. Bauabschnittes bebaut. Es handelte sich um die Straßen Kannengießerort, Neuer Wandrahm, Bei St. Annen, St. Annenufer.
1899 begann die Bebauung des 3. Abschnittes: Bei St. Annen, Alter Wandrahm, Holländische Reihe, Poggenmühle, Holländischer Brook, Brooktorkai.
Auf dem nördlichen Freihafengebiet wurde auf dem Sülze-Ericus-Gebiet ein weiterer Baugrund von etwa 7.350 qm erworben.
Mit dem Anschluß Hamburgs an das Deutsche Zollgebiet am 15. Oktober 1888 war gleichzeitig die erste Bauperiode der Gesellschaft zu einem vorläufigen Abschluß gekommen.
Unter Leitung des Oberingenieurs der Baudeputation, Franz Andreas Meyer, arbeiteten 42 Architekten und 15 Ingenieure am Projekt der Speicherstadt. In einer Festschrift des Deutschen Architekten- und Ingenieurvereins aus dem Jahre 1890 ist nachzulesen: «Es waltete von Anfang bis zum Ende der Bauperiode das Bestreben, den großen Baukomplex vor langweiligen Wiederholungen, zugleich aber auch das Äußere vor nüchterner Kahlheit zu bewahren. Dies Bestreben dürfte wohl auch von Erfolg gekrönt sein; namentlich von den Schmalseiten des Gebietes aus machen die Gebäude einen malerisch bewegten, imposanten Eindruck...»
Die einzelnen Speicherblocks erhielten

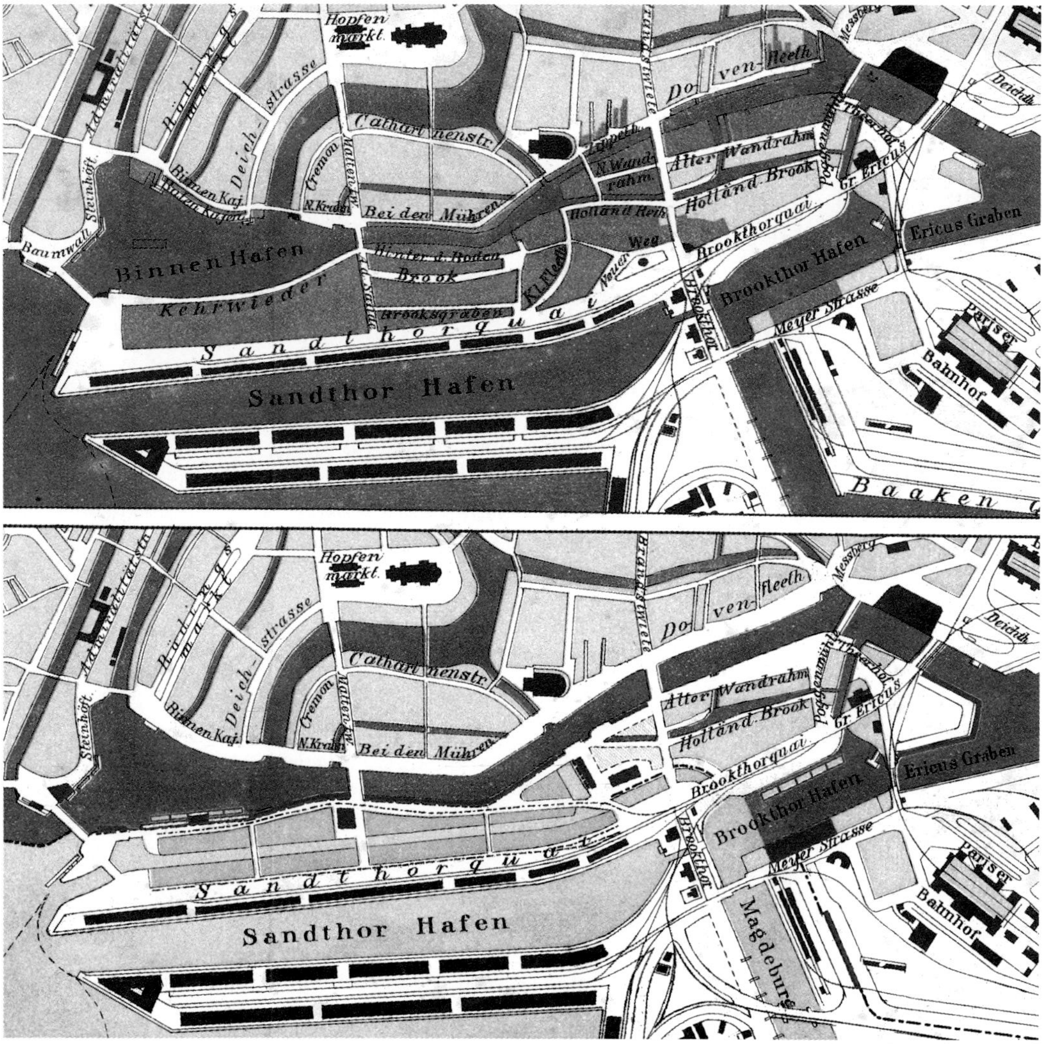

Oben: 1883; unten: nach 1888

große Buchstaben aus dem Alphabet als Kennzeichnung. Aufwendige Vorarbeiten waren notwendig gewesen, da die Wandrahminsel Sumpfgebiet war. Eichenpfähle mußten in den Boden gerammt und mit Holmen belegt werden. Darüber wurden Pfeiler aus Klinker gemauert, die mit einer Granitplatte abgedeckt wurden.

Bis 1889 waren die Speicherblocks A, C, D, E, G, H, I, K, L, M, N und O fertig geworden. Sie bestanden sowohl aus reinen Lagerspeichern als auch aus kombinierten Kontor- und Lagerhäusern und einem Direktionsgebäude. Am Kehrwieder waren noch zwei Privatspeicher entstanden. Einen davon erwarb die HHLA im Jahre 1900 und nannte ihn Block B.

Der Staat baute die Maschinen-Zentralstation am Sandtorkai und einen großen Speicher am Kehrwieder, in dessen Parterreräumen sich das Postamt und eine Zollabfertigungsstelle befanden. Die darüber liegenden Böden wurden zur Lagerung von Waren benutzt.

Die im nördlichen Freihafengebiet errichteten Blocks A, C, D, E, G, H, L, M, N und

O wurden durch die HHLA an die Hamburger Kaufmannschaft und an Quartiersleute vermietet.
Für die der Gesellschaft selbst zur Einlagerung und Bearbeitung von der Kaufmannschaft überwiesenen Waren wurden die Blocks J und K als Regie-Lagerspeicher in Benutzung genommen.
Um auch für die Unterbringung von Massenartikeln – wie z. B. Rohzucker – passende Lagerräume zu gewinnen, wurden 1888 bis 1890 die Lagerhäuser A, B, und C auf dem Südufer der Elbe am Melniker Ufer erbaut.
Auf dem Gebiet des zweiten Bauabschnitts entstanden bis 1896 die Speicherblocks P, Q und R, von denen die beiden letzteren fast ausschließlich für maschinelle Betriebe zum Bearbeiten von Kaffee Verwendung fanden.
Weiterhin entstanden seit 1899 auf dem Nordufer nach und nach: Block S mit der Zollabfertigungsstelle, Block T, Block U mit dem neuen Verwaltungsgebäude, den weiteren Speichern für maschinelle Betriebe und der elektrischen Akkumulatoren-Unterstation, Block V mit dem Zentralwerkstättengebäude sowie die ersten fünf Häuser des Blockes W, von welchen drei Häuser für den Regie-Lagerbetrieb Verwendung fanden und die ersten drei Häuser von Block X.
Um dem sich immer mehr steigernden Bedürfnis der Kaffeebranche nach weiteren Kontorräumen zu genügen, wurden in den Jahren 1907-1908 die Häuser Sandtorkai Nr. 18-21 und Nr. 14-17 zu zwei modernen Kontorhäusern umgebaut.
Die für das Regie-Lagergeschäft erforderlichen Speicher wurden auf dem Südufer der Elbe errichtet, um das Nordufer für Bauten zu Vermietungszwecken möglichst zu reservieren.
So entstanden im südlichen Freihafengebiet von 1898 bis 1903 am Melniker Ufer die Speicher D und E und am Dessauer Ufer der Speicher F und die ersten vier Abteilungen des Speichers G.

Türen am Brooktorkai

Zum Löschen und Laden der auf dem Wasser- und Landwege ankommenden und abgehenden Fahrzeuge dienten für sämtliche Speicherblocks im nördlichen Freihafengebiet die von der hydraulischen Zentralstation betriebenen Winden, Kräne, Fahrstühle und Hebebühnen.
Die Hebeanlagen in den vom Staat gepachteten Kaispeichern A und B wurden im ersteren hydraulisch, im letzteren mittels Gasmotoren betrieben. Bei den Speichern am Südufer der Elbe geschah das Löschen und Laden an der Wasserseite durch Dampfschutenwinden. Außerdem waren in den einzelnen Speicher-Abteilungen Kurbel- und Senkwinden aufgestellt.
Jeder Speicher hat Keller und Erdgeschoß, das wie in den alten Kaufmannshäusern «Raum» genannt wird, und sechs bis acht «Böden».
Das gesamte Speicherviertel wird von der Stadt durch den 45 m breiten zollinländischen Zollkanal getrennt. Es wird von zollausländischen Quer- und Längskanälen durchzogen, die mit dem Zollkanal und der Elbe in Verbindung stehen. Dazu gehörten die Umfahrt zwischen Sandtorhöft und Wilhelminenbrücke, die Umfahrt zwischen Wilhelminenbrücke und Kehrwiederspitze, Kehrwiederfleet, St. Annenfleet,

Feuertreppen

Holländisches Brookfleet und das Wandrahmsfleet mit insgesamt 51.000 qm Fläche.
Jeder Speicher hat Wasser- und Straßenfront. Alle Treppenhäuser sind mit Brandmauern bis unter das Dach umschlossen und haben steinerne, mit Holz belegte Treppenstufen. Die Türen zu den Speicherböden bestanden aus doppeltem Eisenblech mit Hartholzfüllung. Sie hatten keine Kasten-, sondern Vorhängeschlösser, damit die Feuerwehr bei einem Brand schnell in verschlossene Böden gelangen konnte, ohne Türen zerstören zu müssen. Nach Ausbruch mehrerer Brände wurde in der Konstruktion einiges verbessert. So wurde z. B. an der Wasserfront der Speicher je ein Turm mit einer bis in den Keller führenden Wendeltreppe eingebaut, um die in jedem Stockwerk ein Balkon gebaut wurde.
Den Witterungsverhältnissen entsprechend, waren sämtliche Speicherbauten in Ziegelrohbau ausgeführt worden.

Für jede senkrechte Lukenreihe einer Speicherabteilung wurde eine Preßwasserwinde mit einer Tragfähigkeit von 600 bis 750 kg und eine Handwinde, die sogenannte deutsche Winde, aufgestellt. Für Lasten bis zu 1200 kg befanden sich an der Landseite Aufzüge in den Treppenhäusern, die meistens vom Keller bis auf den Dachboden reichten. Zum Betrieb der maschinellen Hebezeuge war eine Preßwasseranlage mit Rücklaufsystem im gleichen Raume mit einer elektrischen Kraft- und Lichtzentrale erbaut worden.
In allen Straßen der Speicherstadt war ein Zu- und Rücklaufrohrnetz angelegt.
Bald nach der 1888 erfolgten Inbetriebnahme der Freihafenspeicher brachen mehrere Brände aus. Die in die schmiedeeisernen Säulen gesetzten Erwartungen erfüllten sich nicht, da sie im Feuer zusammenknickten und einen Zusammensturz des gesamten Speichers verursachten. Die Versicherungsgesellschaften verlangten daher in erster Linie für die Zukunft Speicherabteilungen nicht größer als 400 qm Flächen- und Lagerraum und sprachen sich gegen schmiedeeiserne Stützen aus.
Im Jahre 1892 wurde nach diesen Erfahrungen ein Kaffeespeicher am Wandrahmsfleet gebaut mit Stützen aus gehobeltem Eichenholz und Tragbalken aus Föhrenholz. Der Speicher hatte eine Tiefe von 27,9 m und eine Länge von 23,75 m. Im Keller, im Raum und in den vier ersten Böden lagerte Kaffee, im fünften Boden waren Schäl- und Reinigungsmaschinen aufgestellt, im sechsten Boden war ein Verleseraum für etwa 300 Frauen und Mädchen vorhanden, im siebten Boden die Dampfmaschinen für den Speicherbetrieb und im achten der Dampfkessel.
Auf die gemauerten Granitpfeiler des Kellers waren die gehobelten Eichenholzstützen der oberen Geschosse aufgesetzt. Auch die Kopfbänder und Sattelhölzer aller Geschosse waren aus Eichenholz, die Unterzüge, Tragbalken und der Belag aus Föhrenholz.

Da die Beschaffung von gutem Eichenholz für die zahlreichen starken Speicherstützen immer schwieriger wurde, wählte man für den Speicherblock W und V eine von der bisherigen vollständig abweichende Bauart: gußeiserne Säulen. Aber auch hier gab es Schwierigkeiten, die Säulen in so großen Abmessungen vorschriftsmäßig stehend zu gießen und fehlerfrei herzustellen. 1908/1909 verwendete man für weitere Bauten schmiedeeiserne Säulen.
Nachdem die Kaffeeeinfuhren im Jahre 1900 über 2,33 Millionen Sack erreichten, wurden bis 1903 am Melniker Ufer und am Dessauer Ufer im Saalehafen drei weitere steinerne Lagerhäuser erbaut. Von den älteren Speichern baute man den sogenannten Kaffeeblock, Block O, in dem sich auch die Kaffeebörse befand, vollständig um. Diese Warenspeicher wurden zu einem modernen Kontorhaus umgestaltet.

Kaiserkai-Speicher A und Silospeicher B

Im Hafenbetrieb Kaispeicher A genannt, wurde er im Volksmund fälschlich als «Kehrwieder-Spitze» bezeichnet. Dies nach der wiederholt erwähnten Sackgasse «Kehrwieder» – weil man immer an ihren Eingang zurückkehren mußte, um herauszukommen – mit einem Wirtshaus gleichen Namens. Obwohl der Speicher jenseits der Kehrwiederspitze lag, bezog der Volksmund den Namen auf die Seefahrer, die seinerseits den Brook bevölkerten und immer wieder hierher zurückkehren sollten.
An der Spitze des Kaiserkais zwischen Sandtor- und Grasbrookhafen präsentierte sich Kaispeicher A als ein stattliches Gebäude, unmittelbar am Elbstrand bzw. dem Hafen. Er wurde 1875 als erster und größter Speicher des Hafens erbaut.
Mit der Errichtung der Hafenkais wurde die Einrichtung derartiger Speicher am tiefen Wasser notwendig. Die älteren Speicher im Innern der Stadt verursachten für den Transport der Waren von und zu den Seeschiffen durch Schuten erhebliche Spesen, die durch unmittelbares Löschen der Waren in den Kaispeicher vermieden werden konnten.
Kaispeicher A wurde 1894 von der HHLA übernommen. Turm und Zeitball gaben dem Gebäude sein besonderes Gepräge. Um 12 Uhr mittags fiel der Ball an seiner Stange herunter und galt als Zeitangabe für alle Schiffe. Daher war dieses Gebäude – weithin sichtbar – ebenso Sinnbild und Wahrzeichen für Hamburg wie der «Michel».
Im 2. Weltkrieg wurden Turm und Speicher beschädigt und später abgerissen. 1966 wurde der neue Kaispeicher A in Betrieb genommen, ein reiner Zweckbau, der gar nichts mehr von der alten Tradition der schönen «hamburgischen Architektur» des Andreas Meyer vermittelt.
Der 1879 als Silospeicher gebaute Kaispeicher B wurde später mit Lagerböden versehen. Im Jahre 1910 hatte die explosionsartige Entzündung von Zelluloidwaren beim Umpacken von Waren und Verlöten von Kisten einen großen Brand mit erheblichen Zerstörungen zur Folge gehabt. Zur Vermeidung ähnlicher Unfälle baute man westlich von Block J einen sogenannten Zelluloidspeicher mit separatem Pack- und Lötraum, nach außen hin durch ein Scherengitter abgeschlossen und ohne Decke, um Gasen freien Abzug zu sichern.
Erwähnenswert ist noch das Verwaltungsgebäude der Hamburger Hafen- und Lagerhaus-Gesellschaft, im Volksmund das «Rathaus der Speicherstadt» genannt. An der Straße Bei St. Annen, Ecke Holländischer Brook dominiert der Bau mit Uhrturm und mehreren kleinen Türmen mit romanischen Rundbögen, gotischem Rippengewölbe und Renaissancefenstern. Er ist so schön, daß man ihn auch das «Schloß am Meer» nannte!
Noch heute, nach 100 Jahren, ist die Speicherstadt Hamburgs mit ihren schönen, schmuckreichen Bauten einmalig in der Welt. Sie hat ihre eigene Atmosphäre mit Ebbe und Flut, mit den vielfältigen Düften aus fernen Welten, den grünen Kaffeeboh-

nen am Kai und den echten Orientteppichen an den Fenstern, die vor Kälte schützen sollen. Sie verfügt heute über insgesamt 373.000 qm Lagerfläche. Dazu kommen noch 30.000 qm Kontorfläche. 288.000 qm sind von der HHLA an Schiffsausrüster, Quartiersleute, Teppichimporteure usw. vermietet.

Typische Berufsbezeichnungen für den Hamburger Hafen Die Arbeit im Hafen war und ist abhängig von der wirtschaftlichen Konjunktur, von Wind und Wetter, von der Anzahl der Schiffe, die hereinkommen, von der Art der Schiffe und der Ladung, die zu transportieren ist.
Aber das Herzstück, der Motor und «Charakter» des Hafens, wird bestimmt von einem Heer von Arbeitskräften, Spezialisten und Fachleuten auf allen Gebieten, die mit dem Element Wasser zu tun haben. Von ihnen allein hängt es ab, wann und wie welche Waren und Güter transportiert, gelagert und fachgerecht behandelt werden, – abgesehen von verkehrstechnischen Problemen, Schiffbau und allem, was den Hafen mit all seinen spezifischen Geräuschen und Gerüchen ausmacht.
Die typischen Berufsbezeichnungen im und am Hamburger Hafen sind zum Teil heute noch im modernen Hafenbetrieb üblich. Aus der Vielzahl der Namen folgen einige kurze Beschreibungen:

Auf dem Wasser:

Von den Tor- und Baumschließern bis zum Hafendirektor Vor dem Rezeß 1529 hatte die Oberaufsicht über den Hafen der Rat allein, danach Rat und Bürger gemeinsam, dann aber wieder der Rat allein. Fünf der jüngsten Mitglieder des Rates waren mit der Führung der Oberaufsicht und der Verwahrung der Schlüssel für die Tore und Bäume (Sperrbalken) betraut. Sie hießen Tor- und Baumherren. Ihnen untergeordnet war der Hafenmeister vom Nieder- und der vom Oberbaum. Der Niederbaum-Hafenmeister hatte noch einen Aufseher unter sich, der zugleich Schiffsmesser war.
1548 war die Düpe, eine aus Ratsherren und Bürgern bestehende Deputation eingesetzt worden. Sie führte die Oberaufsicht über den Hafen und den Elbstrom und sah es als eine ihrer Hauptaufgaben an, ständig die Bevölkerung zu ermahnen, alles zu unterlassen, was die Tiefe der Wasserläufe vermindern könnte. Hamburg sollte durch Verschlammung «keine Landstadt» werden.
Eine Instruktion von 1636 beschrieb die Pflichten der Hafenmeister u. a. so:
«Es ist dafür zu sorgen, daß die Schiffe vor dem Niederbaum – an den Vorsetzen beim Johannisbollwerk und dem Hornwerk – und im Rummelhafen sich so legen, daß die Durchfahrt nicht behindert wird. Ihre Lage darf bei Sturm andere Schiffe nicht gefährden. Denen, die sich den Anweisungen der Hafenmeister nicht fügen, dürfen die Taue gekappt werden.
Es ist darauf zu achten, daß von den Schiffen oder Häusern am Wasser oder sonstwo vom Ufer nichts in die Fleete oder in den Strom geworfen wird. Für diese Aufgabe werden den Hafenmeistern die Fleetenkieker (oder Fleht-Schauer) beigegeben. Im Wege liegende Wracks sind sofort zu beseitigen.
Pfähle und Duckdalben – damals Klusterpfähle genannt – sind ständig zu beobachten, Schäden sofort anzuzeigen.
Bei der Brooksbrücke dürfen die Leichter und beim Winserbaum die elbaufwärts fahrenden Schiffe die Durchfahrt nicht behindern. Es ist sorgfältig Obacht zu geben, daß die Brooksbrücke, die aufzuklappen ist, von durchfahrenden Schiffen nicht beschädigt wird. Die Kais am Ufer und die Gewässer innerhalb der Bäume sind von Floßholz und Masten freizuhalten.
Bei Tag und bei Nacht ist dafür zu sorgen, daß innerhalb der Bäume kein Feuer auf einem Schiff angezündet wird und daß kein Pulver im Schiff lagert, während es im Hafen liegt. Auf Schiffen außerhalb des

Baumes ist im Sommer nur bis acht und im Winter bis fünf Uhr Feuer oder Licht zu gestatten.
Schiffe mit stehenden Segeln dürfen nicht einfahren. Ein Schiff, das gebraget oder kalfatert (repariert) werden soll, muß sich vom Hafenmeister den Liegeplatz anweisen lassen. Muß es «geschleift» werden, ist es auf den Grasbrook zu verbringen.
Vorsorge ist zu treffen, daß keine ansteckenden Krankheiten aus fremden Häfen eingeschleppt werden.
Mit den Matrosen ist immer höflich umzugehen!»
Oft stießen die Hafenmeister bei der Aufsicht über die Zollkontrolle auf den Widerstand des rauhen Schiffsvolkes, das immer wieder Möglichkeiten fand, auf den Fahrzeugen Schmuggelware zu verstauen. Besonders am Oberbaum kam es wiederholt zu Ausschreitungen rauflustiger oberelbischer Schiffer. Trotzdem hatte es der Hafenmeister hier sicher leichter als sein Kollege am Niederbaum, der auch noch den gesamten Reiseverkehr zu Schiff beaufsichtigen mußte.
Bis ins 19. Jahrhundert waren alle Schiffe aus Holz gebaut. Sie lagen eng beieinander. Ein Brand konnte sich schnell über den ganzen Hafen ausbreiten und die Stadt bedrohen. Deshalb fuhren alle zwei Stunden Brandwachen zwischen der Brooksbrücke und dem Niederbaum hin und her. Sie waren sofort zur Stelle, wenn leichtfertig mit Feuer und Licht umgegangen wurde. War ein Feuer ausgebrochen, wurde von den Türmern Alarm geblasen und Sturm geläutet. Waren dann die Bäume geschlossen, eilte der älteste Torherr, der die Schlüssel verwahrte, sofort zum Blockhaus, damit die Zugänge zum Ober- und Niederhafen geöffnet werden konnten. Den Schiffen sollte dadurch die Möglichkeit gegeben werden, schnell in's freie Wasser zu gelangen.
Vom Blockhaus aus fuhren regelmäßig Streifen, die Ausschau hielten, ob die Schiffe ihren Ballast nur an den vorgeschriebenen Stellen löschten, z.B. am «Neue Brack am Hammer-Diecke» (der im Volksmund «Schietdiek» genannt wurde).
War das Schiff den Anordnungen des Hafenmeisters gemäß an seinem Platz, wurde eine Boje auf den Anker gesetzt; waren Zoll und Akzise abgeführt, besichtigte der Kaufmann oder sein Vertreter die angekommene Ware. Dann begann das Löschen, bei kleineren Schiffen direkt in den Speicher, bei größeren in Schuten oder Ewer. Nach dem geltenden Schiffsrecht war die Mannschaft verpflichtet, gegen Windegeld das Löschen selbst vorzunehmen. Das mußte innerhalb von 20Tagen geschehen. Gegen Ende des 18. Jahrhunderts wurden dafür noch sechs Wochen angegeben! Tagelöhner wurden nur bei eiligen Gütern hinzugezogen. Die «Lüchter» (Leichter), Ewer oder Schuten wurden direkt an die Speicher bzw. an die Kajen herangeführt.
Im Blockhaus waren nach der Eröffnung des Baumhauses außer der Wache nur noch der Baumschließer und der Hafenmeister untergebracht. Der Baumschließer hatte dafür zu sorgen, daß der Niederbaum pünktlich zu den Zeiten geöffnet und geschlossen wurde, die durch die Tor- und Baumtabellen für das ganze Jahr festgesetzt waren.
Die Schwimmbäume waren 17 m lang und 4 m breit. Sie trugen 15 t. An schweren eisernen Ketten, die verrostet und verschlammt bis auf den Grund hinunterhingen, wurden sie hin- und hergezogen. Bei gutem Wetter und normalem Wasserstand reichten die Kräfte von sechs Soldaten aus, um diese Arbeit zu verrichten. Bei Hochflut, Eisgang oder Niedrigwasser mußten Hilfskräfte hinzugezogen werden.
Erst nach der Franzosenzeit (1813) wurde die Wache auf Neptunus von dieser Pflicht befreit. Die Schwimmbäume wurden durch schmale Balken ersetzt, die durch eine Windemaschine bewegt werden konnten.
Die Tor- und Baumschließer mußten die

Schlüssel der Bäume und Pforten vom Rat ausgewählten Herren «ungesäumt und alsobald» überbringen. Bei Nichteinhaltung drohte ihnen schwere Strafe und Gefängnis.
Vor Schluß des Baumes wurde dreimal ein Glockenzeichen gegeben, «welches eine feine Anordnung ist», schrieb ein Reisender einmal nieder.
Nach dem Schließen des Baumes ankommende Schiffe mußten außerhalb des Binnenhafens bleiben. So kam es schon mal vor, daß sich Schiffe kriegführender Länder dort begegneten. Im Jahre 1666 wurden im Hamburger Hafen englische Schiffe von holländischen beschossen. Holland stand zu der Zeit mit Karl II. von England, dem Verbündeten von Ludwig XIV. auf Kriegsfuß.
Ob der Hafenmeister auf solcherlei Vorfälle Einfluß nahm, ist nicht überliefert.
Der Name «Hafenmeister» wurde später umgewandelt in «Hafeninspektor».
Seit Gründung der «Hafendirektion» gab es dann den «Leiter der Hafendirektion», der kurz «Hafendirektor» genannt wurde. Ihm unterstanden neben ca. 400 Mitarbeitern u. a. auch der Hafenkapitän und der Leiter des Freihafenamtes.
Weit über Hamburgs Grenzen und auch im Ausland bekannt und beliebt war Hafendirektor Dr. jur. Karl-Ludwig Mönkemeier, der bis September 1986 rund 20 Jahre entscheidend für den Hamburger Hafen wirkte.

Hafenschiffer Der Hafenschiffer ist der «Kapitän» auf den Hafenfahrzeugen, der Ewerführer dagegen der «Fachmann» für Wassertransporte. Die Hafenschiffer sind Schiffsführer von Bugsierschleppern, Ewerführereischleppern, Barkassen und Fährschiffen. Ihr Arbeitsbereich geht weit über die Grenzen des Hafens hinaus.
Eine der Hauptaufgaben des Hafenschiffers ist das Bedienen und Beaufsichtigen des Schleppgeschirrs in der Schleppschiffahrt. Dabei spielt es keine Rolle, was sein Schlepper am Haken hat, einen Elbkahn, eine Hafenschute, einen Schwimmkran oder einen Getreideheber. Der Hafenschiffer muß auch in der Lage sein, mehrere Fahrzeuge zu einem manövriersicheren Schleppverband mit seinem Schlepper zusammenzukoppeln.
Auch die Kenntnis der Tonnen und Leuchtfeuer sowie der Seezeichen an der Großschiffahrtsstraße Elbe und ihren Nebenflüssen gehört zur Ausbildung des Hafenschiffers, ebenso nautische Kenntnisse über den Wechsel von Ebbe und Flut und eine Vorbildung in der Wetterkunde. Gezeitentabellen, Pegelstände und Meldungen des Flut- und Sturmwarndiestes muß er auswerten können.

Privatschiffer Auf seinem eigenen Boot fuhr er die Elbe hinauf und hinunter, beschäftigte ein oder zwei Knechte und beförderte die Fracht gewissenhaft und sicher. Er verdiente wenig, aber stetig und konnte sicher sein, daß ihn ein ruhiges Alter erwartete.
An Land trug er immer saubere Wäsche, gute Kleidung, geputzte Stiefel. Er rauchte keine schlechten Zigarren, lebte gern und ließ gut leben.
Im Büro seiner Genossenschaft benahm er sich korrekt und selbstsicher. Er kam auch nicht aus der Ruhe, wenn er im Privatkontor des großen Ballin oder vor Gericht oder in einer Kneipe erscheinen mußte. Er machte die Geschäfte mit seinen Kollegen gemeinsam, ließ sie durch dieselbe Agentur, seine Genossenschaft, an Aufträge herankommen und kannte keinen Konkurrenzkampf.
Das stille Leben auf seinem Schiff, das flußauf- und -abwärts durch halb Deutschland fuhr, ließ ihn niemals in Eile geraten. Wahrhaftig, – er war der ruhende Pol im lärmenden Hafengetriebe.

Ewerführer und Schutenschiffer Aus dem flachbootigen Segelfahrzeug, dem Ewer, das der «Baas» geschickt manövrierend

einst im Warentransport zwischen Land und im Strom liegenden Schiffen einsetzte, waren bald große eiserne Schuten mit mehreren 100 t Tragfähigkeit geworden. Und der Ewerführerbaas war bald ein Kaufmann und Unternehmer mit beträchtlichen Sach- und Fachkenntnissen.
Die «Ewerführerei-Betriebe» waren zum größten Teil Familienunternehmen, die sich aus einer jahrhundertealten Tradition zu einem typisch hamburgischen Hafengewerbe entwickelten.
Ewer und Schuten waren die Verbindung Seeschiff/Land oder sie transportierten auf den Wasserwegen Güter im Hamburg-Altona-Harburger Hafengebiet.
Der Stromumschlag war billiger und der Kaischuppenraum knapp. Für den vielseitig ausgerichteten Hamburger Hafen war diese günstige Umladungsmöglichkeit von jeher ein wertvoller Anziehungspunkt im Kampf gegen die Konkurrenzhäfen gewesen. Von den Verteilungs- und Kaischuppen, von Lagern und Fabriken, von den Elbkähnen, den am Stadtrand parkenden Lastkraftwagen und von der Eisenbahn wurden die Exportgüter zu einem großen Teil mit Schuten weitertransportiert. Die einkommende Ladung wurde auf umgekehrtem Wege befördert.
Auch im Durchfrachtenverkehr Hamburgs mit Skandinavien und den Ostseeländern, wo sie als billigstes Transportmittel zwischen den Zubringerschiffen und Seeschiffen eingesetzt wurden, spielten die Schuten eine große Rolle wie auch in der Kohlenversorgung des Stadtgebietes, wo sich den «Kohlenewerführern» durch das weitverzweigte Fleet- und Kanalsystem ein großes Arbeitsfeld bot.
Anfangs bewegte der Schutenschiffer das Fahrzeug nur mit eigener Muskelkraft durch einen Peekhaken. An einer langen Holzstange war unten ein Eisenhaken angebracht, der sich in den Grund bohrte. Das andere Ende – verstärkt mit einem Holzknebel – wurde gegen die Schulter geklemmt. Jetzt mußte der Mann rückwärts «fahren», um vorwärtszukommen. Das musste gekonnt sein! Erst in den Jahren ab 1885 wurden die Schuten von Schleppern und Barkassen gezogen.

Decksmann Auch Schauerleute werden einmal alt. Und dann, wenn sie ein Leben in der Luke zwischen Hieven und Kollis zugebracht haben, kamen sie meist «nach oben», an Deck, daher der Name «Decksmann».
Wenn das Wesentliche auch das Zeichengeben zum Kranführer war, so war damit die Arbeit nicht erschöpft. Er hatte – wie der Matrose – für «Klar Schiff», klar für Löschvorgang, zu sorgen. Ladeluken mußten geöffnet werden und das Lösch- und Ladegeschirr mußte zur rechten Zeit zur Stelle sein.
Decksleute mußten genau wie Schauerleute zum «Stall». Äußerlich unterschieden sie sich nicht. Aber in den Karteikästen der Vermittlung unterschied sie der «Dienstrang». Decksmann und Winschmann waren hier eins. Der Decksmann mußte auch die Winsch bedienen können und umgekehrt. Die Riggen – die Takelage im decksmännischen Fachjargon – war sein Fachgebiet, das er beherrschte.
Im kleinen Beiboot über die Elbe zu wrikken, bedeutete für den Decksmann noch lange nicht die «richtige Seefahrt». «Hol mi mol röber!», klang es einst vom Deck der an den Pfählen vertäuten Windjammer, wenn Jantje nach achtzehnmonatiger Westküstenreise landhungrig ans St. Pauli-Ufer wollte!

Fährjunge Er hieß auch Decksjunge. Sein kleines Fährboot fuhr alle Stunde. Von der Schule ging er an Deck. Tag für Tag ging es von einem Kai zum anderen. Trotz seines Jungengesichts stand er seinen Mann! Im Winter lief ihm die Nase und der Frost zeigte sich auf seinen dicken Backen. Im Sommer rann ihm der Schweiß über die Stirn, wenn er ein paar hundertmal am Tage vom Deck auf die Steinplatte sprang

und sein Tau über den Pfahl warf. Mit starken Beinen klammerte er sich an das Tau, an dem die Barkasse zerrte. Zu seinen Aufgaben gehörte auch das Ausrufen: «Petersenkai!», «Kehrwieder!», «Passagierhallen!»
In hohen Stiefeln steckten seine dicken Hosen und immer trug er dasselbe Seemannshemd, ob das Thermometer 10 oder 28 Grad zeigte.
Er war nicht gesprächig und stillschweigend verachtete er die Menschen, die nicht so schufteten wie er.
Am Sonnabend brachte er 10 oder 12 Mark nach Hause. Mutter streichelte ihm dankbar die Wange und er fühlte den ganzen Stolz seines nützlichen Tagewerkes.

Festmacher «De Fastmoker» waren und sind die ersten, die zwischen Planken und Kai die Verbindung zum Schiff herstellen. Ob Sommer oder Winter, die Festmacher warten auf dem schaukelnden Ponton in ihrer «Bude», bis sie in ihre winzigen Boote steigen und dorthin fahren, wo ein Schiff festzumachen ist. Wendig müssen sie sein. Wehe, wenn einer die Wurfleine nicht erwischt! Sie ziehen die dicken Taue von fünf und zehn Zentimeter Durchmesser herüber. Tausende von BRT müssen am Kai festgehalten werden. Wenn das Schiff im Strom festmacht, muß der Festmacher nicht selten die vereisten eisernen Haken hinaufklettern. Das steife Tau kommt über den Dalben hinüber. Wenn es dann klappt, kommt der Erste Offizier und dankt ... mit Zigaretten, Zigarren und manchmal auch mit einem richtigen Schluck für alte Festmacherkehlen.
Die Festmacherboote liegen am Ende der St. Pauli-Landungsbrücken. Werden sie angefordert, fährt das Festmacherboot aus und sucht den angegebenen Liegeplatz des Schiffes. Ist kein Landungssteg in der Nähe, hält es an der Kaimauer bei einer Steigeleiter. Zwei Mann steigen hinauf und erwarten den «Aufkommer». Mit Schlepperhilfe nähert sich mit langsamer Fahrt der «große Pott» über den Achtersteven heran. Den letzten Abstand muß das Schiff aus eigener Kraft überwinden.
Jetzt läßt ein Decksmann von der Back des Schiffes aus die dicke Vorleine herunter, der Festmacher im Motorboot faßt sie, legt sie ins Boot und steuert der Kaimauer zu. Einer der Kameraden oben hat die leichte Wurfleine zur Hand, im richtigen Augenblick saust das eine Ende ins Boot hinein. Der Mann im Boot knüpft die Leine an die Manilatrosse. Dann heißt es oben: ziehen, ziehen und nochmals ziehen! Meter um Meter kommt die Trosse heran, hängt aber durch, wird naß und dadurch schwerer als sie ohnehin ist. Aber vier kräftige Arme schaffen es und legen das Trossenauge um einen Poller. Ein Handzeichen – drüben an Deck beginnt der Kopf eines Verholspills sich zu drehen und die Trosse aufzuwikkeln.
Langsam rückt der Bug des Frachters der Kaimauer zu. Schnell nach achtern! Das kleine Festmacherboot ist bereits zur Stelle. Es wiederholt sich das vorgenannte Spiel: Übernehmen der Trosse, Fahrt zur Kaimauer, Hinuntersausen der Wurfleine, Anbinden an der Trosse, Hochziehen der Manilatrosse, Festmachen am Poller. Auch achtern dreht sich der Kopf eines Verholspills und verkürzt die Trosse. Der Abstand zwischen Schiff und Mauer nimmt mehr und mehr ab. Die weiteren Trossen, vorn und achtern, kommen direkt mit der Wurfleine von Bord an Land, ebenso die vordere und achtere Spring.
Im Sommer mag die Arbeit der Festmacher manche angenehme Stunde haben. Aber im Winter ist sie hart, wenn bei Nacht und Nebel das offene Boot bestiegen wird, wenn der scharfe Ostwind pfeift, die armdicken Leinen steifgefroren sind, die Finger klamm bleiben und bei schaukelndem Boot der Befestigungsring an der Dalbengruppe im eiskalten Wasser gesucht werden muß.

Winsch- und Geimann Eigentlich gehören sie zusammen, der Decksmann, der

Winschmann und der Geimann. Früher waren an der Winsch (Hochdeutsch: Winde) noch starke Muskelkräfte notwendig, später mußten nur noch Schalthebel von Maschinen bedient werden.
Auch der Winschmann hatte einmal im Getreide gestanden, zwischen Zuckersäcken oder Stückgütern und hatte sie in den Laderäumen angeschlagen. Der Schauermann war eben der erste aller Hafenarbeiterberufe.
Winschmänner konnten dem Kranführer keine Konkurrenz machen. Löschte man am Kai, so schwang der Kran die Ladung auf die Schuppenrampe, weil man mit der Winsch über den ausgeschwenkten Ladebaum nicht dorthin gelangte. Aber wenn die Ewerführer mit ihren Schuten kamen und auch außenbords oder nur im Strom gelöscht wurde, dann brauchte man den Winschmann.
Und dann brauchte man auch den Geimann. Die Gei war das Tau, mit dem der Ladebaum von der Luke außenbords gezogen wurde. Im Zeitalter der Maschine wurde auch diese sehr anstrengende Arbeit nicht mehr von Menschenhand bewältigt. Die zweite Winsch hatte den Geimann abgelöst und beförderte die Ladung über die Reling.

Tallyman Den Tallyman gab es und gibt es überall dort, wo Schiffe laden und löschen. Er zählte alles, was in den Laderäumen verschwand oder was die Kräne und Bäume aus den Luken hochhievten.
Er ist der Ladungskontrolleur. Tallyman kommt aus dem Englischen. Ein tally ist ein Kerbholz, und das «tallieren» ist also das Ins-Kerbholz-Schneiden. So wird man wohl ganz früher auch einmal angefangen haben. Später hatte der Ladungskontrolleur die Ladungsliste in der Tasche und hakte ab, was und wieviel die Luke verließ bzw. schluckte. Er durfte keinen Sack, keine Kiste übersehen. Er brachte dem Reeder als «neutrale Stelle» den genauen Nachweis, was ins Schiff hineinkam. Genausoviel mußte beim Löschen wieder herauskommen! Fehlte dem Empfänger etwas, mußte dieser woanders auf die Suche gehen, nicht aber an Bord!
Beim Tallyman stapelten sich die Ladungspapiere. Er war der Letzte, der sie erhielt. Wenn er bemerkte, daß etwas nicht stimmte, hielt er damit die genau disponierte Arbeit auf. Dann schimpften die Spediteure, fluchten die Kapitäne, hatten die Stauer Leerlauf, evtl. konnte der Frachter erst später als geplant den Hafen verlassen. Dann entlud sich der ganze Segen auf dem Haupte des Tallymans.
Wurde ein Schiff beladen, kamen die Schiffszettel mit den Angaben über die einzelnen Güter vom Makler über das Freihafenamt zuletzt zum Tallybüro. Hier wurde dann verglichen, ob alles da ist, und danach bekamen die Kontrolleure an den Luken ihre Unterlagen, um verfolgen zu können, was im Laderaum verstaut wurde.
Wenn z. B. ein Frachtschiff in Luke II Sisalballen nach außenbords hievt und hier zugleich Stückgut vom Kai her übernahm, wenn es aus Luke III Rhizinusbohnen in Schuten und aus Luke IV Kaffee zum Kai hin löschte, wenn in den Luken V und VI Stückgüter vom Schuppen her geladen werden mußten, dann waren allein an Bord ein halbes Dutzend Tallyleute notwendig, um das zu überwachen.
Aber auch im Schuppen mußten sie unterwegs sein. Denn: Das Zählen war nicht ihre einzige Aufgabe. Der Tallyman hatte jedes der vielen tausend Frachtgüter nach Art und Stückzahl zu kontrollieren. Er hatte nachzusehen, ob Marken und Nummern stimmten. Und er hatte nicht zuletzt festzustellen, ob die angegebenen Maße richtig waren. So maß er alles nach, nach Zentimetern oder Zoll. Der Tallystock und das Maßband waren sein Handwerkszeug. Er war sozusagen der Sparkommissar des Reeders.
Sogar über die Beschaffenheit der Ware mußte der Tallyman Auskunft geben können. Ob ein Sack beschädigt, eine Papier-

rolle eingerissen, das Brett einer Kiste sich gelöst hatte, nichts durfte ihm entgehen! Bei kleinen Verpackungsschäden hatte er einen Quartiersmann zu holen, der Säcke zu nähen und Bretter anzunageln verstand. Selbst eine Schramme im Lack eines Autos durfte ihm nicht verborgen bleiben. Der Kapitän des Schiffes mußte dann dem Empfänger in Übersee sagen können: «... nicht bei uns an Bord passiert, war schon vorher drin!»

Vorarbeiter Ein Vorarbeiter hatte nicht nur für das Löschgut zu sorgen, sondern auch für seine Löschgang (gang engl. = Gruppe). Er mußte eine bestimmte Zahl von Kaiarbeitern einstellen und anweisen, und wenn es die Arbeit erforderte, auch noch einige Hilfsarbeiter. Die Kaiarbeiter waren festangestellt bei der betreffenden Umschlags- oder Lagerhausgesellschaft, ein Hilfsarbeiter wurde vom Gesamthafenbetrieb zugewiesen. Mit diesen Arbeitern hatte der Vorarbeiter mit viel Abfertigungsroutine und -formularkenntnissen die Ware in Empfang zu nehmen. Nach einem gewissen Arbeitsablauf war er nicht mehr «Löschgangführer», sondern stand nun der Absatzgang vor, weil jetzt abgesetzt und «fortgeschickt» werden mußte.

Am Kai und im Schuppen:

Schauermann Das Wort «Schauermann» tritt in hochdeutschen Texten erst in der ersten Hälfte des 19. Jahrhunderts auf, vorher hieß es einfach «Schauer». Diese Berufsbezeichnung entstammt dem Niederländischen und geht zurück auf sjouwer, d. h. Tagelöhner, der beim Löschen und Laden eines Schiffes half. Verwandt damit ist das niederländische Wort sjouwen = hart arbeiten. Zweifellos war von den Schauerleuten harte Arbeit zu leisten. Sackgreifer und Handhaken erleichterten zwar das Zupakken, aber die Arbeitsleistung und das Gewicht der Ladung wurden dadurch nicht vermindert. Schauerleute waren die ureigentlichen Hafenarbeiter, unersetzbar in ihrer Leistung, unverwechselbar in ihrer Sprache. Sie verstauten an Bord der Schiffe die Ladung oder brachten beim Löschen die Güter aus den Laderäumen bis an den Haken des Krans. Über zehntausend von ihnen, mal mehr, mal weniger, waren im Hafen ständig tätig. Sie wurden anfänglich «auf der Straße» angeheuert, waren bald aber in festem Lohn bei Umschlags- oder Stauereibetrieben oder wurden von der Gesamthafenbetriebsgesellschaft vermittelt. Außerdem gab es «Unständige». Sie kamen «aus dem Stall», der Nachweisstelle am Stubbenhuk, in der sie täglich neu vermittelt wurden, nachdem sie bis sechs Uhr früh sich beim Hafenarbeitsamt angemeldet hatten. Später war die Chance, die «Schangs» vorbei.
Mitte des 19. Jahrhunderts zogen sie in großen Scharen zu Fuß durch die noch schlafenden Wohnviertel, um das Fahrgeld zu sparen. Sie trugen lange Überklapphosen und blaue Schiffermützen, den Zampelbüdel und «Koffitäng» längsseits. Die meisten von ihnen mußten bereits gegen drei Uhr nachts aus dem Bett und kamen erst abends gegen sechs Uhr wieder heim.
Die Arbeit begann mit der Zuteilung des Arbeitsplatzes, die Schuppennummern wurden aufgerufen. Jeden Tag ein anderer Platz, jeden Tag ein anderes Schiff. Gestern ein Dampfer mit Sojaschrot, heute Stückgut, morgen Holz. Wenn gefragt wurde: «Wo sünd de Swatten?», waren nicht etwa Neger gemeint, sondern die für Kohlendampfer vorgesehenen Schauerleute, die «Kohlenjumper».
Unten an der Brücke warteten die Barkassen der Stauerfirmen. Kaum war die «Gang» (10 Schauerleute), die für ein Schiff vorgesehene Gruppe, an Bord, ging es mit voller Fahrt in den Hafen. Ob Regen, Schnee oder Sturm, die Männer standen völlig frei auf den offenen Barkassen. Um 1900 waren es noch nicht einmal die schnellen Barkassen,

sondern offene langsame Ruderboote, die nicht immer dem Unwetter oder Eisgang standhielten.
An Bord des Schiffes angekommen, wurde schnell die neue Schicht eingeteilt. Was war es diesmal: Baumwolle, Felle, Glimmer, Jute, was auch immer, Kranarme neigten sich über die Luken und der Decksmann am Lukenrand signalisierte dem Kranführer mit einer Daumenbewegung (das genügte!) die Richtung. Einer der Männer, der «Graumann», hatte die Hieven an den schweren Kranhaken anzupicken. Hieve auf Hieve verließ dann den Laderaum und türmte sich auf dem Kai.
Wie auf ein Zauberwort standen plötzlich Kräne und Winschen still. Schichtwechsel! Die nächste Gang war schon zur Stelle und wieder hieß es: «Hiev up» (anheben) und «Fier weg» («abfahren»).
Die Vielseitigkeit dieses Berufes hat manchen angezogen und nicht wieder losgelassen. Für den Seemann, der an Land bleiben muß und doch nicht ganz das Hafenmilieu missen wollte, wurde dieser Beruf oft zur Endstation. Ein «anständiger» Schauermann war zur See gefahren, kannte Shanghai und New York wie den Hamburger Hafen. Er war vom Matrosen zum Hafenarbeiter geworden, weil er auch im Alter mit dem Wasser verbunden sein wollte.

Lademeister Er stand über den Kaihilfsarbeitern, Kaiarbeitern und Vorarbeitern und paßte auf, daß z. B. ein Kolli mit dem roten Weinglaszettel darauf nicht wie ein Ballen Papier auf die Waage geworfen wurde.
Eigentlich gab es drei seines Standes: den Bahnlademeister, den Absetz- und den Löschlademeister.
Hat ein Lademeister genügend Jahre im Hafen gearbeitet, hieß er Oberlademeister und ihm unterstanden dann die verschiedenen Lademeister eines Schuppens. Wenn der Schuppenvorsteher einmal die erste Schicht machte und die zweite erforderlich war, dann sprang der Oberlademeister ein.
Wagengattungen, Radstand, Achslasten, Ladefähigkeit und Lademaße für die zahllosen internationalen Strecken, Brücken- und Tunnelmaße hatten die Lademeister im Kopf. Vor Beginn des Löschens mußten sie alles für die Aufnahme der Güter vorbereitet haben: die Schuppenfläche wurde nach Art, Menge und Markierung der Güter eingeteilt und mit Kreide angegeben, wo die einzelnen Partien abgesetzt werden sollten. Er richtete sich dabei nach dem Manifest, einem Auszug aus dem Stauplan des Schiffes und den Ladungspapieren.
Die Verantwortung zwischen Kai und Planken war groß. Er trug einen mittelbreiten Goldstreifen um die Mütze, der des Vorarbeiters war etwas schmaler.

Kranführer Das Fingerspitzengefühl zeichnete die Kranführer aus. Erfahrene unter ihnen haben es darin zu wahrhaften Meistern gebracht.
So ein Sack Zement oder auch Zucker durfte schon mal etwas anecken beim Hieven. Aber Apfelsinen z. B. oder Bananen sind in dieser Beziehung ziemlich empfindlich. Sie wollten beim Löschen mit Liebe, eben mit Fingerspitzengefühl, behandelt werden.
Kranführer waren Spezialarbeiter! Die Entwicklung der Kräne erforderte immer wieder eine neue Ausbildung.
«Meister» wurden die Kranführer genannt – ganz offiziell!
Gern erinnerte sich ein Kranführer an eine große Kiste mit herzzerreißend quiekenden Schweinen ... ihre Angst zeigte sich darin, daß es aus der Kiste herauströpfelte ... noch niemals hätte er eine Kiste so sanft und weich aufgesetzt wie diese ...

Vereidigter Wäger Nach einer besonderen Ausbildung mußte er die Prüfung als Wäger gemacht haben und wurde auf Zolltreue vereidigt. Seine Wiege-Ergebnisse wurden grundsätzlich vom Zoll anerkannt und nur durch Stichproben kontrolliert. Bis zu 5000 Kilo bewältigten die feststehenden

Schalen, mit denen die Waren «schnell wegzuwiegen» waren.
Ein Wäger machte seine schwierigste Aufgabe aktenkundig: Er hatte kleine Kolli Frauenhaar aus China zu wiegen, natürlich jedes einzelne Haar für sich ... Wenn das kein Seemannsgarn war!

Hafenfacharbeiter Im Mai 1982 wurde in Neuhof unterhalb der Köhlbrandbrücke durch das «Fortbildungszentrum Hafen Hamburg e.V.» die Hafenfachschule eröffnet. Aus der Vielzahl der Beweggründe, die zur Schaffung dieser überbetrieblichen Fortbildungsschule geführt haben, seien genannt:

1. Erweiterung und Vertiefung von Fach- und Spezialkenntnissen,
2. Sozialrechtliche Anerkennung und Einstufung als Hafenfacharbeiter,
3. Vermeidung von Unfällen und Schäden aus Unkenntnis.

Aus der Satzung vom 1. Dezember 1975 geht hervor, daß die Träger des Vereins

1. die Freie und Hansestadt Hamburg,
2. die Gewerkschaft ÖTV – Bezirksverwaltung Hamburg,
3. der Unternehmensverband Hafen Hamburg e.V.

sind. Auch natürliche und weitere juristische Personen können dem Verein angehören.
Die Finanzierung der Fortbildung zum Hafenfacharbeiter ist bei Vorliegen der Voraussetzungen nach der individuellen Förderung des Arbeitsförderungsgesetzes möglich. Zuschüsse werden aus dem Sonderfonds der Vereinsmitglieder und vom Arbeitgeber übernommen.
Hauptamtlich tätige Mitarbeiter sorgen für Organisation und Betrieb des Fortbildungszentrums. Außerdem unterrichten nebenamtlich tätige Fachleute, qualifizierte Personen, die je nach Nachfrage zur Verfügung stehen.
Zur Fortbildung zugelassen werden können Personen, die mindestens ein Jahr lang im Hafen gearbeitet haben, Gelernte oder Ungelernte. Hafenfremde können eine Umschulung zum Hafenfacharbeiter durchlaufen.
Für den theoretischen Unterricht stehen vier Unterrichtsräume zur Verfügung, ein Takelraum für den Umgang mit Tauwerk und Arbeitsgeschirr, Aufenthalts- und Verwaltungsräume. Der praktische Unterricht findet auf einer Trainingsanlage statt, auf einem Schiff, das gleichzeitig Schuppen ist und eine Vielzahl von Funktionen und Möglichkeiten bietet.
Die Fortbildung und Umschulung zum Hafenfacharbeiter sieht außer den betrieblichen Teilen schulische Kurse vor.
Nach Beendigung der Kurse findet eine Prüfung vor der Handelskammer statt (mündlich, schriftlich und praktisch). Sie wird nach den besonderen Rechtsvorschriften für die Prüfung der Hafenfacharbeiter durchgeführt.
Bei bestandener Prüfung wird der «Hafenfacharbeiterbrief» ausgehändigt, der verbürgt, daß der Inhaber den Nachweis über berufliche Erfahrung und erweiterte Fachkenntnisse eines Spezialbereichs des Güterumschlags im Hafen erbracht hat. Gleichzeitig wird auch sein Status als Facharbeiter dokumentiert.
1988 waren es etwa 9.100 Menschen, die täglich im unmittelbaren Kontakt mit Schiff und Ladung standen und den mit an der Weltspitze liegenden Warenumschlag im Hamburger Hafen bewältigten. Sie haben auf vielfältigen Fachgebieten in weitreichender Verantwortung Hamburgs Hafen in der Welt als schnell und sicher bekannt gemacht. Aber im gesetzlichen Sinne waren viele dieser Männer ungelernte Arbeiter ohne verbriefte Anerkennung ihrer Fähigkeiten als Facharbeiter, die ihnen auch in Krisenzeiten sozialrechtlich ihren entsprechenden Status sichert. Auf der anderen Seite jedoch nahmen die Anforderungen, die an diese Männer durch die Industrialisierung des Seeverkehrs gestellt wurden, ständig zu.
So brachte die Ende der sechziger Jahre

beginnende Entwicklung des Containerverkehrs viele neue Umschlagsgeräte, z.B. Containerbrücken und Van Carrier mit sich. Ein weiteres Beispiel ist der Roll on/ Roll off-Verkehr, bei dem die Ladung gleich mit Lastwagen oder auf fahrbaren Großpaletten direkt in Spezialfrachter gerollt wird, die eigens dafür aufklappbare Heck- und Bugpforten besitzen. Kräne sind hier überflüssig geworden.

Wenn auch viele Betriebsabläufe elektronisch gesteuert werden, bleibt ausschlaggebend verantwortlich der Mensch, der Einfühlungsvermögen in technische Vorgänge, ein Höchstmaß an Fingerspitzengefühl und Überblick über organisatorische Abläufe haben muß.

Im Umschlagsverkehr hat der Umgang mit gefährlichen Gütern nicht nur mengenmäßig zugenommen, sondern auch an Intensität der Gefahren durch empfindliche chemische Substanzen, die in Verbindung mit Sauerstoff oder Wasser hochexplosiv werden können. Auch „nur" die Reinigung von Tanks ist mit Gefahr verbunden. Die verantwortlichen Männer, die diese gefährlichen Güter bewegen, müssen über Grundkenntnisse dieser Stoffe verfügen und sich gut auskennen im Kennzeichnen und in der Behandlung von Gefahrgütern in deutschen und englischen Fachausdrücken und den entsprechenden Gefahrensymbolen.

Aus Unkenntnis im Umgang mit modernen Geräten einerseits und gefährlichen Gütern andererseits können Schäden und Unglücksfälle entstehen nicht nur für die hautnah am Warenumschlag Beteiligten. Auch im Hafen Arbeitende, Schiffsbesatzungen und Passagiere können zu Schaden kommen. Es werden ständig gefährliche Güter transportiert und stellen bei nicht sach- und nicht fachgerechter Behandlung ein Risiko für jeden Bürger dar.

Elektrokarren- und Gabelstaplerfahrer

Seit 1912 fahren im Hafen Elektrokarren am Kai und im Schuppen. Sie erreichen eine Geschwindigkeit von 16 bis 20 km/h und daher nennt man die Elektrokarrenfahrer «Rauscher». Sie rauschen nur so dahin ... Ein Elektrokarrenführer ist meist auch Hilfskranführer. Er muß auf dem Kran einspringen, wenn Not am Mann ist.

Wenn ein Überseefrachter Felle bringt, kommen nicht die «Hunde», die einfachen Anhänger, hinter den Triebkarren, sondern die großen Fellwagen.

Beim kleinen Stückgut ist die Sackkarre noch immer unentbehrlich. Sind große Entfernungen zurückzulegen, findet die Elektrokarre Anwendung, häufig mit mehreren Anhängern.

Beide Flurfördergeräte sind nach dem 2. Weltkrieg vom Gabelstapler überflügelt worden. «Muli» wird er genannt. Er schiebt seine breiten, langen Gabeln in den Doppelboden der Ladeplatte, hebt sie an und sucht den Stapelplatz für das Frachtgut auf. Zur Verfügung stehen Elektro-, Diesel-, Benzin- und Treibgasstapler.

Schuppenvorsteher Vor dem 1. Weltkrieg unterstanden dem Schuppenvorsteher eines großen Schuppens mit ca. 13.000 qm Fläche 84 Mann als Stammbelegschaft, darunter 13 Vorarbeiter, 16 Kranführer, 13 Hilfskranführer, zehn Lademeister und ein Oberlademeister. Und in seinen Bereich gehörten 13 Kräne und mindestens 25 bis 30 Gabelstapler.

Unter der Leitung des Vorstehers wurde Stückgut umgeschlagen, wurden Schiffe beladen und gelöscht, die auf der Wasserseite lagen, während an der Landseite die Lastwagen und auf den Gleisen die Waggons vorfuhren.

In der Regel wurde in drei Schichten zu je acht Stunden rund um die Uhr gearbeitet. Der Vorsteher hatte meistens sein Handwerk von der Pieke auf gelernt: Vom Arbeiter zum Vorarbeiter über den Lademeister bis zum Oberlademeister. Es mußten schon Allround-Männer sein, wenn alles wie am Schnürchen klappen sollte.

Stauervize Unter den Hafenarbeitern entsprach der Stauervize etwa dem höheren Beamten unter den Beamten. Er mußte vielseitig sein und über Erfahrungen verfügen, er leitete und lenkte. Er bestimmte beim Laden, wohin die Kolli und wie sie gestaut werden sollten. Acht bis zehn Hafenarbeiter, eine Gang (sprich: Gäng) unterstanden ihm. Für große Schiffe gab es sogar einen ersten und mehrere zweite Vizen: der erste hatte die Gesamtaufsicht über das Schiff, an jeder Luke stand ein zweiter. Der Stauervize, meist der erste, war der Kopf des Ganzen. Er hatte die Oberaufsicht beim Laden und Löschen.

Verschlagvize In käfigartigen Verschlägen innerhalb des Schuppens verwahrte und kontrollierte der Verschlagvize besonders wertvolle Stückgut-Partien, Einzelgüter und beschädigte Kisten und Kartons. Sein Spitzname lautete: «Lordsiegelbewahrer»!
Seine merkwürdigste Wertsache war, so soll einmal ein «Lordsiegelbewahrer» erzählt haben, eine rund einen qm große Muschel für eine Ausstellung.

An Land:

«Königliche Kaufleute» Fürst Bismarck prägte einst diesen Begriff, und zwar erstmals für Adolf Woermann.
Wenn es zum Wesen eines so hoch geehrten Kaufmannes gehört, die Weltbegebenheiten wie die Ereignisse des Alltages in einem inneren Zusammenhang zu sehen, den Gelderwerb unter den höheren Gesichtspunkt des Nutzens für die Allgemeinheit zu stellen und die eigene Persönlichkeit für das gewonnene Wissen im Interesse des Staates einzusetzen, so verdiente Adolf Woermann ganz gewiß diese Auszeichnung!
Mit großem Eifer und kluger Umsicht hat er seiner Vaterstadt als Bürgerschaftsmitglied und Handelskammerpräsident dem Reiche als Mitglied des Reichstages und Berater in kolonialen Fragen gedient.
Als es galt, Truppentransporte nach Südwest-Afrika zu organisieren, erwies er sich auch dieser Aufgabe gewachsen. Für die stetig wachsenden Versendungen stand nicht genug Frachtraum zur Verfügung. Er wandte sich daher um Hilfeleistung an die Hamburg-Amerika-Linie. Später warf man ihm vor, bei dieser Gelegenheit das Reich übervorteilt zu haben. Aber Albert Ballin stellte ihm in seinem Nachruf ein ehrenvolles Zeugnis aus und erklärte, daß man Woermann unrecht getan habe: er, Ballin, hätte gegebenenfalls dem Reich genau dieselbe Rechnung aufgemacht.
So sehr Woermann sich auch für Hamburg engagierte, hatte er nie danach gestrebt, in den Senat gewählt zu werden, obwohl es den kaufmännischen Senatoren gestattet war, ihr eigenes Geschäft weiterzuführen. Aber bei der umfangreichen Tätigkeit, die den Ratsherren als Chefs ihrer Behörden oblag, wäre immer die Firma der leidende Teil gewesen, sofern nicht ein Junior ein Teil der Arbeit übernehmen konnte.
Das «Wunderwerk», zugleich eine Weltfirma zu leiten und als Senator der Präses der bedeutungsvollen Deputation für Handel, Schiffahrt und Gewerbe zu sein, konnte nur ein Mann mit so unerschöpflicher Arbeitskraft wie Henry O'Swald sein. Hat Woermann und seine Firma als Pionier in Westafrika für Deutschlands Kolonien gedient, so hat O'Swald sich hervorragende Verdienste für Deutschlands Stellung im Osten des dunklen Erdteils erworben. Er war es, der in Sansibar 1859 den Hanseatischen Vertrag mit Sultan Seyed Majid ben Seyed abschloß, der die Grundlage der deutschen Handelsbeziehungen zum Schutzgebiet von Deutsch-Ostafrika bildete. Neben Sansibar und Madagaskar war sein Haus auch in Marokko ansässig, so daß in allen kolonialen Fragen O'Swalds bewährter Rat von ausschlaggebender Bedeutung war.
1869 wurde er in den Senat berufen, seit

1881 war er Präses der Deputation für Handel, Schiffahrt und Gewerbe. Als Vertreter des Staates hat er noch in hohen Jahren Hamburg große Dienste erwiesen bei den Verhandlungen mit Preußen über den Köhlbrandvertrag, ein umfassendes Programm über das Fahrwasser der Elbe von der Bunthäuser Spitze bis zur Mündung. Das war ein Kulturwerk ersten Ranges, das nicht nur im Interesse der Stadt Hamburg lag, sondern das gesamte deutsche Reich betraf. In Anerkennung seiner außerordentlich erfolgreichen Tätigkeit hat der Senat O'Swald zweimal zum Bürgermeister gewählt, was sonst bei kaufmännischen Senatoren nur selten geschah.
Neben O'Swald standen die Senatoren O. E. Westphal, Holthusen und Heidmann an der Spitze angesehener Firmen. Der kaufmännische Senator v. Berenberg-Goßler genoß insofern eine bevorzugte Stellung, als das bekannte Bankhaus seines Vaters – dessen Junior-Partner er war – ihm eine Position schuf, die es ihm ermöglichte, sich ohne geschäftliche Verpflichtungen ganz seinem staatlichen Amte zu widmen.
Keineswegs hatte der Senat alle kaufmännisch bedeutenden Kräfte für sich gewonnen. Wie Karl und Adolf Woermann, so waren auch die beiden Laeisz, Robert M. Sloman, Vorwercks u.a. außerhalb des Senats geblieben, auch die Familie Amsinck. Auch an Edmund J. A. Siemers, den man mit Recht als Hamburgs Wohltäter bezeichnet hatte, war der Kelch einer Senatswahl glücklich vorübergegangen. Ihm hätte sein weitverzweigtes Geschäft (Reederei und Petroleumhandel) – er hat die erste Petroleumlampe nach Deutschland gebracht – wenig Zeit für Ehrenämter gelassen. Ihm verdanken wir die Lungenheilstätte Edmundstal bei Geesthacht und die Stiftung des Vorlesungsgebäudes, eines würdigen Seitenstückes der durch Laeisz gestifteten Musikhalle. Dadurch war sein Name späterhin stets mit der Universität verknüpft. Die Edmund-Siemers-Allee trägt noch heute seinen Namen.

Diesen «königlichen Kaufleuten», die aus althamburgischen Familien stammten, stand ein Mann gegenüber, der nicht vom Handel gekommen war, sondern direkt vom Verkehr: Albert Ballin. Es bestand ein wesentlicher Unterschied in der Auffassung der wirtschaftlichen Strategien zwischen dem Vorsitzenden des Direktoriums der HAPAG und all den anderen bedeutenden Männern, die die Geschicke des Handels und Verkehrs lenkten. Der «neue Mann», den man seiner Herkunft wegen auch «Wasserjuden» nannte, hatte es schwer, sich durchzusetzen. Durch seine neuen, weit vorausschauenden Ideen war er bald Berater Kaiser Wilhelms II. Er kämpfte mit den Patriziern und hatte Erfolg. Die HAPAG, die unter dem äußerst tüchtigen Godeffroy nicht recht aufblühen wollte, brachte Ballin – trotz der schärfsten Konkurrenz in Bremen, dem Norddeutschen Lloyd – zur ersten Reederei der Welt. Er selbst ist sich stets treu geblieben, schlicht und liebenswürdig. Titel und Adel lehnte er ab. Er erwarb sich schnell aufrichtige Zuneigung und Wertschätzung seiner nicht leicht zu begeisternden Mitbürger, besonders der Hamburger.
Es wären noch viele andere zu nennen, die sich den Titel «königlich» verdient hatten neben all den «millionenschweren», die als Kaufleute nur nach dem Gelde trachteten.

«Der ehrbare Kaufmann» Seekaufleute und Schifferalte, d.h. die Älterleute der Schiffergesellschaft, sorgten für die Gründung der Commerzdeputation, um einen stärkeren Einfluß auf die hamburgische Wirtschaft und Politik des Rates zu nehmen. Diese Gesamtversammlung der hamburgischen Kaufleute erhielt im Jahre 1492 den Namen DER EHRBARE KAUFMANN.
Dieser «Ehrbare Hamburger Kaufmann» führte das Wort «ehrbar» nicht als Floskel, sondern es war ihm ebenso wichtiges Anliegen wie das kaufmännische Fachwissen. Persönliche Sparsamkeit spielte dabei stets eine entscheidende Rolle.

Schon im 17. Jahrhundert stellte die Hamburger Kaufmannschaft beispielsweise einen Katalog «Goldener Lebensregeln» auf, in dem es u.a. hieß: «Iß und trink mäßig, meide vielfältige Gastereyen. Mit viel spazierfahren spaziert die Zeit und das Geldlein fein gemach hinweg.»
Oder: «Halt dich in Kleidern sauber, doch nicht zu prächtig, noch über deinen Stand. Und hüte dich vor der, die dir an der Seite schläft, daß sie mit allzukostbarem Schmuck dich nicht verderbe.»
Eine solche Einstellung führte letztlich auch dazu, daß an der Hamburger Börse, im Gegensatz zu anderen Städten, kaum jemals Platz für wilde Spekulationen war. Sparsamkeit ging über alles.
Man kann nachlesen, daß es eine Zeit gab, in der Ehefrauen nur dann Schmuck tragen durften, wenn der Ehemann Steuern bezahlte!

Quartiersleute auf den Böden

Quartiersleute Es gibt an der Wasserkante wenige Berufe, die ein so eigenartiges und starkes Profil zeigen, wie die Quartiersleute. Seit Hamburg zum Welthandelsplatz wurde, waren diese Männer die berufenen Hüter und Pfleger der Kaufmannsgüter. «Kaufmannsgut wie Ebbe und Flut» war von Anfang an ein von ihnen geprägter Spruch. Sie haben in Jahrhunderten im Umgang mit diesen Gütern Beständigkeit und Zuverlässigkeit bewiesen, sind die Treuhänder der Kaufleute und großer Handelshäuser geworden und immer geblieben. Aus ihrer Obhut kommt keine Kaffeebohne über Menschenhand oder den natürlichen Fegsel hinaus abhanden.
Alte hamburgische Geschichten erzählten mit höchster Achtung von diesem einzigartigen Gewerbe. «Denn ohne Innungszwang oder staatliche Anerkennung oder Beaufsichtigung haben sich die Verbrüderungen einfacher, aber warenkundiger und mit dem Warenumschlag vertrauter Arbeiter durch Jahrhunderte hindurch das unbegrenzte Vertrauen der Kaufmannschaft zu wahren gewußt und Güter von höchsten Werten blindlings zur Verwaltung übertragen erhalten.»
Am Anfang waren die Quartiersleute nichts anderes als ein Konsortium von vier (franz. = quatre) Arbeitskollegen, die in selbständiger Tätigkeit die Ware vom Schiff bis zum Speicher brachten. Diese Zahl vier mag aus Gründen des Arbeitsvorganges notwendig gewesen sein. Sie wurde aber über das anfängliche Bedürfnis hinaus durch viele Jahrzehnte erhalten, auch dann noch, als aus dem Quartiersleute-Gewerbe schon ein kaufmännischer Beruf entstanden war mit eigenen Speichern und Hausküpern, Speicherarbeitern, »Lüd von de Eck» und Gelegenheitsarbeitern.
Nicht jeder Kaufmann hatte damals genügend Beschäftigung für einen eigenen «Hausküper», der ihm die Güter auf dem Speicherboden verwaltete, das Ab- und Aufnehmen leitete und die beschädigten Kollis ausbesserte. Wo es nicht lohnte, einen solchen Hausküper in feste Anstellung zu nehmen, da wandte man sich an

die «Quartiersleute», die ehemaligen Speicherarbeiter, die sich selbständig gemacht hatten und diese Arbeiten zu bestimmten Gebührensätzen peinlichst genau durchführten.

Sie empfingen die Güter am Kai, erledigten die notwendigen Formalitäten, untersuchten den Zustand der Ware, der Verpakkung, zogen Proben, nahmen die Verwiegungen vor und sorgten für den Transport zum Lager, wo sie alle weiterhin notwendigen Arbeiten ebenfalls ausführten. Aus arbeitstechnischen Gründen taten sich immer vier zusammen, die sich einen Raum, ihr «Quartier», mieteten. Dort brachten sie ihre Gerätschaften unter, rechneten untereinander nach dem Quartiersbuch ab. Dort hing auch die Tafel, auf der man ablesen konnte, wo das «Quartier» gerade wirkte und wann es wieder zu Verhandlungen zur Verfügung stehen würde. Jedes Quartier erhielt den Namen eines der Teilnehmer mit dem Zusatz «und Consorten», wie er noch heute bei dem weitaus größten Teil der Firmen gebräuchlich ist. Die Bezeichnung der Firmen «und Consorten» ist eine Erinnerung an jene Zeit, da vier Mann für den Dreiklang «Aufnehmen, absetzen, aufstapeln» notwendig und ausreichend waren, nämlich: einer an der Winde, einer an der Luke und zwei, die sich mit dem Stapeln der Waren auf dem Speicher beschäftigten. Einer hatte die Bezeichnung «Baas», die anderen waren die «Consorten».

Als zu Beginn des 16. Jahrhunderts Lübeck und Dänemark kriegerische Auseinandersetzungen hatten, nahm der Handelsverkehr in Hamburg beträchtlichen Aufschwung. Bis dahin hatten die Hamburger Kaufleute im allgemeinen ihre Warenein- und -auslagerung mit eigenen Kräften bewältigt. Auf den Speicherböden regierte der «Küper», ursprünglich wohl ein gelernter Böttcher, denn alles Handelsgut wurde damals zur See in Fässern befördert.

1508 erwarben 39 Packer das Hamburger Bürgerrecht und vom Jahre 1693 datiert der älteste Kontrakt der Compagnions-Packer über die Verteilung von Kosten und Gewinn.

«Im Namen der Heiligen und Hochgelobten Dreyfaltigkeit, Amen.» So beginnt die Gründungsurkunde der Hamburger Quartiersleute Reusch und Cons. Der Notar Johann Georg Lement hat sie am 31. August 1731 entworfen.

Im alten Hamburg hatten die Quartiersleute ihre eigene Tracht. Sie trugen einen Zylinder, eine schwarze Jacke mit Silberknöpfen und ein derbes Schurzfell. Diese Zusammenstellung von Zylinder und Schurzfell entsprach der Mischung aus höchster Achtbarkeit dieses Standes, dessen Lagerscheine bedingungslos für bare Münze genommen wurden.

Auch am Bart wiesen sie sich sozusagen aus: rasiertes Kinn und glatte Oberlippe, aber rundlich um das Bäckchen geschwungener Mondsichelbart!

Quartiersleute gibt es nur in Hamburg! Mehrere der heute bestehenden Firmen, die den Zusatz «und Consorten» tragen, sind weit über 200 Jahre alt.

Nach dem Zollanschluß, als große Mengen von Waren in der Speicherstadt des Freihafens eingelagert wurden, um sie je nach Bedarf durch den Zoll zu nehmen, gewann der Beruf der Quartiersleute noch mehr Bedeutung.

Aus dem reinen Hilfsverein früherer Jahre wurde ein Verband, auf dessen Tagesordnung Tarif- und Lohnfragen standen, eine Arbeitgeberorganisation wie die der Stauer und Ewerführerbaase, die dem gleichen Jahrzehnt zwischen 1876 und 1886 ihr Entstehen verdankt.

Warenkenntnis, eine feine Nase und gute Augen muß ein Quartiersmann haben. Noch immer durchzieht der würzige Duft der unter südlicher Sonne gereiften Früchte die Speicherböden und mischt sich mit dem herben Geruch des Leders und der Rohfelle. Aber alles ist im Vergleich zu vergangenen Zeiten gemäßigter geworden. Wo es sonst einen ganzen Tag lang ununterbrochen «Hiev op» und «Fier dol» hieß,

herrscht jetzt ruhig laufender Betrieb. Auch die Räder der Sackkarren rollen nicht mehr von morgens bis abends.
In den Speichern der Freihafen-Lagerhaus-Gesellschaft (später HHLA) lagern vom Keller bis unter's Dach auf fünf Böden Säcke, Ballen, Tonnen und Kanister. Waren für fremde Rechnung. Und sie lagern nicht nur, sondern sie werden gehegt und gepflegt, gehen durch Hände von beispielloser Sachkenntnis. Die Ware muß während des Lagerns auch bearbeitet, kontrolliert und sortiert werden; Proben müssen gezogen und Muster beschafft werden. Jeder Boden hat übrigens seinen rattenjagenden Kater!
Früher haben die Quartiersleute auch die Mischung des Kaffees vorgenommen, das sogenannte Stürzen des Kaffees. Er wurde buchstäblich von Boden zu Boden geschüttet und dann im untersten Geschoß in richtiger Mischung aus dem herben Guatemala, dem milderen Santos und auch Kostarika zusammengemischt.
Was hier mit dem Kaffee geschah, wurde nebenan mit den Kakaobohnen gemacht. Einige Räume weiter wurden Tabakballen bewegt, aus denen heiße und minderwertige Blätter ausgesondert wurden; ebenso gab es Anlagen zum Reinigen und Entstielen der Rosinen. Die Teppichlagerung spielt heute eine große Rolle. Für Baumwolle lag dagegen die Domäne in Bremen. Zuweilen arbeiteten für eine Quartiersmannsfirma hunderte von Frauen, z.B., um per Hand Kaffee zu verlesen. Maschinell lassen sich zwar die Bohnen nach Größe sortieren, aber kranke und schlechte Bohnen lassen sich auf diese Weise nicht erkennen.
Wenn der Vormann «Foftein» rief, war 15 Minuten Arbeitspause. Die Karren wurden abgesetzt, der Markierpinsel aus der Hand gelegt, die Winschen kamen zur Ruhe. Zum Kaffee gehörte ein Schluck aus der Kümmelflasche dazu, «vonwegen der Milzbrandgefahr»!
Bei Kümmel und Braunbier erzählten die alten Fahrensleute der Kaffeesegler haarsträubende Erlebnisse mit Wilden. Beim Zählen von Fellen sangen die Schauerleute schauerliche Lieder. Was müssen die für Zeit gehabt haben, als nach jeder Strophe eine gesalzene Haut vom Schiff auf den Lagerboden getragen wurde!
Das eigentliche Lagerungsgeschäft stellte in der Nachkriegszeit wesentlich höhere Anforderungen an den Quartiersmann, da sich aus der zunehmenden Inanspruchnahme des Lagerscheines als Kreditunterlage ein enger Verkehr mit den Banken ergab.
Während vor 1939 die Bevorschussung von bei den Quartiersleuten lagernden Waren eine Seltenheit war, führte der Kapitalmangel in der Nachkriegszeit dazu, daß im Durchschnitt für über etwa 80 % aller Lagergüter Lagerscheine im Umlauf waren. Gerade für die Quartiersleute bedeutete dies eine starke Mehrbelastung, weil die bei ihnen lagernden Partien im Gegensatz zu den Massengütern der linkselbischen Lagerhäuser in kleinen und allerkleinsten Mengen zur Ablieferung gelangten. Der Namenslagerschein als Wertpapier mußte aber in jedem Falle neben dem Lieferschein zwecks Abschreibung nach vorheriger Abdeckung des Vorschusses durch die Bank vorgelegt werden.
Dieses ganze Verfahren, die Lager- und Lagerscheinbuchführung sowie die Ausgabe der Lagerscheinformulare ist für alle der Fachorganisation angeschlossenen Quartiersmannsbetriebe einheitlich geregelt.
Viele Brücken führen vom Hamburger Stadtgebiet über die Kanäle in das verwunschene Reich der lagernden Güter, das von Männern in grünen und blauen Uniformen sorglich behütet wird; wer die gar nicht so einfach zu beschaffende Hafenkarte nicht besitzt, hat hier keinen Zugang. Noch schwieriger aber ist es, den Freihafen wieder zu verlassen. Die Männer vom Zoll interessieren sich für jedes mitgeführte Paket, das kaffeeverdächtig ist, für jede Blechdose, die Alkohol oder Zigaretten enthal-

ten könnte, und unter Umständen auch für wohlgenährte Bäuche!
Im Freihafen lagern die aus dem Ausland eingeführten Waren unverzollt, und es ist von jeher verlockend gewesen, Vater Staat um die Zollabgabe zu bemogeln. Aber es wird nicht nur bescheiden «gezampelt» (mit dem Zampelbüdel!); der Schmuggel hat sich oft genug ganze Ladungen aus dem Hafen geholt.
Der Zoll wird insofern wesentlich unterstützt durch die Quatiersmänner, als sie Waren bei Mengen bis zu 50 kg auch verzollen.
Kurz nach dem 2. Weltkrieg herrschte nur noch mäßiger Warenverkehr, von 24 Böden waren den Quartiersmännern nur noch wenige verblieben. Wo sonst Partien von 3000 Zentnern Kaffee und 2000 Sack Kakaobohnen hereinkamen, lagerten jetzt ein paar hundert Sack Haselnußkerne oder Mandeln, kleine Mengen von Rosinen, Korinten, getrocknete Bananen, Leder, Aprikosen und Fässer mit Virginiatabak. Gewürze und Rohfelle kamen nur in kleinen Mengen herein und wurden meistens sofort ins Inland übernommen. Der Konsum war immer noch so groß, daß die einkommenden Partien oft von Bord in Schuten übernommen und durch Spediteure ins Zollinland gebracht wurden. Der Quartiersmann durfte zusehen, wie die Ware an seinen Speichern vorbeischwamm.
In einem Dattelballen fand sich schon einmal ein alter Kamelsattel an ... Nicht überall in der Welt ist man sehr sorgfältig und übermäßig ehrlich.
Der weiß beschürzte Hein kommt in den Speicherraum und sagt: «Uns Ohl hett mi'n Mark in de Hand drückt. Ick sall dafor Brod un Schnaps mitbringen.» «Na, wat hest du brocht?» «For fiefunnegentig Penn Köm un for fief Penn Brod!» Darauf alle Kollegen: «Minsch, herrije, wat süllt wi denn mit all dat Brod?»
Auf Spitznamen war man stolz.
Ursprünglich entstanden Ökelnamen, Beinamen, Spitz- und Spottnamen zur Unterscheidung von Gleichnamigen. Aber es hatte sich auch ergeben, daß Spitznamen gebraucht wurden, um besondere Eigenschaften damit hervorzuheben. Die selbstbewußten Quartiersleute gaben sich oft recht drastische Ökelnamen, z.B. «De Grotsnuten» (Schwarze und Cons.), «De scheewen Hamborger» (Pohlmann und Cons.), «De bunten Heuner» (Groth und Cons.), untereinander nannten sie sich: «de Tünbüdels», «de Sackneihers», «de Blootarmen», «de Kutschers», «de Pütscherbüdels». Die Ewerführer und Schauerleute hielten sich lieber an markante Spitznamen wie «De Dootsmieters» oder «Veerspennige Rotten». In kaum einem anderen Gewerbe sind in Hamburg Ökelnamen so verbreitet wie bei den Quartiersleuten.

Schiffsausrüster Die ersten «Handlungen», die Schiffe mit Proviant und anderen Ausrüstungsgegenständen versorgten, wurden «Ship-Chandler» (engl. chandler = kleiner Händler, Höker) genannt. Sie hatten ihre kleinen Läden im und am Hafen, prall gefüllt mit Waren verschiedenster Art. Aus dem Wort Schip-Chandler wurde Schiffshändler und gegen Ende des 19. Jahrhunderts Schiffsausrüster.
Heute haben die Schiffsausrüsterfirmen ihren Sitz entweder im Freihafen oder im Zollinland als offenes Zollager. Sie verkaufen seit eh und je ihre Waren unverzollt und unversteuert. Nach deutschen Zollbestimmungen dürfen Schiffe unverzollte Waren nur für Fahrten mit ausländischem Bestimmungshafen beziehen.
Zum Teil haben sich die Ausrüsterfirmen spezialisiert, z.B. auf Lebens- und Genußmittel, auf Drahtseile und Tauwerk, Elektroausrüstung oder Seenotausrüstungen.
In Hamburg gibt es etwa 100 Schiffsausrüsterfirmen. Einige führen etwa 20.000 Artikel und verfügen über mehrere tausend qm Lagerfläche.

Schiffsmakler Etwa mit Beginn des 17. Jahrhunderts bildete sich in Hamburg aus

der Mitte der bei der «Maklerdeputation» eingeschworenen Makler eine Spezialgruppe heraus, die sich hauptsächlich mit den Geschäften der Handelsschiffahrt befaßte und die mit den Jahren die Berufsbezeichnung Schiffsmakler annahm.
Ab 1633 existierte in Hamburg die erste Maklerordnung, die später mehrfach erneuert wurde. Sie befaßte sich mit den Pflichten und Rechten der Makler als Sammelbegriff. Schiffsmakler durften beispielsweise keine auswärtigen Schiffe annehmen ohne ausdrückliche Order der hamburgischen Kaufmannschaft, sie durften außerhalb der Courtagetaxe keine weiteren Spesen fordern oder annehmen. Es war ihnen verboten, Agenten bis zur Elbmündung den Schiffen entgegenzuschicken, um die Kapitäne gegen das Versprechen günstiger Ladung für sich zu gewinnen.
Die Schiffsmakler klagten damals über sogenannte «Bilöper», Außenseiter, die sich, ohne Sachkenntnis zu besitzen und ohne autorisiert zu sein, nach Geschäften mit der Schiffahrt drängten.
Die Schiffsmakler waren, wie alle anderen Makler auch, behördlich konzessioniert = eingeschworen. Ihren Schwur hatten sie jährlich vor der Handelskammer zu erneuern.
Als sichtbares Zeichen ihrer Berufswürde trugen sie einen Maklerstab, auf dem in Silberbuchstaben der Name des Trägers eingelassen war.
In einigen europäischen Ländern, wie z. B. in England, Frankreich und Dänemark, blieb der Name: «sworn shipbrokers» lange erhalten. Es waren Einzelpersonen, die mit den Kapitänen, die meistens auch Eigner ihrer Schiffe waren, in Verbindung traten und ihnen ihre Dienste als Mittler zwischen Kaufmann und Schiff anboten.
Dem Kapitän fehlte infolge langer Abwesenheit oft die Orientierung über die Frachtenmärkte und er nahm dankbar die Dienste des Schiffsmaklers an. Er konnte damit rechnen, von «seinem» Schiffsmakler passende Ladung und ihm gelegene Fahrtrouten vermittelt sowie weitere Wünsche berücksichtigt zu bekommen.
Es entwickelte sich mit der Zeit ein Vertrauensverhältnis und eine Partnerschaft, die einmal dem Kapitän zugute kam, zum anderen aber auch dem Kaufmann, der sich die Erfahrungen des Schiffsmaklers in bezug auf Auswahl geeigneten Schiffsraumes für den Transport seiner Waren nutzbar machte.
Schiffe wurden durch Vermittlung des Schiffsmaklers für eine Reise oder für eine Zeitperiode verchartert, wobei zwischen Reisecharter und Zeitcharter unterschieden wurde. Durch seine Konzessionierung war der Schiffsmakler ermächtigt, derartige Vermittlungen «bona fide» (auf Treu und Glauben) vorzunehmen und er konnte sich mit der Zeit das Vertrauen beider Parteien erwerben.
Es lag in der Natur des Schiffsbetriebes, daß die Abwicklung von Verpflichtungen gegenüber Hafenbehörden von den ortsfremden und in Verhandlungsfragen weniger gewandten Kapitänen gern den erfahrenen und wendigen Schiffsmaklern überlassen wurde, ebenso wie alle mit der Ergänzung der Besatzung zusammenhängenden Fragen und Formalitäten.
Auch der An- und Verkauf von Schiffen war ausschließlich Aufgabe der konzessionierten Schiffsmakler und geschah in der Regel auf öffentlicher Auktion an der Börse. Dem Schiffsmakler stand für seine Vermittlertätigkeit nach einem von der Maklerdeputation und später von der Handelskammer festgesetzten Tarif von beiden Seiten eine Courtage zu.
Etwa vom Beginn des 19. Jahrhunderts an bildeten sich die ersten Reedereien. Kaufleute gingen dazu über, sich selbst Schiffe zu kaufen und Kapitäne zu engagieren. Für den Verkauf bzw. Einkauf der Ladung und die Durchführung aller diesbezüglichen Geschäfte wurde dem Kaptiän als Bevollmächtigter des Reeders ein sogenannter Supercargo beigegeben.

Zunächst waren die Schiffsmakler vom Reedereigeschäft ausgeschlossen. Sie durften auch nicht als Partenreeder in Erscheinung treten. Erst im Jahre 1847 wurde erstmals dem Schiffmakler August Bolten gestattet, Aktien der Hapag zu erwerben; 1848 wurde es den Schiffsmaklern Knöhr und Burchard erlaubt, sich an der Hamburg Süd durch Erwerb von Aktien zu beteiligen. Andere Schiffsmakler konnten diesem Beispiel folgen. Zum Teil gründeten sie eigene Reedereien, die insbesondere später in der Trampschiffahrt noch eine bedeutende Rolle spielten.
Aus solchen Geschäftsverbindungen entwickelte sich mit den Jahren die Tätigkeit des Linienmaklers, der mit den Reedereien eng verwachsen war. Seine Aufgaben wurden so umfangreich, daß sie von Einzelpersonen nicht mehr bewältigt werden konnten. Die Entwicklung führte zur Bildung von Schiffsmaklerfirmen.
Es lag in der Natur der Aufgaben, daß die Beamten der Wasserschutzpolizeidienststellen in den Häfen fast täglich mit den wendigen und sprachkundigen «Clerks» (clerk, engl. = kaufmännischer Angestellter) der Schiffsmaklerfirmen zusammentrafen. Vor allem bei der Schiffsabfertigung, wenn es galt, auftretende Schwierigkeiten zu entwirren, die beispielsweise bei Abmusterungen ausländischer Seeleute, Unterbringung von Ausländern in Krankenhäusern, Behandlung der Probleme um blinde Passagiere, Führung von Ermittlungen in Straf- und Kollisionssachen, Behandlung von gefährlichen Seefrachtgütern und dergleichen mehr auftraten, hatte sich ein in jahrelanger Zusammenarbeit herausgebildetes Vertrauensverhältnis für beide Seiten als nutzbringend erwiesen.
Durch große Sachkenntnis und unbedingte Zuverlässigkeit im Umgang mit seinen Geschäftspartnern und Auftraggebern war der Schiffsmakler in der Lage, den Behörden ihre Aufgabe zu erleichtern und ihnen Zeit und Mühen ersparen zu helfen.
Im Binnenland befaßten sich Schiffsmakler, die sogenannten Schiffsprokureure, mit ähnlichen Aufgaben.
Gesetzlich fiel die Tätigkeit des Schiffsmaklers unter den Begriff des Handelsmaklers und war im § 93 Handelsgesetzbuch und in den §§ 652 bis 656 Bürgerliches Gesetzbuch geregelt. Doch die Tätigkeitsmerkmale des Schiffsmaklerberufes waren umfangreicher und gingen weit darüber hinaus.
Die Schiffsmakler hatten sich um Beschaffung von Ladung, deren Anlieferung, Verladung, Expedierung und Manifestierung zu kümmern und dabei mit Exporteuren, Spediteuren, Fabriken, sonstigen Verladern (z.B. auch Anschlußreedereien für Transitgüter), genauso wie mit Importeuren und allen anderen Ladungsempfängern und Ladungsdisponenten zu verhandeln.
In der Schiffahrt selbst entwickelten sich mit den Jahren verschiedene Interessengebiete. Einige Reeder befaßten sich mit Passagierschiffahrt, andere nur mit Frachtschiffahrt, weitere mit Trampfahrt, in der hauptsächlich Massengüter wie Kohle, Erz, Holz, Getreide und dergleichen befördert wurden, noch andere mit Schwerguttransporten, mit der Tankerfahrt oder mit der Küstenschiffahrt.
Die Schiffsmakler, die mit dieser Entwicklung eng verbunden waren, spezialisierten sich ebenfalls. Neben den Linienmaklern, die alle vorkommenden Makleraufgaben erledigten, entstanden die Reedermakler, die ihre Reedereien als Agenten vertraten, und Ladungsmakler, die sich um die Ladung bemühten.
Auf manchen Gebieten, wie z. B. bei Charterungen, war eine enge Zusammenarbeit der verschiedenen Gruppen erforderlich.
Als weitere Spezialgebiete bildeten sich die Klarierung ein- und ausgehender Schiffe, die Bearbeitung von Bedürfnissen der Küstenschiffahrt und der An- und Verkauf von Schiffen heraus, um nur die wichtigsten Sparten zu nennen.
Die Schiffsmakler spezialisierten sich so in:

Befrachtungsmakler, Klarierungsmakler, Linienmakler und An- und Verkaufsmakler.
Heute arbeiten in Hamburg rund 250 Schiffsmakler. Die Unternehmen befassen sich mit der Befrachtung, dem An- und Verkauf von Schiffen, mit der Klarierung oder sind als Linienagenten tätig.
Der Befrachtungsmakler befaßt sich mit der Vermittlung von Schiffsraum zwischen Reedern, in der Regel Trampreedern, die für ihre Tonnage Beschäftigung suchen, und Charterern, die Bedarf an Schiffsraum haben. Trampschiffe nehmen ihre Ladung jeweils auf, wo sie sich günstig anbietet.
Um seinen Aufgaben gerecht werden zu können, muß der Befrachtungsmakler über schnelle Verbindungen zum In- und Ausland verfügen. Das Vorhandensein bester und modernster Fernmeldemittel ist unbedingte Voraussetzung. Verbindungen zwischen ihm und den Befrachtern, Reedern und befreundeten Schiffsmaklern sind lebenswichtig. Er muß Größe und Einzelheiten der Schiffe seines Bereiches und ihre jederzeitigen Positionen registrieren und über neu auf den Markt kommende Ladungen informiert sein, um möglichst als erster seinem Verhandlungspartner Angebote unterbreiten zu können.
Ist eine Charter abgeschlossen, so nehmen die zwischen Reeder und Charterer ausgehandelten Bedingungen die Form eines Frachtvertrages an.
Der Frachtvertrag regelt die Rechte und Pflichten zwischen Befrachter (Befrachtungsmakler), Ablader (Im- bzw. Exporteur) und dem Verfrachter (Reeder oder Charterer).
Bei der Charterung von Schiffen gibt es unterschiedliche Charterarten.
Die Bareboat Charter ist das Chartern des «nackten», leeren Schiffes. Der Charterer mietet lediglich das Schiff als solches. Er stellt die Ausrüstung und die gesamte Besatzung. Hierbei behält der Schiffseigner in der Regel keinerlei Kontrolle über sein Schiff.
Der Zeitcharterer kann mit dem Schiff bei entsprechenden Vereinbarungen beliebig Ladungen nach beliebigen Häfen im Bereich der Grenzen, die im Frachtvertrag festgelegt sind, befördern lassen. Der Zeitcharterer ist häufig ein Reeder, der mangels eigener Tonnage das Schiff in seine Dienste nimmt und der damit gleichzeitig den Charakter eines Verfrachters annimmt.
Bei der Ladungs- oder Reisecharter handelt es sich um einen Frachtvertrag für eine bestimmte Reise. Reiseroute und Reiseziel sind vertraglich festgelegt.
Der Klarierungsmakler hat Trampschiffe mit ein- und ausgehender Ladung zu betreuen. Dazu gehört neben der bekannten Einklarierung bei den Behörden vor allem die Herstellung der Verbindungen und die Abstimmung der Interessen zwischen Abladern, Empfängern und Reederei.
Er beschafft Lösch- und Ladeplätze nach Tiefgang, bestellt Hafenarzt und Wasserschutzpolizei, Lotsen und Schlepper, Festmacher, Stauerei mit entsprechenden Arbeitsgängen. Er fordert Schwimmkräne, Schutenraum, Tallyleute, Proviant, Treibstoff, Frischwasser und sonsige Ausrüstung an und bestellt Dockraum, veranlaßt Reparaturen, Schiffsreinigung, zieht Ladungskontrolleure heran, kontrolliert das Löschen und Laden, bespricht mit dem Stauer anhand des Stauplanes das Laden und Löschen, veranlaßt pünktliche Anlieferung der Güter durch den Spediteur und regelt Zollformalitäten, fertigt Aufstellungen, «Manifeste», über die Ladung nach Bestimmungshäfen, hat die Ladung zu checken und muß die Schiffsleitung in jeder Weise unterstützen, mit der Reederei Verbindung halten, Abrechnungen über Lösch- und Liegetage vorlegen, die Fracht berechnen, von den Abladern einziehen und an die Reederei abführen.
Der Linienmakler vertritt mehrere in- oder ausländische Reedereien. Je nach Größe seines Unternehmens gibt es verschiedene Abteilungen, z. B. für einkommende und ausgehende Schiffe, Befrachtung, Durch-

frachten, An- und Verkauf von Schiffen, Versicherung, Lagerung von Waren, Buchhaltung und Kassen.
Der Linienmakler hat Verhandlungen mit Abladern am Platze und solchen im Binnenlande zu führen, hat Ladungen nach Bestimmungshäfen einzuteilen und Stückgüter termingerecht anliefern zu lassen.
Er macht Vorschläge zur Ausarbeitung und Verbesserung der Frachttarife unter Anpassung an die Konkurrenz, orientiert alle Spediteure, überwacht das Anliefern der Ladung und das Überladen vom Kai auf das Schiff. Er macht das Schiffs- und Konsulatsmanifest entspechend den in- und ausländischen Zoll- und Konsulatsvorschriften auf und erledigt die einschlägigen Geschäfte bei den Konsulaten, er händigt die gezeichneten Konnossemente aus, stellt Frachtrechnungen aus, zieht Frachtgelder ein und überweist diese an die Reederei, veranlaßt Bewachung sowie Be- und Entladung des Schiffes und die Überwachung der Arbeiten, gibt Anweisungen an Stauer und Tallyleute, wie das gebuchte Stückgut für die einzelnen Häfen zu behandeln ist, orientiert Ablader über Eintreffen von Schiffen, führt Verhandlungen über Abschluß von Frachtverträgen, Umladung von Durchfuhrgütern, Weiterbeförderung und Verrechnung derselben, regelt Differenzen und Beschädigungen, fertigt Passagiere ab, versendet Schiffspapiere, Atteste, Listen gefährlicher Güter sowie Passagier- und Mannschaftslisten an Agenten in Übersee.
Die Gruppe der An- und Verkaufsmakler hat sich auf den An- und Verkauf von Schiffen und entsprechende Vermittlungstätigkeit spezialisiert. Für die Bewältigung dieser Aufgaben ist eine gründliche Kenntnis des Kapital- und Tonnagemarktes erforderlich. Diese Schiffsmakler müssen weiterhin über gute nautische und technische Kenntnisse verfügen. Sie beschaffen vor allem in der Küstenschiffahrt den Reedern die erforderlichen Hypotheken von Banken oder aus Privathand, die dann als Schiffshypotheken für das betreffende Schiff in das beim Amtsgericht des Heimathafens geführte Schiffsregister eingetragen werden. Als Sicherheit dient das Schiff selbst. Sind die Hypothekengeber an einem Reedereiunternehmen interessiert, so können sie gegebenenfalls auch Schuld- oder Anteilsscheine an der Reederei erwerben und damit stiller Teilhaber oder Mitreeder werden.
Für die vielfältigen Aufgaben der Schiffsmakler sind ganz bestimmte «Papiere» vorgeschrieben, zum Beispiel die Ladungspapiere. Alle Sparten der Schiffsmakler bzw Schiffsmaklerfirmen haben sich täglich mit Ladungspapieren, deren Bedeutung und den damit zusammenhängenden Verpflichtungen zu beschäftigen und die im Handelsgesetzbuch festgelegten Regeln zu beachten.
Die Verladung von Stückgütern erfolgt in der Regel aufgrund eines Stückgutvertrages. Ein Frachtvertrag wird nicht abgeschlossen.
Der Ablader übergibt dem Kaibetrieb einen von ihm bzw. von seinem Spediteur ausgestellten Schiffszettel, auf dem die zu verladenden Güter zu verzeichnen sind.
Der Ablader ist berechtigt, mit dem Besitz des gezeichneten Schiffszettels das Konnossement zu verlangen, aber erst dann, wenn die Ware tatsächlich übernommen worden ist. Der Schiffsmakler muß zusätzlich durch Stempel und Unterschrift bestätigen, daß die Ware sich tatsächlich an Bord und nicht mehr in der Schute längsseits oder auf dem Kai befindet.
Das Konnossement enthält die Empfangsbedingungen des Verfrachters für empfangene Güter und dessen Verpflichtung, diese in demselben guten Zustand, wie er sie empfangen hat, im Bestimmungshafen an den im Konnossement genannten Empfänger (= Namenskonnossement oder an Order = Orderkonnossement) abzuliefern.
Der Verfrachter hat dem Ablader gegen Rückgabe des vorläufig erteilten Empfangsscheines ein Bordkonnossement mit

entsprechenden Ausfertigungen zu zeichnen.

Gemäß 643 HGB hat ein Konnossement zu enthalten:

1. Name des Verfrachters
2. Name des Kapitäns
3. Name des Schiffes
4. Name des Abladers
5. Name des Empfängers bzw. an Order
6. Abladehafen
7. Löschhafen oder den Ort, an dem Weisung über ihn einzuholen ist (Orderhafen)
8. Art der an Bord genommenen oder zur Beförderung übernommenen Güter, deren Maß, Zahl oder Gewicht, ihre Merkzeichen und ihre äußerlich erkennbare Verfassung und Beschaffenheit
9. Bestimmung über die Fracht
10. Ort und Tag der Ausstellung
11. Zahl der ausgestellten Ausfertigungen.

Das Konnossement ist ein bankfähiges Dokument, das häufig von Banken bevorschußt wird. In manchen Warensparten ist es üblich, daß die in dem Konnossement bezeichnete Ware «schwimmend» verkauft oder gekauft wird.

In der Praxis wird so verfahren, daß der Schiffsmakler die Konnossemente abstempelt und damit die Auslieferung der Güter freigibt. Dies geschieht erst dann, nachdem überprüft wurde, daß alle Verpflichtungen des Empfängers erfüllt sind. Hier übernimmt der Schiffsmakler eine besondere Vertrauensaufgabe gegenüber dem Reeder, denn in dem Moment, wo eine Ware zur Auslieferung freigestempelt ist, haben Reederei oder ihre Beauftragten keine Möglichkeit mehr, sich an der Ware schadlos zu halten.

Das Manifest enthält Schiffsnamen, Namen des Kapitäns, Tragfähigkeit des Schiffes, Abladehafen, Ladungsempfänger, Gattung der Waren, Anzahl der Kolli, Verpackung, Zeichen und Nummern sowie Sicherheitserklärungen über alle verladenen Güter. Es wird in der Regel von der Reederei oder vom Agenten-Schiffsmakler zusammengestellt.

Das Manifest ist eine wichtige Unterlage für die Abwicklung der Zollabfertigung und muß den Forderungen der Länder der verschiedenen Fahrgebiete angepaßt sein. Der Schiffsmakler muß sich über die geltenden Zollvorschriften in den Bestimmungshäfen genauestens informieren, um seinen Geschäftspartnern Zollstrafen, Beschlagnahmen von Schiff und/oder Ladung zu ersparen.

Viele Länder verlangen, daß das Manifest im Abladehafen vom Konsul des Bestimmungslandes beglaubigt wird.

Der Schiffsmakler und die Agenten des Bestimmungshafens benötigen die Manifeste zur Kontrolle der Auslieferung der Güter und zur Einziehung der Fracht.

Speicherarbeiter Die Speicherarbeiter arbeiten an den offenen Ladeluken der Speicher, lassen am Flaschenzug Säcke in einen Lastwagen hinab oder auch am Fleet, in die wartende Schute.

Werftarbeiter/Werkzeugmacher Wo auf den Helligen unter riesigen Gerüsten mit dicken Drahseilen und Trägern Niethämmer schlagen und die Funken stieben beim Schweißen, da arbeiten die Werftarbeiter an den Schiffsplanken. Unter ihnen befinden sich auch die Werkzeugmacher. Sie könnten ebensogut in einer Motorenfabrik oder einem anderen eisenverarbeitenden Betrieb am Schraubstock stehen.

Wie der Zampelbüdel zum Schauermann gehört, so gehört die Werkzeugmachertasche mit Schublehre zum Werkzeugmacher.

Schiffs- und Kesselreiniger Für Reparaturen eines Schiffes sind Werften zuständig. Aber für Wartungs- und Reinigungsarbeiten gab es von Anfang an im Schiffsbau die Schiffs- und Kesselreiniger, «de Ketelklopper»! Später wurden Schiffs- und Kesselreinigungsfirmen beauftragt, die für diese speziellen Arbeiten ihre Männer ausschickten.

Auf einer werkeigenen Schute stand ein Kompressor, der über einen Druckluftschlauch an Bord des Dampfers mit Druckluft die Luftvorwärmerohre sowie die Siede- und Überhitzerrohre des Kessels reinigte.
Auch Schornsteine wurden gereinigt; selbst wenn das Schiff Öl statt Kohle verbrannte, bedeckte eine dicke Rußschicht die Innenwand des Schornsteines. Der Mann, der den Schornstein reinigen sollte, hatte über seinem Takleranzug noch einen Schutzanzug an, verrußt und zerschlissen ... eine Drecksarbeit! Er trug eine Schutzbrille und zum Schutz der Atmungsorgane eine Maske vor dem Mund. Vom Peildeck aus gelangte der Mann an das obere Schornsteinende, das einige Meter aus dem Peildeck herausragte. Durch eine kleine Tür kam er in das Innere des Schornsteines. Drinnen, zwischen Außen- und Innenmantel, ging er über einige eiserne Roste, sogenannte Grätinge, stieg zwei kurze eiserne Leitern hinauf und hatte den oberen Rand des Innenmantels erreicht. Der dunkle Schlund, 12 m tief, lag vor ihm.
Das Reinigen des inneren Schornsteines, der in diesem Falle einen Durchmesser von zwei m hatte, geschah von einem Bootsmannsstuhl aus, einem einfachen Sitzbrett mit vier Stropps. Dieser Bootsmannsstuhl hing an einem dicken Balken, der quer über den Schonstein gelegt war. Der Mann kletterte über den Rand des Schornsteins, setzte sich auf das Brett und begann mit dem Fegen rundherum um seinen Platz. Der Sott fiel in die Rußkammer. Nach einiger Zeit konnte der Reiniger selbst seinen Bootsmannsstuhl um zwei Meter senken. Das Tau, an dem der Bootsmannsstuhl hing, konnte er fieren und die Bewegungen stoppen. Weiter fegte er mit seinem Piasavabesen, senkte sich ab, fegte weiter und so fort, bis er nach etwa zwei Stunden unten angekommen war. Dort kletterte er aus dem Schornstein heraus. Die Arbeit war getan.
Auch die Feuerräume mußten gereinigt werden. Jeder Feuerraum war nach vorn mit fünf Geschränken versehen, komplizierten, kreisrunden Verschlüssen. In jedes Geschränk war eine Einspritzeinrichtung eingebaut, durch die vorgewärmtes, dünnflüssiges Öl in den Verbrennungsraum gedrückt wurde. Dem Öl wurde vorgewärmte Luft in genügender Menge zugeführt, so daß eine weißglühende Feuergarbe entstand, die das Wasser in den Siede- und Überhitzerrohren des Kessels in Dampf verwandelte. War ein Geschränk herausgenommen, kroch ein Arbeiter durch das Mannloch in den Feuerraum hinein. Er holte die Rückstände der Verbrennung heraus, die sich lose an den Seitenwänden und auf dem Boden abgesetzt hatten. Auch feste Rückstände, die sich auf dem Boden gebildet hatten, mußten manchmal entfernt werden. Bei der gewaltigen Hitze von etwa 2000 Grad Celsius, die während der Fahrt im Feuerraum meistens herrschte, waren die Rückstände auf dem Boden so fest wie erkaltete Lava. Beim Herausbrechen zeigte sich oft, daß der Boden erneuert werden mußte. Auch die Vorderwand, die Brennerwand, war häufig defekt und mußte herausgestemmt werden. Die dicke Schamottwand wurde mit einem Preßlufthammer Stück für Stück herausgebrochen und von Hand nachgearbeitet. Der Schutt wurde an Deck gebracht.
Manchmal zeigte sich bei einer gründlichen Untersuchung, daß auch der Kessel Schäden aufwies und die Siede- und Überhitzerrohre unbrauchbar geworden waren. Um sie herauszubekommen, mußten sie teilweise abgebrannt werden. Manche Rohre waren durchlöchert, vom Schwefel zerfressen.
Nach einer Woche Arbeit begann der «Wiederaufbau». Die Seitenwände, Rück- und Brennerwand wurden mit Ankern versehen, die das Mauerwerk festhalten sollten, das später angebracht wurde. Das Eisen wurde durch Asbestplatten geschützt und der Asbest wiederum durch Leichtbausteine. Die letzte Schicht bildete eine feuer-

feste Stampfmasse, mit der Ungleichheiten des Bodens ausgeglichen wurden. Auf diese mauerten die Arbeiter zwei Schichten feuerfester Steine, und zwar im Verband, so daß kein heißes Öl Zugang zum Eisen finden konnte. Auch neue Siede- und Überhitzerrohre wurden eingebaut.
Es waren schwere Schmutzarbeiten, die für die Sicherheit von Schiff und Besatzung nicht weniger wichtig waren als komplizierte statische Berechnungen am sauberen Zeichentisch der Konstrukteure und Schiffsbauer.
Heute betreiben Schiffsreinigungsfirmen das «Entsorgen» der Schiffe von Altöl und anderen umweltschädigenden Stoffen.

Bokensteker Bokensteker ist ein Beruf. Nicht aus grauer Vorzeit, auch heute noch beschäftigt sie die Strom- und Hafenbau-Behörde hauptberuflich. «Boken», ist das vielleicht Plattdeutsch für Buchen? Nein, Buchen nennt man Plattdeutsch «Böken». Also: Boken sind Baken! Nun weiß eigentlich schon (fast) jeder Hamburger Bescheid. Baken sehen wir bei unseren Spaziergängen am Elbestrand oder auch bei Besichtigungen des Hamburger Hafens. Aber wer macht sich schon Gedanken, daß es Männer gibt, die das Setzen dieser Baken beruflich ausführen? Im Hafenjargon heißen diese Männer, die Bakenstecher, «Bokensteker» (manchmal liest man auch Bakensetzer).
Die Bezeichnung «Baken» gibt es schon seit dem 16. Jahrhundert, nachzulesen in den Jahrbüchern der Hafenbautechnischen Gesellschaft. Und auch zu der Zeit hat es schon Bakenstecher gegeben. Damals hatten sie allerdings ein weit größeres Arbeitsfeld: Ihnen unterstanden das Setzen und Beobachten sämtlicher Seefahrtszeichen, sowohl der Tonnen im Wasser wie der Baken an Land und auch der «Pricken», die ebenfalls den Namen «Baken» führten.
Baken an Land sind feststehende Gerüste, die mit Leuchtfeuern besetzt sind. Sie werden am Ufer in den Grund «gesetzt» oder «gesteckt». «Pricken» sind die kleinen schlanken Bäumchen. Sie allein sind es, die die heutigen Bokensteker noch zu betreuen haben.
Das Tonnenlegen und die Beaufsichtigung haben längst die Tonnenlegerschiffe übernommen.
Zu den ersten Bokenstekern der Elbe haben Angehörige einer der 26 Familien Schuldt in Blankenese gehört. Daher führt diese Familie Schuldt zum Unterschied von den anderen Schuldts den Namen «Schuldt-Bokensteker»! Den Blankenesern zu Ehren ist ein Weg «Bokenstekerweg» genannt worden.
Mit den Boken müssen die Schiffer gut Bescheid wissen, wenn sie im richtigen Fahrwasser bleiben wollen. Wer aber auch sein Lebensschifflein stets auf dem richtigen Wege hält und «em keener anne Farf komen kann», «de weet, wo de Boken steiht»!

Takler Der Takler hat so allerhand Tampen, Taue, Trossen und Seile in den Händen gehabt – angefangen vom Wäscheleinenformat bis zum 20 cm starken Schleppseil für die Hochseeschlepper.
Der Beruf des Taklers war ein Gewerbe, kein Handwerk wie Schuhmacher oder Tischler. Er paßte mit in die Fachgruppe der Seiler, Netz- und Segelmacher.
Wie genau man es übrigens mit der Takler-Zunft schon früher nahm, geht aus den Aufnahmebedingungen der 1860 gegründeten Schiffstakler-Loge von Hamburg-Altona hervor. Nur deutsche Staatsangehörige wurden aufgenommen. Es durfte keinerlei politische Tätigkeit ausgeübt werden. Jeder Takler mußte mindestens drei Jahre zur See gefahren sein.
In der «Kasematte», wo es nach Teer roch und man Taue, nichts als Taue sah, war sein Arbeitsplatz. Am häufigsten wurde gespleißt, man liest in der Chronik: «Kokus, Hanf, Manila und Sisal müssen herhalten.» Als besondere Spezialität mußten Transmissionsseile, vierkantig, für Wellen und andere Maschinen hergestellt werden. Mit

Schiemannsgarn wurden die Tauenden umwickelt.

Der «Löwe» Früh morgens stand er am Kai oder am Fleet und machte «Toilette». Das Hafenwasser, in das die Abwässer der Häuser flossen, war nicht parfümiert, aber es erfrischte. Dann steckte er ein paar aufgesammelte Zigarrenstummel in seine Pfeife und ging frühstücken.
Überall war etwas zu finden: Vor den Gasthäusern und Kontoren standen Ascheimer mit allerlei guten Dingen. Er fand Frühstücksreste in Zeitungspapier, halbe Äpfel, Konservendosen mit leckeren Resten. Hin und wieder nahm er einen Schluck aus der Kömbuddel, aus seinem «flachen Jonny», den er stets bei sich trug und täglich auffüllte.
Dann gesellte er sich zu seinen «Kollegen» an der Ecke und sie sprachen über Tagesgeschehnisse und der Welten Lauf. Es fielen kluge Worte. Es wurde auch mal gestritten, aber niemals wurden sie gewalttätig. Man spuckte aus und ging weiter zur nächsten Ecke. Dann war alles vergessen.
Auf dem Hopfenmarkt nannte man sie die «Hopfenmarktslöwen». Manchmal bekamen sie Besuch: Die Frau versuchte, ihren Mann zu bekehren, es doch mal mit Arbeit zu versuchen. Schließlich scheuerte sie Treppen und reinigte Keller und Höfe für gutes Geld. Da könnte er doch auch etwas tun.
Er reagierte gar nicht, steckte die Hände in den Sack und zog kräftig an seiner Pfeife. Er dampfte ihr ins Gesicht und lachte; alle lachten. Dann standen sie wieder beisammen, die «Löwen» ... Die arme Frau konnte nichts ausrichten, niemals.

Für alle: die Kaffeeklappe Zur Beköstigung der Arbeiterschaft und der sonst im Hafen Beschäftigten waren inmitten der Hauptarbeitsbezirke eine Anzahl von Speisehallen gleichmäßig über das ganze Freihafengebiet verteilt. Öffentliche Wirtshäuser waren aus Rücksicht auf die Zollverhältnisse nicht zulässig. Deshalb waren diese vom Staat erbauten Speisehallen an eine von ihm überwachte Gesellschaft zum Betrieb verpachtet, die ihm für die Ausgabe von nur verzollten Waren haftete und außerdem an gewisse mäßige Preisgrenzen gebunden war. Die Hallen faßten teilweise bis zu 1000 Personen und führten eine sehr gute, wenn auch einfache Küche.
Die Speisehallen wurden wegen der «weichen Getränke» «Kaffeeklappe» genannt. Morgens um 11 Uhr, Beginn der Mittagspause, bildete sich schlagartig an den Tresen der Kaffeeklappen eine kleine Schlange. Wurst- und Käsebrote, ein Schlag Erbsensuppe, Bohnen und Speck zu 70 Pfennig oder ein Gulasch zu einer Mark? «Twee to foftein, Frollein!» Ein Griff in den Schrank mit Tabakwaren. Der Pakker angelt drei Groschen aus seiner weißen Schürze und schiebt sie über die Tonbank. In den seinerzeit sechs Speisehallen und den sechs Aushilfskantinen verfrühstückte der Hamburger Hafenmann im Monat seine 6000 Frikadellen, 7000 Fleischportionen und 12.000 Berliner. Dazu kippte er sich gelegentlich gelassen 27.000 Flaschen Bier, 24.000 Glas Milch und 10.500 Tassen Kaffee hinter die krawattenlose Binde. Das meiste davon zwischen elf und halb zwölf und bei der zweiten Schicht zwischen sieben und halb acht Uhr abends.
Erstaunlich, wie viele Männer mit harten Händen man hier hinter einem Glas angewärmter Milch hocken sah! Ärgerlich für die Schnapstrinker: Bier ja, – aber sonst keinen Alkohol!
Vor etwa 10 Jahren wurde die letzte «Kaffeeklappe» geschlossen. Heute gibt es die Kantinen der Hafenbetriebe und der HHLA.

Der Hafenwirt Er war ein Allerweltskerl und konnte alles. Er war als «Junge» und Seemann, als Steward und Trimmer gefahren, hatte immer neben seiner Heuer noch tüchtig nebenbei verdient, hatte, so oft er fuhr, ein ganzes Arsenal von Schnaps an

Bord geschmuggelt und die einzelnen Flaschen mit hohem Gewinn verkauft.
Seine Schenke war niedrig und rauchig, meist im Keller, 1000 Millimeter unter der Erde. Es roch immer nach Teer, Rum und glimmendem Tabak. Er plauderte mit jedem, bediente, zapfte das Bier, spielte Karten und war der beste Kunde an seinem Fünf-Pfennig-Schießautomaten, so daß der Unternehmer, der ihm das Ding in die Bude gestellt hatte, manche Woche noch draufzahlen mußte.
Er sah jedem Fremden auf den Grund seiner Seele – und tief in die Westentasche!
An der dunklen Zimmerdecke hing ein verräuchertes, feingeschnitztes Schiffsmodell. Es erinnerte ihn an seine hundert Fahrten und tausende Gefahren.
Er war Vertrauter und Bankier seiner Gäste. Er lieh Geld aus und nahm Gelder in Verwahrung. Er erfuhr alles, was geschah, während der Seemann an Bord war. Er war auch so etwas wie ein Nachrichtenbüro.
Wenn der Seemann ihm vom Kap der guten Hoffnung, vom Sturm und der Mitternachtssonne, vom Kreuz des Südens erzählte, dann dachte er: «Dat weern noch scheune Tieden ...»
Aber wenn er am Abend Kasse machte, dann war er auch heute noch recht zufrieden.
In seinem Lokal durfte gesungen, gelacht, getanzt und getobt werden, auch durften die Seemänner ihre Mitbringsel verschinschen ... nur Unfrieden machen und Stänkern, das durfte keiner sich erlauben. Dann griff er ein, er war nicht umsonst lange zur See gefahren. Polizei ließ er nicht ins Lokal. Für Ruhe und Ordnung sorgen, das konnte er allein.

Überall: Der Seemann Wenn er im Hafen ankam, zog er erst einmal seine feine Montur aus seiner Schiffskiste und band sich den weißen Kragen um. Der Zahlmeister gab ihm, was in monatelanger Arbeit sauer verdient war. Jetzt lagen wenige Stunden vor ihm, wo es galt, das Geld so schnell wie möglich unter die Leute zu bringen.
Der erste Weg führte in die Stammkneipe. Fröhliche Begrüßung und die ersten Grogs! Weiter ging's wiegenden Ganges durch die breite Allee, am Bismarck-Denkmal vorbei, nach «Sankt Liederlich».
Ein Mädel hatte er bald am Arm. Er erzählte von den Schönen mit der braunen, gelben oder schwarzen Haut ... Er wurde überall verwöhnt und geliebt und ging an keiner Kneipe mit gutem Gewissen vorbei. Er fühlte sich als der reichste Mann der Welt! Es machte ihm auch Spaß, eine ganze Gesellschaft einzuladen, wenn er nur immer Mittelpunkt war.
In den Varietés kannte er sich aus. Er hatte diese Lieder immer wieder in aller Herren Länder gehört, diese Kunststücke hundertmal gesehen. Aber er war begeistert. wenn man ihm vorspielte, wie sein Kollege Hein Brösel aus Hamburg die Tochter des Sultans entführte; dann war er selig.
Im Tanzsaal ließ er keinen Tanz aus. Seine echte Import-Havanna wurde nicht kalt. In den Pausen verschwand er mit seiner Deern.
Was er nicht mochte, waren nüchterne Menschen. Wenn er Gelegenheit hatte, verhalf er ihnen zu einem glückseligen Rausch.
Nach Mitternacht brachte er seine Deern nach Haus und schwankte zurück zu den Töchtern der Nacht. Eigentlich fand er die Schwarzen Afrikas am besten, aber hier gab's die «echte» Russin, Engländerin oder Französin – auch nicht ohne! Er schwankte an ihren Häusern vorbei und ließ sich wohl drei oder viermal hineinziehen. Nach den langen Wochen auf See sehnte er sich nach der Deutlichkeit des Lasters, nach dem süßen Parfümgeruch der nackten Haut.
Er war der liebste Gast bei den «leichten Mädchen». Die feinen Herren, die mal kamen, waren geizig und sehr wählerisch. Hein Seemann war spendabel und genügsamer, vor allem trank er immer gern und viel. Das steigerte den Umsatz.
Gegen Morgen fiel er auf die nächste Bank.

Wozu ein Zimmer nehmen? Er erwachte vom Frösteln, von den Dampfpfeifen, die tuteten, von dem Quietschen der elektrischen Straßenbahnen und vom Getöse der vorbeiratternden Wagen.
Viel war ihm von seiner Heuer nicht geblieben. Es war wohl doch nicht so gut, nachts auf der Bank in St. Pauli zu schlafen. Irgend ein Fledderer hatte sicher von seinem Sauerverdienten schon gut gefrühstückt. Er ging zurück in seine Stammkneipe und pumpte vom Wirt ein paar Goldstücke. Die mußten nun reichen, bis er Heuer bekam für die nächste Fahrt. Wohin war ja egal!

Von der Hafenstadt zur «Welthafenstadt» im 20. Jahrhundert

Technischer Fortschritt im Hafen

Elektrischer Strom für das Hafengebiet

Um 1880 versorgten sich schon einige Kaianlagen durch eigene kleine Werke mit Lichtstrom; die Versorgung mit Kraftstrom erfolgte einige Jahre später.
Das erste größere Kaikraftwerk war das am O'Swaldkai. Es versorgte etwa 20 Kaischuppen mit über 230 elektrischen Kränen und eine Reihe sonstiger Stromverbraucher im östlichen Hafenteil. Das Kraftwerk war mit vier Kesseln zu 197 qm und einem Kessel zu 300 qm Heizfläche ausgerüstet. Alle Kessel waren mit Überhitzern versehen. Die elektrische Kraft wurde durch vier Dampfdynamos von je 160, 225 und 325 Kilowatt (= kW) und einen Dampfturbodynamo von 600 kW erzeugt. Die Kraftbetriebe und Schuppenbeleuchtung wurden mit 550 Volt, alle anderen Lichtanschlüsse mit 2 x 220 Volt gespeist. Stromart war Gleichstrom. Dieser war damals für den Hebezeugbetrieb unübertroffen, sowohl der wirtschaftlichen Regelbarkeit, als auch der Möglichkeit, durch Sammlerbatterien die Stöße eines solchen Betriebes zu puffern und einen einfachen Schnellersatz und eine Aufspeicherung zu gewährleisten. Das Kraftwerk besaß eine Pufferbatterie von 550 Volt 740 Amp.Stunden und eine Lichtbatterie von 2 x 220 Volt 470 Amp. Stunden.
Ein weiteres Kraftwerk befand sich auf Kuhwerder. Es diente überwiegend dem Kaibetrieb der HAPAG.
Der Gleichstrom wurde bei einer Kraftspannung von 440 und einer Lichtspannung von 2 x 220 Volt in getrennten Netzen verteilt. Durch die Wahl der Spannungen war die Möglichkeit gegeben, bei schwachem Betrieb beide Netze zusammenschalten zu können, um weniger Maschinen im Kraftwerk laufen zu lassen.
Das Kraftwerk enthielt vier gleichartige Dampfdynamos zu je 350 kW und einen Dampfturbodynamo zu 500 kW. Der Dampf wurde in sechs Wasserrohrdampfkesseln mit je 337 qm Heizfläche bei 11 Atm. erzeugt und überhitzt.
Zur Aufspeicherung diente eine Pufferbatterie von 1000 Amp.Stunden und eine Lichtbatterie von 540 Amp.Stunden.
Das Versorgungsgebiet dieses Kraftwerkes erstreckte sich auf rund 180 elektrische Kräne, neun große Kaischuppen mit den entsprechenden Betriebs- und Verwaltungsräumen und verschiedene staatliche Anlagen.

Die Hamburgischen Electricitäts-Werke

Diese beiden Kraftwerke am O'Swaldkai und Kuhwerder versorgten die Hafenanlagen südlich der Elbe. Die Kaianlagen des nördlichen Elbufers waren an das Netz der Hamburgischen Electricitäts-Werke ange-

Das Kraftwerk am Petersen-Kai

schlossen. Es lieferte Kraftstrom mit 550 Volt, Lichtstrom mit 2 x 110 Volt. Von diesem Netz wurden etwa 120 elektrische Kräne und sechs Kaischuppen mit elektrischer Energie versehen, dazu eine Reihe von Betriebs- und Verwaltungsgebäuden.

Kraftwerk HHLA Nicht angeschlossen an das Netz der Hamburgischen Electricitäts-Werke waren die ausgedehnten Speicheranlagen der Hamburger Freihafen-Lagerhaus-Gesellschaft auf dem nördlichen Elbufer. Sie wurden von einem eigenen Kraftwerk, das in der Mitte des Sandtorkais lag, mit Druckwasser (50 Atm.) und elektrischer Kraft (220 Volt) versorgt. Im Kesselhaus waren neun Cornwallkessel mit 1410 qm Heizfläche untergebracht. Die Kohlenzufuhr von der Straße und vom Fleet geschah durch eine mechanische Fördereinrichtung. In dem durch eine Straße vom Kesselhaus getrennten Maschinenhause waren folgende Maschinensätze untergebracht:

1. zur Druckwassererzeugung vier Dampfmaschinen zu je 100 PS, dazu fünf Druckwasser-Akkumulatoren;
2. zur Elektrizitätserzeugung je zwei Dampfdynamos zu 500 PS, einer zu 900 PS, ein Dieseldynamo zu 250 und einer zu 500 PS, dazu eine Akkumulatorenbatterie von 1000 atü-Stunden Kapazität.

Der elektrische Teil dieses Kraftwerkes wurde durch ein kleines Unterwerk im Speicherblock unterstützt, das eine Batterie von 3000 atü-Stunden und einen Gasdynamo von 206 PS enthielt.

Außer diesen elektrischen Kaikraftwerken bestand noch eine Dampfkraftzentrale für etwa 40 Dampfkräne am Asiakai.

1879 war es die Deutsche Dampfschifffahrts-Gesellschaft Kosmos, die erstmalig ihren Dampfer Theben mit einer Bogenlampe zur Beleuchtung des Fahrwassers während der Reise ausrüsten ließ.

Noch im gleichen Jahr installierte der Ingenieur J. L. Huber eine Anlage auf dem Dampfer Holsatia der Hapag. Diese Anlage sollte aber nur das Deck beim Laden und Löschen beleuchten. Die Lampen standen 6 m über Deck, je eine bei der vorderen und hinteren Ladeluke. Man konnte, je nach Bedarf, Backbord- oder Steuerbordseite heller beleuchten.

Kraftwerk Sandtorkai Die Anlage am Kaiserkai war etwa gleichzeitig mit der des Rathausmarktes begonnen worden. Hierfür war im Schuppen Nr. 12 ein früherer Kohlenkeller ausersehen. Zunächst wurden vier Bogenlampen im Schuppen selbst und an der Kaispitze zur Erleuchtung der Landungstreppen, der Anlegestelle für die Fährdampfer angebracht und an der Einfahrt zum Sandtorhafen und Umgebung zwei Lampen auf 15 m hohen Masten.

Die Bogenlampen hatten eine Aufzugsvorrichtung, bestehend aus einem von der Lampe herabhängenden Drahtseil, das über drei Rollen am Gebälk entlang zu den Gegengewichten führte, an denen ein fünf m langes Hanftau befestigt war.

Infolge der Rauchgase der Dampfschiffe wurden die Drahtseile zerstört. Die Seile mußten gegen Ketten ausgewechselt werden. Die Erschütterungen, die der Motor verursachte, waren derart, daß die Decke im Maschinenraum herabzustürzen drohte. Man mußte bauliche Veränderungen vornehmen.

Die Mehrzahl der Seeleute, Ewerführer, Marine-Inspektoren und die Hafenlotsen behaupteten, daß durch die grelle Beleuchtung des Hafeneinganges am Sandtorkai leicht Kollisionen im als auch vor dem Hafen entstehen könnten. Trotzdem wurden weitere Experimente vorgenommen. Schließlich änderte man die Einrichtung so, daß in den Schuppen 10, 11 und 12 je drei Lampen zur Beleuchtung dienten.

Kraftwerk Steinwerder für den Elbtunnel
Mit dem Bau des Elbtunnels im Jahre 1911 entstand ein weiteres kleines Kraftwerk, das vornehmlich dem Elbtunnel diente. Von der überschüssigen Elektrizität wurden auch die unmittelbar mit dem Tunnel zusammenhängenden Anlagen der St. Pauli-Landungsbrücken und einige Industriebetriebe auf Steinwerder und dem Kleinen Grasbrook mit Strom versorgt.
Die Kraft wurde mit 440 Volt Kraft- und 2 x 220 Volt Lichtgleichstrom verteilt. Die entlegeneren Industriebetriebe erhielten durch ein Hochspannungsfreileitungsnetz Drehstrom von 50 Perioden bei 6000 bzw. 220 Volt. Die Krafterzeugung geschah durch drei Dieseldynamos von je 135 kW Gleichstrom. Eine Pufferbatterie von 440 Volt 518 A-Stunden sorgte für Aufnahme der im Tunnelaufzugsbetrieb vorkommenden starken Belastungsgröße. Die überschüssige Gleichstromkraft wurde durch Motorgeneratoren in Drehstrom von 6000 Volt verwandelt.

Kraftwerk Waltershof Das 6000-Volt-Netz des Kraftwerkes Steinwerder wurde später mit dem 6000-Volt-Netz des neuen Kraftwerkes auf Waltershof zusammengeschlossen.
Das Kraftwerk Waltershof war mit je zwei Diesel-Drehstromerzeugern von 585 kVA und je zwei von 855 kVA mit einer Erzeugerspannung von 6000 Volt ausgestattet.
Um für Antriebe auf Waltershof mit Schleusen, Kränen usw. auch den hierfür vorteilhaften Gleichstrom zur Verfügung zu haben, waren zwei Motorgeneratoren von je 150 kW aufgestellt, die parallel mit einer Pufferbatterie von 518 A-Stunden 550 Volt Gleichstrom abgeben konnten.
Das Leitungsnetz für die Verteilung und Fortleitung des hochgespannten Drehstromes war durchgängig in Freileitung auf eisernen Gittermasten ausgeführt. Nur bei Kreuzungen von Flußläufen mußten Unterwasserkabel gelegt werden.
Bei der Kreuzung des Köhlbrands waren diese Einrichtungen in zwei turmartigen Gebäuden untergebracht.

Kraftwerk Neuhof Dieses Kraftwerk wurde 1926 in Betrieb genommen. 1931 kam ein dritter Schornstein hinzu von 150 m Höhe und 10 bzw. 6 m Durchmesser. Er steht auf 210 Stahlbetonpfählen.
Der erste Ausbau dieses Kraftwerkes umfaßte einen Dieselgenerator von 10.000 kW, acht Kessel je 800 cqm mit 30–35 atü, 400 Grad Celsius, mit Rostfeuerung, zwei Kessel mit je 900 cqm und 30–35 atü, 400 Grad Celsius, Kohlenstaubfeuerung. Ein weiterer Turbogenerator mit 28 atü, 375 Grad Celsius, 3000 Umdrehungen mit 22.500 kW und einen Turbogenerator mit 28 atü, 375 Grad Celsius, 3000 Umdrehungen mit 30.000 kW kamen hinzu.
Dieses Werk wird weiter ausgebaut bis zu seiner vollen Kapazität von ca. 180.000 kW.

Entwicklung der Kräne – auf dem Weg zum Kaikran Bereits im Mittelalter wurden im Hamburger Hafen Hebezeuge für den Güterumschlag eingesetzt, Hebelkräne und Haspelwinden erleichterten das Löschen und Laden der Segelschiffe und Hafenfahrzeuge. Tretradkräne dienten dem Umschlag von Schwergut.
Nach dem Hamburger Brand 1842 wurden beim Wiederaufbau der Hansestadt auf Vorschlag des damaligen Wasserbaudirektors Hübbe eiserne Kurbelkräne mit Zahnradübersetzung eingesetzt.
Am Sandtorhöft arbeitete ein alter Handkran. Seine Bedienung erforderte zwei Arbeiter. Sie und das Räderwerk wurden vor der Witterung durch einen eisernen Schirm

Handdrehkran

geschützt. Der zu hebenden Last war durch eine walzenförmige Eisenmasse ein Gegengewicht gegeben.
Eine Partie Säcke wurde auf der Waage gewogen, ihr Gewicht notiert. Der Träger, der den letzten Sack auflegte, kehrte zum Schuppen zurück, um einen neuen heranzutragen. Unterdessen hatten zwei andere Träger eine Schleife um die Ladung befestigt. Ein Arbeiter am Kran drückte den Hebel, der die Kurbel freigibt. Dann haben sie zu zweit langsam und schwer drehend die Last emporgehoben. Zugleich brachte eine andere, automatisch angeschaltete Kurbel den ganzen Kran herum, so daß die Säcke in den unten liegenden Kahn herabgesenkt werden konnten.
Als jedoch um die Mitte des 19. Jahrhunderts die Entwicklung der Dampfschiffahrt und des Eisenbahnverkehrs zu neuen Anforderungen an die Liegeplätze der Schiffahrt führte, sah Hamburg sich gezwungen, für die Abfertigung dieser Schiffe besondere neue Hafenbecken anzulegen. Die bisherigen Bauarten der handbetriebenen Hebezeuge, zu denen sich noch Konstruktionen von Druckwasser-Handkränen gesellt hatten, konnten dem Bedürfnis nach einem leistungsfähigen, serienmäßig herzustellenden Kaikran nicht mehr genügen. Infolge der 1892 in Hamburg ausgebrochenen Cholera wurde die Stadt jedoch in wirtschaftlicher Beziehung um Jahre in ihrer Entwicklung zurückgeworfen, die fremde

Der 50 t-Schwer-Kran am Baakenhöft (Dampfbetrieb) gibt einen Kessel an den Dampfer «Bagan» (Span.) über.

Seeschiffahrt mied den Hamburger Hafen. In der Zeit des Überganges von Hebezeugen, die mit menschlicher oder tierischer Kraft bewegt wurden, zu mechanischen Umschlaggeräten entschied man sich für den Hamburger Hafen zur Beschaffung von Dampfkränen, die im Gegensatz zu den bisher üblichen Hebezeugen fahrbeweglich sein mußten. Die Ausschreibung für die ersten Kaikräne sah eine Tragfähigkeit von 1,2–1,6 t vor bei 6,75–9 m Ausladung und eine Hubgeschwindigkeit von etwa 36 m/min.
Aus den zahlreich eingegangenen Angeboten mit den verschiedensten Lösungen wurden zunächst je ein deutscher und ein englischer auf Gleisen verfahrbarer Drehscheibenkran mit Stirnradübersetzungen für das Hubwerk zur Erprobung ausgewählt. Inzwischen war der Bauleitung jedoch eine andere Dampfkrantype bekannt geworden, die mit Dampftreibkolben, Flaschenzugübersetzung und Wasserbrems-

Dampf-Drehkran

zylinder arbeitete. Dieser Brownsche Dampfkran (Hersteller: Brown, Wilson & Co., London) erwies sich bei Erprobungen im praktischen Betrieb allen anderen Kranbauarten überlegen, so daß er als Standardtyp für die Bestückung des Sandtorkais gewählt wurde.
Brownsche Dampfkräne waren auf Schienenwagen montiert und also fahrbar. Auf der Drehscheibe waren dem Ausleger gegenüber der Führerstand und der Dampfkessel mit Maschine angebracht, so daß diese der Last als Gegengewicht dienten. Die Kette, an deren Endhaken die Güter hingen, lief über den Ausleger und endete in einem sogenannten umgekehrten Flaschenzug. Eine Auf- und Abbewegung der Flaschen übersetzte sich je nach ihrer Anzahl in eine vervielfältigte Verkürzung und Verlängerung der Lastenkette.
Der Brownsche Dampfkran hat jahrzehntelang im Hamburger Hafen das Feld beherrscht. Mehr als 300 Stück (1,5–2,5 t Tragfähigkeit bei 6,80 m Ausladung) wurden im Laufe der Jahre an den Kaistrecken des Hafens aufgestellt. Sie hatten eine Lebensdauer von teilweise über 50 Jahren. Der letzte Kran dieses Typs (Baujahr 1889) wurde erst im 2. Weltkrieg bei einem Bombenangriff zerstört.
Nach dem Zollanschluß Hamburgs im Jahre 1888 setzte ein lebhafter Ausbau des Hafens ein. Die auf niedrigen Kranwagen längs des Kais fahrbaren Dampfkräne

Elektrisch betriebener 30 t-Schwerkran am Dahmann-Kai.

(Rollkräne) nahmen einen wertvollen Streifen des Kais zwischen Schuppen und Kaikante in Anspruch. Diesen Platz benötigte man aber für Eisenbahn- und Fuhrwerksverkehr, so daß man die Kräne auf ein Halbportal setzte, das einen ungehinderten Längsverkehr am Kai zuließ.
Die zweite Verbesserung betraf die Energieversorgung. Man hatte schon frühzeitig erkannt, daß in dem aussetzenden Betrieb der Dampfkräne eine Verlustquelle lag und daß die Einzelversorgung der Kräne mit Feuerung und Speisewasser einen Ausfall an Betriebsbereitschaft bedeutete. So ging man bei der Ausrüstung des Petersen- und Asiakais zur zentralen Versorgung der Kräne durch eine gemeinschaftliche Dampfkesselanlage für jede Kaistrecke über. Die auf Halbportalen stehenden Dampfkräne wurden durch Gelenkrohre an die sorgfältig isolierten Dampfrohrleitungen angeschlossen, die an dem Schuppenlaufsteg befestigt wurden. Mit dieser

recht fortschrittlichen Betriebsweise, bei der die Betriebskosten gegenüber der Einzelversorgung um 16 % gesenkt werden konnten, wurden beachtliche Erfolge erzielt. Der in diesem Jahr sich so vollziehende Aufschwung des Hafenverkehrs wurde durch eine recht stattliche Anzahl von Hebezeugen unterstützt. Dem Güterumschlag standen im Jahre 1893 bereits 421 Hebezeuge mit Tragfähigkeiten von 0,4 bis 150 t zur Verfügung.

Die an den älteren Kais mit niedrigen Kaischuppen für Schiffe kleinerer und mittlerer Größe noch vorhandenen Dampfrollkräne wurden wegen der Unwirtschaftlichkeit des Krandampfbetriebes für elektrischen Betrieb umgebaut oder durch neue elektrische Kräne ersetzt.

Gelegentlich des Baues eines provisorischen Kaischuppens für größere Seeschiffe wurde ein elektrischer Rollkran ohne Portal mit hohem Ausleger und hohem Führerstand bei 2500 kg Tragfähigkeit eingestellt, der sehr gut dem Lösch- und Ladebetrieb der großen Schiffe genügte und gute Standsicherheit hatte.

Dem Dampfbetrieb war jedoch allmählich ein starker Wettbewerber im elektrischen Strom erwachsen. 1890 wurde die Frage der Verwendung der Elektrizität als Betriebsmittel für Kaikräne im Hamburger Hafen durch die zuständige Behörde, die Baudeputation, Sektion für Strom- und Hafenbau, eingehend geprüft. Die zentrale Dampfkesselanlage am Petersenkai hatte die großen wirtschaftlichen Vorteile eines Betriebes mit gemeinschaftlicher Kraftversorgung gezeigt. Andererseits hatte die Dampfrohrleitung noch gewisse Mängel aufzuweisen, wie hohe Anlage- und Unterhaltungskosten und Kondensationsverluste. Durch die Verwendung des elektrischen Stromes als Betriebskraft hoffte man, die Mängel der Dampfleitungen vermeiden zu können, unter Beibehaltung der Vorteile einer zentralen Versorgung.

Bereits im Juli 1890 hatte die Behörde Strom- und Hafenbau sich an die AEG gewandt mit der Aufforderung, einen Entwurf und einen Kostenvoranschlag aufzustellen für eine Anlage von 33 elektrisch betriebenen Halbportalkränen für den Kirchenpauerkai.

Die von Hand fahrbaren Halbportalkräne sollten Lasten bis zu 2500 kg bei 1 m Hubgeschwindigkeit in der Sekunde heben können! Der Kran mußte im Abstand von nicht mehr als 9 m an die Kraftleitung angeschlossen und innerhalb dieser Strecke während des Anschlusses frei bewegt werden können.

Jeder Kran sollte innerhalb einer Stunde zwanzig Mal mit vollem Hub arbeiten und eine mittlere Last von 1000 kg bei 1 m Hubgeschwindigkeit heben.

Es war vorgesehen, daß 16 Kräne gleichzeitig arbeiten konnten, und eine Betriebsstörung der ganzen Anlage mußte ausgeschlossen sein.

Eine Vervollkommnung der Kräne am O'Swaldkai ließ diese äußere Form unverändert, bildete aber die maschinelle Einrichtung völlig um. Statt des Dampfes wurde die Elektrizität als betreibende Kraft angewandt, wodurch bedeutende Vorteile in der Zuleitung und auch im Gang der Winde gewonnen wurden. Im Häuschen des Kranführers arbeitete ein Elektromotor für das Aufwinden der Last, ein zweiter für das Drehen des Kranes. Die äußere Erscheinung hatte sich nicht wesentlich verändert, nur der Flaschenzug war fortgefallen und der Ausleger gab durch den eingebogenen Winkel noch mehr Raum unter sich frei als früher im Hinblick auf die hohen Deckbauten der transatlantischen Dampfer.

Nach dem günstigen Urteil, das Besteller und Benutzer der neuen elektrischen Probekräne diesen ausstellten, wäre zu erwarten gewesen, daß in den folgenden Jahren serienweise Beschaffungen elektrisch betriebener Hebezeuge für den Hamburger Hafen erfolgt wären. Aber für neue Hafenanlagen fehlten das Bedürfnis und die staatlichen Mittel. So vollzog sich die näch-

ste Entwicklung der elektrischen Kaikräne, für die der Hamburger Hafen so wertvolle Pionierarbeit geleistet hatte, ohne seine Mitwirkung.
Erst 1897 konnten für den Ausbau des Hafens neue Serien elektrischer Kaikräne bestellt werden, wobei sich «Strom- und Hafenbau» ausdrücklich auf die günstigen Erfahrungen mit den ersten beiden Probekränen berief. Von 1897 an waren für den Kaibetrieb des Hamburger Hafens dann ausschließlich elektrische Kräne beschafft worden. Die Tragfähigkeit der Kräne, die anfangs 2,5 t betrug, wurde nach einigen Jahren auf 3 t festgesetzt bei einer Ausladung von ca. 11 m.
Bei allen größeren Kaischuppen befanden sich an der Landseite elektrische Wandkräne zum Beladen und Entleeren von Eisenbahnwagen und Rollfuhrwerk. Die Winde war innerhalb des Schuppens angebracht. Das Hubwerk, mit doppeltem Vorgelege ausgerüstet, wurde durch einen 12 PS-Elektromotor bei 500 Umdrehungen in der Minute, das Drehwerk durch Handkurbelbetrieb mit Kettenübertragung angetrieben.
Bei der Steuerung der Kräne bediente der Kranführer mit der rechten Hand die Handkurbel für das Drehwerk und mit der linken Hand den Steuerhebel des Anlassers für den Elektromotor.

Halbportalkran In der mechanischen Hafenausrüstung stand der Kaikran in verschiedenen Bauformen an erster Stelle. Der Halbportalkran mit elektrischem Antrieb ist die gebräuchlichste Kranart im Kaibetrieb gewesen. War die Last schwerer als die Tragfähigkeit des Kranes, wurden zwei nebeneinanderstehende Kräne benutzt, die an den Enden eines Querbalkens angriffen. Die Hubgeschwindigkeit bei einer Last von 3000 kg betrug 0,6 m in der Sekunde, beim Schwenken der Last 2 m in der Sekunde.
Die Halbportalkräne wurden dort, wo sie in größerer Anzahl eng beieinanderstanden, von Hand verfahren, und zwar durch getrennte Fahrwerke, einen unteren und einen oberen Antrieb, die bei gerader Kaistrecke gleichartig bewegt wurden, jedoch gegenseitig entsprechend voreilten, sobald die Kaistrecke einen Bogen bildete.

Verladung landwirtschaftlicher Maschinen durch Schwerlastkran

Schwerkran Schwerkräne standen einzeln und meist in der Nähe der Höfte. Die Wirkung ihres Flaschenzuges war im entgegengesetzten Sinne verwandt wie bei den Brownschen Dampfkränen. Die Hubkraft der Maschine wurde durch die Flaschen um das Achtfache vermehrt, die Schnelligkeit der Lastbewegung auf den achten Teil vermindert. Der größte feststehende Dampfkran stand am Kranhöft. Er hob 150 t. Die Ausbalancierung leistete ein Ballastkasten mit 280 t Sand, und die höchste Rolle lag 30,5 m über dem Kai.

Doppelkran Um die Kaifläche besser auszunutzen und die Liegezeit der Seeschiffe zu verringern und um die Leistungsfähigkeit der Lösch- und Ladeeinrichtungen am Kai zu erhöhen, waren der Drehkran und der Laufkatzenkran zum Doppelkran vereinigt worden.

Leichtportal

Vollportal

Durch den Zusammenbau zweier bewährter Kranarten in einem Gerüst konnte in vielen Fällen bei kleinen Luken mit zwei und bei großen Luken mit vier Hebezeugen gleichzeitig gearbeitet werden. Der Ausleger des Laufkatzenkranes wurde im Nichtgebrauchsfalle so weit eingezogen, daß er nicht über die Kaikante hinausragte. Im allgemeinen erfolgte das Löschen und Laden schwerer und sperriger Güter mit dem Drehkran, das von leichteren Stückgütern mit der schneller arbeitenden Laufkatze.
Die Tragfähigkeit des Drehkranes betrug im allgemeinen 3000 kg, diejenige des Laufkatzenkranes 1500 kg. Die größere Höhe des Doppelkranes und der höhere Führerstand kamen dem mit dem Wachsen der Schiffsgrößen zunehmenden Bedürfnis des Betriebes nach besserer Übersicht über das Arbeitsfeld entgegen.

Dreifachkran Der Doppelkran wurde zum Dreifachkran weiterentwickelt. Es wurden zwei Laufkatzen im Portal mit einem oben arbeitenden Drehkran auf dem gleichen Krangerüst angeordnet. Wegen der gegenseitigen Behinderung der beiden nebeneinander arbeitenden Katzen stieg allerdings die Umschlagsleistung nicht im gleichen Verhältnis. Der Wunsch der Kranbenutzer nach weiterer Leistungssteigerung blieb bestehen.

Hammerkran und Turmdrehkran Um schwere Lasten wie Maschinen, Maschinenteile, Wagen, Geschütze, Kessel, in Schiffe zu befördern und zu heben, mußten Schwerlastkräne gebaut werden. Anfangs wurden sie mit Dampf betrieben, wodurch bestimmte Kranformen gegeben waren. Dann wurde für das Heben schwerer Lasten mit besonderem Vorteil der elektrische Betrieb angewendet. So entstanden die wesentlich günstigeren Formen, wie der Hammerkran und der Turmdrehkran.

Wippkran Die Weiterentwicklung mußte in einer Vermehrung der Freiheitsgrade des gewöhnlichen Kaikranes liegen. Der schon früher bekannte Wippkran wurde wieder entdeckt. Seine Bedeutung für den Stückgutumschlag wurde schnell erkannt. Von 1927 an wurden für den Hamburger Hafen ausschließlich Wippkräne gebaut. Der wendigere Wippkran verdrängte bald

den Doppelkran. Die Ausladungen konnten verdoppelt werden. So wurde es durch Schrägstellung der Kräne möglich, drei Kranhaken an eine Luke zu bringen, wodurch die Umschlagsleistung bei Bedarf erheblich vergrößert werden konnte.
Von den verschiedenartigen Ausführungsformen des Wippkranes wurde im Hamburger Hafen vor allem die Kurvenlenker-Bauart viel angewendet. Dieser Typ eignete sich besonders auch für den Umbau älterer Kranoberteile mit festem oder einziehbarem Ausleger in Wipper.

Vollportalkran Beim Wiederaufbau nach dem 2. Weltkriege entschloß man sich zum Übergang vom Halbportal- zum Vollportalkran. Hierfür waren verschiedene Gründe maßgebend. Das wasserseitige Portalbein des Halbportalkranes stützte sich auf der Kaimauer ab, die landseitige Kranschiene dagegen lief auf einer besonders gegründeten Kranbahn am Schuppen. Durch die verschiedene Setzung der Gründungspfähle kam es im Laufe der Jahre bei fast allen Krananlagen zu Veränderungen der Spurweite der Kranschienen. Die Nachregulierung der Spurweite auf das Sollmaß erforderte häufig ungewöhnlich aufwendige bauliche Maßnahmen. Außerdem machte sich beim Halbportalkran die Überdeckung der Ladegleise und Laderampe des Schuppens, die sogenannte «Überschattung», besonders dann störend bemerkbar, wenn im Interesse einer raschen Abfertigung des Seeschiffes mehrere Kräne eng aneinander gestellt werden mußten, um auf eine Luke hin arbeiten zu können. Die auf drei Gleise vermehrten Eisenbahnanlagen und die immer breiter werdende Laderampe an der Wasserseite des Schuppens hätten zudem einen ungewöhnlich schweren waagerechten Portalträger erfordert. Daher wurden für die Kranneubauten Vollportale vorgesehen, die eine einheitliche Spur von 6 m aufwiesen und deren Beine sich auf demselben Baukörper, der Kaimauer, abstützten.
Dadurch konnten auch bei Bedarf Kräne von einem Kai zu einem anderen mit Hilfe eines Schwimmkranes versetzt werden.

Dampfschwimmkran Zur Erzielung einer möglichst waagerechten Lage des Schwimmkastens bei verschiedenen Belastungen wurde der Schwimmkran mit einem fahrbaren Gegengewicht versehen, das vom Maschinisten nach einer Wasserwaage gesteuert wurde. Die einzelnen Bewegungen wurden durch zwei Zwillingsdampfmaschinen erzielt, die gleichzeitig zu beiden Seiten des Krangerüstes angeordnet waren.
Die Vulcan-Werft in Hamburg hatte einen Schwimmkran im Betrieb von 50 t Tragfähigkeit bei 10,5 m nutzbarer Ausladung und Dampfbetrieb, der nach Art der dreibeinigen Werft-Kaikräne mit verstellbarem Wippausleger gebaut war. Der Schwimmkasten war 22 m breit und 27 m lang. Die Last konnte jedoch mit ihm nur senkrecht bewegt werden.

Wasserwerke, Stadt-Wasserkunst In früheren Zeiten hatte man sich das Trinkwasser durch Brunnengrabungen auf dem Geestgebiet beschafft. In den niedrigeren Straßen wie Rödingsmarkt, Katharinenstraße, Deichstraße, konnte wegen des Marschbodens auf diese Weise kein Trinkwasser zutage gefördert werden. Da aber das Holen des Wassers aus den öffentlichen Brunnen der höher gelegenen Stadtteile unbequem war, suchte man in der Umgebung Hamburgs nach gutem Quellwasser und führte es durch Rohre in die niedriger liegenden Häuser der Innenstadt. Wegen der Kostspieligkeit der Brunnenleitungen vereinigten sich jeweils mehrere wohlhabende Familien in einer Straße zu einer Gesellschaft. So entstanden im 14. Jahrhundert die Feldbrunnenleitungen des Rödingsmarkt-Feldbrunnens, des Deichstraßen-Feldbrunnens, des Katharinen-Feldbrunnens. Die Quellen lagen meist auf dem Hamburger Berg, auf dem Gebiet zwi-

schen Admiralitätsstraße und dem Altonaer Grenzgraben. Die Leitungen bestanden aus durchbohrten Baumstämmen, die leicht undicht wurden.
Bei wachsender Ausdehnung der Stadt waren die Feldbrunnenleitungen nach und nach wieder eingegangen. Nur vier von ihnen haben sich bis ins 19. Jahrhundert erhalten.
Die ersten sogenannten Wasserkünste wurden im 16. Jahrhundert angelegt, nachdem die Alster durch zwei Dämme von der Elbe getrennt und gestaut worden war. Diese Wasserkünste hoben das Wasser mit Wasserrädern aus der Alster. Die älteste Wasserkunst wurde 1531 am Oberdamm gegründet. 1535 folgte ein Pumpwerk am Niederdamm und 1620 ein drittes Werk am Oberdamm. Alle drei dienten im wesentlichen dem Brauereigewerbe. Sie wurden 1842 durch den großen Brand zerstört.
Das erste Wasserwerk im fortschrittlichen Sinne war die Biebersche Elbwasserkunst, die 1822 bei den St. Pauli-Landungsbrükken in Betrieb gesetzt wurde. Sie hatte auf der Höhe bei Wiezel's Hotel, wo heute das Hotel Hafen Hamburg steht, ein Reservoir und bekam das Wasser durch zwei Roßwerke direkt aus der Elbe. 1832 ging das Wasserwerk an eine Aktiengesellschaft über, die es mit Dampfmaschinen ausrüstete. Bis 1852 war dieses Werk in Betrieb. 1843 wurde ein ähnliches Werk auf dem Grasbrook in der Nähe des Hannoverschen Bahnhofs in Betrieb genommen, die Smith'sche Wasserkunst. Auch dieses schöpfte das Wasser direkt aus der Elbe. Es wurde später von der Stadt-Wasserkunst übernommen. 1871 wurde das Gebäude abgebrochen, um einem Bahnhof Platz zu machen. Eine ältere, ebenfalls von Smith im Jahre 1833 am Alstertor erbaute Alsterwasserkunst war 1842 durch den großen Brand zerstört worden.
Die genannten Elb-Wasserwerke, von Smith und Bieber erbaut, wurden mit ihren Rohrnetzen 1851 und 1852 in die allgemeine städtische Wasserversorgung eingegliedert, die nach der großen Feuersbrunst von 1842 eingerichtet worden war. Jener große Brand, der ein Fünftel der Stadt in Schutt und Asche legte, hatte die Erbauung eines großen und leistungsfähigen Wasserwerks dringend erforderlich gemacht. Es wurde 1845 mit vielen Hydranten zum Feuerlöschen, aber erst 1849 für die Hausversorgung eröffnet. Die bei Rothenburgsort, 3 km oberhalb der damaligen Stadtgrenze errichtete Pumpanlage bestand aus zwei Cornwall-Maschinen mit drei Dampfkesseln von je 70 PS mit zusammen 1000 cbm stündlicher Leistung. Das Wasser floß aus drei offenen Ablagerungsbassins, die ihr Wasser entsprechend dem Tidenhub aus der Elbe erhielten.
Es wurde, wenn sich die Sinkstoffe in den Bassins niedergeschlagen hatten, durch Pumpen in das Steigrohr des ca. 66 m über dem Terrain liegenden Wasserturms in die Höhe gedrückt. Durch ein im Turm vorhandenes Fallrohr wurde es dann der zur Stadt führenden Hauptrohrleitung zugeführt.

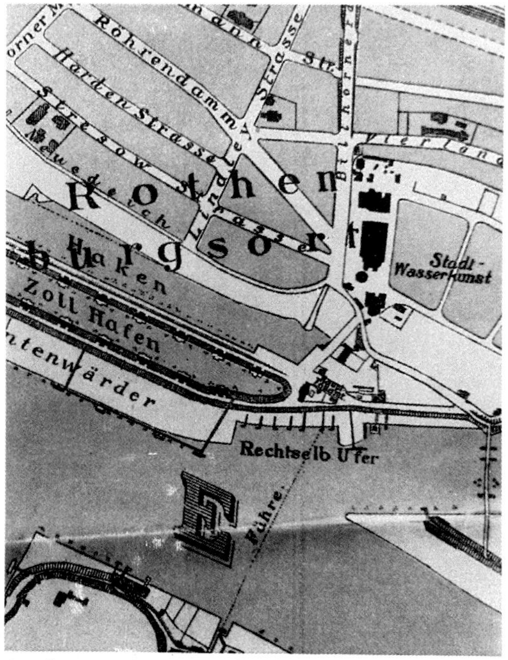

Stadtwasserkunst Rothenburgsort

Der Wasserturm in Rothenburgsort steht heute unter Denkmalschutz.
Der Erbauer dieses Wasserwerkes war der englische Ingenieur William Lindley. Die ursprüngliche Anlage ist im Laufe der Jahre erheblich vergrößert und verbessert worden. Durch den 1875 bis 1879 ausgeführten Durchstich der Kaltehofe war die Schöpfstelle der Stadt-Wasserkunst an einen geteilten Elbarm gelangt. Daher baute man einen 800 m langen Kanal, der unter dem alten Elbarm hindurchgeführt wurde und entnahm so das Wasser aus dem freien Elbstrom der neuen Norderelbe. Diese Schöpfstelle kam 1884 in Betrieb.
Ende der achtziger Jahre wurden als Ersatz für die ältesten Cornwall-Maschinen I und II, die seit 1849 in Betrieb waren, zwei neue Schwungradmaschinen gebaut. Bald bestand die Rothenburgsorter Anlage aus 27 Dampfkesseln und sieben Maschinen mit insgesamt 1900 PS und einer stündlichen Leistung von etwa 9800 cbm.
Da das Elbwasser bei Rothenburgsort zur Zeit der Anlage des Wasserwerkes in den vierziger Jahren nicht durch städtische Abwässer Hamburgs verunreinigt war, genügte die einfache Vorklärung in Ablagerungsbassins. Als 1857 ein von Lindley entworfenes Filtrationsprojekt ausgeführt werden sollte, machte eine Handelskrise die Finanzierung unmöglich. Erst 1891 konnte mit dem Bau der Filtrationsanlagen des Hamburger Wasserwerkes auf Kaltehofe und der Billwerder Insel begonnen werden. Als Bauzeit wurden drei Jahre veranschlagt. Die Arbeiten wurden jedoch durch die Cholera-Epidemie 1892 unterbrochen. Trotzdem konnte unter der Leitung des Oberingenieurs F. Andreas Meyer die Anlage 1893 in Betrieb gesetzt und filtriertes Wasser in die Leitungen gepumpt werden.
Das Werk bestand aus vier Ablagerungsbassins auf der Billwerder Insel. Die normale Leistung betrug in 24 Stunden zusammen 206.000 cbm. Die Kosten betrugen 9 1/2 Millionen Mark.

Zwischen dem Strom und den Ablagerungsbassins, eben unterhalb der Einmündung der Dove-Elbe in die Norderelbe, stand das Schöpfwerk. Hier lag auch die neue Schöpfstelle zur Entnahme des Wassers aus der Elbe. Ablagerungsbecken und Filter, die 1 km voneinander entfernt lagen, waren umdeicht. Das Reinwasserbassin wurde in Rothenburgsort im mittleren Teil des nördlichen ehemaligen Ablagerungsbassins beim Pumpwerk für die Stadt erbaut. Die Längenausdehnung des Filterwerkes erreichte fast 4 km.
Für die Entleerung der Kanäle unter den Filtern, für die Sandwäsche und für die Versorgung der Beamten und Arbeiter auf Kaltehofe war noch ein besonderes Pumpwerk – nahe dem erwähnten, in die Billwerder Bucht hineingeführten Dükerrohrdamm – erbaut worden.
Für die Wasseruntersuchung hatte man auf

Kaltehofe, in der Nähe der Norderelbe ein besonderes Laboratorium eingerichtet.
Die Beleuchtung des Wasserwerkes geschah durch Wassergas, das in einer eigenen Anstalt, die sich im Zusammenhang mit dem Schöpfwerk für Rohwasser auf der Billwerder Insel befand, erzeugt wurde.

Staatsvertrag von 1921 Einschneidend für Hamburg war die Übergabe der Wasserstraßen in die Reichsverwaltung. Sie erfolgte am 1. April 1921. Von den früher von Hamburg verwalteten Strecken der Elbe und ihrer Nebenwasserstraßen wurde die Hafen-Elbstrecke von Ortkathen bis Blankenese als ein untrennbarer Bestandteil des Hafens an die hamburgische Verwaltung zurückdelegiert.
In dem Staatsvertrag heißt es u.a.: «Hamburg hat bisher in der Elbe für ein Fahrwasser gesorgt, daß in der Regel die größten Seeschiffe Hamburg unter Ausnutzung des Hochwassers erreichen konnten. Das Reich wird das gleiche tun.»
Damit verpflichtete sich das Reich zunächst, die Elbe auf eine Tiefe von 10 m oberhalb Cuxhavens und auf 11 m unterhalb Cuxhavens zu bringen. Durch umfangreiche Stromregulierungsarbeiten, insbesondere bei der Elbinsel Pagensand und an der Ostemündung gelang es 1930, dieses Ziel im wesentlichen zu erreichen. Das war für Hamburgs Welthafenstellung überaus bedeutsam. Das Ergebnis der langwierigen Verhandlungen sicherte insbesondere auf der Unterelbe die Fortsetzung des großen Korrektionswerkes und die Erhaltung der tiefen Fahrstraße zum Hafen.

Waltershofer Häfen

Idylle vor dem Ausbau Weltvergessene kleine Inseln lagen vor der Stadt im Elbstrom. Sie träumten vor sich hin hinter schwankenden Schilffeldern, hinter Deichen mit grünen, saftigen Wiesen und fettem, rotbuntem Rindvieh. Hinter dickstämmigen alten Bäumen lagen Bauernhöfe in einer idyllischen Urlandschaft. Die Dradenau war seit Jahrhunderten ein niedrig gelegenes Vorlandgebiet, das bis zum Jahre 1609 nicht einmal eingedeicht war. Da waren die Inseln Waltershof und Rugenbergen, Griesenwerder, Mühlenwerder, Maakenwerder, Parkloch und Köhlfleet.
Als aber der Hamburger Hafen zu klein wurde, gewannen die weltvergessenen, einsamen Inseln vor Hamburgs Toren großes Interesse. Die Weidenstrecken, wo ehemals Rinderherden reichliche Nahrung fanden, die sumpfige, reetbestandene Wildnis, die zahlreichen Wasservögeln Unterschlupf bot, das friedliche Bild baumbestandener Höfe mit ihren Pachthäusern, Ställen und Scheunen, alles fiel dem Bagger zum Opfer.
Im Jahre 1910 kamen Polen und Holländer mit Schaufeln, Karren, Bagger-, Grab- und Rammaschinen. Sie bauten schmutzige, unansehnliche Holz- und rostige Wellblechhütten, wühlten in der schwarzen, fruchtbaren Marscherde, fällten riesige Bäume, die Generationen Schatten gespendet hatten, und machten Land zu Wasserflächen. Sie wälzten Schlick über Wiesen, Schilf und Rohrdickichte und über die alten fischreichen Fleete. Das war das Ende der Ruhe auf den Weiden, der Nachtigallen in den urtümlichen Sümpfen und dem Leben in stiller Abgeschiedenheit auf den alten Bauernhöfen.
Ein anderer Feind kam in Gestalt des Baggersandes, der alles Land zwischen Kattwyk und Krusenbusch begrub. In diesem Sand und Schlick der Elbe entstand eine ganz neue Pflanzenwelt. Wo früher Schafe grasten, wuchs in den Dünen nun Strandhafer und Knöterich. Bis an den Obstgarten Krusenbusch reichte die Sandwüste.
Mit dem Baggersande kamen auch viele Sonntagsausflügler aus Hamburg, die sich am weißen Strande sonnten und badeten. Dann kam die Industrie, vertrieb den Badebetrieb nach dem südlichen Teil der Insel, brachte Stacheldraht und Verbotstafeln.

Dem Besitzer von Krusenbusch wurde ein Anwesen in Altenwerder zum Tausch angeboten, da bei ihm ein Werftbetrieb geplant war.
Auf dem «Großschiffahrtsweg» Köhlbrand sollten Ozeanriesen gen Harburg fahren.
Die urtümliche Niederelbelandschaft mußte neuen Hafenausbauten weichen. Kattwyk und Krusenbusch waren, wie viele andere Orte auch, dem Untergang geweiht.
Zwei Köhlbrandverträge hatte Hamburg mit Preußen abgeschlossen. Besonders der letzte hatte tiefgreifende Veränderungen der Elblandschaft mit sich gebracht. Von Harburg bis nach Neuhof erstreckte sich die kleine, flache Insel Kattwyk mit ihren wenigen, im Schilf versteckten Häusern. Es dauerte nicht mehr lange und man konnte hier das Hämmern der Werften und den Lärm der Industrie hören, dort, wo sich Öl- und Petroleumbehälter breitmachen sollten.
Noch war das Alte nicht ganz verschüttet. Ein alter Gasthof am Landungssteg, der Lindenhof, ein Bauerngehöft und am äußersten Nordgipfel das idyllische Fischerhaus Krusenbusch. Es waren die einzigen bewohnten Häuser der Insel. Auf hohen Wurten, von schützenden Bäumen umgeben, durch Reetdickichte vom offenen Wasser getrennt, so lagen sie da, ein Idyll ... bis Kattwyk entdeckt wurde und ab 1903 ein Freibad mit seinem lauten Badebetrieb die Ruhe störte.
Seit Generationen hatten die Krusenbuscher in der stillen Rethe gefischt.

Die Waltershofer Häfen Die mit Preußen vereinbarte Verlegung der Köhlbrandmündung zusammen mit der Abdämmung des Köhlfleets, des Mühlenfleets und des Maakenfleets schufen die Möglichkeit, das ganze Inselgebiet zwischen Elbe, Köhlfleet und Köhlbrand zu einem einheitlichen Hafenerweiterungsgebiet zusammenzufassen. Die so entstandene Insel erhielt die Bezeichnung «Waltershof».
Wegen der ständig wachsenden Zahl der Seeschiffe und ihrer zunehmenden Größe und Länge wurde 1910 die Aufschließung eines Teiles des westlich vom Köhlbrand belegenen Gebietes beschlossen.
Außer der eingedeichten Staatsdomäne Waltershof am Köhlbrand und Köhlfleet lag dort an der Norderelbe die Pachtung Mühlenwerder, weiter westlich lagen die Inseln Park- und Pagensand zwischen dem Mühlenfleet und den Mündungsarmen des Köhlfleets in die Elbe. Nördlich von Waltershof zog sich bis zum Mühlenfleet die Grenzweide – Rugenbergen und Griesenwerder – hin. Diese wiesen- und wasserreichen Marschgebiete verschwanden durch die neuen Hafenbauten. An die Stelle von alten Wasserläufen, Sumpf- und Weidestrecken traten weite Hafenflächen mit Platz für lange Kaimauern.
Besonders dringlich war die Herstellung des neuen Petroleumhafens. Im Laufe der Jahre hatte die Petroleumeinfuhr erheblich zugenommen. Der Hamburger Hafen hatte eine bedeutende Stellung in diesem Zweig der Schiffahrt erlangt. Die Ausdehnung der Anlagen am bisherigen Petroleumhafen, der 1876 in Betrieb genommen worden war, konnte wegen Mangels an Raum nicht mehr benutzt werden.
Die für Seeschiffe bestimmte Wasserfläche des neuen Petroleumhafens sollte etwa 14 ha groß werden, der alte hatte nur 8,2 ha umfaßt.
Die Einfahrt zum Petroleumhafen, zum Waltershofer Hafen und zu den später anzulegenden weiteren Seeschiffhäfen sollte durch einen geräumigen Vorhafen, den Parkhafen, erfolgen, der groß genug sein mußte, um das Wenden größerer Seeschiffe zu ermöglichen. Die den Parkhafen östlich der Einfahrt von der Norderelbe abschließende Landzunge lief in das Atabaskahöft aus.
Der Waltershofer Hafen war der mittlere von den drei im Generalplan des Hafens vorgesehenen Seeschiffhäfen. Er war geplant mit einer Breite von 300 m und einer

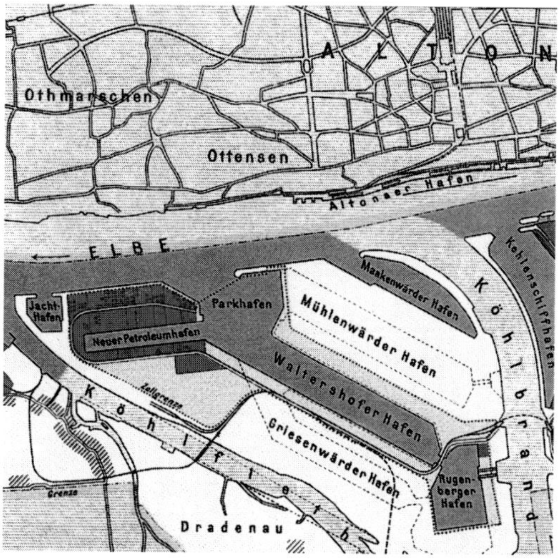

mittleren Länge von 1.500 m. Mit befestigten Uferböschungen sollte er dem Umschlagsverkehr zwischen Seeschiff und Flußschiff dienen. An kräftigen Duckdalben am Ufer und in der Mitte des Hafens sollten die Seeschiffe vorläufig eine größere Anzahl von Liegeplätzen vorfinden.
Die Ausgrabungen des Beckens für den Waltershofer Hafen begannen 1910, 1915 wurden die Baggerungen beendet. Sein nördliches Ufer erhielt zu Ehren des hochverdienten Bürgermeisters Johann Heinrich Burchard den Namen Burchardkai. Das südliche Ufer wurde 1914 nach dem derzeitigen ersten Bürgermeister Max Predöhl Predöhlkai benannt. Die Uferbefestigungen im Norden und Osten des Hafens wurden bis 1919 fertiggestellt.
Auf der zwischen dem Waltershofer und Griesenwerder Hafen entstandenen 200 m breiten Kaizunge bot sich Platz für neue Anlagen. Auch am Südufer des Maakenwerder Hafens, der für die Küsten- und Kleinschiffahrt bestimmt war, konnten Kaianlagen für Seeschiffe errichtet werden.
1924 war von allen alten Baulichkeiten nur noch das einstige Herrenhaus auf Waltershof erhalten geblieben. An die Parks und Wiesen rückten die Hafenbauten immer näher heran. Seit 1914 wurde das Herrenhaus vom Hafenbetrieb als Verwaltungsgebäude benutzt, ab 1923 arbeitete hier die Gefängnisverwaltung, die auf Waltershof Sträflinge landwirtschaftlich beschäftigte.
Die durch den Krieg verzögerten Hafenbauarbeiten wurden erst 1920 wieder aufgenommen. Für den Anschluß dieses durch den Köhlbrand abgetrennten neuen Hafenbereichs an das Eisenbahnnetz wurde unter Verzicht auf eine Köhlbrandbrücke und einstweiliger Zurückstellung eines Tunnelprojektes die Finkenwerder und Waltershofer Bahn projektiert.
Westlich der Köhlbrandmündung wurde der Ewerhafen mit einer besonderen Einfahrt von der Elbe her angelegt. Er erhielt den Namen Maakenwerder Hafen nach der dortigen ehemaligen Halbinsel Maakenwerder. Nach Nordosten war der Hafen durch den Köhlbranddeich abgeschlossen, der im Westen im Maakenwerder Höft endete und auf dessen mittlerer, verbreiterter Strecke, dem Maakendamm, der Kinderspielplatz vom alten Köhlbrand wieder eingerichtet wurde. Auch die an ihren alten Plätzen abgebrochenen Steinwerder Badeanstalten wurden hier wieder aufgebaut.

Firma J. F. Müller & Sohn AG im Waltershofer Hafengebiet Friedrich Jacob Müller begann mit seinen Geschäften im Jahre 1795. Die Eide, die er leistete, berechtigten ihn ganz allgemein zum Transithandel und zur zollfreien Ein- und Ausfuhr von Leinwand, Garn, Kupfer und Blech im besonderen. Auch zur zollfreien Ausfuhr «von hier fabricierten Zuckern und Syrupen» hatte er die Genehmigung erhalten. Bis zu seinem Tode im Jahre 1819 erweiterte er seinen Warenhandel auf Gerbstoffe, Hörner, Schildpatt, Elfenbein, Indigo, Farbhölzer und Mahagoniholz. Damit war schon der Grundstein gelegt, auf dem sich das spätere Holzgeschäft aufbauen sollte.
Als Friedrich Jacob Müller im Jahre 1803 den Maklerstock erhielt, gab es in Hamburg 508 Makler.
Wenige Wochen, nachdem Müller Makler

geworden war, verhängte England im Sommer 1803 im Krieg mit Frankreich seine Blockade über die Elbe. Später folgte dann Napoleons Kontinentalsperre und von 1806 bis 1814 – mit kurzer Unterbrechung 1813 – war Hamburg von den Franzosen besetzt. Der hamburgische Kolonialhandel, in dem sich Friedrich Jacob Müller als Makler entfalten wollte, lag danieder.
Im Jahre 1805 nahm Friedrich Jacob Müller erstmals an einer Auktion für Indigo teil. 1816 erschien er dann zum ersten Mal auf einer Auktion für Mahagoniholz.
Die entscheidende Wende vom hamburgischen Import von Farb- und Drechslerhölzern hin zum Möbelholzimport im großen Stil brachte das Mahagonigeschäft in der ersten Hälfte des 19. Jahrhunderts.
Als Friedrich Jacob Müller 1819 starb, war sein Sohn Johann Friedrich erst 18 Jahre alt. Er nahm seinen Zylinder und ging zur Börse, um die Geschäfte seines Vaters fortzusetzen. Mit 21 Jahren wurde er zum Makler bestellt – mit Sondergenehmigung des Senats, da er die vorgeschriebenen 25 Jahre noch nicht erreicht hatte. 66 Jahre lang hat Johann Friedrich Müller in seiner Firma gewirkt. Er hat seine Firma ganz zum Holz hingeführt und sie auf diesem Gebiet zu einem internationalen Begriff werden lassen.
In Hamburg entstand zunächst für westindische und mittelamerikanische Hölzer ein selbständiger Markt. Später konnte das nordamerikanische Geschäft ohne Schwierigkeiten darauf aufbauen. Für Hamburg war der Weg zum international bedeutenden Holzmarkt vorgezeichnet und damit für die Firma der Weg vom Lokalmakler zum Überseemakler.
Johann Friedrich Müller trieb auch die Entwicklung Hamburgs zum Holzhandelsplatz voran. Auf dem Grasbrook, an einem späteren Hafenbecken, errichtete er 1831 ein «Allgemeines Mahagoniholzlager». Als von feinen Möbelhölzern bald ganze Schiffsladungen in Hamburg ankamen, zeigte sich, daß man dafür nicht gerüstet war. Es gab nur noch kleine Lager auf dem Stadtdeich, wo Mahagoni zwischen inländischen Bauhölzern gelagert wurde.
Kleinere Importmengen wurden jetzt in Speichern gelagert. Als aber größere Mengen und auch größere Einzelblöcke gelagert werden mußten, brauchte man mehr Fläche auf offenen Plätzen. Auf diesen mußte man stapeln, sortieren, messen, taxieren, besichtigen und verkaufen können. Viele Holzimporteurhäuser saßen in Altona. Zu ihren Lagerplätzen führte oft ein Fußmarsch von einer Stunde. Der Lagerplatz, den Johann Friedrich Müller 1831 am Grasbrook allen Importeuren zur Verfügung stellte, lag dicht beim Geschäftsviertel. Mit diesem Allgemeinen Mahagoniholzlager hatte er für Hamburg einen zentralen Sammelpunkt der Holzwirtschaft geschaffen.
Die wachsenden Holzeinfuhren um die Mitte des 19. Jahrhunderts ließen die Lagerplätze bald zu klein werden, so daß 1854 das Lager nach dem Stadtdeich verlegt wurde. Die Hafenplanung ließ ohnehin erkennen, daß die Flächen am Grasbrook bald hätten aufgegeben werden müssen. Aber auch am Stadtdeich reichte der Platz bald nicht mehr aus. Drei Plätze wurden hinzugemietet. Sie konnten aber vom Stadtdeich aus nur mit Schuten und durch Schleusen erreicht werden.
Um alle Lager zu zentralisieren, entschloß sich daher Johann Friedrich Müller, auf einem Gelände am Billwerder Ausschlag in Rothenburgsort einen Platz anzukaufen. Die Lage am seetiefen Wasser mit gutem Eisenbahnanschluß war für ihn wichtig. Zwei Dampfkräne und ein Handkran wurden bestellt. Vom alten Lagerplatz kam ein großer Holzkran herüber. Die kleinen Krankarren, die Johann Friedrich Müller vor Jahren konstruiert hatte, baute die Firma selber.
1879 wurden Holzzölle eingeführt. Das gab dem Lagergeschäft Auftrieb. Rothenburgsort war Zollfreibezirk. Grundstückskäufe und Rationalisierung waren die Folge. 1887

wurde der erste eiserne Lagerschuppen gebaut. Bis dahin hatte alles Holz nur im Freien gelagert, zum Teil auch im Wasser. Jetzt wurden die Stapelarbeiten von Laufkränen geleistet, die den ganzen Lagerraum erfaßten. Noch vor der Jahrhundertwende wurden die Kräne elektrifiziert.
Johann Friedrich Müller starb 1885. Die nächste Generation führte das Unternehmen weiter unter dem Namen: J. F. Müller & Sohn.
Der 1. Weltkrieg hatte die Gesellschaft, die noch fast allein auf das Überseegeschäft mit Holz ausgerichtet war, zum Stillstand verurteilt. Die Umwandlung in eine Aktiengesellschaft wurde 1916 notwendig. Die vierte Generation mußte jetzt dafür sorgen, daß aus dem Erbe Rothenburgsort wieder ein neuer Anfang möglich wurde.
Noch während des Krieges waren auch Beziehungen zu europäischen Lieferanten angeknüpft worden. Sie wurden später zu Agenturen ausgebaut. Es kam Sperrholz aus Finnland, Schweden und Norwegen hinzu. Ende der zwanziger Jahre wurde dieses Geschäft um Faserplatten erweitert, 1929 kamen die ersten aus den USA. In den darauffolgenden Jahren konnte das Geschäft in Halbfabrikaten, besonders mit den nordischen Ländern, aber auch mit Südosteuropa ständig weiter ausgebaut werden.
Alle Zufuhren überseeischer Hölzer waren als Folge des Krieges auf bescheidene Mengen zurückgegangen. Eine Ausnahme machte das Okoumé-Holz. Hier nahm der Bedarf bald gewaltige Ausmaße an. Die Verschiffung erfolgte teilweise in ganzen Dampferladungen von 2000 bis 3000 t und mehr. Dadurch war die Notwendigkeit einer Lagerung nicht mehr gegeben. Das Problem des Umschlages rückte in den Vordergrund. Das Löschen der Ladung erfolgte weitab von Rothenburgsort im Hafen. Der Hafenausbau hatte sich nach Westen entwickelt.
Fast sechzig Jahre lang – von 1873 bis 1931 – haben vier Generationen in Rothenburgsort gelebt und gewirkt. Der Wandel in Politik und Wirtschaft zwang die Firma 1931 zur Umwandlung in einen Umschlagsbetrieb im Freihafen am seeschifftiefen Wasser.
Als Folge der Wirtschaftskrise lag in den Waltershofer Häfen eine große Flotte unbeschäftigter deutscher Schiffe. Die Werftindustrie war zusammengebrochen. Ein Teil ihrer Anlagen mußte verschrottet werden. Davon war auch die Vulcan-Werft auf der Roßinsel betroffen. Nur ein Teil ihres Geländes wurde von den Howaldtswerken übernommen. Für das restliche Terrain suchte der hamburgische Staat einen neuen Pächter. Im Juni 1931 stimmte die Bürgerschaft zu: Die Firma J. F. Müller & Sohn AG wurde Pächter des Geländes am Hachmannkai.
Sieben Jahre nach dem Umzug der Firma aus Rothenburgsort beanspruchte das Reich im Jahre 1938 das Gelände am Hachmannkai für eine Erweiterung der benachbarten Howaldtswerft. Die Firma J. F. Müller & Sohn AG forderte zum Ausgleich ein anderes Gelände im Freihafen und die Möglichkeit, dort die gleiche Anlage aufzubauen. Die Stadt Hamburg war einverstanden. Das Reich war bereit, für die Finanzierung einer Kaistrecke dort zu sorgen, wo die neue Holzumschlagsanlage entstehen sollte. Dort gab es zu der Zeit nur Gras, am Ende der Griesenwerder Landzunge im späteren Waltershofer Hafengebiet.
Der Boden, wo damals der Predöhlkai entstehen sollte, gestattete nach dem damaligen technischen Stand keine normale Kaibauweise.
Um die Unterbrechung der Umschlagstätigkeit abzukürzen, pachtete die Gesellschaft das Gelände am späteren Stoltenkai und baute hier das heute noch voll einsatzfähige Brückenbauwerk. Anders als am Hachmannkai verfügte die Firma damit in Waltershof über zwei Wasserfronten: den Predöhlkai mit ca. 10 m Wassertiefe und den Stoltenkai mit ca. 6,5 m Wassertiefe. Beide Kais wurden durch je eine Umfahrt

für Waggons und Kräne verbunden. 10 Lagerhallen wurden gebaut mit 10 Hallenlaufkränen und fünf Kaikränen.
Im Jahre 1942 mußten die Bauarbeiten in Waltershof eingestellt werden. Es fielen hier zwar Bomben, aber direkt angegriffen wurde die Anlage nicht.
Im Frühjahr 1945 sandte die britische Militärbehörde 48 Stunden nach der Übergabe der Stadt eine Postkarte an die Firma J. F. Müller & Sohn AG: sie müsse Schrott nach Großbritannien verladen. So konnte die Firma als Hafenbetrieb von der Stunde Null an ihre Arbeit wieder aufnehmen. In eigenen Reparatur- und Konstruktionswerkstätten arbeiteten in dieser Zeit u.a. Monteure, Schmiede, Elektriker, Metallgießer, Eisendreher, Klempner, Tischler, Zimmerleute, Maler, Schienenverleger und Takler. Der Höhepunkt der Schrott-Verschiffung war zwar schon 1949 überschritten worden, aber inzwischen war die Holzeinfuhr wieder in Gang gekommen.
In den sechziger bis siebziger Jahren kam überseeisches Schnittholz hauptsächlich aus Brasilien, Zentral-Amerika, USA, Kanada und Malaysia. Enge Zusammenarbeit mit allen Interessengruppen führte zu immer neuen Verwendungsmöglichkeiten des Holzes und Ausbau des Geschäftes.
Einer der neuen Verwendungszwecke war der Containerbau. In Finnland wurden mehr und mehr Maschinen für Sperrholz-Großformate aufgestellt. Das ebnete den Weg für Containersperrholz. Auch die Lieferung von Sperrholz und Faserplatten für den Schiffs- und Karosseriebau gehört zu den speziellen Absatzgebieten der Firma.
Für Hamburgs Verkehrs-, Handels-, Dienstleistungs- und Industriebetriebe wurde MAHAGONI-MÜLLER – wie die Firma heute noch oft genannt wird – ein feststehender Begriff.
Heute gehört die Firma zur Eckelmanngruppe.

Weitere Hafenausbauten und -planungen von 1908 bis 1948 Der Generalplan von 1908 für den Ausbau des Hafengebietes umfaßte die Möglichkeiten in den hamburgischen Gebieten, soweit sie an der Elbe lagen, u.a. Dradenau und das hamburgische Finkenwerder. Die stadt- und verkehrsferne Lage von Finkenwerder war für Hafenanlagen nicht gut geeignet. Die Hafenplaner richteten ihren Blick nach Osten auf das benachbarte preußische Gebiet.
1914 waren in der Ausführung begonnen: Parkhafen, Waltershofer Hafen, Petroleumhafen, Maakenwerder Hafen, Rugenberger Hafen. Diese Häfen auf Waltershof bildeten ein zweites Freihafengebiet, das 1910 vom Bundesrat genehmigt wurde.
Als besonders geeignetes Hafengelände war ferner die Insel Kattwyk-Hohe Schaar anzusehen, etwa als Bindeglied zwischen dem Hamburger Hafen und dem von Harburg.
Hamburg, als «Tor zur Welt», brauchte Lebensraum. Schon vor dem 1. Weltkrieg tauchte die Groß-Hamburg-Frage auf. Die preußischen Nachbarstädte Altona und Harburg fühlten sich durch Hamburgs wirtschaftliches Übergewicht bedroht. Das Problem der Vereinheitlichung aller dieser im Stromspaltungsgebiet der Niederelbe wirkenden Kräfte verlangte nach einer großzügigen Lösung. Eine Denkschrift des Hamburger Senats an den Reichskanzler von Bethmann-Hollweg wies 1915 auf die Schwierigkeiten für den Hamburger Hafen aus der unglücklichen Grenzziehung hin. 1919 erfolgte eine Erklärung des Altonaer Magistrats, daß in der Vereinigung Altonas mit Hamburg der einzig gangbare Weg anzusehen sei.
Hamburg hatte in der Zeit von 1921 bis zum Anschluß der Hafengemeinschaft mit Preußen 1929 das Gebiet zwischen Köhlbrand, Unterelbe und Alter Süderelbe in den verschiedensten Varianten über die Grenzen hinweg generalplanmäßig bearbeitet. So bestand die Planung des Hansakanals, der die Hansestädte mit dem Ruhr-

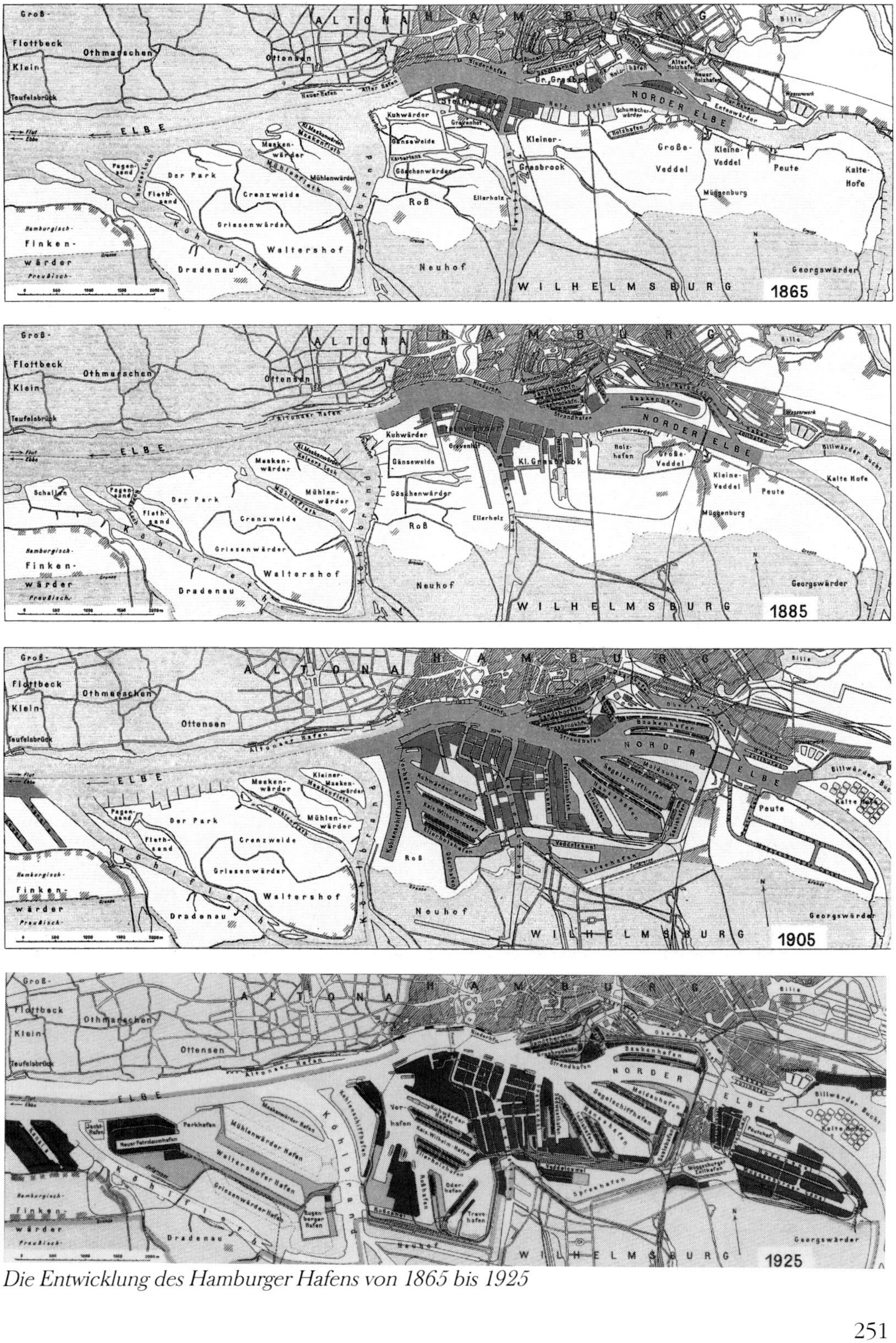

Die Entwicklung des Hamburger Hafens von 1865 bis 1925

gebiet verbinden sollte, etwa von Francop aus. Nicht der Hafen allein, auch das Großstadtgebiet Hamburgs sollte die preußische Umklammerung durchbrechen. Darauf hatte schon in den neunziger Jahren der Justizrat Sieveking in einer Schrift «Die große Elbmetropole» hingewiesen. Man müsse eine Einheit zwischen Hamburg, Altona und Wandsbek anstreben.

Reichspräsident Ebert zeigte bei seinem Besuch in Hamburg Verständnis für die Hamburger Forderungen. Aber sein Einfluß reichte nicht aus für die Verwirklichung der Pläne. Auch der Versuch einer Lösung der hamburgisch-preußischen Hafengemeinschaft durch das Unterelbe-Abkommen von 1928/29 führte nur zu Teilerfolgen.

Immerhin einigten sich Hamburg und Preußen dahin, das Gebiet der drei Häfen so zu verwalten und auszubauen, als ob es keine Landesgrenzen innerhalb des Hafens gäbe.

1929 wurde die Hafengemeinschaft GmbH gegründet. Sie sollte das Gelände von Kattwyk-Hohe Schaar ausbauen. Das Gebiet, das Marschland und die Inseln südlich der Unterelbe und des Köhlfleets zwischen Moorburg und Neuenfelde wurde zum Hafenerweiterungsgebiet erklärt. Ein gemeinsamer Bauplan wurde ausgearbeitet. Hamburg und Preußen kamen überein, für Hamburg, Altona, Wandsbek, Harburg-Wilhelmsburg und das sonst in Frage kommende Gebiet eine einheitliche Landesgrenze zu schaffen. Ein Landesplanungsausschuß wurde gebildet. Das Abkommen sorgte zugleich für die ferner liegende Zukunft. Aber bereits 1937 verlor die Hafengemeinschaft ihre Existenzberechtigung und wurde überflüssig. Die Abmachungen mit Preußen gingen noch davon aus, daß man so tun wolle, «als ob Landesgrenzen nicht vorhanden wären». Dies wurde nun 1937 durch das «Groß-Hamburg-Gesetz» in die Tat umgesetzt. Damit fiel alle Verantwortung für die Weiterentwicklung des Hafens Hamburg der Hansestadt allein zu. Das neue Gebiet wurde ein Gau des Reiches und erhielt den Namen «Hansestadt Hamburg». Sozusagen «über Nacht» wurden Preußen ungefragt zu Hamburgern, doch dem Hafen kam es zu Gute!

Als nach eisiger Sturmnacht die Hamburger am 26. Januar 1937 zur Arbeit gingen, war auf Flugblättern zu lesen, daß Hamburg um 33.000 ha größer und um 407.000 Menschen reicher geworden war: Altona, Wandsbek und Harburg-Wilhelmsburg waren eingemeindet worden. Hinzu kamen noch 27 Landgemeinden und einige kleinere Gebietsstücke. Hamburg mußte dagegen die Städte Cuxhaven und Geesthacht, die Walddörfer Großhansdorf, Schmalenbek und die fünf Landgemeinden des Amtes Ritzebüttel im Umkreis von Cuxhaven an Preußen abgeben. Allerdings wurde Hamburg in Cuxhaven besondere Rechte eingeräumt. Das Gesetz trug die Unterschriften Hitlers, Görings, Fricks und Schwerin-Krosigks. Es brachte endlich die Erfüllung Jahrhunderte langer Bemühungen der Hansestadt seit 1189, der Gründung ihres Hafens.

Im Rahmen eines Vierjahresplanes hatte Hamburg nun volle Handlungsfreiheit 20 km rund um das Rathaus mit 74.000 ha und 1,7 Millionen Menschen.

Lübeck verlor seine hansische Eigenstaatlichkeit und wurde der Provinz Schleswig-Holstein zugeordnet – als Ausgleich für Altona und Wandsbek.

Hamburg wurde als Verwaltungsbezirk des Reiches deklariert, die Beamten seiner staatlichen Verwaltung wurden Reichsbeamte.

Alle Macht wurde in der Hand des Reichskommissars und Reichsstatthalters vereinigt, der als Gauleiter auch oberste örtliche Parteiinstanz war. Die hamburgische Selbstverwaltung war damit aufgehoben worden. Vielhundertjährige Überlieferungen wurden mit der Gleichschaltung ad absurdum geführt. Aus dem Staatstitel verschwand das Wörtchen «Frei».

Bis zu diesem Zeitpunkt war der begon-

nene Ausbau der Waltershofer Häfen noch nicht abgeschlossen.
Nach Abschluß des Groß-Hamburg-Gesetzes 1937 wurde von höchster Stelle angeordnet, daß Hamburg als das deutsche «Tor zur Welt» großartig auszubauen sei. Höhepunkt dieses Ausbaues sollten eine gigantische Hochbrücke über die Elbe und eine Neugestaltung des nördlichen Elbufers sein. Die Wasserfront der Elbnordseite von den St. Pauli-Landungsbrücken bis zur Hochbrücke – etwa fünf km – sollte völlig verschwinden und einer großartigen Uferstraße weichen. Für die Neugestaltung des Elbufers wurde ein Wettbewerb ausgeschrieben. Den Hafenplanern wurden Anweisungen vorgegeben mit dem Thema: «Hamburg größter Verteilerplatz der europäischen Großraumwirtschaft». Weiterhin sollte unterstellt werden, daß Deutschland sich im Besitz umfangreicher überseeischer Kolonien befände.
Die verkehrsgeographische Lage Hamburgs war durch drei Tatsachen gekennzeichnet: Bei Groß-Hamburg lag der letzte landfeste Übergang über die Elbe. Für die Führung der Reichsautobahn war nun die Überlegung wichtig, ob nicht der Übergang oberhalb der Stromspaltung auf einer Brücke, etwa bei Artlenburg, geschaffen werden sollte. Tatsächlich wurde die Reichsautobahn dicht an die Stadt herangeführt. Über die Süderelbe führten damals zwei Fahrbrücken, zwei Eisenbahnbrükken und eine Reichsautobahnbrücke, die im Januar 1939 fertig wurde.
Der Generalbebauungsplan von 1941 wurde trotz des Krieges weiterentwickelt, obwohl noch während der Planungen der Hamburger Hafen – besonders in den Jahren 1943 bis 1945 – schwersten Luftangriffen ausgesetzt war. Die Hafenanlagen, von zwei Generationen geschaffen, wurden total vernichtet.
Ein Nachkriegs-Generalplan für den Wiederaufbau der Hamburger Hafenanlagen entstand. Er enthielt u.a. folgende Maßnahmen: Die Waltershofer Hafengruppe sollte mit dem Wiederaufbau durch den Mühlenwerder Hafen ergänzt werden und neue Hafengruppen auf Kattwyk-Hohe Schaar im Raum der Dradenau und westlich von Finkenwerder sollten entstehen. Außerdem sollten Hafenteile, die Hamburg groß gemacht hatten, neuzeitlich mit modernsten Techniken wieder aufgebaut werden.

Dove-Elbe-Kammerschleuse der Oberelbe und weitere Ausbaggerungen der Unterelbe Ein Jahrhundert hatte man daran gearbeitet, die Ent- und Bewässerungsverhältnisse in den Vier- und Marschlanden, die Schiffahrtsverhältnisse auf der Dove-Elbe zu verbessern. Es wurden Pläne über Pläne gemacht. 1950 wurde dann endlich damit begonnen, einen Damm, eine Schleuse und ein Wehr bei Tatenberg zu bauen. Damit konnten 1000-t-Kräne bis Bergedorf geschleppt werden und ein regelmäßiger Fahrgastverkehr in die schönen Vier- und Marschlande eröffnet werden. Und es wurden aus 300 ha Weiden wertvolles Ackerland, aus 100 ha versumpfter Wiesen nutzbringende Weiden geschaffen.
Durch die Abschleusung der Dove-Elbe wurde erreicht, daß 49 % des Elbwassers durch die Norderelbe, 51 % durch die Süderelbe flossen.
Als nach 1945 der Trend zum großen Massengutfrachter und Containerschiff deutlich wurde, erwiesen sich weitere Vertiefungen der Unterelbe als notwendig. Sie führten dazu, daß heute Schiffe von 100.000 bis 110.000 BRT voll beladen den Hamburger Hafen anlaufen können. Auf der Flutwelle «reitend» brauchen sie von Cuxhaven bis Hamburg dafür etwa vier Stunden.
Die Statistik sagt über die Tiefe des Unterelbefahrwassers bei mittlerem Hochwasser folgendes aus:

Im Jahre 1841	4,9 m
1874	6,3 m
1884	6,8 m

1899	8,3 m
1906	9,2 m
1913	10,3 m

Es folgten der 1. Weltkrieg, die Inflationszeit und der 2. Weltkrieg, wo keine Ausbaggerungen des Elbstromes vorgenommen wurden.

Dann ging es wie folgt weiter:

1957 - 1961	11,0 m unter KN (Kartennull)
1964 - 1969	12,0 m unter KN
1974 - 1978	13,5 m unter KN

Infolge des zunehmenden Verkehrs von Schiffen mit großen Tiefgängen ist eine weitere Vertiefung des Elbefahrwassers erforderlich. Die Planungen dafür begannen 1990 und waren 1995 noch nicht abgeschlossen. Wegen der Umweltverträglichkeit u.a. ist die generelle Vertiefung mit einer auf einer Tiefenlage durchlaufenden Sohle nicht vorgesehen. So soll z.B. die Außenelbe auf 15,5 m unter KN und der Bereich zwischen Wedel und dem Hamburger Hafen auf 15,3 m unter KN vertieft werden.

Teil 2

SCHIFFAHRT

Vom Holzsegelschiff über Karavelle, Galeone, Fleute zur Fregatte und Klipper 15. bis 19. Jahrhundert

Hamburg und die Hanse Im Jahre 1266 gewährte der König von England den hamburgischen Kaufleuten eine «Hanse», d.h. das Recht zum Zusammenschluß in einer Genossenschaft in England. Diese «Hansen», die zunächst als lokale Körperschaften von Kaufleuten einzelner Städte gebildet wurden, vereinigten sich später zu den «kopluden dudescher hanse». Daraus entstand dann der Bund der Hansestädte. Die Hanse war also zunächst eine Vereinigung, ein «Bund» von Kaufleuten, die dann erst später die Gleichberechtigung, die Gleichschaltung der Politik ihrer Städte im Hinblick auf den Fernhandel durchsetzten.

In alten Schriften, zum erstenmal im Jahre 1344, wird auch das Wort «Hansa» gebraucht. Die einzelnen Städte vertraten früher stets nur ihre eigenen Handelsinteressen, wobei die norddeutschen Kaufleute sich besonders im Ostseeraum bewegten und die Kaiser hingegen zumeist nur in Süddeutschland in bezug auf den Handel tätig waren. Durch und nach den Kreuzzügen wuchs der Wohlstand der Städte und rief den Neid anderer Städte wach.

Für den Zusammenschluß der Kaufleute in der Hanse gab es viele Gründe: die Belastung durch Zölle, der Raub von Strandgut, aber auch die Erlangung von Handelsfreiheiten und Monopolen.

Die Machtmittel dieses Bundes waren Geld und Krieg. Er legte Landstraßen an, auch Wasserstraßen – wie den Stecknitzkanal. Über die Münzen verständigte man sich untereinander.

In der Blütezeit hatte die Hanse vier Standorte («Quartiere») mit vier «Vororten»:

1. das Westfälische Quartier mit Vorort Köln, im Besitze des flandrischen und englischen Handels;
2. das Sächsische Quartier mit Vorort Braunschweig, welches besonders durch Heinrich den Löwen gefördert worden war;
3. das Wendische Quartier mit Vorort und führender Stadt Lübeck. Diese Stadt überragte alle anderen, weil alle Straßen vom Rhein und aus Süddeutschland an dieser Stelle auf dem kürzesten Wege die Ostsee erreichten. Außerdem hatte Lübeck wie Braunschweig bedeutende Vorrechte von Heinrich dem Löwen erhalten. Lübeck war darüber hinaus mit Wismar, Lüneburg und Hamburg seit 1379 im Wendischen Münzverein verbunden;
4. das Preußische Quartier mit Vorort Danzig, der Hafenstadt des reichen Ordenslandes und Erbin Visbys, das 1361 zerstört wurde.

Außerdem bestanden Handelskontore auswärts:

1. in London:
Im Stahlhof (Bergischer Stahl) vereinigte sich der englische Handel. Die deutsche Industrie war damals der englischen noch so überlegen, daß sie für «1 Pfennig den Fuchsbalg kaufte und für 1 Gulden den Schwanz wieder verkaufte»!;
2. in Bergen:
Im deutschen Stadtviertel kaufte man in großen Mengen Fische (Stockfische) und Holz. Verkauft wurden Tuche und Bier;
3. in Nowgorod:
Ausgangsplatz des russischen Reiches. Im Petershof wurden Pelze, Leder, Wachs gegen friesische Tuche gehandelt. Nowgorods Blüte schwand, als Iwan III. 1478 die Deutschen vertrieb;
4. in Brügge:
Internationaler Austausch von nordischen

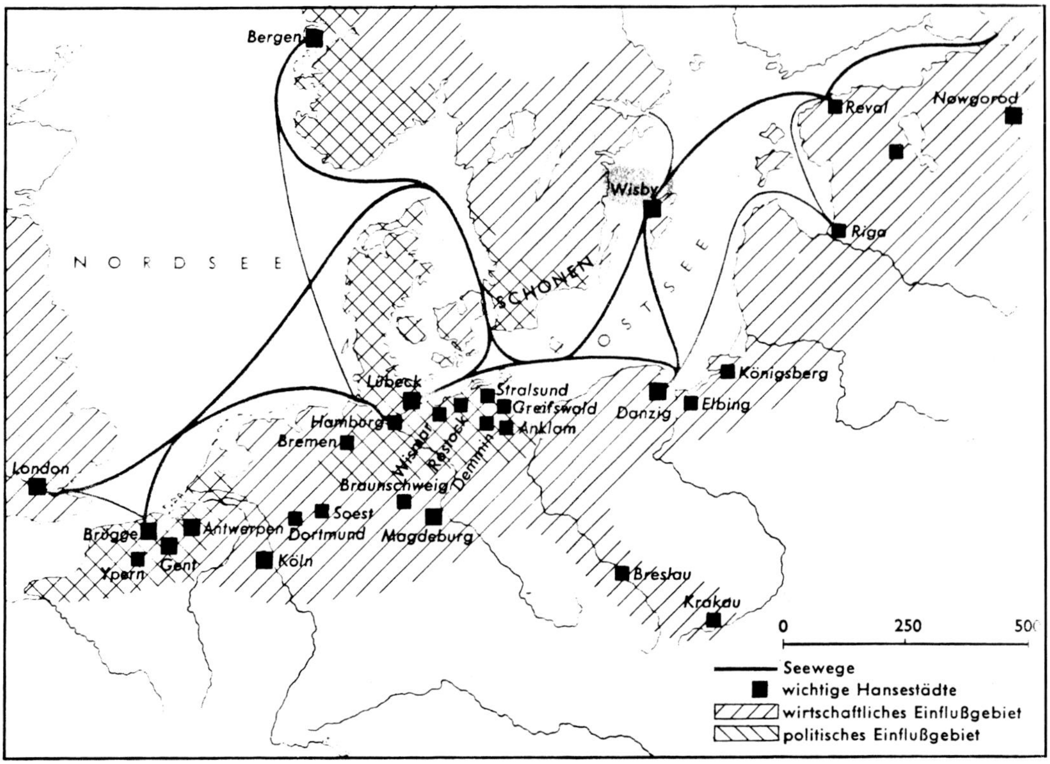

Seewege der Hanse und ihr Einflußgebiet im Nord- und Ostseeraum

und südeuropäischen bzw. indischen Waren.

Auch Stockholm, dessen Kaufleute meist Deutsche waren, blühte durch die Hanse auf. Die sogenannten Vitalienbrüder unterstützten die Stadt im Kampfe mit der Königin Margarete durch Lebensmittel. Später wurden diese «Wohltäter» berüchtigte Seeräuber.

Im Jahre 1367 fuhren Vertreter von 77 Hansestädten nach Köln. Waldemar IV., König von Dänemark, hatte das Land Schonen wegen seines Heringsfanges erobert und die Stadt Visby auf Gotland zerstört. Die Kölner Versammlung beschloß deshalb den Krieg gegen ihn. Dänemark und Norwegen wurden bezwungen, Vorrechte der Hanse bestätigt.

Die Entdeckung neuer Seewege 1492 bis 1498 brachte der Hanse neue Ziele und es entwickelten sich neue Handelsbeziehungen. Erst der 30jährige Krieg von 1618 bis 1648 brach die Kraft der Hanse. Aber in den frei gebliebenen Hansestädten hielt sich der kluge, unternehmerische und energische Kaufmannsgeist.

Erste englische Niederlassung in Hamburg durch die «Merchant Adventurers» Für Hamburgs Handel begann im 16. Jahrhundert ein bedeutender Aufschwung, der bis ins 18. Jahrhundert anhielt. Der Hansebund verlor für Hamburg immer mehr an Bedeutung. Die Stadt begann, das alte Oberhaupt Lübeck zu überflügeln. Die Nationalisierung nahm zu. An die Stelle einzelner Städte und ihrer Kaufmannschaften traten Nationen wie England, Niederlande und Frankreich. Für Hamburg war auch von Bedeutung, daß der Antwerpener Handel zurückging infolge der Zwistigkeiten zwischen Spanien und den unter spanischer Herrschaft stehenden Niederlanden. Hamburgs Stadtväter waren die ersten, die sich der neuen Wirtschaftslage anzupassen wußten. Sie luden englische Tuchkaufleute, die Merchant Adventurers, die bis dahin ihre Niederlassung in Antwerpen hatten, ein, ihren Sitz in Hamburg zu nehmen. Das geschah ganz im Gegensatz zum früheren hansischen Grundsatz, den Handel der «Fremden» möglichst zu erschweren. Obwohl einzelne Hamburger Kaufleute protestierten, schloß die Stadt mit den «Merchant Adventurers» im Jahre 1567 einen Vertrag, erlaubte ihnen die Niederlassung und gewährte ihnen diverse Zoll- und Steuervergünstigungen.

Die Stadt kaufte der englischen Gesellschaft ein Haus an der Gröninger Straße, wo sie Lager- und Wohnraum einrichten konnte. Dieses Backsteinhaus mit prächtigem Treppengiebel war seinerzeit das schönste gotische Bürgerhaus Hamburgs. Es war 1478 für die Ratsfamilie Hinrich von Zewen gebaut worden. Der Hof führte auf den Katharinenkirchhof. Als die Fleetseite noch nicht bebaut war, machten Groninger Kaufleute hier ihre Schiffe fest.

Die streng lutherische Stadt Hamburg erlaubte den Engländern sogar, für ihren anglikanischen Gottesdienst eine eigene kleine «Kapelle» zu unterhalten. Im Jahre 1620 beherbergte diese englische Enklave 228 Menschen. Die Engländer nannten das Backsteinhaus «English Court» und die Hamburger nannten es «Das Englische Haus». 1569 kamen die ersten 28 englischen Schiffe mit Wolle und Tuch beladen, ihnen folgten gleich weitere 25. Alle Schiffe fuhren unter dem Geleit englischer Kriegsschiffe. Damit hatte der englische Tuchhandel auf dem Kontinent ein Monopol. Zoll- und sonstige Abgaben flossen in die Stadtkasse der Hansestadt und die Engländer beschäftigten Hamburger Schiffer und Kommissionäre, woran die Stadt ebenfalls gut verdiente.

Die Hanse und der deutsche Kaiser waren über das Verhalten Hamburgs entrüstet.

«Das Englische Haus»

Unter ihrem starken Druck mußten die Merchant Adventurers weichen. In den Jahren von 1586 bis 1611 ließen sie sich in Stade und Emden nieder. Dadurch fehlten den Hamburgern wichtige Steuereinnahmen und sie erreichten schließlich nach heftigen Streitereien zwischen dem Kaiser, der Hanse und England, daß der Vertrag im Jahre 1611 mit den Merchant Adventurers wieder erneuert wurde. Bis 1806 blieben sie dann an Elbe und Alster.

Seeräuberei

«Blütezeit» der Seeräuberei im Nord- und Ostseeraum durch Thronstreitigkeiten

Im Jahre 1387 übernahm Königin Margarete den Thron der Länder Dänemark und Norwegen. Sie regierte mit Klugheit und großer Tatkraft. Schwedens König Albrecht trachtete nach Margaretes Krone und erklärte ihr den Krieg. In den Kämpfen bei Fallköping wurde er 1389 besiegt, gefangengenommen und grausam gefoltert. Zu der Zeit hielt als einzige Stadt in Schweden Stockholm mit ihrer großen deutschen Kolonie noch der Belagerung durch die königlichen Truppen Margaretes stand.

Die Hanse war mit Dänemark verbündet. Aber immer wieder handelten einzelne Mitgliedsländer nach eigenem Ermessen und hielten sich dabei nicht an das Bündnis. So stellten sich die Hansestädte Wismar und Rostock hinter König Albrecht von Schweden, der zu der Zeit auch Herzog von Mecklenburg war, um Margarete zu bekämpfen.

Stockholm war während der Belagerung auf die Hilfe der mecklenburgischen Städte des Herzogs Albrecht angewiesen. Wismar und Rostock warben nun die seit Jahren schon in der Nord- und Ostsee von friesischen Häuptlingen angeführten Freibeuter für ihre Dienste an. Sie stellten ihnen Kaper- und Stehlbriefe (Steelbreve) aus, die sie «berechtigten», Eigentum der nordischen Feindländer zu rauben und auf den Märkten von Wismar und Rostock zum Verkauf abzuliefern. Diese Städte sollten ihnen gleichzeitig als Schutzhäfen dienen. Kaum war dies bekannt geworden, strömten aus aller Herren Länder verwegene Piraten in die beiden Städte. Ein Chronist beschrieb das so: «Es steht nicht zu beschreiben, was des losen und bösen Volkes zu Hauf lief aus allen Landen. Weil es die Hauptaufgabe dieser Freibeuter war, «Viktualien» (Lebensmittel) für die belagerte Stadt Stockholm von der Seeseite her zu beschaffen, wurden sie unter dem Namen «Vitalienbrüder» zusammengeschlossen. (Viktualien auf schwedisch = Vitalien).

In dem zerstörten Visby auf Gotland setzten sich die Vitalienbrüder fest, verteidigten es und beherrschten von dort aus die Ostsee. Auch auf Rügen nisteten sie sich ein. Sie überfielen nicht nur – wie ihnen «erlaubt» – dänische und norwegische Schiffe, sondern auch neutrale und hansische, so daß der friedliche Handelsverkehr auf der Ostsee praktisch unmöglich geworden war. 1392 ordnete der Hansetag deswegen die Einstellung des gesamten Verkehrs mit der Insel Schonen für drei Jahre an. Dadurch kam auch der Heringsfang vor der Insel zum Erliegen.

Erst 1395 gab Königin Margarete den Schwedenkönig gegen Lösegeld frei und vereinigte kurz darauf die drei nordischen Reiche unter ihrer Krone. Damit hätte die «legitime» Seeräuberei an sich ihr Ende finden müssen.

Aber die Vitalienbrüder setzten als echte Seeräuber ihre Raubüberfälle und Plündereien fort. Sie nannten sich jetzt «Likedeeler» (= gleiche Teile), weil die Beute nach Räuberart zu gleichen Teilen untereinander aufgeteilt wurde. Ihr Losungswort hieß: «Gottes Freund und aller Welt Feind». Dabei muß erwähnt werden, daß sie hin und wieder für mildtätige Zwecke Geld stifteten.

1396 griffen sie die Hansestadt Bergen in Norwegen an. Hanseatische Kaufleute und Krieger wurden getötet, hansische Lagerhäuser geplündert.

Nach diesem letzten gemeinsam unternommenen Raubzug beschlossen die Piraten, sich zu trennen. Ein Teil segelte nach Ostfriesland, ein Teil in die Newa, ein anderer an spanische Küsten. In der Ostsee verblieb nur noch ein kleiner Haufen.

An der Elbmündung und in der Nordsee wurden dementspechend holländische und hamburgische Schiffe von ihnen angegriffen.

Mit großem Aufwand kämpften die an der See liegenden Hansestädte – mit Ausnahme von Rostock und Wismar – gegen die Piraten. Gefangene, die gemacht wurden, brachte man zum größten Teil auf das Schafott, die übrigen landeten im Kerker, wo sie an Unterernährung starben.

1398 griffen 84 Schiffe und 4000 Bewaffnete der Hanse von Danzig aus Visby an und zerstörten den Unterschlupf der Piraten auf Gotland. Damit wurden sie aus der Ostsee vertrieben.

Störtebeker-Bronzerelief 1982, auf dem Grasbrook

Claus Störtebeker Nur wenige Piraten hatten den Angriff auf Visby überlebt. Sie formierten sich neu. Unter ihnen befanden sich auch die Hauptanführer Claus Störtebeker, Gödeke Michels, geboren auf Rügen, Wigbold (Magister aus Rostock) und Wichmann.
Störtebeker soll in Wismar zu Hause gewesen sein. Ganz sicher weisen das aber die Chroniken nicht nach. Seinen wahren Namen soll er verschwiegen haben. Es ist möglich, daß man ihm den Namen Störtebeker gab, weil er als großer Trinker den damals großen Becher in einem Zuge hinunterstürzen konnte. Er liebte Trinkgelage und Liebesabenteuer, war von großer, kräftiger Statur, draufgängerisch und soll schon «als Seeheld geboren» sein.
Nachdem die Ostsee «gesäubert» war, mußte sich der kleine Haufen für seine Raubzüge neue Gebiete suchen. In kleinen ostfriesischen Fischerhäfen gewährten die Einheimischen den Likedeelern Unterschlupf und Schutz. Der Edle, Friesenhäuptling Keno ten Brooke (Brooke = Brügge) gab dem Anführer der Likedeeler, Claus Störtebeker, in Marienhave seine Tochter zur Frau.
Anfangs war Störtebeker nur ein Unterführer von Gödeke Michels. Später trennten sie sich. Michels übernahm den Bereich England und Flandern und Störtebeker die Elbmündung.
Von den Verbündeten der Hanse verfolgt, flüchteten die Freibeuter unter dem Schutz des Keno ten Brooke nach Marienhave. Der dort von den Piraten erbaute Marienhavener Turm zeugt noch heute von der Befestigung ihres Schlupfwinkels.

Bündnis Norwegen, Schweden, Dänemark und Hanse 1398 entschloß sich Königin Margarete – Herrscherin über die drei nordischen Reiche – unter dem Druck der Hansestädte Hamburg und Lübeck, sich mit ihnen zu verbünden, um gemeinsam der Seeräuberei auf den nördlichen Meeren ein Ende zu bereiten. 1399 kam in Nyköping unter Anwesenheit der Gesandten Hamburgs und Lübecks ein Bündnis zustande. Man drohte dem friesischen Häuptling Keno ten Brooke mit Krieg, falls er dem Anführer Störtebeker weiterhin Schutz gewähren würde. Keno ten Brooke unterzeichnete einen Vertrag, in dem er sich dem Willen des Städtebundes fügte. Gleichzeitig aber tat er seinem Schwiegersohn Störtebeker kund, daß er nicht gewillt sei, sich an das zu halten, was er gelobt hatte.

Krieg der Hanse gegen das holländische Ostfriesland Die Hanseschiffe wurden weiterhin überfallen. In Lübeck wurde daher beschlossen, Ostfriesland den Krieg zu erklären.
Da es keine Kriegsflotte gab, rüsteten die

Hansestädte 11 Koggen um und nannten sie «Frede-Koggen». Die Ratmänner Albert Schreie und Johann Nanne befehligten diese hamburgischen Orlogschiffe.
Im Februar 1400 traf die hamburgische Flotte zusammen mit der Lübecker bei Stade auf der Unterelbe auf die Schiffe von Piraten aus Kampen und Deventer. Hier kam es zum Kampf, einige Piratenschiffe wurden geentert, 80 Piraten getötet und der See überlassen, 36 gefangengenommen. Drei Piratenschiffe fielen der Hanseflotte in die Hände; aber keiner der Anführer war an Bord.
Die siegreiche Hanseflotte wurde in Hamburg mit Begeisterung empfangen. Alle gefangenen Piraten wurden auf dem Grasbrook enthauptet. Ihre Köpfe nagelte man zur Abschreckung längs des Ufers der Elbe auf Pfähle.

Der Kampf der Bunte Koh von Flandern in der Elbmündung Im Februar 1401 erhielt der Hamburger Rat die Nachricht, daß Störtebeker und sein Unterhauptmann Wichmann wieder einmal mit ihren Holks, den Dreimastern mit Aufbauten, vor der Elbmündung den Hamburger Englandfahrern auflauerten.
Hanseschiffe hatten außerdem erkundet, daß zur gleichen Zeit Gödeke Michels mit seiner Flotte im Sund lag.
Wiederum baute der Rat mehrere Kauffahrteischiffe zu Kriegsschiffen um. Simon von Utrecht, ein Neubürger, ehemaliger Kaufmann aus den Niederlanden, rüstete dort auch mit finanzieller Hilfe des Rates ein Schiff aus und nannte es wegen der «starken Hörner» Bunte Koh von Flandern. Bürgermeister Nikolaus Schocke und Ratsherr Hermann Langhe wurden zu Befehlshabern der Flotte gemacht. Simon von Utrecht war wohl noch zu jung, um zum Befehlshaber ernannt zu werden. Immerhin hatte er sich schon als Seeheld hervorgetan und wurde seinerzeit bereits als «Condottiere zur See» bezeichnet. (Condottiere = Söldnerführer, Politiker).

Bunte Kuh von Flandern. Gemälde von Günther Todt, Hamburg.

Im März 1401 stieß die Flotte auf der Unterelbe auf Störtebekers Schiffe, denen gerade ein mit Bier beladener Holk in die Hände gefallen war. Das große Gelage und schlechte Sicht bei nebligem Wetter ließen Störtebeker vermuten, es näherten sich erwartete Englandfahrer. Die Hamburger bestärkten ihn in dem Glauben dadurch, daß sie ihre Orlogschiffe mit dem Wind auf die Piratenschiffe zutreiben ließen. Dabei rammte die Bunte Koh von Flandern den mit Bier beladenen Holk. Das Schiff wurde manövrierunfähig und geentert.
Erst jetzt erkannten die Piraten die Lage und nahmen den Kampf auf. Er tobte drei Tage und drei Nächte. Mächtige Enterhaken drangen unter Krachen und Bersten in die Relinge der Segler ein. Störtebeker, der kraftvolle Recke, schlug mit seinen kampferpobten wilden, bärtigen Draufgängern wie der Teufel um sich und wehrte sich tapfer. Von rasender Wut erfüllt, feuerte er seine Mannen durch laute Zurufe an bis zur Raserei. Er hatte wohl schon ein Dutzend seiner Angreifer zu Boden geschmettert, als ihm die Waffe aus der Hand fiel. Als er zum Schwert greifen wollte, umklammerte ihn ein Hamburger Bootsmann und überwältigte ihn. Auch Wichmann und 70, teils schwerverwundete Piraten, fielen den Hamburgern in die Hände.
Die Seeräuber sollen angeblich durch eine List der Hamburger überwältigt worden sein: Ein Freund Schockes soll als Blanke-

neser Fischer verkleidet heimlich des nachts die Angeln der Steuerruder der Piratenschiffe durch Eingiessen von geschmolzenem Blei blockiert haben. Eine andere Version besagt, daß Helgoländer Fischer den Hamburgern zu Hilfe kamen und das Blei in die Ruder gossen.

Siegreiche Heimkehr der Hamburger Kriegsschiffe Im heimischen Hafen feuerten die Hamburger Orlogschiffe Freudenschüsse aus ihren Geschützen ab. Die Stadtpfeifer und -Pauker spielten fröhliche Weisen, die Kirchenglocken läuteten, das Volk jubelte.

Störtebeker wurde in schwere Ketten gelegt, hinter ihm reihten sich Wichmann und 70 seiner zum Teil schwer verletzten Gesellen auf. So zog der Troß ins Gefängnis im Keller unter dem Rathaus. Hier verblieben sie, damit ihre Wunden ausheilen konnten und sie Gelegenheit hatten, sich zu rechtfertigen. Einige durften sogar einen Fürsprecher in Anspruch nehmen. Ein Prozeß hat allerdings nicht stattgefunden.

Am 20. Oktober 1401 führte man sie zur Hinrichtung auf den Grasbrook unter «großen Klagen der Frawen und Jungfrawen», umgeben von bewaffneten Bürgern zu Fuß und zu Pferde. Am Schafott wartete der Henker Rosenfeld, ein starker Mann, «der ein Schwert führte, das wohl kaum ein anderer zu heben vermochte.»

Der Legende nach soll Störtebeker auf dem sumpfigen Gelände bei trübem Hamburger Schmuddelwetter zum Henker gesagt haben, als er durch die lehmigen Pfützen stapfte: «Ihr Hamburger seid ungastliche Leute»! Rosenfeld soll darauf geantwortet haben: «Bedenke, Du mußt nur hin und wirst geköpft, ich aber muß auch wieder zurück!» Darauf soll Störtebeker geantwortet haben: «Wenn ich ohne Kopf zurückgehe, schenkt Ihr denjenigen meiner Mitkämpfer das Leben, an denen ich noch vorbeigehen kann?» Dieses wurde ihm gewährt. Er schritt als erster zum Schafott. Mit abgeschlagenem Kopf soll er an elf seiner Gesellen vorbeigelaufen sein, bis ein auf ihn geworfener Stein ihn zu Fall brachte. Die Elf ließ man am Leben. – Sie sollen sich später im Westen Hamburgs in Finkenwerder und in Blankenese angesiedelt haben.

Als zweiter wurde Wichmann enthauptet, dann alle anderen Piraten. Der Scharfrichter soll mit seinen Schnürschuhen bis an die Knöchel im Blut gestanden haben, das in Strömen in die Elbe geflossen sein soll. Die Köpfe wurden mit 28 cm langen Eisennägeln auf Pfähle geschlagen und ebenso wie die von früher Hingerichteten längs des Elbstrandes aufgereiht; nicht nur zur Abschreckung, auch wohl als Triumph Hamburgs, den Freibeutern und Plünderern endgültig das Handwerk gelegt zu haben.

In späteren Zeiten erzählte man sich im Volke, ein Ratsherr habe den Scharfrichter am Schluß seiner Blutarbeit gefragt, ob er denn nicht müde sei. Er soll darauf geantwortet haben: «Wenn es nötig wäre, könnte ich noch sämtlichen Mitgliedern des Hohen Rates dazu die Köpfe abhacken!» Für diese frevelhaften Worte soll er sofort zum Tode verurteilt und ebenfalls geköpft worden sein. – Sein Nachfolger war der Büttel Knoker.

In der Wesermündung wurde inzwischen auch Gödeke Michels mit 80 seiner Rotte gefangengenommen, nach Hamburg gebracht und ebenfalls auf dem Grasbrook hingerichtet. Mit den schon im Frühjahr 1401 Enthaupteten zeugten jetzt 154 Köpfe auf den Pfählen von den schändlichen Überfällen und Morden der Piraten und ihrer grausamen Hinrichtung durch das Schwert. Die letzte Hinrichtung von Seeräubern fand im Jahre 1624 statt.

Der Hamburger Brand von 1842 hat fast alles von Claus Störtebekers aufbewahrtem Eigentum, Requisiten und Beutegut zerstört. Einige angeblich erhalten gebliebene Stücke hielten wissenschaftlicher Prüfung nicht stand, so z. B. in einer Hamburger Sammlung eine Rüstung und ein Eisenhut, die Claus Störtebeker getragen haben soll. Auch ein runder Schild mit einer Laterne in der Mitte wird ihm zugeordnet. Im Museum für Hamburgische Geschichte wird sogar ein Richtschwert aufbewahrt, mit dem Störtebeker und seine Gesellen hingerichtet worden sein sollen. Auch Schädel, die auf dem Grasbrook ausgegraben wurden, werden hier verwahrt. In Amsterdam wird ein schwerer silberner Humpen gezeigt, der ebenfalls Störtebeker gehört haben soll.

Auch das Bildnis von Störtebeker, das uns vertraut ist, soll nicht der Wahrheit entsprechen. Es ist, bewußt oder unbewußt, eine Fälschung. Störtebeker wurde zu seinen Lebzeiten von niemandem gemalt oder gezeichnet. Erst rund 130 Jahre nach seinem Tode hat im Jahre 1530 der Nürnberger Kupferstecher Daniel Hopfer das uns heute bekannte Bild von Störtebeker gefertigt. Wahrscheinlich stellt dieses Bild den Hofnarren Kaiser Maximilians I., Kunz von Rosen, dar. Dieses Bild wurde auf den Märkten verkauft und als Bild des Störtebeker, aber auch als das Florian Geyers bezeichnet. Eine Kupferplatte trägt die Aufschrift: «Claus stürz den Becher». Im 17. Jahrhundert kam diese Platte in den Besitz des Nürnberger Buchhändlers David Funck. Er druckte dann Bilder in großer Auflage – wahrscheinlich wider besseren Wissens. Hofers Original befindet sich im Berliner Kupferstichkabinett.

Auch ein Störtebeker-Lied ist der Nachwelt – wenn auch nicht vollständig – im Originaltext erhalten:

1. Störtebecker un Gödcke Micheel
Dat weeren twee Röver to gliecken Deel
To Water un nich to Lande:
Bit dat et Gott im Himmel verdroot,
Da mußten se lieden groot Schande!
2. Störtebecker sprook; Altohand!
De Westsee is uns wohlbekannt,
Dahin wölln wie nu fahren.
De riken Koplüd van Hamburg
Mögt jem ehr Scheep nu wahren.
3. Nu leepen sie wie dull dahin
In ehren bösen Röversinn,
Bit dat man jem kreg faaten.
Biet' Hilgeland in aller Fröh
Da mussen se't Haar woll laaten.
4. De bunte Koh uut Flandern kam,
Dat Roov-Schipp op de Höören nahm
Un stött et wiß in Stücken.
Dat Volk se brogg'n na Hamburg up
Da mussen se'n Kopp all missen.
5. De Brone de heet Rosenfeld,
Haut aff so machen wilden Held
Den Kopp mit kühlem Moote.
He hadde angeschnöörte Schoh,
Bit an sien Enkel stunn he in Bloote.

Eine Übertragung in das Hochdeutsche ist in der Zeitschrift für Hamburgische Geschichte, Band 2 nachzulesen.

Die großen Siege, welche die Stadt Hamburg gegen ihre gefährlichen Feinde zur See errungen hatte, trugen ihr den Beinamen «Die Piratenbezwingerin» ein!

Durch Privatinitiative des Architekten Dieter Groß und des Münchner Bildhauers Hansjörg Wagner wurde im Jahre 1982 auf dem Grasbrook ein Bronzerelief von Claus Störtebeker aufgestellt. 2,20 m hoch, 200 kg schwer. Hafendirektor Dr. Karl-Ludwig Mönkemeier enthüllte das Denkmal am 1. August und sagte u. a. «Hamburg und seine Küste sind um eine touristische Sehenswürdigkeit reicher geworden»! Eine Ehrung für die Piraten oder bleibender Triumph der «Piratenbezwingerin»?

Emden und Leer unter hamburgischer Schirmherrschaft Die Vitalienbrüder, «das vermaledeyte heillose Volk, die Teufelskinder» waren zwar besiegt. Aber immer noch hielten die Hamburger mehrere Orte in Ostfriesland besetzt, als einige sich zusammenrottende Piraten aufs neue mit der Seeräuberei begannen. Hamburg reagierte schnell und sandte 1422 gemeinsam mit Lübeck eine Flotte mit eintausend Mann nach Ostfriesland. Befestigte Lager wurden genommen und die Verteidiger geköpft.

Schon 1431 flammte die Seeräuberei wieder auf und durch eine erneut entsandte Kriegsmacht wurde eine Reihe von Raubburgen und Schlössern zerstört. 1432 brachte der inzwischen zum Hamburger Ratmann avancierte Simon von Utrecht den friesischen Anführer der Piraten, Imelo Abdana, nach Hamburg, wo er im Kerker starb.

Bei einer weiteren Reise an die Ems griff Simon von Utrecht mehrere Piratenschiffe an. 48 Gefangene wurden nach Hamburg gebracht und in den Turm des Winsertores gesperrt. Von diesem ließen sich 14 Piraten an Kleiderstricken ins Wasser hinab, schwammen an den Grasbrook, bestiegen ein größeres Boot, fuhren die Elbe hinunter und entkamen! Daraufhin wurde unter dem Kommando von Simon von Utrecht Emden belagert, bis Stadt und Schloß Emden sich ergaben. Im Verein mit dem friesischen Fürsten Ezard wurde 1433 auch die Burg Leer genommen und zerstört. Aus ihren Steinen bauten die Hamburger eine Festung dort, wo die Leda in die Ems fließt. Auch die Schlüsselburg (benannt nach dem Schlüssel im Bremer Wappen), die einem Edlen gehörte, wurde von den Hamburgern eingenommen und zerstört.

Nach weiteren Kämpfen auf der Weser und im Waageland erwies Hamburg dem tapferen Seehelden Simon von Utrecht höchste Ehren. 1433 wurde er zum Ehrenbürgermeister erwählt. Schon 1437 starb er und wurde in der Nikolaikirche beigesetzt.

Unter der Schirmherrschaft Hamburgs gewann die Stadt Emden durch regen Handelsverkehr mit den Hansestädten schnell an Wohlstand. Doch die Kosten für die Erhaltung von Emden und Leer hatte Hamburg allein zu tragen, was auf die Dauer ohne Hilfe der hansischen Bundesgenossen nicht zu bewerkstelligen war. Schließlich verpfändete die Stadt Hamburg Emden und Leer auf Treu und Glauben dem Friesenhäuptling Ulrich Cirksena. Dieser gelobte, keine Seeräuber zu dulden, keine Zölle auf Hamburger Waren zu legen, den Hamburgern freie Ein- und Ausfahrt, auch in Kriegszeiten, zu gewähren und keine neuen Burgen zu bauen. Für den Fall eines Angriffs sagten sich beide Teile wechselseitig Hilfeleistung zu. Doch im Jahre 1461 wandte sich der Häuptling Ulrich Cirksena an den Papst Pius II. und bat um Aufhebung des der Stadt Hamburg gegenüber geleisteten Eides. Der Papst hat ihn von dem Eid entbunden. Nun begann die Seeräuberei der Friesen aufs neue. Hamburg schickte 10 Kriegsschiffe in die Nordsee, um seinen Handel zu schützen. 1480 wurden 14 friesische Seeräuber nach Hamburg gebracht und auf dem Grasbrook enthauptet. 1488 folgten weitere 74, denen man ebenfalls den Kopf vor die Füße legte.

1493 gab Hamburg seinen Anspruch auf Emden und Leer gegen Zahlung von 12.000 Mark Lübisch endgültig auf. Damit ging die Herrschaft Hamburgs und der Hanse über die ostfriesischen Besitzungen wieder verloren.

Weitere blutige Seeschlacht zwischen Hamburg und Piraten vor der Elbmündung Die Freibeuterei nahm kein Ende. König Christian II. von Dänemark, der grausame Tyrann, mußte im Jahre 1522 nach Holland fliehen, das hatte Herzog Friedrich I. von Holstein mit Unterstützung der Hanse erreicht. Die Geliebte König Christians, «das Täubchen von Amsterdam», wurde auf dem Fluchtwege gefaßt und in die Fluten des Sundes gestürzt, wo sie den Tod fand.

Exkönig Christian nahm im Exil seinen Kampf wieder auf, ließ Schiffe ausrüsten und ernannte den Kopenhagener Klaus Kniphoff – aus guter Familie stammend – zum Oberbefehlshaber seiner Schiffe. Er sollte die Macht der Hansestädte brechen und Norwegen erobern. Zu diesem Zwecke fertigte der Exkönig mehrere, sogenannte Stehl- oder Kaperbriefe aus, was er später in bedrohlicher Lage entschieden abstritt. Mit etwa 1000 Mann Schiffsvolk und Landsknechten – heruntergekom-

mene Edelleute und holsteinische Adelige, die ihr Vermögen verpraßt hatten – stach das Kniphoff'sche Geschwader in See. Die kleine Flotte bestand aus einer mächtigen Karavelle, einem Viermaster, die «GALLION» und drei kleineren Schiffen. Bei der Insel Vlieland vergrößerte sich das Geschwader um das Schiff des Freibeuters Klaus Rode auf insgesamt etwa 1200 Mann.
Hansische, besonders Hamburger Schiffe, schwerbeladen auf dem Weg nach Holland, fielen den Piraten in die Hände. Beschwerden der Hansestädte hatten keinen Erfolg. Gleichfalls wurden Lübecker Schiffe, die nach Holland und England unterwegs waren, von den Seeräubern ausgeplündert. Auch an verschiedenen norwegischen Küstenplätzen raubten sie die Güter der hansischen Kaufleute, wurden gewalttätig gegen Bauern, Bürger und Schiffer.
Als das Kniphoff'sche Geschwader sich der reichen Hansestadt Bergen näherte, wurde es unter gewaltigem Kugelhagel gezwungen, abzudrehen. Es nahm Kurs auf die schottische Küste, wo reiche Beute gemacht wurde.
Inzwischen hatten die Hamburger vier zweimastige Handelsschiffe, Kraffeln, so groß wie Schoner, zu Kriegsschiffen umgerüstet. Etwas später kamen noch zwei Bojer hinzu. Den Oberbefehl über dieses Geschwader und den Admiralstitel erhielt Semon Parseval, dem Ditmar Koel, Klaus Hasse und Dirk von Minden als Schiffspatrone beigegeben wurden.
Bei Gretsiel in der Nordsee machten die Piratenschiffe Kniphoffs fest, um sich für neue Eroberungszüge vorzubereiten. Die Hamburger Kraffeln gingen ziemlich nah' am Feind vor Anker und eröffneten das Feuer, das sofort erwidert wurde. Da sich bereits der Abend niedersenkte, beschloß man auf beiden Seiten, zunächst Ruhe zu geben, um in der Nacht neue Angriffspläne schmieden zu können.
Auf der Hamburger Seite entschied das Los, da jeder der Schiffsführer den Angriff auf das Hauptschiff des Feindes für sich in Anspruch nehmen wollte, daß Ditmar Koel die «GALLION» der Freibeuter entern sollte.
Im feindlichen Lager tat sich besonders Klaus Rode (der wilde Rote) hervor, der die Hamburger geringschätzig «Apfelschützen» und «feige Krämerseelen» nannte.
Noch in der Nacht wurden von den Hamburgern unter lockenden Versprechungen 60 junge, kräftige Friesen angeworben, die schlaftrunken aus den Betten geholt wurden.
Am Morgen des 7. Oktober 1525 waren die letzten Kriegsvorbereitungen im vollen Gange. Die Mannschaften erhielten – wie es vor einer Schlacht üblich war – ihren «zarten Morgentrunk», Warmbier mit Schießpulver. In einer plattdeutschen Chronik kann man nachlesen, daß die Schiffsmannschaft danach in eine Berserkerwut verfiel. Noch mehr angefeuert wurden alle durch die Worte ihrer Schiffspatrone: «...zum Ruhm und Preis der lieben Vaterstadt die Freibeuter aus der See zu holen...». Sie konnten den Beginn des Kampfes kaum erwarten.
Als im größten Schlachtgetümmel die Freibeuter dicht gedrängt an Bord der «GALLION» zum Entern bereitstanden, hielt das kleine Hamburger Schiff auf die «GALLION» zu. Ditmar Koels scharfes Kommando ertönte und sofort blitzte es an allen Ecken seines Schiffes auf und ein Feuerhagel traf das feindliche Schiff. Dann krachten die kämpfenden Schiffe aufeinander und Ditmar Koels Männer enterten auf der einen, die Besatzung der anderen Bojer auf der gegenüberliegenden Seite die «GALLION» und richteten ein grausames Gemetzel an. Besonders taten sich die rauhen Hamburger Bootsleute hervor, die mit wilden Schlachtrufen und kurzen Enterbeilen in die dichten Haufen der Feinde einschlugen. Sie hieben jeden in Stücke, der ihnen in den Weg kam. Auf Seiten der Freibeuter trieb der Gedanke an das Richtschwert des Henkers sie zu äußerst verzweifeltem Widerstand an.
Die Schwerter klirrten zusammen, die Äxte sausten nieder, Pfeile schwirrten und Bol-

zen der Armbrüste flogen, Büchsen krachten und Feuerschlangen und Kartaunen donnerten dazwischen. Auf den blutgetränkten Planken wurde zerstampft, wer fiel. Die Hamburger Krieger versuchten, kein unnötiges Blut zu vergießen und machten Gefangene. Auch Klaus Kniphoff nahmen sie in ihre Obhut, nachdem er sich freiwillig gestellt hatte und sich zu erkennen gab. Gefangennahme war ihm lieber, als unter Beilhieben der «Berserker» zerstückelt zu werden.

Bald waren auch die letzten Piratenfahrzeuge genommen. Die Hamburger riefen «Viktoria!» und dankten Gott, der ihnen gnädig gewesen war in den acht Stunden harten Kampfes. Die Verdecke wurden von den Toten gesäubert. Man warf sie kurzerhand über Bord, wie auch manchen Verwundeten. Die Räume reichten nicht aus für die Aufnahme aller Verwundeten und Gefangenen.

Auf dem Heimwege wurden die Sieger bei Blankenese im Namen der Stadt Hamburg feierlich begrüßt. Zwei Ratmänner fuhren ihnen auf einem festlich mit Fahnen und Kränzen geschmückten Bojer mit Stadtpfeifern und Paukern entgegen. Auf dem Schiff des Admirals Parseval fanden sich alle ein und die großen zinnernen Humpen kreisten, gefüllt mit köstlichem Malvasier. Auch die Gefangenen Kniphoff, Gans von Putlitz und Jürgen von Sydow wurden zum Umtrunk eingeladen.

Als die Hamburger Flotte beim Eichholz, zwischen Baumwall und Landungsbrükken, vor Anker ging, wurde sie von einer großen Menschenmenge am Strand und auf dem Feendsberg (Venusberg) empfangen. Zunftgenossen der Stadt erschienen in blankem Harnisch und mit Eisenhaube, mit Hakenbüchsen und Hellebarden, Spießen und Schwertern bewaffnet. Als Kniphoff mit seinen 162 Gesellen ausgeschifft wurde, ertönten von den Wällen die Kartaunen und die Kirchenglocken läuteten. Vorauf gingen Trommler, Pfeifer, Pauker und «Gigeler». Kniphoff, Putlitz und Sydow waren mit Ketten aneinandergeschlossen. Ihr Gefolge war jeweils zu zweien an ein dickes Ankertau geschnürt. Mit den vier eroberten Schiffsflagggen bewegte sich der Zug zum Rathaus. Die Sieger wurden geehrt und die Gefangenen in den Turm beim Winsenertor am Meßberg in die «Roggenkiste» (vom Volksmund auch «Tollkiste» genannt) gesperrt. Noch bis 1832, als der Turm abgebrochen werden mußte, konnnte man den Raum besichtigen, in dem Kniphoff gefangengehalten wurde.

Am 30. Oktober 1525 wurde Kniphoff mit 16 verurteilten Genossen auf dem Grasbrook, wo im Jahre 1401 auch Störtebeker und seine Gesellen durch das Schwert getötet worden waren, geköpft. Weitere 46 Piraten folgten, auch von Putlitz mit sieben Genossen und Anfang 1526 noch weitere vier Piraten. Insgesamt wurden 75 Mann enthauptet. Einige, die beweisen konnten, daß Kniphoff sie zum Dienste gezwungen hatte, wurden freigesprochen. Mit dem Schwert, durch das Kniphoff und seine Genossen den Tod fanden, ist kein weiterer Delinquent mehr hingerichtet worden.

Freikauf Hamburger Seeleute aus Sklaverei durch die «Casse der Stücke von Achten» Ende des 17. Jahrhunderts waren nordische Piraten im Mittelmeerraum fast verschwunden. Hier beherrschten maurische und türkische Seeräuber – Barbaresken genannt – das Meer. Von ihnen gefangengenommene Seeleute wurden auf dem Sklavenmarkt meistbietend versteigert. Als nun die Hanseaten sich bereit zeigten, für erfahrene Kapitäne und Steuerleute beträchtliche Lösegelder zu zahlen, die die üblichen Kaufsummen der Sklavenhändler überstiegen, witterten die Barbaresken neue Einnahmequellen. Für einen Schiffer wurden durchschnittlich 7.000 Mark Lübisch, für einen Steuermann oder Zimmermann je 3.000, für einen Matrosen 2.400 verlangt und bezahlt.

Die Abwicklung des Lösegeldverfahrens war eine komplizierte und zeitraubende

Angelegenheit. Verhandlungen zwischen Barbaresken und Hamburgern über die Freikäufe der Seeleute mußten mühsam über Spanien getätigt werden, was oftmals Monate dauerte.
Um die Lösegelder aufzubringen, wurden Haussammlungen und in den Kirchen Bekkensammlungen veranstaltet. Neben diese Sammelbecken stellte man kunstvoll geschnitzte, farbenfreudig bemalte Figuren gefesselter und bittender hamburgischer Seeleute.
Um den Seemann, der auf jeder Reise Gefahr lief, in die Sklaverei zu geraten, von dem mehr oder weniger reichen Ergebnis der Haus- und Beckensammlungen unabhängig zu machen, richtete man «Sklavenkassen» ein, eine Art Versicherung zum Loskauf aus der Sklaverei. Jeder Seemann konnte sich einkaufen. Schiffer und Matrosen zahlten 12 Taler Eintrittsgeld und die Prämie von einem Schilling für jede Mark Heuer, wenn die Fahrt nach Westen ging, einen halben Schillung für eine Fahrt nach Norden.
Die Verhandlungspartner der Barbaresken waren die Abgesandten der Hamburger Schiffergesellschaft, die aus der 1492 gegründeten Schiffsbrüderschaft hervorgegangen war. Von ihr wurde die erste Sklavenkasse eingeführt. Jedes Mitglied mußte anfangs in kastilianischer Münze einzahlen, dem «peso de octe» Danach erhielt diese Kasse den aus dem Spanischen frei übersetzten Namen «Casse der Stücke von Achten».
«Alldieweil indessen, nach schon angezogener Verordnung vom 21. September 1653, zu Anfang es eine Schuldigkeit aller von der Stadt Abfahrenden war, in die Sklaven-Casse sich einschreiben zu lassen, und den Betrag zu bezahlen, wenn sie des damit verbundenen Benefici genießen wollen; so hat man zwar per Conclusum Admiralitatis im Jahre 1712 denen Alten der Boots-Leute, welche mit bey derselben sind, bedeutet, daß sie nicht eingeschrieben aus der Casse nichts zu erwarten haben sollen. Die wirklich eingeschriebenen aber genießen ein gewisses aus der Casse, nämlich ein Schiffer 1.000 Rthlr. Sp. aus der «Stück von Achten Casse«, ein Steuer- und Zimmermann aber 700 Rthlr. Sp. und ein Matrose 600 Rthlr. Sp. aus der Sklaven-Casse»

Kauffahrteischiffahrt Die Handelsschiffe nannte man seinerzeit Kauffahrteischiffe. Sie wurden im Laufe der Zeit immer wieder verbessert und vergrößert. «Groß, geräumig und zu langen Reisen und zum Handelsbetrieb sehr passend», nahmen die Schiffe bald die Gestalt an, die uns aus Kupferstichen und Originalmodellen aus dem 17. und 18. Jahrhundert in Rats- oder Schifferhäusern bekannt sind. Die Schiffe waren derb und bauchig, leuchtend in den Farben, mit hohem Hintergestell, reich verziertem Bug und Heck, mit schönem, vollen Segelwerk, mit Flagge, langen Wimpeln und Geus (kleine Flagge auf dem Bugspriet) geschmückt.
Außer Schiffer und Steuermann gehörten zur Besatzung der Schimmann, der die Aufsicht über das Segelwerk hatte und der Scrifein, der Schreiber. Im 16. Jahrhundert wurden außerdem genannt: Bosmann, Kock, Putker oder Pütter, Timmermann, Kajütenwächter, Junge oder Knecht; im 17. Jahrhundert ferner: Barbier, Feuerwerker, Constabel, Segelmacher, Boddelier, Quartiermeister, später noch Schneider, Schmied, Glaser, Maler.
Der Schiffer mußte, so bestimmte es das Hansische Seerecht von 1614, des «Compasts, der See und Fahrwasser» kundig sein. Er hatte auch für eine ordentliche Mannschaft zu sorgen und mußte darauf achten, daß das Schiff nicht zu wenig, nicht zu viel und auf dem Überlauf und in der Kajüte gar nicht beladen war. Auch durfte er einem anderen seine Mannschaft «nicht abspenstig» machen. Des nachts mußte er stets an Bord sein.
Das Schiffsvolk mußte «Paßborthe» haben, die von den Älterleuten der Schiffergesell-

schaft unentgeltlich abgegeben wurden. Hier wurden Schiffsnamen und Routen eingetragen, die gefahren worden waren. Hatte der Schiffsmann sich während des Liegens im Hafen unredlich betragen, so durfte der Schiffer ihn ohne weiteres noch vor dem Auslaufen wieder entlassen. Ohne Wissen des Schiffers durfte keine «Gasterei» an Bord stattfinden.
Wer auf Wache schlief, mußte acht Schilling Lübisch in die Armenkasse zahlen. Hatte «ein Schiffer seine Schiffskinder redlicherweise durch den Winter gebracht und in seiner Kost gehalten», so durften sie ihn nicht um Erhöhung der Heuer angehen.
Wollte ein Schiffer «ausreiden», d.h. absegeln, so mußte er schriftlich einreichen, was zur Reise anzuschaffen sei. Mit zwei der Schiffsherren zusammen war der «Einkauf mit Vorteil zu besorgen».Der gekaufte Proviant wurde im Hause oder im Speicher des Reeders bis zur Abfahrt aufbewahrt.
Wieder im Hafen angekommen, hatte der Schiffer Rechnung zu legen und übrig gebliebene Lebensmittel abzuliefern. Im Kampfe gegen Piraten verwundete Schiffsleute wurden «auf gemeinsame Kosten des Schiffes und des Gutes» geheilt. Bei dauernder Erwerbsunfähigkeit erhielt der Invalide einen lebenslänglichen Unterhalt.
«Die Schiffsleute hatten willig Löschen und Laden zu besorgen.» Ohne des Schiffers oder Schreibers Wissen durfte nichts ausgeladen werden. Das hamburgische Schiffsrecht deckte sich im allgemeinen mit dem hansischen. Es hatte zusätzlich noch folgende Bestimmungen: z.B. «daß jeder Schiffer auf die Garnehrung, Stauung der Güter fleißig Auffacht haben solle». Brachte der Schiffer verlecktes oder verdorbenes Gut, ohne daß er es wußte, und der Kaufmann «klopfet dreymal an das Faß und befehlet, das aufzumachen», so mußte er dem Schiffer volle Fracht dafür bezahlen.
Der Schiffer sollte «starke Kardele und Windet Tackel» an Bord haben, «da man des Kaufmanns Güter mit ein- und aussetzen kan».
Wenn beladene Schiffe in Hamburg ankamen und vor Anker gingen, wurden Wächter in die Schiffe geschickt, um die Räume des Schiffers und des Schiffsvolkes zu besichtigen. Dadurch sollte verbotener Handel unterbunden werden.
Die Schiffer mußten vor der Abfahrt vor den Zollherren einen Eid ablegen, daß sie «bey den Kaufmanns Wahren ehrlich, aufrichtig und getreulich handeln» wollten. Mißtraute der Schiffer dem Empfänger der Fracht wegen der Bezahlung, so durfte er Gut als Deckung an Bord behalten.
Sollte ein Schiff wegen Schulden des Schiffers beschlagnahmt werden, so wurde um den Mastbaum eine kleine, geschlossene Kette gelegt oder das Steuer entfernt, je nachdem, in welchem Rufe der Schiffer stand.
Für die Ausfahrt eines Schiffes waren zwei Schriftstücke nötig, 1. der Certepartey, d.h. der Vertrag zwischen Schiffer und Befrachter, 2. das Connossement, d.h. die Empfangsbestätigung des Schiffers. Das Conossement war bis ins 18. Jahrhundert hinein holländisch abgefaßt, ab 1762 wurde es nur noch Hochdeutsch ausgedruckt.

Convoyschiffahrt im 17. und 18. Jahrhundert Die Kämpfe und Wirren des Dreißigjährigen Krieges hatten Hamburg so gut wie gar nicht berührt. Nur wenige Städte blieben davon verschont. Daher konzentrierte sich Handel und Verkehr mehr und mehr auf die Elbmetropole.
Vom zersplitterten deutschen Reich konnte Hamburg keinerlei Unterstützung erwarten. Es mußte selbst Maßnahmen ergreifen, um seine Stellung als eines der wichtigsten Handelszentren des Kontinents zu erhalten und auszubauen und in seiner Sicherheitspolitik dem Beispiel der großen Seefahrt treibenden Nationen folgen. Die Niederlande und England hatten bereits seit dem 15. Jahrhundert Geleitschutz für ihre Kauffahrteischiffe. Sie erließen 1651 bzw. 1662 ausführliche Regelungen für die Organisation der Convoyschiffahrt. Frankreich traf

durch die «Ordonance» von 1517 Vorkehrungen für die Begleitung der Handelsschiffe durch Kriegsfahrzeuge. Im 16. und 17. Jahrhundert wurden sie verbessert und auf Fischereifahrzeuge ausgedehnt. Dänemark und Norwegen bildeten unter Christian IV. die «Defensions-Skibe».

Am 19. Januar 1665 wurde die Commerzdeputation von der Börse zur Vertretung der Belange der zur See handelnden Kaufleute berufen. Sie hatte u.a. für die Sicherheit der Hamburger Schiffahrt zu sorgen. Unter den sieben gewählten Commerzdeputierten befand sich auch der als Vertreter der Schiffer ernannte Schifferalte Berent Jacob Karpfanger. Er wurde später Convoykapitän und ging als Admiral Karpfanger in die hamburgische Geschichte ein.

In der Einleitung zur Admiralschaftsordnung hieß es: «Nachdem die tägliche Arbeit Erfahrung bezeugt, daß nicht allein durch Türken, sondern auch andern streiffenden See-Räubern den allgemeinen Commerciis und Trafiquen großer und mercklicher Eintrag und Schade geschiehet und demnach wohl von Nöhten, daß in dieser guten Stadt eine beständige Admiralschaft angeordnet werde». Für die Reisen in westliche Gewässer wurde die Convoyfahrt zwingend. «Alle Schiffere, die von hier westwerts und von dannen hierher fahren, es seyn Bürger oder Frembde, auch dieselbe so von ungefehr zu der Admiralschaft stossen und deroselben geniessen, sollen verpflichtet seyn, dieser Ordnung sich gemäß zu verhalten.» Hier handelte es sich um Fahrten nach Portugal und Spanien bis nach Malaga. Die Admiralität rüstete die Segler mit Munition und Geschützen aus.

Seit Mitte des 17. Jahrhunderts aber boten die bewaffneten Sicherungsfahrzeuge den Handelsschiffen keinen ausreichenden Schutz mehr. Die Seeräuberei nahm zu und war den hanseatischen Kauffahrteiflotten weit überlegen. Einige Seestaaten schlossen später mit den «Barbaresken» Verträge ab, die sie vor Überfällen absichern sollten. Die ersten Hamburger Planungen für eine durch Kriegsschiffe gesicherte Handelsschiffahrt gehen auf das Jahr 1660 zurück. Den nach Spanien fahrenden Seeschiffen mußte verstärkter Schutz gewährt werden. Die Ausführung der Pläne scheiterte an fehlenden Mitteln.

1662 fiel die Flotte von acht hamburgischen Kauffahrern auf dem Wege nach Spanien Piraten zum Opfer. Die Versicherer verweigerten daraufhin die Versicherung der Fahrten in diese Gebiete.

1665 forderte die Commerzdeputation, daß man den auslaufenden Schiffen «wol ein paar Orlogs-Schiffen adjungdiren müsste». Endlich billigten der Rat und die Bürgerschaft die Ausrüstung von zwei «wohlarmierten Schiffen» für den Schutz der im Handel mit Spanien fahrenden Segler.

1667 wurden abermals fünf nach Lissabon fahrende Schiffe von Seeräubern gekapert. Hamburg erhoffte sich Hilfe von den Holländern oder Engländern. Vergebens.

Hamburg charterte fremde Schiffe oder der Hamburger Tonnenbojer wurde eingesetzt. Die Besatzungen der einzelnen Schiffe wurden durch Soldaten verstärkt.

Man ging dazu über, Schiffe eigens für Convoyzwecke zu bauen. 1668 und 1669 nahmen zwei Neubauten, zwei «Stadt-Convoyschiffe», die Leopoldus Primus und Wapen von Hamburg, ihren Dienst auf. Auf zahlreichen Reisen begleiteten sie Hamburger Kauffahrer auf westlichen Routen.

1683 ging die Wapen von Hamburg auf der Reede von Cadiz durch Brand verloren. Unter den Opfern befand sich auch Kapitän Karpfanger. Er hatte zahlreiche Convoyfahrten mit Erfolg durchgeführt.

Im Jahre 1686 wurde eine zweite Wapen von Hamburg gebaut. Es zeigte sich bald, daß die Sicherung nicht ausreichte und ein drittes «Stadt-Convoyschiff» gebaut werden mußte. Die mit England, Portugal, Spanien und Frankreich im Austauschverkehr stehenden Kaufleute setzten sich hierfür ein. Sie fanden Unterstützung bei der Admiralität, Commerzdeputation und der Institution «Ehrbarer Kaufmann». Aber erst 1690

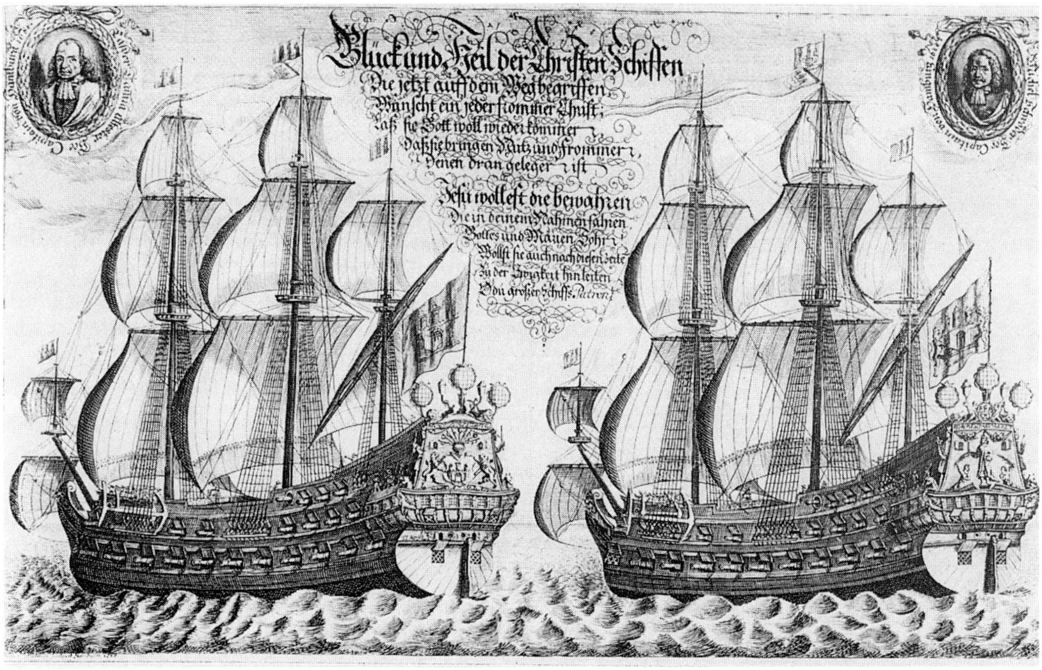

Convoyschiffe: Wapen von Hamburg II und Leopoldus Primus

stimmte der Rat dem Bau eines dritten Convoyschiffes zu. Es erhielt den Namen Admiralität Hamburg. Zudem kaufte man von Holland zur Sicherung der Elbmündung die Fregatte Esperanza.

Sowohl die Leopoldus Primus als auch die zweite Wapen von Hamburg versahen ihren Dienst etwa 35 Jahre lang, bis sie wegen Überalterung aus der Fahrt genommen werden mußten. Ein Neubau mußte sie ersetzen. 1720 lief eine neue, die dritte Wapen von Hamburg vom Stapel. Ein Modell dieses Schiffes ist im Museum für Hamburgische Geschichte ausgestellt.

Ein weiterer Neubau lief auf dem Grasbrook im Jahre 1740 vom Stapel. Dieses Schiff führte die letzten Convoyfahrten in den Jahren 1746 bis 1747 durch. Später lag es als Wachtschiff im Hamburger Hafen.

Die Hansestadt Hamburg konnte mit ihren eingeschränkten Möglichkeiten keine aktive Seepolitik betreiben. Hamburgische Convoyschiffe hatten einen defensiven Charakter. Sie liefen nicht aus, um Piraten zu stellen und zu vernichten, sondern beschränkten sich auf reine Abwehrmaßnahmen.

Die Convoyschiffahrt brachte der Hansestadt Hamburg manche Vorteile. Den Hamburger Convoyflotten vertraute die Kaufmannschaft lieber ihre Waren an als fremden Flaggen. Mit wirtschaftlichen Argumenten setzte sich die Kaufmannschaft für den Begleitschutz heimischer Schiffe ein, «damit sie in der Fahrt blieben und nicht alles Gut von Ausländischen ihnen weggenommen würde,» ... «weil sonsten noch mehr die Fahrt nach Altona mit dänischen Pässen von hier und auch nach Bremen abwendig gemacht würde.» Besonders sollte auch in der Englandfahrt durch Convoyen dem Wettstreit mit Bremen entgegengetreten werden und regelmäßige Convoyfahrten Unterstützung für die Aufrechterhaltung des regen Handels mit den englischen Geschäftsfreunden geben.

Auch die «Grönlandfahrer», die den Walfang betrieben, verwiesen immer wieder auch auf den Wettbewerb, um Begleitschutz zu bekommen. Die Hamburger

Convoyschiffe begleiteten die Grönlandfahrer nach Spitzbergen, zum Nordkap, nach den Shetlandinseln oder auch nur nach Drontheim. Der Walfang hatte sein Schwergewicht in den Gewässern um Spitzbergen. Auf alten Karten war Spitzbergen vielfach als Grönland bezeichnet worden.

Auch der Verkehr Hamburgs mit Rußland, insbesondere mit Archangelsk, erforderte Sicherheitsschutz auf See. Ohne ausreichenden Schutz wären diese Handelsbeziehungen den Holländern zugefallen. Im Jahre 1717 begleitete z.B. die ADMIRALITÄT VON HAMBURG und im folgenden Jahr die WAPEN VON HAMBURG Kauffahrteischiffe zum Weißen Meer.

Ab 1689 trat die Hamburger Convoyfahrt nach England stark in den Vordergrund. Die geringe Entfernung zwischen Hamburg und England und der dadurch bedingte kleinere Aufwand gegenüber Fahrten nach abgelegeneren Ländern begünstigten diese Convoyen. Die Hamburger Convoyflotte lief in der Regel in die Themse ein und sammelte sich auch hier wieder zur Rückfahrt. Auch nach Portsmouth segelten Hamburger Convoyflotten. Hier fanden die Hamburger Kauffahrteischiffe Anschluß nach Spanien und Portugal, so daß sich für die weitere Fahrt der Begleitschutz durch hamburgische Kriegsschiffe erübrigte.

Bevor Hamburg über eine eigene Convoyflotte verfügte, waren englische Convoyschiffe auf die Elbe gekommen.

Die Schiffahrt zwischen Hamburg und Holland wurde ausschließlich durch niederländische Convoyen gesichert. Der Schiffahrtsweg galt als gefahrloser und weniger beschwerlich als eine Landreise. Er diente auch dem Personenverkehr.

Spanien und Portugal waren die Hauptziele der Convoyschiffahrt. Während des spanischen Erbfolgekrieges 1701 bis 1714 wurde diese Linie unterbrochen. Die kleine Hamburger Convoymacht war nicht mehr in der Lage, der hamburgischen Schiffahrt in den iberischen Gewässern Schutz zu gewähren.

Für die Fahrten nach dem Westen ergab sich fast immer die Frage, ob die Convoyflotten durch den Kanal oder um Schottland herum fahren sollten. Die nördliche Route wurde in Zeiten eines Seekrieges bevorzugt, obgleich sie als nautisch schwieriger galt und zudem mehr Zeit beanspruchte. Die Fahrt durch den Kanal wurde oftmals deshalb gewählt, weil sich hier die Möglichkeit für den Anschluß an einen englischen Convoy ergab. Dann aber umsegelte man auf der Heimreise Schottland. Winterreisen wurden möglichst vermieden. Ein Hamburger Bürgermeister meinte hierzu im Jahre 1680: «Unsere Vorfahren seien so verwegen nicht gewesen, sondern haben auf Martini ihre Schiffe an den Wall gelegt.»

Die Unterhaltung der Convoyschiffahrt wurde auf die Dauer für den Hamburger Staatshaushalt zu kostspielig. Die Convoyfahrten wurden verringert und schließlich mit der letzten Fahrt im Jahre 1747 eingestellt. Man ging dazu über, die Handelsschiffe für die Abwehr von Angriffen leicht zu bewaffnen.

Das Seeräuberunwesen blieb allerdings noch weiterhin eine Gefahr für die Handelsschiffahrt. Als Frankreich 1831 Algier in Besitz nahm, hörten die Überfälle der algerischen Korsaren auf.

Kapern und Konterbande Im Lexikon von Brockhaus von 1830 kann man nachlesen: «Seeräuberei wird von dem Freibeuter, auch Korsar genannt, unter willkürlicher Flagge aus eigner Macht gegen Jedermann ausgeübt». Kaperei dagegen «werde den Unternehmern von den Seegesetzen gemäß durch ein Patent (Kaper- oder Markebrief) erlaubt».

Wie ein roter Faden zog sich durch die Geschichte der Admiralität die ununterbrochene Beschäftigung mit Fragen zur Sicherung der hamburgischen Schiffahrt und des Handels. Im 17. und 18. Jahrhundert reihten sich Seekriege wie eine Kette aneinander.

Im Zeitalter der Königin Elizabeth wurde die «Piraterei» auf kommerzielle Basis gestellt und zugleich durch die Ausstellung von Patenten, sogenannten Kaperbriefen, legalisiert. Die «privateers», die im königlichen Auftrag feindliche Handelsschiffe kaperten oder neutrale Kauffahrer aufbrachten, waren echte «Unternehmer», die am Seekrieg verdienen wollten und – wenn man an die Beteiligungen der Königin Elizabeth an diesen Unternehmungen denkt – auch gut verdienen sollten. Immer vorausgesetzt, daß sie redlich abrechneten! Dieses System hielt sich bis zum 19. Jahrhundert.

Die Dünkirchener Kaperer waren berühmt und gefürchtet, wegen ihrer hervorragenden Schiffsbesatzungen sogar geachtet!

Als im Spanisch-Holländischen Krieg von 1621 Dünkirchen noch unter spanischer Hoheit stand, wurden hier Kaperschiffe unter Führung französischer und flandrischer Kapitäne ausgerüstet. Sie stürzten sich geradezu auf wertvolle holländische Ladungen.

Um sich vor den Dünkirchenern zu schützen, gingen die Holländer zum Geleitzugssystem über. Sie sammelten ihre Ostindienfahrer in Convoys und sicherten sie durch ein starkes Aufgebot von Kriegsschiffen. Der Ostseehandel wurde damals zur Domäne der Holländer. 1644 hatten z.B. 40 schwer bestückte Kriegsschiffe einen Geleitzug von 300 Kauffahrern in die Ostsee gebracht.

Im Jahre 1658 wurde Dünkirchen mit französischer Waffenhilfe erobert. 1662 verkaufte Karl II. es an Ludwig XIV, der Dünkirchen zu einer gefürchteten Seefestung ausbaute. Bald blühte der Kaperkrieg wieder auf. Theodor Fontane schrieb über den tollkühnen Kaperführer Jan Bart:

«Wo Jan Bart erscheint, erscheint der Sieg
Wie stolz das britische Banner auch weh'
Jan Bart ist Herr und fegt die See!»

Die Pariser Seerechtsdeklaration von 1856 machte den Anfang, der Kaperei und Konterbande ein Ende zu machen. Das Wort Konterbande ist ein älteres Wort für Banngut, Bannware, das sind Waren, die entgegen den Zollgesetzen oder unter Umgehung ein- oder ausgeführt werden, also Schmuggelwaren. Auch gelten Güter als Konterbande, die dafür bestimmt sind, das Militärpotential eines kriegführenden Staates zu stärken.

Im Jahre 1899 setzte sich die Handelskammer Hamburg beim Senat dafür ein, die notwendige Reform der völkerrechtlichen Bestimmungen im Sinne der Bestrebungen zur Ergänzung der Pariser Seerechtsdeklaration bei der Reichsregierung zu betreiben, was letztendlich zum Ende der Kaperei und genauen Bestimmungen über Konterbande führte.

Handel und Schiffahrt vom 17. bis 19. Jahrhundert Schon in der Blütezeit des deutschen Handels um 1780 betrieben die Hanseaten mit ihren Koggen den weiträumigen Ost- und Nordseehandel zwischen den Niederlanden und Rußland. Auch nach dem Zerfall des deutschen Hansebundes blieb die hanseatische Schiffahrt bestehen. Mit dem Zeitalter der Entdeckungen und Erfindungen begann eine neue Periode. Die überseeischen Kolonialgebiete blieben der deutschen Schiffahrt verschlossen. Sie mußte sich auf das europäische Gebiet beschränken. Sie holte die Einfuhrgüter von den Stapelplätzen der Kolonialmächte (Lissabon, Cadiz, Le Havre, London, Amsterdam usw.) und brachte sie nach dem deutschen Hinterland, nach Skandinavien und Rußland. Umgekehrt transportierte sie schlesische und Bielefelder Leinen nach den außerdeutschen Umschlagplätzen.

Die hanseatische Schiffahrt in den europäischen Ländern kam jedoch 1806 zum Erliegen, als Napoleon seine Herrschaft über Europa ausdehnte und von Berlin aus die Kontinentalsperre verhängte. Fast ein Jahrzehnt – bis 1814 – wurde Hamburgs Hafen total lahmgelegt.

Sehr viel langsamer als der Handel erholten sich nach der Franzosenzeit die hamburgischen Reedereien. Seit dem Niedergang der Hanse hatten Holländer und Engländer die Herrschaft zur See.
1799 besaßen die Hamburger Reedereien 280 Schiffe, 1822 nur noch 88 als Folge der Blockade der Elbmündung durch die Engländer (1803) und besonders durch die Kontinentalsperre der Franzosen (1806).
Zunächst erfolgte weiterhin der Transport von und nach den Ursprungsländern vorwiegend auf fremden, besonders englischen Schiffen. Erst allmählich begannen die Hamburger Überseekaufleute, ihre Waren auch auf eigenen Schiffen zu befördern. Es entstanden die Kaufmannsreedereien.
Im 17. und 18. Jahrhundert überwog die Partenreederei, d.h. Gewinn, Verlust und Risiko verteilten sich auf mehrere Kaufleute, die sich als Partner eines Schiffes dem Reedereibetrieb widmeten.
Mit den Ursprungs- und Absatzländern entstand ein unmittelbarer Verkehr, zunächst mit Süd- und Mittelamerika. Aber erst im 19. Jahrhundert nahm die Hamburger Schiffahrt einen gewaltigen Aufschwung.
Schon 1815 setzten die ersten Abfahrten nach Südamerika ein. Brasilien stand an erster Stelle. Der Verkehr schnellte sprunghaft in die Höhe. Nahezu jedes Handelshaus, das Handel mit überseeischen Gebieten unterhielt, legte sich eine eigene Flotte zu. Durch die Schiffahrt wurde den deutschen Kaufleuten die Welt erschlossen.
Unter Simon Bolivar (1783 bis 1830) begann die Befreiung Südamerikas. Die spanisch-portugiesischen Kolonien in Mittel- und Südamerika sowie Mexiko errangen ihre politische und wirtschaftliche Unabhängigkeit von den Mutterländern. Sie öffneten ihre Häfen dem Handel mit den europäischen Ländern.
Die Blicke der Hamburger Kaufleute richteten sich über Südamerika nach dem pazifischen Inselmeer und nach Asien. Die Wege in alle Welt waren nun auch für den Hamburger Kaufmann frei. Eine Reihe von Handelsverträgen wurde abgeschlossen. Dem ersten, 1825 mit Großbritannien vereinbarten Vertrage folgte zwei Jahre später der «Freundschafts-, Handels- und Schifffahrtsvertrag», den der Hamburger Syndikus Dr. Karl Sieveking und der Bremer Senator Gildemeister mit Brasilien unterzeichneten. Brasilien war seit 1822 unabhängiges Kaiserreich. Von dort wurden Kaffee, Zucker, Tabak, Kautschuk und Baumwolle eingeführt.
Weitere Verträge mit Argentinien, Uruguay, Venezuela, Chile, Bolivien, Peru, Ecuador, Kolumbien, Westindien und Mexiko folgten. Hamburg versorgte die Länder jenseits des Atlantiks mit den Produkten der deutschen Industrie: Zement, Papier, Eisenwaren, Holzschliff, Glas, Porzellan, Tonwaren, Chemikalien, Maschinen, Werkzeugen, Textilwaren, Musikinstrumenten u.a.m.

Von der Karavelle zum Klipper Im Zeitalter der Entdeckungen und Abenteuerreisen beherrschte die dreimastige Karavelle das Bild der europäischen Handelsflotten. Karavelle kommt aus dem portugiesischen Wort für Eichenholz: carvalho und aus der damals üblichen Bezeichnung Kraweel für die Beplankung. Kraweel bedeutet, daß die Schiffsplanken glatt aufeinanderstoßen. Die Phönizier bauten kraweel, die Wikinger dagegen waren klinken gebaut, d.h. ihre Planken griffen übereinander. Die Karavelle vereinigte die Vorzüge des süd- und nordeuropäischen Schiffbaues in sich. Sie leiteten damit eine neue Art des Schiffbaues ein für den beginnenden Überseeverkehr. Sie übernahmen auch die hohen Aufbauten der Mittelmeer-Karacken, bei denen das Achtergestell das Vorderschiff weit überragte.
Die erste Kraweel bauten die Holländer in ihrer westfriesischen Stadt Hoorn. Sie entwickelten sie aus der einmastigen hansischen Kogge. Die Segel waren bunt bemalt oder zeigten einen Spruch oder ein Kreuz.

Die drei Karavellen des Kolumbus waren 17 bis 23 m lang und 5,5 bis 6,5 m breit. An den drei Masten waren Rahsegel gesetzt. Unter günstigen Umständen erreichten sie bis zu 10 Knoten.
Ähnlich waren auch die fünf Schiffe, mit denen der Portugiese Magellan im Jahre 1520 die nach ihm benannte Straße an der Südspitze des südamerikanischen Kontinents durchfuhr.
Auch nicht größer war das Schiff seines Landsmannes Cabral, der als erster Europäer an die brasilianische Küste gelangte. Sein Ziel war eigentlich auf der Fahrt um Afrika herum Indien. Aber die westwärts wehenden Winde im Südatlantik änderten seinen Kurs.
Für die Seetüchtigkeit eines Schiffes war nicht die Größe ausschlaggebend, sondern seine Bauart.
Aus diesen kleinen seetüchtigen Karavellen von 200 bis 300 t wurden in den nächsten hundert Jahren große, schwerfällige Galeonen bis zu 1000 t. Sie transportierten große Heere von Europa in das südamerikanische Kolonialreich.
Spanien und Portugal beherrschten die Schiffahrt mit ihren Kolonien allein und schlossen andere Nationen gewaltsam aus. Deshalb schickten die Holländer und Engländer Kaperschiffe auf die große atlantische Handelsstraße, die «Spanish Main», um den Schiffen der sogenannten Silberflotte aufzulauern. Die Galeonen mußten deshalb mit Geschützen bestückt werden und Mannschaften und Kriegsmaterial aufnehmen. Dadurch wurden sie unwirtschaftlich und behindert in ihrer Segeltüchtigkeit.
Wieder kam aus Holland ein neu entwickelter Schiffstyp, die holländische Fleute. In Hoorn wurde sie 1595 gebaut und beherrschte wenige Jahre später alle Meere. Die Masten waren höher als früher, die Rahen kürzer, die Segel schmaler geschnitten. Die Aufbauten waren prunkvoll geschnitzt und vergoldet.
Diese holländischen Fleuten erschienen 1630 an der brasilianischen Küste vor Pernambuco. Holland mußte neidvoll sehen, wie Zucker und Farbholz aus Pernambuco sich neben seinen ostindischen Gewürzen den europäischen Markt eroberten.
Portugal kam 1580 unter spanische Herrschaft und konnte seine Niederlassungen an der brasilianischen Küste nicht mehr ausreichend schützen. Dies machte Holland sich zunutze und besetzte 1630 Recife und das angrenzende Land, das es «Neuholland» nannte.
Aus den Fleuten des 17. Jahrhunderts waren die französischen Fregatten des 18. Jahrhunderts geworden. Und aus diesen hatten nordamerikanische Schiffbauer des 19. Jahrhunderts die mächtigen hochgetakelten Klipper entwickelt, die z.T. über 50 Segel hatten. (Clipper = englisch-slang = Prachtstück). Der Ahnherr der Klipper war der Schoner. Schon sehr früh spezialisierten sich die Werften in Baltimore auf diesen neuen Schiffstyp, der anfänglich den Namen dieser Stadt trug, nämlich Baltimore-Klipper. Es waren schmale, schnelle Fahrzeuge, die hart am Wind segeln konnten. Diese Baltimore-Klipper beherrschten die Atlantikrouten von 1816 an. Sie wurden hauptsächlich für Teefrachten von China nach England eingesetzt.

GLÜCKAUF, der erste Tanksegler der Welt

Der deutsche Reeder Riedemann setzte 1879 die GLÜCKAUF, den ersten Tanksegler der Welt in Fahrt und 1886 seinen ersten Tankdampfer GLÜCKAUF, der im gleichen Jahr den Hafen von New York erreichte. Er galt als Teufelsschiff und wurde im Volksmund nur «FLIEG AUF» genannt, weil man jederzeit mit einer gefährlichen Explosion rechnete.
Mit 2300 t war er das erste wirkliche Tankschiff, ein Vorläufer der heutigen Tanker. Von einer deutschen Gesellschaft in Auftrag gegeben, lief er 1885 auf der schottischen Werft Newcastle-upon-Tyne vom Stapel. Mehr als 10 Jahre lang beförderte er Walöl, ohne daß die befürchteten Explosionen eintraten.

Als man in Amerika Ölquellen erschloß, wurden in England und Schweden Spezialtanker gebaut. Bevor man 1908 Längsschotten einführte, hatte man den Rumpf dieser neuen Schiffsgattungen ausschließlich durch Querschotten unterteilt. Mit zunehmendem Bedarf an Öl und Ölerzeugnissen entstanden immer mehr Tanker.

Die Hamburgische Admiralität Der wachsende Seehandel, die damit in Verbindung stehende Zunahme der Rechtsstreitigkeiten und die Schwierigkeiten, mit Seeräuberei fertigzuwerden, erforderten eine vom Rat der Stadt «obrigkeitlich unterstützte» Institution, die sich nur mit Seehandel und Seefahrt zu befassen hatte.
Es wurde die Hamburgische Admiralität gegründet. In der Einleitung der «Admiralitäts-Verfassung» heißt es in § 1:
«Das preiswürdige Collegium der Hamburgischen Admiralität ist im Jahre 1623 von E. Hochedl. Rath, auf Ansuchen der Löblichen Kaufmannschaft, welchem im Rath- und Bürger-Convente vom 12. Februar ein öffentlicher Beytritt hinzukam, zu Handhabung des Rechtes in Seesachen, zur Gesicherung der Schiffahrt, und zur Veranstaltung der herrlichsten Verfügungen auf der Elbe, von der Stadt ab bis in die See, angeordnet worden.»
Das Admiralitätskollegium bildeten jeweils ein Bürgermeister zusammen mit drei Ratsherren, einem Notar, sechs Kaufleuten und zwei Schifferalten. Letztere besorgten gleichzeitig die Verwaltung der «Casse der Stücke von Achten».
Hinzu kam das Admiralitätsgericht, das Schiffahrt und Seehandel betreffende Streitfragen zu entscheiden hatte. Ab 1691 kam der Wasserschout hinzu, zuständig für die Schiffsbesetzung. Weitere Abteilungen der Admiralität waren das Arsenal, das Zeughaus, und die Dröge, das Lager für Segel und Tauwerk. Das Arsenal versorgte die Kauffahrer mit Sonderausrüstungen, vor allem mit Waffen, um zusammen mit anderen in «Admiralschaft» (von der Admiralität ausgerüsteter Convoy) fahrenden Schiffen jeder Art von feindlichen Angriffen standhalten zu können.
In den nächsten zwei Jahrhunderten entwickelte sich die Admiralität zur wichtigsten hamburgischen Institution.
1749 war von ihr die erste Marineschule errichtet worden.
Im Jahre 1814 gingen die Befugnisse der Admiralität teils auf das Handelsgericht, teils auf die damals neugeschaffene Schifffahrts- und Hafendeputation über.

Admiralitäts-Portugaleser «Es hat die Admiralität der Stadt Hamburg bis dahin in allen vier, und zwar ganze, Portugaleser schlagen lassen.
Der erste z.B. präsentiert auf der einen Seite die Stadt Hamburg mit ihrem schiffreichen Elbe-Strohm. Über derselben wird ein Schild, worauf der göttliche Name stehet, von zweyen fliegenden und Palm-Zweige in der Hand habenden Engeln gehalten. Auf dem Vorgrunde hält ein sitzender Löwe das Wappen der Admiralität, welches ein Anker ist, dessen Schafft mit dem Hamburgischen dreythremigten Casteel bedekket wird. Zu unterst stehet das Wort HAMBURG. Zur Unterschrift aber dieser Vers: HIC SITUS EST URBIS QUAM TUEARE DEUS.
Auf der anderen Seite segelt ein Hamburgisches Convoy-Schiff mit vor und bey sich habender Kauffardey-Flotte. Zu alleroberst ist das Auge des dreyeinigen Gottes, in einem gestirnten Triangel, mit doppeltem Glanze und Strahlen umgeben, unter welchen von der Seite eine Hand aus den Wolken einen Kranz hervor hält. Die Überschrift ist: UNA REGIT CUNCTAS SED REGAT IPSE DEUS. Unten befand sich die Jahreszahl MDCLXXV.»
Der Portugaleser oder Portugalöser war die Bezeichnung für den Portuguez, eine Goldmünze, mit der portugiesische Seeleute in aller Welt bezahlen konnten, noch bis in das 16. Jahrhundert hinein. Diese Münze zu 10, 5 und 2 1/2 Dukaten wurde in Norddeutschland, auch in Dänemark

(1591 bis 1607) und Schweden (1589 bis 1592) und – ohne das Christusordenskreuz – seit 1560 in Hamburg nachgeprägt. Besonders in Hamburg spielen heute noch die Schaumünzen zu 10 Dukaten eine Rolle bei Verleihungen für besondere Verdienste um die Hansestadt. Die eingeprägten Motive haben sich im Laufe der Zeit verändert. Sie entsprechen nicht mehr dem oben geschilderten «ersten», sondern tragen Abbildungen, die dem jeweiligen individuellen Zweck angepaßt sind.

Admiralitätsjacht Sie diente in jener Zeit als Wachtschiff vor dem Hafen und wurde zu Fahrten der Admiralitätsherren benutzt. Ihr Kapitän führte an Bord ein genaues Register aller einkommenden und auslaufenden Fahrzeuge.
Am 6. April 1723 feierte die Hamburgische Admiralität das festliche Jubiläum ihres hundertjährigen Bestehens auf dem Baumhaus. Die mit Flaggen geschmückte Admiralitätsjacht feuerte bei den Hochrufen, die bei der Tafel ausgebracht wurden, Salut und wurde von anderen Schiffen im Hafen kräftig unterstützt.
In einer Schilderung des Domherrn Meyer können wir nachlesen: «Ich fuhr mit der eleganten mit zwölf Kanonen zum Lustfeuern besetzten, kleinen Fregatte ...» Er lobte auch ihre guten Segeleigenschaften, nachdem er sie vor Cuxhaven in den «allerwidrigsten Winden» erlebt hatte.
Dieses Lob gefiel den Hamburger Schiffbauern ganz und gar nicht. Sie nannten diese Jacht eine «Anglomanie» und fanden sie viel zu teuer, als sie für 5000 Pfund in England gekauft wurde! Sie hielten das Schnitzwerk am Schiffskörper für überflüssig und bemängelten die Anlage der Kajüte, die nicht gut «zur Aussicht in die reiche Stromgegend» tauge und behaupteten, daß die Jacht in Hamburg besser und billiger hätte konstruiert werden können!

Assecuranz- und Haverey-Ordnung «Auf Befehl E. Hochweisen Raths» wurde am 10. September 1731 eine erste Versicherungsordnung beschlossen und veröffentlicht. Im Vorwort dieser Veröffentlichung heißt es: «... als hat E.E. Rath zu jedermanns Nachricht und Wissenschaft diese Assecuranz- und Haverey-Ordnung durch den Druck zeitlich hiemit publiciren lassen und will dabey alle und jede, insbesonderheit Commercirende, erinnert und ermahnet haben, in den, nach obigem Termin, allhier zu schließenden Assecuranz-Contracten, dieser Ordnung gemäß, sich zu bezeigen, und keiner anderen, als der dabey gedruckten Formularen der Policen sich zu bedienen: immassen, bey darob entstehenden Streitigkeiten, nach denselben und der jetztigen Ordnung sodann in den Gerichten soll verfahren und erkannt werden ...»
Es folgten dann Verordnungen mit den Überschriften «Von Policen», «Wer andere versichern oder sich versichern lassen kann», «Von dem, was versichert werden könne», «Von den Clausuln oder Bedingungen der Policen», «Von dem Risico oder der Gefahr der Assecuradeurs», «Von Schaden durch An- und Übersegeln», «Von Taxirung des Schadens», «Von Strandung und Bergung der gestrandeten Güter», «Von Betriegereyen und deren Bestrafung», u.a.m.
In früherer Zeit hatte man sich an Versicherungsbestimmungen holländischer Städte angelehnt, wie auch sonst in Schiffahrtseinrichtungen dieser Zeit holländische Vorbilder übernommen wurden.

Hamburger Tonnenbojer vor der Elbmündung Die Unsicherheit zur See, die sich auf den Elbstrom bis in unmittelbare Stadtnähe erstreckte, erforderte von Hamburg die Unterhaltung von Kriegs- und Bewachungsfahrzeugen. Vor der Einführung der großen Convoyschiffe und später noch unterhielt Hamburg sogenannte Tonnenbojer. Das waren kleine, aber sehr wendige und seetüchtige Schiffe, leicht bewaffnet, denen gleichzeitig die Aufsicht über Seetonnen und Baken auf der Unterelbe und über die hamburgische Schiffahrt übertragen war. Sie besaßen eine gemischte Besatzung von Soldaten und Seeleuten, darunter den «Barsenmeister», den damaligen Inspektor des Seezeichenwesens. Als die Seeräubergefahr im 17. Jahrhundert plötzlich stark anstieg, wurde der größte Tonnenbojer «Wapen von Hamburg» mit 100Matrosen und 50 Soldaten bemannt. Ein Zeichen dafür, wie wehrhaft auch diese kleineren Fahrzeuge gemacht werden konnten.

Aus der Geschichte der Elblotsen Wann es die allerersten Lotsen gab, ist nicht überliefert. Erstmalig sind urkundlich im Jahre 1575 erwähnt: Focko Moense und Harm Meyer, beide Fischer und Piloten (wie man die Lotsen seinerzeit nannte) auf Neuwerk. Der Name Lotse ist wahrscheinlich abgeleitet worden vom mitteldeutschen Loedsage, d.h. «Führer des Lotes». Ab 1880 setzte sich bei uns der Name Lotse durch und löste das Wort Pilot ab, das heute noch im englischen und französischen Sprachgebiet gebräuchlich ist.
Fremde Schiffer zahlten schon vor Jahrhunderten den Piloten einen guten Lohn, um Schiff und Ladung sicher elbaufwärts zu bringen. Kein Wunder, daß da kundige Fischer vor der Elbmündung und vor Helgoland ihre Pilotdienste anboten.
Natürlich gab es auch Banditen, die in der Maske des biederen Lotsen das vollbeladene Schiff mit Absicht auf Grund setzten und über Bord sprangen. Ihre Komplizen machten dann einen reichen «Strandraub».
Die erste «Lootsgaliote» (Lotsenboot) in Cuxhaven wurde 1640 erbaut und ein geregelter Lotsendienst eingerichtet. Bis dahin hatte man gelegentlich seekundige Fischer als Lotsen angenommen. Nun aber war das Lotsen zum Beruf geworden.
Die ausgedehnten Sände in und vor der Elbmündung, die schon vielen Schiffen zum Verhängnis geworden waren, erforderten mit dem Größerwerden der Schiffe unbedingt die Hilfe von Männern, die mit Strom und Untiefen vertraut waren. Etwas erleichtert wurde ihnen ihre Aufgabe durch ein auf Helgoland seit 1866 nächtlich entzündetes offenes Feuer.
Seit 1761 wurde schon auf Neuwerk ein Feuer unterhalten, das bei Tage durch seinen Rauch, nachts durch seinen Schein den Schiffern den Weg wies.
Aber die Sicht wurde erst besser, als auf der äußeren Spitze des Südufers der Elbe 1803 ein Leuchtturm erbaut wurde. «Am 28. Februar 1805 gab der Rat den Schiffern und Lotsen, die in die Elbe segeln mußten, Nachricht, daß zu Cuxhaven statt der großen am 3. November 1801 eingestürzten Bake ein neuer massiver Turm erbauet sei, den man mit Lampen versehen habe.»
Das Licht war drei Meilen weit sichtbar. Diese erhöhte Sicherung des Seeverkehrs kam zur rechten Zeit, denn 1816 am 17. Juni, morgens sechs Uhr, passierte das erste Dampfschiff The Lady of the Lake, Kapitän Cook auf der Brücke, Cuxhaven.
Anlegestelle war die Alte Liebe, auf deren Boden auch das Lotsenhaus stand. Sie gab es schon seit 1730, als man die Oliva und noch zwei andere Schiffe hier versenkte, um die vorgeschobene Landspitze gegen den starken Wellenschlag zu schützen.
Hamburg regelte das Elblotsenwesen nach dem Muster der holländischen Lotsenordnung. Vom Mittelalter bis zur Neuzeit sorgte Hamburg allein für die Sicherheit der Schiffahrt auf der Elbe. Ursprünglich brachte der Cuxhavener Lotse das Schiff bis nach Hamburg. Später, mit zunehmendem Schiffsverkehr, war Lotsenwechsel vor der Böschstation bei St. Margarethen erforderlich. Den Namen erhielt diese Station aus dem Volksmund: die Lotsen saßen dort «an de Bösch» (Böschung) am Außendeich in einem Gasthaus, wo sie auch übernachteten, kochten und sich zur Verfügung hielten. In dieser Böschstation war der Sammelplatz der Övelgönner, Blankeneser, Hamburger und Hannoveraner Böschlotsen wie man sie nannte, die von dieser Zentralstation das Schiff auf der Fahrt nach Hamburg übernahmen.

Um 1600 gab es erst 18 Tonnen – schwimmende Seezeichen und Bojen – und fünf Ansteuerungsbaken in der Elbmündung. Die Feuerblüse, ein weit sichtbares Steinkohlenfeuer auf Neuwerk, leuchtete schon um 1295. Es diente ursprünglich nicht der Ansteuerung, sondern warnte vor den gefährlichen Sänden.

Im Jahre 1639 wurde das erste Pilotage-Mandat erlassen: «E.E. Rath hat mit Zuziehung des Ehrb. Kauffmanns und der Alten der Schiffer, dem commercio und sonderlich der Schiffahrt zu gute die Verordnung gemacht, daß hinfüro unterschiedliche erfahrene Piloten stetig die Elbe befahren, und die auf- und abgehenden Schiffe auf- und abbringen sollen».

Jeder Schiffer mußte nun einen Lotsen aufnehmen. Alle von der Admiralität eingesetzten Lotsen mußten eine Prüfung vor den Schiffer-Alten ablegen, ehe sie angestellt wurden. 1639 waren es 14 an der Zahl. Sie wohnten, wie auch der Lotsen-Inspektor und zwei Lotsen-Schiffer der zwei Galioten, in Cuxhaven. Im Notfall griff man auf eine Art Hilfslotsensystem zurück.

Vorübergehend wurden dann Heuerlotsen oder Hauerlotsen und Beilotsen eingestellt. Ende der siebziger Jahre des 18. Jahrhunderts gab es in Cuxhaven 15 Hauerlotsen. Sie hatten bereits ihr Examen abgelegt und galten als Admiralitätslotsen.

Von dem festgesetzten Lotsengeld erhielt die Admiralität 1/4, der Inspektor ebensoviel, die verbleibende Hälfte erhielt der Lotse. Es gab Ober- und Unterlotsen, die die Schiffe «hinunter» und in die See bzw. von der See in die Elbe «hinauf» brachten. Im Jahre 1656 führte die Hamburger Admiralität eine sehr straffe Regelung des Lotsenwesens ein. Sie ließ Lotsgalioten, kleine wendige Segler, bauen, die freiberufliche Lotsen selbst zu stellen hatten. Die geprüften Admiralitätslotsen mußten vier- bis sechsjährige Erfahrungen im Elbfahrwasser nachweisen. Ein Lotsenschild war ihr Ausweis und kontraktlich konnte «an Leib und Leben gestraffet werden, wer als Lotse durch üble Aufmerksamkeit oder Trunckenheit ein Schiff an Grund segelte». Darum kümmerten sich weder die Helgoländer noch andere Lotsen. Am linken Elbufer regierte der König von Hannover, am rechten der König von Dänemark. Sie hatten ihre eigenen privilegierten Lotsen. Es gab auch «wilde Lotsen», die auf eigene Faust ihr Gewerbe betrieben und die Preise verdarben.

Daher schlossen sich im Jahre 1740 die Oevelgönner-Neumühlener Lotsen zu einer Brüderschaft zusammen. Sie kümmerte sich u.a. auch um die Altersversorgung und die Hinterbliebenen.

Das Ringen um die Lotsenstrecken und um gerechten Lohn zog sich wie ein roter Faden jahrhundertelang durch Dokumente und Debatten.

1750 begann der Lotsenzwang schon bei Schiffen über vier Fuß (1 Fuß = 30,5 cm) Tiefgang, der bald auf sechs Fuß erhöht wurde. Das Eigeninkasso der Lotsgelder durch die Admiralitätslotsen wurde ihnen abgenommen. Es mußte nun eine Lotsbescheinigung von Bord mitgebracht werden, nach der dann der Admiralitätsschreiber in Hamburg kassierte. Der Lotse erhielt vorerst lediglich den «Reisethaler» (drei Mark) bei Durchlotsungen nach Hamburg. Stieg er in Freiburg/Glückstadt aus, ging auch davon noch die Hälfte an die Admiralität.

Weil es ständig Ärger gab mit den Helgoländer Lotsen, untersagte 1750 die Admiralität den Helgoländern, auf der Elbe zu lotsen.

Nach einer Vereinbarung mit der Brüderschaft Oevelgönne/Neumühlen hatten die Admiralitätslotsen grundsätzlich alle Schiffe bei der Bösch/Freiburg an die Brüderschaftslotsen abzugeben. Danach stand ihnen freie Rückbeförderung nach Cuxhaven zu.

Nach Rückkehr nach Cuxhaven mußte sich jeder ohne weiteren Aufenthalt an Land wieder auf die Galiot begeben. Damit nicht auch noch Zeit mit der Verproviantierung versäumt wurde, gab es an Bord der Galioten freie Verpflegung. Von den 14 Tagen «Kreuze» waren sechs Fleischtage. Außerdem bestand die Verpflegung aus Stockfisch, Butter, Brot und Hülsenfrüchten.

Die Zahl der Admiralitätslotsen veränderte sich bis 1800 nur geringfügig von 14 auf 15. Durch zahllose kriegerische Auseinandersetzungen der europäischen Länder konnte sich der Seehandel in dieser Zeit nicht wesentlich ausweiten.

Rund 150 Jahre lang bestand die Böschstation an der Elbe bei Glückstadt. Sie war die zweite Heimat vieler Hamburger Lotsengenerationen geworden. Daher hießen diese «Obenlotsen» nach der Station auch «Böschlotsen». Die Reise von Hamburg zur Bösch wurde im 18. Jahrhundert vorwiegend mit der eigenen Jolle unternommen. Im Oktober 1882 trat auf der Station der erste Versetzdampfer, das Zubringerschiff des Lotsen, seinen Dienst an. Etwa 12 Jahre zuvor hatte die hamburgische Marinebehörde ihr erstes Dampffahrzeug für den Lotsendienst in Betrieb genommen. Es war der Dampfer Bösch, ein Gemeinschaftsbau der an der gemeinsamen Fahrt auf der Bösch beteiligten Lotsenschaften, eine wesentliche Erleichterung für den Versetzbetrieb.

Beim Bau des Nord-Ostsee-Kanals war man sich darüber einig geworden, bei Fertigstellung des Kanals die Lotsenstation an die Kanalmündung nach Brunsbüttel zu verlegen. Am 10. Oktober 1895 war es soweit. Mit dem Lied: «So leb' denn wohl du altes Haus, wir zieh'n betrübt von dir hinaus!» verabschiedete sich um Mitternacht die Besetzung der Böschstation und fuhr mit dem Versetzdampfer nach Brunsbüttel, wo am nächsten Tage das neue Haus eingeweiht wurde.

Die alte Böschstation hat den Auszug nicht lange überlebt. In einer Nebelnacht im November 1901 ging das alte Haus in Flammen auf. Die übriggebliebene Wurt heißt auch heute noch Bösch und gegenüber, auf der Südseite der Elbe, erstreckt sich eine Sandbank, die den Namen Böschrükken trägt.

Die Elblotsen, Böschlotsen, lotsten Schiffe nur elbaufwärts, dagegen führten die Patentlotsen die Schiffe nur elbabwärts. Zur Zulassung als Lotse war außer dem Befähigungszeugnis für «große Fahrt» (Kapitänsexamen) die Ablegung einer besonderen Prüfung erforderlich.

Patent- und Reservelotse Seit Gründung der Brüderschaften wurde von diesen und von Dänemark, Hamburg und Hannover mit allen Mitteln gegen das unbefugte Lotsen, d.h. gegen die sogenannten «Nebenlotsen» vorgegangen. Ab 1785 entwickelte sich allmählich ein staatlich sanktioniertes und später auch von Seiten der Brüderschaften gebilligtes Hilfslotsenkorps aus den «patentierten» Nebenlotsen und den gegen Ende des 18. Jahrhunderts entstandenen Reservelotsen.
Beide Lotsenkategorien waren in etwa vergleichbar mit den Hauer- und Beilotsen in Cuxhaven-Ritzebüttel. Allerdings mit dem Unterschied, daß die auf der oberen Elbstrecke jetzt ausgebildeten Patentlotsen (patentierte Nebenlotsen = Patentlotsen) eine echte Aufgabe erhielten, nämlich die Lotsung der nach See bestimmten Schiffe. Ihre Lizenz war auf die Elbabwärtslotsung beschränkt. Glückstadt hatte 1785 den Anfang mit der Ernennung von acht «patentierten Elblotsen» gemacht für die Schiffahrt von Glückstadt und der Stör und von Hamburg nach See. Oevelgönne protestierte energisch gegen die Zulassung der Glückstädter, aber ohne Erfolg.

Seelotse, Elblotse und Hafenlotse Kein Schiff war bis 1639 verpflichtet, auf der Elbe einen Lotsen zu nehmen. Hamburg erhob aber von allen Schiffen über 200 NRT das Lotsengeld für die Fahrt von See bis Brunsbüttel oder die dazwischenliegenden Häfen, ob nun ein Lotse an Bord war oder nicht. Diese Abgabe stellte eine Entschädigung für Hamburgs Aufwendungen dar, die für die Sicherung der Elbeschiffahrt durch Leuchtfeuer und Seezeichen, Baggerungen, Nachrichtendienst usw. erforderlich war.
Auf der Fahrt von See bis zum Hamburger Hafen standen den Schiffen drei verschiedene Lotsen zur Verfügung: der Seelotse, der Elblotse und der Hafenlotse. Der Seelotse ging draußen in der Nähe des Feuerschiffes Elbe 1 an Bord. Ihn löste bei Brunsbüttel der Elblotse ab. Der Hafenlotse betrat das Schiff an der Mündung des Köhlbrandes. Er brachte das Schiff an seinen Liegeplatz im Hafen.
Elbabwärts nahm das Schiff nur einen Lotsen an Bord, der es von seinem Liegeplatz im Hafen bis zum Feuerschiff Elbe 3 lotste. Staatlich geregelt war das Lotswesen bis zum Beginn dieses Jahrhunderts hauptsächlich für die einkommenden Schiffe. Ausgehend blieb es den Kapitänen oder den Hafenagenten überlassen, mit dem «Untenlotsen» in Hamburg Kontrakte auszuhandeln.

Marinelotse Während der Bauzeit des Kaiser-Wilhelm-Kanals (1891–1895) warb das Kaiserliche Marinelotsenkommando in Wilhelmshaven unter den jüngeren Lotsen der Außenelbe, Weser und Ems um Freiwillige für den Jade-Hilfslotsendienst.
Nach einem Vertrag, der zwischen Oldenburg und Preußen zum Schutze des oldenburgischen Seehandels und seiner Küsten am 20. Juli 1853 geschlossen wurde, entstand Wilhelmshaven.
Im Jahre 1867, nach Gründung des «Norddeutschen Bundes», begann der Ausbau von Wilhelmshaven zum Kriegshafen des unter Preußens Führung gebildeten Staatenbundes. 1869 weihte König Wilhelm von Preußen den Flottenstützpunkt ein. 1871, nach der Reichsgründung, wurde er auch als Kriegshafen des Deutschen Reiches übernommen.
Aus den Oldenburgischen Jadelotsen entwickelte sich 1871 das Kaiserliche Marine-Lotsenkommando der Jade. Die Lotsen waren Marinebeamte. Es gab, je nach Dienstalter, Lotsen 1. und 2. Klasse. Ihr Tätigkeitsbereich erstreckte sich bis zum Außenjade-Feuerschiff und auch im Bereich Wilhelmshaven. 1893 konnten die ersten Einberufungen von Cuxhavener Lotsen, die sich zur Ausbildung als Jade-Hilfslotsen (nach dem 1. Weltkrieg: Marine-Sonderlotsen) gemeldet hatten, erfolgen.
1895 vereinbarte die Deputation für Han-

del und Schiffahrt Hamburg mit der Marineleitung, daß auch jeweils sechs Kaiserliche Marinelotsen drei Monate auf der Elbe unter den gleichen Bedingungen wie die Cuxhavener Lotsen Dienst tun sollten.
1923 begann im Nachkriegsdeutschland die Neuorganisation des Marinelotsenwesens durch Einrichtung des «Seezeichen- und Lotsenamtes der Jade». Die Zulassung von Seelotsen erfolgte nach sorgfältiger Ausbildung. Sie dauerte drei Jahre und umfaßte die Westküste Schleswig-Holsteins mit Helgoland und die gesamte übrige deutsche Nordseeküste mit allen Flußmündungen. Nach bestandener Prüfung erhielt der Anwärter das Befähigungszeugnis zum Marinelotsen.

Hamburgs Wasserschutzpolizei, die erste auf dem Kontinent 1548 war es die Düpe, eine aus Ratsherren und Bürgern bestehende Deputation, die als Oberaufsicht über das Hafengebiet und den Elbstrom eingesetzt worden war. Zu ihrem Aufgabenbereich gehörte aber nicht, Diebstähle im Hafengebiet aufzuklären und zu verhindern.
Und gerade die Diebstähle auf Schiffen und in den Lagerschuppen des Hafens nahmen in all diesen Jahren ständig zu. Es war wohl eine Kostenfrage, daß der Hamburger Rat keine Abhilfe schaffen konnte.
Der Rat wurde von der Kaufmannschaft und den Schiffern so sehr bedrängt, Abhilfe zu schaffen, daß er schließlich 1787 die Oberhafenpatrouille gründete. Mit dieser Gründung besaß Hamburg die erste und einzige Wasserschutzpolizei auf dem europäischen Kontinent! Sie bestand zunächst aus sechs Mann und hatte speziell die Aufgabe «Verhütung und Entdeckung der Diebstähle an den Waren, die auf den Elbschiffs-Gefäßen im Oberhafen verladen wurden». Die Ausrüstung der Bediensteten bestand aus einem Seitengewehr, einem mit dem Stadtwappen versehenen Stock und einer Signalpfeife, um ggf. eine Militärwache zu Hilfe rufen zu können. Auch ein Boot wurde zur Verfügung gestellt, mit dem der Oberhafen und die Kanäle kontrolliert werden konnten.
Als die Schiffahrt während der Franzosenzeit durch die Kontinentalsperre völlig zum Erliegen kam, war die Tätigkeit der Oberhafenpatrouille überflüssig geworden. Aber gleich danach, schon 1814, wurde sie wieder ins Leben gerufen und mit 12 Mann in die Hafen- und Zolljachtpatrouille eingegliedert. Zusammen mit der Besatzung der Zolljacht führte sie die Aufsicht über die im Niederhafen liegenden Seeschiffe.
Das Wachstum der Schiffahrt machte es erforderlich, daß die Oberhafenpatrouille auf 33 Mann verstärkt wurde. Sie wurde in Hafenrunde umbenannt und dem Polizeiherrn unmittelbar unterstellt. Zur Aufgabe der Verhinderung von Diebstählen kamen Zollkontrollen hinzu. Sie hatte ihre Posten im Wachtschiff im Niederhafen, am Grasbrook, an der Roosenbrücke und im Wachthaus Roggenkiste (dem Getreidelager am Winserbaum). Fünf Jollen standen zur Verfügung.
1835 wurde die Hafenrunde auf 40Mann verstärkt. Die Besoldung blieb gering und nur alle zwei Jahre wurde ein Winterrock bewilligt. Um die geringe Besoldung auszugleichen, gab es kleine Extrazuwendungen, z.B. für jeden Verhafteten etwa 10 Schilling, von denen aber neun Schilling an den Kapitän, Kommandeur und Polizeivogt abgegeben werden mußten. Um diese zusätzlichen Gelder zu erhalten, schreckten die Vorgesetzten nicht davor zurück, ihre Untergebenen mit Stockschlägen zu bestrafen, wenn sie nicht genügend Verhaftungen vorweisen konnten. Das führte selbstverständlich dazu, daß häufig unberechtigte Verhaftungen vorgenommen wurden.
Eine weitere zusätzliche Bezahlung ergab sich durch Bewachung beladener, an den Posten liegender Schuten.
Als die ersten Petroleumdampfer nach Hamburg kamen, wurde die Hafenrunde um weitere 11 Offizianten verstärkt, da

diese Schiffe besonders scharf bewacht werden mußten.
Im Jahre 1869 wurden endlich die Gehälter erhöht und die Nebenverdienste bis auf die Schutenwachgelder aufgehoben. Strenge Dienstvorschriften waren zu beachten. Zur sofortigen Entlassung führten Trunksucht, Schuldenmachen und Leben in «wilder Ehe». Alle Angehörigen der HAFENRUNDE hatten bei der Einstellung einen Diensteid abzulegen.
1875 wurde die HAFENRUNDE in HAFENPOLIZEI umbenannt. Sie wurde als XI. Abteilung in die Polizeibehörde eingegliedert.
1896, als die hamburgische Flotte auf 477 Segler und 36 Dampfer angewachsen war, bestand die HAFENPOLIZEI aus 164 Mann. Es waren zusätzliche Wachstationen eingerichtet worden: 1886 am Stadtdeich, 1889 am Segelschiffhafen und 1891 am Hafentor.
1884 verabschiedete die Bürgerschaft ein Wachrundengesetz. Danach übernahm der Staat die Bewachung für das Gesamthafengebiet. Ausgenommen war die Bewachung der Schuten. Hiermit wurde der Verein der Hamburg-Altonaer Ewerführer-Baase betraut. Er richtete eigene Wachstationen ein. Die erste entstand an der Hammerbrookschleuse. Hier lag ein Ponton mit Wachhaus etwa dort, wo die Ernststraße in den Stadtdeich mündete. Eine kleine Holzbrücke führte hinunter zu den verschiedenen Pontons, an denen die Fahrzeuge festmachten. Im Betriebsjahr 1884 machten hier 4831 Fahrzeuge fest, im Jahr 1887 suchten fast doppelt so viele Schuten Bewachung und Schutz. Sie brachten 6301,80 Mark Wachgelder ein. Als Aufseher stellte der Verein bei der Eröffnung der Wachstation 1883 den mit der Ewerführerei vertrauten Zimmermann und Schutenvermieter J.W. Flint als Pächter ein.
Wo neue Hafenbecken entstanden, folgten auch jeweils am Köhlbrandfleet, im India- und Hansahafen, dann am Neß- und Rüschkanal die Wachstationen des Ewerführer-Vereins, deren Zahl sich schließlich auf 12 erhöhte.
Diebereien beunruhigten das Leben im Hafen zeitweise stark, sie lieferten dem Vereinsvorstand eine zugkräftige Begründung für die Genehmigung neuer Wachplätze. Anstatt bislang üblicher hölzerner Wachboote wurden größere und stabilere eiserne Wachschauken eingesetzt. Das erste dieser Boote ließ der Baasenverein bei dem Schiffbauer Behnke am Kleinen Grasbrook für 1100,– Mark bauen. Die Schauke war sechs m lang, und drei m breit und 0,76 m hoch. Auf dem Boot stand eine 1,50 m lange, 2,40 m hohe Hütte mit einem 1,50 m langen Anschlußverschlag, worin Taue und anderes Material und Werkzeug aufbewahrt werden konnten.
Zur zusätzlichen Bewachung setzte der Verein später eine Barkasse ein, die in unregelmäßigen Abständen nachts durch den Hafen fuhr.
Mit dem Bezug der Wache am Stadtdeich

durch den Ewerführerverein wurde die erste Dampfbarkasse in Dienst gestellt, der bis 1896 fünf weitere folgten.
1894 waren die Schutenwachgelder des Vereins auf jährlich 20.000 Mark angewachsen.
Nach Eröffnung der Alsterwache im Jahre 1892 erhielt die HAFENPOLIZEI die Bezeichnung HAFEN-, ALSTER- UND SCHIFFAHRTSPOLIZEI. Jetzt bestanden neun Wachen und ein Posten:

1. Hafentor mit dem Posten St. Pauli Am Markt
2. Baumwall bei der Roosenbrücke
3. Kehrwieder – schwimmendes Haus auf Fährponton
4. Brooktor oberhalb der Schleuse
5. Deichhafen – schwimmendes Haus
6. Kl. Grasbrook, Worthdamm 10
7. Segelschiffhafen, Beim Krahnhöft
8. Hansahafen, Bremerufer
9. Alsterwache.

1903 wurde die Wache 10 auf dem Kaiser-Wilhelm-Höft eröffnet. Die Hafen-, Alster- und Schiffahrtspolizei wurde in Abteilung VIII der Polizeibehörde umgewandelt und führte wieder die Bezeichnung HAFENPOLIZEI.
Es ist fast ein Kuriosum, wenn man heute bedenkt, welche zusätzliche Aufgabe die HAFENPOLIZEI vor dem 1. Weltkrieg hatte: Der berühmte und viel besungene Mastenwald im Hamburger Hafen war so dicht, daß oftmals die HAFENPOLIZEI einspringen mußte, um in Verbindung mit der Hafenmeisterei dem Durchgangsverkehr Platz zu schaffen! Es war keine Seltenheit, daß man z.B. im Baakenhafen vom Versmannkai nach dem Petersenkai nur über Wasserfahrzeuge gehen konnte! So eng lagen die Schiffe beieinander. Für uns nur schwer vorstellbar, wenn wir heute in die Hafenbecken hineinschauen!
1914 war die Zahl der Beamten auf 212 angewachsen und 11 Dampf- und 2 Motorbarkassen standen zur Verfügung.
1919 kam es nach dem verlorenen Krieg in der Bevölkerung zu Unruhen. Die über den Hafen eingeführten Lebensmittel gaben Gelegenheit zu zahlreichen Diebstählen. Es wurde die HAFENSICHERHEITSPOLIZEI, später der HAFENSCHUTZ DER ORDNUNGSPOLIZEI gegründet.
1919 wurden die Beamten, die bis dahin als Waffe nur den Gummistab trugen, mit Schußwaffen versehen. Das Freihafengebiet wurde für den öffentlichen Verkehr gesperrt und der Ausweiszwang eingeführt, der erst 1927 wieder aufgehoben wurde. Die Hafenpolizei führte jetzt die Bezeichnung: ORDNUNGSPOLIZEI, HAFEN- UND SCHIFFAHRTSPOLIZEI. Sie unterstand dem Polizeipräsidenten unmittelbar.
Das Jahr 1933 brachte neben der Auflösung des HAFENSCHUTZES auch die Aufhebung der Unterstellung der HAFEN- UND SCHIFFAHRTSPOLIZEI unter die Ordnungspolizei.
Mit dem Groß-Hamburg-Gesetz von 1937 kamen die Wasserschutzpolizei-Dienststellen Harburg und Altona und die Station Brunsbüttelkoog zu Hamburg. Im hamburgischen Amerikahafen in Cuxhaven wurde das Wasserschutzpolizei-Revier Cuxhaven im Jahre 1938 eröffnet. Der Gesamtpersonalbestand betrug jetzt 348 Beamte und Angestellte, 14 Dampf- und 11 Motorbarkassen standen zur Verfügung.
Nach dem Zusammenbruch 1945 wurde der Dienst auf Anordnung und unter Aufsicht der Militärregierung wieder aufgenommen.
Nach der Währungsreform 1948 konnten Aufbau und Instandsetzung der zerstörten Wasserschutz-Dienststellen und Fahrzeuge verstärkt in Angriff genommen werden. Am 1. Januar 1953 gab es 421 uniformierte Beamte und 148 Angestellte und Arbeiter.
Mit der Umorganisierung der Polizeibehörde in Hamburg am 1. Oktober 1952 wurde die Wasserschutzpolizei als WASSERSCHUTZPOLIZEIAMT in diese Behörde eingegliedert.
Heute ist die Wasserschutzpolizei aufgrund eines Abkommens mit den Nachbarländern Schleswig-Holstein und Nieder-

sachsen auch auf der gesamten Elbe von Schnackenburg bis zur Hoheitsgrenze beim Feuerschiff ELBE 1 einschließlich der Häfen zuständig. Hinzu kommen die hamburgischen Exklaven Neuwerk und Scharhörn mit dem dazugehörigen Wattengebiet und der Amerikahafen in Cuxhaven.
In Hamburg werden darüber hinaus der grenzüberschreitende Personenverkehr kontrolliert und der Transport, Umschlag und die Lagerung gefährlicher Güter in der Schiffahrt und auf allen Straßen des hamburgischen Gebietes.
Außerdem ist die Wasserschutzpolizei im gesamten Stadtgebiet für die Verfolgung von Umweltschutzdelikten zuständig.
Die Wasserschutzpolizei untersteht der Polizeidirektion Süd, in deren Gebiet fast alle schiffbaren Gewässer liegen. Zu ihr gehören vier Großraumwachen in Hamburg, eine Revierwache in Cuxhaven und eine Außenstelle in Lauenburg.
Heute (1996) arbeiten in den Dienststellen der Wasserschutzpolizei insgesamt ca. 550 Beamte, und es stehen 19 Einsatzboote bereit.

Elbblockade der Engländer Als Gegenmaßnahme gegen die französische Besetzung Hannovers, des hamburgischen Amtes Ritzebüttel und Cuxhaven blokkierte England die Elbmündung von 1803 bis 1805.
Durch diese englische Elbblockade wurde Hamburg von der See vollkommen abgeschnitten. Jetzt liefen die Schiffe den kleinen Hafen Tönning an der Eider und andere Häfen an. Die Blockade, die von den Engländern gegen die Franzosen gerichtet war, wirkte sich in erster Linie gegen den hamburgischen Handel aus.
Um die Blockade zu brechen, stationierten die Franzosen zur Abwehr englischer Landungsversuche in Cuxhaven zwei schwere Batterien.

1806: Hamburg wurde von den Franzosen besetzt Hamburgs Neutralität war kein Status für alle Zeiten. Mehrfache Blokkaden der Elbmündung – z.B. 1803 die Blockade der Engländer, 1806 die der Franzosen – zeigten den Hamburgern, daß ihre Stadt vom Kampf der Völker nicht unberührt bleiben konnte.
Im Jahre 1806 legte Kaiser Franz II. unter dem Druck Napoleons die deutsche Kaiserkrone nieder. Das alte Deutsche Reich hörte auf zu bestehen.
Auf der Tagung der Reichsdeputation in Regensburg im Jahre 1803 wurden Hamburg, Lübeck, Bremen, Nürnberg, Augsburg und Frankfurt als freie Reichsstädte anerkannt. Die «Kaiserlich freye Reichsstadt Hamburg» nannte sich jetzt «Freie Hansestadt Hamburg». Die Städte erhielten die volle Landeshoheit und die Zusicherung «ewiger Neutralität» in allen Reichskriegen.
Am 19. November 1806 schrieb Marschall Mortier von Bergedorf aus an den hamburgischen Senat, daß er im Namen Seiner Majestät des Kaisers und Königs, seines Herrn, von der Stadt Hamburg Besitz nehmen würde. Schon am Nachmittag desselben Tages zog bereits französisches Militär mit klingendem Spiel in Hamburg ein. Vorher bereits hatte Oberst Almeille mit einem Korps reitender Jäger hamburgisches Gebiet betreten und Gefangene und Verwundete des Husaren-Regiments Belling eingebracht. Das Schicksal Hamburgs war besiegelt.
Entdeckte «schwarz» eingeführte Waren wurden konfisziert und auf dem Grasbrook verbrannt. Die Not wurde täglich größer. Es war kein Wunder, daß die Menschen versuchten, sich durch Schmuggeln von Kaffee, Zucker, Tuchen usw. Verdienst zu schaffen.
Am 18. Dezember 1810 traf in Hamburg die niederschmetternde Kunde ein, daß Napoleon die Einverleibung der Hansestädte in das französische Reich verfügt habe. Am 30. Januar 1811 huldigten die Städte Napoleon in Paris. Schon am 2. Februar 1811 erschien Marschall Davoust, der zum General-Gouverneur des hanseati-

schen Departements ernannt worden war, in Hamburg. Am 13. Februar 1811 wurde der Senat aufgehoben und der provisorische Munizipalrat ernannt. An die Stelle des Hamburger Wappens trat der französische Adler.
Ein Volksaufstand, der sich am 24. Februar 1813 in Hamburg gegen die Fremdherrschaft erhob, und Meldungen über das Herannahen russischer Truppen nahmen den Franzosen das Gefühl der Sicherheit. Sie zogen am 12. März 1813 von Hamburg ab.
Wenige Tage später, am 17. März, rückte ein russisches Streifkorps mit 1.500 Kosaken in Bergedorf ein. Es stand unter der Führung des Obersten von Tettenborn. Er war gekommen, «um Hamburg vom französichen Joch zu befreien». Hamburg empfing die Kosaken mit großer Freude. Aus einer Truppe von Freiwilligen wurde die «Hanseatische Legion» gebildet und die aufgelöste Bürgergarde wieder formiert.
Aber die Freude dauerte nur kurze Zeit. Napoleon war nicht gewillt, die für ihn so wichtige Stadt herzugeben. Er gab Marschall Davoust den Auftrag, Hamburg zurückzuerobern. Nach heftigen Kämpfen um die Elbübergänge und nach Beschießung der Stadt durch französische Artillerie mußten die tapferen Verteidiger vor der Übermacht weichen. Marschall Davoust kehrte nach Hamburg zurück.
Um nun Hamburg gegen die nachrückenden Verbündeten wirksam verteidigen zu können, befahl Napoleon, die Stadt zu einer Festung ersten Ranges auszubauen. Die Umgebung der Stadt wurde zerstört und das Aufwerfen von Schanzen begann. Die Festungswerke wurden wieder hergestellt. Hamburg und Harburg sollten durch Brücken und Fähren verbunden, in das Befestigungssystem einbezogen und in Hamburg eine Zitadelle angelegt werden. Pläne dafür hatte der französische General Haro schon früher entworfen; sie wurden am 7. Juli 1813 von Kaiser Napoleon ergänzt.
Mit dem Bau der Verbindungslinie zwischen den beiden Städten wurde am 15. Juni 1813 begonnen. Sie verlief in gerader Richtung vom Brooktor nach Harburg und bestand vom Tor bis zur Norderelbe aus einer 523,50 m langen Brücke, dann folgte über den Strom eine Fähre und dann wieder von der Norderelbe über die niedrigen Wiesen bis zum Hauptdeich Wilhelmsburgs eine ca. zwei km lange Brücke. Vom südlichen Deich Wilhelmsburgs folgte dann wieder eine ca. ein km lange Brücke über die Harburger Schweineheide bis zur Fähre an der Süderelbe und schließlich vom Harburger Ufer bis zum Harburger Schloßtor über die niedrigen Ländereien eine ca. 250 m lange Brücke.
Über die beiden Elbarme fuhren von jeder Seite zwei große Fährprahme, die 500 Menschen oder 60 bis 70 Reiter oder neun Wagen mit Pferden aufnehmen konnten. Jede Fähre wurde durch sechs Männer an Seilen herübergezogen. Außerdem waren an beiden Fährstellen noch eine kleine Fähre, zwei Schuten, zwei Ewer und einige kleine Jollen vorhanden.
Die Verbindung vom Brooktor bis nach Harburg wurde am 5. September 1813 eröffnet.
Zum Schutze der Verbindungsstelle mit Harburg wurden eine Schanze bei der Hornhardtschleuse, ein Hornwerk auf dem nordöstlichen Deiche des Klütjenfeldes und eine Schanze auf der südlichen Ecke des Reiherstieglandes errichtet. Auf dem Deich der Insel Neuhof waren fünf kleinere Werke am Reiherstieg und zwei am Köhlbrand errichtet. Diesen gegenüber lag eine Schanze bei der Mühle auf Waltershof. Auf der Insel Grevenhof wurde eine geschlossene Schanze mit einem großen Blockhaus erbaut.
Davoust berichtete nach Vollendung der Brücken an seinen Kaiser Napoleon: «Dies Werk erregt das Erstaunen aller Welt.» Im Volksmund wurden die Anlagen «Teufelsbrücken» genannt. Die Eile beim Bau hatte manche Unzulänglichkeit mit sich gebracht. Viele Pfähle waren im moorigen

Untergrund zu weit eingesunken, andere begannen schnell zu faulen. Die Brücke mußte deshalb für Fuhrwerke gesperrt werden. Sie, die mit soviel Aufwand, Arbeit und menschlicher Not entstanden war, wurde im Jahre 1817 schon wieder abgebrochen, da sich Hamburg und Hannover nicht über die Kosten der Unterhaltung einigen konnten.

Am 12. November 1813 erließ der französische Gouverneur Hogendorp den Befehl, daß alle Einwohner Hamburgs sich bis zum kommenden Juli verproviantieren sollten. Diejenigen, die das nicht konnten oder wollten, hätten die Stadt zu verlassen. Die meisten Armen blieben aber in der Stadt. Am Abend des 24. Dezember, am Weihnachtsabend, ließ der Kommandant eine große Zahl derer, die sich nicht verproviantiert hatten, aus ihren Häusern holen, die Nacht über in der Petri-Kirche einsperren und am nächsten Morgen bei grimmiger Kälte zum Millerntor hinaustreiben. Über 20.000 Hamburger mußten auf diese Weise die Stadt verlassen. Viele von ihnen fanden den Tod.

Große Not und Elend herrschten in der Stadt. Selbst für gutes Geld waren kaum noch Lebensmittel zu erwerben. Krankheiten griffen in erschreckender Weise um sich.

Das französische Militär war bunt zusammengewürfelt aus Soldaten der verschiedensten Nationen mit einem Wirrwarr von Uniformen und Sprachen. Spanische Besatzungssoldaten lockten Hamburger Deerns mit den Worten: «Visítame en mi tienda!» (Besuch' mich in meinem Zelt!) und die französischen Soldaten taten das gleiche mit ihren Worten: «Visitez ma tente!» Die besorgten Mütter machten daraus folgende Warnung: «Mach' mir ja keine Fisematenten!»

Die Befreiung von der Franzosenherrschaft erfolgte erst 1814, nachdem unter Preußens Führung das französische Heer geschlagen und Kaiser Napoleon zur Abdankung gezwungen worden war.

Am 14. April 1814 wurde in Hamburg bekannt, daß die Alliierten Ende März in Paris eingezogen waren. Am 29. April wehte daher eine weiße Fahne auf dem Michaelis-Kirchturm als Zeichen, daß jetzt Frieden sei. Der Abmarsch der französischen Truppen aus Hamburg vollzog sich aber erst in der Zeit vom 28. bis 31. Mai 1814.

Fährbetrieb Hamburg-Harburg Wie bereits geschildert, ließ Napoleon durch den Marschall Davoust zur besseren Verbindung zwischen Hamburg und Harburg sowohl für die Norder- als auch für die Süderelbe je zwei große Ziehfähren bauen (16,5 m lang und 5,33 m breit). Diese Ziehfähren waren in Pontonform gebaut, mit schrägem Bug und Heck, wobei es kein «vorn» und «hinten» gab, da sie zwischen den Ufern hin- und hergezogen wurden, ohne zu kehren. An beiden Ufern war ein kräftiges Hanftau befestigt, das tief ins Wasser hineinhing. Auf der Fähre lag es auf einer Haltevorrichtung und von Menschenhand wurde an dem Seil die Fähre «gezogen». Mit der Zeit wurden kleine Handwinden installiert, die das Ziehen erleichterten. Nachdem der Fährbetrieb 1817 aufgehört hatte, verkaufte man die Fähren und brach die Brücken ab. Der Verkehr zwischen Hamburg und Harburg war nun wieder auf Segelschiffe angewiesen.

Privatleute richteten einen Dampffährbetrieb ein. 1818 machte die erste Dampffähre vom Jonashafen aus bei den Landungsbrücken ihre erste Fahrt durch den Köhlbrand. Als diese reparaturbedürftig wurde und 1853 eine bessere, gepflasterte Straßenanlage auf dem Grasbrook und Wilhelmsburg gebaut war, wurden stärkere und leistungsfähigere Ziehfähren von 20,63 m Länge und 6,88 m Breite in Betrieb genommen.

Der Verkehr nahm zu und der Fährbetrieb war langsam. Im Jahre 1860 wurde daher eine Dampffähre in Betrieb genommen. Diese Fähre war 31,52 m lang, 12,90 m breit und aus Eisen. Sie hatte zwei Dampf-

Dampffähre nach Harburg

kessel von vier Atm. und zwei voneinander unabhängige Maschinen, die je ein Schaufelrad bewegten. Die beiden Ziehfähren aber wurden beibehalten. Sie dienten im Winter bei Eisschwierigkeiten der Dampffähre als Ersatz.
Im Laufe der Winter war es aber mehrfach vorgekommen, daß keine der Fähren und auch kein Eisboot mehr fahren konnten. Entweder ruhte der Verkehr oder man ging zu Fuß über das Eis.
Mit der Eröffnung der zweiten Elbbrücke für den Fahr- und Personenverkehr durch den Senat am 16. Juli 1887 wurde der Betrieb der Dampffähre und auch der Ziehfähren eingestellt. Die erste, die Eisenbahn-Elbbrücke, war 1872 gebaut worden.

Wiederaufbau ab 1814 Nach Abzug der französischen Besatzungstruppen belebten sich die still gewordene Hafenstadt und die ruinierte Wirtschaft wieder sehr schnell. Der Unternehmungsgeist der Hanseaten war ungebrochen. Ein wichtiger Schritt zum Wiederaufbau war der Beitritt der Stadt zum DEUTSCHEN BUND. 35 souveräne Fürstentümer und vier Freie Städte waren in ihm zusammengeschlossen. Hamburg erhielt mit seinem Beitritt wieder den Status eines souveränen Staates und nannte sich ab 1819 FREIE UND HANSESTADT HAMBURG.
Mit dem Beitritt zum Deutschen Bund mußte allerdings die Jahrhunderte hindurch betriebene Neutralitätspolitik der Stadt aufgegeben werden. Aber dafür kam der Wirtschaft die vom Deutschen Bund proklamierte Freiheit der Binnenschiffahrt zugute. Allerdings mit Einschränkungen: zwei der Stadt lästige Elbzölle blieben noch lange bestehen: der Stader und der Wittenberger Zoll. Auch sonst behinderte ein Übermaß an Binnenzöllen ganz allgemein den Handel in Deutschland. Aber das war in den Jahren der Reorganisation noch eher eine geringe Sorge.
Schwerer war für den Neubeginn, daß Hamburg kaum über eigenen Schiffsraum verfügte und es an Kapital fehlte, die alten Handelsbeziehungen wieder aufzunehmen. Viele große Handelshäuser waren zusammengebrochen.
In diese Lücke trat nun Großbritannien ein, das schon von 1806 bis 1814 – die daniederliegende Wirtschaftslage nutzend – die alten Hamburger Absatzmärkte an sich gebracht hatte. Überall in Hamburg wurden jetzt Filialen britischer Firmen eingerichtet, und der kapitallose hanseatische Kaufmann sah sich bald ins Kommissions- und Speditionsgeschäft für die Engländer gedrängt.
Hinzu kam, daß im Jahre 1825 die ersten regelmäßigen Dampferverbindungen zwischen Hamburg und London von einer englischen und zwischen der Hansestadt und Amsterdam von einer holländischen Gesellschaft mit jährlich 12 Reisen aufgenommen wurden. Schon 1816 war das erste englische Dampfschiff THE LADY OF THE LAKE in Hamburg eingelaufen.
Im Jahre 1835 fuhr jedes zweite Schiff, das Hamburgs Hafen erreichte, unter englischer, jedes vierte unter deutscher, aber nur jedes siebente unter hamburgischer Flagge.
Wieder einmal befand sich unsere Stadt in einer schweren Krise. Nur dadurch, daß die Kaufleute in den ersten Jahren nach der Befreiung eng mit ausländischen Handelshäusern zusammenarbeiteten, konn-

ten sie einen Teil ihres früheren Geschäftes behaupten.
Nach und nach kam Hamburg dadurch wieder zu einem bescheidenen Wohlstand. Die gewaltigen Schäden der französischen Belagerungszeit wurden überwunden, die Befestigungen endgültig niedergelegt und zu Wallanlagen umgestaltet.
Eine friedliche, endlich ereignislose Zeit schien angebrochen zu sein. Die Stadt, die nach der Franzosenzeit kaum noch 100.000 Einwohner gezählt hatte, wies jetzt fast 200.000 Einwohner auf.
Schon 1837 liefen die ersten hamburgischen Segelschiffe australische Häfen an.

Die deutsche Kriegsflotte 1848 1848 erließen die Hamburger Reeder Robert Miles Sloman und Johann Cäsar Godeffroy einen Aufruf zur Gründung einer deutschen Kriegsflotte. Gerade die Hamburger wußten aus vielhundertjähriger Erfahrung, was eine starke Kriegsflotte für das Bestehen und Ansehen einer Handelsflotte bedeutete. Beide Reeder stellten je ein großes Segelschiff zur Verfügung. Für kurze Zeit wehte die Hamburger Flagge auf diesen beiden Schiffen. Im Sommer 1848 wurde eine deutsche Kriegsflotte erstellt. Sechs bewaffnete Schiffe waren es schließlich, die bis Oktober 1848, als das Reich die Schiffe übernahm, die Hamburger Flagge führten. Nun setzte man an erster Stelle die schwarzrotgoldene Flagge und erst an zweiter die Hamburgs.
Die Fregatte DEUTSCHLAND und das Dampfschiff HAMBURG, beides Kriegsschiffe, führten jedoch als Nationalflagge am Heck die Flagge der Hamburgischen Admiralität, die auf den Meeren bekannt und angesehen war. Der englische Kommandant von Helgoland erkannte die schwarzrotgoldene nicht an!
Am 4. Juli 1849 liefen unter der Führung des deutschen Admiral Brommy die Raddampfer BARBAROSSA, LÜBECK und HAMBURG aus der Wesermündung aus, um bei Helgoland eine weit überlegene dänische Flotte unter Admiral Sten Bille anzugreifen. Die dänische Flotte bestand aus dem Segelflaggschiff ROTA, den Segelfregatten BELLONA und THETIS, der Segelkorvette VALKYREN und einem bewaffneten Dampfer. Bei diesem Gefecht zeigte sich, was Dampfkriegsschiffe gegen Segler ausrichten konnten, wenn auch noch schwacher Wind diese manövrierunfähig machte. Admiral Brommys Dampfer waren schneller und konnten sich auf die Takelage der Feinde einschießen. Ein warnender Böllerschuß des damaligen britischen Gouverneurs von Helgoland – er hatte nur mit Grasbrocken und Steinen feuern lassen – beendete jedoch den Kampf. Brommy ließ das Gefecht abbrechen, um England nicht herauszufordern.
Die Machtlosigkeit der Nationalversammlung und die politischen Wirren der Zeit machten den Plan einer deutschen Kriegsflotte zunichte. Die Schiffe wurden schließlich versteigert.

Nord-Ostsee-Kanal, früher Kaiser-Wilhelm-Kanal Am 16. August 1571 hatte Herzog Adolph an Kaiser Maximilian II. nachfolgendes Schreiben gesandt:
«Und wirdt bey meiner Stadt Kiell an der Ost Sehe belegen die Gelegenheit erspuret und befunden das man enen Graben ungefährlich 2000 Ruten lang eine Schiffarth durch etzliche Sehe und Awen bis in den Wasserfluß die Eider genandt kant gemachet werden welcher Wasserfluß am in selbst Schiffereich ist undt in die West Sehe seinen Fall hat.»
Dieses Schreiben kann als erste historische Notiz über den Nord-Ostsee-Kanal betrachtet werden.
Die Lübecker hatten schon in den Jahren 1391 bis 1398 den Stecknitz-Kanal angelegt. Aber wegen seiner geringen Tiefe war er nur für den Binnenverkehr mit Flachbooten geeignet.
Auch Hamburg hatte im Jahre 1448 vom Grafen Adolph VIII. von Holstein die Er-

laubnis erhalten, einen Kanal zwischen Alster und Beste, einem Nebenfluß der Trave, zu bauen. 75 Jahre dauerte der Bau, dann schütteten die Einwohner Borstels und Jersebeks den «Graben» wieder zu.
Unter Christian III. entstand 1539 der Plan eines Kanals zwischen Ribe und Kolding bzw. Hadersleben. Unter Christian IV. (1588–1648) plante man zwischen Ballum und Apenrade einen Wasserweg. Später sollte unter Wallenstein ein Binnenland-Wasserweg von Wismar zur Elbe geschaffen werden. Unter Cromwell tauchte 1761 das Kanalprojekt Husum-Schleswig-Eckernförde auf. In der Folgezeit wurden u.a. auch die Projekte Brunsbüttel-Eckernförde, St. Margarethen-Haffkrug, Büsum-Eckernförde, Störort-Niendorf überlegt.
Schließlich entstand 1777–1784 unter Christian VII. der Eiderkanal mit einer Länge von 45 km und einer Sohlenbreite von 18 m. Sein Lauf lag zwischen Tönning und Holtenau. Aber auch hier konnten nur Schiffe mit einem Tiefgang bis zu drei m fahren.
Der Hamburger Reeder H. Dahlström war es, der 1878 die Pläne eines Kanalbaues zwischen Nord- und Ostsee wieder aufgriff. In den Kriegsjahren 1866 und 1870/71 waren derartige Bauprojekte in den Hintergrund gedrängt worden.
Mit Ingenieur Baden trug Dahlström statistisches Material zusammen. In Gemeinschaft mit Bauunternehmer Vehring wurde eine Kanal-Aktiengesellschaft gegründet. Da die Reichsregierung beschlossen hatte, den Kanal auf Kosten des Staates zu bauen, mußte Dahlström zurücktreten. Immerhin kam sein Projekt, von Brunsbüttel über Wittenbergen, Rendsburg, Steinrade, Knoop nach Kiel-Holtenau einen Kanal zu bauen, zur Ausführung. Durch Gesetz vom 16. März 1886 wurde das Projekt als Reichskanal akzeptiert und die feierliche Grundsteinlegung am 3. Juni 1887 durch Kaiser Wilhelm I. vollzogen.
Die Länge des Kanals beträgt 98,65 km, seine Wasserspiegelbreite 65 m, seine Tiefe neun m. Die Sohle des Kanalbettes hat eine Breite von 22 m. Bei der Begegnung zweier Handelsschiffe muß eine der acht Ausweichstellen benutzt werden, die in einer Länge von je 500 m und einer Breite von je 100 m angelegt worden sind.
Zwei gewaltige Flutschleusen bilden in einer Länge von je 150 m, einer Breite von 25 m und einer Wassertiefe von 9,8 m sichere Abschlüsse an den Endpunkten gegen den Tidenhub der Nordsee und den Windstau der Ostsee. Eine kleinere Verbindungsschleuse bei Rendsburg, 68 m lang, 12 m breit und 5,5 m tief, reguliert den wechselnden Wasserstand durch Zuflüsse aus dem 1580 km^2 Einzugsgebiet innerhalb des Kanals. Hochbrücken überspannen den Kanal, zwei Eisenbahn-, zwei Eisenbahn-Straßen-, eine Straßenbrücke mit einer Durchfahrtshöhe von 42 m. Die Hochbrücke bei Grünthal hat einen kühngeschwungenen flachen Bogen von 156,5 m lichter Weite. Die Brücke bei Levensau hat eine Stützweite von 163,4 m. Unter diesen Brücken können fast alle großen Schiffe mit stehenden Masten hindurchfahren.
Trotz seiner Großartigkeit und trotz all der Schwierigkeiten, die sich seiner Ausführung entgegenstellten, hat der Nord-Ostsee-Kanal im Vergleich zu anderen derartigen Unternehmungen die geringsten Kosten verursacht. Ein Beweis dafür, daß die 156 Millionen Mark Baukosten rationell verwirtschaftet wurden. Auf den Kilometer berechnet, betrugen sie 1,58 Millionen Mark. Bei dem 25 km langen Nordsee-Kanal von Amsterdam nach Ymuiden waren es 2,04, bei dem 160 km langen Suez-Kanal 2,28 und bei dem 6,34 km langen Kanal von Korinth gar 6,78 Millionen Mark per Kilometer.
Die Einweihung des Kanals wurde am 19. Juni 1895 von Kaiser Wilhelm II. in Brunsbüttel vorgenommen. Er traf am 18. Juni mit der Kaiserin und den vier ältesten Prinzen mit Gefolge in Hamburg ein. Hier war auch schon der Hochadel ange-

Nord-Ostsee-Canal-Feier in Hamburg

19. Juni 1895.

Erlaubniss-Karte

zum

Passiren gesperrter Fahrdämme.

Die Polizei-Behörde Hamburg.

HAMBURGER POLIZEIBEHÖRDE

reist, um in der Hansestadt an dem großen Festtagsprogramm teilzunehmen, bevor per Bahn oder Schiff die Reise nach Brunsbüttel fortgesetzt wurde.

Ein Auszug aus dem Festprogramm zur Nord-Ostsee-Kanalfeier in Hamburg besagt:

«18. Juni vormittags Eintreffen von Fürstlichkeiten am Dammthor Bahnhof:

König von Sachsen
König von Württemberg
Prinzregent von Bayern
Großherzog von Baden
Großherzog von Hessen
Großh. von Mecklenburg-Schwerin
Erbgroßherzog v. Mecklenbg.-Strelitz
Großh. v. Oldenburg
Prinzregent v. Braunschweig mit seinen Söhnen den Prinzen Friedrich, Heinrich u. Joachim Albrecht
Herzog v. Sachsen-Koburg-Gotha
Prinz v. Sachsen-Altenburg
Fürst v. Schwarzbg.-Sondersh.
Fürst v. Schwarzbg.-Rudolfstadt
Fürst zu Waldeck-Pyrmont
Fürst Reuß ä. Linie
Erbprinz Reuß j. Linie
Fürst v. Schaumburg-Lippe
Regent von Lippe
Prinz Adolf zu Schaumburg-Lippe
Bürgermeister von Bremen Dr. Gröning
Bürgermeister von Lübeck Dr. Behn

18. Juni morgens Dammthor Bahnhof:

Prinz Heinrich von Preußen
Prinz Friedrich Leopold
Herzog Ernst-Günther zu Schlesw.-Holst.-Sonderburg-Augustenburg
Herzog Friedrich Ferdinand zu Schlesw.-Holst.-Sonderburg-Glücksburg
Fürst von Hohenzollern
Prinz Albert zu Schlesw.-Holst.-Sonderburg-Glücksburg
Großfürst Alexis von Rußland
Herzog von Genua
Herzog von York
Erbherzogs Carl Stephan von Österreich.

Sämtliche Gäste werden von Senatsmitgliedern empfangen und in ihre Wohnungen geleitet.

18. Juni 4 1/4 Uhr nachmittags:

Ankunft Ihrer Majestäten des Kaisers und der Kaiserin sowie der 4 ältesten Prinzen mit Gefolge.

Ihre Majestäten fahren in zwei Viererzügen und die Kaiserlichen Prinzen und Gefolge in 20 Wagen durch die westlichen Stadtteile, u.a. am Hafen entlang, zum Rathaus. Nach dem Essen Einschiffung zur Alsterinsel. Empfang durch Militär-Kapellen und 1200 Sänger, die am Alsterufer auf der großen Freitreppe stehen. Ansprachen. 10 Uhr abends: Großes Feuerwerk und Abfahrt Ihrer Majestäten des Kaisers und der Kaiserin mit großem Spalier zum Dammthorbahnhof, von wo aus sie nach Brunsbüttel fahren. Sämtliche Straßen werden durch Fakkelbrenner erhellt, Kirchtürme werden bengalisch beleuchtet.»

Der große Tag in Hamburg klang mit einem Alsterfest aus. Wilhelm II. verließ mit der KAISERADLER die Hansestadt und fuhr bis Brunshausen, wo er zusammen mit seinen Söhnen auf die HOHENZOLLERN zur Weiterfahrt nach Brunsbüttel überwechselte. Zur Kanalfahrt wurden die im Binnenhafen liegenden großen Dampfer bestiegen.

In Hamburg hatten 15 ausländische Avisos (= (span.) kleine, leicht bewaffnete Schiffe) die Leinen zur Fahrt nach Brunsbüttel gelöst.
Die feierliche Einweihung des Kanals durch Seine Majestät Kaiser Wilhelm II. fand an der Schleuse in Brunsbüttel statt. Die Menschen waren von weit her angereist, um die Eröffnung dieses nationalen Bauwerks mitzuerleben. Der Kaiser stand auf der Kommandobrücke der HOHENZOLLERN und wurde beim Präsentieren der Ehrenkompanie mit kräftigem Hurra von der Menschenmenge begrüßt.
Im Binnenhafen durchschnitt die HOHENZOLLERN eine zwischen zwei reichgeschmückten Holztürmen gespannte schwarz-weiße Trosse als Symbol der Eröffnung des Nord-Ostsee-Kanals.
Der HOHENZOLLERN folgten unzählige Fahrzeuge mit den Gästen des Hochadels aus dem In- und Ausland. Das Einlaufen des Kaisergeschwaders bei schönstem Wetter war ein grandioser Festakt. 25 Kriegs- und Handelsschiffe bis zu einer Größe von 7600 BRT durchfuhren den Kanal in etwa 16 Stunden.
Der Bau des Kanals, dessen jährliche Unterhaltungskosten auf 1,9 Millionen Mark veranschlagt worden waren, ist ein technisches Meisterwerk ersten Ranges. Statt des weiten Weges durch das Kattegat mit seiner für Mensch und Schiff so gefährlichen Passage gab es nun den sicheren Kanal mit einer sehr viel kürzeren Strecke.
Die regelmäßigen Dampferlinien zwischen Hamburg und den Ostseehäfen Schwedens und Dänemarks nahmen immer mehr den Kanal in Anspruch.
Aber durch den Kanalbau wurden nicht nur neue Verbindungen geschaffen, – es wurden auch alte zerstört. So war jetzt z.B. in Holtenau eine Abnahme des Verkehrs dadurch zu verzeichnen, daß zahlreiche Fahrzeuge in der Lage waren, sämtliche am Kanal liegenden Ortschaften direkt zu erreichen, ohne eine Teilabgabe ihrer Ladung an der Mündung vorzunehmen.
Auch die Eider, die frühere Verbindung zwischen Ost- und Nordsee, wurde jetzt von Dampfern und Seglern nur noch selten benutzt. Die Stadt Tönning erlitt dadurch einen schweren Verlust. Auch Lotsen fanden keine Verwendung mehr.
1918 wurde der Kaiser-Wilhelm-Kanal in Nord-Ostsee-Kanal umgetauft. In der Schiffahrt aber wird er meistens nur kurz Kiel-Kanal genannt.
1995, im Jahr des 100jährigen Bestehens, fuhren rd. 43.300 Schiffe mit ca. 70 Millionen BRT sowie etwa 17.400 Sportfahrzeuge durch den Kanal.
Seine Brücken prägen ein Landschaftsbild, das nur in der herben Schönheit der flachen, weiten Ebene von Schleswig-Holstein entstehen konnte.

Vom Raddampfer und eisernen Dampfschiff mit Schaufelrädern zum Dampfschiff mit Schraubenantrieb und Turbinenschiff 19. bis 20. Jahrhundert

Entwicklung des Dampfantriebes Das 19. Jahrhundert brachte die größten Veränderungen in der Geschichte der Seefahrt. Jahrtausendelang waren die einzigen Mittel zur Fortbewegung auf See Riemen und Segel gewesen. Der Antrieb eines Fahrzeuges mit Riemen erforderte Muskelkraft. Mit der Verwendung des Windes als Antriebsmittel ergaben sich große Schwierigkeiten. Auch wenn immer bessere Schiffe mit immer komplizierterer Takelung gebaut wurden, konnte der Mensch nicht die gewünschte Fahrtrichtung bestimmen, ohne dafür viel Zeit und Mühen aufzuwenden. Es war dringend notwendig geworden, sich von den Riemen und der Unzuverlässigkeit der Winde unabhängig zu machen und einen mechanischen Antrieb zu entwickeln.

Ende des 17. Jahrhunderts ersann der französische Physiker Denis Papin eine Vorrichtung, die zur Entwicklung des Dampfkessels führte. Er machte die Dampfkraft nutzbar und fuhr 1707 mit einem kleinen Boot, auf das er seinen Dampfkessel montiert hatte, auf der Fulda von Kassel bis zur Weser.

Anfang des 18. Jahrhunderts entwickelte dann der englische Erfinder Thomas Newcomen eine «atmosphärische Maschine».

1736 ließ Jonathan Hulls sich die ersten Baupläne für Raddampfer patentieren. 1737 entstand das erste Dampfschiff der Welt: Hulls Dampfschlepper mit der Newcomen-Dampfmaschine, einem Heckschaufelrad und Antriebstauen, die noch die Pleuelstange ersetzen mußten.

Im Jahre 1769 führte James Watt die doppelwirkende Kolbenmaschine ein. 1775 unternahm Perier in Frankreich erste Versuche mit Dampf als Hauptantriebskraft für Schiffe. Die ersten Erfolge auf diesem Gebiet erzielte der Franzose Marquis Claude Francois de Jouffroy d'Abbans. Nach einem Mißerfolg im Jahre 1778 baute er ein 45 m langes Schaufelradboot mit einer Verdrängung von 182 Tonnen. Dieses Boot, PYROSCAPHE genannt, fuhr 15 Minuten lang auf der Saône in der Nähe von Lyon. Die Schaufelräder wurden durch eine von der liegenden doppelwirkenden Maschine bewegten Getriebestange angetrieben. Diese Wirkungsweise hatte er einer Zeichnung von Leonardo da Vinci entnommen.

1785 erprobte James Ramsey in Amerika einen Antrieb, indem er sich die Düsenwirkung des durch ein Heckrohr geleiteten Dampfes nutzbar machte.

1786 trieb John Fitch in Amerika ein Boot durch ein Paddel an, das an einer Antriebswelle befestigt war. Sein Dampfboot hatte einen hochgelegenen Gestängerahmen, in dem sechs lange Ruderriemen befestigt waren. Eine Pleuelwelle wurde von einer Dampfmaschine getrieben, die wiederum die Ruder in der Art von Kanustechpaddeln abwechselnd antrieb. Das Boot war 15 m lang und vier m breit, Geschwindigkeit etwa sieben kn, 12 Riemen in zwei Gruppen pullten abwechselnd.

Im Jahre 1801 wurde der Dampfmaschinenbauer Symington von dem Großaktionär Lord Dundas beauftragt, ein neues Dampfboot zu bauen. Symington konstruierte eine Maschine, bei der ein Verbindungspleuel vom horizontalen Zylinder direkt zur Kurbelwelle des Heckschaufelrades führte. Das neue Dampfboot hieß CHARLOTTE DUNDAS. Es hatte eine 10 PS-Maschine und ein Ruder an jeder Heckseite, das von einem Ruderrad auf der Back bedient wurde. 1802 bestand das Dampfboot seine Probefahrt und zog zwei 70-t-Lastkähne über eine 20 sm lange Strecke. Es war als Kanalschlepper gebaut und hatte eine Länge von 19 m und 6 m Breite.

Im Jahre 1807 baute der Amerikaner Robert Fulton die CLERMONT. Sie fuhr von New York nach Albany und bewältigte die 150 sm in 32 Stunden. Die Wasserverdrängung war 100 t. Das Schiff hatte einen Kupferkessel mit 0,35 at (bar) und eine 700 mm-Einzylinder-Dampfmaschine, gebaut von Boulton und Watt. Es erreichte 4,5 kn. Robert Fulton wurde im Lexikon als «Erfinder» des Dampfschiffes aufgenommen.

1812 setzte Henry Bell aus Linlithgow auf der Clyde seine COMET in Fahrt. Es war der erste Fahrgastdampfer in Großbritannien und Europa. Das Schiff war 17 m lang, 4 m breit (5 m einschließlich der Radkästen). Auf der Backbordseite stand die einzylindrische, senkrecht stehende Maschine über der Kurbelwelle, der ein Schwungrad von zwei m Durchmesser zu einem gleichmäßigen Lauf verhalf. An der Steuerbordseite war ein Niederdruckkessel eingemauert

und sorgte für genügend Dampf, um zwei Paar strahlenförmig angeordnete Paddel, die später durch ein Paar Schaufelräder ersetzt wurden, anzutreiben.
Nachdem die COMET die Probefahrt von Greenock nach Glasgow (32 km) in 3 1/2 Stunden zurückgelegt hatte, plante Bell einen öffentlichen Liniendienst zwischen Glasgow, Greenock und Helensburgh.

Dampf- und Segelschiffe auf den Meeren Trotz des raschen Anwachsens der technisch überlegenen Dampfschiffahrt behielt auch die Segelschiffahrt in Hamburg ihre Bedeutung; 289 Segler allein von der HAPAG. Bis 1914 stieg ihre Zahl sogar noch auf 585 an. Der Umfang der Tonnage betrug 207.301 NRT. Dies machte 14 % der hamburgischen Gesamttonnage aus. Die meisten Segler fuhren in der Salpeterfahrt nach der Westküste Südamerikas, andere nach Australien, mit Korn als Rückfracht nach Europa. Berühmt durch ihre vorzüglichen Segeleigenschaften waren die Schiffe der Reederei F. Laeisz. Sie verfügte 1900 über 16 Schiffe mit 30.229 NRT und war damit die größte hamburgische Segelschiffsreederei. Noch 1914, als sie mit 15 Segelschiffen an dritter Stelle stand, gab sie drei Neubauten in Auftrag, ein Beweis, daß die Segelschiffahrt noch florierte.

Dampf und Eisen: Beginn der Sensationen Der Dampfantrieb setzte sich durch. Eine weitere Sensation im Schiffahrtswesen kam hinzu: Eisen als Schiffbaumaterial. Am 17. Juni 1816 traf das erste eiserne Dampfschiff im Hamburger Hafen ein. Es hieß nach Scott's Erzählung THE LADY OF THE LAKE und gehörte einer englischen Reederei in Yarmouth. Im «Hamburgischen Correspondenten» vom 18. Juni 1816 ist nachzulesen: «Captitän J. Watson Coock führte es in der kurzen Zeit von 6 Uhr früh bis 4 1/2 Uhr nachmittags gegen den Strom, bloß vom Dampf getrieben, von Cuxhaven herauf. Es machte mehrere Manöver, die über alle Erwartung gut ausfielen.»
Dieses «Wunder der Technik» erregte bei den Hamburgern großes Aufsehen. Gegen Zahlung von einer Mark acht Schillinge Courant machte der Kapitän einige Extrafahrten von Hamburg nach Neumühlen und zurück. Sein eisernes Dampfschiff war jedesmal mit mehreren hundert Personen besetzt. Es folgten dann regelmäßige Fahrten nach Cuxhaven, wo gerade ein Seebad eröffnet worden war. Aber die Rentabilität blieb aus und im Herbst kehrte die LADY OF THE LAKE wieder nach Yarmouth zurück.
Im Jahre 1821 wurde die AARON MANBY, der erste als englische Kanalfähre eingesetzte eiserne Dampfer in Fahrt gesetzt. Es war ein vollständig eisernes Dampfschiff, das von London nach Le Havre fuhr.
Sir Fairbairn errichtete 1835 im Süden von England die erste Spezialwerft für Eisenschiffe. Auch in Schottland war ein Eisendampfer für den Liniendienst in der Irischen See gebaut worden, die GARRY OWEN, die nach einer Strandung wieder flottgemacht werden konnte und ihre Stabilität bewiesen hatte. Gestrandete Holzschiffe mußten dagegen abgewrackt werden.
Es wurden reine Dampfschiffe gebaut, aber auch Segler mit einer Dampfmaschine als Hilfsantrieb, sogenannte Dampfsegler.
Am 22. Mai 1819 überquerte der Dampfsegler SAVANNAH als erstes Dampfmaschinenschiff den Atlantik. Der hölzerne Raddampfer begann seine Fahrt in Savannah in Georgia und traf nach 30 Tagen im englischen Hafen Liverpool ein. Das Schiff war in New York gebaut worden und hatte erst später die Maschine bekommen. Die Schaufelräder konnten binnenbords geholt werden, um das Schiff beim Segeln nicht zu hemmen. Das 350-t-Schiff hatte die Atlantiküberquerung zur Hälfte unter Dampf mit einer Geschwindigkeit von 6 kn zurückgelegt. Der Kohlenvorrat reichte nicht aus und die Maschine war für diese gewaltige Leistung nicht groß genug.
Von 1819 bis 1827 überquerte kein Schiff ausschließlich mit Dampfkraft den Atlantik.

Die erste Überfahrt nur mit Dampf wurde von dem holländischen Schiff CURAÇAO bewältigt, ein hölzerner Dreimaster mit zwei Schaufelrädern und Schonertakelung, 438 BRT, Länge zwischen den Loten 38,8 m, Breite über den Radkästen 13,7 m, Bewaffnung sieben Kanonen, 42 Mann Besatzung.

Die ersten Personendampfer auf der Elbe

Nach den Freiheitskriegen entwickelte sich bald der Raddampferverkehr auf der Niederelbe. Im Jahre 1816 begann ein englisches Dampfboot mit seinen Fahrten zwischen London, Cuxhaven und Hamburg. Deutsche Schiffe befuhren erst in den dreißiger Jahren die Niederelbe. So nahm im Herbst 1833 die neu gegründete «Hamburger Elb-Dampfschiffahrts-Compagnie» den niederelbischen Personen- und Güterverkehr auf.

Auf der Oberelbe eröffnete im Jahre 1831 die «Königliche Seehandlungs-Sozietät» einen regelmäßigen Güterdampferverkehr auf der Strecke Potsdam – Hamburg, im Jahre 1842 auch den Personenverkehr. Ihre Dampfer hießen PRINZ KARL VON PREUSSEN, FALKE und ADLER. Die Talfahrt elbabwärts dauerte 2 Tage (mit Nachtquartier in Havelberg), die Bergfahrt elbaufwärts 3 Tage. Der Fahrpreis betrug 6 bis 8 Taler, während die Pferdepost 9 bis 14 Taler kostete. Der große Fahrschein enthielt «das Reglement» und die landesübliche Reiseerlaubnis. Von Berlin bis Potsdam wurde die Eisenbahn benutzt.

Schon im Jahre 1848 gab die «Königliche Seehandlungs-Sozietät» den Personenverkehr infolge der Eröffnung der Berlin-Hamburger Eisenbahn unter großen Verlusten wieder auf. Die Personenbeförderung, die 1845 noch fast 9000 Fahrgäste betrug, ging durch die Verlängerung der Potsdamer Bahn bis Magdeburg auf ein Minimum zurück. Die «Vereinigte Hamburg-Magdeburger Dampfschiffahrts-Compagnie» mit ihren sieben Dampfern beschränkte sich daher fast ausschließlich auf den Schleppdienst.

Auf der Oberelbe verkehrten außerdem noch das eiserne Dampfschiff PRIMUS 1840 zwischen Hamburg und Hoopte (Winsen), später die DELPHIN mit Omnibusanschluß nach Lüneburg, seit 1841 die ALEXANDRINE, seit 1843 die FRIEDRICH FRANZ zwischen Hamburg und Boizenburg. Nach Billwerder an der Elbe richtete erst 1859 die «Norddeutsche Flußdampfschiffahrtsgesellschaft» einen regelmäßigen Dienst mit dem Dampfer HANNOVER (100 PS) ein.

Auf der Niederelbe fuhren Anfang der 40er Jahre der Raddampfer STÖR nach Itzehoe, die HENRIETTE des Kapitäns H. Spliedt nach Cuxhaven und Helgoland. Eine Seereise nach Helgoland war seinerzeit ein großes Unternehmen, das sich nicht jeder leisten konnte.

«Jeder Fremde, der vom Binnenlande aus Hamburg besucht, und dessen Reise nicht bloß dem Geschäft gilt, betrachtet seine Tour als unvollständig, wenn er nicht eine Fahrt nach Helgoland mitgemacht hat, dort wenigstens ein Seebad und Seefische genossen, vielleicht einen kleinen Seesturm erlebt, etwas seekrank geworden und einige Stunden lang bloß Himmel und Meer gesehen hat.» So begann Carl Reinhardts Vorwort zu seinem 1856 in Leipzig erschienenen Skizzenbuch «Von Hamburg nach Helgoland».

Zwar gehörte Helgoland – ab 1826 Seebad – fast das ganze Jahrhundert hindurch (von 1807 bis 1890) zu England, aber im Bewußtsein der Hamburger und deutschen Binnenländer spielte diese Felseninsel eine größere Rolle als jede andere deutsche Nordseeinsel.

Zwischen Hamburg und Helgoland bestanden enge Beziehungen. Die Helgoländer Fischer verkauften einen großen Teil ihres Fanges in Hamburg und Altona, und viele Güter für Helgoland kamen aus der Hansestadt.

Durch einen regelmäßig von Hamburg ausgehenden Dampferverkehr war die Insel sehr früh besser als jedes andere Nordseeinselbad mit dem Festland verbunden.

Die HENRIETTE, der Raddampfer der Hamburger Elb-Dampfschiffahrts-Compagnie, fuhr seit 1838 von Hamburg nach Helgoland. Der Dampfer konnte 380 Passagiere befördern, von denen etliche allerdings mit einem Decksplatz vorlieb nehmen mußten. Das war bei schlechtem Wetter recht unangenehm!
Der Kapitän mußte noch auf der Brücke stehen zwischen den beiden Radkästen. Zum Schutz gegen Sonne und Ruß (!) dienten Sonnenschirme und ein Sonnendach!
Nachdem die Reederei 1853 eingegangen war, wurde die HENRIETTE noch einige Jahre als Leichter für Fracht eingesetzt.

Lauenburger Dampfschiffe 1861 wurde von den Brüdern Johann und Nikolaus Burmester in Lauenburg an der Elbe unter dem Namen «Gebrüder Burmester» die Firma der Lauenburger Dampfschiffahrt gegründet. Den Verkehr zwischen Lauenburg und Hamburg eröffnete der kleine Dampfer LAUENBURG. Ständig wachsender Verkehr erforderte, daß bald weitere Schiffe in Dienst gestellt wurden:
1866 KAISER WILHELM II (später HAMBURG)
1869 PFEIL,
1876 LAUENBURG II,
1878 CONCORDIA
1880 GERMANIA,
1887 PATRIOT.
Die Fahrten dehnten sich weiter aus bis nach Dömitz, Gorleben und Wittenberge.
1889 wurde Hugo Basedow in Hamburg mit der Vertretung der Firma beauftragt und 1892 Mitinhaber der Firma. Die Erweiterung des Betriebes zog die Einrichtung eines Büros in der Banksstraße nach sich. Ab 1917 waren nur noch die Brüder Theodor und Hugo Basedow Inhaber, die Firma nannte sich jetzt LAUENBURGER DAMPFSCHIFFE THEODOR UND HUGO BASEDOW.
1920 kam der Dampfer WITTENBERGE hinzu später die Dampfer COURIER, PATRIOT, FREYA, THEODOR BASEDOW, HUGO BASEDOW, WITTENBERGE, PRINZ ADELBERT, STURMVOGEL. In der Nachkriegszeit und Inflation mußte

ein Dampfer nach dem anderen verkauft werden. Es verblieben nur noch die CONCORDIA, GERMANIA, HAMBURG und WITTENBERGE.
Durch die im Jahre 1910 eröffnete«Stadtkolonie Moorwerder» ergab es sich, daß die Lauenburger Dampfschiffe den gesamten Transport der Kinder übernahmen. Deshalb konnte 1925 der Neubau HUGO BASEDOW in Dienst gestellt werden. Noch bevor dieses Schiff vom Stapel lief, wurde der Dampfer STADT LAUENBURG aus dem Rheinland angekauft. Nun konnten mit sechs Dampfern täglich bis zu 2000 Kinder fahrplanmäßig nach Moorwerder gebracht werden.
Da die Schiffe meist in Hamburg an der An- und Abfahrtsbrücke am Stadtdeich gegenüber dem Fährhaus SONNENBURG vertäut lagen, genügten an der Oberelbe kleine Anlegerholzbrücken mit einem nur bei Bedarf geöffneten Kassenhäuschen.
Nach der Wirtschaftsblüte der mittzwanziger Jahre zeigte sich gegen Ende des Jahrzehnts ein Nachlesen der Konjunktur. Während auf allen anderen Wasserstraßen Deutschlands der Gütertransport anstieg, nahm er auf der Elbe ab. Daher lagen die freien Personen-Raddampfer, die sonst auch zum Schleppen eingesetzt wurden, jetzt auf.
1932 forderte die wiederbelebte Wirtschaft immer schnellere Verkehrsmittel. Dampfschiff und Eisenbahn bekamen in Lastzug und Autobus Konkurrenten.

Entwicklung der Schiffsschraube, GREAT BRITAIN, erster Passagierdampfer mit Schraubenantrieb Schon 1729 war der Schraubenantrieb von Schiffen einmal vorgeschlagen worden. Aber erst 1794 konnte die erste Schraube probelaufen. Sie stammte von William Lyttleton und wurde in einem Rahmen unter dem Schiffsheck angebaut. Sie glich der Schnecke eines Fleischwolfes. Diese Schraube wurde durch eine Zugleine und Riemenscheibe von einer Handwinde an Deck gedreht.

Im Jahre 1800 stellte der Engländer Edward Shorter eine zweiblättrige Schraube her, die sich am Ende einer freihängenden Welle drehen sollte. Ein Transporter machte mit dieser Schraube in der Bucht von Gibraltar Probefahrten mit 8 Mann an der Antriebswinde. Selbst bei Windstille erreichte man nur 1 1/2 Knoten.

Unabhängig voneinander konstruierten fast gleichzeitig der Farmer Francis Smith und Hauptmann John Ericson, ein in England lebender Schwede, so eine «Fleischwolfschraube», wie sie bereits von Lyttelton her bekannt war.

Smith hatte die Schraube aus Holz angefertigt, und als er sie auf einer Barkasse ausprobierte, brach ihm eine Hälfte der Schraube ab. Die Barkasse behielt aber trotzdem ihre volle Geschwindigkeit. Daraus folgerte Smith, daß nur eine Schnekkenwindung genügte. Nun baute er eine metallene Schraube mit nur einer Windung und kam damit in Aussehen und Wirkungsweise den heutigen Schrauben sehr nahe. Ihn beauftragte die britische Admiralität mit dem Bau des ersten größeren Schraubendampfers. Nach dem angewendeten «Prinzip der unendlichen Archimedischen Schraube» erhielt das Schiff den Namen ARCHIMEDES nach dem griechischen Denker, der die Schraube erfunden hatte.

Im Jahre 1840 legte die ARCHIMEDES in der bisher kürzesten Zeit den Weg von England nach Oporto in Portugal zurück. Damit war die Brauchbarkeit der Schraube zum Schiffsantrieb bewiesen.

1850 beendete die ARCHIMEDES ihre Laufbahn als Segelschiff im Liniendienst zwischen Australien und Chile.

Von den Erfolgen des Erfinders Francis Smith beeindruckt, ließ der englische Schiffbauer Brunel 1843 sein erstes Schiff mit Eisenrumpf für die Passagierschiffahrt, die GREAT BRITAIN, mit einer Schiffsschraube ausrüsten. Dies war ein Propeller mit sechs Flügeln, der einen Durchmesser von 4,60 m hatte. Das Schraubenschiff GREAT BRITAIN brauchte 1843 für seine Jungfernfahrt von Liverpool nach New York nur knapp 15 Tage. Es war 88,1 m lang, 15,4 m breit, Wasserverdrängung 3.270 t. Die 6 Masten hatten Schonertakelung. Alle Kajüten für die 360 Passagiere befanden sich unter Deck.

Es wurde von J. H. und I. Duke in Dover erbaut und lief 1825 unter dem Namen CALPE vom Stapel. Es war für die Route Großbritannien, Amerika, Westindien bestimmt.

Die Eigentümerin des Schiffes, die American and Colonial Steam Navigation Co. in London, verkaufte das Schiff 1826 an Holland. Hier war es für die Kriegsmarine bestimmt und wurde als erstes Dampfschiff unter dem Namen CURACAO mit 57 Passagieren an Bord 1827 von Rotterdam (Hellevoetluis) nach Paramaribo auf die Reise geschickt. Für die 4000 Seemeilen brauchte das Schiff 28 Tage.

Unterwegs hatte das Schiff wegen technischer Mängel am Dampfkessel Schaden und es mußten Reparaturen vorgenommen werden.

Die CURACAO überquerte den Atlantik noch zweimal. Von 1830 bis 1834 wurde sie auf der Schelde, 1840 wieder in Westindien eingesetzt. 1846 wurde sie aus dem Dienst genommen und 1850 verschrottet.

1838 begann das Wettrennen um die Eröffnung eines Dampferdienstes nach Amerika. Konkurrenten waren die British-Amerikanische Dampfschiffahrtsgesellschaft und die Great-Western-Eisenbahn-Gesellschaft. Ingenieur Smith von der British-

Amerikanischen Dampfschiffahrtsgesellschaft schickte die SIRIUS mit 40 Passagieren an Bord von Cork aus auf die Reise. Das Schiff hatte 703 BRT, Länge zwischen den Loten 54,4 m, Breite über Radkästen 14,4 m, Besatzung 35 Mann.

Die GREAT WESTERN von der Great-Western-Eisenbahn-Gesellschaft lief drei Tage später, am 7. April 1838 von Bristol aus. Das Schiff hatte 1319 BRT, eine Länge von 71,9 m, Durchschnittsgeschwindigkeit 8,75 kn. Es hatte Platz für 128 Passagiere in der 1. und 20 in der 2. Klasse, sowie 57 Mann Besatzung.

Als die SIRIUS nach wenigen Tagen in einen Sturm geriet, fing die Besatzung an zu meutern. Der Kapitän hielt mit Pistolengewalt seine Leute in Schach. Mit 6,7 kn Durchschnittsgeschwindigkeit und 24 t Kohle pro Tag schaffte sie es, am 24. April als erste in der Hudsonmündung einzulaufen. Jubelnd wurde sie empfangen! Die Zeitungsmeldungen überstürzten sich, da am gleichen Tage als zweite auch die GREAT WESTERN angekommen war. Sie hatte also die kürzere Zeit für die Reise benötigt und außerdem noch ein Viertel ihres Brennstoffvorrates an Bord.

Mit der Ankunft dieser beiden englischen Schiffe in Amerika begann die neue Ära des Schrauben-Dampfantriebes.

RATTLER und ALECTO leiteten neue Ära ein

In der Marine waren Dampfschiffe mit Schaufelrädern wenig beliebt; sie störten besonders auf Kriegsschiffen im Gefecht. Die Royal Navy begann 1845 mit Versuchen, Schiffe mit Schraubenantrieb auszurüsten. So geschah es bei H.M.S. RATTLER, ein Schiff mit einer 200-PS-Maschine. Es sollte gegen das gleich große H.M.S. ALECTO, welches Schaufelräder hatte, eine Wettfahrt antreten. Das Schiff mit dem Schraubenantrieb trug den Sieg davon. Das führte dazu, daß die englische Admiralität ab 1852 weitestgehend den Schraubenantrieb bevorzugte. Damit war praktisch das Schaufelrad vom Meer vertrieben.

Die ersten Doppelschrauben-Schnelldampfer der HAPAG In den Jahren 1889 bis 1892 wurden von der HAPAG die ersten Doppelschrauben-Schnelldampfer in den Verkehr gebracht: AUGUSTE VICTORIA, COLUMBIA, FÜRST BISMARCK und NORMANNIA. Sie waren derzeit die größten und schnellsten Dampfer der Welt. Ihre Geschwindigkeit betrug 18 bis 20 Meilen in der Stunde und ihre Länge lag zwischen 460 und 520 Fuß. 1000 Fahrgäste konnten sie jeweils beherbergen, als Besatzung waren 250 Mann an Bord. Sie verfügten über 7.250 BRT, während die ersten HAPAG-Segler nur je 750 BRT hatten und 220 Fahrgästen Platz geben konnten.

Aber auch diese Schnelldampfer konnten noch nicht auf Hilfsbesegelung verzichten. Sie führten an den Masten zwar keine Rahen, besaßen aber dreieckige Schratsegel, die insbesondere das Schiff im Seegang beim Rollen und Schlingern etwas stützten, stabilisierten.

Nur etwas ganz Neues konnte jetzt noch die große Zahl der Passagiere und Auswanderer anziehen. Die wertvolle und bequeme Ausstattung der Einrichtungen der englischen Konkurrenten war mit den damaligen technischen Möglichkeiten kaum noch zu überbieten.

Die AUGUSTE VICTORIA war jedoch das erste deutsche Schiff mit wesentlichen Neuerungen, die der Doppelschraubenantrieb mit sich brachte. Zwei voneinander unabhängige Maschinenanlagen machten das Schiff nicht nur ruhiger und gleichzeitig schneller, sondern auch sehr viel sicherer. Im Notfall genügte nur eine Schraube, um das Schiff noch mit der Schnelligkeit eines gewöhnlichen Dampfers in Fahrt zu halten. Auch die Manövrierfähigkeit war um ein Vielfaches verbessert worden.

Die AUGUSTE VICTORIA hatte 7601 BRT, 12.500 PS, war 140,21 m lang und auf der Stettiner Werft Maschinenfabrik A.G. Vulcan gebaut. Die Kosten beliefen sich auf 5 Millionen Reichsmark. Sie machte ihre erste Reise Hamburg-New York in 7 Tagen,

2 1/2 Stunden, die NORMANNIA in 6 Tagen, 21 Stunden, die COLUMBIA brauchte für die Überfahrt nur 6 Tage, 15 Stunden und FÜRST BISMARCK schaffte es in 6 Tagen, 9 Stunden. Dies war seinerzeit die schnellste Reise, die je von einem Dampfer gemacht wurde.
Mit diesen Schiffen hatte die HAPAG insofern völlig Neues geschaffen, als nämlich die Seereise von einer reinen Beförderung zum Selbstzweck wurde, zur Vergnügungsreise zur Erholung. Der Reeder Robert M. Sloman hatte schon 1845 einen ersten dahingehenden Versuch unternommen; er blieb jedoch ohne Erfolg.
Die AUGUSTE VICTORIA eröffnete diese neue Ära des Personenverkehrs mit ihrer ersten Vergnügungsreise. Jetzt stand den Reisenden auch das Promenadendeck zur Verfügung. Die Zwischendeckspassagiere wurden nicht mehr in einem einzigen, großen Raum untergebracht, sondern bequem in Abteilungen für 12 bis 18 Personen. Alle Räume wurden elektrisch beleuchtet.
Wie schon erwähnt, bestritten diese Dampfer allein durch Hamburger Kaufleute den Liniendienst Hamburg-New York, ohne jegliche Zuschüsse von anderer Seite.
Das Aktienkapital der HAPAG wurde auf 3 Millionen Mark erhöht. Sie baute weiter große Schiffe, u.a. die PENNSYLVANIA im Jahre 1897. Mit 2.800 Fahrgästen und 200 Mann Besatzung trat sie ihre erste Reise über den Ozean an. Überall wurde sie als das größte Schiff der Welt gefeiert. Mit 14.260 t Tragfähigkeit konnte sie auf einer Reise soviel Waren befördern wie der Segler DEUTSCHLAND (von 1847) in sechs Jahren.
Während des Boxeraufstandes in China fuhren Schiffe der HAPAG als Truppentransporter. 1900 erhielt die HAPAG den Auftrag, das deutsche Expeditionskorps zum Kriegsschauplatz nach China zu befördern. Dort war der Aufstand des Geheimbundes der Boxer ausgebrochen.
Ausschreitungen gegen Fremde führten zum bewaffneten Eingreifen europäischer Mächte. Es mußten Pferde von San Francisco, Materialien aus anderen Ländern und Ablösungstransporte durchgeführt werden. Die Hamburger Linie stellte dafür 13 Dampfer zur Verfügung. Ihr Dampfer SAVOIA wurde als Hospitalschiff ausgerüstet und dem Kaiser unterstellt. Im Sommer 1901 wurde die HAPAG auch mit dem Rücktransport der deutschen Truppen betraut.
Von 1900 bis 1902 hatte die HAPAG die Flotte ihrer Ozeandampfer um über 216.000 BRT vermehrt. Sie verfügte seinerzeit über 120 Ozeandampfer mit 575.000 BRT, 152 Flußschiffe, Schlepper, Leichter usw. mit 31.000 BRT. Im Bau befanden sich 7 Ozeandampfer mit etwa 55.000 BRT. Insgesamt waren das 279 Fahrzeuge mit 661.355 BRT. Zu dieser Zeit verfügte die größte ausländische Reederei, die englische British India Steam Navigation Company nur über 448.000 BRT.
Die HAPAG war in der Lage, für die von ihr in Hamburg benutzten staatlichen Hafenanlagen 635.518 Mark Jahresmiete zu zahlen. Die neuen Hafenanlagen in Kuhwerder kosteten darüber hinaus 1.350.000 Mark Jahresmiete. Außerdem verfügte die Reederei über große Anlagen in Cuxhaven, Stettin, Emden, Le Havre, Cherbourg, Genua, New York, St. Thomas, Kingston (Pennsylvania), Pará, Hongkong, Shanghai und Tsingtau.
Wenn auch in der Anzahl der Schiffe England führend war, so hatten doch die Ozeandampfer der gesamten nationalen Handelsflotten in Österreich, Ungarn, Rußland, Italien, Holland, Japan, Schweden oder Dänemark nicht soviel Rauminhalt zur Verfügung wie die HAPAG allein!
Im Jahre 1900 lief der Doppelschrauben-Schnelldampfer DEUTSCHLAND bei der Stettiner Maschinenbau-Actien-Gesellschaft Vulcan vom Stapel. Er erreichte Welthöchstgeschwindigkeit und damit das sogenannte BLAUE BAND! Seine Daten waren: 16.703 BRT, Länge 208,5 m, Breite 20,42 m, Tiefgang 8,84 m, Geschwindigkeit 22,5 kn, maximal 23,51 kn, 4 Schornsteine, 2 Masten, 2 Schiffsschrauben mit je 4 Flügeln, 37.800 PS. Er konnte an Passagieren

befördern: 693 in der 1., 302 in der 2., 288 in der 3. Klasse und im Zwischendeck 1.000 Personen.
Das Schiff legte die Strecke von Sandy Hook (südlich von New York) bis Plymouth in 5 Tagen, 7 Stunden, 38 Minuten zurück mit einer Durchschnittsgeschwindigkeit von 23,36 kn pro Stunde. Dieser letzte «Nur-Schnelldampfer» der HAPAG beförderte fast nur Fahrgäste und außerdem Post und lediglich eine beschränkte Menge Ladung. Er war ein Luxusdampfer. Es gab verschwenderisch ausgestattete Kammern, zwei kleine Speisesäle, einen Musik- und Konversationssaal, ein Schreib-, Bibliotheks- und Damenzimmer, einen Rauchsalon, einen Grillroom und einen Turnsaal. Drahtlose Telegrafie war selbstverständlich. Redaktion und Druckerei arbeiteten während der Fahrt an Bord, um den Passagieren jeden Morgen ein Nachrichten- und Unterhaltungsblatt zu liefern.
Die meisten Fahrten machte das Schiff zwischen Hamburg und New York. Seine erste Seereise war eine Journalisten- und Schriftstellerreise von Hamburg nach Cherbourg zur Besichtigung der damaligen Weltausstellung in Paris.
Auf ihrer 18. Reise am 17. April 1902 hatte die DEUTSCHLAND mittags die Pier in Hoboken verlassen und ihre Heimreise angetreten. Orkanartige Stürme erwarteten das Schiff. Am 20. April zeigte sich eine Lekkage am Flansch des Einsatzes der Ruderstopfbüchse. Beim Versuch der Reparatur wurde festgestellt, daß bereits alle Stiftschrauben abgerissen waren. Am 22. April ließ sich das Schiff nicht mehr steuern. Die Geschwindigkeit wurde auf 17 kn verringert und das Schiff nur noch mit den beiden Schrauben gesteuert. Man mußte annehmen, daß der Schaft des Ruders gebrochen war. Das Doppelschraubensystem bewährte sich; nur mit den Maschinen ließ sich das Schiff auf Kurs halten.
Am 23. April erreichte die DEUTSCHLAND die Scilly-Inseln. Der Kapitän bat die Reederei in Anbetracht des Ruderschadens telegrafisch um Anweisung. Da bei der Übermittlung über die noch in den Anfängen stekkende Funktelegrafie Mißverständnisse entstanden, mußte die Schiffsführung an Ort und Stelle eine Entscheidung allein treffen. In der ruhigen See im Kanal wurde der totale Verlust des Ruders festgestellt. Drei große Schlepper kamen dem Havaristen von Falmouth aus entgegen, deren Hilfe Kapitän Albers jedoch ablehnte. Die DEUTSCHLAND fuhr mit eigner Kraft nach Plymouth weiter.
Passagiere und Post verließen sicher das Schiff. Das Wetter hatte sich gebessert. Ohne eine weitere Anweisung der Reederei abzuwarten, setzte Kapitän Albers die Reise fort und ging fünf Stunden später auf der Außenreede von Cherbourg vor Anker. Passagiere und Post wurden abgeholt und weiter ging's nach Hamburg.
Passagiere, die durch Anschlag über den Schaden informiert worden waren, übergaben Kapitän Albers in Cuxhaven eine Dankadresse. Die HAPAG zeichnete später etliche Besatzungsmitglieder mit der Goldenen Medaille der HAPAG und Geldgratifikationen aus.
Es stellte sich heraus, daß der Schaden erheblich größer war, als ursprünglich angenommen. Außer dem verlorengegangenen Ruder war der Hintersteven gebrochen. Eine längere Werftliegezeit war unumgänglich. Von Cuxhaven aus war die DEUTSCHLAND nach Bremerhaven ins Dock gegangen und fuhr nach eingehender Untersuchung sofort wieder zurück. Kurz nach ihrer Ankunft verstarb am 9. April 1903 Kapitän Albers. Er hatte einen Herzschlag erlitten. Ursächlich waren sicher die vorangegangenen Anstrengungen und Aufregungen.
Im Juni 1903 geriet der Dampfer in Hoboken infolge eines Irrtums des Lotsen auf Grund. Fremde Schlepperhilfe mußte in Anspruch genommen werden. Bei Hochwasser kam das Schiff wieder frei.
Anfang 1906 machte die DEUTSCHLAND ihre letzte Reise von New York nach Genua. In

Italien nannte man sie «König der Meere». Glück und Unglück begleiteten das Schiff in den folgenden Jahren. Den Geschwindigkeitrekord mußte die nun schon etwas reifere Dame an jüngere Dampfer abgeben. Ausstattung und Küche waren dagegen laufend modernisiert und prächtiger geworden.
Nach 82 Reisen wurde die DEUTSCHLAND im Jahre 1910 zur Verjüngungskur in eine Werft geschickt. Den Nordatlantikdienst übernahmen Ballins große Dampfer!
Die Umbauarbeiten dauerten bis 1911. Es entstand ein reiner Vergnügungsdampfer. Der Tiefgang wurde reduziert, die Geschwindigkeit auf 17,5 kn verringert, es gab nur noch eine Einheitsklasse ohne Frachtbeförderung.
Die HAPAG hatte große Erfolge erzielt, besonders mit der «Lustyacht» PRINZESSIN VICTORIA LUISE. Da dieses Schiff 1906 bei einem Erdbeben vor Kingston/Jamaika strandete, sollte nun die DEUTSCHLAND Nachfolgerin werden und auch ihren Namen tragen. Da eine Jungfräulichkeit des relativ alten Schiffes nicht mehr gegeben war, ließ man den Titel «Prinzessin» weg und nannte es schlicht: VICTORIA LUISE. Als erstes «Atlantik-Lustschiff» erhielt sie einen hochseefähigen Tanzsaal! Bis zu diesem Zeitpunkt wurde auf allen Vergnügungsdampfern nur auf dem Promenadendeck getanzt. Sie war seinerzeit das größte Kreuzfahrtschiff der Welt! Die Innenausstattung mit prächtigen Salons, Galerien und Laubengängen zählte zu den schönsten ihrer Art. Zusätzlich gab es sogar eine Dunkelkammer für Amateurfotografen. Vier Staatskabinen galten als besondere Attraktion.
Bei der ersten Rundreise am 23. September 1911 war das Schiff mit 531 Passagieren ausgebucht. Die Fahrt führte von Hamburg nach New York und zurück. Für die ehemalige DEUTSCHLAND war es die zweite Jungfernreise! Wie bei der ersten, trug das Schiff auch bei der zweiten Vergnügungsreise schwere Sturmschäden davon.
Von New York aus machte die VICTORIA LUISE im Frühjahr drei Westindien-Reisen und segelte dann wieder nach Hamburg. 1912 erfreute sich die VICTORIA LUISE großer Beliebtheit bei Nordlandfahrten.
Aber es gab auch immer wieder Begleiterscheinungen, die der Besatzung und den Passagieren das Leben schwer machten: Leckagen durch Sturmschäden, ächzende und knarrende Geräusche im Kampf gegen die tobende See, unangenehme Schüttelbewegungen, wenn nicht alle Kessel in Betrieb waren; Rauch und Ruß aus dem Schornstein der Mannschaftsküche; und dann die Rattenplage!
Am 7. April 1914 mußte die Route geändert werden, weil in Havanna die Beulenpest herrschte und in Venezuela und Trinidad das Gelbe Fieber grassierte.
Die Reederei hielt ihre VICTORIA LUISE in Hamburg am 30. Juli 1914 fest, um die Ereignisse abzuwarten. Am 26. Juli 1914 hatte Österreich an Serbien den Krieg erklärt und am 28. Juli 1914 Deutschland an Rußland (und damit auch an Serbien).
Schon am 1. August 1914 übernahm die Kaiserliche Marine das Schiff und rüstete es zum Hilfskreuzer aus. Aber bereits am 10. August gab sie die VICTORIA LUISE wegen «überanstrengter Kessel» wieder zurück. So mußte das einst so schöne, stolze, schnellste Schiff der Welt während des Krieges untätig im Hamburger Hafen angebunden bleiben. Die Verrottung schritt schnell voran. So stark und endgültig, daß nach Kriegsende die Siegermächte auf Auslieferung verzichteten.
Es war der einzige große Dampfer unter deutscher Flagge, der auf diese Weise den Krieg überstand und dem Deutschen Reiche erhalten blieb.
Für die HAPAG lag es nahe, das Schiff, welches man schon als Wrack bezeichnen konnte, wieder fahrbereit zu machen. Mit den Arbeiten wurde die Hamburger Vulcan-Werft betraut. Als sie beendet waren – verzögert durch zwei Brandunglücke –, gab die HAPAG im November 1920 bekannt, daß die VICTORIA LUISE nunmehr den Namen

HANSA trage und andere Aufgaben übernehme. Sie sollte jetzt praktisch ausschließlich der Beförderung von überwiegend 3. Klasse-Passagieren dienen und Auswanderer über den Atlantik bringen. Die HANSA verfügte nun über 16.333,55 BRT und 8.319,69 NRT. Der schlanke Rumpf des Atlantikrenners war ebenso erhalten geblieben wie die Farben schwarz mit weißen Aufbauten und gelben Schornsteinen, die sie schon als DEUTSCHLAND trug. Jetzt hatte sie nur noch zwei Schornsteine, zwei Lademasten kamen hinzu. Eine Vierfach-Expansionsmaschine erbrachte 15.000 PS und schaffte 17 kn. Von Kohle war auf Öl umgestellt worden. Auch für die Passagiere der 3. Klasse waren wieder Gesellschaftsräume, ein Rauchsalon, ein Damenzimmer und ein großer Speisesaal eingerichtet. In der Bibliothek stand sogar ein Klavier.

Nichts erinnerte mehr an die Zwischendecks der früheren Auswandererschiffe. Allerdings konnten ganz Arme die Preise dieser 3. Klasse sicher nicht bezahlen.

So trat die HANSA ihre erste Reise als Auswandererschiff am 7. Oktober 1921 an und verließ Hamburg mit nur 32 Passagieren der 1. Klasse, 787 Passagieren der 3. Klasse und 2.195 t Ladung. In New York war die Begrüßung durch Deutsch-Amerikaner außerordentlich herzlich.

Bald zeigte sich, daß man für die mehr und mehr ins Ausland reisenden Kaufleute die Unterbringungsmöglichkeit verbessern mußte. Von 1921 an wurde die 1. Klasse nur noch als Kajüte bezeichnet, mit ein- und zweibettigen Kammern.

Über tausend Menschen beförderte die HANSA auf jeder Reise.

Als sie am 24. September 1924 ihre 21. Reise von Hamburg aus antrat, sollte das ihre letzte sein. Der alte Dampfer mit bewegter Vergangenheit wurde in Hamburg aufgelegt und am 13. Mai 1925 an die Firmen Schweitzer & Oppler, Hamburg und J. Adler, Frankfurt (Fil. Hamburg) zum Abwracken verkauft.

Die Dampfturbine Charles Parson konstruierte 1894 eine Schiffsdampfturbine und baute sie in seine 44-Tonnen-Barkasse TURBINIA ein. Seine Versuche mit sieben verschiedenen Propellerentwürfen brachten keine höhere Geschwindigkeit als 20 kn.

William Froude hatte als erster erkannt, daß die Schwierigkeiten bei der Geschwindigkeitserhöhung durch «Kavitation», wie er es nannte, entstanden. Die drei Propeller der TURBINIA waren direkt an der Turbinenwelle befestigt und drehten sich zu schnell, mit fast 1800 Umdrehungen pro Minute. Die Flügel erzeugten Hohlräume (lat. caverna) im Wasser. Parson stellte fest, daß diese Hohlräume keine Luft enthielten, sondern nur verdampftes Wasser. Der größte Teil der Maschinenleistung wurde damit verbraucht, diese Hohlräume zu bilden und zu erhalten, anstatt das Schiff anzutreiben.

Parson kam nach weiteren Versuchen auf eine Konstruktion mit drei Wellen, von denen jede mit drei Propellern versehen und von einer langsam drehenden Turbine betrieben wurde. Parson rüstete seine TURBINIA damit aus und erreichte mit ihr 34,5 kn. 1897 führte er sein Schiff bei der englischen Flottenschau in Spithead vor. Es war ein Ereignis, als das kleine 40-Tonnen-Boot plötzlich allen davonfuhr. Es verfügte über 2000 PS.

Seitdem war die Turbine in Kriegs- und Handelsmarine ein bevorzugtes Antriebsmittel geworden. Man erreichte hohe Leistung, geringen Brennstoffverbrauch und beste Dampfausnutzung. Damit war die Voraussetzung geschaffen für den Bau der gigantischen Passagierdampfer, die die transatlantische Handelsschiffahrt zwischen dem Ausgang des 19. und Beginn des 20. Jahrhunderts beherrschten.

Die ersten dieser neuen Schnelldampfer waren LUSITANIA und MAURETANIA von der Cunard Line. Unter den Decks schwitzten die Heizer in den stickigen, rauchgefüllten Kesselräumen.

Entwicklungen von Schiffbau-Versuchsanstalten im 19. Jahrhundert In den Jahren 1870 bis 1880 begannen der Engländer William Froude und Friedrich Reech etwa gleichzeitig mit der Modellversuchstechnik im Schiffbau. Sie erarbeiteten das Modellgesetz der korrespondierenden Geschwindigkeit für Vorgänge in Flüssigkeiten, bei denen die Schwere eine Rolle spielt.
William Froude baute in Torquai, England, eine Wasserrinne, in der mit einem Schleppwagen ein Schiffsmodell gezogen wurde. Dabei wurde der Widerstand bei verschiedenen Geschwindigkeiten gemessen. Von dem so gemessenen Widerstand zog Froude den Reibungswiderstand seiner Oberfläche ab. Dessen Größe und Abhängigkeit von der Oberfläche und ihrer Länge hatte er an ebenen, glatten, längsgeschleppten Platten ermittelt. Den restlichen Widerstand des Modells rechnete er nach dem Ähnlichkeitsgesetz für die korrespondierende Geschwindigkeit des Schiffes um – im Verhältnis der Gewichte von Schiff und Modell. Dann fügte er den für das Schiff auf Grund besonderer Schleppversuche mit HMS Greyhound errechneten Reibungswiderstand wieder hinzu und erhielt so den Gesamtwiderstand des Schiffes.
In den achtziger Jahren entstanden nach dem Vorbild der Froudschen Modellschleppmethode für Schiffe ähnliche Modellschlepprinnen in Glasgow, Haslar, Petersburg und Spezia. In den neunziger Jahren folgten die Schlepprinnen in Uebigau bei Dresden, Bremerhaven und Washington. In den ersten Jahren nach 1900 entstanden dann Schlepprinnen in Berlin, Paris und Nagasaki.
Durch den Norddeutschen Lloyd und die Hamburg-Amerika-Linie wurden in dieser Zeit immer größere Schiffstypen gebaut, die schon 23 bis 24 kn erreichten. Für die beiden damals größten Fahrgastschiffe Imperator und Vaterland wurden in Bremerhaven und in Uebigau Modellversuche gemacht. Diese Versuche waren bestimmend für die Formgestaltung der Schiffe.
Das Bedürfnis nach größeren Schlepprinnen für Modellversuche wuchs. Bald wurden in Teddington und Wien Versuchsrinnen in umfangreicherem Maße gebaut. Die Berliner Anstalt wurde umgebaut und verlängert, die Uebigauer als zu klein stillgelegt. Die Anstalt in Bremerhaven mußte den damaligen Hafenerweiterungen weichen.

Gründung der Hamburgischen Schiffbau-Versuchsanstalt 1913 Im Jahre 1909 stellte der Hamburger Professor Ahlborn bei der Hansestadt Hamburg einen Antrag auf Bewilligung von Mitteln für einen kleinen 35 m langen gläsernen Versuchstank. Die Handelskammer holte bei der Firma Blohm & Voß ein Gutachten ein. In diesem Gutachten wurde empfohlen, ein Versuchsbecken von 200 m Länge, 16 m Breite und 6,75 m (max. 7,25 m) Wassertiefe zu bauen. Der Preis wurde mit 1,35 Millionen Mark veranschlagt.
Im Jahre 1913 beschloß der Hamburger Senat, die Anstalt in dieser Form auf Staatsgrund zu errichten. 16 deutsche Werften und Reedereien bildeten eine G.m.b.H. und bauten in den Jahren 1913 bis 1915 unter Federführung von Hermann Blohm die Hamburgische Schiffbau-Versuchsanstalt. Das Baugelände lag im Norden von Hamburg, in Barmbek. Dort entstand zu jener Zeit die neueste und größteVersuchsanstalt der Welt.
Der Querschnitt der großen Rinne wurde dem Entwurf der erwähnten Denkschrift entsprechend muldenförmig erbaut und ergab einen Wasserquerschnitt von rund 95 qm, der eckige Querschnitt des für die Binnenschiffahrt eingerichteten Teiles 40 qm Fläche.
Die Hamburgische Schiffbau-Versuchsanstalt war die wichtigste und zeitweilig größte Forschungseinrichtung der modernen Schiffahrtstechnik. Als größte Schiffbau-Versuchsanstalt der Welt verfügte sie in den Abmessungen ihrer Bassins und Apparaturen über einen Maßstab, der opti-

Schiffbau-Versuchsanstalt in Barmbek

male Erfolgsergebnisse erstmalig auf diesem Gebiet erarbeitete.

Ihre Aufgabe bestand darin, anhand von Modellversuchen die wirtschaftlich günstigsten Schiffs- und Propellerformen und die Formen des wirtschaftlichsten Antriebs zu erforschen, auch Fahrteigenschaften in ruhigem und bewegtem Wasser modellmäßig zu untersuchen und zu verbessern.

Auf einer Modellprobefahrt wurden Geschwindigkeit, Umdrehungen der Schraube, Propellerschub und Maschinenleistung gemessen und mit Hilfe physikalisch begründeter Formeln die Werte für das naturgroße Schiff errechnet.

Nach 1923 übernahm Dr. Günther Kempf die Leitung der Versuchsanstalt. Er widmete sich vor allem der Vervollkommnung der Meßmethoden und der Einführung eigenangetriebener Schiffsmodelle. Er hatte seit 1913 dafür Eigenantriebsapparate entwickelt, von denen 10 Stück in der Werkstatt der Versuchsanstalt gebaut und teils im Laufe der Jahre nach Leningrad und Stockholm geliefert wurden.

Als vordringliche Forschungsaufgaben wurden zunächst die Untersuchung der Reibungsgesetze und ihre Auswirkung und Anwendung auf Schiffsmodelle und große Schiffe gefördert.

1924 wurden die Untersuchungen an langen Rohren, die 3/4 getaucht schwammen, durchgeführt, ab 1926 an einem 77 m langen Ponton. Hier wurde an verschiedenen Stellen im ebenen Boden an beweglichen Platten die örtliche Reibung gemessen. Parallel dazu wurden auf großen Schiffen, zuerst 1926 auf der HAMBURG, in der Seitenwand und im Schiffsboden bewegliche Platten eingebaut und ihr Reibungswiderstand in Fahrt gemessen. Es konnte nun neben dem relativen Vergleichswert verschiedener Formen auch der absolute Leistungswert für das Schiff zuverlässig errechnet werden. Neben der Reibungsforschung wurde auch die Untersuchung des Schiffsmodell-Nachstromes betrieben. 1923 wurde ein Sonderbericht veröffentlicht, in dem nachgewiesen wurde, daß eine dem Nachstrom angepaßte Propellersteigerung merkbare Gewinne brächte.

1925 wurde zur Sicherung der Umrechnung vom Modellpropeller von 150 mm bis 200 mm Durchmesser auf die große Schraube ein besonders großes Propellerdynamometer gebaut. Die systematischen Propelleruntersuchungen wurden erweitert durch Untersuchungen flachgängiger Schrauben für die Binnenschiffahrt.

Seit 1925 untersuchte man auch die Wirkung von Leitflächen vor und hinter der Schiffsschraube. Es wurde der Star Contra-Propeller eingesetzt zur Verminderung von Strahlverlusten.

Durch Untersuchungen der stromgerechten Ausbildung des Ruderstevens und der Ruderform ergaben sich gegenüber dem bis dahin üblichen kantigen Rudersteven wesentliche Verbesserungen.

1926 wurden ein umfangreiches Flußschlepperprogramm durchgeführt und neun Schaufelräder untersucht.

Auch Flugzeugschwimmer und Gleiter wurden getestet und verbessert. Das Reichsverkehrsministerium stellte für diese Arbeiten 15.000 RM zur Verfügung.

Der Anstalt stand auch ein Ringkanal für Kavitationsuntersuchungen zur Verfügung. Die hohen Geschwindigkeiten, die vor allem bei der Untersuchung von Flugzeugschwimmern, Gleit- und Flugbooten in Frage kamen, hatten zum Bau eines Hochleistungstanks geführt.

Neben der Tätigkeit der Versuchsanstalt für bestimmte bezahlte Aufträge wurden Untersuchungen ausgeführt, die den Schiffbau praktisch und wissenschaftlich vervollkommneten. Die Kosten hierfür wurden aus besonderen Mitteln bestritten, die der Staat, die Werften und Reedereien, die Notgemeinschaft der Deutschen Wissenschaft und eine Gesellschaft der Freunde und Förderer der Hamburgischen Schiffbau-Versuchsanstalt aufbrachten.

Bis zum Jahre 1926 hatten sich die Zahl der Mitarbeiter verdoppelt und die Aufträge und die hergestellten Modelle vervierfacht. Es wurde eine doppelschichtige Arbeitszeit eingeführt.

Die Aufträge aus dem Ausland machten 25 % aus und bezogen sich auf Dänemark, Holland, Norwegen, Italien, Schweden, England, Schweiz und Rußland.

Die Forderung der Auftraggeber nach schneller Lieferung der Modellversuchsergebnisse als Grundlage für die Schiffskonstruktion, möglichst innerhalb von 14 Tagen, führte zur Vereinfachung der Auswertemethoden und dazu, unmittelbar während der Versuche die für das Schiff benötigte Maschinenleistung auszurechnen. Die Auftraggeber waren meistens bei den Versuchen anwesend und erhielten die Ergebnisse der Versuche und Verbesserungsvorschläge sofort.

Um die Zuverlässigkeit der Widerstandsmessungen zu prüfen, wurde die gleiche Schiffsform durch Versuche in den Versuchsanstalten von Washington, Teddington, Paris, Spezia und Hamburg untersucht: die Ergebnisse stimmten überein.

Die Zuverlässigkeit der Propellermessungen wurde gleichzeitig in den Versuchsanstalten von Berlin, Dumbarton, Haslar, Washington und Hamburg geprüft; auch hier waren die Meßwerte identisch.

Um die Zuverlässigkeit von Modellvoraussagen zu prüfen, wurden ab 1926 Meßfahrten auf großen Schiffen vorgenommen. Dafür hatte die Anstalt eigene Meßgeräte entwickelt. Dieses Spezialgerät wurde zuerst auf dem Dampfer Cairo von der Levantelinie angewandt und hatte großen Erfolg. Danach wurde es an mehrere andere Versuchsanstalten, Werften und Reedereien geliefert. Diese Fahrtmessungen lieferten die Bestätigung der Ergebnisse an Modellversuchen für die Voraussagen.

Die Tätigkeit der Versuchsanstalt steigerte sich im Jahre 1927 gegenüber dem Vorjahre um 80 %. Die Zahl der in diesem Jahre hergestellten

Schiffsmodelle betrug	139
der Propellermodelle	228
der Versuchsreihen	1036.

Darunter befanden sich Untersuchungen für 51 Einschrauber, 59 Doppelschrauber, ein Dreischrauber und mehrere Vierschrauber (darunter die Bremen) bei einer Belegschaft von 51 Mitarbeitern.

Der konjunkturmäßig bedingte Rückgang der Schiffbau-Versuchsaufträge im Jahre 1928 wurde ausgeglichen durch gesteigerte Aufträge aus der Flugzeugindustrie.

Die Schiffbau-Versuchsaufträge stellten immer größere Anforderungen. Zur Verringerung des Wellenwiderstandes wurden Schiffsformen mit Wulstbug und Schrägsteven untersucht. Hierfür wurde ein Wellenerzeuger konstruiert. Als das Feuerschiff Elbe 1 in der Elbmündung bei einem Orkan gekentert war, leistete die neue künstliche Wellenerzeugung bei Stabilitätsuntersuchungen für ein neues Feuerschiff große Dienste. Auch für die großen Schnelldampfer Bremen, Europa, Normandie und Jan la Borde waren die Vergleichsuntersuchungen der verschiedenen Schiffsformen von größtem Nutzen. Hier spielten die Roll- und Stampfversuche in den Wellen eine große Rolle und gaben Aufschluß über die Wirkung von Schlingerkielen und den Einfluß der Massenverteilung.

Auch ein Schleppsegel zum Auflaufen von Seeflugzeugen auf das Schiffsheck wurde entwickelt und dabei Ruderdruckmessungen vorgenommen, u.a. für den italienischen Schnelldampfer Augustus.

Während der Probefahrt der Bremen im

Jahre 1929 hatte die Versuchsanstalt im Vorsteven ein Staudrucklog eingebaut, um Geschwindigkeitsmessungen vorzunehmen. Dieses Geschwindigkeitsmeßgerät wurde zu einem marktgängigen Verkaufsprodukt der Versuchsanstalt. Bis 1945 wurden 2500 Stück für die verschiedensten Schiffe geliefert.

Bei den ersten Fahrten des Schnelldampfers BREMEN zeigten die vier Schrauben erhebliche Kavitationsschäden. (Kavitation bedeutet: Hohlsog, Hohlraumbildung. Durch erhöhten Druck, z.B. Wasserschlag bei der Schiffsschraube, wird Energie freigesetzt und der Werkstoff, das Material angegriffen und örtlich ausgehöhlt.) Die Schrauben mußten ausgewechselt werden. Die Kosten eines Schraubensatzes betrugen etwa 100.000 RM. Die Versuchsanstalt baute daraufhin einen druckdichten, ringförmigen, sechs m hohen Umlauftunnel für Kavitationsuntersuchungen an Propellermodellen für 45.000 RM, der 1930 in Betrieb genommen wurde. Die darin ausgeführten Modelluntersuchungen für die Propeller der BREMEN, EUROPA und NORMANDIE hatten den Erfolg, daß diese Propeller nunmehr kavitationsfrei liefen!

Auch auf dem Sektor Binnenschiffahrt war die Versuchsanstalt erfolgreich tätig. Es wurden Modellversuche für den Rhein, Bodensee, die Alster, die märkischen Kanäle, für die Seine und Rhone ausgeführt, besonders auch für den Nord-Ostsee-Kanal, um den Leistungsbedarf für Fluß- und Motorschiffe zu bestimmen.

Das Bestreben zur Erhöhung der Geschwindigkeit führte zu einer Veränderung der Schiffsformen.

Zur Verbesserung der Schraubenwirkung erwies sich der von dem Leiter der Versuchsanstalt, Dr. Kempf, entwickelte Kielwulst als sehr nützlich. Der elektrische Schiffsantrieb erforderte Messungen über das Stoppen und Umsteuern; Manövrier- und Ruderversuche wurden durchgeführt. Von Dr. Kempf wurde ein Schema für einen Standard-Manövrierversuch ausgearbeitet und den Reedereien vorgelegt. Dieses Schema wurde bei vielen Reedereien, auch bei der HAPAG, eingeführt und lieferte später die Schaffung einer Manövriernorm für Schiffe.

1932 ging die Zahl der Versuchsaufträge zurück. Dafür erhielt die Versuchsanstalt von Rußland den Auftrag, einen Kavitationstank für die Versuchsanstalt in Leningrad zu liefern.

Von August 1932 bis März 1933 ging der Leiter der Anstalt, Dr. Günther Kempf, nach Japan zur Beratung der Japanischen Marine bei der Errichtung eines Schleppkanals für hohe Geschwindigkeiten.

1933 erreichte der Schiffsneubau in der Welt seinen bisher tiefsten Stand. Das wirkte sich auch auf die Beschäftigung der Versuchsanstalt aus. Aber es wurden noch 114 Schiffsmodelle, 56 Teilmodelle und 119 Propellermodelle hergestellt. Nach den großen Erfolgen, die durch die Verlängerung des Vorschiffes in den Vorjahren bei alten Schiffen erzielt worden waren, hielten die Versuchsaufträge aus dem In- und Ausland weiterhin an.

Die Versuchsanstalt erweiterte ihr Arbeitsgebiet durch Errichtung eines Laboratoriums für Bewuchsforschung in Cuxhaven. Dort wurde die bewuchshindernde Wirkung an Schiffen in umfangreichen Serien untersucht.

1934 stieg der Weltschiffbau wieder an und damit die Mitarbeiterzahl der Versuchsanstalt, die sich bis 1939 auf 120 erhöhte.

Für die Durchführung statistischer Fahrtbeobachtungen auf Schiffen entstand 1935 eine eigene Abteilung als «Sammelstelle für Fahrtergebnisse von Schiffen», die in Zusammenarbeit mit der Deutschen Seewarte ihr Büro an den Landungsbrücken einrichtete. Von dieser Abteilung wurden Fahrtmeßdüsen entwickelt, Strommesser geeicht, Wellendämpfungsverfahren geprüft und Kühlwassermessungen ausgeführt.

Seit 1935 konnten auf einem Manövrierteich mit selbstfahrenden Schiffsmodellen Untersuchungen über den Einfluß von Ru-

derlagen auf den Drehkreis und die Stabilität von Schiffsformen durchgeführt werden.
1938 und 1939 wiesen in der Versuchsanstalt 1480 Versuchsreihen, 175 ganze Schiffsmodelle und 62 Teilmodelle sowie 228 Propellermodelle aus. Der 120.000 RM betragende Forschungsetat war seit 1939 durch 40.000 RM vom Reich, 33.900 RM vom Hamburgischen Staat, 25.000 RM der Werften und 12.500 RM von der Seeberufsgenossenschaft ausgeglichen. Die Betriebserträge erreichten seit 1936 etwa 600.000 RM jährlich.
In der Ostsee fanden Meßfahrten mit dem Doppelschrauben-Turbinendampfer TANNENBERG statt. Er wurde von der Versuchsanstalt für diese Zwecke gechartert.
Zur Feier des 25jährigen Bestehens der Versuchsanstalt wurde 1939 eine zweite internationale Vortragsveranstaltung in Hamburg abgehalten. 230 Delegierte aus 22 Ländern erschienen. In 10 Vorträgen wurde über die wichtigsten Arbeiten der Versuchsanstalt berichtet.
Während des Krieges 1940–1945 wurden in der Hauptsache für die Marine Modelluntersuchungen über Widerstand und Antrieb von Kriegsschiffen ausgeführt. Ferner wurden Schnellboote und verschiedene U-Boottypen bei Überwasser- und Unterwasserfahrt untersucht.
1942 gewann die Prüfung der Festigkeit und des Verhaltens von Flugzeugteilen bei den wachsenden Flugzeuggeschwindigkeiten immer größere Bedeutung.
Das Luftfahrtministerium und das Oberkommando der Kriegsmarine gaben Gelder als verlorene Zuschüsse für neue Anlagen.
Wichtige Neuerungen der modernen Schiffahrt begannen ihren Siegeslauf in diesen Räumen, wo jeder Wellenschlag, jede Motordrehung genau beobachtet, gemessen, aufgezeichnet und ausgewertet wurde.
1942 fielen die ersten Bomben des 2. Weltkrieges in der Nähe der Versuchsanstalt in das Eckhaus Schlicksweg und Dieselstraße. Es entstanden erhebliche Glas- und Wandschäden in der Modellwerkstatt und den Büroräumen. Ein Jahr später waren die Schäden noch wesentlich größer. Die Modellwerkstatt brannte völlig nieder, die Haupthalle und Flugtankhalle wurden schwer beschädigt. Nach wenigen Wochen wurde die Arbeit wieder aufgenommen. Um den Manövrierteich herum wurden 18 Behelfshäuser errichtet für Familien, die ihr Heim durch Bomben verloren hatten. In anderen Stadtteilen wurden Räume zur Weiterarbeit angemietet.
1945 beschränkte sich die Versuchstätigkeit vorwiegend auf die Untersuchung und Entwicklung von Kleinst-U-Booten und Maßnahmen gegen Druckminen sowie auf Vorbereitungen für die Festigkeitsprüfung der Strahljäger-Flugzeuge.
Am 4. Mai 1945 wurde Hamburg von britischen Truppen kampflos besetzt. Die Versuchsanstalt erhielt eine Wache und wurde von der Royal Navy unter die Kontrolle der Militär-Regierung genommen. Am 23. Juli 1945 wurden die Anlagen geschlossen. Damit war die Zukunft dieser Versuchsanlagen besiegelt. Die Kavitationsanlagen wurden abgebaut und abtransportiert, der Rest gesprengt. Die verbliebenen Gebäude blieben als britisches Depot erhalten.
Für das auf 16 Mitglieder der Versuchsanstalt zusammengeschmolzene Personal folgte eine Periode mit gründlicher Auswertung des von früher noch vorhandenen Versuchsmaterials und dem Studium der ausländischen Fachliteratur.
Im Mai 1946 fanden sich Büroräume für die Weiterarbeit in der Semperstraße 24. Im November 1947 genehmigte die Schulbehörde, daß das Schiffbaulaboratorium der Ingenieurschule – das 1920 nach den Plänen von Prof. Kempf gebaut war – instandgesetzt und für Unterrichtsversuche zur Verfügung gestellt wurde.
Die 1950 über dem Schiffbau-Laboratorium von der Schulbehörde aufgebauten Büroräume wurden bis zur Fertigstellung der

Der Eiskanal

im Bau befindlichen eigenen neuen Versuchsanlagen in Barmbek zur Verfügung gestellt. Von 1953 an konnten wieder in den eigenen, neuentstandenen Versuchsanlagen in der Nähe der alten Anlage, auf dem ehemaligen SCHÜTZENHOF-Gelände Modelluntersuchungen vorgenommen werden.
Der Arbeitsbereich der Versuchsanstalt dient seither sowohl den praktischen Bedürfnissen der Schiffahrt und des Seeflugwesens als auch den wissenschaftlichen Forschungen der Hydrodynamik mit dem Ziel der Entwicklung günstiger Schiffsformen und den wirtschaftlichsten Antrieben und dem besonderen Ziel der Verbesserung der zur Prüfung eingereichten Konstruktionen. Die Arbeiten umfassen: Untersuchungen an Schiffsmodellen und Propellern, Modellversuche mit Flugbooten und Schwimmern, Hydrodynamische Forschungen und Messungen an Schiffen.

Vom Ozeanrenner zum Luxusliner

Albert Ballin erschien die Weiterentwicklung der Schnelldampfer, der «Ozeanrenner» nicht mehr zukunftsweisend zu sein. Ein großer Teil des Verdienstes mußte unter die Kessel geschaufelt werden. Außerdem hatten die letzten Jahre gezeigt, daß die Mehrzahl der Kajütpassagiere nicht mehr so großen Wert auf Geschwindigkeit legte, also nur auf das schnelle Erreichen des Zielortes. Der Aufenthalt an Bord war inzwischen zu einem Vergnügen, zur Erholung geworden. Für manchen Passagier war eine Seereise gleichbedeutend mit einer Kur in einem Luxusbad. Damit war die Zeit gekommen, wo Reisen gern länger dauern durften. Ballin sollte Recht behalten! Er faßte daher den Entschluß, sich nicht mehr an dem Wettrennen der ausländischen Reedereien zu beteiligen. Er erstrebte einen anderen Sieg, das Höchstmaß an Schönheit, Luxus, Bequemlichkeit und Größe der Schiffe zu erzielen.
Im Jahre 1905 war die AMERIKA der erste und größte Dampfer, der statt der Kohlenbunker einen Wintergarten und einen Grillroom erhielt.
In den folgenden Jahren liefen daher weitere Schiffe dieser Bauart vom Stapel, KAISERIN AUGUSTE VICTORIA (24.581 BRT) 1906, CLEVELAND (16.971 BRT) und CINCINNATI (16.339 BRT) im Jahre 1908. Die Erwartungen erfüllten sich: die Reederei machte mit diesen Schiffen die besten Erfahrungen und Geschäfte!
Die Zahl der jährlich beförderten Passagiere näherte sich der halben Million. 6,5 Millionen cbm Güter wurden jährlich befördert. Ballin war jetzt 20 Jahre bei der HAPAG tätig. Die Tonnage hatte sich in der Zeit verzwölffacht. Die Nordatlantikroute war in den Hintergrund getreten, Nebenlinien brachten mehr Gewinn.

Weiterer technischer Fortschritt: die Turbinen-Schnelldampfer IMPERATOR, VATERLAND und BISMARCK Am 24. Mai 1912 wurde die IMPERATOR, das größte Schiff der Welt, vom Stapel gelassen. Ihre Daten: 52.117 BRT, 268 m lang, 29,9 m breit, 23 kn (Normalgeschwindigkeit), vier Turbinen, 74.000 PS, vier Schrauben, 908 Passagiere in der 1. Klasse, 972 in der 2. und 942 Passagiere in der 3. Klasse. Im Zwischendeck hatten 1772 Personen Platz, zur Besatzung zählten 1180 Mann.

Nach dem Stapellauf berichteten die Zeitungen «von einem Wunder, von einer ganzen schwimmenden Stadt, von einem Mammut-Stahlgebäude, das da, ohne zu zerbrechen, seinem Element übergeben wurde nach nicht ganz zwei Jahren Bauzeit».
Dieses Ereignis war nicht Angelegenheit einer Werft oder einer Schiffahrts-Gesellschaft, einer Stadt oder einer Nation, es war die Angelegenheit der Kulturmenschheit. Ergriffenheit über das Ungeheuerliche erfaßte besonders ganz Hamburg. Alles war in Bewegung! In unzähligen Karossen, Automobilen und Droschken, auch zu Fuß, zog man Richtung Hafen. In der Helgoländer Allee staute sich die Menschenmenge schon kurz nach sieben Uhr früh. Zudem kamen tausende von Gästen mit Staatsschiffen. Die Tribünen füllten sich, auch die Staatstribüne neben der Taufkanzel. Wer anders als Kaiser Wilhelm II. sollte die Taufe vornehmen! Eigens für ihn war eine Vorrichtung eingebaut worden, die die Sektflasche mit dem «Taufwasser» umklammerte und auf Knopfdruck gegen den Bug des Schiffes schleuderte. So war gewährleistet, daß die Flasche in Scherben zerbrechen würde!
Tausende von Arbeitern waren am Werk, die gewaltigen Stützen des Riesenleibs auf dem Schlitten der Helling wegzuschlagen, bis der Riese mit seinem ungeheuren Gewicht von allen Seiten frei auf der schmalen Bahn lag, die den Kiel stützte. Er wurde allein gehalten durch den Druck seiner Masse. Nur der Vordersteven und das Heck ruhten noch auf einer Anzahl letzter Sicherheitsstützen. Dicke Schichten von Paraffin-Öl und ähnlichen Stoffen zu beiden Seiten des Kiels gewährleisteten ein sanftes Hinabgleiten. Unter dem Kiel befanden sich noch Maschinen mit hervorstehenden Triebrädern, die dem Riesen Starthilfe geben sollten.
Die Spannung wuchs. Seine Kaiserliche Majestät war eingetroffen und hatte als ersten Albert Ballin begrüßt. Der Bürgermeister von Hamburg, Dr. Burchard, hielt die Festrede. Er schloß mit den Worten: «Die höchste Ehre soll dir zuteil werden, Deutschlands Kaiser will zu dir reden und stolzen Klanges wird dein Name sein. Mit des Kaisers Majestät bist und bleibst du unlöslich verbunden!» Kaum war das letzte Wort verklungen, trat der Kaiser in die Mitte der Kanzel und verkündete mit lauter Stimme: «Ich taufe dich auf den Namen IMPERATOR». Dann ein leichter Fingerdruck und mit lautem Krachen zersplitterte das Glas am Bug. Der Bürgermeister brachte ein Hoch auf den Kaiser aus! Während die Kapelle der 76er das «Heil dir im Siegerkranz» spielte, wurden die letzten Stützen weggeschlagen, die Schiebearbeit begann, ein Rad griff ins andere. Nach wenigen Minuten – eine unendlich lange Zeit höchster Spannung – setzte sich der Koloß in Bewegung, glitt ganz gleichmäßig über den Schlitten ins Wasser, lautlos. Dann ein ohrenbetäubendes Krachen, Aufklatschen ... Oben an Bord des Schiffes zerhauten Arbeiter mit Beilen und Hackmessern die Halteseile der schweren massigen Anker, die nun zischend ins Wasser schossen. Ein ganzes Lager Holz nahm das Schiff mit sich ins Wasser, das zerbrach, zersplitterte und neben dem Schiffskörper auf dem Wasser dümpelte.
Eine volle Minute brauchte der Koloß, um von seinem sicheren Lager ins Wasser zu gelangen! Da brach ein Jubeln aus, die Hochs und Hurras der wogenden Menschenmenge an Land und auf kleinen Schiffen ertönte weit übers Wasser hin!
Nach diesem weltbewegenden Ereignis fand zu Ehren des Kaisers ein Frühstück im Hause des Bürgermeisters Dr. Burchard statt. Generaldirektor Albert Ballin überreichte dem Kaiser ein silbernes etwa 60 cm langes Modell der IMPERATOR.
Unzählige Menschen säumten die Straßen, als der Kaiser zur Fürstenabfahrtstelle des Dammtorbahnhofs gefahren wurde. Unter den Hochrufen der Menge setzte sich der Sonderzug des Kaisers in Bewegung.

Jetzt gehörte die Führung auf den Weltmeeren wieder dem Stadtstaat Hamburg!
Die IMPERATOR übertraf die noch im Bau befindlichen Ozeanriesen der White-Star-Line, die OLYMPIA und TITANIC um einige tausend BRT. Hiermit setzte Albert Ballin dem gesamten Schiffbau in der Welt neue Maßstäbe.
Wenn man auch noch nicht wußte, ob die gewaltigen Baukosten jemals wieder hereinkommen würden, ließ die HAPAG noch zwei weitere, gleichartige Schiffe bauen: 1913 lief die VATERLAND und 1914 die BISMARCK vom Stapel. Gräfin Hannah von Bismarck, die 21jährige Enkelin des Altreichskanzlers, hat dem Schiff «im Auftrage des Kaisers» seinen Namen gegeben. In seiner äußeren Form ähnelte es seinem Schwesterschiff VATERLAND (seine Daten: 56.551 BRT, 279 m lang, 30,5 m breit, 23,5 kn, vier Turbinen, 86.000 PS). Ein Dieseldynamo sorgte für Notbeleuchtung und die Bootswinden. Auch die drahtlose Telegrafie konnte von ihm gespeist werden.
Fundamentale Verbesserungen und Schutzeinrichtungen gegen Feuer, die bereits auf der IMPERATOR und VATERLAND zu finden waren, wurden eingebaut. Es waren ferner vorhanden: Unterwasserschallsignalapparate, 83 seetüchtige Rettungsboote, einige Motorbarkassen, Notsignalkanonen, Rettungsbojen, Rettungsgürtel usw.
In der Ausstattung und Eleganz der Gesellschaftsräume war die BISMARCK den Schwesterschiffen sehr ähnlich, einschließlich der Kaiserzimmerflucht.
Das Schiff hatte in der 1. Kajüte Platz für 750 Passagiere, in der 2. für 650, in der 3. für 850. Für die Unterbringung der Zwischendecker waren außer einer Anzahl gemeinsamer Schlafsäle auch Kammern für zwei, vier und sechs Personen verfügbar.
Frahmsche Schlingertanks zur Abdämpfung der Rollbewegungen des Schiffes trugen wesentlich zur Bequemlichkeit der Passagiere bei.
Ein Jahr emsiger Ausrüstungsarbeit trennte das Schiff von dem Zeitpunkt, wo es wie die beiden Schwestern auf die Reise gehen konnte. Erst dann konnte die HAPAG ihren Plan verwirklichen und mit ihren Schiffen der IMPERATOR-Klasse einen Nordatlantik-Wochendienst einrichten, wie er vorher niemals bestanden hatte.
Die HAPAG stand tonnagemäßig an der Spitze aller Reedereien der Welt. Sie wäre es zweifellos auch geblieben, wenn der 1. Weltkrieg nicht stattgefunden hätte.
Als er ausbrach, zählte die HAPAG insgesamt 439 Schiffe, darunter 175 Überseedampfer. Der Bruttotonnageraum betrug insgesamt 1.360.360 BRT. 75 Linien wurden befahren, 400 Häfen regelmäßig angelaufen. Außerdem war die Reederei an vielen in- und ausländischen Schiffahrtsgesellschaften finanziell beteiligt. Sie hatte sich innerhalb von 67 Jahren aus kleinsten Anfängen zum größten weltumspannenden Schiffahrtsunternehmen entwickelt.
Der Norddeutsche Lloyd stand ihr nicht viel nach. Riesenschiffe baute er vor dem 1. Weltkrieg zwar nicht, aber er konnte 1911 den zehnmillionsten Passagier buchen und besaß 1914 eine Gesamttonnage von fast einer Million BRT.

Die Siegermächte des 1. Weltkrieges übernahmen die größten deutschen Passagierdampfer Nach dem Kriege überquerten eine Anzahl weltberühmter deutscher Passagierdampfer unter neuen Namen den Atlantik.
Aus der 1912 gebauten IMPERATOR war die BERENGARIA der Cunard-Flotte geworden; die BISMARCK fuhr unter der Flagge der White Star Line als MAJESTIC und die ehemalige COLUMBUS als HOMERIC; die 1917 von den Amerikanern beschlagnahmte VATERLAND ging unter dem Namen LEVIATHAN an die aus der American Steamship Company von 1873 hervorgegangenen United States Lines.
Alle diese Hamburger Schiffe waren über 50.000 t groß und übertrafen damit erheblich ihre englischen und anderen Mitbewerber in der Nordatlantikfahrt. Sie blie-

ben bis zum Stapellauf der QUEEN MARY 1934 die größten Schiffe der Welt.
Statistik der Hapagdampfer:

1870	12 Dampfer mit	8.207 C.L.
1880	20 Dampfer mit	17.491 C.L.
1890	40 Dampfer mit	112.320 BRT
1900	76 Dampfer mit	343.471 BRT
1914	194 Dampfer mit	1.048.117 BRT
1922	43 Dampfer mit	165.707 BRT
1935	110 Dampfer mit	735.228 BRT

C.L. Eine Kommerzlast = 3000 kg

Das «Blaue Band» der großen Fahrgastschiffe Die Historiker der Schiffahrt sind noch unschlüssig, wann das «Blaue Band» zum ersten Male verliehen wurde. Bei den Fahrten auf der Route um Kap Hoorn, bei den schnellen Teeklippern zwischen Fernost und England und bei den ersten englischen Dampfschiffen sprach man lediglich von Rekordgeschwindigkeiten.
Das «Blaue Band» war eine Auszeichung für die schnellste Überquerung des Atlantischen Ozeans. Es wurde nicht im üblichen Sinne «verliehen», sondern hatte Symbolcharakter und ging zurück auf die Stiftung eines «Blauen Wimpels» durch eine englische Reederei für Segelschiffe, die von London nach Australien fuhren und umgekehrt. Dieser Wimpel wurde erstmals 1838 verliehen. Die englischen Kapitäne der schnellsten Schiffe der Welt wurden mit dem blauen Wimpel, dem «Blauen Band des Hosenbandordens», ausgezeichnet.
Von den seinerzeit schnellsten Schiffen der Welt seien hier einige wenige beschrieben:

Dampfschiff BRITANNIA (britisch) Es war das erste Dampfschiff der englischen Cunard-Linie und lief im Jahre 1840 in England vom Stapel. Seine Hauptmaße waren: 77 m lang, 11 m breit, über die Radkästen 19 m, Tiefgang über 5 m. Die großen Schaufelräder wurden von zwei Seitenkolbenmaschinen mit je 740 PS gedreht. Die Schaufelräder schafften 16 Umdrehungen in der Minute. Auf der Jungfernreise von Liverpool nach Halifax brauchte das Schiff

Die Trophäe

12 Tage und 10 Stunden. Die Durchschnittsgeschwindigkeit war 8,5 kn (10 kn die Höchstgeschwindigkeit).
Die BRITANNIA beförderte Post von Liverpool nach Boston als erstes Dampfschiff auf dieser Route.
Die Cunard-Line hatte 1840 weitere drei Schwesterschiffe der BRITANNIA gebaut, die ARCADIA, CALEDONIA und COLUMBIA.
Im Jahre 1851 traten die Amerikaner auf den Plan mit der Collins-Linie. Die PACIFIC mit 2860 BRT machte zunächst das Rennen, dann folgten die BALTIC und PERSIA der gleichen Reederei nacheinander.

SCOTIA, der letzte Raddampfer auf dem Atlantik (britisch) 1866 holte die SCOTIA das

Britannia 1840 (brit.)

«Blaue Band» für Großbritannien zurück. Sie war 1862 von der Firma Robert Napier & Sons in Govan als Brigg gebaut worden. Es war das letzte Schiff der Cunard-Line, das Schaufelräder besaß.
Als seinerzeit schnellstes Passagierschiff auf der Nordatlantikroute schaffte die SCOTIA mit 14,54 kn Durchschnittsgeschwindigkeit die Überfahrt in 8 Tagen, 4 Stunden, 34 Minuten. Ihre Hauptmaße waren: 121,9 m Länge über alles, 14,6 m Breite des Rumpfes, 23,4 m Breite über den Radkästen, Tiefgang 6,1 m, 3871 BRT. Der Schiffskörper war aus Eisen, hatte wasserdichte Schotten und galt als wahrhaft seefest. Es war der letzte Raddampfer, der den Atlantik-Dienst versah. Nun begann die Zeit der Schraubenschiffe aus Eisen.
Die SCOTIA behielt das »Blaue Band«, bis es ihr 1867 von der RUSSIA von der gleichen Linie abgenommen wurde, die es 1869 an die CITY OF BRUSSELS abtreten mußte. Damit hatte erstmalig eine andere englische Reederei, die Inman-Linie, die Aufmerksamkeit in der Weltöffentlichkeit auf sich gelenkt.
1875 wurde die SCOTIA an die Telegraph Construction and Maintenance Company verkauft und in ein Zweischrauben-Kabelschiff umgebaut. 1904 strandete sie bei der Insel Guam in den Marianen.

Erste Ganzstahl-Schnelldampfer CITY OF PARIS und CITY OF NEW YORK (britisch) Im Jahre 1888 waren die beiden Schwesterschiffe in England vom Stapel gelaufen. Es waren die ersten Nordatlantik-Schnelldampfer mit zwei Schrauben und Ganzstahl-Bauweise. Sie gehörten zur stolzen, schnellen und luxuriös eingerichteten Flotte der Inman-Line.
Die Hauptdaten der CITY OF PARIS waren: Länge über alles 171 m, Breite 19,3 m, 10.499 BRT. Sie brauchte von Queenstown nach Sandy-Hook fünf Tage, 14 Stunden und 24 Minuten und erhielt das «Blaue

Band» im Oktober 1893 mit einer Durchschnittsgeschwindigkeit von 20,70 kn. Sie nahm damit der City of New York das «Blaue Band» vom August 1892 wieder ab, das diese mit 20,41 kn Durchschnittsgeschwindigkeit errungen hatte.

Kaiser Wilhelm der Grosse (deutsch) holte das «Blaue Band» für den Norddeutschen Lloyd Mit der Verleihung des «Blauen Bandes» für den Schnelldampfer Kaiser Wilhelm der Grosse war Deutschland zum ersten Male neben England und Amerika erfolgreich in die Gruppe der Wettbewerber eingetreten. Er brauchte im November 1897 für die 3.100 Seemeilen 5 Tage und 20 Stunden und fuhr durchschnittlich 22,35 kn. Zwei Jahre lang führte das Schiff damit die Rekordliste an.
Der berühmte erste Vierschornstein-Schnelldampfer hatte 14.349 BRT, eine Länge über alles von 191,2 m und eine Breite von 20,1 m. 1.749 Passagiere hatten Platz bei einer 450 Mann starken Besatzung.

Schnelldampfer Deutschland (deutsch) Er übertraf die Durchschnittsgeschwindigkeit auf seiner Jungfernreise im Jahre 1900 mit 22,46 kn in 5 Tagen, 15 Stunden und 46 Minuten. Damit hatte zum zweiten Male ein deutsches Schiff das «Blaue Band» des Ozeans erworben. Auf der Rückreise brach die Deutschland ihren eigenen Rekord mit 5 Tagen, 14 Stunden und 6 Minuten! Das bedeutete sogar eine Durchschnittsgeschwindigkeit von 23 kn.
Im Jahre 1902 wurde diese Spitzengeschwindigkeit von Kronprinz Wilhelm (14.908 BRT) vom Norddeutschen Lloyd noch erhöht auf 23,09 kn Durchschnittsgeschwindigeit, d.h. eine Verkürzung der Zeit der Atlantiküberfahrt um zwei Stunden.
Aber schon nach weiteren zwei Jahren mußte sie das «Blaue Band» an Kaiser Wilhelm II (16.361 BRT) der gleichen Reederei abtreten. Die Durchschittsgeschwindigkeit wurde nochmals auf 23,12 kn erhöht.

Dampfturbinen-Schwesterschiffe Mauretania und Lusitania (britisch) Sie liefen beide 1907 zu ihrer Jungfernfahrt von Liverpool nach New York aus und gewannen abwechselnd das «Blaue Band» für Großbritannien. Die Lusitania (31.550 BRT) errang im Oktober 1907 den Rekord mit 23,61 kn und die Mauretania (31.938 BRT) im November 1907 mit 23,69 kn Durchschnittsgeschwindigkeit. Sie behielt das «Blaue Band» bis 1929, also 22 Jahre lang, mit einer verbesserten Durchschnittsgeschwindigkeit von 26,06 kn. Sie erreichte ihr Ziel mit einer Bestzeit von 4 Tagen, 10 Stunden, 51 Minuten.
Der erbitterte Kampf um das «Blaue Band» ging weiter. Unter den ausländischen Reedereien verstärkte sich die Rivalität. Die englische White Star Line wollte der Cunard-Line die Rekorde abjagen und baute 1911 drei Riesenschiffe, die Olympic, Titanic, Gigantic, Schwesterschiffe von je rund 40.000 BRT. Die Reederei mußte dafür eine Hypothek von 50 Millionen Mark aufnehmen.

Schnelldampfer-Schwesterschiffe Bremen und Europa (deutsch) Der Norddeutsche Lloyd baute im Jahre 1928 und 1929 zwei Schiffe, die mit den neuesten technischen Errungenschaften ausgerüstet waren: die Bremen (51.656 BRT) und das Schwesterschiff Europa (49.746 BRT, nach Umbau 51.839 BRT). Diese beiden Schiffe holten in den Jahren 1929 bis 1935 vier Mal das «Blaue Band» für Deutschland zurück, das 22 Jahre lang die Engländer verteidigt hatten.
Die Bremen legte ihre Jungfernfahrt von Bremerhaven über Southampton nach New York 1929 in 4 Tagen, 17 Stunden, 42 Minuten zurück und erreichte damit Weltrekord. Im Jahre 1934 verkürzte sie diese Zeit noch um 3 Stunden mit einer Durchschnittsgeschwindigkeit von 27,83 kn. Die Europa holte im März 1930 das «Blaue Band» mit einer Durchschnittsgeschwindigkeit von 27,91 kn.

Schnelldampfer Europa

Vierschrauben-Schnelldampfer NORMANDIE (französisch) Die NORMANDIE (79.280 BRT) soll das schönste Fahrgastschiff vor dem 2. Weltkrieg gewesen sein. 1931 wurde sie in Frankreich auf der Werft Chantier et Ateliers de St. Nazaire-Panhoet auf Kiel gelegt. Die Ausstattung war übermäßig luxuriös. Bei den Probefahrten erzielte das Schiff eine Höchstgeschwindigkeit von 32,1 kn. Im Mai 1935 errang es für die Compagnie Générale Transatlantique mit einer Durchschnittsgeschwindigkeit von 29,98 kn das «Blaue Band». 1937 wurden vierflügelige Propeller installiert, mit denen die NORMANDIE auf der Fahrt von Amerika nach Europa mit einer Durchschnittsgeschwindigkeit von 30,58 kn und einer Fahrtzeit von 3 Tagen, 23 Stunden, 2 Minuten zum zweiten Male für Frankreich den Rekord, diesmal mit einer Trophäe, errang.

Im Jahre 1935 (97 Jahre nach dem Wettrennen zwischen der SIRIUS und GREAT WESTERN) kam zu dem symbolischen «Blauen Band» eine 1,20 m große Trophäe hinzu, in deren sechs Seiten die Namen der Rekordinhaber eingraviert wurden. Sie zeigt eine Meeresgöttin, die einen silbernen Globus trägt und enthält 45 kg Silber. Sie wurde jeweils derjenigen Reederei überreicht, deren Schiff das «Blaue Band» errungen hatte. Der englische Millionär K. H. Hales hatte diese wertvolle Trophäe gestiftet.

QUEEN MARY (britisch), größtes Fahrgastschiff, das das «Blaue Band» errang. Im Jahre 1930 ließ die Cunard Steamship Company auf der Werft John Brown & Co. Ltd. in Clydebank ein neues Fahrgastschiff auf Kiel legen. Die Weltwirtschaftslage war kritisch, daher kam es zu einer Fusion zwischen den Gesellschaften Cunard und White Star. Die britische Regierung gewährte Subventionen, damit der schleppende Bau des Schiffes vollendet werden konnte. Erst im September 1934 lief die QUEEN MARY (81.237 BRT) vom Stapel.

Im August 1936 erreichte sie bei der Atlantiküberquerung die Durchschnittsgeschwindigkeit von 30,14 kn in der Fahrtzeit von 4 Tagen, 27 Minuten. 1938 verkürzte sie die Zeit auf 3 Tage, 21 Stunden und 48 Minuten. Die Durchschnittsgeschwindigkeit betrug 30,99 kn.

Luxusliner United States (amerikanisch) unerreicht: letzter Inhaber der begehrten Trophäe Die United States wurde 1950 auf der Werft Newport News in Virginia für die United States Lines gebaut. Im Juli 1952 trat sie ihre Jungfernreise an und brach sofort den Rekord, den seit 1938 die Queen Mary für sich in Anspruch nehmen konnte. Sie erzielte auf der Fahrt nach Osten – 3170 Seemeilen – eine Durchschnittsgeschwindigkeit von 34,51 kn. Damit war die Fahrtzeit über den Atlantik nochmals verkürzt, sie betrug nur noch 3 Tage, 10 Stunden und 40 Minuten.

Die Hauptmaße der United States: 301,8 m Länge über alles, 30,97 m Breite und einen Tiefgang von 10,98 m, 53.329 BRT. Sie wies einen leicht vorgeneigten Vordersteven, ein Kreuzerheck und zwei Schornsteine mit Rauchflügeln auf. 2.008 Fahrgäste fanden in 3 Kajütenklassen Platz. Die Besatzung umfaßte 1.093 Personen. Außer den Passagieren konnte die United States auch 1.359 cbm Fracht im Kühlraum und 4.191 cbm Stückgut mitnehmen. 4 Propeller wurden von 4 Turbinen mit 240.000 PS angetrieben.

Von 1952 bis 1969 war der Luxusliner Träger des «Blauen Bandes» und Inhaber der Trophäe. Im Herbst 1969 wurde das Schiff aus wirtschaftlichen Gründen aus dem Verkehr gezogen.

Noch heute ist das Schiff Inhaber des «Blauen Bandes». Die Amerikaner haben 1952 die Siegestrophäe angenommen und werden sie auch wohl behalten.

Der Geschwindigkeitsrausch von einst braucht Konkurrenten, und diese gibt es nicht mehr. Rekordrennen der Ozeanriesen auf dem Atlantik – oder woanders – werden nicht mehr veranstaltet. Wenn der Ruhm auch erloschen ist, sollte doch die Hochachtung vor den durch Mensch und Maschine entstandenen schwimmenden Prachtbauten wachgehalten werden.

Hafenfahrzeuge

Neben Ozeanrennern und Luxuslinern spielen die kleinen Hafenfahrzeuge eine große Rolle. Sie sind sozusagen die «Arbeitsbienen» im Hafengetriebe. Schon zu Zeiten der ersten Segelschiffe gab es kleine Boote, die Mensch und Ladung an Land brachten, wenn die Schiffe im Strom an den Pfählen festgemacht hatten.

Aus der Vielzahl der Hafenfahrzeuge sind hier einige wenige beschrieben:

Barkassen Die Barkassen werden im Hafen die «Mädchen für alles» genannt. Sie sind ein Mehrzweck-Bootstyp in der Hafenflotte. Sie werden zum Schleppen von Schuten oder schwimmendem Gerät eingesetzt und dienen auch der Personenbeförderung und dem Transport kleinerer Güter.

Die Umschlagbetriebe brauchen Barkassen zum Verholen ihrer Schwimmkräne oder für Inspektionsfahrten, Stauereien befördern in ihnen Schauerleute und Arbeitsgeschirr, Quartiersleute und Ladungskontrollfirmen transportieren mit ihnen die Dezimalwaagen für Wiegearbeiten an Bord der Seeschiffe oder holen mit ihnen Warenproben ab, Schiffsausrüster benutzen sie, um Proviantladungen schnell zu den Schiffen zu fahren. Und in der Ewerführerei sind sie als «kleinere Brüder» der Bugsierschlepper für den Schutentransport nicht zu entbehren.

Im allgemeinen sind Barkassen um die 15 m lang und 3,50 m breit. Sie können 80 bis 100 Personen befördern. Der größte Teil der Barkassenflotte im Hafen dient dem Werkverkehr.

Im Dienste des Werkverkehrs stehen auch

die Dienstfahrzeuge der verschiedenen Behörden und Ämter wie Hafenarzt, Hafenlotse, Hafenkapitän, Strom- und Hafenbau, Gewerbeaufsicht, Wasserschutzpolizei, Feuerwehr und Zoll. Sie alle benutzen Barkassen. Eine Sonderstellung kommt den Hafenrundfahrt-Barkassen zu. Ihre Station liegt an den St. Pauli-Landungsbrücken und ihre Kunden sind die Touristen. Der Schiffer übernimmt es in eigener Person, seinen Fahrgästen die Sehenswürdigkeiten des Hafens mit allerhand Döntjes zu verklaren. Im Volksmund heißt er «He Lücht». Wer sollte auch glauben, daß «im Bananenschuppen die Bananen noch von Hand krummgebogen werden»...

Baggerschiffe Das Wort baggern kommt vom englischen Wort bag = Sack. Das deutet auf die älteste Form der Baggerungen hin, wo mit Hilfe eines Beutels, der an einer langen Stange befestigt war, der Sand vom Boden der Gewässer heraufgeholt wurde. So rückte man mit Spaten und Handbagger den Versandungen der Elbarme zu Leibe, bis 1634 ein «Düpeschiff» in Holland gekauft wurde. Über die Bauart dieses Schiffes und seine Anwendung ist nichts überliefert.

Noch 1821 betrug die Wassertiefe vor Blankenese bei Niedrigwasser 1,70 m, bei anhaltendem Ostwind bedeutend weniger. Viele Schiffe mußten die nächste Flut abwarten, um nicht auf Grund zu laufen. Die Erhaltung der Tiefe erfolgte durch Einengung des Fahrwassers, durch Anlegung von Stacks, Leitdämmen und Uferbefestigungen.

Der erste kleine Dampfbagger wurde 1834 in Hamburg gebaut, seine Maschine stammte aus England. Er wurde nur auf der Norderelbe eingesetzt.

Für den Einsatz auf der Unterelbe baute Hamburg 1846 einen zweiten Dampfbagger. Allmählich wurde eine Wassertiefe von 6 bis 6,3 m bei gewöhnlichem Hochwasser geschaffen. In den folgenden Jahren kamen weitere Fahrzeuge hinzu, man gab ihnen römische Bezeichnungen, z.B. im Jahre 1859 Bagger IV mit 7 m und 1862 Bagger V mit 7,3 m Greiftiefe. Damit hatte man schon eine wesentliche Vertiefung der Unterelbe erreicht.

1874 wurden anstelle der alten Dampfbagger I und III zwei neue, größere mit den gleichen Nummern gebaut, die neun m tief griffen.

Für die Arbeiten, die zur Erfüllung der Köhlbrand-Verträge (Vertiefung des Köhlbrandes) erforderlich wurden, baute Hamburg 1875 und 1877 die Dampfbagger VII und VIII, beide im wesentlichen für Baggerungen von Altona elbaufwärts.

Für den Bau der ersten Seeschiffhäfen stellte man die beiden großen Bagger II und IX (den ersteren für den alten, 1898 versunkenen) in Dienst. Der Bagger II wurde 1899 gehoben und erreichte durch Umbau eine Greiftiefe von 11 m.

Zwischen Altona und Nienstedten wurden

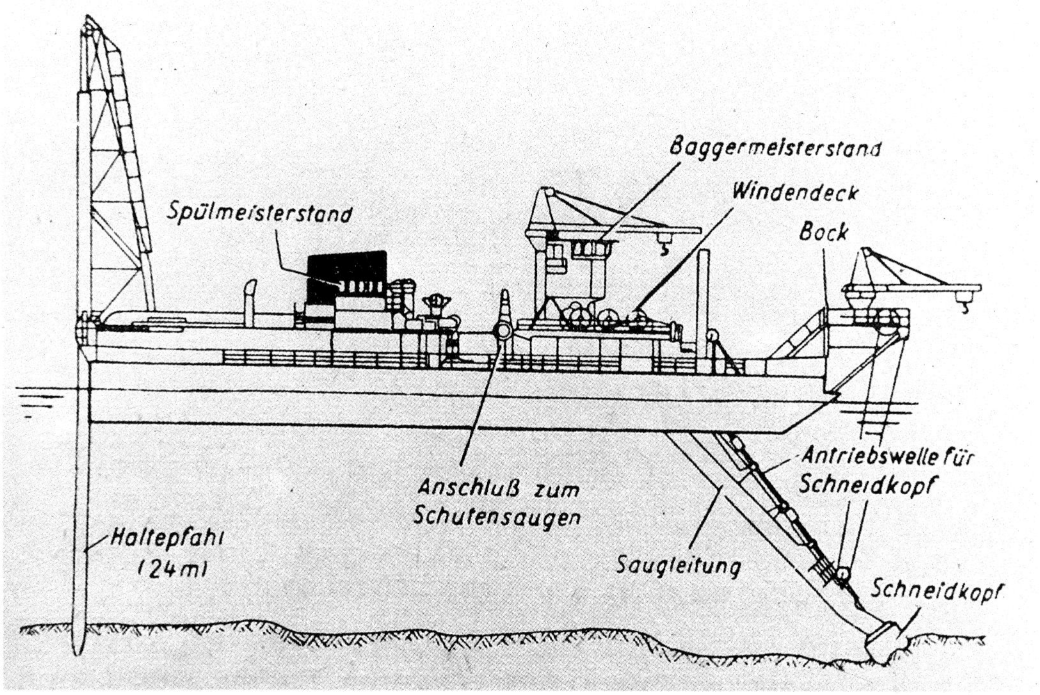

1899 2,75 Millionen cbm Baggerboden aus der Elbe gefördert, ausschließlich mit Eimerbaggern, deren Zahl und Größe im Verhältnis der zu bearbeitenden Baggermasse und Fahrtiefe wuchs. Im allgemeinen kam man mit den Geräten der staatlichen Bauverwaltung aus. Nur wenn Spitzenleistungen gefordert waren, wurden Unternehmer mit hinzugezogen.

Die größten dieser Eimerbagger hatten einen 53 m langen und 10 m breiten Schwimmkörper, griffen 14 m tief und arbeiteten mit einer Dampfmaschine von 370 PS. 44 Eimer faßten je 0,65 cbm in der Minute, also 2600 cbm in der Acht-Stunden-Schicht.

Zum Abfahren des Baggerbodens dienten Schuten. Auf der Unterelbe wurde der ausgebaggerte Sand in abseits gelegene Priele hinter den Sandbänken der verwilderten Stromstrecken durch Klappschuten gekippt. In der Nähe der Stadt, an der Norder- und Oberelbe, lagerte man den Baggerboden auf dem Land ab. Das geschah bis 1882 durch Schiebkarrenbetrieb von Hand.

Als neues technisches Hilfsmittel kam 1900 der Spülbetrieb durch Schutensauger zur Verwendung. Saug- oder Spülbagger vermengten den Baggerboden mit Wasser, so daß durch Pumpen eine absprühbare Schlickmasse entstand.

In den Jahren 1910 und 1911 wurden rund 10 Millionen cbm Boden ausgebaggert. Ein Drittel dieser Menge hätte ausgereicht, die Außenalster zuzuschütten!

In den Hafenbecken wurden neben Eimerbaggern auch Greifbagger mit Kran und dreiteiligem Greifer eingesetzt.

Um festeren Boden zu lösen und anzusaugen, hatte man Schneidkopfbagger konstruiert. Das Saugrohr trug vorn einen Schneidkopf. Der Bagger wurde während der Arbeit durch Pfähle gehalten, die mit einer an Bord befindlichen Ramme in den Grund getrieben waren. Das Baggergut wurde entweder über eine Schüttrinne in Baggerschuten gefördert oder der Bagger nahm es in besonderen Laderäumen auf (Laderaum- oder Hopperbagger; englisch: hopper = Laderaum, Bunker).

1921 ging die bis dahin von Hamburg ausgeübte Verwaltung der Unterelbe mit allen übrigen deutschen Wasserstraßen des öffentlichen Verkehrs an das Deutsche Reich über. Dabei wurde ein Teil der Hamburger Baggerfahrzeuge mit übernommen. Der Gesamtbestand der hamburgischen Baggerfahrzeuge setzte sich zu dem Zeitpunkt wie folgt zusammen: 18 Bagger, 205 Schuten, 12 Schleppdampfer, 7 Schutensauger, 4 Schutenentleerer, 40 Peilboote und sonstige Betriebsfahrzeuge.
1939 gab es 8 Eimerbagger, 4 Greifbagger, 6 Schutensauger, 10 Klappschuten, 92 Saugerschuten und einige kleinere Betriebsfahrzeuge.
1963 waren 4 Eimerbagger, 4 Greifbagger, 5 Schutensauger, 6 Klappschuten, 70 Saugerschuten in Betrieb.
Schließlich blieben nur noch 2 Eimerbagger und 2 Greifbagger mit einigen kleineren Betriebsfahrzeugen im Einsatz.

Bugsierschlepper Private Bugsierreedereien setzen ihre Schlepper vorwiegend in der Baggerei ein. Sie verschleppen Baggerschuten zwischen den im Elbfahrwasser und in den Hafenbecken arbeitenden Schwimmbaggern und den Spülfeldern, wo das geförderte Baggergut aufgespült wird. Mit seinen zum Teil seetüchtig ausgerüsteten Schleppern kann das private Bugsiergewerbe Schleppaufträge für Tiefbauunternehmen an deutschen und skandinavischen Seeküsten bei Hafenbauten und Wasserbauprojekten übernehmen. Außerdem sind Hamburger Bugsierschlepper auf allen norddeutschen Wasserstraßen zu Hause.
Schlepper verholen auch Schwimmkräne und Getreideheber, Schwimmgreifer, Tankleichter und Elbkähne, da sie fast alle ohne eigenen Antrieb sind.
Zu den Hauptaufgaben der Schlepper aber gehört der Transport der Schuten. Ihre Aufbauten sind niedrig. Sie müssen auch bei normalem Hochwasser in der Lage sein, unter den Brücken hindurchzufahren und

Foto: Knuth Weidlich, Hamburg

den (früher sehr hohen) Schornstein herunterklappen können.
Noch bis kurz vor dem 2. Weltkrieg war es üblich gewesen, daß die Ewerführereien für den Transport ihrer Schuten die Dienste der Bugsierreedereien in Anspruch nahmen, später unterhielten sie selbst Bugsierschlepper, wie das – teilweise – auch heute der Fall ist.
Für das private Bugsiergewerbe ergab sich daraus eine gravierende Einschränkung, zumal auch das Bugsieren von Elbkähnen stark zurückgegangen war. Der Binnenschiffsverkehr auf der Elbe ging zurück und sehr viel mehr Binnenschiffe als früher besaßen bald einen eigenen Antrieb.

Assistenzschlepper Die Assistenzschlepper, die einem Seeschiff Schlepperhilfe leisten, unterscheiden sich durch ihre größeren Abmessungen, sie sind zum Teil über 25 m lang und bis zu acht m breit. Ihre hohen, dabei gedrungen wirkenden Aufbauten sind meistens soweit nach vorn gezogen, daß der Drehpunkt des Schlepphakens möglichst weit vorn liegt. Das ist eine Sicherheitsmaßnahme, die verhindern soll, daß der Schlepper bei Drehmanövern umgerissen wird.
Wenn z.B. zwei Assistenzschlepper mit «full speed» sich an ein Frachtschiff heranscheren, um es in das vorgesehene Hafenbecken zu ziehen, geht das so vor sich: Der als Kopfschlepper vorgesehene legt

sich dicht unter den Steven des Frachters. Der «Alte» im (früher) offenen Ruderstand auf dem Peildeck des Schleppers hat den Frachter voll im Visier. Von seiner Back wird der dicke Manila-Vorläufer heruntergefiert, an der die Schlepptrosse angeschäkelt ist. Zwei Mann auf dem Schlepperdeck fangen das Vorläufer-Auge mit einem «Peekhaken» auf und streifen es über den großen, stählernen Schlepphaken.
Nun wird der Abstand zwischen Schiff und Schlepper langsam größer, bald hängt die Schlepptrosse im richtigen Abstand.
Der andere Schlepper hat sich inzwischen vorsichtig hinter die Schraube des Frachters gesetzt und die Heck-Schlepptrosse übernommen. Auf keinen Fall darf sie in den mahlenden Propeller geraten.
Der Schlepper steuert neben dem hohen Heck einher, die platschende Trosse immer im Bogen über die Wasserfläche zerrend und jederzeit zur Kurskorrektur bereit, falls der Frachter plötzlich aus dem Ruder laufen oder in der Strömung nicht klarkommen kann.
So geht es 6, 7 km elbaufwärts. Dort, wo die Hafenbecken vom Strom abzweigen, wird es Zeit, das Wendemanöver einzuleiten. Bevor es am Kai oder an einer Pfahlgruppe festmacht, wird das Seeschiff mit dem Bug seewärts gedreht, wenn der Platz es zuläßt. Eine gesetzliche Pflicht gibt es dafür nicht. Das Schiff könnte im Falle einer Gefahr jedweder Art mit eigener Kraft ablegen und stromabwärts fahren.
Der Hafenlotse auf der Kommandobrücke des Frachters befiehlt jetzt mit drei kurzen Typhontönen: Rückwärtsschleppen! Der Kapitän des Kopfschleppers wiederholt das Signal und geht auf volle Kraft. Bald kommandieren drei kurze und nochmal zwei kurze Typhontöne: Heckschlepper nach Backbord ziehen! Mit starker Schlagseite quirlt der Heckschlepper einen Halbkreis in Richtung der Frachter-Backbordseite, während der Kopfschlepper inzwischen den Kreisbogen nach der entgegengesetzten Seite ausführt.
Erstaunlich schnell wird der behäbige Frachter in die neue Richtung gebracht. Der Heckschlepper ist jetzt zum Kopfschlepper geworden.
Bei jedem Wendemanöver müssen Wind und Strom, Trossenlänge und Drehkreis genau bedacht werden. Augenmaß, Geschick und reibungsloses Zusammenspiel zwischen dem Hafenlotsen und den Kapitänen der beiden Schlepper sind wichtig für die Bugsierkunst, auch bei stockfinsterer Nacht, bei Schneetreiben, Platzregen, Nebel und Sturm!
Der Frachter hat sich nun dicht an den Kai heranziehen lassen. «Auf der Stelle tretend» hält das Schiff einstweilen seinen Bug gegen den Wind, bis der «Fastmoker» mit dem Überfahren der ersten Leine vom Schiff zum Kai fertig ist.
Böen oder starke Wellen bringen die Schlepper zum Schlingern. Immer wieder zischt die Pneumatik ihrer Wendegetriebe auf, denn Drehrichtung und Drehzahl müssen des öfteren verändert werden.
Zu guter Letzt zwei kurze Klingelzeichen auf den Schlepperdecks: Beiholer loswerfen! Polternd kommen die Trossen lose. Und jetzt: «Smiet los den Droht!»
Die beiden Schlepper sind frei. Sie verholen zur Bordwand ihres Frachters, legen sich mit ihren durch Fender gepolsterten Vordersteven dagegen und drücken den Schiffsleib immer weiter an die Kaimauer heran, bis endlich auch die letzte der landseitigen Trossen «auf Reck ist» (d.h. stramm gespannt ist) und «steht».
Dann sind sie entlassen, die beiden Schlepper und mit ihnen die Festmacher in ihrem Boot.
Am Ponton warten sie dann, bis neue Order kommt.
Die bulligen «Kraftprotze» haben heute – im Gegensatz zu früher – bis zu 3.300 PS «unter der Haube» und ca. 200 BRT.

Bergungsschiffe Bergungsschiffe sind Spezialwasserfahrzeuge. Schon nach dem ersten Weltkrieg wurden Bergungsschiffe

gebaut. Sie sind mit mächtigen Bordkränen, Schleppwinden und Caissons (Senkkästen für Bauarbeiten unter Wasser) ausgestattet. Ferner haben sie eine Einrichtung zum Schneiden unter Wasser, starke Pumpwerke zum Herauspumpen des Wassers aus den gesunkenen Schiffen, Ventilatoren zum Hineintreiben von Luft oder Spezialanlagen zur Herstellung chemischer Stoffe für die leichtere Hebung von Wracks.
Auch verfügen diese Schiffe über eigene Werkstätten, in denen Reparaturen beschädigter Schiffsteile oder -anlagen durchgeführt werden können. Für Rettungsarbeiten unter Wasser haben sie Taucherstationen an Bord, von denen ausgebildete Taucher runtersteigen.
Für das Abschleppen beschädigter Fahrzeuge werden ebenfalls starke, hierfür bestimmte Hafen- oder Hochseeschlepper eingesetzt. Diese haben auch Feuerlöschpumpen an Bord, so daß sie im Notfall die Feuerlöschboote bis zu ihrem Eintreffen ersetzen könnten.
Heute sind zwei Bergungsschiffe, mit modernsten technischen Anlagen ausgerüstet, außer ihrer ständigen Einsatzbereitschaft täglich unterwegs, um die Schiffahrtswege nach Wracks und Gegenständen abzusuchen, die auf dem Grunde liegen. Wenn festgestellt wird, daß diese Hindernisse in die Fahrwassertiefe hineinragen und eine Gefahr für die Schiffahrt bedeuten, müssen sie gehoben und beseitigt werden.

Bunkerboote Ebenfalls im Dienste der Schiffahrt stehen die Bunkerboote. Sie werden als schwimmende Tankstellen eingesetzt und beliefern die See-, Küsten- und Binnenschiffe «frei Haus» an ihren Liegeplätzen mit flüssigen Treibstoffen aller Art, Schmierölen und -fetten.
Die Decksaufbauten dieser Schiffe, deren Tragfähigkeit von 20 bis zu 400 t reicht, sind so niedrig, daß das lange Vorschiff mit seinem Gewirr von Leitungen, Ventilen und Anschlüssen bei etwas höherem Wellengang oft gar nicht zu sehen ist. Einige Bunkerboote besitzen auch eine kranähnliche Vorrichtung, mit der die Schlauchleitung auf das Seeschiff hinübergeschwenkt werden kann. Natürlich unterliegen die Bunkerboote – wie auch Tankschuten – besonderen Sicherheitsbedingungen.

Eisbrecher Hier handelt es sich um Fahrzeuge mit einer leistungsstarken Antriebsanlage für die Freihaltung der Fahrrinnen vom Eis. Der Vordersteven ist im unteren Teil stark fliehend, damit das Schiff leicht auf die Eisdecke auffahren kann. Die Spanten sind stark gekrümmt, so daß die Eisschicht nicht senkrecht auf die Außenhaut einwirkt. Diese ist am Bug und in der Wasserlinie besonders verstärkt.
Im Rumpf der Eisbrecher sind Ballastbehälter eingebaut, zwischen denen das Wasser umgepumpt werden kann. Dadurch wird ein Schlingern erzielt, das das Brechen des Eises erleichtert.
Eisbrecher, die eine zusammenhängende, nicht allzustarke Eisschicht brechen sollen, haben am Bug eine zusätzliche Schraube, durch deren Wasserstrom das gebrochene Eis beiseite geschoben wird. Gegenüber den normalen Eisbrechern, die 2 m starkes Eis zerreißen können, bewältigen die speziellen Polareisbrecher bis zu 6 m dicke Eisschichten.

Festmacherboote Am Westende der St. Pauli-Landungsbrücken liegen die Größten und die Kleinsten der Hafenflotte in brüderlicher Nachbarschaft dicht beieinander: die bulligen Seeschiff-Assistenzschlepper und die kleinen Boote der Festmacher (Schiffsbefestiger). Beide arbeiten auch in der Praxis des Hafenalltags eng zusammen, sie bringen die Seeschiffe an ihre Liegeplätze und vertäuen sie dort sicher.
Die Namen der Festmacherboote lassen sich schon in ihr Arbeitsgebiet einordnen: Z.B. «Hiev in», «Smiet los», «Stek ut». Was da zu hieven, zu werfen und zu stechen ist,

Oben: *Schiffsspritze aus dem 18. Jahrhundert.*
Rechts: Feuerlöschboote 1971

das sind die Trossen der großen und kleinen Seeschiffe, die am Kai und an den Dalben so festgemacht werden müssen, daß ihnen weder der wechselnde Wasserstand noch Sturmböen etwas anhaben kann. Hier ist das Arbeitsgebiet der Schiffsbefestiger, der «Fastmoker», wie man im Hafen sagt.
Die Flotte der Festmacherbetriebe umfaßt handfeste, breit gebaute, wendige Motorjollen. Ein Mann steht an der Ruderpinne und am Schalthebel des Motors, der andere wartet darauf, daß er die von den großen Überseepötten herabgefierten Manilataue, Stahl- oder andere Trossen auffangen kann. Das Ende («Auge») der Trosse wird dann an einer Wurfleine befestigt, die dem Mann im Boot vom Kai aus zugeworfen wird. Vom Kai wird dann die schwere Trosse heraufgehievt und um einen der eisernen Poller gelegt.
Das Ganze ist schwere, nicht ungefährliche Arbeit, die gelernt sein will. Keines der großen Überseeschiffe kann darauf verzichten.

Feuerlöschboote Seitdem in den Hamburger Hafenbecken Schiffe lagen, seinerzeit aus Holz gebaut und feuergefährdet, gab es Löschfahrzeuge. Die ersten Boote hatten Räder, so daß sie auch an Land eingesetzt werden konnten. Primitive Pumpen und Schiffsspritzen bildeten die Ausrüstung. «Sprützenschuten» wurden sie genannt (alte Schreibweise).
Vor dem Hamburger Brand 1842 verfügte Hamburg über rund 30 Hand- und 12 Schiffsspritzen, die von 750 «freiwilligen» Feuerwehrleuten bedient wurden. Sie trugen weiße Kittel und wurden daher auch «de Wittkittel» genannt.
Oberspritzenmeister war der Mechaniker Johann Georg Repsold (1770 bis 1830). Er baute auch astronomische Instrumente und errichtete 1802 auf der Elbhöhe die erste Sternwarte. 1830 wurde er von einem zusammenbrechenden Giebel erschlagen. Sein Sohn Adolf wurde sein Nachfolger unter dem Feuerwehrkommandeur Hannibal Moltrecht. 1868 baute man in Moltrecht's Maschinenbauanstalt die erste dampfgetriebene Spritze, die bis 1911 ihre Dienste tat.
Auf der Insel Steinwerder benutzten einige Werften zum eigenen Schutz kleine Handpumpen. Wenn ein größeres Feuer ausbrach, kam die Hamburger «temporäre Feuerwehr» mit ihren «Sprützenschuten». Diese kleinen Schuten hatten eingebaute Spritzen und Rollen für Schlauchmaterial. Im Jahre 1867 richtete der Hamburger Staat auch auf Steinwerder eine Feuerwehr ein. Die Uniform der Feuerwehrmänner bestand aus Helm und weißleinenem Rock mit langen Schößen. Es gab Kommandeure, Spritzenführer, Rohrführer, Brandmeister. Am Kupferdamm wurde ein Spritzenhaus gebaut. In jedem Sommer wurde die Spritze anläßlich einer Übung ausprobiert ... ein Riesenspaß für Jungs und Deerns!

1871 wurde mit dem Elbfährpächter Grell ein Abkommen getroffen, wonach er seine Dampfboote für den Löschdienst zur Verfügung stellen mußte. Sie wurden mit einer Dampfpumpe ausgerüstet, waren stets einsatzbereit und ständig unter Dampf.

1872 entstand in Hamburg die Berufsfeuerwehr – mit 28 Pferden. Zu den Anfangsschwierigkeiten gehörten die häufigen Verstopfungen der Rohre durch Aale, die aus den Wasserleitungen heraufgepumpt wurden! Auch die Saugkörbe der Schiffsspritzen wurden beim Ansaugen des Elbwassers durch Aale verstopft.

Das Jahr 1872 brachte auch das telegrafische Feuermeldewesen. Bis dahin wurde die Feuermeldung mündlich erstattet, bis Dezember 1867 in Plattdeutsch.

1876 bezog die Feuerwehr im Kaispeicher A einen «Thurmwächter-Platz» und schloß ihn an ihr Feuertelegrafennetz an. Eine im Turm aufgehängte Glocke alarmierte bei Ausbruch eines Feuers die Löschboote.

Es zeigte sich bald, daß das Glockengeläut übertönt wurde vom lauten Pulsschlag des Hafens, dem Einhämmern der Nieten, Dampfertuten, Pfeif- und Sirenensignale verschiedener Fahrzeuge, von Werften und Fabriken. Auch trug der Wind oftmals die Alarmrufe der Feuerglocke in die falsche Richtung.

Im Jahre 1900 hatte die Stadt Hamburg eine größere, schwerere Glocke für den Kaispeicher A gießen lassen und ließ eine zweite im Flutmesserturm, im Uhrturm an den St. Pauli-Landungsbrücken montieren.

1921 wurde der Feuerwehrposten im Kaispeicher A eingezogen. Die Glocken im «Uhrturm» schlugen noch bis 1929. Als nach dem 2. Weltkrieg der schwerbeschädigte Kaispeicher A abgerissen wurde, fand die Glocke einen neuen Platz im Steigeturm der Hauptfeuerwache am Berliner Tor. Dort befindet sie sich noch heute. Auch die zweite Glocke träumt noch im Gestühl des Uhrturmes von alten Zeiten im hektischen Hafengetriebe, wo sie eine so wichtige Aufgabe zu erfüllen hatte.

Jetzt läutet sie wieder! Nicht als Zeichen des Feueralarms, sondern zur Erinnerung an jene Zeiten. Sie schlägt im Wachrhythmus der Seeleute alle vier Stunden. Der private Fernsehsender RTL plus hat die Glocke restaurieren lassen und damit die alte Hamburgensie wieder mit Leben erfüllt.

Branddirektor Kipping, der sich um das Feuerlöschwesen in Hamburg verdient gemacht hatte, kam 1892 durch eine einstürzende Mauer ums Leben. Sein Nachfolger wurde Branddirektor Adolph Libert Westphalen. Nach seiner Idee wurden um die Jahrhundertwende die ersten Sicherheitstreppenräume an der Fleetseite der Speicherhäuser gebaut. Sie dienen noch heute zur Sicherung des Fluchtweges von den «Böden», den Obergeschossen der Speicher. Im Erdgeschoß führt ein Gang zur Straßenseite. Dieser Treppenraum ist von jedem Geschoß über offene Balkone zu erreichen. Er kann daher nicht verqualmen.

1911 waren 16 Fährboote als Spritzendampfer ausgerüstet und standen auf Abruf zur Verfügung. 1913 stellte man zwei Feuerlöschboote mit Benzinmotoren von 60 und 70 PS in Dienst. Ihre Länge war 13,5 m, Breite 3 m, Tiefgang 0,9 m, Geschwindigkeit 18 km/h. Bei den Feuerlöschbooten wird die Geschwindigkeit häufig in km per Stunde angegeben, weil im gesamten Binnenschiffsverkehr die Geschwindigkeit in km angegeben wird. Bei Unterelbe- und seegängigen Löschbooten findet man wieder Geschwindigkeitsangaben in kn.

Die neu in Dienst gestellten Boote hatten die Bezeichnung Feuerwehr I, Feuerwehr II und Feuerwehr III, letzteres wurde 1926 in Dienst gestellt.

Heute sind sechs Löschboote im Einsatz, davon zwei mit hydraulischer Leiter und vier mit Löschmasten.

Die Einsatzbereitschaft der Feuerlöschboote erstreckt sich nicht nur auf das Hamburger Hafengebiet mit seiner Schiffahrt,

sondern auch auf die im Hafengebiet liegenden, weit ausgedehnten Industrie- und Lagerbetriebe. Dazu gehören auch die Lagerschuppen, Kaischuppen und ein weit verzweigtes Gebiet von Kanälen, an denen große Lagerhäuser, Fabriken und Werftbetriebe liegen.

Kabelleger Zum Auslegen, zur Reparatur und für Kontrollen von Seekabeln dienen diese Spezialfahrzeuge. Ihr Rumpf enthält kreisrunde Tanks, in denen unendlich lange Kabel aufgewickelt sind. Aus diesen Tanks wird das Kabel mit einer Spezialwinde herausgeholt und über mehrere Rollen zum Bug geführt, wo eine Gleitrolle von großem Durchmesser angebracht ist. Über diese Rolle gleitet das Kabel ins Meer. Große Kabelleger haben auf dem Achterdeck häufig eine Kabelwinde und eine Heckrolle.
Außer der Antriebsanlage und den Rohrleitungssystemen sind sie mit Werkstätten zur Reparatur der Kabel und Untersuchungsräumen ausgestattet, in denen die Qualität der Isolationshülle der Kabel, ihre Leitfähigkeit und weitere elektrische Werte beim Auslegen der Kabel laufend geprüft werden.
Die ersten Kabelschiffe wurden 1858 in Dienst gestellt: das englische Linienschiff AGAMEMNON und die amerikanische NIAGARA. Die englische GREAT EASTERN wurde zu einem Kabelleger umgebaut.

Schuten Schuten haben keinen eigenen Antrieb. Sie sind nötig, um die am Kai liegenden Schiffe schneller abzufertigen. Ein Teil der Ladung wird «außenbords» in Schuten und Binnenschiffe gelöscht und geladen. Schiffe, die an den Pfahlgruppen im Strom abgefertigt werden, löschen und laden grundsätzlich nur in Schuten, Binnenschiffe oder Küstenschiffe, die dann den Weitertransport übernehmen. Die meiste einkommende Ladung ist für Hamburger Empfänger bestimmt, so z.B. Ölsaaten, Getreide, Hölzer, Tabak, wertvolle Güter in Kisten. Ein anderer Teil der Importladung, vor allem die sogenannten Stapelgüter Kaffee, Tee, Kakao, Baumwolle und Trockenfrüchte, werden mit Schuten an die Speicher und Lagerhäuser im Freihafen gefahren, um dort «gestapelt» zu werden, bis sie ins Binnenland oder ins Ausland weiterverkauft werden.
Aber auch für den Transport von Gütern, die ins Ausland zu verschiffen sind, z.B. Maschinen, Schiffskessel und andere Industriegüter, werden Schuten benötigt. Das Seeschiff kann nicht alle Speicher und Läger sowie die Anlagen der hamburgischen Industrie erreichen. Dafür wird eine große Anzahl von Schuten benötigt, die täglich hunderte von Transporten von und nach allen Teilen des ca. hundert qkm großen Hafengebietes durchführen. Der Schutentransport war billiger als der Landtransport. Anfangs wurden die Schuten nur von Ewerführern mit Peekhaken fortbewegt,

gestakt. Das war Schwerarbeit. Schuten können mit ihrem geringen Tiefgang alle Kanäle und Fleete erreichen. Das lautlose Dahingleiten durch den Ewerführer mit dem Peekhaken war früher ein recht romantischer Anblick. Nicht umsonst wurde Hamburg das «nordische Venedig» genannt.
Im Laufe der Zeit übernahmen Dampfschlepper und später Schleppbarkassen die Arbeit. Sie fahren unter den Hausflaggen von Ewerführereien, die ihre eigenen Schuten schleppen. Aber auch heute noch sieht man in den Fleeten und in schmalen, flachen Gewässern einen Ewerführer, der mühsam mit dem Peekhaken wie in alten Zeiten seine Schuten langsam und lautlos fortbewegt.

Tankreinigungsschiffe Diese Spezialschiffe für die Reinigung von Schiffstanks, Entgasung, Schiffsabwasser- und Ölentsorgung zu Wasser und an Land gibt es seit mehr als einhundert Jahren, als die ersten großen Dampfer mit viel Frischwasser versorgt werden mußten und Öltanks zu reinigen waren.
Diese Tankreinigungsschiffe fahren unter den Flaggen ihrer Firmen, arbeiten technisch nach verschiedenen Verfahren und stehen in unterschiedlichen Größen zur Verfügung. Die größeren Schiffe dieser Art sind auch für Reinigungs-, Pump- und Löscharbeiten auf hoher See geeignet.
Bevor Tanker zur Reparatur an eine Werft gehen, müssen ihre Tanks gründlich von Ölresten gereinigt und entgast werden, damit Schweißarbeiten und andere Reparaturen ohne die Gefahr einer Explosion ausgeführt werden können.
Das gleiche gilt auch für Treibstofftanks von Trockenfrachtschiffen. Die Ölreste und ölhaltigen Waschwasser werden in Tankleichtern zu Spezialanlagen abgefahren und wieder aufbereitet.
Die Tankreinigungsschiffe verfügen über moderne Auffanganlagen für Schiffsabwasser, Ballastwasser und Ölentsorgung. Die Ladefähigkeit dieser für die Reinhaltung der Gewässer so wichtigen Schiffe beträgt ca. 600 t.

Wasserboote, Wassertanker Anfang des 19. Jahrhunderts brachten Wasserewerführer den Segelschiffen frisches Trinkwasser. Diese «Geschäfte» wurden in den «Köminseln» am Baumwall ausgehandelt.
Sie suchten im Mastenwald nach der rotblau-weißen Flagge, die das Signal bedeutete: «Ich benötige Trinkwasser».
Am 1. September 1865 schlossen sich verschiedene Hamburger Wasserlieferfirmen im Hafen zum Wasserlieferungsgeschäft Friedrich Jacobsen & Consorten zusammen. Seitdem beliefert diese Firma mit ihren kleinen Fahrzeugen die Hamburg anlaufenden Schiffe mit Trinkwasser.
Damals waren es zwei kleine hölzerne Ewer von 20 t Tragfähigkeit mit Handpumpenbetrieb, die die vielen Segelschiffe und auch die ersten Dampfer mit dem köstlichen Naß belieferten. Aber schon bald reichte diese kleine Flotte nicht mehr aus. 1890 wurden die ersten eisernen Schiffe in Fahrt genommen. Das erste «Eiserne» war das WASSERBOOT III von 50 t Tragfähigkeit. 1899 wurde der erste 70-t-Wassertanker in Dienst gestellt. Es war der Urahne der 2500 t fassenden Tankerflotte, die heute noch die Firma Friedrich Jacobsen & Consorten in Hamburg, Lübeck und Travemünde betreibt.

Fischkutter Die Fischkutter sind kleine, aus Holz, Stahl oder beiden Materialien kombinierte Motorfahrzeuge, die zum Fischfang mit Schleppnetzen in Küstengewässern und auch auf hoher See verwendet werden. Sie sind mit einer Hilfstakelung ausgestattet. Das Ruderhaus und der Motor befinden sich am Heck, am Bug im Unterdeck die Kajüte für die Besatzung. Der Mittelteil des Schiffes dient als Laderaum für den Fang.
Die Besatzung besteht meistens aus 6 bis 7 Mann.

Einen größeren Typ von kutterähnlichen Fischereifahrzeugen stellen die Logger dar, die gleichfalls mit Schleppnetzen fangen, jedoch größere Laderäume (100 bis 150 t), in der Regel mit einer Kühlanlage, besitzen. Sie sind für den längeren Aufenthalt auf See ausgestattet und haben mehr Besatzungsmitglieder an Bord.

Walfangmutterschiffe Im 19. Jahrhundert wurden die Meere der südlichen und nördlichen Halbkugel von den letzten Walfangsegelschiffen mit einer mutigen Besatzung befahren. Die Beute wurde direkt an Bord in der Hauptsache zu Fischtran verarbeitet.

Diese Aufgabe haben heute Walfangboote übernommen, die den Trawlern ähnlich sind und ein Harpunengeschütz auf der Back haben.

Ein weiteres Merkmal ist der hohe Fockmast mit dem Krähennest zur Beobachtung von Walrudeln. Die gefangenen Wale werden mit Preßluft aufgeblasen und an den Seiten des Fahrzeuges festgemacht, um zum Walfangmutterschiff geschleppt zu werden, wo sie weiter be- und verarbeitet werden.

Das Walfangmutterschiff hat am Heck eine Aufschleppe, mit deren Hilfe die erlegten Wale an Bord gezogen werden.

Die Schiffe sind große, schwimmende Fabriken, die mit allem ausgerüstet sind, was für einen mehrmonatigen Aufenthalt in den Fanggebieten erforderlich ist. Jedes Mutterschiff ist Basis für acht bis zehn Walfangboote. Die größten Fahrzeuge dieses Typs erreichen eine Tragfähigkeit von 30.000 bis 40.000 t.

Der Walfang mit Walfangmutterschiffen nahm schon vor dem 2. Weltkrieg einen großen Aufschwung. Er wird heute zum Schutze der Wale weltweit nur noch mit starken Einschränkungen betrieben.

Trawler Der Trawler ist zum Fischfang mit Grundschleppnetzen auf hoher See bestimmt. Je nachdem, wie das Schleppnetz mit dem Fang an Bord gehievt wird, ist der Trawler entweder ein Seitentrawler mit Fischgalgen, zwei zweibeinigen, stählernen Böcken, die auf Fischereischiffen (Seitenfängern) für den Schleppnetzfang im Vor- und Hinterschiff nahe der Bordwand angeordnet sind. Sie tragen je einen Kurrleinenblock, eine schwere Rolle, über die die Kurrleine nach außenbord läuft, oder es sind Hecktrawler mit einer schrägen Aufschleppe am Heck und einem Portal darüber.

Die Schlepptaue des Netzes werden über ein Rollensystem an den Netzbalken oder an dem Portal durch eine große Fischnetzwinde gezogen.

Die Trawler sind aus ursprünglich kleineren Schiffen mit einfachen Laderäumen und Dampfantrieb zu modernen, schwimmenden Fischfabriken geworden.

Die Seitentrawler erreichen heute eine Tragfähigkeit bis 1.000 t, die Hecktrawler 2.500 t bis 3.000 t. Sie haben eine moderne akustische Anlage an Bord, um die Fischgründe aufzuspüren.

Schiffsschicksale

Aus der Vielzahl der Schiffsnamen sollen nachfolgend einige wenige damit verbundene Schicksale geschildert werden:

AUSTRIA: auf hoher See bei Desinfektionsarbeiten in Brand geraten Am 1. September 1858 fuhr der erst ein Jahr vorher erbaute eiserne Schraubendampfer AUSTRIA von Hamburg nach New York. Er war einer der ersten Dampfer, den die HAPAG für regelmäßige Fahrten zwischen Hamburg und New York in Dienst gestellt hatte. Kapitän Heydtmann brachte Auswanderer in das Land der besseren Zukunft. Er hatte 68 Passagiere 1. Klasse, 111 Passagiere 2. Klasse und 241 Zwischendeckspassagiere an Bord. Die Besatzung bestand aus 97 Mann. In Southampton nahm er noch weitere 25 Passagiere an Bord.

Am 13. September, dem 13. Tag der Fahrt, geriet das Schiff mitten auf dem Ozean in Brand. Gegen 2 Uhr nachmittags ertönte plötzlich der Ruf «Feuer im Schiff»! Es war verursacht worden durch den Quartiermeister und den vierten Offizier. Sie waren dabei, auf Anordnung des Schiffsarztes zur Desinfizierung im Zwischendeck mit Teer Räucherungen vorzunehmen. Dazu benutzte man eine glühend gemachte Kette, die in ein Teergefäß getaucht wurde, um die wirksamen Teerdämpfe zu erzeugen. Da die Kette aber zu heiß war, entzündete sich der Teer, die zum Lüften aufgestellten Strohmatratzen fingen Feuer, das Deck geriet in Brand. Bei den Löscharbeiten wurde in Aufregung und Eile dann auch noch das Teergefäß umgestoßen. Der brennende Teer verbreitete sich blitzschnell über das Deck und ehe noch die Pumpen in Tätigkeit gesetzt werden konnten, stand das ganze Zwischendeck in Flammen.

Die Passagiere stürzten schreiend zum Vorderschiff. Das Feuer verbreitete sich mit rasender Geschwindigkeit. Pumpen und Spritzen wurden in kurzer Zeit vom Feuer zerstört. Die Bleiverblendungen schmolzen in der Hitze. Die Maschinen arbeiteten weiter, bis der in einer Kammer aufbewahrte Pulvervorrat explodierte.

Nach den Aussagen Geretteter versuchte der Kapitän, die Passagiere zu beruhigen, bis die Boote zu Wasser gelassen werden konnten. Dabei war er jedoch den Flammen zu nahe gekommen, wurde ohnmächtig, fiel über Bord und ertrank.

Die Passagiere stürzten sich auf die acht Rettungsboote. Zwei von ihnen schlugen sofort voll Wasser, von den anderen sechs kenterten einige, da die Unglücklichen in panischer Hast in die Boote sprangen.

Nach Aussage eines Geretteten, der fünf Stunden lang auf einem der gekenterten Boote geschwommen war, waren viele der Passagiere von dem brennenden Schiff in das Wasser gesprungen. Sie hatten den Tod in den Fluten dem Verbrennungstod vorgezogen.

Der Mann am Ruder hatte längst seinen Posten verlassen, so daß das Schiff ohne Lenkung fuhr. Gegen 5 Uhr nachmittags wurde das brennende Schiff von der französischen Brigg MAURICE bemerkt. Sie hielt auf die Unfallstelle zu und konnte noch zwei Rettungsboote der AUSTRIA mit 52 Personen aufnehmen. Bald darauf fuhr die norwegische Bark CATHARINA so nahe wie möglich an die AUSTRIA heran und setzte ein Boot aus. Es konnten aber nur noch 15 Schiffbrüchige gerettet werden.

471 Menschen von 542 hatten den Tod gefunden. Das Schiff wurde aufgegeben.

Viele Geldspenden unterstützten die HAPAG bei ihren Hilfsmaßnahmen für die Überlebenden.

Bald darauf wurde das Ausräuchern mit Teer verboten. Alle Auswanderer mußten sich vor der Einschiffung einer amtsärztlichen Untersuchung unterziehen. Die Reeder verpflichteten sich, bei jedem größeren Transport einen Schiffsarzt mit auf die Reise zu schicken. Die jungen Navigationsschüler erhielten Unterricht in Krankenbehandlung. Das schloß nicht aus, daß es damals auf den Schiffen immer noch kuriose Medikamente, Schröpfköpfe, Adernschnepper usw. gab.

Slomansegler LEIBNITZ: unhygienische Zustände an Bord Am 2. November 1867 verließ die 1857 erbaute LEIBNITZ, 2.684

BRT, den Hamburger Hafen. 399 Erwachsene, 104 Kinder und 41 Säuglinge befanden sich an Bord im Zwischendeck und dem darunter eingezogenen sogenannten Orlogdeck. Es waren Auswanderer auf dem Wege nach New York.
Am 11. Januar 1868, nach zehnwöchiger Fahrt, traf das Schiff in grauenhaftem Zustand in New York ein. Alle Decks waren verschmutzt, aus den Luken drangen ekelhafte Ausdünstungen. 100 Auswanderer und der Schiffskoch waren auf der Überfahrt gestorben. Die Ankömmlinge wurden sofort auf das Quarantäneschiff ILLINOIS geschafft. Der Fall erregte große Empörung in der amerikanischen Öffentlichkeit. Schon am 6. Dezember hatte der Slomansegler LORD BROUGHAM dem amerikanischen Einwanderungskommissar 75 Tote melden müssen! Man sprach von den «Hamburger Totenschiffen».
Es kam zu einer gerichtlichen Untersuchung in Hamburg. Erschütternde Bilder traten zutage.
Am 23. November, als die LEIBNITZ auf ihrem südlichen Kurs in heiße Zonen kam, zeigte eine junge Auswanderin Merkmale einer furchtbaren Krankheit. Die Haut verfärbte sich blau, Lippen und Zunge wurden dick und bleifarbig. An den Beinen entstanden Knoten. Wenige Stunden später war das Mädchen tot. Cholera!
In den dichtbesetzten Decks mit den mangelnden sanitären Anlagen griff die Krankheit schnell um sich. Hunderte zeigten die gleichen Symptome, erlitten die gleichen Qualen. Krankenkost war zwar an Bord, reichte aber nicht aus. Die Kranken mußten weiter die Schiffsverpflegung, Graupen, Erbsen, Sauerkraut, Salzfleisch und das harte, meist schimmelige Brot essen. Wasser wurde so knapp, daß es nur noch in kleinsten Rationen ausgegeben werden konnten. Kranke und Gesunde mußten zusammen in den Kojen bleiben. Isolierungsmöglichkeiten gab es nicht. Das Schiffshospital im Deckshaus konnte nur wenige Kranke aufnehmen. Eine Isolierung wurde im übrigen auch nicht erwogen, denn man war sich über die Ansteckungsgefahr noch nicht im klaren. Bakterien waren unbekannt.
Natürlich wurden die vorschriftsmäßig mitgeführten Mittel ausgegeben. Das waren: Rhabarber, Rotwein mit Gewürzen, Granatäpfelschalen, spanische Fliegen und Senfpflaster. Chinin und Chlorkalk waren zwar vorhanden, aber keiner wußte so recht, wie es anzuwenden war.
So starben im November sieben Menschen, im Dezember waren es schon 88 Tote. Erst als die kalten nordamerikanischen Küstengebiete erreicht wurden, war die Kraft der Epidemie gebrochen. Aber man hatte weder Kohlen noch entbehrliche Eisenteile mehr, um die letzten Toten im beschwerten Sack dem Meer zu übergeben.
In der Hamburger Gerichtsverhandlung wurde in ausführlichen Gutachten auf die «Miasmen» (das sind schlechte Lüfte) hingewiesen. Sie sollten aus mitgeführten Häuten aufgestiegen sein und die Krankheiten hervorgerufen haben. Dagegen blieb die wichtige Aussage eines Auswanderers unbeachtet. Er hatte von einem Choleragebiet in Mecklenburg berichtet, aus dem viele Auswanderer gekommen seien. Nicht einmal der Reeder griff diese Bemerkung zu seiner Rechtfertigung auf. Und doch war sie, wie später erkannt wurde, die Erklärung für die Unglücksserie der Slomansegler.
Überall in Europa flackerten damals Cholera-, Pocken- und Typhusepidemien auf. Angeblich wurden sie von den Auswanderern auf jedes noch so saubere Schiff eingeschleppt.

Untergang der CIMBRIA bei Borkum Riff

Das Schraubendampfschiff der HAPAG, die CIMBRIA, war mit 401 Passagieren und 91 Besatzungsmitgliedern an Bord – durch Nebel aufgehalten – am Donnerstag, dem 19. Januar 1883, gegen 6 Uhr abends von Cuxhaven aus in See gegangen.
Die CIMBRIA war ein Schraubendampfer mit

Brigg-Takelung, mit einer 500 PS-Dampfmaschine und 2167 NRT. Sie war 1867 auf der Schiffswerft von Caird & Co. in Greenock an der Clyde gebaut worden. Später wurde sie den neuesten Erfindungen und Verbesserungen auf dem Gebiet der Schiffbautechnik entsprechend umgebaut. Sie gehörte damit zur ersten Klasse der Ozeandampfer. Er war 101 m lang und 12 m breit und das Schwesterschiff der HAMMONIA II. Kapitän Hansen war mit diesem Schiff am Unglückstag auf seiner vierten. Reise.

Noch in heimischen Gewässern, beim Feuerschiff der Insel Borkum, wurde die CIMBRIA bei dichtem Nebel von dem von Hull kommenden englischen Kohlendampfer SULTAN gerammt und so schwer beschädigt, daß sie schon 15 Minuten nach der Kollision, mit dem Vordersteven voran, in der Nordsee versank.

Die SULTAN, ein englisches Schraubendampfschiff, war im gleichen Jahr wie die CIMBRIA als Schoner gebaut und später mit einer 600 PS-Maschine ausgerüstet. Sie war ein Spardeckdampfer mit 5 wasserdichten Abteilungen, 73 m lang und 9,5 m breit. Das Schiff gehörte der Firma Bailey & Leetham in Hull und war seit einer Reihe von Jahren zwischen Hamburg und England in Fahrt. Cpt. Barron führte das Schiff an jenem Unglückstag. Er hatte 12 Passagiere an Bord.

Über die Katastrophe berichtete einer der Geretteten folgendes: «Wir hatten abends die Elbe verlassen und steuerten bei klarem Wetter und leichtem, westlichen Wind Helgoland vorbei mit Kurs auf das Borkum Riff-Leuchtschiff. Alles an Bord war in bester Ordnung. Jedermann auf seinem Posten. Wir schauten nach dem Borkum-Leuchtschiff aus, als um 1 1/4 Uhr Nebel eintrat. Kapitän Hansen gab den Befehl «Maschine halbe Kraft». Unaufhörlich ertönten die Signale mit der Dampfpfeife. Gegen 1 3/4 Uhr wurde die Maschine auf «ganz langsam» gestellt, wie das «Straßenrecht auf See» es vorschrieb.

Etwa 5 Minuten nach 2 Uhr hörten wir das Dampfpfeifen-Signal eines entgegenkommenden Dampfers. Wir legten sofort das Steuerruder «hart Backbord» und gaben auch unsererseits Warnungssignale. Der Nebel war zu dieser Zeit sehr dicht. Plötzlich tauchte, nur etwa 100 bis 150 Fuß entfernt, an der Backbordseite das grüne Seitenlicht eines Dampfers auf (wie sich später herausstellte). Von dem Sichtbarwerden des grünen Lichtes an war es nur ein Augenblick, bis ein furchtbares Krachen ertönte. Unser Schiff war in so furchtbarer Weise getroffen, daß allen Fachleuten an Bord die schreckliche Lage sofort klar war! Die SULTAN hatte in die CIMBRIA, die Rippen und Platten zugleich fassend, ein furchtbares Loch gerissen. Die Eisenplatten waren förmlich aufgerollt und mit ungeheurer Gewalt strömte das Wasser in das Schiff, während die SULTAN an der Backbordseite der CIMBRIA entlangschrammte und bald hinten im Nebel verschwand, ohne etwas zur Rettung der Menschen des Kollisionsgegners unternommen zu haben.

Dem Kapitän und seinen Offizieren war sofort klar, daß an eine Rettung des Schiffes nicht zu denken war und daß nur eines übrig blieb: so schnell wie möglich in die Boote. acht Boote befanden sich an Bord, die schnell an Steuerbordseite zu Wasser gelassen wurden, An die Passagiere wurden Schwimmgürtel verteilt.

Die CIMBRIA legte sich immer weiter nach Steuerbord und machte damit das Herablassen der Boote an Backbord unmöglich. Alles stürzte in die Steuerbordboote. Ein Boot kenterte, nur drei kamen von dem Schiff frei.

Kaum 15 Minuten waren nach dem Zusammenstoß vergangen, als die Wogen über dem Schiff zusammenschlugen und die große Zahl der noch an Bord Befindlichen mit in die Tiefe riß.»

Von den drei Booten der CIMBRIA, die glücklich von dem Schiff abkamen, wurden Boot 1 und 7 am Freitagnachmittag

von der englischen Bark THETA aufgenommen. In einem befanden sich 30 Personen, in dem zweiten nur neun. Ein drittes Boot mit 17 Personen wurde von der Bark DIAMANT aufgenommen.
Kapitän Hansen war bis zum letzten Augenblick auf der Kommandobrücke und ging mit seinem Schiff unter. Der 1. Offizier war im Wasser schwimmend noch gesehen worden, befand sich aber nicht unter den Überlebenden. Die Geretteten hatten viele Menschen in die Takelage flüchten sehen. Die Katastrophe kam aber so schnell, daß niemand aus den Masten geborgen werden konnte.
Von Cuxhaven aus waren sofort die Schleppdampfer HANSA, MAGNET, ATHLET, und MARTIN POEPELAU ausgelaufen, ohne jedoch Hilfe leisten zu können. 436 Menschen waren ertrunken.
Die SULTAN muß mit furchtbarer Gewalt in die CIMBRIA hineingerannt sein. Sie hatte noch nach alter Weise einen stark überhängenden Steven mit einem Gallion (Vorbau am Bug älterer Schiffe). Der Capitain Barron hatte sich gleich vor dem britischen Konsulat zu Protokoll vernehmen lassen, während die übrige Besatzung jede Aussage verweigerte.
Die Akte des Seeamtes Hamburg, die die Zeugenaussagen, Gutachten, Reederei- und Werft-Dokumente und schließlich den Urteilsspruch enthält, ist über 200 Seiten stark.
Hier sei lediglich die Entscheidung des Seeamtes wiedergegeben: «Der Zusammenstoß zwischen der CIMBRIA und dem englischen Kohlendampfer SULTAN ist dadurch verursacht worden, daß bei Annäherung beider Schiffe aneinander im dichten Nebel das Ruder auf der CIMBRIA hart Backbord gelegt war, während fast gleichzeitig auf der SULTAN hart Steuerbord gegeben wurde, sowie auf beiden Schiffen, als beiderseitig erkannt war, daß rotes zu grünem Licht stand, unterlassen wurde, die Maschinen mit voller Kraft rückwärts arbeiten zu lassen. Die Hilfeleistung der SULTAN wurde dadurch vereitelt, daß die Führung des letzteren Schiffes nach der Kollision nicht die wünschenswerte Geistesgegenwart betätigte ...»
Am 16. Oktober 1974 wurde vom Wracksuchschiff WEGA aus 28 m Tiefe die große Schiffsglocke der CIMBRIA mit ihrem Glokkenstuhl geborgen. Sie steht nun in der Halle des HAPAG-Gebäudes am Ballindamm als stummes Mahnmal für die Toten des Schiffsunglücks in der Nacht vom 19. zum 20. Januar 1883.

Das Schiffsunglück der BULGARIA mit beispiellosem Tierdrama Seit dem 10. April 1898 unternahm die BULGARIA der HAPAG regelmäßig Fahrten zwischen Hamburg und New York. Sie war 152,82 m lang, 18,95 m breit, hatte Räume für 80 Kajütenpassagiere und 600 Zwischendeckspersonen. Die großen Frachträume konnten (z.B. bei Viehtransporten) mit 5 Ventilatoren belüftet werden. In den üblichen Davits (Aufhängevorrichtungen für Rettungsboote) befanden sich 11 Boote und 6 Boote in Klappdavits. Das Schiff konnte 11 Seemeilen per Stunde zurücklegen und war ein Zweischraubendampfer aus Stahl.
Am 24. Februar 1899 meldeten die Hamburger Zeitungen: «Nach einem heute mittag an die HAPAG gelangten Telegramm ist der schon verloren geglaubte Dampfer BULGARIA geborgen und auf den Azoren in Punta Delgada eingebracht worden.»
Bei der Direktion der HAPAG ging nachfolgender Bericht des Kapitäns des Schiffes, Schmidt, ein:
«In der Nacht vom 1. auf den 2. Februar 1899 wurde das Schiff während eines heftigen Orkans steuerlos und legte sich in den Seegang. Eine enorme Welle überflutete das Schiff und schlug die Luken 1 und 2 ein. Dadurch strömten große Mengen Wasser in das Zwischendeck. Bald darauf stand im Raum 4 sechzehn Fuß Wasser. Das Schiff legte sich stark nach Backbord über. Infolge der gewaltigen Erschütterung wurden die Wassertanks undicht und liefen

aus. Die Lenzrohre des Raumes 4 waren durch Getreide verstopft. 108 Pferde verendeten und konnten wegen des anhaltend schlechten Wetters erst am sechsten Tag über Bord geschafft werden.
Am Morgen des 2. Februar, während der Orkan von neuem einsetzte, brach der Dampfsteuer-Apparat und später auch das Handruder. Durch das schwere Arbeiten des Steuers lösten sich die Bolzen in der Kupplung und gingen verloren. Erst nach tagelanger Arbeit gelang es, die Kupplung wieder zu befestigen. Nachdem die Platten von den Seitenwänden des Ruderhauses losgenietet waren, konnte das Schiff mit Bäumen auf Ruderkopf gelascht, gesteuert werden.
Wir waren gezwungen, um das Schiff aufzurichten, Mengen von der Getreideladung über Bord zu werfen. Als der immer stärker werdende Orkan ein Offenhalten der Luken nicht mehr zuließ, mußten wir die Ladung verbrennen.
Eine Sturzsee brach über das Bootsdeck, riß sämtliche Boote von der Backbordseite weg und schlug das Deck ein. Alle Reelings und Treppen gingen verloren. Sämtliche Türen in den Aufbauten waren eingeschlagen. Der Matrose Wilhelm König wurde über Bord gewaschen und konnte des schweren Wetters wegen nicht gerettet werden. Sonst alles wohl an Bord. Erwarte Ihre Befehle.»
Diese Schilderung in sachlich-schlichten Worten zeugt von fast übermenschlichen Anstrengungen des Kapitäns und seiner Besatzung und gibt gleichzeitig Zeugnis von großer Bescheidenheit und überragender Tüchtigkeit.
Über die Panik unter den Pferden an Bord der BULGARIA gab John Hill, der einen Transport von 22 Pferden von New York nach Hamburg leiten sollte, folgenden Bericht:
«Keine Feder ist imstande, die Szenen zu beschreiben, die sich unter den armen Tieren, die sich buchstäblich selbst zerstampften, ereignet haben. Wer die entsetzlichen Klagetöne gehört hat, der kann sie nimmermehr vergessen. Insgesamt waren 108 Pferde an beiden Schiffsseiten im Vorderschiff unter dem Oberdeck in Stallungen untergebracht. Damit die Tiere sich nicht beißen konnten, hatte man ihnen in die Unterkiefer Stricke gelegt und diese an Stützen befestigt. Auch waren ihnen Halfter angelegt. Das eiserne Deck war mit Holzbohlen belegt, damit die Pferde darauf sicheren Halt finden konnten.
Als das fürchterliche Unwetter ausgebrochen war, fing die BULGARIA in einer schier entsetzlichen Weise an zu rollen. Bei meinen 24 Viehtransporten habe ich noch nie ein solch heftiges Arbeiten eines Schiffes zu bestehen gehabt. Die Pferde konnten sich nicht mehr halten. Gleich Bällen wurden sie durch die Bewegungen des Schiffes von einer Seite zur anderen geschleudert. Bald waren sämtliche Tiere losgerissen. Da der Bohlenbelag weggerissen worden war, fanden sie auf dem eisernen Deck keinen Halt mehr. Die Szenen, die sich hier abspielten, lassen sich nicht beschreiben. Überall sah man mit Grauen abgebrochene Vorder- und Hinterbeine und zahlreichen Tieren war der Kopf vom Rumpf abgerissen. Den meisten Tieren hingen die Eingeweide aus dem Leibe heraus, sie hatten sich gegenseitig den Körper zerstampft. Manche Tiere waren direkt in der Mitte des Körpers auseinandergerissen. Das mag dadurch gekommen sein, daß sie gegen die starken eisernen Stützen geschleudert worden waren, die als einzige unzerbrechliche Gegenstände im Raum stehengeblieben waren.
In diesem entsetzlich tragischem Chaos hat sich nur ein einziges Pferd auf den Beinen halten können. Dieses Tier hatte in New York am wenigsten von allen gekostet. Es hatte sich mit Vorder- und Hinterfüßen «kreuzprall» gestellt und gelernt, sich jeweils den Bewegungen des Schiffes entgegen zu neigen.
Niemand hatte sich unter die wild gewordenen Pferde wagen können, um sie zu

retten. Erst als sie alle auf dem Deck des Raumes lagen, schnitt man ihnen die Hälse ab. So lagen sie noch, als die Passagiere im Rettungsboot die BULGARIA verließen. Erst später konnten die Tiere über Bord geworfen werden. Daher entzieht sich unserer Kenntnis, ob das bis dahin noch am Leben gebliebene Pferd auch jetzt noch lebt.»

Alle Passagiere der BULGARIA wurden gerettet. Hier einige ihrer Schilderungen:

«Ganz schlimm wurde es für uns Passagiere erst, als die Luke zu dem im Vorderschiff unter dem Oberdeck befindlichen Raum, in dem die Pferde untergebracht waren, durch Sturzseen eingeschlagen war. Das in diesen Raum eindringende Wasser, das den Unrat der Pferde mit sich führte, drang durch die von den wild gewordenen Pferden eingeschlagenen Türen des Querschotts, das unseren Aufenthaltsraum von dem der Pferde trennte. Von diesem Augenblick an waren wir zu keiner Zeit mehr trocken. Infolge der ruckweisen Bewegungen des Schiffes wurde die aus dem Pferdestall zu uns dringende Jauche bis unter die Decke unseres Raumes gespült. Vor Nässe waren wir nirgends mehr geschützt, da die über unser Schiff hinwegbrausenden Sturzseen allüberall größten Schaden angerichtet und Türen, Fenster usw. eingeschlagen hatten.

Vier Tage und vier Nächte haben wir in dieser Misere verbracht, als vom Kapitän der Befehl an uns erging, in die Rettungsboote zu gehen, um die BULGARIA zu verlassen.

Mittschiffs war ein Boot zu Wasser gelassen worden. Die Bootsbesatzung hatte alle Hände voll zu tun, das kleine schwankende Fahrzeug vor dem Zerschellen an der Schiffsseite der BULGARIA zu bewahren. Man brachte Fräulein Ludowika Czerbowska als erste ins Rettungsboot. Sie sollte die Kinder in Empfang nehmen. Kein leichtes Stück Arbeit. Infolge des äußerst heftigen Schlingerns der BULGARIA befand sich das längsseits liegende Boot bald so hoch, daß man nur durch einen Sprung vom Deck aus ins Boot gelangen konnte. Im nächsten Augenblick aber sah man das Boot in gähnender Tiefe unter sich. Fräulein C. wurde in der Weise ins Rettungsboot gebracht, daß man sie von Deck des Schiffes aus zunächst eine an der Außenseite des Schiffes angebrachte Sturmleiter besteigen ließ. Dann band man ihr eine Leine um den Leib und ließ sie im geeigneten Moment ins Boot hinunter. Auch die acht Kinder kamen so ins Rettungboot. Ich (Frau Bergmann) sprang als letzte ins Boot. In dem Augenblick holte die BULGARIA so mächtig über, daß wir befürchteten, das Boot würde von ihr zerschlagen werden. Der Matrose, der vorn an der Fangleine stand, ließ die Leine los und wir schoben das Boot von der Schiffsseite frei. Unser Boot trieb nun ohne Halt von der BULGARIA fort. Lange bemühten sich die Matrosen, zur BULGARIA zurückzurudern, um weitere Passagiere in unserem Boot aufzunehmen. Unmöglich war es, gegen die Gewalt der Elemente anzukämpfen. Schließlich meinte der Bootsmann: «Denn lat uns wenigstens sehn, dat wie düsse Lüüt na de WEEHAWKEN henkriegt.»

Die Matrosen wendeten das Boot und ruderten dem Dampfer zu, der zu unserer Rettung in der Nähe war. Als wir längsseits ankamen, machte es wiederum genauso große Schwierigkeiten, uns an Bord dieses Dampfers zu bringen, als die BULGARIA zu verlassen. An Leinen und Stricken wurden wir auf die WEEHAWKEN gezogen. Als die 4 Matrosen und der Bootsmann zur BULGARIA zurückkehren wollten, kenterte das Boot und der Bootsmann geriet darunter. Er kam erst frei, als das Rettungboot vollständig zerschellt war und konnte an Bord der WEEHAWKEN gezogen werden.

Die WEEHAWKEN, ein Petroleum-Tankdampfer, nahm mit ihrem Rettungsboot noch einige Passagiere und Besatzungsmitglieder der BULGARIA an Bord. Auch dieses Schiff schlingerte und arbeitete heftig und hatte zwischen den gefüllten Petroleumtanks eingedrungenes Seewasser. Auch die Kohlenbunker waren voll Wasser. Wohlbehalten kamen wir schließlich in Ponta Delgada an.»

Am 24. Februar 1899 erhielt die Hamburg-Amerika-Linie ein Telegramm, daß die BULGARIA in Punta Delgada eingebracht worden sei unter eigenem Dampf, also ohne fremde Hilfe und alle Passagiere auf dem Wege nach Lissabon seien. An Bord sei alles wohl.

Nicht nur ganz Hamburg atmete hocherfreut auf, sondern darüber hinaus auch viele Millionen Deutscher im Reich. Aus aller Welt gingen Glückwünsche ein und die Auslandspresse äußerte sich lobend über deutsche seemännische Tüchtigkeit und den «vortrefflichen Bau des Schiffes». Über die Strapazen und Leiden aller Beteiligten wurden viele Einzelberichte veröffentlicht.

Die Direktion der HAPAG ordnete Flaggenschmuck für alle ihre Schiffe an und schenkte allen Meistern der Reederei je 6 M., allen Vorleuten und Unteroffizieren je 5 M. den Mannschaften und Schauerleuten und Arbeitern je 3 M.

Am gleichen Tage erhielt die HAPAG folgendes Telegramm des Kaisers: «Mit tiefem Danke gegen Gott, der in so wunderbarer Weise Schiff und Mannschaft gerettet hat, spreche ich Ihnen meine wärmsten Glückwünsche zur Errettung der BULGARIA aus. Der Kapitän Schmidt hat in echter deutscher Seemannsart in festem Gottvertrauen einen 24tägigen Kampf auf Leben und Tod siegreich gegen den Ozean ausgefochten, unterstützt von einer aufopfernden und pflichttreuen braven Mannschaft. Als Zeichen meiner Anerkennug verleihe ich dem Kapitän Schmidt das Kreuz der Comthurs meines Hausordens von Hohenzollern. Sie werden die Namen der Auszeichnung verdienenden Mannschaften durch meinen Gesandten mir mitteilen.

Wilhelm I.R.»

Der Senator O'Swald überbrachte ein Schreiben des Senats mit Glückwünschen und folgenden Sätzen: «Hohe Anerkennung zollt der Senat dem Kapitän, den Offizieren und der Mannschaft des Schiffes. Ihr todesmutiges Ringen hat erneut bewiesen, was andauernde Kraft vermag und ein frisches Reis in den Ruhmeskranz hanseatischer Seefahrer geflochten. Der Senat behält sich vor, dem Kapitän bei seiner Rückkehr eine Auszeichnung zuteil werden zu lassen...

Der Senat
der Freien und Hansestadt Hamburg
der Präsident des Senats
gez. Mönckeberg Dr.»

Aus dem Spruch des Seeamtes sei nur erwähnt: «Das Verhalten des Schiffers Gustav Schmidt, des ersten Steuermanns Wilhelm Kuhls, des ersten Maschinisten Robert Bernhardt sowie der gesamten übrigen Besatzung verdient höchstes Lob.

Volle Anerkennung verdienen auch die Rettungsmannschaften der Besatzung der vier britischen Dampfer WEEHAWKEN, VICTORIA, KOORDISTAN und ANTILLIAN, die der BULGARIA Hilfe zu leisten suchten.»

Die Schiffskatastrophe des Personendampfers PRIMUS Am 21. Juli 1902 machten die Mitglieder der Eilbeker Liedertafel TREUE einen Ausflug nach Cranz. Mit dem Buxtehuder Dampfer PRIMUS, einem der ältesten Elbdampfer, fuhren sie mit 190 Personen an Bord an die Este. Man hatte auch Gäste mitgebracht und feierte einen schönen Tag.

Auf der Heimfahrt, kurz nach 12 Uhr nachts, fuhr die PRIMUS am Wrack des havarierten Dampfers LEMNOS vorbei, von der Südseite der Elbe kommend. Hier drehte die PRIMUS scharf nach Norden ab, um im nördlichen Fahrwasser so weit wie möglich aus dem starken Ebbstrom heraus zu sein. Um diese Zeit fuhr der Schleppdampfer HANSA von der HAPAG von Hamburg nach Brunshausen in schneller Fahrt elbabwärts. An Bord der PRIMUS spielte die Musikkapelle, es herrschte eine ausgelassene, fröhliche Stimmung. Keiner der Menschen konnte ahnen, wie nahe ihnen der Tod war. Da ertönten Signale und Dampfpfeifen.

Ganz plötzlich war der Dampfer HANSA in so gefährlicher Nähe, daß eine Kollision unvermeidlich war. Mit berstendem Krachen traf die HANSA die PRIMUS steuerbord mittschiffs in der Nähe des Maschinenraumes. An Bord der PRIMUS entstand Panik. Die in den Kajüten befindlichen Menschen konnten nicht mehr schnell genug an Deck kommen. Die havarierten Schiffe kamen nicht sofort wieder voneinander frei. In dieser Zeit gelang es etwa 70 Menschen, sich auf den Dampfer HANSA hinüberzuretten. Aber nach knapp sieben Minuten versank der Dampfer PRIMUS in den reißenden Ebbstrom, etwa 40 Meter auf der Höhe vor dem Nienstedtener Leuchtfeuer. Der Strudel riß alles, was noch an Bord war, mit sich hinab. Lodernde Flammen und Rauchwolken standen über der Unglücksstätte, da die Dampfrohre rissen und das Feuer unter dem Dampfkessel herausgeschleudert wurde.

Die HANSA war bald frei und konnte Boote aussetzen. Auch der von Brunshausen kommende Dampfer DELPHIN rettete noch einige wenige Schiffbrüchige.

Der Staatsdampfer ELBE stellte die genaue Lage des gesunkenen Dampfers fest und die Taucher Flint, Beckedorf und Harmstorf untersuchten die Unfallstelle.

Nachdem bei eingetretener Ebbe die Ketten an den Hebebäumen wieder straff gespannt waren, wurde die an flacher Stelle bei Teufelsbrück auf Grund liegende PRIMUS bald nach Eintritt der Flut wieder flott. Sie wurde vom Dampfer SPERBER elbaufwärts bugsiert und nach Waltershof zur Werft des Tauchers Beckedorf gebracht. Dort wurde der stark beschädigte Dampfer mit Hochwasser so weit wie möglich auf den Strand gesetzt. Hier erfolgte die Aufrichtung, die Untersuchung der Kajüten und die Bergung der eingeschlossenen Toten. Vertreter des Seeamtes beobachteten die einzelnen Phasen im Hinblick auf spätere Seeamtsverhandlungen.

26 Leichen waren hier an Bord geborgen worden. Die Anzahl der Ertrunkenen belief sich auf etwa 100. Die Zahl der Vermißten blieb eine Dunkelziffer.

Für die Toten ließ Pastor Thun die Nienstedtener Kirche herrichten. Großzügige Spendenaktionen linderten die größte Not bei den Hinterbliebenen. Der Kaiser spendete aus seiner Privatschatulle für das den Opfern des Schiffsunglücks zu errichtende Denkmal 500 M. Die Kaiserin übermittelte dem Vaterländischen Frauenverein 600 M. für die Hinterbliebenen.

Der Dampfer HANSA blieb unbeschädigt und setzte seine Fahrt nach Brunshausen fort, nachdem die Geretteten vom Dampfer DELPHIN übernommen worden waren.

Vom Chef der Hafenpolizei und dem Oberkommandeur wurden die beiden Kapitäne der havarierten Schiffe und die wenigen Geretteten über den Hergang des Unglücks in allen Einzelheiten verhört.

Zur Zeit der Katastrophe herrschte Tidenwechsel. Von verschiedenen Seiten wurde erklärt, daß dem Führer der HANSA, Kapitän Sachs, die Schuld an dem Unglück beizumessen sei.

Nach Lage der beiden Schiffe kurz vor der Kollision war dies aber nicht nachzuweisen. Der Dampfer HANSA, von Hamburg kommend, hatte den aufkommenden Dampfer PRIMUS laut Kaiserlicher Verordnung an der Backbordseite zu passieren. Da aber der Dampfer PRIMUS an Steuerbord gerammt worden war, hatte man den Beweis, daß die PRIMUS sich nicht auf dem Kurs befand, um an Backbord passiert werden zu können. Die PRIMUS hatte den Dampfer HANSA von der Landseite, also Steuerbord, passieren wollen. Das war ein Fehler.

Nach Aussagen der Geretteten geschah das Unglück so urplötzlich, daß die meisten Passagiere in den Kajüten ertranken, ehe sie an Rettung überhaupt denken konnten. Die an Deck befindlichen Passagiere der

PRIMUS waren nach furchtbaren Krachen und Erschütterungen zu Tode erschrocken und sahen die hohe Bugwand der HANSA schwarz und drohend über sich. Da sich die PRIMUS sofort auf die Seite legte, drängte sich alles nach der höheren Backbordseite. Aus den Kajüten quollen Menschenbündel, die die herabgelassenen Taue von den Eisenwänden der HANSA nicht mehr erreichten.

Nach Aussage des Führers der HANSA, Kapitän Sachs, verließ er gegen Mitternacht des 21. Juli 1902 den Hamburger Hafen mit der Order, bei Brunshausen liegende Leichter zurückzubugsieren. Der Ausguck sei vorschriftsmäßig besetzt gewesen; er und der Steuermann waren auf der Kommandobrücke, als in der Nähe der Elbschloß-Brauerei an Backbord voraus zwei rote Positionslaternen gesichtet wurden, die sich nahe beieinander befanden. Wie sich herausstellte, war das vordere Licht das einer Barkasse, das zweite, südliche, das Backbordlicht der PRIMUS. Alle drei Fahrzeuge hätten sich auf richtigem Kurs befunden und, in dieser Lage bleibend, glatt aneinander vorbeifahren können.

Plötzlich wurde auf der PRIMUS das grüne Licht, Steuerbord, sichtbar. Der Kurs war also auf diesem Dampfer geändert worden. Nun kam die PRIMUS unmittelbar vor den Bug der HANSA, so daß die Kollision unvermeidlich wurde.

Der Zeuge Pickenpack, Buxtehude (Vertreter der Eigentümer der PRIMUS) behauptete, daß das Fahren ihrer Dampfer elbaufwärts an der Nordseite nicht polizeilich verboten sei. Wenn sie den Dampfer führten, so benutzten sie ebenfalls das nördliche Fahrwasser. Er meinte, die PRIMUS sei gut im Stande und alles hätte seine Ordnung gehabt.

Der Reichskommissar war anderer Meinung und nahm die Zeugen ins Kreuzfeuer. Er war der Meinung, die Manöver der PRIMUS seien schuld an dem Unfall. Allerdings hätte auch die HANSA Fehler gemacht, da sie ihre Fahrt nicht minderte und keine Signale gab. Doch seien diese Fehler nicht von Einfluß auf den Zusammenstoß gewesen. Die PRIMUS sei an der verkehrten Seite gefahren und hätte falsch manövriert. Die Vertreter der HANSA führten aus, daß die HANSA ein Flußschlepper sei, auf den die Verordnung des Langsamfahrens nicht anwendbar sei. Die Manöver der HANSA seien korrekt gewesen. Die Führung der PRIMUS sei allein schuld an dem Unfall.

Der Vertreter der PRIMUS bestritt, daß seinen Klienten eine Schuld träfe, er habe an der Nienstedtener Brücke anlegen wollen und hierzu richtig gesteuert. Allerdings sei er im verkehrten Fahrwasser gefahren, doch geschähe dies regelmäßig seit langen Jahren und sei allseitig üblicher Brauch, mit dem man rechnen müsse.

Nach fünf Verhandlungstagen beantragte der Erste Staatsanwalt am Schlusse seines Plädoyers die Freisprechung der Angeklagten. Kapitän Peters von der PRIMUS und Kapitän Sachs von der HANSA wurden freigesprochen und die Kosten der Staatskasse auferlegt.

In der Nähe der alten Kapelle 5 auf dem Ohlsdorfer Friedhof in Hamburg wurde am 5. Mai 1904 ein Denkmal für die Opfer der PRIMUS-Katastrophe enthüllt. Eine PRIMUS-Stiftung hatte die Mittel dafür aufgebracht. Die vier Seiten des Denkmalsockels wurden mit Inschriften versehen. Auf dem Sokkel steht eine Christusfigur, die Professor Echtermeier in Braunschweig aus Laaser Marmor herstellte. Die Gedenkstätte ist heute noch vorhanden.

101 Personen hatten durch das Unglück auf der Elbe den Tod gefunden.

«Bi't Unglück an de Waterkant
Da gew dat nich mehr Nam'n noch Stand.
En Nood, en Dood,
En Grav, en Leev;
Ganz Hamburg stun tosam und gev!»

VATERLAND: Die Schöpfung der Schiffahrtsgeschichte. Amerikaner konnten sie nicht beherrschen, Albert Ballin zerbrach an ihr

Wer ein Haus baut, spricht von der «Grundsteinlegung»; wird ein Schiff gebaut, beginnt es mit dem Legen der ersten Kielplatten! Dieses geschah an einem Septembermorgen des Jahres 1911 in Hamburg auf der Werft Blohm & Voß. Das Objekt trug die Bezeichnung «Rumpf Nr. 212». Mit dem Einschlagen der ersten Nieten wurde der Bau des größten Passagierdampfers seiner Zeit eingeleitet. Die Eigentümerin, die HAPAG, hatte fünf umfangreiche Baubücher mit diversen Spezifikationen erstellen lassen. Jede Bauphase war erfaßt, jeder Ausrüstungsgegenstand, alles Baumaterial.

Drei Millionen Nieten sollten im Laufe der Bauzeit in den Schiffsrumpf eingeschlagen werden.

Das Schiff war mit 54.282 BRT vermessen, hatte eine Länge von 289,2 m und eine Breite von 30,5 m. Es sollte 11 Jahre dauern, bis ein noch größeres Schiff gebaut wurde. Für den Antrieb des Schiffes wurde die größte und modernste Dampfmaschinenanlage ihrer Art montiert. 46 mit Kohle beheizte Kessel arbeiteten mit einem Druck von 16,5 Atü (= 60.000 PS). Die Schiffsschrauben mit einem Durchmesser von jeweils 5,8 m und 180 Umdrehungen in der Minute konnten bei der Probefahrt 23 Knoten erreichen.

Am 3. April 1913 war ganz Hamburg auf den Beinen! Die VATERLAND sollte ihrem Element übergeben werden. Eine dichte Menschenmenge wogte von den Landungsbrücken zur Elbe hin. Hunderte von Fahrzeugen hatten nur ein Ziel: Die Werft von Blohm & Voß. Zahllose Schiffe dienten als schwimmende Tribüne, umlagert von voll besetzten Barkassen.

Der übliche Lärm auf dem Werftgelände verstummte, als alle Blicke sich zur Taufkanzel hin richteten, die im vollen Flaggenschmuck auch die bayerische Königsstandarte zeigte. Es erschienen Prinz Rupprecht von Bayern (Sohn des bayerischen Prinzregenten Ludwig), Bürgermeister Dr. Schröder, die Leiter der Werft und der HAPAG. Der Bürgermeister zitierte den preußischen Aufruf, gegen Napoleon zu kämpfen: «Mit Gott – für König und Vaterland». Prinz Rupprecht ließ eine Flasche Champagner am Rumpf des Schiffes zerschellen und rief: «Ich taufe Dich VATERLAND!»

Beim Stapellauf hatte Albert Ballin, der Generaldirektor der HAPAG, hinter Prinz Rupprecht gestanden. Er war von Statur ein kleiner, unscheinbarer Mann, aber zu großen Leistungen fähig, hatte Ideen und verfolgte mit Fanatismus seine Ziele. Auf diesen Tag hatte er sein Leben lang hingearbeitet, sein Traum hatte sich erfüllt: Er hatte das größte Schiff der Welt bauen lassen! Kaiser Wilhelm II. nannte ihn einen «scharfsinnigen und unermüdlichen Pionier».

Nach dem Stapellauf erhielt die VATERLAND Decksaufbauten, drei 20 m hohe Schornsteine und je einen 60 m hohen Fock- und Großmast. Das Ruderhaus und die Kommandobrücke waren aus Mahagoniholz, gebeizt und lackiert. Die Kabinen konnten beheizt werden, bei Dunkelheit beleuchteten 15.000 elektrische Lampen das Schiff. Das Schwimmbad war nach pompejischem Vorbild gestaltet. Die Halle hatte die Höhe von drei Decks, das Becken umfaßte 60 qm und hatte eine Tiefe von 2,40 m. Als Bugverzierung prangte ein in Weiß und Gold gehaltener Schild, den ein kaiserlicher deutscher Adler schmückte.

Für die Ausrüstung des Rumpfes hatte man zwei Schwimmdocks zusammenfügen müssen, um die VATERLAND ins Dock nehmen zu können. Sie sollte das beste deutsche Grandhotel zur See in jener Zeit werden. Die bisher größte Zahl der Besatzungsmitglieder war für sie vorgesehen: 1.234 Mann einschließlich der 403 Heizer vor den Kesseln und der 60 Chefköche, Bäcker und Köche. Es wurden 13.800 Servietten, 6870 Tischdecken und 20.500 kg Frischfleisch, 10.800 kg Dosen- und Pökelfleisch, 50.000 kg Kartoffeln, 5.000 kg

Zucker, Sirup und Honig, 17.000 Flaschen Wein, Champagner und Branntwein und 28.000 l deutsches Bier an Bord genommen!
Am 14. Mai 1914 war es soweit. Um 14 Uhr legte die VATERLAND in Hamburg ab. Sie hatte Scharen von Auswanderern an Bord, insgesamt 1.600 Passagiere. Alles funktionierte. Der Kapitän Hans Ruser sagte: «Ich werde das Schiff einfach Richtung Amerika lenken und den Ozean vorbeiwehen lassen!»
Der Atlantik wurde auf eine bisher nie dagewesene, angenehme Weise überquert, wie in einem Luxus-Hotel ersten Ranges.
Am 21. Mai 1914 verkündete die «New York World» mit Riesenschlagzeilen: «Majestätisches Einlaufen des Sechs-Millionen-Dollar-Seeungeheuers VATERLAND heute im Hafen!» In Hoboken, auf der Manhatten gegenüberliegenden Seite des Hudsons, versammelte sich die größte Menschenmenge, die sich je zur Begrüßung eines Schiffes an der Pier in New York eingefunden hatte. Unter strahlendem Sonnenschein bereitete man einen triumphalen Empfang vor.
Die VATERLAND bewegte sich langsam und vorsichtig auf die Pier zu, als plötzlich aus heiterem Himmel ein kleiner Schlepper mit mehreren Lastkähnen im Schlepp ihr vor den Bug fuhr. Der die VATERLAND dirigierende Lotse gab sofort Befehl, alle Maschinen zu stoppen und dann rückwärts laufen zu lassen. Der Riese lag bewegungslos im Strom. Der Schlepper hatte nach wenigen Minuten den Weg wieder freigemacht. Aber jetzt passierte etwas völlig Unerwartetes: Ein böiger Wind und starke Strömung trieben den rund 290 m langen Stahlkoloß breitseitig flußabwärts. Der Lotse befahl Maschinenantrieb. Aber es gab keinen Platz zum Manövrieren. Schlepper eilten zu Hilfe und zogen und schoben an der trägen Masse, während der Gigant langsam weiter auf die Schlickbank zutrieb, wo die größte Wassertiefe von 8,20 m um 3 m zu gering war. Immer mehr Schlepper beteiligten sich an der Hilfsaktion, schließlich wohl um die 40. Aber erst die hereinkommende Flut brachte die Wende. Jetzt näherte sich das Schiff mit fast dreistündiger Verspätung abermals der Pier. Das Anlegen dauerte eine weitere Stunde. Das Heck war acht m länger als der vorgesehene Liegeplatz. Die «New York Herald» berichtete später: «Der Koloß aus Hamburg erlebte das längste und schwierigste Anlegemanöver, das es bei gutem Wetter in diesem Hafen je gegeben hat!»
Der Jubel der Superlative war gedämpft worden. Mit diesen Größenverhältnissen umzugehen, erforderte viel Erfahrung. Das zeigte sich auch beim Ablegen der VATERLAND fünf Tage später um 10 Uhr morgens. In einem «aberwitzigen» Tempo legte der Gigant von der Pier rückwärts ab. Die gewaltige Kraft trieb das Schiff über den Hudson, bis es zwischen Pier 50 und 51 am Ende der Jane Street in Greenwich Village hilflos im Schlick steckenblieb. Der Lotse befahl Fahrt voraus – zuviel! Als die Schrauben den Schlick durchpflügten, wurden in der Nähe zwei kleine Dampfer von ihren Liegeplätzen buchstäblich angesogen. Mit lautem Getöse zerrissen ihre Trossen. Dann wurden sie durch die rückflutenden Wellen gegen die Pier geworfen. Dabei gingen Relings, Schotten und Stützen zu Bruch. Vor der Küste versank ein mit 800 t Kohle beladener Lastkahn durch einen sich bildenden Strudel. Ein Ingenieur stürzte von Bord eines den hohen Wellen ausgelieferten Schleppers und ertrank.
Die VATERLAND hatte sich bald aus dem Schlick befreit, wendete in der Strommitte und dampfte schnell davon. Dieses «Sich-aus-dem-Staube-machen» war brisanter Zündstoff für die amerikanische Presse. Selbstverständlich kamen die Männer auf der Brücke der VATERLAND schlecht dabei weg.
War dieser Traum Ballins, die VATERLAND, für jene Zeit um eine Nummer zu groß geraten? Das Schiff war im und für den Frieden gebaut worden.

Jetzt aber wurden Vorzeichen eines Krieges immer offenkundiger. Ballins Gesundheitszustand verschlechterte sich mehr und mehr. Er wurde zwischen Optimismus und Mutlosigkeit hin- und hergerissen. Verzweifelt schrieb er einem Freund: «Gegen die Mächte, die am Werk sind, ist nicht anzukommen. Man kann nur resigniert der Entwicklung dieses furchtbaren Ereignisses zusehen. Ich bin von einer tiefen Melancholie erfaßt, aus der ich mich gar nicht wieder lösen kann.»
Ballins Vorahnungen bestätigten sich bald. Drei Monate nach der Jungfernreise der VATERLAND, am 28. Juli 1914, erklärte Österreich-Ungarn Serbien den Krieg. Zu dieser Zeit befand sich die VATERLAND im Atlantik, noch zwei Tagesreisen von ihrem Ziel, New York, entfernt.
Die Rückreise nach Hamburg war am 31. Juli vorgesehen. Während das Gepäck der 2700 Passagiere in die Kabinen gebracht wurde, traf ein Telegramm aus Deutschland ein mit dem Inhalt, daß französische und britische Kreuzer vor New York lägen, um die VATERLAND zu beschlagnahmen, sobald sie abgelegt hätte. Der Kapitän erhielt Weisung, in Hoboken zu bleiben, bis weitere Nachricht folgte.
Die Vereinigten Staaten waren offiziell neutral. Aber die Presse stand auf alliierter Seite. Die Zeitungen verbreiteten üble Gerüchte über die VATERLAND, etwa: Das Schiff wolle im Schutze der Dunkelheit entkommen, um auf hoher See in einen Kreuzer umgewandelt zu werden. Oder die «New York Tribune»: Die VATERLAND würde 8000 bis 10.000 Mann mitnehmen, die mit Deutschland sympathisierten, an Bord gelangt waren und darauf brannten, für ihr Vaterland zu kämpfen. –
Am 3. August erklärte Deutschland Frankreich und am folgenden Tag Großbritannien Deutschland den Krieg.
Die VATERLAND lag in New York fest. Tausende von Atlantiküberquerungen waren geplant, aber nur sieben waren bisher durchgeführt worden. Dabei die letzten sechs ohne jeden Zwischenfall. Das Geschäft war sehr zufriedenstellend verlaufen. Jetzt aber, an der Pier von Hoboken vertäut, griffen Rost und Bewuchs den Schiffsrumpf an. Das bedeutete Wertminderung. Ballin war verzweifelt und litt wahnsinnig unter den Ereignissen. Er schlug vor, die VATERLAND als Friedensschiff einzusetzen und sie für politisch neutral zu erklären. Sie könnte z.B. für das Belgische Hilfswerk in Europa Hilfsgüter nach Belgien transportieren. Das Belgische Hilfswerk stimmte dem gern zu, die deutsche Admiralität aber lehnte die Idee ab.
Die VATERLAND wartete immer noch auf Anweisungen. Sie war offiziell nicht interniert. Sie hatte noch die Möglichkeit, mit dem Bordorchester an Land Konzerte zu veranstalten, um Geld für das Deutsche Hilfswerk zu sammeln. Auch Wohltätigkeitsbälle an Bord hatten großen Erfolg.
Am 7. Mai 1915 wurde die LUSITANIA von der britischen Cunard-Linie von einem deutschen U-Boot versenkt. Als Vergeltungsmaßnahme empfahl die «New York Times», deutsche Passagierschiffe zu beschlagnahmen. Sie bezeichnete die mit Deutschland sympathisierenden Besucher der VATERLAND als Verräter. Ängstliche Seeleute nahmen das Angebot der Vereinigten Staaten an und ließen sich in die Heimat zurückbringen. Von 1200 Mann Besatzung waren im Frühjahr 1917 nur noch 300 Mann an Bord.
Es kam, was kommen mußte! Am 5. April 1917, im Schutze der Dunkelheit, wurde bei strömendem Regen eine amphibische Operation gegen die VATERLAND gestartet. John Baylis, Beamter des New Yorker Finanzministeriums, führte einen Spezialtrupp von 200 Soldaten. In vier Patrouillenbooten der New Yorker Hafenpolizei fuhren die Männer nach Hoboken und machten an der Pier fest. Als Baylis und seine Männer «leicht befangen» das Fallreep hinaufstürmten, tönte es laut von der Brücke: «Ich protestiere!» Dessen ungeachtet wurde die Beschlagnahmeaktion des

Giganten durchgeführt. Dies, obwohl sich die Vereinigten Staaten offiziell noch nicht im Krieg befanden! Erst zehn Stunden nach der Besetzung der VATERLAND erklärten die Vereinigten Staaten Deutschland den Krieg. Kapitän Ruser und 49 Offiziere wurden in Hot Springs (North Carolina) für die Dauer des Krieges interniert. Die rund 300 Besatzungsmitglieder der VATERLAND wurden nach Ellis Island gebracht und verhört. 250 von ihnen konnten als Einwanderer die amerikanische Staatsangehörigkeit erhalten!

Der amerikanische Präsident Woodrow Wilson fand für die beschlagnahmte VATERLAND den neuen Namen LEVIATHAN. Seine Begründung lautete: LEVIATHAN steht in der Bibel als das «Ungeheuer aus der Tiefe». Das große, schnelle Schiff sollte in einen Truppentransporter verwandelt werden. Das bereitete den Amerikanern Schwierigkeiten. Die Deutschen hatten mutwillig einige Zerstörungen angerichtet, Bedienungsanweisungen und Schaltpläne entfernt. Der technischen Wiederherstellung folgte die Umwandlung der Luxuseinrichtungen in einfache Unterkunftsräume für den Truppentransport. Dafür wurden etwa 1200 Passagierkabinen herausgerissen und durch Abteile für dreistöckige eiserne Bettgestelle ersetzt. Kissen und Stühle wurden über Bord geworfen, Fenster und Spiegel zerschlagen, Badewannen zertrümmert, Gemälde vernichtet. Es kam auch zu Plünderungen. Aufgestellte Wachen machten sich über erlesene, köstliche Weine her.

Erst sieben Monate nach ihrer Beschlagnahme war die LEVIATHAN einsatzbereit, jetzt mit marinegrauer Tarnfarbe und irreführenden Mustern angestrichen. Das Schicksal nahm seinen Lauf. Vor Liverpool lief sie auf Grund. Als ihre Belüftungsanlage durch falsche Bedienung rückwärts lief, wurde fast die gesamte Besatzung durch Dämpfe vergiftet, die aus den Maschinenräumen kamen. Als der Ventilschaft des Steuerventils der Rudermaschine

Leviathan am Kai von Newport (Virginia), wo sie in einen Luxusdampfer umgebaut wurde (1922)

zerbrach, fuhr das Schiff wie panikartig schwindelerregende Kreise. – Dennoch machte sie 19 Rundreisen während des Krieges und beförderte bei einer Überfahrt 14.416 Amerikaner. Der amerikanische Kriegsminister Newton D. Baker lobte das Schiff mit den Worten: «Es ist der Stolz des Transportdienstes. Wo wird uns jemals wieder ein solches Wunder an Zusammenarbeit, Leistungsfähigkeit und Kühnheit begegnen? Diese Laufbahn ist großartig und des größten Schiffes der Welt würdig.»

Zwei Tage vor Waffenstillstand, am 9. November 1918, hatte Albert Ballin eine Überdosis Schlaftabletten genommen. Es war ihm nicht mehr vergönnt, die Wiedergeburt seines Schiffes als Passagierschiff mitzuerleben.

1920 fand sich ein Mann, der die LEVIATHAN wieder zu einem Passagierdampfer umbauen wollte. Es war William Francis Gibbs, der Rechtswissenschaft studierte, als das Schiff in Hamburg gebaut worden war. Er hatte eine Leidenschaft für Schiffe, wurde Schiffbauingenieur und stellte sich die Aufgabe, die LEVIATHAN in einen amerikanischen Superpassagierdampfer des kommenden Jahrzehnts umzuwandeln, das Flaggschiff der United-States-Linie sollte entstehen. Er war 33 Jahre alt, als er sich an die Arbeit machte. Als erstes forderte er von der Werft Blohm & Voß in

Hamburg einen Satz der ursprünglichen Bauzeichnungen an. Die Werft verlangte dafür eine Million Dollar. Das war Gibbs zuviel. Er ließ das Schiff neu vermessen und erstellte mit 100 Konstrukteuren neue Bauzeichnungen. Sie brauchten dazu ein ganzes Jahr, bis sie der amerikanischen Schiffahrtsbehörde den Bauplan für die Umwandlung vorlegen konnten. Sie wußte nichts über dieses Schiff, das «Ungeheuer aus der Tiefe». Der Kostenanschlag belief sich auf etwa zehn Millionen Dollar.

Während sich Gibbs mit größter Intensität seiner Arbeit widmete, machte die Presse Vorschläge über eine weitere Verwendung des Schiffsgiganten. Die «New York Times» meinte, daß man die LEVIATHAN den Hudson hinaufschleppen, sie vertäuen und als Wohnschiff benutzen sollte. 3000 Menschen könnte sie ja schließlich aufnehmen.

Die LEVIATHAN wurde in Newport News in Virginia umgerüstet. Die Kosten dafür lagen um drei Millionen Dollar höher, als der Neubau des Schiffes ein Jahrzehnt zuvor gekostet hatte.

Am 4. Juli 1923 lief das Superschiff abermals zur Atlantiküberquerung aus, wieder als Passagierdampfer. An Bord waren nur 1792 Passagiere, etwa die Hälfte seines Fassungsvermögens. Dennoch wurde Gewinn erzielt. Ohne Zwischenfälle brachte die LEVIATHAN 1174 Passagiere zurück, ebenfalls mit Gewinn.

Drei weitere Fahrten brachten ebenfalls Gewinn, dann folgten fünf Reisen mit Verlust. Es waren dreiviertel des Raumes des gesamten Schiffes den 700 Passagieren der 1. Klasse vorbehalten. Das Fünffache dieser Zahl, 3350 Menschen, wurden in die 2. bzw. 3. Klasse und in das Zwischendeck gezwängt: die Auswanderer. Sie brachten das Geld, mit dem die Passagiere der 1. Klasse verwöhnt werden konnten.

Durch die neu festgesetzten Einwanderungsquoten seitens der Vereinigten Staaten ging die Zahl der Auswanderer in den zwanziger Jahren stark zurück. Etwa 80 Schiffahrtslinien kämpften um Buchungen.

Es war nicht außergewöhnlich, daß die LEVIATHAN auf einer Überfahrt nur zwischen 700 und 800 Passagiere an Bord hatte – bei 1200 Mann Besatzung. Trotz Umstellung von Kohle auf Öl war die Unterhaltung nicht billiger geworden.

Als die LEVIATHAN einen Tagesrekord von 555 Seemeilen aufstellte, lief sie vor Staten Island auf Grund und verursachte Schäden von ca. 250.000 Dollar. Bei einer Überfahrt in westlicher Richtung erreichte sie eine Durchschnittsgeschwindigkeit von 24,28 kn, eine bis dahin nicht erreichte Höchstgeschwindigkeit! Alle zog das Schiff in seinen Bann! Die Passagierlisten wiesen immer mehr Persönlichkeiten von Rang und Namen aus, z.B. Königin Marie von Rumänien mit ihren Hofdamen, Herzöge, Maharadschas, Botschafter, Geistliche, Komponisten und bekannte Filmschauspieler.

Für die Männer auf der Kommandobrücke war es nicht immer eine leichte Aufgabe, diesen Giganten, dieses «Ungetüm» durch die Unbill des Atlantiks sicher hindurchzugeleiten.

Am 11. Dezember 1929, auf einer Reise in west-östlicher Richtung, tobte ein zwei Tage dauernder Sturm auf dem letzten Drittel der Atlantiküberquerung. Der 2. Offizier, Sherman Reed, schlug vor, die Fahrt zu verlangsamen. Kapitän Herold Cunningham weigerte sich. Sie standen beide auf der Brücke, als eine 12 m hohe Welle aus der Dunkelheit auf sie zukam. Tonnen von Wasser schlugen über den Bug. Mit einem harten Knall entstand an Steuerbordseite ein 2 cm breiter und etwa 6 m langer Riß in der Schiffswand. Die Nieten waren herausgesprungen und der Riß öffnete und schloß sich mit jeder Bewegung während des harten Seeganges, der noch bis Tagesanbruch anhielt.

Nach notdürftigen Ausbesserungsarbeiten in Southampton wurde das Schiff in New York wegen umfangreicher Reparaturen außer Dienst gestellt. 700.000 Dollar kosteten die Wiederinstandsetzungsarbeiten.

Schiffsreisen waren jetzt Luxus geworden.

Die Folge war, daß auf der ersten Überfahrt 1200 Besatzungsmitglieder nur 301 Passagiere zu versorgen hatten.
Man versprach sich mehr Profit, wenn die LEVIATHAN als reiner Vergnügungsdampfer auf Reisen gehen würde. Prospekte warben mit neuem Text, etwa: «Gesellige Wochenendfahrten nach Halifax und zurück! Kommen Sie, vergessen Sie Ihre Sorgen und erholen Sie sich auf einer Schiffstour Richtung Norden. Beurteilen Sie diese vier Tage auf dem berühmtesten Schiff der Welt nach dem, was sie Ihnen wert sind. Drei Tage für 35 Dollar.»
1800 Passagiere begaben sich an Bord und gaben sich den alkoholischen Genüssen außerhalb der amerikanischen Hoheitsgewässer hin. Die Prohibition im Lande mag dabei eine große Rolle gespielt haben. Sonderkommandos der Besatzung waren rund um die Uhr damit beschäftigt, Betrunkene einzusammeln und vor Unfällen zu bewahren.
Aber auch diese verlockenden Angebote führten nur zu Verlustgeschäften.
Im Juni 1934 wurde die LEVIATHAN noch einmal gründlich überholt. Anschließend machte sie noch fünf weitere Rundreisen nach Europa, alle jedoch mit großem Verlust. Daraufhin brachte man sie nach Hoboken, wo sie vier Jahre lang vertäut vor sich hinrostete.
Schließlich wurde beschlossen, die LEVIATHAN abzuwracken. Im Januar 1938 trat sie ihre letzte Fahrt nach Rosyth in Schottland an. Es war mühsam für sie gewesen, sich aus dem Schlamm, in dem sie geruht hatte, herauszuarbeiten. Das Bunkern war ohnehin erst in Staten Island (New York) vorgesehen. Kaum aber war sie aus dem Hafen heraus, platzte ein Kessel, nachdem neun bereits ausgefallen waren. Das bedeutete, daß in den nächsten sieben Tagen nur noch 36 von 46 arbeiteten. Weitere 12 Kessel fielen während der Atlantiküberquerung aus.
Ein englischer Kapitän, der sich bereits im Ruhestand befand, war geholt worden, um dieses weltweit bekannte und berühmte Schiff nach nur siebenundzwanzigjähriger, abenteuerlicher Lebenszeit von Hoboken nach Schottland zu bringen, wo sein Schicksal endgültig durch Abwracken besiegelt werden sollte.
Als VATERLAND unter deutscher Flagge, als LEVIATHAN unter amerikanischer, hißte sie jetzt die rote der britischen Handelsmarine als Anerkennung für die letzte, bunt zusammengewürfelte Besatzung.
Diese letzte Reise über den Atlantik verlief nicht ohne Zwischenfälle. Im Maschinenraum brach siebenmal Feuer aus. Die Lenzpumpen der LEVIATHAN konnten das lecke Achterschiff wegen des einströmenden Wassers nicht lenz halten. Infolge strenger Kälte hatte sich der Dampfpfeifendraht verklemmt, so daß eines Nachts mitten auf dem Atlantik jammervolle Pfeiftöne wie Klagerufe in den Äther drangen. Vor Yaystack, einer kleinen schottischen Insel, ging die LEVIATHAN noch einmal kurz vor Anker. Die Besatzung verlangte ihren Sold und trat in den Streik. Die Verpflegung war schlecht. Kapitän J.M. Binks brachte es jedoch fertig, daß die Mannschaft bereit war, am nächsten Morgen das Schiff doch noch zum Endhafen zu bringen.
Zum allerletzten Male lichtete die LEVIATHAN am 13. Januar 1938 ihre Anker. Da platzte eine Ölleitung! «Sie war schon ein verhextes Schiff», schrieb Kapitän Binks später an einen Freund, «ich war froh, als wir sie endlich am Anleger hatten.» Hier, in der schlammigen Untiefe von Rosyth wurde sofort der Laderaum Nr. 1 geflutet, man wollte sichergehen, daß «dieses Ungetüm» unbeweglich fest in seinem Grabe lag und die schottischen Winterstürme ihm bis zu seinem Abwracken nichts mehr anhaben konnten.
Dieses «Traumschiff der Welt» hatte seinen neuen Besitzern kein Glück gebracht und einem Genie das Leben gekostet.

Versenkung der LUSITANIA durch Torpedoschuß in die Munitionsladung Die LUSITANIA war ein Transatlantikschnelldampfer von 37.340 BRT mit 4 Schornsteinen. Sie war 230,8 m lang, 26,82 m breit und erreichte eine Geschwindigkeit von 27,4 kn. Am 7. Mai 1915 wurde das Schiff nach fast beendeter Überfahrt von New York mit 1951 Passagieren an Bord von einem deutschen Unterseeboot vor der irischen Küste torpediert. 22 Minuten später kenterte das Schiff und sank.

Insgesamt 1498 Menschen, darunter 94 Kinder und der Kommandant des Schiffes, Capt. Turner, fanden den Tod.

Es war der schwerwiegendste der Vorfälle, die Amerika zum Vorwand nahm, um in den Krieg gegen Deutschland einzugreifen. An Bord waren auch 128 Amerikaner.

Zur Erinnerung an das Versenken der LUSITANIA stellte ein deutscher Metallhandwerker 100 Medaillons her. Die eine Seite zeigte die mit Geschützen und einem Kriegsflugzeug vollgeladenen Decks des Dampfers, die andere das Skelett eines Cunard-Agenten, das nichtsahnenden Passagieren Tickets verkauft.

Am 30. April 1965 waren Reporter der kanadischen Fernsehgesellschaft CBC in Hamburg. Sie interviewten den 72 Jahre alten Otto Rikowski, den letzten Überlebenden der Besatzung jenes deutschen Unterseebootes, das am 7. Mai 1915 den britischen Riesendampfer LUSITANIA torpedierte. Er berichtete: «In der Nacht zum 7. Mai 1915 hatte U-20 seinen vorletzten «Aal» auf feindliche Nachschubdampfer verschossen. Kapitänleutnant Schwieger ließ sein Boot auftauchen und durchlüften. Das 500 t-Boot wiegte sich in der sanften Dünung von Old Head of Kinsale am Schifffahrtsweg zur Irischen See. Die Freiwache saß an Deck. Um 14.20 Uhr plötzlich Alarm! Voraus am Horizont vier riesige Rauchfahnen! Schnelltauchen! Dann unter Wasser volle Fahrt voraus! U-20 lief 9 kn. Der aufkommende Riesendampfer war mehr als doppelt so schnell. Ein aussichtsloses Wettrennen. Plötzlich lief der Dampfer, Zickzackkurs steuernd, direkt auf U-20 zu. Die Befehle überstürzten sich. Auf 700 m Entfernung gab Kapitänleutnant Schwieger, der den Cunard-Dampfer als die LUSITANIA erkannt hatte, den Befehl zum Schuß.»

«Unser letzter Torpedo lief», erinnerte sich Otto Rikowski. «An Bord von U-20 herrschte Totenstille. Nur das leise Summen des Kreiselkompasses und das Tropfen des Schweißwassers von der Decke durchbrach die atemberaubende Stille. Endlich der bekannte harte metallische Schlag: getroffen! Wir wollten in ein Freudengebrüll ausbrechen, als unser Boot von einer ungeheuren Detonation hin- und hergeschleudert wurde. Schalter sprangen von den Wänden, Wasser spritzte durch die Nietlöcher des Druckkörpers. Das Licht ging aus. Wir glaubten schon, der Torpedo habe einen Kreis geschlagen und uns selbst getroffen.

Als endlich die Glühbirnen wieder aufflammten, sahen wir unseren Kommandanten bestürzt durch das Sehrohr blicken. Jeder durfte einen Blick nach draußen werfen, auf das große Drama, das sich in der See abspielte.

Ich sah einen riesigen sinkenden Passagierdampfer von der Größe der heutigen HANSEATIC. Von den haushohen Bordwänden rauschten unsachgemäß gefierte Rettungsboote. Menschen rannten wie Ameisen über die schrägliegenden Decks und stürzten sich in die Tiefe.

Später erfuhren wir, daß unser alter Torpedo, mit dem wir bestenfalls ein Loch in den 37.340-Tonner hätten schlagen können, die Ladung getroffen hatte: Das waren die von Amerika geholten 5400 gefüllten Munitionskisten.

Wir liefen unter Wasser ab und fuhren dann rund um Irland und die Shetlandinseln zurück nach Wilhelmshaven. Das war bis dahin die längste Reise, die ein U-Boot bewältigte. 300 Seemeilen vorm Ziel konnte ich mit meinem Detektorgerät unseren Erfolg der Flottenleitung melden.

Von Schillingreede bis Wilhelmshaven fuhren wir aufgetaucht an der in doppelter Kiellinie dort ankernden Hochseeflotte vorbei. Die Besatzungen waren uns zu Ehren in Paradeuniform an Deck angetreten. Von jedem Schiff ertönten drei Hurras. Ebenso mußten wir antworten. Wir waren stockheiser, als an der Wilhelmshavener Schleuse Admiral Pohl jedem von uns die Hand drückte.»

Zu diesem Zeitpunkt hatte die feindliche Propaganda, die aus naheliegenden Gründen weder die Warnung des Kaiserlichen Botschafters in Washington noch die Munitionsladung der LUSITANIA erwähnte, deren Versenkung zu einem Seeräuberverbrechen gestempelt. Damit war die ganze Welt gegen Deutschland in Harnisch gebracht.

Otto Rikowski war der letzte Augenzeuge der Katastrophe in der Irischen See. Er gehörte zu denen, die in Deutschland erst gelobt, dekoriert und dann von allen Seiten geschmäht und verdammt wurden.

Erst 1923 stellte ein New Yorker Appellationsgericht in einem Urteil fest, daß die Versenkung der LUSITANIA kein Seeräuberverbrechen war.

Dampfer HAMBURG: als Kriegsbeute zum russischen Walfänger JURI DOLGORUKI umgebaut Der Zweischrauben-Turbinenschnelldampfer, Fracht- und Fahrgastdampfer mit 22.117 BRT, 12.109 NRT war 1925 gebaut und 1933 verlängert worden auf der Werft Blohm & Voß, Hamburg. Reederei war die HAPAG. Seine Länge war 196 m, die Breite 24 m, die Seitenhöhe 16,9 m. Der Antrieb erfolgte durch Turbinen mit einer Maschinenstärke von 23.000 PS, die eine Geschwindigkeit von 19,2 kn erzielten. Es war Raum für 1.150 Fahrgäste und 430 Mann Besatzung.

Zusammen mit den Turbinenschnelldampfern DEUTSCHLAND, HANSA und NEW YORK versah die HAMBURG den Liniendienst zwischen Hamburg und New York sowohl als Fracht- als auch Fahrgastdampfer.

Die HAMBURG war ein Schwesterschiff der ALBERT BALLIN und der DEUTSCHLAND. Deren Form und Einrichtung hatten sich so bewährt, daß bei dem Neubau nur ganz geringfügige Änderungen vorgenommen wurden. Das Schiff ragte neun Stockwerke hoch, hatte fünf durchlaufende Decks und vier Decks in den Aufbauten.

Wie auf den Schwesterschiffen waren die Passagiereinrichtungen weniger durch Entfaltung eines üppigen Luxus als durch größte, in modernes künstlerisches Gewand gekleidete Bequemlichkeit charakterisiert. In der 1. Klasse, die 223 Fahrgästen Raum bot, war die Anordnung der Gesellschaftsräume so getroffen, daß sie in geschlossener Flucht hintereinander lagen. Die 2. Klasse konnte 472 Fahrgäste aufnehmen. In der neuzeitlich eingerichteten 3. Klasse war Raum für 455 Fahrgäste, die in Kabinen zu zwei, drei oder vier Betten wohnten. Für größere Familien waren einige Kammern mit sechs Betten vorhanden.

Im letzten Kriegsjahr des 2. Weltkrieges ereilte die HAMBURG ihr Schicksal. Am 6. März 1945 heulten gegen 22 Uhr in Saßnitz die Sirenen. Ein Luftangriff der Engländer stand bevor, der das Löschen von 34 Schiffen aller Größen stören sollte. Ein letzter Lazarettzug mit Schwerverwundeten der HAMBURG war gerade abgefahren – die Räume des HAPAG-Schiffes standen leer. Da prasselten auch schon die Bomben aus den Bäuchen der Kampfflugzeuge hernieder, ohne das Schiff selbst jedoch zu treffen. Am nächsten Morgen ging man ankerauf. Die Signalstelle morste jedoch Auslaufverbot wegen verstärkter Grundminengefahr. Etwa zwei Meilen querab Klein-Helgoland donnerte nach kurzer Zeit wieder aus der Klüse der Anker, als ein durch Minentreffer hervorgerufenes dumpfes Aufbäumen und sofortiger Wassereinbruch das Schicksal der HAMBURG besiegelte. Der Schiffskörper kenterte und versank. Das Wrack ragte wie ein großer Fischbuckel vier m aus dem Wasser heraus.

Unmittelbar vor der Stadt Saßnitz lag dieses

Hindernis mit kantigem, rostrotem Rumpf. Die kostspielige Bergung dauerte viereinhalb Jahre. Von ostzonaler Seite wurde sie auf 12 Millionen Westmark veranschlagt. Nach dem Urteil von Fachleuten kostete sie aber mindestens 20 Millionen. Passende Bergungdampfer fehlten jedoch. Das russische Projekt, starke Hievböcke in den teils felsigen Grund zu rammen, mußte im Winter 1946/47 aufgegeben werden. Diese mastähnlichen Gebilde wären wie Streichhölzer geknickt.

Inzwischen hatten Taucher Bullauge um Bullauge von innen verschalt, die Lecks gedichtet und die Takelage entfernt. Am Kiel war eine tiefe Rinne zum «Hineinkanten» des Schiffes gebaggert worden. Den festen Halt aber hatte man endlich durch Versenken und Verstagen (Stag = Haltestützen) dreier Schwimmdocks erreicht, auf die Batterien von Winden gesetzt wurden. Auf dem Wrack selbst errichtete man Hebestutzen, die vertikal zur Bordwand standen und Hebelwirkung hatten. Etwa 20 Pontons drückten das Schiff zusätzlich hoch.

Nächtelang funkelten tausende von Arbeitslampen über dem Schiffspulk. Erst Ende Juli 1949 war es soweit. Das Schiff schwamm weit genug mit der Backbord-Bootsdeckkante auf; und nach Mitternacht glückte auch das Experiment, daß die HAMBURG in ihr Bett rutschte und gelenzt wurde. Das Schiff schwamm wieder, mit etwa eingradiger Krängung nach der Landseite, noch immer von zwei großen aufgesetzten Doppelkegelpontons in der Wasserlinie unterstützt, die auf Höhe der Leckstellen lagen. Keinerlei Schäden oberhalb der Wasserlinie waren feststellbar. Zwar fehlte die Reling vom Vorschiff bis zur Brücke, dafür waren aber die Ladegeschirre und ein Großteil der Bullaugen und Oberdeckfenster verglast erhalten geblieben. 150 t hochwertiger Wehrmachtsverpflegung waren neben einem Posten Buntmetallen noch an Bord gefunden worden.

Dann begann man mit der Entrostung der Überwasserteile der HAMBURG. Gleich an Ort und Stelle waren gut 100 Spezialisten an die Arbeit gegangen, wohl um Devisen zu sparen. In informierten Kreisen sprach man von Rotterdam als nächstem Reiseziel, wo eine Werft das Schiff auf russische Rechnung wieder aufmöbeln sollte. Die eigenen Häfen der Ostsee wie Rostock, Warnemünde oder Stettin waren für die Aufnahme dieses großen Amerikafahrers nicht geeignet.

Vom Leuchtturm der Saßnitzer Hafenmole kontrollierten sowjetische Posten durch Scherenfernrohre den Gang der Arbeiten. In regelmäßigen Zeitabständen umkreisten sowjetische Schnellboote – zum Teil amerikanischer Konstruktionen – das Schiff.

Schließlich wurde die HAMBURG nach Warnemünde geschleppt, umgebaut und neu ausgerüstet. «Dawai! Dawai!» Das war ein Jahr hindurch die Parole, die Tag und Nacht bis zu 1000 Werftarbeiter in Warnemünde zur schnellen Arbeit antrieb.

Dann verließ die HAMBURG 1950 mit dem neuen Namen JURI DOLGORUKI die Reede vor Warnemünde, um auf Kurs Königsberg zu gehen. Die ehemalige HAMBURG war jetzt ein Walfänger mit Heimathafen Königsberg. Sie sollte im Fernen Osten Sibiriern und Chinesen «Ruhm und Größe sowjetischer Schiffbaukunst» demonstrieren.

Ein gutes Dutzend deutscher Schiffe wurde so in Warnemünde und Wismar wieder aufgebaut, umgerüstet und dampfte mit Hammer und Sichel am Schornstein in den fünfziger Jahren aus Häfen der DDR in den Pazifik.

Die Sowjets brauchten erst konkrete Erfahrungen, um die Ansicht deutscher Experten zu verstehen, daß Passagierschiffe aus den 20er Jahren kaum eine Chance hatten, das so begehrte «Weltniveau» zu erreichen. Als die Praxis sie schließlich auch zu dieser Erkenntnis führte, hatte die DDR schon einige Milliarden für das Wiederaufbauen alter Schiffe investiert.

Mit ein paar Millionen-Injektionen im Rumpf hatte inzwischen der Walfänger JURI

Dolgoruki 1955 plötzlich das Aussehen eines Passagierschiffes angenommen. Da kam der Demontagebefehl. Das quittierten die Arbeiter mit Verbitterung. Sie rissen fluchend die edlen Täfelungen von den Wänden, zertrümmerten das eingebaute Mobiliar, schlugen Kabinen- und Salonwände ein. Das politische Barometer stand auf Sturm. Täglich spürte das Wachpersonal neue «Beweise feindlicher Tätigkeit» an Bord der ehemaligen Hamburg: antisowjetische Parolen, zerrissene Bilder von sowjetischen Parteigrößen. Ein spezieller Stab des Staatssicherheitsdienstes der DDR wurde mit dem Fall Juri Dolgoruki beauftragt. Die Stimmung beeinflußte nämlich das Arbeitstempo. «Langsam, Kamerad!» hieß es an Bord. «Gestern Passagierschiff, heute Walfänger, morgen vielleicht Atom-U-Boot. Wer weiß?»

Erst im Frühjahr 1959 sollte der Walfänger Juri Dolgoruki auslaufen, dann wurde der Termin um ein Vierteljahr verlegt.

Die Endstufe des Umbauprogrammes stellte dann alles in den Schatten, was die Warnemünder Werftarbeiter bislang erlebt hatten. Nach 11 Aufschüben sollte schließlich der 15. Juni der letzte Termin sein, an dem endlich die Probefahrt stattfinden sollte. Werftdirektor Gerhard Zimmermann und Parteisekretär Willi Balzer verbürgten sich dafür. Kein Tag verstrich ohne Lagebesprechung. In der Stadt wurden Hausfrauen-Brigaden aufgestellt, dienstverpflichtet und an Bord geführt. An manchen Tagen waren bis zu 1000 Menschen eingesetzt. Der sowjetische Kapitän des Schiffes, Fjedor Samoljanow, schaltete sich ein. Er fluchte, drohte, beschwor Himmel und Hölle und seine neuen Götter, seine Bootsleute hasteten vom Bug zum Heck und zurück. Dennoch: Auch dieser Termin konnte nicht eingehalten werden. Erst vier Wochen später, Mitte Juli 1959, konnte die Juri Dolgoruki die Anker lichten. Die Parteipresse schrieb von «vorfristiger Planerfüllung» und «gewaltigen Produktionserfolgen». Sie beschrieb ihren Lesern das (rund) 24.000-t-Schiff als «schönsten, modernsten und vollkommensten Walfänger der Welt». 1976 wurde es aus der Fahrt genommen und ein Jahr später abgewrackt.

Cap Arcona: Häftlingsdrama am 3. Mai 1945 «Königin der Meere», der «Schwimmende Palast», so nannte man sie , die Cap Arcona, das Flaggschiff der Hamburg-Süd. Fünf Monte-Schiffe und sie, das erste Cap-Schiff, fuhren im Südamerika-Dienst.

Am 14. Mai 1927 war Stapellauf bei der Hamburger Werft Blohm & Voß. Die Hauptabmessungen des Schiffes waren: Länge über alles 205,90 m, Breite 25,70 m, Seitenhöhe bis zum D-Deck 14,30 m, größter (Schotten-)Tiefgang 8,67 m, Geschwindigkeit bei 8 m Tiefgang 20 kn, 27.560 BRT bei rd. 11.000 t Tragfähigkeit. 1300 Passagiere konnten befördert werden und 630 Mann Besatzung.

Schiffsform, Form der Wellenhosen und Wellenarmquerschnitte waren zusammen mit Propellerversuchen in der Hamburgischen Schiffbau-Versuchsanstalt eingehend erforscht worden.

Drei Schornsteine mit einem roten Kragen gaben der Cap Arcona durch ihre Schrägstellung ein flottes, majestätisches Aussehen. Hauptattraktion war das Sportdeck mit einem Tennisplatz in Originalgröße! Prominente aus aller Welt spielten hier und entspannten sich im großen Schwimmbad. Der Speisesaal ging über zwei Stockwerke und war 600 qm groß – mit Palmenhain im Wintergarten.

Die Konstrukteure, die Oberingenieure Georg Dittmer und Paul Müller, und die Erbauer Blohm & Voß mit ihren Arbeitern, Meistern und Konstrukteuren hatten an alles gedacht, sie hatten die Königin des Südatlantiks, das schönste Schiff der Welt geschaffen!

Die strahlende Laufbahn des Schiffes begann am 29. Oktober 1927. Ein Sturm blies mit Windstärke 10 über die Elbe. Die Probefahrt verlief glänzend. Die Stimmung an Bord war bestens. Draußen war es grau

und unfreundlich. Für seine Fahrten nach Rio de Janeiro brauchte es 13 Tage, nach Buenos Aires 16.
Das Schiff war eine schwimmende Stadt, in der es an nichts mangelte. Monarchen, Könige, Exkönige, Präsidenten südamerikanischer Staaten, Industrielle, Künstler, alle wurden magisch angezogen von diesem Traumschiff. Wenn jemand nach einer Dunkelkammer fragte: sie war an Bord! Fragte jemand nach einem Pastor: er war an Bord! Blumenläden, Konditoreien, eine Schlachterei und Wäscherei, eine medizinische Bäderabteilung, ein kleines Hospital, Apotheke, ein Postamt und sogar ein separater Raum für geistig behinderte Passagiere. Die Lagerräume des Schiffes konnten auf Abruf der Köche alles liefern und die ausgefallensten Wünsche der Passagiere erfüllen!
Kein Wunder, wenn man bedenkt, daß das Schiff der Reederei rund 35 Millionen Reichsmark gekostet hatte!
Das Herz des Schnelldampfers, die Maschinenanlage, hatte eine Leistung von 24.000 PS. Sie bestand aus acht ölgefeuerten Doppelend-Wasserrohrkesseln, mit je fünf Brennern gespeist. 40 Brenner brauchten täglich 209 t Heizöl. Die Heizölbunker faßten die Gesamtmenge für eine Reise Hamburg – Buenos Aires – Hamburg, das waren etwa 6.270 t. Mit dieser Menge würden sich heute rund 1.200 Einfamilien-Reihenhäuser ein ganzes Jahr hindurch beheizen lassen. Dieses Passagierschiff war auch der größte Doppelschraubenschnelldampfer, der seit 1914 von einer Hamburger Reederei gebaut wurde. Bemerkenswert an ihm war die unaufdringliche, vornehme Eleganz. Überladener Prunk und Pomp, wie ihn die Reeder in der Vorkriegszeit liebten, war nach dem Kriege geradezu verpönt. Schleiflack und Palisanderholz dominierten. Auf dem Parkett tanzte man die Modetänze der Saison: Tango, Rumba, Quickstep und Paso doble. Für die Jungfernreise hatte die Hamburg-Süd das Orchester aus Hamburgs Luxushotel «Vier Jahreszeiten» engagiert.
Bis zum Ausbruch des 2. Weltkrieges war die CAP ARCONA 91mal auf Südamerikafahrt gegangen. Rund 200.000 Menschen waren in knapp 12 Jahren an Bord dieses Schiffes gefahren, hatten getanzt, gelacht, geweint, geliebt, gelebt mit allem, was dazugehört und exquisite Speisen und edle Getränke genossen... Dieses Schiff erfüllte den Menschen praktisch jeden Traum, z.B. brachte eine reiche, vielköpfige Farmerfamilie ihre eigene Kuh und Hühner mit an Bord, damit die Kinder frische Milch und frische Eier, wie zu Hause, auf dem Frühstückstisch fanden! Eine andere Familie, die von Südamerika nach Europa reiste, brachte 14 Dienstboten mit, was nicht ungewöhnlich war! Eine reiche Amerikanerin – so erinnert sich Herbert Amsinck – reiste in der 1. Klasse mit 14 Hunden. Damit ihre Lieblinge nicht unter Raumnot litten, buchte sie zwei Luxus-Doppelkabinen!
Alle diese Träume fanden jedoch ein jähes Ende mit dem verschlüsselten Funkspruch, der Nachricht «QWA 7» vom bevorstehenden Krieg. Diese Nachricht erhielten alle deutschen Handelschiffe auf See. Es war in den frühen Morgenstunden des 25. August 1939. Die Bedeutung des Funkspruches: «Der versiegelte Brief an Bord ist zu öffnen, der Sonderanweisungen für den Kriegsfall enthält.»
Die CAP ARCONA und die von der gleichen Reederei im Dienst befindliche WILHELM GUSTLOFF lagen ab 1940 als Wohnschiffe

der Kriegsmarine in Gotenhafen. WILHELM GUSTLOFF gehörte zu den KdF-Schiffen (der Gemeinschaft «Kraft durch Freude»), die «preiswerte Reisen für alle» in den Mittelmeerraum machten.
Anfang 1945 mußten die Schiffe unzählige Flüchtlinge und Verwundete aufnehmen, um sie vor heranrückenden sowjetischen Armeen in Sicherheit zu bringen und vor Gefangenschaft und Verschleppung zu bewahren. Besonders Ende Januar 1945 strömten die Menschen in den Hafen mit der Hoffnung, einen Platz auf einem Schiff zu bekommen. Die Front rückte immer näher.
Die CAP ARCONA beförderte zum Ende des 2. Weltkrieges 26.000 Flüchtlinge in den Westen auf drei Reisen. Jedesmal waren zwischen 8.000 und 9.000 Menschen an Bord dieses Luxusdampfers, der einstmals für 1.300 Passagiere gebaut und ausgerüstet war.
Am 14. April 1945 nahm der grauschwarz angestrichene Koloß in der Neustädter Bucht 2.700 KZ-Häftlinge des Konzentrationslagers Neuengamme an Bord. Aber schon etwa zwei Seemeilen vor der Hafeneinfahrt von Neustadt mußte das Schiff mit Maschinenschaden auf Reede vor Anker gehen. Ein geheimer, unfaßbar schrecklicher Plan der Lagerleitung von Neuengamme sollte sich hier erfüllen. Nach und nach wurden fast 5.000 weitere Häftlinge auf die CAP ARCONA gebracht und dort unter Deck eingeschlossen.
Am 3. Mai 1945 wurde das Schiff von englischen Flugzeugen angeflogen. Aus vielen Bullaugen winkten Häftlinge mit weißen Flaggen. Auch das Schiff hatte eine weiße Flagge gesetzt. Vergebens... Gegen 15.00 Uhr griffen die britischen Jagdbomber an und warfen aus niedriger Höhe Spreng- und Brandbomben auf die völlig hilflosen Menschen und das manövrierunfähige Schiff. Die Aufbauten und die obere Deckshälfte standen sofort in Flammen. Unter den Eingeschlossenen brach Panik aus. Eine Riesenfackel, die CAP ARCONA, legte sich auf die Steuerbordseite. Nur 350 Menschen überlebten.
Die Engländer hatten sich einfach über die Bedeutung der vielen weißen Flaggen hinweggesetzt. Damit hatte sich aber leider auch der teuflische Plan der Lagerleitung von Neuengamme erfüllt. Unschuldige, völlig hilflose Menschen erlitten einen qualvollen Tod im eisigen Grab der Ostsee. – Und auch das von aller Welt neidlos bewunderte Schiff, das von höchster Schiffbaukunst der Menschen seiner Zeit Zeugnis ablegte, wurde ein Opfer üblen und unsinnigen Zerstörungswillens einzelner, gewissenloser Menschen.

Das Ende der WILHELM GUSTLOFF Im Schneetreiben schützte ein kleines Torpedofangboot die dunkelgrau angestrichene WILHELM GUSTLOFF, die gegen 17 Uhr am 30. Januar 1945 in Gotenhafen ablegte.
Gegen 22 Uhr meldete der Ausguck im Vormast des schweren Kreuzers ADMIRAL HIPPER zur Brücke: «Rote Leuchtkugeln an Backbord voraus!» In schneller Fahrt hielten das Kriegsschiff und das Torpedofangboot auf die Stelle zu. Dort lag, von einem Torpedofächer getroffen, die WILHELM GUSTLOFF mit starker Schlagseite nach Backbord. Die Besatzung versuchte, die Backbord-Rettungsboote auszuschwenken. Es waren nur acht Rettungsboote – für mehr als etwa 6000 Menschen an Bord! Während die ADMIRAL HIPPER und eine Reihe anderer Einheiten der Kriegsmarine zusammen mit dem Dampfer GÖTTINGEN vom Norddeutschen Lloyd damit begannen, die um Hilfe rufenden Schiffbrüchigen aus dem eisigen Wasser zu retten, gab das sowjetische Unterseeboot noch einen Überwasserschuß auf die WILHELM GUSTLOFF ab. Das ehemalige KdF-Schiff sank, nur 904 Menschen überlebten.

Flaggschiff NEW YORK: dramatische Rettungsaktion auf hoher See Es war ein stolzer Tag für die wiederaufstrebende HAPAG, als sie 1927 ihr viertes Schiff der DEUTSCHLAND-Klasse bei Bohm & Voß vom

Stapel laufen ließ und NEW YORK taufte, als Symbol des Verkehrs, den dieses Schiff zu bedienen hatte. Es hatte eine Länge von 183 m, 22.337 BRT, lief 20 kn. Es war 1926 auf Stapel gelegt und wurde 1930 und 1934 umgebaut.

Die NEW YORK war schon einige Jahre als bewährtes Schiff zwischen Hamburg und New York gefahren, als man 1933 daran ging, alle vier Schiffe dieser Klasse zu verlängern und ihnen ein neues Vorschiff zu geben. So wurde auch die NEW YORK vorgeschuht und stand bald wieder in schönerem Kleide im Nordatlantikdienst.

Sie unterhielt zusammen mit den anderen Schiffen ihrer Klasse einen wöchentlichen Dienst Hamburg-New York und zurück. Acht Tage dauerte die Reise, die jedesmal mit großer Pünktlichkeit zurückgelegt wurde. Diese Schiffe waren der Geschmack der internationalen Nordatlantikreisenden. Wegen ihrer Schlingertankanlagen genossen sie den Ruf, die ruhigsten Schiffe zu sein.

Und dann kam jene Reise, die die NEW YORK in aller Munde brachte. Als Weihnachtsschiff war der Dampfer von New York abgefahren und am 17. Dezember 1935 in einen orkanartigen Sturm geraten. Da fing der Funkoffizier einen SOS-Ruf des norwegischen Dampfers SISTO auf. Weil schon der englische Tankdampfer MOBILOIL bei der angegebenen Position war, lief die NEW YORK weiter nach Osten. Am Nachmittag, als das havarierte Schiff in 30 sm Abstand passiert worden war und nun schon gut 40 sm backbord achteraus stand, kam ein neuer SOS-Ruf der SISTO.

Die MOBILOIL meldete, sie habe laufend Öl zur Beruhigung des Seeganges auf die Wellen gepumpt. Aber darüber hinaus funkte sie auch Schwerwiegenderes in den Äther: «Ölvorrat stark beschränkt. Schwere See verhindert Aussetzen eines Bootes.»

Da befahl Kommodore Kruse von der NEW YORK kurzentschlossen, sofort Kurs auf die SISTO zu nehmen. Der Funker der NEW YORK gab an das havarierte Schiff: «Wir kommen mit äußerster Kraft, sind in vier Stunden bei euch!» SISTO gab zurück: «Danke. Tut euer Möglichstes!»

Der große Dampfer stampfte gegen eine schwere See an. Das Schiff bebte in allen Fugen. Nach 3 1/2 Stunden stand die NEW YORK bei der MOBILOIL. Inzwischen war es Nacht geworden. Auch andere Schiffe waren mittlerweile bei der Unfallstelle angelangt, u.a. die EUROPA vom Norddeutschen Lloyd, der Cunarddampfer AURANIA und der Bernsteindampfer GEROLSTEIN. Die SISTO lag schon tief in der See und war dem tobenden Element hilflos ausgeliefert. Als um Mitternacht ein neuer Hilferuf des Norwegers aufgefangen wurde: «SISTO sinkt. Tut alles, um uns abzubergen!» ließ Kommodore Kruse das unter dem 2. Offizier Wiesen mit 10 weiteren Freiwilligen besetzte Boot 5 zu Wasser bringen. Das tollkühne Wagnis gelang. Im Scheinwerferlicht der EUROPA kämpfte sich Boot 5 zur SISTO hinüber. Alle 16 Mann des Norwegers wurden mittels einer Leine vom sinkenden Schiff übernommen. Mut und Können der Elf brachten das Rettungsboot wieder zurück zur NEW YORK. Während der Aktion hatte sich die AURANIA in Luv der SISTO gelegt.

Alle Welt nahm damals Anteil an dieser Rettungsaktion. Die 11 Freiwilligen erhielten deutsche, norwegische, englische und amerikanische Rettungsmedaillen.

Während des 2. Weltkrieges diente die NEW YORK der Kriegsmarine als Wohnschiff. Als das Ende des großen Ringens herannahte, brachte der Amerikadampfer tausende von Menschen vor dem Russenansturm in Sicherheit. Noch einmal vollbrachten Schiff und Besatzung ein großes Werk. Aber am 3. April 1945 erfüllte sich das Schicksal der NEW YORK. Sie sank während eines Bombenangriffes der Engländer im Kieler Hafen. Zwar konnte man das Schiff noch ans Ufer schleppen, aber dort brannte es aus und kenterte.

Fast vier Jahre später entriß man das Wrack seinem Grab. Der Stahlkoloß wurde unter großen Schwierigkeiten aufgerichtet, gehoben und wieder schwimmfähig gemacht. Die Kosten der schwierigen Bergung, die sich auf eine Million Mark beliefen, trugen die Engländer. Am 22. Juli 1949 wurde die einst so stolze NEW YORK müde und langsam an Cuxhaven vorüber nach England geschleppt, um abgewrackt zu werden. Sie brachte noch eine Schrottausbeute von mehr als 15.000 t.

ST. LOUIS, die eine menschenunwürdige Reise zu einem guten Ende brachte Die ST. LOUIS war eine «adoptierte Hamburgerin». Sie wurde 1928 beim Bremer Vulcan, Vegesack, erbaut, hatte eine Länge von 174,9 m und eine Breite von 22,1 m. Mit 11.000 PS fuhr sie 16 kn, konnte 990 Passagiere befördern und war mit 16.732 BRT vermessen. Die HAPAG holte sie nach Hamburg. Von dort machte sie viele Reisen über den Nordatlantik und war die Quelle großer Reisefreuden des internationalen Publikums. Das Kommando an Deck, die Küche, die Zahlmeisterei und das Hauptquartier des Oberstewards lasen dem «König Fahrgast» jeden Wunsch von den Augen ab. Die ST. LOUIS war «ein Schiff mit Familienanschluß», wie es in alten Berichten heißt. An interessierten Reiseaufträgen mangelte es nicht. 98 Reisen hatte sie ohne jeden Zwischenfall hinter sich gebracht, zur Freude und Zufriedenheit aller Beteiligten. Da fiel ein Schatten auf den Namen des Schiffes. Die 99. Reise brachte ihm im Jahre 1939 von Tragik umwitterte Fahrgäste. Über 900 Männer, Frauen und Kinder, die der Geist jener Zeit aus der Heimat verwiesen hatte, jüdische Flüchtlinge, standen in Hamburg an der Reling. Das Ziel war Havanna. Die Passagiere hatten das Einreisevisum für Kuba teuer bezahlt. Die meisten von ihnen ließen in Deutschland Stellung, Besitz, Heimat und Freunde zurück.
Bald nach der Ausreise brach dieses Schicksal einem alten Lehrer das Herz. In aller Stille wurde die Leiche nachts dem Meere übergeben. Dieser Vorfall beeindruckte einen jungen Balten vom Küchenpersonal so sehr, daß er über Bord sprang, dort, wo der Sarg über die Reling geglitten war. Und der beste Steuermann des Schiffes erhängte sich.
Bei ruhiger Überfahrt mischten sich Abschiedsschmerz und Zukunftssorgen. Das günstige Wetter, das sehr gepflegte Schiff und die Persönlichkeit des Kapitäns Gustav Schröder, eines tüchtigen Nautikers, Gentleman von bedeutender geistiger und musischer Bildung und taktvoller Herzensgüte, schufen eine zuversichtliche Stimmung an Bord.
Alle waren voller Hoffnung, als das Schiff an der Pier von Havanna festmachte. Verwandte und Bekannte waren zur Begrüßung erschienen. Plötzlich aber wurden die ersten Passagiere, die an Land gegangen waren, von bewaffneter Polizei wieder auf das Schiff zurückgedrängt. Niemand durfte von oder an Bord, ausgenommen der Kapitän. Fünf Tage lang versuchte dieser bei Behörden, über Kabel und Funk Himmel und Hölle in Bewegung zu setzen, um seinen Fahrgästen zu ihrem teuer bezahlten Landerecht zu verhelfen. Vergebens. Er wurde schließlich mit Gewaltandrohung gezwungen, den Hafen zu verlassen.
Die Aufregung an Bord war ungeheuer groß. Der Arzt Dr. Löwe schnitt sich die Pulsadern auf und ließ sich ins Wasser fallen. Zwei Matrosen sprangen ihm nach und retteten ihn. Kapitän Schröder erwirkte, daß wenigstens dieser eine Emigrant an Land gelangte. Er war einer der wenigen, die überhaupt davonkamen.

Die anderen waren wieder aufs Meer hinaus verwiesen worden. Rückkehr nach Cuxhaven, so lautete der verschlüsselte Befehl. Ihn auszuführen, hätte die Passagiere sicherlich absehbarer Willkür ausgeliefert. Darum beschloß Kapitän Schröder, dem Befehl nicht zu folgen. Er sprach den Verzagten Mut zu. Dann versuchte er an verschiedenen Stellen der Küste von Florida und Westindien insgeheim eine Landung. Aber überall lagen Wachtboote auf der Lauer. Noch baute er auf Vertröstungen aus New York, u.a. vom Bankhaus Warburg, kreuzte unaufhörlich umher, jagte dringende Funksprüche in den Äther an die internationalen Hilfskomitees.
Schließlich wurden Proviant und Wasser knapp. Notgedrungen entschloß sich der Kapitän, Kurs auf die englische Westküste zu nehmen. Die Flüchtlinge befürchteten, daß man sie nach Deutschland zurückbringen würde. Panik brach aus. Ein siebenköpfiges Komitee, dem Rechtsanwälte, Ärzte und Kaufleute angehörten, wurde vom Kapitän eingesetzt, um Ruhe und Ordnung unter den Passagieren an Bord einigermaßen aufrecht zu erhalten. Als sich erste Anzeichen einer Meuterei bemerkbar machten, versuchte der Kapitän, die aufgeregten Flüchtlinge mit der Versicherung zu beruhigen, daß er vorläufig nur bis zu einem Punkte fahren würde, der von New York, Kuba und Haiti gleich weit entfernt sei.
Eine Weiterfahrt durch die Nordsee hätte mit Sicherheit zu einer Katastrophe führen müssen. Sabotageakte und Selbstmordversuche waren bereits an der Tagesordnung. Die Stimmung an Bord war so kritisch, daß jede psychologische Ungeschicklichkeit verhängnisvolle Folgen hätte haben müssen. Es kam dann auch zu einer Situation, die nur durch die überlegene Ruhe des Kapitäns und die Haltung des Komitees gerettet werden konnte. Die Passagiere rotteten sich zusammen, besetzten die Haupttreppe und verlangten den Kapitän zu sprechen. In einer kurzen Ansprache erreichte er, daß die Menge ihm zuhörte und berichtete über sein Vorhaben.
In einem verschlüsselten Telegramm teilte er das Geschehen nach Hamburg mit und erhielt von der HAPAG die Zusage, daß man alles tun werde, um den Flüchtlingen eine Rückkehr nach Deutschland zu ersparen.
Drei Tage später trafen die ersten positiven Nachrichten ein. Die belgische Regierung hatte sich bereit erklärt, eine Landung in Antwerpen zu gestatten, wenn Frankreich, Holland und England einen Teil der Flüchtlinge übernehmen würden. Die verzweifelten Menschen an Bord schöpften neue Hoffnung. Aber viele glaubten nicht mehr an einen glücklichen Ausgang und fürchteten, man wolle sie durch falsche Versprechungen über das wahre Ziel der Reise hinwegtäuschen.
Die einzigen, die sich nicht beunruhigen ließen, und die nicht ahnten, in welcher Gefahr sie schwebten, waren die Kinder. Sie freuten sich darüber, daß sie länger an Bord bleiben durften. Sie machten sich sogar über ihr Schicksal lustig und erfanden ein Spiel, das hieß: «Juden haben keinen Zutritt.»
Als endlich die Landung in Antwerpen erfolgte, kannte die Dankbarkeit der Passagiere gegenüber dem Kapitän keine Grenzen. Er und auch die HAPAG erhielten unzählige Dank- und Anerkennungsschreiben.
«Ich möchte dieses Erlebnis, so sehr es mich erschüttert hat, nicht missen», sagte Kapitän Schröder später. «Es war eine Aufgabe, die mich mehr mitgenommen hat, als mancher Taifun in der Südsee. Wer sich in die Lage meiner Fahrgäste und in meine Sorgen hineindenken kann, wird mich verstehen. In der ganzen kritischen Zeit vom Landeverbot in Havanna bis zur endgültigen Erlaubnis, Antwerpen anzulaufen, widmete ich mich bei Tage den Fahrgästen und bearbeitete in der Nacht den Telegrammwechsel, der nach einem englischen Code verlief.»
Das Schauspiel Jan de Hartogs, das man

auch auf deutschen Bühnen sah, ist, wenn man seine Vorgeschichte kennt, nicht nur ein Zeitdokument, von überzeugender Wahrheitskraft, sondern auch ein schönes Zeugnis für die Leistung eines deutschen Seemannes, der mutig für die Menschenrechte eingetreten ist. Kapitän Schröder hat die Tragödie dieser 99. Reise in seinem Buch «Heimatlos auf hoher See» beschrieben.

Das Schicksal schenkte der St. Louis nach dieser tragischen Reise noch eine Vergnügungsreise nach Westindien. Dann kam der Krieg. Sie wurde Wohnschiff in Kiel. 1944 traf sie eine Bombe und hat sie fast zum Sinken gebracht. Sie wurde vom Feuer schwer zugerichtet. Was übrig blieb, wurde Hotelschiff in Hamburg und hatte einen guten Ruf (1946 bis 1950).

Nach 1950 wurde die St. Louis nach Bremerhaven verlegt, wo sie 1952 von der Firma Eisen und Metall AG abgewrackt wurde. Ein Schrottgewicht von ca. 10.000 t brachte vielen hundert Arbeitern Lohn und Brot.

MS Seattle: durch eigene Kriegsschiffe zerstört Die Seattle war ein Hapag-Schiff, es konnte Fracht und 62 Passagiere befördern. Bei einer Tragfähigkeit von 9.773 t hatte es eine Gesamttonnage von 7.369 BRT. Das Schiff war im Jahre 1928 gebaut worden und dann im Nordamerika-Westküstendienst eingesetzt.

Das Schiff verließ Hamburg am 28. Mai 1939. In Vancouver, Seattle, Tacoma und San Francisco, überall herrschte Unruhe. Man sprach von Kriegsgefahr in Europa. Die Besatzung hatte das Bestreben, so schnell wie möglich den Heimathafen wieder zu erreichen. In Wilmington, einer Hafenstadt von Los Angeles, wurde noch Ladung aufgenommen und genügend Öl für die Heimreise gebunkert. Es war der letzte Hafen in Nordamerika. Nun hieß es, sich beeilen, um den Panama-Kanal noch vor einem eventuellen Kriegsausbruch zu passieren.

Am 29. August vormittags erreichte das Schiff Willemstad auf Curacao, wo bereits mehrere deutsche Schiffe lagen, u.a. die Hapag-Schiffe D. Vancouver, MS Patricia und von der Reederei Essberger ein vollbeladener Tankdampfer.

Während des Aufenthaltes auf Curacao wurden die Besatzungen der deutschen Schiffe von den Behörden nicht gerade freundlich, aber korrekt behandelt. Auf sämtlichen deutschen Schiffen wurden die Funkstationen ausgebaut und alle an Bord befindlichen Radioapparate beschlagnahmt. Der 2. Offizier konnte noch seinen Empfänger in Sicherheit bringen, was sich später als sehr nützlich erwies.

Zwei Tage nach der Ankunft auf der Insel brach der Polenkrieg aus. Feindliche Schiffe kreuzten schon vor Willemstad, um das Auslaufen der deutschen Schiffe zu verhindern. Inzwischen erhielt der Kapitän des Dampfers Vancouver vom Verkehrsministerium durch Geheimcode den Befehl, daß die Hapag-Schiffe von Willemstad nicht auslaufen sollten.

Die Passagiere der deutschen Schiffe wurden mit holländischen und italienischen Schiffen in ihre Heimat befördert. Die Dutch Shell behauptete, die deutschen Schiffe behinderten den Verkehr ihrer Tanker. Sie mußten ihren Liegeplatz verlassen und wurden aus Willemstad ausgewiesen. Die Seattle mußte am 23. September nach San Miguel Bay, 5 sm westlich von Willemstad, verholen. Bald darauf folgten auch die Schiffe Vancouver und Mimi Horn. Auf der offenen Seereede wurden Seattle und Vancouver zwischen Bojen vertäut und die Mimi Horn legte sich längsseits von der Seattle. Hier lagen nun die drei Schiffe etwa 300 m von der Küste entfernt – Freibeute für feindliche Kriegsschiffe.

Am Ufer befand sich ein kleines Eingeborenendorf. Vor den Augen der Besatzung wurde dort an Land eine Militärstation eingerichtet mit Maschinengewehren und Scheinwerfern. Ein Polizeiboot lag nachts bei den deutschen Schiffen.

Bewacht wurden die drei deutschen Schiffe auf der Reede von dem französischen Schulkreuzer JEANNE D'ARC, der draußen an der Drei-Meilen-Grenze lag, um ein Entweichen unmöglich zu machen. Zeitweise wurde der Kreuzer von einem kanadischen Zerstörer oder von einem englischen Kanonenboot abgelöst.
Die SEATTLE war für die Beobachter besonders interessant, weil sie vollbeladen war mit Weizen, Holz, getrockneten Früchten, Kaffee, Kakao, Honig und anderem. Tausend Kisten kalifornischer Apfelsinen waren schon in Willemstad zum größten Teil versteigert worden. Den Rest versuchten die Besatzungen schnellstmöglichst zu verputzen. 6000 Kisten mit Zitronen wurden über Bord geworfen, da die Kühlung der Früchte auf Dauer zuviel Brennstoff kostete. Die VANCOUVER und MIMI HORN lagen in Ballast, hatten keinerlei Ladung.
Ende Januar 1940 kam ein Vertreter der deutschen Gesandtschaft von Venezuela nach Curacao und brachte den Kapitänen der drei deutschen Schiffe den Befehl, Curacao so bald wie möglich zu verlassen, da Holland mit in den Krieg verwickelt werden könnte. Das hieß für alle Beteiligten: durchbrechen! Aber die Chancen für einen Durchbruch waren sehr gering. Um sie zu erhöhen, wurden alle Schiffe getarnt. Für außenbords und die Aufbauten gab es einen dunkelgrünen Anstrich, die Schornsteine wurden schwarz gestrichen. Brennstoff, Proviant und Trinkwasser waren reichlich vorhanden. Die Fahrt konnte beginnen: Kurs Venezuela.
«Glücklich erreichten wir den Atlantischen Ozean und drehten nach Norden auf, Kurs Island» schrieb später der Kapitän der SEATTLE in seinem Bericht.
Das Schiff fuhr vollkommen abgeblendet. Auch die inneren Räume wurden, soweit möglich, dunkel gehalten. Kein Lichtstrahl drang durch die Bullaugen. Ein Geisterschiff. In den Kajütsgängen rief man «Achtung», um eine Kollision beim Vorbeigehen zu verhüten.
In dem Bericht heißt es weiter: «Wir hatten uns als Russe getarnt. Schwarzer Schornstein mit rotem Ring, wie alle Sowjetschiffe fuhren. Am Heck stand ein 15-cm-Geschütz. Natürlich eine Attrappe aus Holz! Den vom 2. Offizier in Curacao geretteten Radioapparat erhielt der Funkoffizier in seine Station.
Je nördlicher wir kamen, desto seltener wurden Schiffe gesichtet. Schließlich hörte der Verkehr ganz auf. Es wurde kalt. In der Dänemarkstraße mußten wir im März mit Eis rechnen. Hier trafen wir Schneestürme aus NO an. Man konnte von der Brücke aus kaum die Back sehen, fast undurchsichtig war alles. Für den Durchbruch wie geschaffen, aber: beängstigend unheimlich!
Am 30. März gegen Abend sichteten wir die Berge von Norwegen. Nach unserer kleinen Übersichtskarte mußte es der Malang-Fjord sein, der nach Tromsö führte. Wir fuhren in den Fjord hinein und trafen einen kleinen Fischdampfer. Wir riefen ihn heran und fragten den Kapitän, wohin er wollte. Nach Tromsö. Ich bat den Kapitän, vorauszufahren, ich würde folgen. Für 300 Kronen wollte er sich darauf einlassen. Kronen hatte ich natürlich nicht, aber ich willigte ein. Am nächsten Morgen erschien der Kapitän beim deutschen Konsul und kassierte seine 300 Kronen.
Am Sonntag, dem 31. März 1940, 12 Uhr, fiel der Anker vor Tromsö. Der deutsche Konsul gratulierte mir zu unserem Erfolg. Er wollte sofort dem Verkehrsministerium in Berlin meine Ankunft in Tromsö melden. Er gab mir genaue Instruktionen für die Weiterfahrt. Im Hangesund, im Süden von Norwegen, sollte ich weitere Order beim dortigen Konsul einholen.
Am Sonntag, dem 7. April, ankerten wir früh morgens vor Hangesund. Hier erhielt ich vom deutschen Konsul die Spezialkarten von der schwedischen Küste bis zum Großen Belt.
Vor Kristiansand sichteten wir durch die Nebelschwaden einen Kreuzer mit Zerstö-

rern in seiner Kiellinie. Verdammte Schweinerei, das sind Engländer! Ein Offizier beobachtete von der Brücke aus die langsam auflaufenden Streitkräfte mit seinem Doppelglas. «Herr Kapitän, es sind deutsche Streitkräfte. Ich sehe die deutsche Kriegsflagge auf dem Kreuzer.» Der 2. Offizier mußte sich getäuscht haben. Deutschland hatte doch keinen Krieg mit Norwegen. Da sahen wir es voraus auf den Bergen an mehreren Stellen aufblitzen. Wir hörten das Heulen schwerer Granaten und bald darauf sahen wir die hohen Fontänen der Aufschläge, die weit hinter den Streitkräften lagen.

Nun begann der Kreuzer mit seinem vorderen Drillingsturm zu feuern. Die Schiffe wurden für uns recht ungemütlich. Da schlug vorm Bug, ungefähr 100 m ab, eine schwere Granate ein. Ich rief: «Achtung, die nächste wird sitzen!» Kaum gesagt, detonierte mittschiffs eine schwere Granate. Bald darauf saß eine hinten am Heck. Man hatte sich anscheinend auf uns eingeschossen. Doch wer?

Erst glaubten wir, ein Flieger, der über unser Schiff hinwegflog, hätte eine Bombe geworfen und mittschiffs die Kajütenaufbauten getroffen. Das war ein Irrtum. Waren es die Batterien auf den Bergen oder war es der Zerstörer, der uns begleitet hatte und nun im Hafen lag? Waren es vielleicht die Kriegsschiffe? Ich glaubte immer noch, es wären Engländer.

Später sagte mir ein Kapitänleutnant von einem Zerstörer, man hätte uns für ein englisches Spezialschiff angesehen und sich gefreut, wie wir so schön brannten. Die schwere Granate, die mittschiffs eingeschlagen war, hatte das Schiff sofort in Brand gesetzt.

Solche Brände waren nicht aufzuhalten. Wir hatten es auf der EUROPA bei Blohm & Voß, auf der RELIANCE im Hamburger Hafen, auf der BREMEN in Bremerhaven usw. erlebt. Gewaltige Wassermassen aus vielen Schläuchen konnten das Feuer nicht löschen. Die Schiffe brannten alle aus.

Ich bekam die Meldung, daß einem Matrosen der rechte Oberarm durch einen Granatsplitter zerschmettert war. Als die Granate im Achterschiff einschlug, gab ich den Befehl, Boote zu Wasser zu lassen und «Alle Mann aus dem Schiff». Das Bootsdeck war bereits so stark in Rauch gehüllt, daß die Matrosen nur mit Mühe die Bootstaljenläufer loswerfen konnten.

Wir landeten auf einer kleinen, kahlen Insel. Der schwerverwundete Matrose wurde in Decken gehüllt und auf den Schnee gelegt. Später wurden wir von einem norwegischen Fischdampfer abgeholt und nach Kristiansand gebracht, das bald darauf von deutschen Truppen eingenommen wurde. Die SEATTLE brannte vollkommen aus.

Kapitän Lehmann.»

Teil 3

HANDELSHÄUSER UND REEDEREIEN

1783 bis 1837 Krisenzeiten und Aufschwung des Handels Mit der Unabhängigkeitserklärung der Vereinigten Staaten von Amerika (USA) wurde den kontinentalen Staaten die Aufnahme direkter Schiffahrtsverbindungen nach Nordamerika wieder möglich. Im Jahre 1783 fuhr die ELISE KATHARINA als erstes hamburgisches Schiff nach Charleston und Philadelphia. Umgekehrt liefen aus diesen Städten und Baltimore sechs Schiffe Hamburg an. Bis 1799 war die Zahl der ankommenden Fahrzeuge auf 192 angestiegen.
Haupteinfuhren waren Zuckerrohr, Reis, Kakao. Ausgeführt wurden insbesondere Leinwand aus Schlesien und anderen Gebieten sowie Webwaren und Strümpfe aus Industriegebieten in Sachsen.
Die hamburgische Seeschiffahrt weitete sich aus auf Nordamerika, die Westindischen Inseln, China und Ostindien. Sie erreichte den höchsten Stand ihrer Blütezeit im 18. Jahrhundert von 1789 bis 1799. Viele französische und holländische Firmen verlegten seinerzeit ihren Sitz nach Hamburg, u.a. auch als Folge der französischen Revolution, der vom Reich gegen Frankreich geführten Kriege und der französischen Besetzung Hollands im Jahre 1795. Statt über Amsterdam wurde die Einfuhr aus Amerika über Hamburg geleitet. Die neutrale Flagge Hamburgs wurde von vielen Reedern übernommen. Handel und Wandel blühten.
Die Zahl der Schiffe mit Heimathafen Hamburg stieg von 159 im Jahre 1788 auf 280 im Jahre 1799. Die Hamburg anlaufenden Schiffe wurden im Jahre 1799 mit 1.960 angegeben. Damals war Hamburg auch erster kontinentaler Finanzmarkt. Von 1774 bis 1799 stiegen die Fonds der Hamburgischen Bank um mehr als das Zehnfache und erreichten 1799 die Summe von 38,5 Millionen Mark Lübisch. (Lübisch = Prägungen nach dem Lübischen Münzfuß des Wendischen Münzvereins (Lübeck, Lüneburg, Hamburg und Wismar), eine Mark = 16 Schilling = 192 Pfennig).
Die Einwohnerzahl Hamburgs hatte sich im Jahre 1800 von 100.000 auf 130.000 erhöht.

Ende des englischen Handelsmonopols
1823 gab England das Handelsmonopol für seine Kolonien auf. Die spanischen und portugiesischen Kolonien in Süd- und Mittelamerika lösten sich vom Mutterland. Hamburg nahm sofort den direkten Schiffsverkehr zu diesen Ländern auf.
In englischen Häfen erhielt die hamburgische Schiffahrt außergewöhnliche Freiheiten und wurde den eigenen fast gleichgestellt. Es bestand ein regelmäßiger Linienverkehr zwischen Hamburg und London. Jährlich fanden etwa 12 Reisen statt. Ein Handelsvertrag mit England wurde abgeschlossen.

Handelsverträge mit Brasilien Die Schifferbücher um 1630 meldeten genaue Ankünfte von Schiffen aus Brasilien in Hamburg. Aber es sollte noch 200 Jahre dauern, bis sich eine regelrechte deutsch-brasilianische Schiffahrt entwickeln konnte. Erst 1822, als Brasilien sich unabhängig gemacht hatte, öffneten sich seine Häfen allen Nationen.
1826 sandten die Hamburger den Commerzdeputierten Sieveking zum Abschluß eines Handelsvertrages nach Rio de Janeiro. Im folgenden Jahr kamen 96 Schiffe aus Brasilien in Hamburg an. Sie brachten vor allem Zucker und Kaffee. 1837 waren es 134 Segler, meist zweimastige Briggs und Schonerbarken. Ihre Überfahrten dauerten wie schon früher die der Fleuten durchschnittlich zwei Monate.
Ebenfalls 1826 wurde der Handel mit den Vereinigten Staaten durch Vertrag geregelt. Später folgten noch Verträge mit anderen südamerikanischen Staaten wie Mexiko, Venezuela u.a.
In allen diesen Staaten, mit denen Hamburg Handelsverträge abschloß, wurden auch Konsulate errichtet. Im Jahre 1846 gab es bereits 162!

Die Eröffnung einer regelmäßigen Schiffahrt begann erst 1850 mit der stärker einsetzenden Auswanderung über Hamburg nach Brasilien. Den Anfang machte die 1852 gegründete «Hamburg-Brasilianische Paketschiffahrts-Gesellschaft» mit sechs Schiffsexpeditionen im Jahr. Diese Jahre um 1850 waren die höchste Blütezeit der Segelschiffahrt.
Mit der Weiterentwicklung der Schiffahrt schlossen sich die Kaufleute zu «Handelshäusern» zusammen, beförderten schließlich ihre Waren auf eigenen Schiffen und gründeten Reedereien.
Aus der Vielzahl der Firmengründungen sollen hier nur einige wenige beschrieben werden.

Robert Miles Sloman, die älteste Reederei Hamburgs Im Jahre 1773 heirateten Miß Margret Maria Miles, Farmerstochter, 24, und Mister William Sloman, 29, Schiffskapitän und Sohn eines Schiffskapitäns in Great Yarmouth, England. 1791 faßte William Sloman den Entschluß, sich in Hamburg niederzulassen. Als er mit seiner Brigg THE BEAVER die Elbe heraufkam, standen außer seiner Frau noch acht kleine Slomans auf der Poop des Segelschiffes, das hier an der Elbe seinen neuen Heimathafen finden sollte.
Zwei Jahre später erwarb William Sloman das Hamburger Bürgerrecht und begann den Reedereibetrieb mit mehreren Segelschiffen im Bürohaus an den Vorsetzen, Ecke Stubbenhuk. Als er im Jahre 1800 starb, war sein fünftes Kind, Robert Miles Sloman, 17 Jahre alt.
Robert Miles Sloman hatte schon vier Jahre bei seinem Vater gelernt, als er 1801 nach Amsterdam ging. 1803 mußte er als gebürtiger Engländer den Franzosen weichen und ging nach Tönning in das neutrale Dänemark. Die Wirren Europas prägten seine Jugendzeit.
In Tönnig wohnte im Nachbarhaus der Lotsenkommandeur Barens, dessen Tochter Jung Göntje Barens, auf der Insel Föhr geboren, Robert Miles Sloman 1806 heiratete. Ihr Name wurde ins Hochdeutsche abgeändert: Gundalena, ihr Mann nannte sie Genia.
Hamburg war besetzt, der Hafen lag still. Not und Elend herrschten an der Elbe. Als Gundalena ihr zweites Kind erwartete, bekam ihr Mann den Ausweisungsbefehl aus der Stadt. Sie fanden ein Flüchtlingsquartier bei Itzehoe in einer stillgelegten Ölmühle.
Erst 1814 konnten sie in das Slomansche Haus an den Vorsetzen zurückkehren. Im September 1814 erhielt Sloman den beantragten Schiffsmaklerstock als äußeres Zeichen seines Gewerbes. Als Inhaber einer Reederei verzichtete er 1838 auf den Maklerstock, da ein Makler keine Schiffe betreiben durfte. In der Zwischenzeit galten offiziell Familienmitglieder oder die Kapitäne der Schiffe als Schiffseigner.
Wie ein roter Faden zog sich von nun an der Name Sloman durch Hamburgs Geschichte. Der 14. September 1814 war der Gründungstag der Firma Robert Miles Sloman. Elf Kinder hatten Robert Miles und Gundalena.
In der Zeit der Auswanderer nach Amerika setzte ein gewaltiger Aufschwung der Segelschiffsreederei ein. Mit dem Ankauf der Segler HOWARD und FRANKLIN richtete Sloman im Jahre 1836 die erste regelmäßige Paketfahrt zwischen Hamburg und New York ein. Es war die Geburtsstunde der Hamburger Linienfahrt. Bis 1847, dem Gründungsjahr der HAPAG, war Robert Miles Sloman die einzige Hamburger Linienreederei.
Zehn Jahre später stand die Reederei mit sieben Schiffen an zweiter Stelle in Hamburgs Schiffahrt. Sie wurde nur noch von der Godeffroy-Flotte übertroffen. Die beiden Reeder Sloman und Godeffroy waren es, die in einer Hamburger Zeitung zum Bau einer deutschen Kriegsflotte zum Schutze der Handelsschiffe aufriefen. Sie stellten je einen Segler hierfür zur Verfügung.

Von Hamburg aus war seit 1838 durch Robert Miles Sloman eine regelmäßige Linie mit Segelschiffen nach New York eröffnet worden. In den vierziger Jahren hatte er die Idee, mit einem seiner Segler Vergnügungsreisen um die Welt zu veranstalten. Er entschloß sich, für diese Linie einen Dampfer bauen zu lassen. Dieser Dampfer, HELENA SLOMAN (78 m lang, 1.100 t Tragfähigkeit) trat am 28. Mai 1850 mit 180 Passagieren als erster Hamburger Vergnügungsdampfer unter Hamburger Flagge seine Jungfernreise an. Schon auf der zweiten Heimreise fiel das Schiff bei den Neufundlandbänken den Novemberstürmen zum Opfer. Alle Passagiere wurden gerettet.

Für die Hamburger Schiffahrt und für das Haus Sloman bedeutete die Aufhebung der Cromwellschen Navigationsakte im Jahre 1849 einen großen Aufschwung. Oliver Cromwell, englischer Staatsmann (1599–1658) schuf 1649 eine Flotte zum Kampf gegen holländische und spanische Handelsrivalität. 1651 verfaßte er die Navigationsakte, die u.a. den Seehandel eigenen Schiffen vorbehielt. 1652 bis 1654 siegte er im Seekrieg gegen die Holländer, später gegen die Spanier. Damit begründete er die englische Weltstellung. Mit der Navigationsakte hatte England seine wirtschaftliche Machtstellung zwei Jahrhunderte lang verteidigt. Kurze Zeit später zeigten die Sloman-Segler auf fast allen Weltmeeren ihre Flagge. Ein monatlicher Dienst nach australischen Haupthäfen wurde eingerichtet. Die Reederei besaß 26 Schiffe. 1855 ließ Robert M. Sloman auf eigene Kosten das erste Hamburger Trockendock bauen. Und als 1855 das Hamburger Stadttheater zum Verkauf stand, war er es, der diese Stätte der Kunst den Hamburgern erhielt.

Im Jahre 1866 feierten Frau Gundalena und Robert Miles Sloman in ihrem prachtvollen Haus am Harvestehuder Weg in Hamburg ihre Diamantene Hochzeit.

Der Sohn, Robert Miles Sloman jun., machte die Honneurs. Die Repräsentanten der Stadt fuhren in ihren Kaleschen vor. Von Steinwerder her erschallten 101 Böllerschüsse, ein Ehrensalut für die Lotsentochter Gundalena, eine der ersten Damen der Stadt, und für den Engländer mit dem Hamburger Bürgerrecht, Robert Miles Sloman sen., der als Achtjähriger an der Elbe von Bord ging und ein königlicher Kaufmann zu Hamburg und der Ahnherr einer bedeutenden deutschen Familie geworden war.

Nach dem Tode von Robert Miles Sloman sen. im Jahre 1867 trat sein Sohn das Erbe in der Reederei an. Er leitete sie mit nicht weniger Geschick als sein Vater bis zur Jahrhundertwende. Mit aller Kraft wehrte sich der junge Unternehmer gegen die Konkurrenz HAPAG und Norddeutscher Lloyd. Er schuf mit anderen Reedern die Adler-Linie, die aber bereits 1875 von der HAPAG übernommen wurde. Die Sloman-Segel-Paketschiffahrtslinie nach New York mußte eingestellt werden. Die Firma konzentrierte sich auf das Mittelmeergeschäft. 1871 wurde die «Robert Miles Sloman jr. Mittelmeerlinie» ins Leben gerufen.

1882 nahm die Australia Slomanlinie AG ihren Dienst auf. Dieser Dienst wurde wieder aufgegeben, als sich der Norddeutsche Lloyd dem Deutschen Reich gegenüber verpflichtete, mit seinen Ostasienschiffen auch australische Häfen zu bedienen. Seit dieser Zeit war Sloman Australien- und Ostasien-Agent des Norddeutschen Lloyd in Hamburg.

Als Robert Miles Sloman jr. 1900 die Augen schloß, hinterließ er – nach wie vor größter Hamburger Privatreeder – die beachtliche Flotte von 29 Schiffen mit 70.000 BRT und ein einzigartiges Sozialwerk, die SLOMAN-SIEDLUNG auf der Veddel mit 196 Einzelhäusern.

Da er keine männlichen Nachkommen hatte, führten die Schwiegersöhne Carl Alphons Brödermann und Henry Edye die Tradition des alten Reederhauses fort, später deren Söhne und Enkel.

Unter den Erben wurde das Unternehmen aufgeteilt. Die Mittelmeerfahrt und das

Schiffsmaklergeschäft wurden unter dem Firmennamen «Rob. M. Sloman jr.» weitergeführt, die Atlantikfahrt unter «Rob. M. Sloman». Der 1. Weltkrieg ließ der Reederei nur ein einziges Schiff. Der Aufbau führte wieder zu einer beachtlichen Flotte moderner Schiffe. Bis 1924 erwarb das Unternehmen die Agentur für 17 regelmäßige Liniendienste. 1927 wurden die beiden Sloman-Unternehmen wieder vereinigt.

Die Annalen registrierten eine Flotte von 20 Schiffen mit 48.274 BRT, als der 2. Weltkrieg ausbrach, der zum Totalverlust der Flotte führte. Wieder wurde mit dem Aufbau begonnen. 1951 konnte das erste deutsche Schiff nach dem Kriege in Dienst gestellt werden. Seit dieser Zeit sind 16 Motorschiffe unter Slomanflagge in Dienst gestellt worden.

Vom traditionellen Stammhaus der Slomans am Baumwall, in dem die Sloman-Firmen seit 1830 tätig waren, wurden sechs eigene Trockenfrachter mit zusammen 19.005 BRT bereedert und drei in der weltweiten Bananenfahrt eingesetzte Kühlschiffe mit zusammen 10.500 BRT. Die Kühlfrachter SLOMAN ALSTERTOR und SLOMAN ALSTERPARK zählten zu den schnellsten und modernsten ihrer Art in der Welt.

Außerhalb des Reedereigeschäfts betreute die Firma Rob. M. Sloman jr. als Schiffsmakler jährlich rund 500 Schiffe im Hamburger Hafen. Die Leitung des Unternehmens lag in Händen von Mitgliedern der Familien Edye und Reincke als Nachkommen der Gründerfamilie Sloman in fünfter, sechster und siebter Generation.

Die Hamburger Reederei-Flagge Rob. M. Sloman jr. zeigte ursprünglich den Hamburger Turm, umgeben von fünfzackigen Sternen auf Rot. Da aber die «rote» Flagge Staatssymbol war, wurde sie durch die «blaue» ersetzt. Besonders die Sterne, die inzwischen sechseckig wurden (warum ist unbekannt), wurden das Charakteristikum für eine Reihe von Flaggen, die mit den Slomans zusammenhingen. Aus Gründen interner Auseinandersetzungen mußte die Firma Rob. M. Sloman jr. statt jener Sterne, die aus der Familientradition zu erklären waren, weiße «Kringel» um die Buchstaben R. M. S. jr. führen. Später wurden sie wieder durch die Sterne ersetzt.

Der Großneffe von Robert Miles Sloman, Henry Brarens, baute das Hamburger Chilehaus. Er trug einen großen Namen und war armer Leute Kind. Sein Großvater hatte als Seekadett in England zweimal die Abfahrt seines Kriegsschiffes und damit seine Militärkarriere verpaßt. Sein Vater war Schiffsmakler in Hull. Im Krimkrieg wurden einige Kohlenschiffe, an denen er hoch beteiligt war, im Schwarzen Meer gekapert. Die englische Firma des Vaters brach zusammen. Die sieben Kinder wurden an Verwandte verteilt. Dem Vater glückte nichts mehr, er starb verlassen 1866 im Krankenhaus von Rio oder Buenos Aires, wo genau, das weiß man nicht.

Acht Jahre war Henry Brarens Sloman (kurz Henry genannt) alt, als er 1856 aus Hull zu seinen Verwandten nach Hamburg kam. Er sollte von den Großeltern in Hamburg-Wohldorf erzogen werden. Der Großonkel Robert Miles Sloman, der Hamburger Reeder, mußte für ihn Kost- und Schulgeld bezahlen. Später brachte er den Jungen als Schlosserlehrling auf der Godeffroy-Werft in Steinwerder unter. Henry wollte Ingenieur werden, hatte aber nicht das erforderliche Geld dafür.

Der Großonkel bot ihm dreimal eine Chance. Henry Sloman durfte auf Schiffen des reichen Verwandten 1868 nach Brasilien reisen und 1869 nach New York. Beide Versuche, im Ausland Fuß zu fassen, schlugen fehl. Aber auf der dritten Reise an die südamerikanische Westküste wagte Henry Sloman den Absprung. Er fand Arbeit an der Andenbahn.

1870 ging er zu seinem Freund Fölsch aus Hamburg nach Iquique, dem Verladehafen der peruanischen Salpeterindustrie, einem der «erbärmlichsten Löcher der Welt». Der alte Jorge Hilliger, ein Lauenburger, ein Salpeter-Industrieller, engagierte ihn.

1872 machten sich sein Freund Fölsch und ein anderer Angestellter von Hilliger als Salpeterleute selbständig. Sie engagierten Henry Sloman. Als sie einige Jahre später als wohlhabende Leute nach Europa zurückkehrten, übernahm Sloman die alleinige Leitung der Betriebe. Aber er hatte Pech, die Konjunktur war vorbei. Er holte seine Brüder zu Hilfe und gab ihnen dadurch eine Chance. Er entdeckte neue Salpeterlager und machte sich 1892 selbständig. Er baute seine Firma «Henry Brarens Sloman und Co., Salpeterwerke A.G.» mit einem Aktienkapital von 16,3 Millionen Mark aus. Chile hatte mit seinen reichen Salpeterfeldern immer noch das Stickstoffmonopol der Welt, an dem die arbeitsamen und allgemein beliebten «Alemanes» zu 25 % beteiligt waren.

1895 liefen die neuen Fabriken auf Hochtouren. Henry Sloman plante, nach Deutschland zurückzukehren. Aber Arbeiterunruhen und Feuer im Hauptbetrieb machten seine Anwesenheit in Chile weiter erforderlich.

Erst 1899 kehrte Henry Sloman, 51 Jahre alt, als wohlhabender Mann nach Hamburg zurück. Dreißig Jahre lang hatte er, unglaublich primitiv in den Salpeterwüsten lebend, unter großen Entbehrungen hart gearbeitet. Von Hamburg aus wollte er nun als Kaufmann und Großindustrieller seine Betriebe leiten und ausbauen.

Er heiratete 1881 die Nichte seines alten Chefs Hilliger, die vorher ihm, dem originellen alten Überseemann und Amateurastronomen den Haushalt geführt hatte.

Als der Hamburger Staat nach dem ersten Weltkrieg im Abbruchviertel des St. Jacobi-Kirchspiels Bauplätze versteigerte, erwarb Henry Sloman zwischen Niedernstraße und Meßberg ein Grundstück von insgesamt 5500 qm. Er beauftragte den Architekten Fritz Höger, darauf für ihn ein Kontorhaus zu bauen. Höger schuf durch die Eigenart und Neuheit seines Baustils mit diesem Haus ein Wahrzeichen für Hamburg, von dem nur wenige ahnten, daß der

Bauherr Henry Sloman war. Sloman gab diesem Haus den Namen Chilehaus in Erinnerung an das Land seines Erfolges. Eigentlich müßte auf der Tafel am Chilehaus sein Lebensspruch zu lesen sein: «Jeder ist seines Glückes Schmied», dem er in den guten Tagen seines späteren Lebens hinzuzufügen pflegte: «Doch der Zufall schmiedet mit!»

Johann Cäsar Godeffroy, der «König der Südsee» Die Godeffroys stammen aus La Rochelle an der französischen Atlantikküste. Sie waren Hugenotten, also Protestanten, die von Frankreichs katholischen Königen im 16. und 17. Jahrhundert bekämpft wurden. Nach dem Edikt von Nantes wanderten sie nach Deutschland aus. Der Enkel des Bürgermeisters von La Rochelles, Jean Godeffroy, folgte 1685 der Einladung des Großen Kurfürsten, sich in Brandenburg niederzulassen. Sein Enkel, Cäsar III., siedelte 1737 nach Hamburg über. Er wurde Weinhändler. Sein Sohn, Cäsar IV. gründete 1766 die Firma J. C. Godeffroy.

Diese Firma betrieb die Ausfuhr von schlesischem und sächsischem Leinen nach Spaniens Kolonien via Cadiz mit gecharterten Schiffen. Durch gute Geschäfte und eine Erbschaft aus Südamerika gelangte Cäsar IV. zu Wohlstand. Er erwarb den Hirschpark in Blankenese und ließ ein prächtiges klassizistisches Landhaus dort errichten.
Als Cäsar V. herangewachsen war, wurde er Teilhaber. Die Firma hieß nun J. C. Godeffroy & Sohn. Nach dem Ende der Franzosenzeit wurden eigene Schiffe in Dienst gestellt.
Im Laufe der Zeit bewiesen die Godeffroys, daß sie keine französischen Emigranten mehr waren, sondern eine wohlhabende und angesehene Großbürgerfamilie Hamburgs.
Im Jahre 1813, als der französische Marschall Davoust sein Unwesen in Hamburg trieb, floh die Familie Godeffroy nach Kiel. Hier kam Johann Cäsar VI. zur Welt. Mit 24 Jahren wurde er Teilhaber der väterlichen Firma, mit 32 war er Alleininhaber.
Im Jahre 1855 stand die Firma Godeffroy mit 30 Seglern an der Spitze der Hamburger Reedereien. Johan Cäsar Godeffroy V. war der «König der Südsee» und sein Herrenhaus in Dockenhuden im Hirschpark war lange Zeit die schönste Besitzung Hamburgs. Er hatte wiederum Söhne, die mit dem ältesten, dem beruflich und menschlich bedeutendsten, dem Johann Cäsar VI. als Chef der Firma gut zusammenarbeiteten.
1837 ging Johann Cäsars V. Bruder Adolph nach Havanna und gründete dort die Firma Godeffroy & Co. Wenig später wurde der jüngere Bruder Gustav nach Rio gesandt. Die Brüder in Übersee unterhielten Agenten an den einzelnen Küstenplätzen und sorgten für den Vertrieb der Ausfuhrladungen und für die Rückfracht.
Auch andere Außenhandelshäuser gingen zu dieser neuen Form des Überseegeschäftes über. Die Konkurrenz wuchs. Deshalb ging Gustav nach Valparaiso. Chile war für Hamburg zu der Zeit noch Neuland.
In San Francisco ließ sich der jüngste Bruder Alfred nieder und wurde Teilhaber der Firma Sillem, Godeffroy & Co.
Die Flotte des Hamburger Hauses war von vier Schiffen (1836) auf zwölf (1845) angewachsen. Jetzt dachte man an den Erwerb einer eigenen Werft.
Zunächst aber kehrte Gustav von Valparaiso nach Hamburg zurück und wurde Mitglied des Frankfurter Parlaments. Dort vertrat er das liberale Bürgertum, das aus Nationalgefühl und wirtschaftlichen Überlegungen zur deutschen Einheit drängte.
Johann Cäsar Godeffroy V. forderte mit Robert M. Sloman die Gründung einer deutschen Bundesflotte. Er stellte sein Vollschiff GODEFFROY zur Verfügung. Es wurde zum Kriegsschiff DEUTSCHLAND umgebaut. Aber schon 1852 wurde die Kriegsflotte versteigert. Die politische Einheit Deutschlands war nicht zustande gekommen.
Nun verwirklichte Johann Cäsar Godeffroy V. seine Werftpläne und kaufte 1849 die Roosen'sche Werft am Reiherstieg in Wilhelmsburg. Sie trug den Namen GODEFFROYS WERFTE REIHERSTIEG. Als Schiffbaumeister gewann er Johann Eduard von Somm. Dessen Großvater, Jacob Michael von Somm, hatte 1800 die Somm'sche Werft auf dem Großen Grasbrook gegründet.
1803 wurde Johann Hinrich von Somm Inhaber der Werft und machte sie zu einer der bedeutendsten in Hamburg. 1841 wurden seine Söhne Friedrich Heinrich und Johann Eduard Teilhaber, bis der letztere ausschied und in die Firma Godeffroy einstieg. Die Somm'sche Werft mußte den Hafenerweiterungsbauten weichen. Sie bestand bis 1860.
Johann Cäsar Godeffroy V. gehörten in den Jahren 1845, 1850 und 1855 die jeweils größten Schiffe der Hamburger Flotte: die Segler ALFRED (506 NRT), PETER GODEFFROY (792 NRT) und SOVEREIGN OF THE SEAS (1773 NRT). Diese, 1854 in den USA erworben, konnte bei den damaligen Fahrwasserverhältnissen der Elbe nicht bis Hamburg fahren. Im Jahre 1852 fuhren unter Godeffroys

Farben 28 Segler und ein Dampfer. 1855 waren es 30 Segler mit 5811 Kommerzlasten.
Cäsar VI. schickte seine Kapitäne, die er mit allen Vollmachten ausstattete, in die Südsee mit allerhand Tauschartikeln. Ihre Handelspartner waren Eingeborene, die noch nie einen Weißen gesehen hatten. Die Schiffe fuhren durch Gebiete, die kaum oder nur unzureichend vermessen waren. An Deck der Schiffe standen Kanonen, mit denen auf Anweisung der Reederei nicht geschossen werden durfte! Sie dienten nur der Abschreckung. Die Kapitäne gingen unbewaffnet, singend und pfeifend an Land. Sie wußten, daß hinter jeder Palme ein nackter Einheimischer hockte, evtl. bereit, vergiftete Pfeile abzuschießen. Zur Verständigung dienten die fünf Finger.
Als Geschenke überreichten sie den Eingeborenen Taschenspiegel, Hammer, Nägel u.a.m. Größte Überraschung waren schwedische Zündhölzer. Ein Mensch, der Feuer aus der Hand schlagen konnte, war für die Insulaner ein Übermensch oder gar eine Gottheit. Der Handel konnte beginnen.
Der Übergang von der Kaufmanns- zur modernen Linienreederei kam allmählich. Erst 1850 ging Godeffroy zur Linienfahrt nach Australien und Kalifornien über. 1851 eröffnete er seine Passagier- und Paketfahrt nach Valparaiso, San Franzisko und nach Adelaide, Melbourne und Sydney. 1852 errichtete er eine Niederlassung in Melbourne. Sein Bruder Adolph beteiligte sich an der Gründung der HAPAG und wurde für 34 Jahre ihr Direktor.
Im Jahre 1844 waren erstmals Passagiere nach New Orleans mitgenommen worden. Die Zeit der Auswanderer begann.
Die Linienfahrt nach Kalifornien und Australien entwickelte sich sehr günstig. Die Schiffe brachten Kupfer aus Chile und von den australischen Burra-Burra-Minen, an denen sich Godeffroy beteiligt hatte. Empfänger war das «Elbkupferwerk», das seit 1856 «Elbhütten-Affinier- und Handelsgesellschaft» hieß, ein Unternehmen, an dem Godeffroy ebenfalls beteiligt war. (Ab 1866 neuer Name: Norddeutsche Affinerie AG).
Die Geschäftsinteressen der Firma Godeffroy strahlten nach allen Richtungen der Welt aus. Die Reedereiflagge mit dem Falken im weißen Feld war auf jedem Meer zu finden.
Johann Cäsar VI. sandte 1855 seinen Segler STINTFANG zu einer Erkundungsfahrt in den Stillen Ozean, in einen Teil der Erde, der so gut wie unbekannt war. Nach drei Monaten landete dort der Supercargo Unshelm, auf Samoa in Apia. 1856 wurde beschlossen, hier eine Niederlassung zu gründen.
Durch die Firma Godeffroy wurde auch im Bankwesen einiges verändert. 1855 planten J. C. Godeffroy VI. und sieben andere Hamburger Häuser die Gründung der Norddeutschen Bank als Diskontobank mit Notenemissionsrecht. Der Wechselkredit war bedeutsam geworden und die Hamburger Bank war mit ihrer Silberdeckung in der Zeit der Goldfunde veraltet. Die Genehmigung lehnten Rat und Commerzdeputation jedoch ab. Ein Jahr später wurde von einer anderen Gruppe die Vereinsbank gegründet. Nun verzichteten Godeffroy und seine Gruppe auf die Notenausgabe und gründeten tags darauf am 31. Juli 1856 die Norddeutsche Bank. Konkurrenzkämpfe blieben aus, die aufblühende Wirtschaft benötigte beide.
Johann Cäsar Godeffroy VI. verstand es, sein Kolonialgebiet durch seine Plantagen und Verarbeitungsbetriebe wirtschaftlich von Grund auf für eine dauerhafte Nutzung zu erschließen. Sein naturwissenschaftliches «Journal» über die Südsee-Entdeckungen für das «Museum Godeffroy» in Hamburg gewann Weltruf.
Als Japan 1854 sein Reich dem europäischen Handelsverkehr freigab, war schließlich der ganze Ferne Osten der hanseatischen Schiffahrt geöffnet. Die Fahrt an die chinesische Küste fiel ganz in die Hände der Hanseaten. Geeignete Schiffe im besten Zustand, mit guter Ausrüstung

und mit hervorragender Besatzung zogen den gesamten Zwischenhandel von Tientsin im Norden bis nach Singapur im Süden und darüber hinaus bis nach Kalkutta an sich.
Von Hamburg aus drang zwischen 1840 und 1860 Carl Woermann nach Westafrika vor. Johann Cäsar Godeffroy VI. Sohn wurden in Valparaiso auf die Südsee aufmerksam, wo sie den Grundstein zur Erschließung Ozeaniens durch den deutschen Handel legten.
Trotz der einzigartigen Leistungen der Godeffroys war die Firma der deutschen Krise der Gründerjahre, die infolge der Weltwirtschaftskrise von 1873 ein Jahrzehnt lang andauerte, am Ende zum Opfer gefallen. Dem fast erblindeten «König der Südsee» ermöglichten Londoner und Hamburger Freunde einen würdigen Ausklang seines Lebens auf seinem Landsitz an der Elbe. Zu spät für ihn wurde in Deutschland erkannt, daß er durch sein Lebenswerk eine wertvolle deutsche Kolonie gewonnen und eines der wichtigsten Rohstoffgebiete für die Versorgung Europas erschlossen hatte.

Reederei Hinrich Martin Gehrckens (H.M.G.) Am 5. Mai 1830 legte Hinrich Martin Gehrckens in Hamburg den Eid als Schiffsmakler ab. Von diesem Tage an wurde der Name H.M.G. in der Hamburger Schiffahrt ein Begriff. Die Initialen «H.M.G.» waren das Kennzeichen der Firmeninhaber. Danach wurde H.M.G.V. (V = 5. Generationsfolge) im Stammhaus am Hafen, Ecke Cremon/Neuer Krahn tätig.
Der Firmengründer entstammte einer Familie mit langer Tradition im Schiffbau. Am 12. Juli 1830 erschien die Firma zum ersten Male in den Schiffsanzeigen:
«Nach Antwerpen segelt innerhalb 8 Tagen Capitain Berend Harm Nee, führend das neue Hannoversche Schiff MARIANNE. Nähere Nachricht erteilt der Makler H. M. Gehrckens, J. C. Glüensteins Nachfolger.»
Die Courtage der Schiffsmakler war in der Maklerordnung von 1824 genau festgelegt. Sie betrug für jeden Taler Fracht (1 Taler = 48 Schillinge) in der Frankreich-, Portugal- und Englandfahrt zwei Schillinge. In der Ostseefahrt einschließlich Rußland, sogar drei Schillinge, also zwischen 4 bis 6 %. Die Abrechnung war einfach. Auf der Schiefertafel, die in das altertümliche Stehpult eingelassen war, wurde vor Augen des Kapitäns die Rechnung aufgesetzt. Dann wurde der Saldo ausgezahlt und schließlich das Ganze wieder fortgewischt.
In dieser Zeit, den dreißiger Jahren des vorigen Jahrhunderts, beherrschte noch das Segelschiff die Meere. In Hamburg war es den Dampfschiffen sogar verboten, in den eigentlichen Hafen, der durch einen schwimmenden Baum allabendlich abgeschlossen wurde, hineinzufahren. Sie mußten auf dem Strom ankern.
In den Überseeverkehr hatte sich H.M.G. I nicht eingeschaltet. Stets galt dem ehemals hansischen Einflußbereich, und dabei besonders dem Ostseeraum, sein Hauptinteresse. Aber 1850 konnte man auch folgende Anzeige lesen:
«Zwischen Hamburg und Amsterdam: Der «Gouverneur von Ewyck», Capt. J. Blad, geht morgen, Mittwoch den 17., des Abends mit Gütern, Passagieren und einem Brief-Felleisen von hier ab.
H. M. Gehrckens, J. C. Glüenstein Nachf.»
«Günstige regelmäßige Goldzufuhren aus Californien und Australien bringen vermehrte Cirkulation und Schwung in den Handel», schrieb die «Hamburger Börsen-Halle» 1854. Sechs Jahre darauf nahm die Firma mit einer kleinen Galeasse, die mehrmals jährlich zu Fahrten nach England, Rotterdam, Oporto und Norwegen eingesetzt wurde, auch das eigentliche Reedereigeschäft auf. Bereits wenig später fuhr ein Schoner nach Ostasien, nach Montevideo und Mexiko.
In den siebziger Jahren des vergangenen Jahrhunderts jedoch war die Blütezeit der Segelschiffahrt vorbei. Heinrich Martin Gehrckens II. trat 1872 kein leichtes Erbe

an. Die Fahrt des Dreimastschoners Tai Lee nach Neuseeland erwies sich als Verlustgeschäft, weil, wie es in der Firmenchronik lapidar heißt: «der Kapitän dem Trunk ergeben war».

1873 beteiligte sich die Firma an der Gründung der unter englischer Flagge stehenden Kings Lynn Linie, die Kohle von Wales nach Hamburg brachte. Als Rückfracht wurden hauptsächlich Braugerste und Kartoffeln geladen. Bald wurden die Fahrten auch auf Schweden und Finnland ausgedehnt.

1889 wurde Heinrich Martin Gehrckens III. Gesellschafter im väterlichen Unternehmen.

Die Eröffnung des Kaiser-Wilhelm-Kanals 1895 wirkte sich sehr belebend auf die Ostseefahrt aus. Kaffee wurde über Hamburg nach Schweden verschifft. Aus Amerika kamen Speck und Mehl, die nach Finnland weitergingen, während von dort Butter über Hamburg nach England verschifft wurde.

1908 wurde die erste Cremon in Auftrag gegeben. Weitere Neubauten folgten. Bald verfügte die Reederei über 14 leistungsfähige Schiffe.

Der 1. Weltkrieg machte dieser erfolgreichen Zeit ein Ende. Die Friedensbedingungen 1918 waren hart.

Als Heinrich Martin Gehrckens IV. 1919 Teilhaber wurde, mußten große Schwierigkeiten überwunden werden, ehe es gelang, die Verbindung zu den finnischen und nordschwedischen Häfen wieder aufzunehmen. Bereits 1923 wurde die zweite Cremon in Dienst gestellt. Weitere Schiffe wurden in Auftrag gegeben. 10 Jahre nach Beendigung des Krieges war der alte Stand wieder erreicht.

Die große Wirtschaftskrise ging auch an H. M. G. nicht spurlos vorüber. Als 1938 die ersten Neubauten auf Kiel gelegt werden sollten, durchkreuzte der am 1. September 1939 ausbrechende Krieg alle Pläne. Ein Großteil der Flotte ging verloren. Nur fünf Schiffe, die unter der blau-weißen Flagge gefahren waren, verblieben der Reederei. Sie wurden nach dem 2. Weltkrieg zuerst in der Fahrt mit Bau- und Grubenholz nach England beschäftigt.

Schon bald wurden die traditionell guten Verbindungen zu den schwedischen und finnischen Geschäftsfreunden wieder aufgenommen. 1950 wurde der erste Neubau nach dem Krieg, die Brook, in Dienst gestellt. Es folgten die dritte Cremon und weitere Neubauten.

1952 trat als fünfter in der Generationsfolge Heinrich Martin Gehrckens V. in die Firma ein. In den folgenden Jahren wurde die Flotte tatkräftig verjüngt. Ältere Schiffe wurden verkauft, zahlreiche Neubauten in Dienst gestellt und moderne Einheiten langfristig gechartert.

11 Schiffe unter der blau-weißen Kontorflagge der Reederei befuhren zusammen mit den gecharterten Schiffen hauptsächlich die Ostsee im Liniendienst nach Finnland und Schweden. Alle 10 Tage fuhr das neue Flaggschiff der Reederei, die vierte Cremon (1.378 BRT), durch den Nord-Ostsee-Kanal. Sie war 1965 als erstes «offenes Schiff» (Lukenbreite gleich 90 % Decksbreite) speziell für den Transport von Zeitungspapier gebaut worden. 1972 wurde das Schiff nach Liberia ausgeflaggt, 1974 nach Griechenland verkauft und später von der Hamburger Reederei Contimar als Conti Liban im Mittelmeer eingesetzt.

Von den Schiffen der Reederei H.M.G., die zwischen 1949 und 1980 gebaut wurden, sind die meisten verkauft und zum Teil durch Neubauten ersetzt worden.

Heute arbeitet die Reederei fast ausschließlich mit Charterschiffen.

Handelshaus Wilhelm O'Swald & Co., weltweite Handelsbeziehungen Als 24jähriger fuhr Wilhelm O'Swald, der Sohn eines Hauptbuchhalters bei der «Preußischen Seehandlung», auf dem Vollschiff Mentor 1822 in die Welt. Er sollte im Auftrag der Seehandlung dem Überseehandel, besonders für die schlesische Weberei, neue Absatzmärkte erschließen. Nach zwei Jahren kehrte er erfolglos heim. 1825 startete er erneut, diesmal auf dem seinerzeit schönsten Segelschiff PRINZESS LOUISE (500 t Tragfähigkeit), um als Agent der Seehandlung auf Fahrt zu gehen. Um wertvolle Ladung zu schützen, waren zwölf schwere Kanonen, dreißig Flinten, Pistolen und Enterhaken an Bord. Denn die MENTOR war kurz zuvor bei den Philippinen von einem seeräuberischen Kaperschiff aufgebracht worden. Man nahm als Vorwand, daß das preußische Schiff keine Erlaubnis hätte, mit den spanischen Kolonien Handel zu treiben. Der Supercargo Wilhelm O'Swald wurde mit Erschießung bedroht. Als er einen Paß der spanischen Gesandtschaft in Berlin vorwies, ließ man ihn ziehen. (Supercargo = Vertrauensperson des Verfrachters, die eine Schiffsladung begleitet und beaufsichtigt oder auch Mitglied der Schiffsbesatzung ist, mit fachlichen Kenntnissen des Ladungswesens.)

Die PRINZESS LOUISE strandete 1828 auf der zweiten Reise an der norwegischen Küste und mußte den Winter über wegen Reparaturarbeiten in Kristiansand verbringen.

Der König von Honolulu übersandte durch Wilhelm O'Swald dem König von Preußen als Zeichen seiner Verehrung einen Kriegsrock aus Federn.

1829 kehrten Schiff und Besatzung in die Heimat zurück und Wilhelm O'Swald konnte sein inzwischen geborenes erstes Kind begrüßen.

1830 überließ die «Preußische Seehandlung» die Fortsetzung des Exports dem freien privaten Handel. Wilhelm O'Swald begründete selbst als Vertreter der Seehandlung mit geringen Mitteln ein eigenes Handelshaus in Hamburg am 1. Januar 1831.

Durch das Expeditionsgeschäft für die Seehandlung trat die Firma Wm. O'Swald mit der Schiffahrt in enge Verbindung, teils durch «Parten» (Anteilseigner bei verschiedenen Reedereien), teils durch Expeditionen für gemeinsame Rechnung. Sie verschiffte nach der Ost- und Westküste Südamerikas, nach Guatemala, New Orleans, der Südsee und Kanton. In den Jahren 1852 bis 1858 befrachtete die Firma 184 Schiffe.

Auf ihrem kleinen Schoner ALF, der mit acht Mann Besatzung und voller Ladung auslief, umsegelte Kapitän Rodatz Afrika bis ins Rote Meer. Er erhielt neue Barmittel vom Hause Wm. O'Swald. Damit versuchte er zunächst, Esel nach Mauritius zu befördern. Er mußte die Seychellen anlaufen und die noch lebenden Esel verkaufen.

Dann segelte er weiter nach Sansibar. Hier nahm er Landesprodukte für die Firma O'Swald an Bord. Gleichzeitig brachte er der Firma den ersten Bericht über dieses Gebiet. Damit gab er Anregungen zu den großen Unternehmungen des Hauses in Afrika und Madagaskar. Von den Firmen Wm. O'Swald & Co. und Adolf Jacob Hertz wurde ab 1845 ein reger Schiffsverkehr zwischen Hamburg und Ostafrika aufgebaut.

1849 machte die Firma Wm. O'Swald eine eigene Niederlassung in Sansibar auf. Hier hatten bereits zwei amerikanische, eine französische und die Hamburger Firma Hertz Niederlassungen errichtet.

Mit Kaurimuscheln, dem Zahlungsmittel an der afrikanischen Westküste, fuhren die Schiffe von Sansibar nach der Westküste und kauften dafür Palmöl und Elfenbein.

Bald hatte die Firma O'Swald den größten Anteil an diesem Geschäft und verschiffte von 1850 bis 1878 rund 550.000 Sack, ungefähr 27.000 t, Kaurimuscheln.

Mit der fortschreitenden Entwicklung der Westküste verloren die Kaurimuscheln ihren Wert. Aber noch 1910 waren sie in Uganda/Ostafrika Zahlungsmittel.

In der Bucht von Bonin gründete das Haus O'Swald eine eigene Faktorei. Der Handel der deutschen Kaufleute wurde erschwert, weil ihnen keine deutsche Kriegsflotte zur Seite stand. Die Negerhäuptlinge behandelten sie daher als Parias, denn die Deutschen schossen nicht, wie Kriegsschiffe anderer Nationen. Deshalb stellten sich die deutschen Überseekaufleute in Lagos unter englischen Schutz, bis 1871 die ersten deutschen Konsulate geschaffen wurden. 1869 verkaufte die Firma ihre westafrikanischen Faktoreien. Dafür gründete sie welche auf Madagaskar und in Ostafrika, außerdem in Sansibar, Daressalam, Bogamojo, Tanga und an vielen anderen Plätzen.

Die jüngere Generation der O'Swalds legte in Afrika Sammlungen von Insekten und Schmetterlingen an, lieferte dem Naturhistorischen Museum in Hamburg unbekannte Tierarten, die nach ihnen, den O'Swalds, benannt wurden, und schenkte dem Hamburger Zoologischen Garten häufig lebende Tiere.

Um überhaupt Überseehandel treiben zu können, mußte die Firma O'Swald eigene Schiffe haben. Bis 1857 besaß sie achtzehn Schiffe mit insgesamt 2600 t. Damit war sie die viertgrößte Reederei Hamburgs. Seit 1862 baute sie Dampfer und führte Küstenfahrten nach dem Süden Madagaskars aus. 1880 wuchs mit der Einrichtung regelmäßiger Dampferlinien die Schnelligkeit des Verkehrs. Die Firma bediente sich für ihre Ladungen mehr und mehr dieser Linien. Mit dem Verkauf ihres Dampfers ZANZIBAR 3 fand 1916 die Reederei der Firma O'Swald ihr Ende. 45 Schiffe hatte sie im Laufe der Jahre bauen lassen. Mit großen gedeckten Leichtern, die von 12–16 Mann gerudert, von zwei Mann mit langen Riemen gesteuert wurden und die flachen Flußmündungen mit gewaltiger Brandung durchfahren mußten, betrieb sie besonders auf Madagaskar den Löschdienst.

Unter der dritten Generation der Familie O'Swald entwickelte sich ein blühendes Geschäft. Vom Jahre 1914 durfte sie Rekordumsätze erhoffen. Aber der Weltkrieg brach aus und vernichtete alles, was in achtzig Jahren aufgebaut worden war.

Erst im Jahre 1923 unternahm Albrecht O'Swald seine erste Informationsreise rund um Afrika. Er weilte bis 1924 in Mombasa. 1926 dehnte sich die Firma auch nach Daressalam aus. Später folgten Agenturen in Tabora, Muansa, Tanga und anderen Orten Afrikas.

Reederei Laeisz, vom PUDEL zur «Flying-P-Line», das «P», das Schiffahrtsgeschichte machte Ferdinand Laeisz, der Sohn eines kleinen Hamburger Kaufmanns, am 1. Januar 1801 in der Herrlichkeit (in der Altstadt, Parallelstraße zum Rödingsmarkt) geboren, ging nach seiner Buchbinderlehre im Jahre 1819 mit fünfzig Mark in der Tasche als Geselle auf Wanderschaft quer durch Deutschland. Um nebenher Geld zu verdienen, lernte er u.a. in Berlin auch die Herstellung von Galanteriearbeiten. Zu der Zeit waren seidene Hüte groß in Mode!

Als er nach fünfjähriger Wanderschaft 1824 nach Hamburg zurückkehrte, fand er keine Arbeit als Buchbinder. Kurz entschlossen machte er sich als Hutmacher selbständig. Seine seidenen Hüte und Zylinder fanden einen so reißenden Absatz, daß er sie schon 1830 nach Rußland, England und Südamerika exportierte und verschiedene Filialen in Übersee einrichtete. Für diesen Transport ließ er 1839 in Lübeck ein Segelschiff von 400 t bauen, die CARL, die er allerdings nach fünf Jahren wieder verkaufen mußte.

Aus der Hutmacherei entwickelte Ferdinand Laeisz ein Im- und Exportunternehmen, dessen geschäftliche Erfolge ihn zu einem der angesehensten Hamburger Großkaufleute seiner Zeit machten. Er legte das Fundament der Firma, aus der die berühmteste Segelschiffsreederei Deutschlands entstand. 1857 gründete er zusammen mit Adolf Godeffroy, H.J. Merck u.a. die HAPAG.

Der einzige Sohn Ferdinand Laeisz war der am 27. April 1828 geborene Carl Heinrich Laeisz. Er trat 1852 in die Firma F. Laeisz ein und wurde zum Vater der «Flying-P-Liner», der Reederei, die ihren Namen in alle Welt trug. 1857 brachte er die Firma ohne

große Verluste durch die Weltwirtschaftskrise.
Im gleichen Jahr lief bei der Stülcken-Werft der erste von 84 Laeisz-Seglern vom Stapel, eine 485 BRT große Holzbark, 40 m lang, die den Namen PUDEL erhielt. «Pudel» war der Kosename seiner Frau Sophie, die wegen ihrer krausen Haare von ihrem Schwiegervater liebevoll so genannt wurde. Noch heute sitzt auf dem Laeisz-Haus in Hamburg eine Pudelplastik, die so manchem Fremden rätselhaft erscheint! Die Reederei machte es sich zur Tradition, die Namen aller ihrer Schiffe mit dem Buchstaben P beginnen zu lassen, woraus sich auch der Firmenname «P-Liner» erkärt.
Der große Aufschwung der Reederei begann erst zehn Jahre später, als Carl Heinrich Laeisz 1867 die aus sechs Seglern bestehende Flotte des Hamburger Reeders J.T. Bahr zusammen mit günstigen Frachtverträgen aufkaufte.
Den eigentlichen Ruf und Ruhm der Reederei begründete dann ab 1878 die regelmäßige Verbindung zwischen Chile und Hamburg in der Salpeterfahrt. Salpeter war damals in Europa als Kunstdünger begehrt und gesucht.
Korl, wie der nur Plattdeutsch sprechende Carl Heinrich Laeisz in Hamburg genannt wurde, war gleichzeitig an zahlreichen anderen Hamburger Schiffahrtsunternehmen beteiligt. Es gab in Hamburg keine Reederei, zu der er nicht in Beziehung stand. Seine Erfahrungen und sein Rat waren überall gesucht.
In der Folgezeit beteiligte sich die Firma Ferdinand Laeisz an einer ganzen Reihe von Schiffahrtsunternehmen, wie der Hamburg-Süd (1871), der DG Kosmos (1872) und der Deutsch-Austral (1874), die später in der HAPAG aufging. Es folgte die Beteiligung an der Gründung der Hansa (1881), (später von der HAPAG übernommen), an der Bugsier (1886) und an der Umwandlung des Schiffahrtsdienstes der Firma C. Woermann in die Woermann-Linie (1886) und schließlich – von Sohn Carl Heinrich vollzogen – an der Gründung der Deutschen Levante-Linie (1889) und an der Deutschen Ostafrika-Linie (1890). Bei all diesen Unternehmen saßen Ferdinand und Carl Heinrich Laeisz entweder im Aufsichtsrat oder standen ihm vor.
Carl Heinrich Laeisz war auch Mitbegründer und erster Vorsitzender der 1887 ins Leben gerufenen Seeberufsgenossenschaft. Die ersten Unfallverhütungsvorschriften für Seeleute und Hafenarbeiter aus dem Jahre 1891 waren ausschließlich sein Werk. Dem Präsidium der Hamburger Handelskammer gehörte er seit 1884 und der Hamburger Bürgerschaft seit 1892 an. Von 1895 bis 1898 war er Präsident der Handelskammer.
Gleichzeitig förderten Ferdinand und Carl Heinrich Laeisz den Ausbau der eigenen Flotte. Im Jahre 1870 besaß die Firma 16 Schiffe mit zusammen 6700 NRT. Im Jahre 1885 – kurz vor dem Tode von Ferdinand Laeisz – waren es 16 Segler mit 11.000 BRT. Der eigentliche Ausbau des Schiffahrtsgeschäftes, der der Firma zu Weltgeltung verhalf, vollzog sich unter der Leitung von Carl Heinrich Laeisz.
In seinem Testament vermachte Carl Heinrich Laeisz der Stadt Hamburg einen namhaften Betrag zum Bau der Musikhalle, die den Namen Laeisz-Halle erhielt.
Im Jahre 1879 wurde Ferdinands Enkel dritter Teilhaber in der Reederei. Es war Carl Ferdinand, geboren 1853. So waren von 1879 bis 1887 drei Generationen gleichzeitig an der Spitze des Hauses tätig. Ferdinand starb im Jahre 1887, Carl Ferdinand im Alter von nur 47 Jahren im Jahre 1900 und Carl im Jahre 1901.
Ferdinand Laeisz spielte nicht nur im Wirtschaftsleben seiner Vaterstadt Hamburg eine hervorragende Rolle. Er setzte sich auch in politischen Fragen und kulturellen Angelegenheiten für das Allgemeinwohl ein. Seit 1871 war er Alterspräsident der Bürgerschaft. Er trat für die Beseitigung überholter Institutionen wie Torsperre und Bürgermilitär ein und beteiligte sich an der

Gründung gemeinnütziger Unternehmungen wie Volksküchen, Volksbadeanstalten, Baugesellschaften für Arbeiterwohnungen, Zoologischer Garten u.a.m. Er setzte sich für eine Seemannskasse und eine hamburgische Seefahrtsschule ebenso ein wie für die Schaffung des Hamburger Freihafens. Er gründete den Hamburger Rettungsverein (später Deutsche Gesellschaft zur Rettung Schiffbrüchiger) und wurde zum Vater des deutschen Seenotmeldedienstes. Schon im Jahre 1862 wurde eine Laeisz-Medaille für Rettung aus Seenot gestiftet. Er gehörte auch dem Vorstand des von ihm sehr geförderten Stadttheaters an. 1910 erfolgte die Umstellung auf Kühlschiffe, hauptsächlich in der Bananenfahrt. Die Reederei unterhielt eigene Bananenplantagen in Kamerun. 1912 wurde die Tochtergesellschaft, die Afrikanische Fruchtkompanie Laeisz & Co. K.G. gegründet. (AFC).
1914 war Laeisz mit 18 Tiefwasserseglern Hamburgs größte Privat-Reederei. Die Tonnage umfaßte 46.000 tdw. Die gesamte Flotte ging im 1. Weltkrieg verloren.
Aber schon 1924, als die Firma 100 Jahre alt war, führten wieder sechs große Segler und zwei Dampfer die FL-Flagge der Flying P-Linie an der Gaffel. Wie zu alten Zeiten segelten sie auf allen Meeren pfeilschnell «dem Teufel ein Ohr ab».
In den zwanziger und dreißiger Jahren gingen die Großsegler PAMIR, PASSAT, PEKING, PRIWALL auf Weizen- und Salpeterfahrt nach Australien und Chile.

Albert Ballin machte die Hamburg-Amerika-Linie zur größten Reederei der Welt

Ballins Vater besaß eine kleine Agentur, die Auswanderern aus Deutschland, Polen und Rußland die Überfahrt nach Amerika vermittelte. Albert Ballin wurde am 15. August 1857 in Hamburg, am Stubbenhuk 17, als 13. Kind geboren. Mit 17 verlor er seinen Vater. Da Alberts Steckenpferd die Musik und nicht das Geschäft war, übernahm

ein älterer Bruder zunächst die Agentur, er scheiterte aber.
Die meisten Auswanderer, die die Agentur vermittelte, wurden für die Hamburg-Amerika-Linie eingetragen. Die Gesellschaft hatte ihren Sitz in Philadelphia und verkehrte zwischen Philadelphia und New York. Sie besaß zwar ein Büro in Liverpool, aber keines in Hamburg. Albert Ballin schaltete sich ein, reiste nach Liverpool und lernte Englisch.
Der Auswandererverkehr stieg gewaltig an. Neue Reedereien taten sich auf. Der Konkurrenzkampf um das Auswanderergeschäft wuchs. Die Hamburg-Amerika-Linie (HAPAG) sah sich plötzlich der starken Konkurrenz einer jungen, sehr rührigen Firma gegenüber: der englischen Reederei Edward Carr, die ein Neffe des altangesehenen Reeders Sloman gegründet hatte. Ballin erkannte die gefährliche Lage und trat 1875 gegenüber dieser Schiffahrtsge-

sellschaft nicht mehr als Vermittler auf, sondern als großzügiger Organisator, der auch Unternehmerrisiko auf sich nahm. Er bot sich an, für die beiden in Bau befindlichen Dampfer der Carr-Linie die Garantie zu übernehmen, daß sie während acht bis neun Reisen im Jahr ständig mit Passagieren besetzt seien.

Albert Ballin wurde ein bedeutender Organisator im Zwischendeckgeschäft. Das junge Unternehmen Ballins blühte auf. Nun suchte Albert Ballin nach einer Möglichkeit, Auswanderer direkt von Hamburg aus in die Vereinigten Staaten zu befördern. Er fand sie in der Carr-Linie, die dafür zwei Frachter umrüstete. Ballin konnte damit im ersten Jahr 4.000 Passagiere vermitteln.

Schon bald war die kleine Carr-Linie für die mächtige Hamburg-Amerika-Linie im Auswanderergeschäft eine echte Konkurrenz. Der Mächtigere beschloß, den Kleinen lieber aufzukaufen, als ihn zu bekämpfen.

1886 kam es zur Fusion der Carr-Linie mit der Hamburg-Amerika-Linie und der 28jährige Ballin wurde Leiter der Passagierabteilung des Großunternehmens.

Als die Hamburg-Amerika-Linie mit Direktor Guido Wolff zusammen Ballin für sich gewann, war er bereits ein gereifter Mann. Aber welcher Energie, welcher Widerstandskraft, welchen Vertrauens in das Realisieren seiner Ideen bedurfte es für ihn am Anfang, sich durchzusetzen! Man sollte dabei bedenken, daß die HAPAG, als Ballin in die Reihe ihrer Leiter eintrat, ebenso wie der NORDDEUTSCHE LLOYD von jenem althamburgischen Patrizier-Kaufmannsgeiste geleitet wurde, der zwar stets mit der Zeit ging, sich aber immer nur dann beteiligte, wenn die gediegene Sicherheit des Unternehmens nicht durch zu schnelles Vorwärtstürmen gefährdet wurde! Ballins Aufgabe war es nun, diese zögernden Bedenken zu zerstreuen, die Ängstlichen mitzureißen auf neuen Bahnen, den hanseatischen Kaufleuten die Wege zu weisen zu einem modernen Hanseatentum. Nicht ohne Grund hatte der Kaiser einmal Ballin einen kühnen, unternehmenden Hanseaten genannt und ihm sein Bild geschenkt mit der Unterschrift: «Dem weitblickenden, unermüdlichen Bahnbrecher für unseren Handel und für unsere Ausfuhr.»

Mit zunehmenden Geschäften und der Ernennung mehrerer Direktoren wurde er 1899 zum Generaldirektor der Hamburg-Amerika-Linie ernannt.

Seit Samuel Cunard war kein einzelner Mann mehr so für den Aufschwung einer einzelnen Reederei verantwortlich gewesen wie Albert Ballin. Er hatte stets das Richtige zur rechten Zeit gemacht.

Er war in den Jahren in das Geschäft eingestiegen, als der Ozeandampfer sich zum Passagierschiff entwickelte. Sein Aufstieg traf mit dem Aufstieg Deutschlands zur Weltmacht zusammen.

1907/08 bestand die Flotte der HAPAG aus 341 Fahrzeugen mit insgesamt ca. 810.000 BRT, wovon 23 Schiffe große Doppelschraubendampfer waren. 56 Linien bedienten alle Teile der Welt. Praktisch war jeder größere Hafen der Erde direkt von Hamburg aus erreichbar.

Es lag dem großen Reeder sehr am Herzen, das zunehmende Wettrüsten auf dem Flottensektor zwischen Deutschland und Großbritannien zu bremsen. Auf der einen Seite stand Großadmiral Alfred von Tirpitz und auf der anderen Winston Churchill, der 1911 zum Ersten Lord der Admiralität aufstieg. Ballin verkündete leidenschaftlich, daß der Kampf nicht zwischen Schlachtschiffen, sondern zwischen Passagierschiffen wie der AQUITANIA der Cunard-Line und der VATERLAND der HAPAG weitergehen möge!

32 Jahre war er für die HAPAG tätig und machte sie zum größten Schiffahrtsunternehmen der Welt.

Was war es, das Albert Ballin die überragende Stellung gab?

Wie kam es, daß alle Welt glaubte, daß in Deutschland keine großen Entscheidun-

gen auf wirtschaftlichem oder politischem Gebiet mehr fielen, ohne daß Albert Ballin sein gewichtiges Wort mit in die Waagschale geworfen hätte?
Es gibt wohl vielerlei Antworten. Eine davon wäre: Für seinen Geist war nichts so gering, daß er es nicht unter dem Gesichtswinkel der größten Gegenwartsfragen zu betrachten imstande war. Sein Erinnerungsvermögen hatte die kleinsten, anderen oft so nebensächlich erscheinenden Dinge aufgespeichert und geordnet wie in einem glänzend eingerichteten Archiv. Aus ihm erwuchs das umfassende Organisationstalent, von dessen Leistungen die ganze Welt Zeuge war. Außerdem konnte er sich einer geradezu unglaublichen Arbeitskraft rühmen. Wie Ballin in seiner Tätigkeit für die Carr-Linie und als Passage-Agent den Betrieb einer Schiffahrtsgesellschaft bis ins kleinste hinein kennenlernte, wie ihm keine Schliche und Tricks der Agenten und Clerks unbekannt blieben, so fühlte er sich andererseits ebenso heimisch in den glänzenden Geschäftsräumen der Trust-Magnaten und der Hochfinanz. Alles, was er sah und lernte, ordnete er ein in das System, dem er diente.
Die schwersten Zeiten für Ballin kamen, als es galt, das Doppelschraubensystem auf den neuen Schnelldampfern einzuführen. Er wollte die Schwierigkeiten des beschränkten Schiffsraumes überwinden und aus den nüchternen Passagierschiffen der Vergangenheit schwimmende Paläste mit allen Bequemlichkeiten und dem Luxus des modernen Reisens schaffen. Er wollte noch mehr auf ihnen der Kunst und Schönheit Raum geben und auf diese Weise dem heimischen Handwerk und dem Kunstgewerbe dienen. Auf den verschiedensten Gebieten war Albert Ballin bahnbrechend vorangegangen und überall war ihm Erfolg beschieden.
Er ließ zwei neue Passagierschiffe mit Doppelschrauben bestellen, nachdem er die HAPAG davon überzeugt hatte, daß diese Neuerung es dem Dampfschiff ermöglichte, alle Fahrmanöver, besonders das Anlegen in den Häfen, besser durchführen zu können, außerdem konnte bei eventuellen Schäden einer Maschine die zweite das Schiff noch sicher in den nächsten Hafen bringen. Das Schiff wurde nicht mehr mit Masten für Segel ausgestattet, sondern nur noch mit Masten für Ladebäume, Lichter, Funkanlagen und das Krähennest mit Glocke.
Ballin führte auch insofern einen ungewöhnlichen Luxus im Auswanderergeschäft ein, als er den Zwischendeckpassagieren elektrisches Licht und Einbettkabinen verschaffte, was es vorher noch nie gegeben hatte.
Bei allen Neuerungen wirtschaftete er sparsam. Er war ein hervorragender Unternehmer und großer Diplomat. Für seine Bauten spielte er die Werften gegeneinander aus. Vornehmlich arbeitete er mit der

schottischen Laird-Werft in Birkenhead zusammen. Sie baute den zweiten von Ballins neuen Passagierdampfern, die COLUMBIA. Der erste, die AUGUSTE VICTORIA, war in Deutschland gebaut worden. Weil er ihr den Namen der deutschen Kaiserin gab, errang Ballin die Freundschaft Kaiser Wilhelms II.

Sein Hauptaugenmerk richtete Ballin auf einen erstklassigen Service. Die COLUMBIA und AUGUSTE VICTORIA hatten Platz für je 580 Zwischendeckpassagiere, und für je weitere 400 Passagiere gab es verschwenderisch große Räume in der 1. Klasse. Vor ihrer Jungfernreise nach New York wurde die AUGUSTE VICTORIA von ca. 30.000 Menschen besucht. Sie bewunderten nicht nur den Speisesaal, der sich über zwei Decks erstreckte, verbunden durch eine Rokoko-Treppe, sondern auch das separate Musikzimmer und den Damensalon, wo vergoldete Cherubim sternförmig strahlende Lampen hielten.

Aber mit dem Bauen von Schiffen, der Eröffnung neuer Schiffslinien, der Einführung von weltumspannenden Touristenfahrten, war Ballins Wirken nicht erschöpft. Die Leitung eines so gewaltig großen Betriebes, der nicht immer nur von den Wellen des Glückes getragen wurde, erforderte auch eine kluge Schiffahrtspolitik. Da waren die Wirkungen von Pools und Trusts zu erfassen gewesen, ihnen entgegenzuarbeiten oder sich rechtzeitig an ihnen zu beteiligen. Drohenden Konkurrenzen mußten die Gefahren genommen werden und mit klarem Blick mußten die Wirkungen gesetzlicher Maßnahmen diesseits und jenseits des Ozeans berechnet werden. Darin lag Ballins Größe, daß er über all die tausend Kleinigkeiten seines Weltbetriebes diese gewaltigen Aktionen nie aus dem Auge verlor, daß er allzeit wachsam, klug kombinierte, überraschend schnell die Chancen berechnete und – stand sein Entschluß einmal fest – mit rastloser, alle in Erstaunen setzender Energie zugriff.

Ein geistreicher Mann hatte Ballin einmal einen Menschen genannt, der einen scharfsinnigen Mathematiker und feinsinnigen Künstler in sich vereinigte. Aber er war noch mehr: ein kluger Wirtschaftspolitiker, ein weitsichtiger Kaufmann. Und rechnet man seine persönlichen Eigenschaften hinzu, so war er ein ausgezeichneter Sohn, der seiner Mutter Alter mit unendlicher Liebe umgab, ein guter Familienvater, ein treuer Freund, ein gastfreier Hausherr. Ballin war ein großer Hanseat und gleichzeitig kaisertreu!

Sein Wahlspruch war: «Mein Feld ist die Welt!» Er ist noch heute Leitmotiv für die HAPAG. Er hat «seine» Reederei wie ein Staatsmann geführt. Gegen Streiks im Hafen ging er radikal vor. Die Gewerkschaft nannte ihn eine «kapitalistische Bestie».

In den Tagen der revoltierenden Arbeiter und Soldaten hing über seinem Schreibtisch der Spruch: «One damned thing after the other» (Eine verfluchte Sache nach der anderen!). Am 9. November 1918 berief er noch eine gemeinsame Sitzung der patrizischen Hamburger Senatoren und Reeder und des revoltierenden Arbeiter- und Soldatenrates ein. Aber als er sah, daß die Revolution die Stadt beherrschte und es für einen Ausgleich der alten und neuen Mächte zu spät war, brach er zusammen. Die tragischen Ereignisse hatten den großen Mann zerbrochen.

Albert Ballin verstarb am 9. November 1918 an einer Überdosis von Schlaftabletten.

In der Erinnerung vieler Hamburger verbindet sich das schwer definierbare Persönlichkeitsbild Albert Ballins mit dem Abglanz historischer Geltung und Bedeutung.

Die HAPAG, Ballins Lebenswerk Der wichtigste Abschnitt in der Geschichte der hamburgischen Schiffahrt war die Gründung der HAMBURG-AMERIKANISCHEN PACKET-FAHRT-ACTIEN-GESELLSCHAFT (HAPAG), die sich zeitweise auch als HAMBURG-AMERIKA-LINIE (HAL) bezeichnete.

Am 27. Mai 1847 gründeten angesehene

Hamburger Kaufleute, u.a. die Reeder August Bolten, Ferdinand Laeisz und Adolph Godeffroy, diese Gesellschaft mit 465.000 Mark Aktienkapital. Als Aktionäre wurden nur Hamburger zugelassen. Präsident der Reederei war Adolf Godeffroy.
Unter «Paketfahrt» verstand man allgemein den regelmäßigen Schiffsverkehr zwischen zwei Häfen zur Beförderung von Stückgütern, Paketen und Postsachen. Die Überseepost wurde seinerzeit in Paketen, nicht wie später in Säcken, verpackt.
Während die britischen Dampfschiffsreedereien erhebliche staatliche Zuschüsse erhielten, um die noch sehr kostspieligen überseeischen Dampferlinien überhaupt am Leben zu erhalten, gab es zu dieser Zeit für die HAPAG vom «Staat» keine Zuschüsse. Ja, es gab noch nicht einmal ein Deutsches Reich! Der Staat Hamburg war auf sich selbst gestellt und nicht in der Lage, Subventionen zu leisten.
Auch die neu gegründete HAPAG hatte nicht die Mittel, gleich eine Dampfschiffsreederei entstehen zu lassen. Sie mußte sich vorläufig darauf beschränken, Segelschiffe bauen zu lassen und sie im Liniendienst nach Nordamerika einzusetzen.
Die ersten drei Schiffe waren dreimastige Vollschiffe: DEUTSCHLAND, NORDAMERIKA und RHEIN. Die DEUTSCHLAND hatte 750 Registertonnen (RG) (siehe Anhang: Erklärungen der Schiffsmaße) und Platz für 200 Zwischendeckpassagiere und 20 Kajütenreisende. Sie fuhr mit 77 Mann Besatzung und hatte wenig Platz für Frachtgut. Die Fahrt von Hamburg nach New York dauerte durchschnittlich 42 Tage, die Rückreise durchweg 30 Tage. Die unterschiedliche Dauer erklärt sich dadurch, daß auf der Heimreise günstigere Wasser- und Windströmungen herrschten, wie es auch heute noch der Fall ist.
Die Einrichtung der Segler war erstklassig. Es wurde immer wieder betont, daß jeder Passagier sein eigenes Bett habe. Auch verfügte jedes Schiff über eine kleine Bibliothek. Der Baupreis des Vollschiffes DEUTSCHLAND belief sich auf ca. 132.000 Mark.
Hamburg war stolz auf seine Ozeanschiffe. Sie bewährten sich ausgezeichnet, stellten sogar einen Rekord auf und bewältigten die Fahrt nach New York in 29 Tagen und die Rückreise in nur 19 Tagen. Besonders die DEUTSCHLAND hatte sich bei Erreichen dieser Rekordzeit an die Spitze gesetzt.
Diese formschönen und schnittigen Segelschiffe nannte man «Klipper». Sie zeichneten sich aus durch ihren schlanken Rumpf, scharfen Bug und die hohen, geneigten Masten.
Sie waren schneller als die herkömmlichen Schiffstypen und daher sehr gut geeignet, verderbliche Ware zu transportieren.
Beim Bau dieser ersten drei schnellen Klipper wollten die Gründer der Hamburg-Amerika-Linie vorrangig eine Verbesserung der Auswandererbeförderung erreichen. Damit konnten je drei Reisen Hamburg-New York und zurück durchgeführt werden.
Die Ausfuhr nach den Vereinigten Staaten nahm ständig zu. Auch die Auswanderung verstärkte sich und der Druck der bereits bestehenden Dampferlinien führte zu einem scharfen Konkurrenzkampf. Der Schiffsverkehr stellte immer größere Ansprüche. Noch nicht einmal sechs Jahre waren seit der Gründung der HAPAG vergangen, als Adolf Godeffroy der Gesellschaft den Bau von Dampfern vorschlug, die mit der neuen Erfindung, der Schiffsschraube als Antriebsmittel, größer und schneller als die Amerikaner sein sollten. Über sechs Jahre lang hatte die HAPAG als Segelschiffs-Reederei dem Personen- und Güterverkehr zwischen Hamburg und New York erfolgreich gedient.
Der Übergang von der Segelschiffahrt zum Dampfschiffsbetrieb brachte Schwierigkeiten mit sich. Die Segelschiffe wurden auf deutschen Werften gebaut, die Dampfschiffe mußten in England in Auftrag gegeben werden. Sie erhielten nur deutsche Besatzung: einen Kapitän, vier Offiziere,

einen Proviantmeister, vier Ingenieure, einen Arzt usw., insgesamt 77 Mann. Die gesamte Mannschaft erhielt Uniform. Nach Hamburger Maß war die Länge der Dampfschiffe über Deck 320 Fuß (1 Fuß = 30,5 cm), Tiefe des Raumes 28 Fuß, Breite über Deck 41 Fuß. Die Maschinen hatten 1400 PS, 2026 BRT, Tiefgang 17 Fuß. Sie waren «aus Eisen und erster Klasse» und liefen 12 1/2 kn. Sie konnten 500 Personen mitnehmen, davon in der 1. Klasse 54, in der 2. 136, im Zwischendeck 310 Personen.
Zur Ausrüstung gehörten Unterwasser-Schallsignale, drahtlose Telegrafie, Turnsäle, Wintergarten, Ritz-Restaurants und erstmalig in der 1. Klasse der BORUSSIA rotsamtene, goldverzierte Möbel und wertvolle Gemälde.
Die Umstellung vom Segelschiff auf den Dampfer erlaubte eine Verdoppelung der Schiffsgröße und der Reisegeschwindigkeit. Die Hin- und Herreise zwischen Hamburg und New York dauerte nur noch 14 bis 17 Tage.
Am 4. April 1856 konnte man in den Hamburger Zeitungen lesen: «Das erste der zur Fahrt zwischen hier und New York bestimmten Dampfschiffe der hiesigen HAPAG, das Schraubendampfschiff BORUSSIA mit Kapitän Ehlers, ist laut telegrafischer Meldung heute vormittag von Portmouth auf der Elbe angekommen.»
Eine neue Phase deutscher Schiffahrt war angebrochen. – Nur nach und nach war man auch in deutschen Kreisen zu der Erkenntnis gekommen, daß es wirtschaftlicher sei, ihre Ozeanschiffe mit Dampf zu betreiben, was auf englischen Fahrzeugen schon seit Jahren geschah. Fehlendes Geld mag dabei auch eine Rolle gespielt haben. Hamburgs erste regelmäßige Dampferverbindung wurde von englischen Reedereien 1824 begründet und führte sowohl nach London, Hull und anderen britischen Häfen, als auch nach Amsterdam und Le Havre.
Im Jahre 1858 ließ die HAPAG zwei weitere, größere Dampfer bauen, die SAXONIA; 1050 t, 93,9 m lang und 12,2 m breit mit Barktakelage, und die AUSTRIA. Diese schnellen Schiffe schafften die Reise nach New York durchweg in 13 Tagen und zurück in 12 Tagen und 6 Stunden.
Aber auch dieses aufstrebende, junge Unternehmen blieb nicht vom Unglück verschont. Am 13. September 1858 geriet die AUSTRIA auf dem Atlantik in Brand. Das Schiff wurde vernichtet. Der Brand war im Zwischendeck durch Hantieren mit siedendem Teer ausgelöst worden. Zwei Segelschiffe in der Nähe des Unglücksortes konnten von den 420 Menschen nur 89 vor dem qualvollen Flammentod retten.
Die HAPAG war die einzige transatlantische Dampfschiffahrtslinie, die Hamburg wirklich und ausschließlich betrieb und von fremdländischer Subvention unabhängig unter der Flagge eines deutschen Staates und unter dem Kommando deutscher Schiffsoffiziere fuhr. Mit der Aufnahme der Linie Hamburg-New York war der erste Schritt getan, auch dem deutschen Handel seine volle Selbständigkeit zu sichern.
Im Jahre 1863 stattete die HAPAG ihren Dampfer GERMANIA mit fließendem Wasser und Badezimmer für die Fahrgäste aus. 1872 fanden die Passagiere auf der FRISIA Dampfheizung und Ventilation und elektrische Klingeln zu den Stewards. Die Innenausstattung bestand aus Edelhölzern, Säulen mit Bronzezierrat, Ölgemälden, großen Spiegeln, prunkvollen Wandleuchtern, Pianos und dergleichen mehr.
Als die HAPAG im Jahre 1872 ihr fünfundzwanzigjähriges Bestehen feiern konnte, zählten fünfundzwanzig moderne Dampfschiffe zu ihrer Flotte.
1875 schaffte die HAPAG die gefährliche Konkurrenz der Bremer Adler-Linie aus der Welt, indem sie sie übernahm und damit die eigene Flotte um sieben fast neue Schiffe vergrößerte. Der Leitspruch der damaligen Gesellschafter beider Reedereien war: Lieber mit- als gegeneinander!
Jetzt konnte diese große Reederei ihre Dienste auch auf andere Länder ausdeh-

nen. Es entstand die Westindien- und Mexiko-Fahrt.
Der Wettbewerb der deutschen Reedereien wurde immer intensiver. Das Aktienkapital der HAPAG um 1880 betrug 15 Millionen Mark. Zu der Zeit beförderte sie 58.000 Personen und 273.000 cbm Güter mit ihren Dampfern. Ihre Linien bedienten Westindien, Kanada, New Orleans. Auf der New Yorker Fahrt wurden außerdem englische und französische Häfen angelaufen.
Auch andere Gesellschaften bauten Schnelldampfer, um den Verkehr nach New York an sich zu ziehen.

HAPAG-Seebäderdienst Der Seebäderdienst wurde acht Jahre allein von der Nordsee-Linie durchgeführt. Sie fuhr von Hamburg aus nicht nur über Helgoland nach den Nordfriesischen Inseln und Bädern, sondern auch nach den Ostfriesischen Inselbädern. Am 1. Januar 1905 wurde auf allen diesen Seebäderschiffen die HAPAG-Flagge gehißt. Als «Abteilung Seebäderdienst» wurde das Unternehmen der Nordsee-Linie in der HAPAG ohne wesentliche Änderungen des Fahrplanes weitergeführt.
Mit dem Schiffspark übernahm die HAPAG auch ein in England gebautes Schiff, das den Namen COBRA führte. Es war ein Raddampfer von ca. 1.100 BRT, der etwa 1000 Passagiere befördern konnte. Bei den Nordseebädergästen war er bald sehr beliebt.
Ohne die COBRA hätte die HAPAG wohl nicht an einen eigenen Seebäderdienst gedacht. Jetzt aber wurde auf der Vulcan-Werft in Stettin ein erstes deutsches Schiff mit Turbinenantrieb gebaut. Am 10. September 1905 traf es in Hamburg ein, trug den Namen KAISER und schaffte 17 sm. Der deutsche Kaiser hat an den Versuchsfahrten des Schiffes persönlich teilgenommen.
Das Reichsmarineamt charterte das Schiff zu Versuchszwecken. Es hatte eine Länge über alles von 96 m, Breite 11,65 m, Tiefgang bei voller Beladung ca. 3 m. Der Hauptspeisesaal hatte 140 Sitzplätze. Es gab – neben einem Rauch- und Damensalon – auf dem Promenadendeck noch einen kleinen Salon für geschlossene Gesellschaften. Neu war, daß das untere Promenadendeck auf etwa 60 m durch Seitenwände geschützt und mit großen Schiebefenstern versehen war. 2000 Passagiere fanden auf dem Schiff Platz. Die Überfahrt von Hamburg nach Helgoland schaffte es in 5 3/4 Stunden.
Die COBRA II, wie die KAISER auf der Stettiner Vulcan-Werft gebaut, lief am 14. Januar 1926 vom Stapel. Ihre Probefahrt war ein großer Triumpf, da der alte Name in Hamburg unvergessen geblieben war.
Obwohl die HAPAG mit den Schiffen KAISER und COBRA II einen guten Fahrplan einhielt, wurde es mit der Zeit nötig, ein drittes Schiff anzuschaffen. So glitt am 10. Mai 1934 bei den Howaldts-Werken in Hamburg die KÖNIGIN LUISE von den Helgen.
Die Jahre vor dem 2. Weltkrieg brachten einen Passagiersegen, der noch viel größer war als während der Goldenen Jahre vor 1914.
Nach reiflicher Überlegung entschloß man sich daher, das vierte Seebäderschiff gleicher Größenordnung zu bauen. Seine Kiellegung war am 20. August 1937 in Memel auf der Werft von Lindenau; sie hatte sich bereits beim Bau von Spezialschiffen bewährt.
Am 15. März 1938 meldete die COBRA II, sie hätte nach der 1000. Fahrt nach Helgoland weit über eine Million Menschen nach Helgoland gebracht.
Am 6. Mai 1939 lief die HELGOLAND in Memel vom Stapel. Dieses Schiff hatte aber laufend Schwierigkeiten mit seinen Schneider-Voith-Propellern und am Elektroantrieb. Angeblich soll keine Reise fahrplanmäßig durchgeführt worden sein.
Durch den 2. Weltkrieg kamen im September 1939 alle vier Schiffe zur Marine im grauen Kleid. Die KÖNIGIN LUISE lief vor Helsinki am 25. September 1941 auf eine Mine. Die COBRA wurde am 27. August 1942 durch

Bomben im Hafen von Rotterdam zerstört. Die HELGOLAND, welche als schwimmendes Elektrizitätswerk in Cuxhaven lag, brannte aus. Nur die unverwüstliche KAISER überstand den 2. Weltkrieg ebenso wie den 1. von 1914/18. Sie mußte an die Russen ausgeliefert werden, die sie an Polen verkauften. Dort lief sie unter neuem Namen von Saßnitz nach Kalmar oder Visby.

Fünfmal HAMMONIA bei der HAPAG (von 1848 bis 1965) «Heil Dir, Hammonia» singen die Hamburger in ihrer «Nationalhymne» mit großem Stolz auf das Ansehen «ihrer Hansestadt»! Ganz sicher bestand da ein Zusammenhang, wenn die größte deutsche Linienreederei, die HAPAG, fünfmal einen Neubau HAMMONIA taufte, immer dann, wenn in der Entwicklung der Schiffahrt ein Meilenstein erreicht war.

Nachdem im Jahre 1848 das erste Schiff der HAPAG, der Segler DEUTSCHLAND, den Liniendienst nach New York eröffnete, lieferte die englische Werft Caird & Co. 1848 das achte Schiff der Reederei, die erste HAMMONIA, ab. Sie war 85,3 m lang, 11,7 m breit und hatte 2026 BRT. Sie erreichte 12,5 kn. Den 510 Passagieren bot sie geräumige und bequeme Einrichtungen. 1864 wurde sie nach England verkauft.

Das zweite Schiff mit dem Namen HAMMONIA wurde ebenfalls in England bei Caird & Co. gebaut und war mit Passagiereinrichtungen ausgerüstet, die damals als komfortabel galten. Sie war 101 m lang, 12,5 m breit, 3035 BRT groß und schaffte die Strecke Hamburg-New York in einer Rekordzeit von neun Tagen und drei Stunden. Nach zwölf Jahren im Dienste der HAPAG wurde das Schiff 1878 nach Rußland verkauft.

Schon vier Jahre danach, 1883, befuhr bereits eine dritte HAMMONIA den Nordatlantik. Die Ausstattung für 950 Passagiere war noch bequemer und prächtiger geworden. In Bauart und Seetüchtigkeit war dieses Schiff mit zwei Schornsteinen seinerzeit ein hervorragendes Zeugnis der Schiffbaukunst. Die Länge des neuen Schiffes betrug 114,3 m, die Breite 13,7 m, die Geschwindigkeit 15 kn. Mit einer Größe von 4247 BRT hatte es eine Tragfähigkeit von 2398 t. Wie seine Namensschwestern fuhr dieses Schiff zusätzlich noch mit Besegelung. 1889 wurde es einer französischen Reederei verkauft.

1921 kaufte die HAPAG einen 7291 BRT großen Dampfer, die HOLLANDIA, und nannte ihn gleichfalls HAMMONIA. Es war das vierte Mal, daß ein Schiff der HAPAG diesen Namen trug. Mit 5900 t Tragfähigkeit war es ebenfalls im Nordatlantikverkehr zur Beförderung von Passagieren und Fracht eingesetzt.

Diese vier Schiffe mit dem Namen HAMMONIA waren hauptsächlich Passagierschiffe gewesen, die im Liniendienst Europa-Nordamerika fuhren.

Mit dem fünften Schiff, das diesen Namen trug, stellte sich 1965 der neue Typ eines Schnellfrachters vor. Er lief die Häfen des Fernen Ostens an. Als 55. Schiff reihte es sich in die Flotte der Reederei ein. Gemeinsam mit seinem bereits in Dienst gestellten Schwesterschiff MS WESTFALIA, und später noch mit vier weiteren Neubauten gleicher Art, sollte diese HAMMONIA als eines der modernsten und schnellsten Frachtmotorschiffe der Welthandelsflotte die Brücke zwischen dem europäischen Kontinent und den Handelsplätzen der fernöstlichen Länder schlagen.

Versorgung der russischen Kriegsflotte im russisch-japanischen Krieg insbesondere durch die HAPAG Allein von der HAPAG kaufte Rußland 1904 über ein Dutzend älterer, großer Dampfer, darunter die drei größten Schnelldampfer, COLUMBIA, AUGUSTE VICTORIA und BISMARCK.

Außerdem hatte die HAPAG die russische Ostasienflotte, etwa 50 Schiffe, mit Kohlen versorgt, das bedeutete für jede Tonne einen Transportweg von 15.000 sm. Auch Wasser, Verpflegung und Munition gehörten zu den Versorgungsgütern, sie wurden

mit etwa 100 deutschen Frachtschiffen, die z.T. gechartert waren, nach Ostasien transportiert.
Während dieser Transporte wurde auch auf Madagaskar Zwischenstation gemacht. Die Schiffe lagen schräg am Strand und die Besatzungen bauten sich behelfsmäßige Baracken. Einheimische wurden als Hilfskräfte eingespannt, auch Frauen. Es brachen Krankheiten aus und die Arbeitsmoral begann zu sinken.
Um den Nachschub aufrecht zu erhalten, mußte die Insel verlassen werden. Damals entstand das Lied, das noch heute in keiner Shanty-Sammlung fehlt:
Wir lagen vor Madagaskar
und hatten die Pest an Bord.
In den Kesseln, da faulte das Wasser
und täglich ging einer über Bord ...

Kosmos, Deutsche Dampfschiffahrts-Gesellschaft fusionierte 1926 mit der HAPAG

Die Gesellschaft wurde 1872 mit einem Kapital von fünf Millionen Mark gegründet. Sie eröffnete zunächst eine monatliche Linie nach Valparaiso und Callao, später wurden nach und nach immer mehr Plätze an der Westküste Südamerikas in den Dienst einbezogen. 1884 wurden die Fahrten bis zur Westküste Guatemalas ausgedehnt.
1899 ging die Hamburg-Pacific-Dampfschiffs-Linie, die 1886 als Konkurrenz-Linie gegen die Kosmos, Deutsche-Dampfschifffahrts-Gesellschaft (Kosmos) gegründet war, nach harten Kämpfen durch Fusion in die Kosmos auf.
1900 wurde mit der HAPAG eine Betriebsgemeinschaft abgeschlossen.
1899 wurden die Fahrten an der Westküste bis San Francisco ausgedehnt, 1900 sogar bis Seattle, Tacoma, Victoria und Vancouver. Fast 60 Häfen wurden angelaufen.
Im März 1921 nahm die Kosmos ihren Dienst nach der Westküste Amerikas wieder auf, nachdem sie für diesen Verkehr mit der Bremer Roland-Linie einen Gemeinschaftsvertrag über 15 Jahre abgeschlossen hatte. Die 1920 abgelaufene Betriebsgemeinschaft mit der HAPAG wurde nicht erneuert. Die HAPAG begann Ende 1922 ihrerseits eigene Fahrten nach der Westküste.
1924 kam es zu einem Abkommen zwischen HAPAG, Kosmos und Roland-Linie. Die Reedereien betrieben in der Folgezeit den Dienst im Pool unter der Bezeichnung Deutsche Westküsten-Linien. 1926 ging die Kosmos durch Fusion in die HAPAG über.

Deutsch-Australische Dampfschiffahrts-Gesellschaft, Übernahme durch die HAPAG

Die Gesellschaft war im September 1888 mit einem Kapital von vier Millionen Mark gegründet worden. Vorstandsvorsitzender wurde Otto Harms. 1889 nahm sie den Dienst mit einer Linie nach Sidney und Melbourne auf. Das anfangs auch betriebene Passagiergeschäft wurde 1894 als unrentabel aufgegeben.
Seit 1894 wurde regelmäßig Kapstadt angelaufen. 1898 wurde eine selbständige Linie nach Westaustralien, 1900 eine nach Queensland, 1912 eine nach den Spencergolfhäfen und 1914 – gemeinsam mit dem Norddeutschen Lloyd – eine nach Neuseeland eingerichtet.
Schon 1905 war eine Linie von Skandinavien nach Australien, hauptsächlich für Holzladungen, eröffnet worden.
1907 wurde gemeinsam mit der Bremer Hansa und einer englischen Reederei eine Linie New York-Australien, später eine New York-Niederländisch Indien eröffnet. Schon 1900 war auch gemeinsam mit zwei holländischen Reedereien eine direkte Linie nach Niederländisch Indien eingerichtet worden.
Nach Kriegsende wurde zunächst wieder der Verkehr mit Niederländisch Indien aufgenommen. Anfang 1920 übernahm die Deutsch-Australische Dampfschiffs-Gesellschaft die Vertretung der Nederlandschen Stoonwaart Maatschappij Oceana. Ende Oktober 1920 konnte der erste Neubau abgefertigt werden. Im August 1922

konnte auch der Verkehr mit Australien, gemeinsam mit dem Norddeutschen Lloyd und mit der Firma Alfred Holt & Co., wieder aufgenommen werden, der sich aber nur langsam entwickelte. Um dieselbe Zeit kam durch ein Übereinkommen mit den Afrika-Linien auch der Verkehr mit Südafrika wieder in Gang.
Ende 1920 ging der langjährige Leiter der Linie, Otto Harms, in den Aufsichtsrat als dessen Vorsitzender.
1926 wurde die Deutsch-Australische Dampfschiffs-Gesellschaft von der Hapag übernommen, blieb aber dem Namen nach bestehen.

Hapag-Lloyd AG Neue Entwicklungen haben die Fusion der beiden Reedereien 1970 notwendig gemacht. Die Passagierschiffahrt verlor ihre Bedeutung, seitdem Düsenflugzeuge die Reisezeit zwischen den Kontinenten von Wochen oder Tagen auf Stunden verkürzten. Und ein wesentlicher Teil des Frachtverkehrs verbindet nicht mehr Hafen mit Hafen, sondern Haus mit Haus. Das Schiff ist dabei nur noch ein Glied in der Kette des Warentransportes.
Die Inhaber dieser Gesellschaft sind nicht mehr Männer, nach denen man Straßen benennt.
Zu mehr als einem Viertel gehört die Hapag-Lloyd AG der Deutschen Bank, der Dresdner Bank und der Veritas Vermögensverwaltungsgesellschaft mbH., München, die ihrerseits den Versicherungsgesellschaften der Allianz und der Münchner Rückversicherungsgesellschaft gehört.
Unter der Flagge der neuen Gesellschaft fuhren 1970 55 Schiffe mit insgesamt 782.605 BRT. Für 10 Vollcontainerschiffe besaß die Hapag-Lloyd 26.500 eigene Container und für den Lash-Dienst (lighter aboard ship) 205 Leichter, mit deren Hilfe tief im Binnenland liegende Flußhäfen über die Ozeane miteinander verbunden werden.
Hapag-Lloyd bediente im Liniendienst 14 Fahrtgebiete und 231 Häfen in aller Welt. Ein Großtanker wurde im Herbst 1970 in Dienst gestellt.
Für die Tochtergesellschaft Kosmos fuhren vier eigene und zwei langfristig gecharterte Massengutfrachter (Bulk-Carrier).
Zum Unternehmen gehören eine eigene Fluggesellschaft und ein Reisebüro mit mehr als 350 Filialen (1995) und noch viele andere Tochtergesellschaften und Nebenbetriebe. In der Container-Linienschiffahrt hatte die Hapag-Lloyd AG 1995 nahezu 20 Schiffe im Einsatz. Die Luftflotte verfügte über mehr als 20 Flugzeuge. Das Passagierschiff MS Bremen wurde im gleichen Jahr erworben. Der Touristikbereich expandierte.

Handel mit Australien, Ostasien und China Der Übergang Englands zum Freihandel (1846) erschloß den deutschen Kaufleuten die Möglichkeit, auch den Verkehr mit Australien aufzunehmen.
Die Hamburger Firmen J.C. Godeffroy und C. Woermann ließen als erste seit 1851 ihre Segler regelmäßig die Häfen Adelaide, Melbourne und Sydney anlaufen. Wolle, Weizen und Mais waren die wichtigsten von dort geholten Güter.
In den nächsten Jahren stieg der Handel rasch an, besonders, nachdem man in verschiedenen Gegenden Australiens Gold gefunden hatte.
Durch die Arbeit und die Ideen hanseatischer Kaufleute und Reeder war nach der Reichsgründung die Eingliederung der deutschen Wirtschaft in die Weltwirtschaft und den Weltverkehr möglich.
Um 1850 setzte ein entscheidender Aufstieg in der Wirtschaft ein. Seit dieser Zeit wehte die Hamburger Flagge auf allen Meeren.
Um 1848 gab es in Ostindien und China bereits 64 deutsche Firmen, von denen 37 in hanseatischer Hand waren. Bekannte Hamburger Handelshäuser im Verkehr mit Ostasien waren die Firmen: Carlowitz & Co., Illies & Co., Siemssen & Co., Behn, Meyer & Co., Berenberg, Goßler & Co. u.a.

Im Jahre 1856 liefen 90 Schiffe unter der Hamburger Flagge den Hafen von Kanton an. Sie brachten in die Heimat: Reis, Tee, Baumwolle, Indigo, Ingwer, Pfeffer, Zukker, Musselin, Manilahanf u.a.
Die Eröffnung des Suezkanals 1869 und die großartige Entwicklung der Dampfschiffahrt brachten den entscheidenden Auftrieb für den Verkehr mit Ostasien.
1871 fuhr der erste hamburgische Dampfer SEDAN von Hamburg nach Singapur und China.

Handelsvertrag zwischen China und den Hansestädten Hamburg, Lübeck und Bremen Die Pioniere des China-Geschäfts waren zum großen Teil Nicht-Hamburger. Die Impulse gingen auch nicht von Hamburg aus. Als in den vierziger Jahren das Interesse an China zunahm, auch in Hamburg, verhielt sich die Commerzdeputation äußerst zögernd. Sie sprach sich 1844 und 1846 sogar gegen die Errichtung hamburgischer Konsulate aus, da sie von deren Tätigkeit keine belebende Wirkung auf das Hamburger Geschäft erwartete.
In bezug auf China und den Fernen Osten war nichts von dem Enthusiasmus zu spüren, mit dem Hamburgs Regierung und Kaufmannschaft die Gründung von Positionen in Form eigener konsularischer Vertretungen in Lateinamerika betrieben hatte. Ebenso desinteressiert war man am Abschluß eines Handelsvertrages. Hatte sich Hamburg im Hinblick auf Lateinamerika förmlich beeilt, an der Spitze der Staaten zu sein, die mit den jungen unabhängigen Ländern Handels- und Freundschaftsverträge abschlossen, so zögerte man im Hinblick auf China auch dann noch, als Rußland, Frankreich und die USA ihre handelspolitische Aktivität sehr deutlich werden ließen. Erst als man merkte, daß Preußen und der Zollverein die Initiative ergriffen, nahm der Senat auf Drängen der Commerzdeputation die Fühlung mit dem unbeliebten Zollverein auf. Man wollte ihn bewegen, ein Mandat anzunehmen, auch im Namen der drei Hansestädte einen Handelsvertrag mit China abzuschließen. Zu diesem Vertrag kam es 1861.

Regelmäßige Liniendienste zwischen Europa und China Einen starken Auftrieb im Schiffsverkehr zwischen Europa und China brachte die Eröffnung des Suezkanals im Jahre 1869. Aber in erster Linie nutzten die britischen Reeder den Vorteil der verkürzten Route aus. In Hamburg war die Entwicklung der Linienfahrt und die Trennung von Reederei und Kaufmannsgeschäft noch nicht so weit vorgeschritten, um in den aufblühenden Fern-Ost-Verkehr schiffahrtsmäßig einzudringen. Eine «Deutsche Dampfschiffs-Rhederei» wurde 1871 in Hamburg gegründet. Es handelte sich um die Kingsin-Linie – 13 Dampfer mit 46.700 BRT –, die 1883 zu einer Flotte mit weiteren neun Dampfern und 13.750 BRT anwuchs. Ab 1884 wurde der Dienst in Abständen von 20 Tagen durchgeführt. Die Flotte wurde 1898 von der Hamburg-Amerika-Linie übernommen und versah einen monatlichen Dienst Hamburg – China.
Besondere Bedeutung gewannen die Dienste des Norddeutschen Lloyd. Nachdem Bismarck sich für die Errichtung von Postdampfer-Linien stark gemacht hatte, von denen er sich eine wirkungsvolle Unterstützung des deutschen Außenhandels versprach, wurde im Juni 1886 der erste Reichspostdampfer ODER des Lloyd von Bremen aus nach Shanghai abgefertigt. Die Abfahrten fanden monatlich statt. Nach 1899 wurde ein vierzehntägiger Dienst eingerichtet.
Die gute Position des Norddeutschen Lloyd wurde beeinträchtigt durch Albert Ballins Ausgreifen nach dem Osten. Mit der Übernahme der Kingsin-Linie war die Hamburg-Amerika-Linie ein sehr ernster Wettbewerber geworden. Weder der Norddeutsche Lloyd noch Albert Ballin wollten jedoch einen Ratenkampf. Eine Verständigung erfolgte schon zu Beginn des Jahres 1898. Die Reedereien schlossen ein Abkommen

zur Durchführung eines gemeinsamen Post- und Frachtdienstes. Die Hamburg-Amerika-Linie verkaufte vor Eröffnung des Dienstes sieben Dampfer der gerade übernommenen Kingsin-Linie.

Albert Ballin und der Ferne Osten Für die Hamburger Reederei war es von großer Bedeutung, daß die Reichsregierung ihr einen Zuschuß von jährlich 375.000 Mark, zahlbar ab 1. Januar 1900, einräumte. Die Regierung war stark am China-Handel interessiert und wollte auch ihre politisch-marinestrategischen Ziele ergänzen.

Es war nicht nur die «Subvention», die Ballin reizte, es war vor allem das Interesse des Reiches an einem neuen Engagement seiner Reederei. Seine Geschäftsergebnisse waren günstig gewesen, auch konnte das Aktienkapital von 45 auf 50 Millionen Mark im Jahre 1898 erhöht werden. Nach 1903 schied die Hamburg-Amerika-Linie aus dem Postdampferdienst aus. Sie war unzufrieden mit den als hemmend empfundenen Auflagen. Den Frachtdienst aber setzte sie fort.

Albert Ballin reiste im Jahre 1901 selbst in den Fernen Osten. Er war davon überzeugt, daß die deutsche Position in China wie überhaupt in Fern-Ost gefestigt sei und der deutsche Kaufmann seinen englischen Konkurrenten nach und nach einholen werde.

In einer Denkschrift des preußischen Gesandten in Hamburg, Graf Metternich, die sich im Jahre 1901 mit der Frage einer deutsch-britischen Verständigung befaßte, wurde auch Albert Ballin zitiert. Er habe nach seiner Rückkehr von der Weltreise berichtet, «die Amerikaner wollen in China den deutschen und englischen Handel zurückdrängen. Sie lassen sich auf keinen Kompromiß ein. Der deutsche Unternehmungsgeist ist im Begriff, die Engländer in China zu überflügeln. Der Deutsche kommt aber mit dem Engländer, obschon er ihm zusehends den Rang abläuft, aus. Beide arbeiten häufig zusammen. Generaldirektor Ballin hofft beispielsweise, in Bälde mit dem bedeutendsten englischen Handelshause in China, Butterfield and Swire, welches einen vorzüglich eingerichteten Dienst von 55 Dampfern der Küste entlang und weit den Jangtse hinauf in Betrieb hat, ein Übereinkommen zu treffen.» Ballins Reise führte zu neuen Engagements seiner Reederei, weckte allerdings auch das Mißtrauen britischer Kreise. Die Zeit, in der der Kaufmann in China die «Pax Britannica» als selbstverständlich und wohltuend hingenommen hatte, war vorbei.

Die Beteiligung der Hamburg-Amerika-Linie an der China-Fahrt wurde im Bericht der Handelskammer Hamburg für das Jahr 1898 hervorgehoben. «Eine wirksame Unterstützung gewährt dem deutschen Handel die in diesem Jahre beschlossene Vermehrung und Beschleunigung der Fahrten der Reichs-Postdampfer-Linie, welche, nachdem die Hamburg-Amerika-Linie mit Beginn des Jahres den Frachtdampfer-Dienst nach Ostasien übernommen hatte, von ihr in Gemeinschaft mit dem Norddeutschen Lloyd werden ausgeführt werden.» Im übrigen erwähnte der Bericht die «Besetzung des Hafens von Kiautschou durch Deutschland», was den anderen Mächten Veranlassung gegeben hätte, «sich auch ihrerseits Gebietsverpachtungen oder sonstige Vorteile von China auszubedingen ...» Es wurde ferner die Erwartung ausgesprochen, daß «Deutschland, welches in dem Gebiet der Kiautschou-Bucht und der Provinz Schantung einen festen Stützpunkt gewonnen, und dessen Ansehen durch die Anwesenheit des Prinzen Heinrich in Ostasien und durch seinen feierlichen Besuch bei dem Kaiser von China eine wesentliche Steigerung erfahren hat, sich an der Erschließung des großen Reiches den gebührenden Anteil sichern wird».

1869: Wende durch den Bau des Suezkanals Im Jahre 1869 wurde der Suezkanal eröffnet. Er verbindet das Mittelmeer direkt mit dem Roten Meer. Das verkürzte die

Route nach Ostasien um mehrere Wochen. Klipper allerdings mußten durch den Kanal geschleppt werden.
Mittelmeer und Rotes Meer haben als Binnenmeere auch keine günstigen Segelwinde.
Das führte dazu, daß die Routen nach Indien und China bald von Dampfern befahren wurden und die Klipper Handelsverkehr über die offenen Ozeane trieben. Besonders günstig ließen sie sich auf der langen Route nach Australien einsetzen, auf der Dampfer mehrmals bunkern mußten (Kohle aufnehmen).

Hamburg-Südamerikanische Dampfschifffahrts-Gesellschaft Elf angesehene Hamburger Handelshäuser gründeten am 4. November 1871 in Hamburg die HAMBURG-SÜDAMERIKANISCHE DAMPFSCHIFFAHRTS-GESELLSCHAFT (HAMBURG-SÜD). Die persönlichen Initiatoren hießen: August Bolten, Heinrich Amsinck, Carl Woermann, Carl Heinrich Laeisz, John Berenberg-Goßler, Friedrich Wilhelm Burchard, Ernst Michahelles, Carl Heinrich Abegg, Edgar Daniel Roß, Adolph Tesdorpf. Sie zeichneten 5.000 Aktien von zusammen 1,25 Millionen Talern. August Bolten, der Hauptaktionär, der zugleich die britischen Reedereien der Dampfer BRAZILIAN und RIO vertrat, brachte drei kleine Dampfer ein. So war die erste Flotte der Hamburg-Süd knapp 4.000 BRT groß.
Zunächst wurde unter Hinzuziehung eines Charterdampfers ein monatlicher Dienst nach Brasilien und dem La Plata eröffnet. Schon nach zwei Jahren mußten die Fahrten verdoppelt und wenige Jahre später voneinander getrennt werden. Schon das Jahr 1887 brachte die ständige Einführung wöchentlicher Fahrten auf beiden Linien. Bereits 1890 führten 27 Dampfer mit 58.000 BRT 104 Rundreisen im Jahr durch. Auch im Passagiergeschäft nahm die Entwicklung einen sprunghaften Anstieg. Um die Jahrhundertwende stieg die Tonnage auf 100.000 BRT an, die bis zum 1. Weltkrieg 350.000 BRT erreichte.

Das Jahr 1900 wurde für die Hamburg-Süd epochemachend, als sie mit der HAPAG eine sogenannte Betriebsgemeinschaft einging unter völliger Wahrung ihrer Selbständigkeit und Aufrechterhaltung ihrer eigenen Verwaltung. Seitdem wurden alle Fahrten gemeinsam durchgeführt. Die Hamburg-Süd stellte zwei Drittel und die HAPAG ein Drittel der Tonnage.
1901 gründete die Hamburg-Süd die Patagonische Küstenlinie, deren Dampfer unter argentinischer Flagge fuhren und die wichtigsten Häfen zwischen Buenos Aires und Feuerland bedienten.
Seit 1900 wurde die «Cap»-Klasse entwikkelt. Diese Schiffe fanden internationale Anerkennung durch ihre Größe, Schnelligkeit und Komfort. Das schönste, das Flaggschiff der Reederei, war die CAP ARCONA mit 27.560 BRT und 20 kn Geschwindigkeit.
1914 bestand die Flotte der HAMBURG-SÜD aus 57 Ozeanschiffen mit rund 350.000 BRT. 1918 mußte sie sämtliche Schiffe abliefern.
Der 1. Weltkrieg vernichtete zwar die Flotte der HAMBURG-SÜD, aber nicht ihren Ruf. Mit gecharterten Seglern und Dampfern schaltete sie sich wieder in das Südamerika-Geschäft ein und schickte 1920 die ARGENTINA, den ersten Neubau, auf die Jungfernreise nach Südamerika. In den nächsten Jahren folgten Verstärkungen durch Neubauten und Rückkäufe abgelieferter Schiffe, darunter der 20.972 BRT große Schnelldampfer CAP POLONIO mit Einrichtungen für 385 Passagiere 1. Klasse, 150 Passagiere der 2. und 1.055 Passagiere der 3. Klasse. Sie war 1915 fertiggestellt, mußte nach England ausgeliefert werden und wurde 1921 zurückgekauft. Im Winter 1924/25 wurde mit den Motorschiffen MONTE SARMIENTO und MONTE OLIVIA von je 14.000 BRT ein völlig neuer Schiffstyp in Dienst gestellt. Neben Einrichtungen für 2.400 Passagiere in der 3. Klasse war eine große Ladekapazität vorhanden. Dieser Schiffstyp wurde noch ergänzt durch die Schwesterschiffe MONTE ROSA und MONTE PASCUAL.

Neben dem Frachterdienst wurde dem Ausbau der Touristen- und Vergnügungsreisen besondere Aufmerksamkeit gewidmet. So kam der Bau von Hamburgs Überseebrücke an den Vorsetzen auf Initiative der HAMBURG-SÜD zustande.

Besonders beliebt waren die Reisen, die von Buenos Aires nach den wildromantischen Fjorden des Feuerlandes, nach Brasilien, Westindien und New York, der Sowjetunion und dem Mittelmeer führten. Weniger begüterte Passagiere aller europäischen Länder reisten mit den «Monte»-Schiffen nach Norwegen, Spitzbergen, London, Schottland, Island, Atlantische Inseln, allen Mittelmeerländern usw.

Der zunehmende Frachtverkehr veranlaßte die Reederei, neun reine Motor-Frachtschiffe der «Belgrano»-Klasse in Auftrag zu geben. 1937 wurden drei davon in Dienst gestellt: BELGRANO, PORTO ALEGRE und MONTEVIDEO. Es folgten RIO GRANDE, PARANAGUA, FLORIDA u.a.

Zahlenmäßig vollzog sich der Wiederaufbau wie folgt:
1925 18 Schiffe mit 151.000 BRT
1935 39 Schiffe mit 298.000 BRT
1939 56 Schiffe mit 409.000 BRT
Dazu kamen 114 Hilfsfahrzeuge mit 21.700 BRT.

1935 wurden 139.705 Passagiere befördert. Die gesamte Belegschaft der Firma bezifferte sich 1939 auf 6.557 Personen.

Nach Ausbruch des 2. Weltkrieges verlor die HAMBURG-SÜD zum zweiten Mal ihre gesamte Flotte. Erst nach 1945, nach Aufhebung der Restriktionen der alliierten Siegermächte, konnte die Reederei erneut mit dem Aufbau beginnen.

1951 wurde mit MS SANTA URSULA der Dienst nach der Ostküste Südamerikas wieder aufgenommen. Drei weitere Neubauten folgten in kurzen Abständen. 1953 kamen die MS SANTA TERESA und SANTA INES hinzu. Alle Schiffe dieser Gruppe hatten eine Tragfähigkeit von rund 10.000 BRT und Passagiereinrichtungen für 28 Fahrgäste. Die Kombination von Fracht- und Passagierschiffen hat sich bewährt. Weitere «Cap»-Schiffe wurden gebaut. Die HAMBURG-SÜD hat wieder großes Ansehen mit Liniendiensten, davon Cross Trades zwischen Nordamerika, Australien und Neuseeland, und mit Spezialschiffen in ihren Fahrtgebieten erlangt.

Adolph Woermann, Pionier der Afrikaschiffahrt, Woermann-Linie Adolph Woermann führte das Haus C. Woermann nach dem 1880 erfolgten Tode seines Vaters Carl Woermann zusammen mit seinem Bruder Eduard, seinem Schwager Eduard Bohlen und später dessen Schwiegersohn Arnold Amsinck, weiter.

1882 richtete er mit drei kleinen Dampfern die erste regelmäßige Linie nach der Westküste Afrikas ein. Damit wurde der reine Reedereibetrieb aufgenommen.

Als 1884 die Kolonialerwerbungen begannen, stellten sich neue große Aufgaben. Weitere Schiffe mußten gebaut werden, dafür war Kapital erforderlich. So wurde der Entschluß gefaßt, die Reederei von dem Handelsgeschäft zu trennen. 1885 wurde die «Afrikanische Dampfschiffs-Actiengesellschaft, Woermann-Linie» (Woermann-Linie) ins Leben gerufen.

An der Erwerbung Kameruns hatte das Haus C. Woermann maßgebend Anteil. Seit 1868 war die Firma dort ansässig und beherrschte mit der später auftretenden Firma Jantzen & Thormählen einen großen Teil des Kamerunhandels. Eduard Woermann war 1884 selbst nach Kamerun gekommen und hatte die von der Firma C. Woermann und Jantzen & Thormählen erworbenen Rechte unter deutschen Schutz stellen lassen, denn auch England war an Kamerun interessiert. Mit fünf Dampfern von zusammen 7400 BRT nahm die neue Gesellschaft die Fahrten auf. Anfänglich war das Ziel nur die eigentliche Westküste, die Guinea-Küste. Die deutsche Kolonie Südwestafrika war damals noch so wenig entwickelt, daß ein regelmäßiger Dienst nicht lohnen konnte. Erst von 1898 an, als man sich entschlossen hatte, eine Bahn von Swakop-

mund nach Windhuk zu bauen, wurde eine monatliche Linie nach Südwestafrika eingerichtet.

Im Februar 1904 brach plötzlich ein Hereroaufstand in Deutsch-Südwestafrika aus. Die Woermann-Linie war auf diesen Krieg nicht vorbereitet. Zehntausende von Soldaten und Pferden, Mengen an Material, Proviant, Futtermitteln und Munition mußten dorthin geschafft werden.

Es fehlte nicht nur an Schiffen, auch die Hafenverhältnisse der Kolonie machten größere Anlandungen unmöglich. Bei schlechtem Wetter konnte in Swakopmund am offenen Brandungsplatz nicht angelegt werden. Bis zu 20 Schiffe lagen dann auf der Reede.

Die Woermann-Linie baute daher in Swakopmund eine Landungsbrücke, charterte, kaufte und baute Schiffe.

Nach der Niederschlagung des Hereroaufstandes kam es 1907 zu wirtschaftlichen Machtkämpfen, die die Afrika-Schiffahrt entscheidend veränderten. Die inzwischen gegründete «Hamburg-Bremer Afrika-Linie» drang in die Afrika-Fahrt ein. Es kam zu einem Frachtratenkampf, in dessen Verlauf der Norddeutsche Lloyd die neue Linie übernahm. Auch die Hamburg-Amerika-Linie erstrebte einen Anteil an dem Afrika-Geschäft.

Noch im Jahre 1907 kam es zu einer Einigung: ein gemeinsamer deutscher Afrika-Dienst wurde eingerichtet, dessen Leitung die Woermann-Linie übernahm. Im folgenden Jahre trat auch die «Deutsche Ost-Afrika-Linie» dem Abkommen bei, so daß nun alle deutschen Reedereien, die am Afrika-Geschäft interessiert waren, in der Woermann-Linie zusammengefaßt waren.

Deutsche Ost-Afrika-Linie Die deutsche Ost-Afrika-Linie war 1890 unter Führung von Adolph Woermann und aufgrund eines mit dem Reiche abgeschlossenen Subventionsvertrages gegründet worden. Trotz der Subvention hatte die neue Linie viele Jahre zu kämpfen, da die junge Kolonie in den Anfangsjahren naturgemäß nur unbedeutenden Überseehandel aufwies.

Am 4. Mai 1911 starb Adolph Woermann in Hamburg. Er war der Leiter der Woermannschen Unternehmungen, eine überragende Persönlichkeit der deutschen Wirtschaftsgeschichte. Für ihn hatte Bismarck das Wort vom «Königlichen Kaufmann» geprägt.

Die Woermann-Linie wurde wieder Aktiengesellschaft. Den Vorsitz des Aufsichtsrats übernahm Eduard Woermann. Ab 1896 hieß sie Woermann-Linie GmbH, die aus der alten Woermann-Linie und der 1886 gegründeten Afrikanischen Dampfschifffahrts AG hervorgegangen war.

Die Jahre vor dem 1. Weltkrieg wurden für die Woermann-Linie und ihre jüngere Schwesterfirma, die Deutsche Ost-Afrika-Linie, eine Zeit glänzenden Aufstiegs. Es entstanden neue Liniendienste; Küsten-

und Flußschiffahrtdienste wurden als Zubringer eingerichtet. 1910 wurde gemeinsam mit den «Elder Dempster-Reedereien» ein direkter Dienst von New York nach Westafrika aufgenommen. Die Niederlassungen an der afrikanischen Küste nahmen nicht nur an Zahl zu, sondern wurden auch zu bedeutenden Sonderunternehmungen ausgebaut. Kohlendepots, Reparaturwerkstätten, Schwimmdocks, große Leichterbetriebe wurden errichtet.

Als 1914 der 1. Weltkrieg ausbrach, zählte die deutsche Afrika-Flotte über 350.000 BRT. Zahlreiche Schiffe wurden auf See oder in feindlichen Häfen beschlagnahmt. Nach Beendigung des 1. Weltkrieges mußten sowohl die in Deutschland befindlichen als auch die in anderen Häfen liegenden Schiffe an die Alliierten ausgeliefert werden. Die wertvollen Anlagen und Fahrzeuge in Afrika gingen verloren.

Die Inhaber der Firma C. Woermann entschlossen sich 1916, die in ihren Händen befindliche Aktienmajorität der Woermann-Linie und ihren bedeutenden Besitz an Aktien an die Deutsche Ost-Afrika-Linie abzugeben, um sich besser dem Wiederaufbau des Handelsgeschäftes widmen zu können.

Die nunmehr vom Hause C. Woermann getrennten beiden Linien wurden unter Beibehaltung ihrer alten Firmennamen zu einer Interessengemeinschaft mit gemeinsamem Vorstand verbunden. Arnold Amsinck übernahm den Vorsitz.

Mit Hilfe der vom Reich gewährten Entschädigung konnten Neubauten in Auftrag gegeben werden. Einige der abgelieferten Schiffe wurden zurückgekauft.

1920 wurde die Fahrt mit einigen Charterschiffen wiedere aufgenommen. Mit dem Charterdampfer PALLAS fuhr Lothar Bohlen an die Westküste Afrikas, um persönlich die Fäden wieder anzuknüpfen.

1922 wurde ein monatlicher Dienst mit modernen Passagierdampfern nach Südwest und Südafrika eingerichtet. In den folgenden Jahren wurden drei Passagierdampferlinien betrieben. Die Frachtlinien-Schiffahrt erweiterte ihren Betrieb.

1927 wurden zwei Passagierdampfer in Auftrag gegeben, die WATUSSI und UBENA.

Bis 1929 stand die Entwicklung der Woermann-Linie und Deutschen Ost-Afrika-Linie im Zeichen stetigen Aufstiegs.

Der Preissturz der afrikanischen Produkte (1930) hatte eine große Verringerung der Einfuhren in Afrika zur Folge. Die Frachtraten für Ausfuhrprodukte mußten gesenkt werden. Die zurückgehenden Einnahmen der in Afrika Ansässigen führten zu einem Rückgang des europäischen Schiffsverkehrs. Der ausgehende Verkehr kam ins Stocken. Es überwog bald der einkommende Verkehr, die Rückwanderung.

1931 traf die deutschen Linien ein neuer, schwerer Schlag. Im September war England vom Goldstandard abgegangen. Das Pfund sank auf zwei Drittel seines Wertes. In der Afrikafahrt lauteten aber alle Frachtraten auf Pfund Sterling.

Diese Lage führte zu einem Rückgang des Geschäftes nicht nur der Afrika-Linie, sondern der Schiffahrt allgemein. Es begann das Auflegen von Schiffen. Ältere Schiffe wurden abgewrackt. Die Flotten schrumpften. Schiffe, die in den Liniendiensten zeitweise nicht untergebracht werden konnten, wurden in der Trampfahrt verwandt.

Für die Passagierdampfer wurde eine neue Verwendung im Vergnügungsreisendienst gesucht. Billige Englandreisen, sogenannte Hansafahrten, Sonderfahrten rund um Afrika, nach Süd- und Westafrika, wurden mit Erfolg veranstaltet.

So gelang, es von Mitte 1933 ab allmählich auch wieder Beschäftigung für die Schiffe zu finden, die vorher hatten aufliegen müssen. Den Verlust aus der Pfundentwertung völlig auszugleichen, blieb jedoch unmöglich. Die deutsche Schiffahrt war einstweilen verurteilt, praktisch ohne Gewinn oder sogar mit Verlust zu arbeiten.

1939 verfügten die Afrika-Linien über 164.000 BRT. Die gesamte Flotte ging im 2. Weltkrieg verloren.

1941 übernahm der Reeder John T. Essberger die Afrika-Linien und gründete 1950 die Deutsch-Afrikanische Schiffahrts-Gesellschaft mbH (Afrika-Linien). Noch vor dem Tode von John T. Essberger wurde 1959 die Firma in die Deutsche Afrika-Linien GmbH & Co umgewandelt.
1964 betrug die Gesamttonnage 250.000 BRT. Heute arbeitet die Reederei unter Hinzuziehung etlicher Charterschiffe.
Im Jahre 1934 erfuhr die Afrika-Schiffahrt durch die nationalsozialistische Regierung eine Umorganisation und brachte das Ausscheiden der Hamburg-Amerika-Linie und des Norddeutschen Lloyd aus der Afrika-Schiffahrt mit sich. Sie führte weiterhin dazu, daß die Hamburg-Bremer Afrika-Linie zu einer Tochtergesellschaft der Woermann-Linie und Deutschen Ost-Afrika-Linie wurde. So gelangte die deutsche Afrika-Schiffahrt wieder in die Hände dieser beiden praktisch eine Einheit bildenden Reedereien.
Die vereinigte Flotte der Reedereien bestand einschließlich der in Bau befindlichen Schiffe aus 26 Passagier- und Frachtdampfern von zusammen ca. 170.000 BRT. An der Spitze der Linien standen jetzt Arnold Amsinck, Lothar Bohlen und Hugo Brede. 2835 Personen waren in der Verwaltung der Linien, auf ihren Schiffen und in ihren Landbetrieben beschäftigt.

Hafen-Dampfschiffahrt AG Mit Deutschlands wirtschaftlichem Aufschwung Anfang der siebziger Jahre des 19. Jahrhunderts vergrößerte sich auch Hamburgs Hafenumschlag. Der Hafenverkehr war dem nicht mehr gewachsen. Auch der Zollanschluß Hamburgs am 1. Oktober 1888 hatte gewaltige Veränderungen im Hafen zur Folge. Das Problem der Hafenfährschiffahrt erhielt damit einen Lösungsanstoß. Der bis dahin in viele kleine Einzelunternehmungen zersplitterte Fährverkehr sollte nun zentralisiert werden, um die Leistungsfähigkeit zu steigern. Auf Initiative des Ingenieurs E. Hadenfeldt und des Rechtsanwalts J. Semmler wurde am 8. August 1888 durch ein Konsortium Hamburger Kaufleute die Hafen-Dampfschiffahrt AG (HADAG) mit einem Kapital von 1,2 Millionen Mark gegründet.
Von der Stettiner Maschinenbauanstalt und Schiffswerft AG wurden sieben kleine Dampfer gebaut und eingesetzt auf der sogenannten Zollkanallinie Landungsbrükken Ost – Roosenbrücke, Kajen, Mattentwiete, Steckelhörn, Wandrahmsbrücke, Deichtor, Stadtdeich, Brandshofer Schleuse, Elbbrücke zur Veddel. Die Konzession wurde zunächst für 20 Jahre erteilt. Die Gesellschaft wurde verpflichtet, ihre Schiffe mit Dampffeuerspritzen auszurüsten, um bei Hafen- und Schiffsbränden Hilfe leisten zu können.
Bis zum Jahre 1889 waren bereits 21 Schiffe für die HADAG gebaut. von den Fährpächtern wurden einige moderne Schiffe übernommen. Sie waren ca. 18 m lang, boten 160 bis 180 Personen Platz und hatten eine kleine Kajüte. Die meisten Fahrgäste saßen im Freien. Zwischen 1889 und 1904 wurden weitere 14 Schiffe des Typs ERNST MERCK auf Hamburger Werften gebaut. Sie waren zusätzlich mit je einem vorderen und achteren Deckshaus ausgestattet.
Eine erste Fährverbindung war schon 1846 entstanden. Der Unternehmer G. Dede unterhielt eine regelmäßige Fährverbindung nach Steinwerders, die 1864 vom Handbetrieb (von Hand gerudert) zum Dampfantrieb überging. 1859 errichtete J. H. Grell eine Fähre mit Handbetrieb zwischen Baumwall und Steinwerder, später zum Kleinen Grasbrook. 1862 wurde sie durch eine Dampffähre ersetzt. 1878 folgte Peter Gall mit einer Dampffähre zwischen Baumwall und Wilhelminenbad an der Kehrwiederspitze. Christian Walther betrieb von dem St. Pauli-Markt und Landungsplatz nach dem Ostufer Steinwerders eine Fährverbindung. Die Gebrüder Lüders unterhielten den Fährverkehr zwischen den St. Pauli-Landungsbrücken und dem Westufer des Fährkanals zwischen Hamburg und

Neumühlen. 1889 übernahmen sie auch den Fährverkehr nach Nienstedten-Blankenese.

Als im Jahre 1888 die St. Pauli in Dienst gestellt wurde, war ihre Brücke nur ein kleiner, viereckiger Kasten, aufgesetzt auf die Kajüte und nach allen Seiten offen. Wenn der Steuermann den kleinen Pott etwas hart gegen den Ponton setzte, gingen schlagartig alle Petroleumfunzeln aus. Ölrock und Südwester mußten stets griffbereit sein.

Der Hadag-Jahrgang 1896 brachte mit der Bugenhagen schon ein Schiff mit durchgehendem Oberdeck in Dienst. Die Klasse Kellinghusen und Amsinck hatten bereits das durchlaufende Sonnendeck.

Am 20. Oktober 1899 übernahm die Hadag die am 1. Oktober 1899 gegründete «Jollenführer-Dampfer-GmbH». Bisher war die Beförderung der Seeleute zu den im Strom liegenden Schiffen von alten Fahrensleuten meist noch mit Ruderbooten vorgenommen worden. Die ständig wachsenden Entfernungen im Hafen verlangten den Einsatz von maschinengetriebenen Fahrzeugen. Die Jollenführer bzw. ihre Gilde war aber finanziell nicht in der Lage, das Kapital für die Beschaffung dieser Fahrzeuge aufzubringen.

Eine weitere wesentliche Betriebsausdehnung der Hadag erfolgte am 1. Januar 1900 durch den Erwerb von sechs Dampfern von der Firma Gebrüder Burmester in Lauenburg. Da sich aber dieses Unternehmen mit der Oberelbelinie Oberhafen – Lauenburg im Rahmen des Hafenfährbetriebes nicht gewinnnbringend gestalten ließ, wurden diese Schiffe 1905 an die Firma Theodor und Hugo Basedow wieder verkauft.

Eine weitere Ausdehnung des Fährbetriebes fand am 1. Mai 1901 statt durch die Eröffnung der Fähre 7, im Juli 1911 durch die Fähre 9 nach Waltershof und am 20. Oktober 1913 durch die Fähre 8 nach Kuhwerder.

Der «typische Hamburger Fährdampfer» war 1897 entstanden mit fünf Schiffen der «Brahms»-Klasse, konzipiert als Zweidecksschiff für 250 Fahrgäste. Das war damals die höchstzulässige Personenzahl. Auch sie erhielten nur ein Deckshaus. Die Fährgäste wurden auf dem Vordeck durch Regensegel geschützt. Das Oberdeck war durch eine Treppe im achteren Schiffsteil erreichbar. Erstmals waren auch zwei Toiletten eingebaut. Umbauten dieser Klasse bezogen sich auf den Ersatz der Segeltuch-durch feste Holzdächer und eine größere Anzahl gedeckter Plätze. Dieser Typ blieb bis in die frühen fünfziger Jahre im Einsatz.

Durch die Eröffnung des Elbtunnels am 7. September 1911 sank die Zahl der beförderten Personen durch die Steinwerder Fähre von ca. 260.000 auf 38.000 im Jahre 1912.

Ab 1900 nahm die Hadag den Fährverkehr mit der «Inselgemeinde» Finkenwerder auf. Zwar betrieben lokale Reeder mit den beiden Raddampfern Harmonie und Union den Verkehr zwischen St. Pauli-Landungsbrücken und Finkenwerder, aber das Vertrauen in die Leistungsfähigkeit des Hamburger Unternehmens war größer.

Der Kaufmann Jan Molsen trat im selben Jahr als Leiter des Außenbetriebes in den Vorstand der Firma ein. Als starke Persönlichkeit prägte er das Unternehmen auf Jahrzehnte.

1910 folgte mit der 21 m langen Mönckeberg-Klasse ein 300-Personen-Fahrzeug, 1912 die drei m längere und für 400 Personen vermessene Woermann-Reihe.

Die Kriegsjahre 1914-1918 reduzierten das Verkehrsbedürfnis stark. Die Minderung des zum Heeresdienst eingezogenen Personals wirkte sich nachteilig auf den Betrieb aus. Notwendig gewordene Reparaturen konnten nicht durchgeführt werden. 1918 beschloß die Hamburger Bürgerschaft nach langwierigen Verhandlungen, daß Hamburg das gesamte Aktienkapital übernehmen soll, ohne die Rechtsform der AG aufzugeben. Der Aufsichsrat wurde mit Repräsentanten der Stadt besetzt, die Hadag wurde Staatsunternehmen.

Die Konkurrenzkämpfe mit verschiedenen Privatunternehmen veranlaßte die Aufsichtsbehörde 1921, der HADAG die Alleinkonzession für die «Große Hafenrundfahrt» zu erteilen.
In der neuen Entwicklungsphase der Fährdampfer wurden das Oberdeck im achteren Bereich vergrößert, der Witterungsschutz verbessert, elektrisches Licht eingeführt und die Maschinenleistung erhöht. Den Abschluß bildeten die 1914 in Dienst gestellten 26,8 m langen Dampfer der AMSINCK-Klasse. Für den 1904 übernommenen «Fern»-Verkehr Landungsbrükken – Finkenwerder wurde mit dem Dampfer SENATOR BRUNNEMANN im gleichen Jahr ein spezieller Schiffstyp entwickelt, der mit 33 m länger als die Hafenschiffe war, aber wegen des kleineren Oberdecks nur unwesentlich mehr Passagiere – 419 – befördern konnte. Das lange Vorschiff diente dem Gütertransport (Stückgut, Milch, Gemüse, Vieh).
1914 wurde BÜRGERMEISTER BURCHARD mit 636 Personen Fassungsvermögen in Dienst gestellt.
Jan Molsen war es zu verdanken, daß die Gesellschaft 1929 den Ankauf der Stade-Altländer-Linie durchführte und damit den Unterelbeverkehr in ihre Hand brachte. Bis dahin war Albert Aust seit 1905 alleiniger Inhaber der «Hamburg-Stade-Altländer-Linie» gewesen und hatte ein Vierteljahrhundert die Geschicke dieser Gesellschaft durch krisenschwere Zeiten gesteuert. Er starb 1962 in Blankenese. Sein Lebenswerk, seine Elbdampferflotte, hatte er um Jahrzehnte überlebt.
Die Inflationsjahre 1922/23 brachten auch der HADAG große Schwierigkeiten. Die darauf steigende Verkehrsnachfrage infolge des hohen Beschäftigungsgrades der Werften und Hafenbetriebe erforderte ein Neubauprogramm, dessen Initiator Jan Molsen wurde.
Neben den Seebäderdampfern der HAPAG fuhr 1925 das erste HADAG-Schiff während der Sommersaison nach Cuxhaven. Es lief 12 kn, war mit einem Dieselmotor ausgerüstet und getauft auf den damals noch amtierenden HADAG-Direktor JAN MOLSEN.
Das zunächst auf 2.200 Personen vermessene Schiff bewährte sich hervorragend und stellte einen gelungenen Kompromiß für die verschiedensten Einsatzzwecke dar. Mehrfache Umbauten zur Kapazitätserhöhung auf 3.000 Personen veränderten das äußere Bild der JAN MOLSEN nicht wesentlich und machten sie 42 Jahre lang zu einem Wahrzeichen des Hamburger Hafens. Der Andrang zu den JAN MOLSEN-Kaffeefahrten, die bis zum Feuerschiff Elbe 2 führten, war so groß, daß die HADAG dringend ein zweites Schiff benötigte. Die Firma kaufte von der HAPAG 1929 den ehemaligen Minensucher «M 77» und ließ ihn zum Ausflugsdampfer REICHSPRÄSIDENT umbauen.
1929 bis 1933 verschlechterte sich die Geschäftsentwicklung radikal. Mit Personalentlassungen, Leistungseinschränkungen, Auflegung von 34 Schiffen und Stillegung der Werkstatt versuchte man, die Liquidität aufrechtzuerhalten. Jan Molsen schied aus Altersgründen zum 31. Dezember 1931 aus der Firma aus.
Als am 22. September 1932 Jan Molsen seine Augen schloß, wurde Kapitänleutnant a.D. Boltz mit der Leitung der HADAG betraut. Unter seiner Leitung wurde nicht nur der Ausflugsverkehr wesentlich erweitert, er hat auch die Modernisierung des Schiffsparks vorangetrieben.
Aufsichtsratsvorsitzender wurde Staatsrat John Essberger, ein erfahrener Schiffahrtsmann.
Im Jahre 1929 unterschrieben Hamburg und Preußen ein Unterelbe-Abkommen. Dadurch konnte die HADAG ihren Ausflugsdienst nach Blankenese und zur Lühe ausdehnen, 1937 wurden durch das Groß-Hamburg-Gesetz Altona, Harburg und Wandsbek mit der Hansestadt vereinigt.
Nun erwarb die HADAG auch die bisher vom Werftbesitzer Joh. Oelckers betriebene Reiherstieg-Linie und von der Seereederei Wachsmuth & Krogmann die Köhlbrand-

Linie. Dadurch gingen die drei Raddampfer Delphin, Phönix und Primus in ihren Besitz über. Die beiden ersten fuhren noch nach dem 2. Weltkrieg zusammen mit der Hansa, die als letzter Raddampfer der Unterelbe 1965 nach Holland verkauft wurde.
1938 entstand für den Unterelbeverkehr bei der Werft August Pahl noch einmal ein Schiff mit freiem Oberdeck, das Gasmotorschiff Lühe, zugelassen für 362 Personen, das aber ein Einzelgänger blieb. Im Dauereinsatz erwies sich der Gasmotor als störanfällig und zu schwach. Schon kurz nach dem 2. Weltkrieg mußte man deshalb Dieselmotoren einbauen.
1939 erreichte die Beförderungsleistung mit 16.492 Millionen Personen noch einmal einen Höchstwert. Es waren derzeit im Einsatz: Hafenfähren, Jollenführer, Große-Hafenrundfahrt-Schiffe und die Schiffe der Linien Finkenwerder, Blankenese-Altländer, Cuxhaven, Harburg, Reiherstieg und die von Sonderfahrten. Die Flotte setzte sich zu diesem Zeitpunkt zusammen aus: sieben Dieselmotorschiffen, ein Gasmotorschiff, 50 Dampfern, 13 Motorbarkassen, 11 Leichtern und Schuten.
1936 kamen zwei Neubauten für den Finkenwerderdienst hinzu: die Motorschiffe Finkenwerder und Cuxhaven. Bei ihnen entfiel erstmals die freie Back, stattdessen sah man das achtere Hauptdeck für die Beförderung von Fahrrädern und Gepäck vor.
Noch winkten die Jan Molsen-Gäste bei Elbe 2 den Helgolanddampfern nach und sangen: «Eine Seefahrt, die ist lustig...», noch tanzte die Jugend an Deck den «Lambeth-Walk».
Doch dann brach Ende des Sommers 1939 der 2. Weltkrieg aus.
Nach sechs Jahren, im Mai 1945, ragten aus dem Wasser des zerstörten Hafens nur noch die Aufbauten der Schiffe, Schornsteine oder Masten von fast 3000 Schiffswracks heraus. Alle Schiffe mußten an die Siegermächte abgeliefert werden. Kein Interesse fanden etwa zwei Dutzend beschädigte Hadag-Schiffe. Notdürftig repariert wurden sie wieder in Fahrt gesetzt. Hinzu kam eine Reihe von gecharterten kleinen Küsten- und Ausflugsschiffen, die mit Flüchtlingen und Soldaten aus Ostpreußen, Pommern und von der Insel Rügen in Schleswig-Holstein gelandet waren.
Zum Flaggschiff dieser traurigen Mini-Flotte war jetzt die 1925 gebaute, alte Jan Molsen geworden, 53 m lang, 11 m breit, damals das größte Schiff der Hadag.
Die Elbe war tot und leer. Wenn Kapitän Otto Uken mit seiner Jan Molsen von den Hamsterfahrten nach Cuxhaven heimkehrte, roch es wie auf einem Fischdampfer. 2.000 hungrige Hamburger hatten dann ihre Plätteisen, Musikinstrumente, Operngläser oder Fotoalben dort gegen Heringe, Fischöl und Transeife eingetauscht.
Den Werften hatten die Rüstungsaufträge zu Beginn des 2. Weltkrieges eine hohe Auslastung gebracht. Hiervon profitierte auch der Fährverkehr. Er ruhte allerdings vom 10. Mai bis 11. Juni 1945 bis auf Einzelfahrten und wurde dann schrittweise wieder aufgenommen. Bereits am 14. Mai war die Finkenwerder-, am 15. Mai die Reiherstieglinie wieder in Betrieb genommen worden. Am 1. Juli folgte die Verbindung nach Harburg, die nach Stade am 21. August 1945. Der Jollenführerdienst ruhte bis zum 15. August 1946, die Hafenrundfahrten bis zum 5. Juli 1947.
Die schwierige Situation der ersten Nachkriegsjahre spiegelte sich in 108 Havarien 1945, 204 im Jahre 1946 und 316 im Jahre 1947 wider. Wichtig war in dieser Zeit die Beschaffung von geeigneter Arbeitskleidung, von Brennmaterial, von warmen Mahlzeiten und von zusätzlichen Lebensmittelkarten.
1948 hatte die Hadag 2,5 Millionen DM zur Beseitigung von Kriegsschäden zu bezahlen.
Für die Durchführung eines Neubauprogrammes genehmigte die Bürgerschaft eine einmalige Zahlung an die Hadag von 12 Millionen DM.
Der in den folgenden Jahren schnell anstei-

gende Hafenumschlag und die Neubautätigkeit auf den Werften ließ auch die Beförderungszahlen der HADAG ansteigen. Im Jahre 1957 wurden wieder 21,29 Millionen Passagiere im Fähr- und Ausflugsverkehr befördert.
Im Frühjahr 1963 verkaufte der über 80-jährige Privatreeder Sietas vorwiegend aus Altersgründen seine Blankenese-Este-Linie GmbH mit 11 Schiffen an die HADAG. Damit besaß die HADAG bis auf die Fähren Lühe – Schulau und Glückstadt – Wischhafen das Verkehrsmonopol im Hamburger Hafen und auf der Niederelbe.
Ab 1969 arbeitet die Gesellschaft unter dem Namen HADAG Seetouristik und Fährdienst AG.

Reederei Harald Schuldt – Deutsche Orient-Linie Die «Kontorflagge» – ein rotes S in weißem Dreieck auf blauem Grund – zeigt, woher die Reederei stammt: Es sind die schleswig-holsteinischen Farben.
1868 hat Heinrich Schuldt die Firma in Flensburg gegründet. 26 Jahre war der gebürtige Hamburger und gelernte Schiffsmakler alt, als er sich selbständig machte – mit tausend Talern, die eine Hamburger Bank ihm lieh.
Er hatte richtig kalkuliert. Flensburg erwies sich nach dem «Anschluß» der Elbherzogtümer, da noch kein Nord-Ostsee-Kanal existierte, als ein Umschlagplatz mit guten Chancen.
Sieben Jahre später kaufte der Makler sein erstes Schiff, den nur 86 BRT großen Schoner MINNA. Nach weiteren sechs Jahren kam ein zweiter Dampfer von gut 1000 BRT hinzu. Es war ein Partenschiff, das 141 Mitreedern gehörte. Für seinen ersten Dampfer wurden so viele Parten gezeichnet, daß nicht nur die notwendigen 300.000, sondern 600.000 Goldmark zusammenkamen! Das reichte gleich für einen zweiten Neubau. Auch drei Arbeiter waren damals mit je 3000 Goldmark beteiligt.
Bis 1893 waren bereits 13 Schiffe in Fahrt, Tramper, die sich ihre Ladung vielfach auch an den Küsten des Fernen Ostens suchten.
Es wurde die Flensburger Dampfercompagnie A.G. gegründet und 1905 noch die Ozean-Dampfer-A.G.
1908 wurde der erste Liniendienst nach Kuba, Mexiko und den US-Golf-Häfen aufgenommen mit sechs neuen Schiffen.
Von den 23 Schiffen mit rund 56.000 BRT blieben 1918 nur vier kleine Dampfer. Man begann den Wiederaufbau und gab die damals ersten Passagiermotorschiffe in Auftrag: RIO BRAVO und RIO PANUCO von je 6000 BRT. Die Orient-Linie wurde gegründet und man hatte 1937 bereits Kühlschiffe im Dienst für die Fruchtfahrt, die 17 kn liefen. Die Ozean-Dampfer A.G. mußte 1930 in der Krisenzeit aufgegeben werden.
Seit 1933 hatte die Reederei ihren Sitz in Hamburg. Harald Schuldt übernahm die Leitung des Unternehmens. 1945 stand auch er – wie sein Vater 27 Jahre vorher – vor dem Ende. Diesmal blieb der Reederei kein einziges Schiff.
Aber das Makler- und Befrachtungsgeschäft konnte weitergehen. 1950 jedoch wurden die ersten beiden Dampfer in Fahrt gesetzt. 1958 waren es wieder 10 Schiffe mit rund 55.000 Tonnen Tragfähigkeit. In gut einem Jahr wuchs die Flotte auf 13 Schiffe mit 70.000 t Tragfähigkeit. Vier schnelle Kühlschiffe waren darunter, Kosten insgesamt: 95 Millionen DM.
Der Orient, Kuba und Mexiko waren wieder das Fahrgebiet dieser Hamburger Reederei, die die Flensburger Tradition nicht leugnen wollte: Alle ihre Schiffe trugen die Namen schleswig-holsteinischer Burgen und Schlösser.
Im Jahre 1987 verfügte die Reederei über sieben Schiffe mit 87.000 BRT.
Ende 1995 bestand die Flotte aus acht Containerschiffen mit rund 180.000 BRT insgesamt.

Der «Hamburger Michel» Seit eh und je nennen die Hamburger ihre Hafenkirche «Michel». Auch die Seeleute vom In- und Ausland nennen Hamburgs Wahrzeichen von jeher so.
Ursprünglich gehörte diese St. Michaelisgemeinde zum St. Nikolaikirchspiel. Der Standort der verschiedenen Gotteshäuser der Michaelisgemeinde blieb längere Zeit ungeklärt. Das Nikolaikirchspiel erstreckte sich im 16. Jahrhundert über die Stadtgrenzen hinaus auf ein Gelände jenseits der ehemals sehr breiten Alstermündung. Das Millern- und Schaartor bildeten die wichtigsten Hauptwege, die in das Kirchspiel führten, in dem vier Friedhöfe lagen. Im Jahre 1564 hatte man die Opfer der Pest zu bestatten. Diese allerdings wurden weit draußen vor der Stadt auf dem Milchberg und dem späteren Krayenkamp beigesetzt. 1583 wurde in dieser Gegend, und zwar am Teilfeld, eine Begräbnisstätte ummauert, die der Stadt unmittelbar benachbart war. Im Jahre 1600 begann man mit dem Bau einer Kapelle, der Teilfeldkapelle. Der kleine Innenraum diente Trauerfeiern der Nikolaigemeinde.
Das Gebiet nordwestlich der Stadt wurde ab 1600 durch Zuwanderungen aus ganz Deutschland schnell und dicht besiedelt. Drohende Kriegswirren waren der Anlaß. Die Nikolaigemeinde stellte dieser neuen Bevölkerung die Teilfeldkapelle zur Verfügung. Es wurde ein Chor angebaut und eigens ein Pastor eingesetzt. Das war am 12. September 1604. Wenn auch die verwaltungsmäßige Trennung dieses neuen Kirchspiels von St. Nikolai erst 1678 erfolgte, so wird doch dieser 12. September 1604 als die Geburtsstunde der St. Michaelisgemeinde betrachtet. Es zeigte sich bald, daß der Choranbau nicht ausreichte. 1605 baute man den Neubau einer Kirche um die Kapelle herum.
Die umfangreichen Erweiterungen der Befestigungsanlagen im Jahre 1620 hatten ein starkes Anwachsen der Zuwanderungen in der Vorstadt zur Folge. Aus strategischen Gründen wurde auch das nordwestliche Gelände mit dem Milchberg und Eichholz in die Vorstadt einbezogen. Der «Pestleichenplatz» am Krayenkamp wurde nun als allgemeiner Friedhof ausgewiesen. 1649 entstand hier nach dem Entwurf des Bildhauers Christoph Corbinus aus Altona die Krayenkampkirche. Als Corbinus 1652 starb, setzte der aus dem Vogtlande stammende Zimmermeister Peter Marquard den Bau fort. Barocker Schmuck beschränkte sich auf die Portale. Es war ein dreischiffiger Hallenbau ohne Querschiff. Ihre vier quadratischen hölzernen Kreuzgewölbe auf toskanischen Säulen wurden durch starke Bögen getrennt. Ebenso die rechteckigen Kreuzgewölbe der Seitenschiffe, wodurch das Raumbild einen Eindruck zur Renaissance hin vermittelte. Die Seitenschiffe nahmen je eine Empore auf.
Der Name des Erzengels Michael wurde im Mittelalter hauptsächlich Totenkapellen gegeben. Bei dieser späten, in ihren Anfängen bereits protestantischen Anlage erschien es ungewöhnlich, diese Kirche nach katholischer Gepflogenheit nach einem Heiligen zu benennen. Fest steht aber, daß die sogenannte Teilfeldkapelle von 1600 infolge ihrer Lage die Kirche «draußen» oder «vor dem Millerntore» genannt wurde, doch bereits 1612 St. Michael hieß. Dieser Name übertrug sich im Jahre 1649 auf die Kirche am Krayenkamp, die alte große St. Michaeliskirche. Ihr Turm wurde am 10. März 1750 vom Blitz getroffen und vernichtet. Der Wiederaufbau dauerte bis 1786. Die Baumeister waren Ernst Georg Sonnin, Johann Leonhard Prey (Bauleitung) und Johann Paul Heumann. Als Leonhard Prey 1757 verstarb, übernahm Sonnin die Fort-

führung seiner Arbeiten mit eigenen Ideen. Es entstand ein Prachtbau im protestantischen Barockstil in Kreuzform. Am 19. Oktober 1762 wurde die Anlage – 71,36 m lang, 51 m breit mit 2.500 Sitzplätzen – eingeweiht. Der Turm, 131,56 m hoch, das Meisterwerk Sonnins, erregte wegen seiner Holzkonstruktion Aufsehen. Acht freistehende Säulen von je 11,5 m Länge und 1,22 m Durchmesser trugen die Kuppel. In der Mitte zog sich die freiliegende und von allen Seiten sichtbare Wendeltreppe empor.
Nachdem 1750 mit der Kirche auch die Orgel total vernichtet wurde, baute der aus der Silbermann-Schule stammende Orgelbauer Johann Gottfried Hildebrand aus Dresden ein großes Orgelwerk mit 68 Registern auf drei Manualen und Pedal. Der berühmte Musikschriftsteller Johann Mattheson machte der Kirche diese Orgel zum Geschenk. Bei seiner Trauerfeier 1764 leitete Kantor Georg Philipp Telemann die Kirchenmusik. Weit über Hamburgs und Deutschlands Grenzen hinaus machte sich die neue Orgel als einzigartiges Instrument einen großen Namen.
Die Menschen der Gemeinde St. Michaelis waren stets etwas Besonderes. Nicht nur Seefahrt und Hafen prägten ihre Eigenheiten. Da war auch noch das Gängeviertel, die schmalen Häuser und Höfe der Armen. Auf den «Michel» waren alle stolz, aber nicht alle besuchten die Gottesdienste! Man ließ taufen, konfirmieren und seine Toten bestatten. Die kirchliche Trauung dagegen wurde oft versäumt und nur in seltenen Fällen später nachgeholt.
In Krisenzeiten konnte die Kirche manchmal nur überleben durch die Kirchensteuerbeiträge der Hafenarbeiter.
Die der Autorin noch persönlich bekannte Schwester Bertha Keyser baute hier vor der Jahrhundertwende ihr Missionswerk auf. Sie ging mit Bruder Meyer und anderen in die Verbrecherkeller, um zu singen und das Evangelium zu verkünden. Aus allen Ecken kamen die Leute hervor und schrien: «Wir haben Hunger, gebt uns lieber Brot!» Das war für Schwester Keyser der Ruf zur Tat: Sie ging von Haus zu Haus, auch in die Kontore und sammelte Geld und Kleidung. Wer sich in ihrem anfangs kleinen, kahlen Raum am Bäckerbreitergang etwas abholen wollte oder eine warme Suppe erbat, mußte an Gebeten und Gesängen der kirchlichen Lieder teilnehmen.
Viele gute Freunde und Förderer haben ihr hilfreich zur Seite gestanden, besonders auch die Gemeinde St. Michaelis.
Der «Michel» war der Mittelpunkt der Neustadt und St. Paulis, er grüßte die elbaufund elbabwärts fahrenden Schiffe als Wahrzeichen seiner aufblühenden Stadt mit geschäftigem Hafengetriebe und vielfältigem Lärm. Bis zum 3. Juli 1906: Gegen 14.15 Uhr quollen aus dem Zeigerloch der gerade in Reparatur befindlichen Kirchenuhr am Turm helle Wölkchen. Dann krochen schwarze Rauchwolken um die Wendeltreppe herum, dann eine helle rote Flamme und bald brannte der ganze Turm! Von allen Seiten rasten Feuerwehrwagen heran, doch die Kirche konnte nicht mehr gerettet werden. Um 15 Uhr sank mit dumpfem Krachen die ganze Verkleidung des Turmes in die lodernden Trümmer und auf die Nachbarhäuser. Außer dem Kirchensilber konnte nur weniges gerettet werden, Altar und Orgel wurden ein Raub der Flammen.
Bereits einen Tag nach dieser Brandkatastrophe sprach der Präsident der Bürgerschaft, Landgerichtsdirektor Engel, davon, daß die St. Michaeliskirche an der gleichen Stelle so bald als möglich wieder aufgebaut werden müßte, damit «der mächtige Turm auch künftigen Geschlechtern wieder als das Wahrzeichen der Stadt dienen möge.» Am 19. Oktober 1912 konnte die neue St. Michaeliskirche eingeweiht werden. Knapp sechs Jahre Bauzeit kosteten mehr als 3,5 Millionen Mark.
Zum zweiten Male beglückte ein Spender die Gemeinde mit einer Orgel. Es war die Dr. Godeffroy-Familien-Fideikommiß-Stif-

tung. Nach dem Willen der Spender sollte das Orgelwerk so gut und vollendet gebaut werden, wie es zu dieser Zeit nur irgend möglich sei. Das in den Jahren 1908 bis 1912 von den Orgelbaumeistern E. F. Walcker & Cie erbaute Riesenwerk erhielt auf fünf Manualen und Pedal 163 Register mit insgesamt 12.173 Pfeifen. Sie war derzeit die größte Kirchenorgel der Welt. Ihr geistiger Vater war Alfred Sittard, Organist an der Kreuzkirche in Dresden. 1933 war er Organist an St. Michaelis.

Nur 30 Jahre waren diesem Werk bemessen. Sein Aufbau, Material und seine Klanggestalt waren in der Epoche der Jahrhundertwende weltweit einmalig. Der 2. Weltkrieg fügte dem Kirchengebäude schwere Schäden zu. Das Orgelwerk wurde so stark in Mitleidenschaft gezogen, daß es nach dem Kriege abgerissen werden mußte.

Diesmal fand sich kein Spender für den Bau einer neuen Orgel. Die Orgelbaumeister G. F. Steinmeyer & Co. in Oettingen/Bayern wurden mit dem Neubau beauftragt, der am 1. April 1962 der Gemeinde in einem Hauptgottesdienst übergeben wurde. Mit 85 Registern auf fünf Manualen und Pedal ist diese Orgel eines der größten Instrumente mit mechanischer Fraktur im zeitgenössischen deutschen Orgelbau.

Etwas ganz Außergewöhnliches darf nicht unerwähnt bleiben: Seit eh und jeh bläst der Türmer und Choralbläser aus der Zunft der Stadtpfeifer alter Überlieferung getreu um 10 Uhr morgens und um 9 Uhr abends und an Sonn- und Festtagen zum Schluß des Gottesdienstes in alle vier Himmelsrichtungen einen Choral vom Turm bei Wind und Wetter, Schnee und Eis! Ein Beruf, den es nur einmal in Hamburg gab und gibt!

So überstrahlt der alte «Michel» seit 1612 – wenn wir großzügig datieren – mit seinen Posaunenklängen und seinen majestätischen, altehrwürdigen Grußsendungen Stadt und Hafen. Sein grandioses Orgelwerk, seine sparsame, prächtige Innenausstattung und die große Stille, die an Feiertagen die Menschenherzen über alle Mauern hinweg und hindurch erreicht, macht ihn so liebenswert, so einmalig, den «Hamburger Michel»!

De Tormer

He tuuht all wedder sien
Obendchorol
no Osten, no Norden,
no West un no Süd,
sien hillig Leed op uns
Hamburg hendohl,
in goode un slechte Tied,
de Tormer von'n ohl'n
„Michel"!
Sien Leed dringt in'n Hoben,
den Schipper in't Hatt,
Sien Leed klingt as hillig
Gedenken!
Sien Chorol liggt över uns
Heimatstadt,
as wull he den Freeden
uns schenken
de Tormer von'n ohl'n
„Michel"!
Un Morgens Klock tein,
denn bloost he nochmol,
de Sünn lacht em hell
in de Ogen,
he tuuht op dat Warken
in'n Hoben hendohl,
un denkt an Winnen
un Wogen!
De Tormer von'n ohl'n
„Michel"!

Arnold Risch

Das Hafenkonzert Das Hafenkonzert gehört zu Hamburg wie der Michel oder Planten un Blomen. Es ist ein Stück dieser Stadt geworden.

Der Intendant der Norddeutsche Rundfunk AG, Hans Bodenstedt, hatte eine großartige Idee: Er erfand das Hafenkonzert! Am 9. Juni 1929 war Premiere. Reporter Kurt Esmarch ging zum ersten Male mit dem Mikrofon auf ein Schiff. Er erzählte den Hörern, wie es im Hamburger Hafen zu-

Erste Runkfunksendung des Hafenkonzerts am 9. 6. 1929

Hafendirektor Karl-Ludwig Mönkemeier und Hannes Schlünz am 4. 12. 1977

ging. Seine Interviews und Reportagen, die er an jenem denkwürdigen Tag auf dem Hamburg-Süd-Dampfer ANTONIO DELFINO machte, schlugen wie eine Bombe ein. Das hatte es noch nicht gegeben!

Gemeinsam mit dem legendären Kapitän Herbert machte Kurt Esmarch mit Informationen und Geschichten, mit Gesprächen und Döntjes, mit Musik und Liedern nicht nur das Hafenkonzert populär. Ihm gelang es auch, die Atmosphäre des Hamburger Hafens und dieser Stadt in die Welt hinauszutragen. Kurt Esmarch, der spätere Chef des Hafenkonzerts, sagte dazu: „Die Mischung aus Musik und Wort, informativer Unterhaltung und unterhaltsamer Information ist das erfolgreiche Rezept. Die direkte Übertragung fasziniert die Hörer." Bis 1964 hat Kurt Esmarch das Hafenkonzert in den Äther geschickt, dann ging er «an Land». Er erinnerte sich noch sehr genau an seine erste Sendung:

«Um sechs Uhr früh stülpte sich unsere Rundfunkgemeinde die Kopfhörer über und hörte etwas, das sie bis dahin noch nicht vernommen hatte. Da klangen zunächst die Glocken der St. Michaeliskirche. Dann kam ein Choral. Danach brüllte die Dampfpfeife eines Ozeandampfers. Zweimal lang, einmal kurz.»

Die zweite Sendung am 16. Juni 1929 ging bereits über die Frankfurter Sender. Kurze Zeit später schlossen sich Stuttgart, die anderen Mittelwellensender, der Deutschlandsender und schließlich der deutsche Kurzwellensender mit Richtstrahlern nach allen Kontinenten an. Nun war das Hafenkonzert auch in New York ebenso zu hören wie in Melbourne, Hongkong oder London.

Seit dieser Zeit wurden unzählige Seeleute interviewt, vom Cap Hornier bis zum U-Boot-Kommandanten. Wer mit der Seefahrt und dem Hafen zu tun hatte, kam zu Wort. «Fastmoker», Schiffsjungen und die harten Männer des Seenotrettungsdienstes. Und wohl jeder, der den Interviews gespannt lauschte, spürte etwas von der Brise Seewind und dem Fernweh, das diese Gespräche oft vermittelten.

Inzwischen ist das einstige Hafenkonzert der «Norag» ein Hafenkonzert unter vielen aus Norddeutschland geworden. Denn auch aus Emden, Wilhelmshaven, Glücksburg, Brunsbüttel, Grömitz, Timmendorferstrand und Lübeck kommen die Berichte.

Es wurden viele Experimente gemacht. So stieg einmal ein Reporter bei der Alten Liebe in Cuxhaven in einem Taucheranzug auf den Grund der Elbe und sprach mit einem Kollegen, der sich vom Stuttgarter Fernsehturm meldete...

Doch nicht nur Reporter und ihre Gesprächspartner gehörten zum Hamburger

28. 12. 1980 bei Tante Hermine

Hafenkonzert. Einer, der sich seit Jahrzehnten engagierte, ist Hans Freese gewesen. Er dirigierte das Hamburger Blasorchester. Für das Jubiläumskonzert 1969 engagierte Hans Freese Heidi Kabel, Carl Bay, Addi Münster und Richard Germer.
Unvergessen bleibt auch in diesem Zusammenhang das «maritime Gewissen» des NDR, Hans Hermann («Hannes») Schlünz, bekannt als «Mr. Hafenkonzert», der mit dem talentierten und temperamentvollen Hafendirektor Hamburgs, Dr. Karl-Ludwig Mönkemeier, bekannt als «Mr. Hafen», «He lücht» und «Mönki» so manche lehrreiche aber auch kurzweilige Sendungen in den Äther schickte.
Im Schulauer Fährhaus an der Elbe warten – heute noch – oft bis zu 2.000 Besucher sonntags morgens um sechs Uhr auf das immer wieder interessante und abwechslungsreiche Hafenkonzert mit immer wieder anderen Solisten.

Hein un Fietje Diese beiden gehören zu Hamburg wie Tünnes un Scheel zu Köln... Es gibt unzählig viele Geschichten über die beiden, die die meisten Hamburger kennen. Für diejenigen, die sie nicht kennen, zum Beispiel:
Hein un Fietje erzählen sich Kriegserinnerungen aus dem 1. Weltkrieg. Fietje is fix ant Vertelln. «Jo, un denn heff ik mol up See 'n Engelsmann fungen. Ik heff em in mien Boot nomen un em Kaffee geven un ook 'n Stück Kommißbroot. Un denn heff ik em an Land brocht.»
«Na», secht Hein, «un wat hett he denn to di secht?»
«He hett secht: you are a gentleman!»
«Wat heet denn dat?»
«Dat weet ik ook nich. Ober up jeden Fall heff ik em een'n inne Snuut haut!»
Als Hein und Fietje beide wieder einmal ein Stück Geld in der Tasche hatten, beschlossen sie, fix fein zusammen essen zu gehen. Sie besuchen also eine Speisewirtschaft, essen «Biefstück» und bestellen sich sogar 'ne Buddel Rotspon dazu. Auf dem Tisch steht außer Senf, Salz und Pfeffer auch noch eine geheimnisvolle kleine Flasche mit der Aufschrift Worcestersoße.
«Wat dor woll in is?» meent Fietje. «Och, so'n Snaps to'n Verdaun», secht Hein. «Dat is wat för mi», denkt Fietje, setzt die Buddel an und nimmt einen kräftigen Schluck. Im selben Augenblick schießen ihm die Tränen aus den Augen. «Wat weenst du denn mit'n mool?» fragt Hein. «Ooch, mi full grood in: just hüüt vör fiev Joorn, dor sünd

twee gode Frünn'n vun mi bi Helgoland mit eern Kutter ünnergohn!» «So, wider nix? Ik dach al, de Snaps döcht nix» «Ne, ne, de is good, dor neem man ok een von.» Hein nimmt einen und sofort kullern auch ihm dicke Tränen über die Backen. «Jo», sagt Hein, «eegentlich is dat doch 'n trurige Geschicht mit dine Frünn!»

Fietje hat Geburtstag und lädt seinen Freund Hein zum Abendessen ein. Fietje ist mit den Regeln gepflegter Gastfreundschaft nicht genau vertraut. Er kauft eine Flasche Rum, eine Flasche Kümmel und einige Flaschen Bier. Er gießt alles zusammen in eine große Suppenterrine, legt zwei Suppenlöffel dazu und fordert seinen Freund auf, tüchtig zuzulangen. Andächtig löffeln beide die Terrine leer. Dann sagt Hein: «Dat Eten weer goot, Fietje. Ober sech mi mol, wat drinkt wi denn nu?»

Fietje steht an den St. Pauli-Landungsbrükken und schaut gespannt ins Wasser. Hein kommt vorbei und fragt: «Minsch Fietje, wat hest du denn dor to kiken?» «Och, ik heff mi hüüt morgen mit min Fru vertöörnt. Schließlich hatt se ropen: ik go in't Woter, dor verlot di up. Na, un nu mutt se woll bald hier vorbikom'n.» «Minsch, du bischa mall! Wi hebbt doch Floot, un du waanst doch bi'n Baumwall – dor kann se doch gar nich hier vorbikomen!» «Dat versteist du nich. Wat mien Fru is – de swümmt jümmers gegen'n Stroom!»

In einer Hafenkneipe sitzen drei alte Seemänner zusammen um den warmen Ofen herum. Viel gesprochen wird nicht. Die Pfeifen qualmen, die Grroggläser dampfen. Um sie herum sind die Stühle schon leer, es ist kein Betrieb mehr. Von Zeit zu Zeit spuckt einer – dzt! – ins Feuer. Sagt der eine: «Jo, nu is Hein sien Sôön vun'n Gerüst fullen.» Zehn Minuten Stille. Sagt der zweite: «He is ook doot!» Zehn Minuten tiefstes Schweigen. Meint der dritte: «He see ook man jümmers schon'n bütten blaß uut.»

In der Navigationsschule ist Abschlußprüfung. Der älteste Sohn von Fietje, ein zukünftiger Weltumsegler, wird von seinem Prüfer schwer in die Zange genommen: «Stellen Sie sich vor, Sie sind Kapitän einer Dreimastbark. Es ist Windstärke 10. Ein Brecher hat Ihren Kompaß zerschlagen, was machen Sie?» «Ich orientiere mich nach den Gestirnen». «Es ist bedeckter Himmel. Sie hören Brandungsgeräusch. Was machen Sie?» «Ich lasse reffen und versuche von der Küste abzukommen.» «Ihr Klüwer geht über Bord, was machen Sie?» «Ich lasse den Mast kappen und versuche, in freies Wasser zu kommen.» «Ihre Steuermaschine versagt, sie treiben in die Brandung. Was machen Sie dann?» «Dann – dann – dann maak ik in de Büx!»

Ausblick
von Karl-Ludwig Mönkemeier

Liebe Leserin, lieber Leser! Mögen wir auch keine «Weltstadt» sein, wie uns neulich jemand verriet, weil's viel riesigere Metropolen in der großen weiten Welt gäbe, – aber wir sind eine «Welthafenstadt»!
Nein, nicht nur, weil's – wie von mir im Geleitwort zitiert – in der Präambel unserer Verfassung steht, nein, wir sind's auch tatsächlich – und heute immer noch! Lassen Sie sich nicht irre machen durch das sich entscheidend geändert habende Bild des Hamburger Hafens! Zugegeben: die Optik ist eine ganz andere geworden. Früher gab's von morgens bis abends eine Vielzahl von Schiffen, von kleineren Schiffen im Hamburger Hafen, die sich hier tagelang aufhielten. Auf den Kaianlagen und in den Schuppen waren unübersehbare Mengen von Kisten, Kästen, Paketen und Säcken zu sehen. Und schließlich: es wimmelte auch von Menschen, von Hafenarbeitern, die diese Ladung bewegten.
Und heute? Meist nur wenige, aber große Spezialschiffe, Frachter, Massengutschiffe, Roll-on-roll-off-Schiffe und riesige Containerschiffe, die morgens kommen – und abends den Hafen schon wieder verlassen. Und all das hat sich weitgehend vom östlichen Hafenteil, den Sie streckenweise von den St. Pauli-Landungsbrücken und der vorbeifahrenden U-Bahn sehen, mehr zum westlichen verschoben.
Statt einer Vielzahl von Ladungsstücken auf den Kaiflächen dominieren die 20er oder 40er Container, ca. 6 oder 12 m lange, ca. 2,40 m hohe und breite Großbehälter, die allerdings im Innern mit jeder Menge Stück- und Sackgut gefüllt sind.
Ja, – und Hafenarbeiter auf den Container-Terminals müssen Sie fast suchen, Sie können sie an einer Hand abzählen, – aber ausgerüstet mit modernstem technischen Gerät. Die Sackkarren sind längst verschwunden, dafür aber überall Gabelstapler und Paletten – die «Messer und Gabel» des modernen Verkehrs – zu sehen, und riesige Straddle-Carrier, die, wie ein Känguruh im Beutel, die Container tragen.
Nur zwei kurze Zahlenbeispiele, um das Gesagte zu belegen: 1966 hatten wir 20.000 Seeschiffe im Hamburger Hafen, die 35 Mio t Umschlag machten. 20 Jahre später, 1986, waren es nur noch 14.000 Seeschiffe, aber sie brachten dem Hafen 55 Mio t, also zwar 6.000 Seeschiffe weniger, aber trotzdem 20 Mio t Ladung mehr!
Und wie sieht's – im gleichen Zeitraum – mit der Hafenarbeiterzahl aus? 1966 gab's noch 17.000 am Löschen und Laden beteiligte Hafenarbeiter, die die genannten 35 Mio t machten, 1986 nur noch ca. 10.000, – aber sie machten 55 Mio t!
Und wie stehen wir mit unserem Hamburger Hafen heute in der weiten Welt da? Immer an der Spitze! Beim wichtigen Stück- und Sackgut – wie beim Container-Umschlag – so ca. an 9./10. Stelle, beim Gesamtumschlag ca. an 20. Stelle.
Als Mitte der 70er Jahre eine Container-Delegation aus Hamburg die großen Häfen der Welt besuchte, um «mit den Augen zu stehlen», da gab es praktisch nichts Neues für uns, aber überall die erstaunte Frage: «Was wollt denn Ihr von uns lernen oder Neues sehen? Ihr habt doch schon alles!»
Und als ich 1987 – schon Pensionär – als Gast der Volksrepublik China 5 Wochen deren Häfen Dalian, Yontei, Wehai, Tsingtau und Shanghai besuchte und darüber für das Chinesische Verkehrsministerium einen eingehenden Bericht fertigte, war's nicht wegen meiner schönen blauen Augen, sondern weil ich als Hafendirektor Hamburgs über 20jährige Erfahrungen verfügte im – so die Chinesen – «modernsten Hafen der Welt»! Ich weiß heute noch nicht, was ich hätte dagegen sagen sollen.
Und wie geht's weiter?

Meine Damen und Herren: Keine Angst vor der Zukunft! Sie haben gelesen, wie's schon in der Vergangenheit, im 17. Jahrhundert, im Kollegium der «Admiralität» in Hamburg eine gute Mischung zwischen «Staat» und «Wirtschaft» gab: ein Bürgermeister und 4 Ratsherren auf der einen Seite, 6 Kaufleute und 2 Schiffer (Kapitäne) auf der anderen. Dieses Gremium gibt's nicht mehr, – aber dem Prinzip sind wir im Hamburger Hafen treu geblieben. Einige Beispiele: Eigentümer der Landflächen ist praktisch der Staat, also Hamburg, das mit der «Wirtschaft», den Terminal-Gesellschaften, 30 Jahre-Verträge abschließt. Betreiber dieser Anlagen sind die genannten «Privaten», wenn auch die Gesamtplanung des Hafens wiederum bei Hamburg liegt. Für die sog. Infrastruktur – all das, was «unten» geschieht, also Baggerei, Kaimauerbau, Straßen und Schienen im Hafengebiet, hat Hamburg zu zahlen, für die sog. Suprastruktur – all das, was «oben» geschieht, also Schuppen, Kräne, Container-Brücken und Straßen und Geleise auf den Kaizungen selbst, haben die Privatfirmen Sorge zu tragen usw. Diese Zusammenarbeit zwischen der Hansestadt und den privaten Betreibern des Hafens hat sich immer wieder bewährt. Und einer der bedeutendsten Hamburger Bürgermeister, Max Brauer, sagte im Interview einer großen Tageszeitung noch kurz vor seinem Tode, Anfang der 70er Jahre, auf die Frage, was für ihn das Wichtigste in Hamburg sei, nur zwei Worte: «Der Hafen»!

Andere haben's dann etwas anders «gesehen», wollten den «Blick» von Hafen und Schiffahrt weg, zumindest mehr, «auf's Binnenland lenken, zur Förderung von Wissenschaft und modernen Technologien» usw, O.K.! Das könnte dann so sein, wie in Hamburg zwischen dem «nassen» und dem «trockenen» Hafen (Flug-Hafen): kein entweder/oder, sondern immer ein sowohl/als auch. Aber bei allem «weg»- und sonstwo- «hingucken»: niemals sollte und dürfte Hamburg seinen Hafen dabei «aus den Augen» verlieren! Er wird weiterhin seinen Weg machen, die «Welthafenstadt» wird eine solche bleiben, nicht zuletzt auch wegen der internen Konkurrenz im Hamburger Hafen zwischen den großen Betrieben, auch wenn diese sich zu immer größeren Einheiten – m. E. zum Wohle des Universalhafens Hamburg – zusammenschließen. So können auch am besten die «Funktionserweiterungen» – nicht mehr nur löschen, laden und lagern, sondern auch sammeln, montieren, verteilen usw. – aufgefangen werden.

Liebe Leserinnen und Leser! Der alte Streit der Philosophen, was zuerst da war: Huhn oder Ei, wird Sie nach der Lektüre dieses Buches und vielleicht auch meiner kurzen Ausführungen nicht mehr irritieren: der Hamburger Hafen, Hafen und Schiffahrt, waren das «Huhn», das in Hamburg all die «goldenen Eier» gelegt hat, z.B. über 3.000 Im- und Exportfirmen, über 50 Weltbanken, weit über 70 Konsulate und Generalkonsulate (nach New York die meisten der Welt), 84 Versicherungen und Rückversicherungen mit Hauptsitz hier, Stadt der Medien und – nicht zuletzt – von ca. 1 Mio. Arbeitsplätzen insgesamt in Hamburg rühren – direkt oder indirekt – ca. 150.000 vom Hamburger Hafen her! Möge dieser Hamburger Hafen weiterhin blühen, gedeihen, – und wachsen!!

Ex-Hafendirektor
Dr. Karl-Ludwig Mönkemeier
Leitender Regierungsdirektor a. D.

Erklärung der angegebenen Schiffsmaße:

Wasserverdrängung (=Deplacement) Nach dem Archimedischen Prinzip (Archimedes, Mathematiker und Physiker, 285 – 212 v. Chr.) verdrängt ein im Wasser schwimmender Körper genau so viel Wasser, wie er selbst wiegt. Man kann deshalb ein Schiff durch sein Gewicht bestimmen. Bei Kriegsschiffen zählt als Gewicht das Gewicht von Schiff und Besatzung, nicht aber von Brennstoff und (bei Dampfschiffen) von Kesselinhalt. Dieses Gewicht wird in Tonnen angegeben. Bei Handelsschiffen könnte man gleichermaßen verfahren. Aber da bei solchen Schiffen die Tragfähigkeit bzw. der Rauminhalt der Laderäume wichtiger ist als das Eigengewicht, wählt man in der Praxis einen anderen Weg: Man verwendet als Maßeinheit die *Registertonne,* die den Rauminhalt angibt.

Der Rauminhalt Eine Registertonne ist kein Gewichts-, sondern ein Raummaß. Eine Registertonne entspricht 2,8316 Kubikmeter, hat also nichts mit der Gewichtstonne (1000 Kilogramm) zu tun. In *Registertonnen* mißt man den Rauminhalt eines Handesschiffes.
Wenn sämtliche Schiffsräume in die Berechnung einbezogen werden, also Lade-, Passagier-, Maschinen-, Mannschaftsräume, usw. gibt man den Rauminhalt in *Bruttoregistertonnen* (BRT) an.
Den Raum für Ladung und Passagiere allein berechnet man in *Netto*registertonnen (NRT). Diese Bezeichnungen sind zwar gebräuchlich, müßten aber richtig „RT-brutto" und „RT-netto"heißen.
Dieses Durcheinander mit den Gewichts- und Raumtonnen in der Schiffahrt geht auf die Französische Revolution zurück. Damals beschloß man, für die Gewichtseinheit „1000 Kilogramm" den Ausdruck „Tonne" zu verwenden. Aber dieses Wort war damals schon seit Jahrhunderten üblich, um die Tragfähigkeit eines Schiffes zu bezeichnen. Die wichtigsten Güter, die man seinerzeit in Schiffen beförderte, waren Öl und Wein, und diese Flüssigkeiten waren in Fässern, d. h. also Tonnen abgefüllt. Auf den Wert von 2,8316 Kubikmeter festgelegt wurde die Registertonne in England: Man wählte dort als Grundeinheit 3 Kubikyard, und diese entsprechen im metrischen System 2,8316 Kubikmeter.
Also: Ein Handesschiff, das eine Tonnage von 33 500 BRT hat, weist in Kubikmetern einen Gesamt-Rauminhalt von 33 500 2,8316 Kubikmeter auf, also damit rund 94 870 Kubikmeter. Sind es 33 500 NRT, so bedeutet das, daß die Fracht- und Passagierräume allein einen Rauminhalt von 94 870 Kubikmeter haben. Da dazu noch die Mannschafts-, Maschinen- und die übrigen Räume des Schiffes kommen, ist die Bruttotonnage entsprechend höher.
Die Raumtonne hat also gar nichts mit den Gewicht zu tun. Eine Raumtonne hat den Inhalt einer Kiste, die 2,83 m lang, 1 m breit und 1 m hoch ist. Die Raumtonne ist = Registertonne (RT). Jede Tonne hat einen Rauminhalt von 2,832 Kubikmetern.

Die Registertonne (RT) Es ist das Raummaß für die Seeschiffsvermessung, dessen Bezeichnung daher rührt, daß Schiffe früher nach der Anzahl der verstaubaren Tonnen (Fässer) vermessen wuren. 1 RT = 2,83 Kubikmeter = 100 englische Kubikfuß. In Brutto-R (BRT) wird der Bruttoraumgehalt angegeben. Er ergibt sich aus a) Inhalt des Raumes unter dem Vermessungsdeck (Unterdeckraumgehalt), b) Inhalt des Raumes zwischen Vermessungs- und Oberdeck, c) Inhalt der Aufbauten, d) Inhalt der Luken (über Deck).

Die Netto-Registertonne (NRT) Mit NRT bezeichnet man den Nettoraumgehalt. Er umfaßt nur den gewinnbringenden Nutzraum, d. h. die Gesamtheit der Lade- und Fahrgasträume, und ergibt sich durch Abzug der Besatzungs-, Navigations- und Bedienungsräume sowie der Räume für die Antriebsanlage. Der Nettoraumgehalt wird bei maximaler Tragfähigkeit so klein wie möglich gehalten, da nach ihm die Schiffsgebühren berechnet werden, ebenso der Bruttoraumgehalt, da von ihm u. a. die geforderte Besatzungsstärke abhängt.

Die Tragfähigkeit (dead weight, tdw) Bei einem Schiff kann man auch noch die Tragfähigkeit angeben, d. h. das Gewicht der Nutzlast, die es befördern kann, seien es Fracht oder Passagiere oder Verbrauchsstoffe, wie Brennstoff und Proviant. Das Verhältnis zwischen Tragfähigkeit und Rauminhalt schwankt je nach dem Schiffstyp. So kann ein Frachter von 7000 BRT eine Fracht von 10 000 Tonnen Gewicht befördern, während ein 30 000 BRT Passagierschiff im Durchschnitt nur 6 bis 7000 Tonnen Nutzlast befördert.

Knoten Das nautische Geschwindigkeitsmaß Knoten ist eine Seemeile pro Stunde (1 kn = 1 sm/h).
Eine Seemeile ist ein nautisches Entfernungsmaß = 1852 Meter. Diese Zahl ist die Länge einer Äquatorialbogenminute auf der Erde. Sie errechnet sich wie folgt: Wenn man den Äquator-Erdumfang von 40 000 km teilt durch die Anzahl der Meridiane, der Längengrade (360), ergibt sich der Abstand zwischen den einzelnen Meridianen. Teilt man diese Zahl durch 60', ergibt sich die Meridian- oder Äquatorialbogenminute = 1,852 km (360° x 60' = 21 600-ster Teil des mittleren Erdumfanges = 1852 Meter).
Der Name Knoten kommt aus der Zeit, da die Geschwindigkeit eines Schiffes noch „von Hand" gemessen wurde, d. h. mit der Handlogge (Log, englisch = Holzklotz).
Beim Loggen (Messen der Geschwindigkeit mit einem Holzklotz) wurde vom Heck aus ein quadrantenförmiger Holzscheit (mit bleibeschwerter Unterkante) über Bord geworfen und diente als fester Orientierungspunkt. An diesem Logscheit war eine Leine (Logleine) befestigt, die auf dem Schiff – während der Fahrt – abspulte. Diese Logleine war nach einem Vorlauf von 50 Metern entsprechend der Loguhr (einer Sanduhr von 14 Sekunden Laufzeit) in Abständen von (14 x 1 Meridiantertie =) 6,84 Metern mit einem Knoten versehen. Beim Abspulen wurde dieser Knoten – durch die Hand spürbar – gezählt. Nach Ablauf von 14 Sekunden wurde die Loguhr gestoppt. Die Zwischenräume der gezählten Knoten verhielten sich zu einer ganzen Seemeile wie die 14 Sekunden der Loguhr zur Stunde. Somit war die ermittelte Knotenzahl die Seemeilenzahl pro Stunde.
Inch = Zoll = 1/12 Fuß = 2,54 Zentimeter
ein Fuß = 30,5 cm
eine Landmeile = 1,61 Kilometer
eine Seemeile = 1,852 Kilometer
Kommerzlast (Commerzlast = C.L.)
= 3.000 Kilogramm in Hamburg, Bremen, Lübeck
= 2.600 Kilogramm in Schleswig, Holstein und Dänemark
= 2.590 Kilogramm in Norwegen.

Literaturverzeichnis

Accise-Ordnungen
Statistisches Handbuch für den Hamburger Staat
Hamburg 1920

Anderson, Christian Daniel
Hamburgisches Privatrecht 1. Teil, Neuestes Hamburger Stadtrecht
Hamburg 1787

Aschenberg, Heinz:
Sturmfluten und Hochwasserschutz in Hamburg
Hamburg o. J.

Assecuranz- und Haverey-Ordnung
Hamburg 1845

Baedeker, Karl
Hamburg und die Niederelbe
Hamburg 1951

Bathe, Basil W.
Von den Kreuzzügen zu den Kreuzfahrten
Eine Chronik der Passagierschiffahrt
Bielefeld und Berlin o. J.

Baumann, Peter
Das Blaue Band
Spreitenbach/Schweiz 1972

Blumenschein, Ulrich
Luxusliner, Glanz und Ende der großen Passagierschiffe des Atlantiks
Hamburg 1975

Bolland, Jürgen
Die Hamburger Elbkarte aus dem Jahre 1568
Hamburg 1964

Bolling, Siegfried
Was ist das für ein Schiff
Leipzig 1963

Bubendey, J. F. und Lorenzen, C.
Der Hafen und die Regulierung der Unterelbe
Hamburg o. J.

Buchheister, M.
Die Elbe und der Hafen von Hamburg
Hamburg 1899

Eberstein, Hermann
Hamburgs Anschluß an das deutsche Zollgebiet
Hamburg 1881

Ehlers, Hans
Aus Altonas Vergangenheit
Altona 1926

Faulwasser, Julius
Der große Brand und der Wiederaufbau von Hamburg
Hamburg 1978 (Nachdruck von 1872)

Finder, Ernst
Hamburger Bürgertum in der Vergangenheit
Hamburg 1930

Gaedechens, C. F.
Historische Topographie
Hamburg 1880

Groß, Heinz
Die Geschichte der deutschen Schiffszimmerer
Hamburg 1907

Gehrkens, Albert
Steinwerder 1842–1888
Hamburg 1918

HADAG 75 Jahre
Hafen-Dampfschiffahrt AG (Hrsg.)
Hamburg 1963

Hamann, Johann
Arbeit im Hafen 1889–1911
Kreuzberg 1986

Hävernick, Walter
Hamburgs Schiffahrt in ihrer Entwicklung
Hamburg o. J.

Hamburger Freihafen- und Lagerhaus-Gesellschaft
Festschrift 750 Jahre Freihafen
Hamburg 1939

Hansen, Hans Jürgen
Die Schiffe der deutschen Flotte 1848–1945
Oldenburg 1973

Henning, Martin (Hrsg.)
Auswanderung und Auswanderer-Fürsorge
Hamburg o. J.

Heydebreck, Günther
Vierlande 850–1928
Damals (Bde 2 und 3)
Bergedorf o. J.

Kausche, Dietrich
Harburg und der süderelbische Raum
Köln 1967

Keesenberg, Hermann
Moorwerder
Hamburg 1980

Kludas, Arnold
Die Geschichte der deutschen Passagierschiffahrt 1850–1890 (Bd. 1)
Hamburg 1986

Kludas, Arnold/Bischoff, H.
Die Schiffe der Hamburg-Amerika Linie 1907–1926 (Bd. 2)
Herford 1980

Kopal, Gustav
Kriegsfahrten der Hamburger
Hamburg 1911

Koppmann, Karl
Der Seeräuber Klaus Störtebeker in der Geschichte und Sage,
Hansische Geschichtsblätter Jahrgang 1877
Hamburg 1877

Kresse, Walter
Aus der Vergangenheit der Reiherstiegwerft in Hamburg
Hamburg o. J.

Kühne, Karl B.
Seelotsen
Hamburg 1975

Lindner, Theodor
Die deutsche Hanse
Leipzig 1911

Lüth, Erich
See, Räuber und Geraubte
Flensburg 1970

Mader, R. E./Katschinski, C.
Cuxhaven
Hamburg o. J.

Mellhop, W.
Historische Topographie der Freien und Hansestadt Hamburg
von 1895–1920 mit Nachträgen bis 1923
Hamburg 1895 und 1925

Müller, Heinz-Olaf
Die Leuchtfeuer von Cuxhaven und Neuwerk
Herford 1984

Müller, Rolf
Zwischen Binnenalster und Baumwall 1855–1888
Hamburg 1956

Prager, Hans Georg
Schleppzug Anker auf
Buch von der Binnenschiffahrt
Stuttgard 1960

Prager, Hans Georg
Blohm & Voß
Herford 1877

Rabe, Johs. E.
Von alten hamburgischen Speichern und ihren Leuten
Hamburg 1913

Reye, Hans
Erleuchtung und Wärme für Hammonia
Hamburg 1977

Siersdorfer, Theodor F.
Hamburg-Cuxhaven-Helgoland
Chronik der Niederelbe-Bäderdampfer
Norderstedt 1974

Schiffs- und Seerechte
Sammlung der Gesetze und Verfassungen 7. Teil
Hamburg 1769

Schroedter, Paul und Gustav
100 Jahre Schiffahrt und Schiffbau
Hamburg 1964

Schulz, Walter
Der Nord-Ostsee-Kanal
Heide i. H. 1987

Schumacher, Fritz
Zukunftsfragen an der Unterelbe
Gedanken zum Groß-Hamburg-Thema
Jena 1927

Statistisches Handbuch für den Hamburger Staat
Accise-Ordnungen
Ausgabe 1920
Hamburg 1921

Stubmann, Peter
Albert Ballin
Berlin und Hamburg 1957

Temming, Rolf L.
Segelschiffe, sechs Jahrtausende Technik und Abenteuer
Klagenfurt 1987

Trost, Heinz
Die Lauenburger Dampfschiffe
Hamburg 1975

Wagner, Frank
Zwischen Hamburg und Stade
Hamburg 1970

Wendemuth, Ludwig/Böttcher, W.
Der Hafen von Hamburg
Hamburg 1930

Westphal, Gerhard
Lexikon der Schiffahrt
Hamburg 1981

Witthöft, Hans Jürgen
Ballins dicke Dampfer
Herford 1974

Witthöft, Hans Jürgen
Ein Tunnel unter der Elbe
Hamburg 1986

Wolfer, Joachim
Cap Arcona und Bremerhaven
Herford 1977

Zeitschrift des Vereins für Hamburgische Geschichte
7. Band
Hamburg 1883

Prospekte, Werbeschriften und Betriebszeitschriften von Reedereien und Werftbetrieben.

Alphabetisches Stichwortverzeichnis

Gerd Peters

Der Nord-Ostsee-Kanal

184 Seiten, 21 x 27 cm, 170 s/w- und 50 Farb-Abbildungen,
1 Landkarte, gebunden, mit Schutzumschlag
ISBN 3-7822-0626-6

Zum 100-jährigen Jubiläum des Nord-Ostsee-Kanals hat der Autor die Geschichte der berühmten Wasserstraße mit viel Sachverstand in diesem Text-Bildband umgesetzt.

Giancarlo Schiavoni

Unter Segeln

Die großen Windjammer auf den Weltmeeren

Aus dem Italienischen übersetzt von Paola Bartolini,
224 Seiten, 22,5 x 29 cm, 43 s/w- und 260 Farb-Abbildungen,
gebunden, mit Schutzumschlag
ISBN 3-7822-0605-3

Ein prachtvoller, einmaliger Bild- und Geschenkband! Er zeigt alle noch fahrenden Großsegler und Windjammer der Welt in bestechend schönen Fotos.

Friedrich-Karl Zemke

Feuerschiffe der Welt

192 Seiten, 21 x 27 cm, 160 s/w- und 25 Farb-Abbildungen,
gebunden, mit Schutzumschlag
ISBN 3-7822-0633-9

Dem Autor ist es gelungen, die Geschichte der Feuerschiffe umfassend und detailliert in Wort und Bild darzustellen. Es ist die erste gründliche Dokumentation der schiffbaulichen Entwicklung der Feuerschiffe bis heute. Dem Interessierten steht mit dem Buch eine Fundgrube über das abgeschlossene Kapitel der Feuerschiffe zur Verfügung.

Friedrich-Karl Zemke

Deutsche Leuchttürme

einst und jetzt

2. ergänzte Auflage, 217 Seiten, 21 x 27 cm,
310 s/w- und 32 Farb-Abbildungen, gebunden, mit Schutzumschlag
ISBN 3-7822-0503-0

Eine aktuelle, hochinteressante Bild- und Text-Dokumentation über alte und neue deutsche Leuchttürme von Borkum bis Memel und von Sylt bis Lindau.

VERLAGSGRUPPE
KOEHLER/MITTLER
HAMBURG BERLIN BONN

Winfried Grützner

Blankenese

»Ein wahres Paradies von Weltruf«

135 Seiten, 21 x 27 cm,
30 s/w- und 85 Farb-Abbildungen,
gebunden, mit Schutzumschlag
ISBN 3-7822-0615-0

Blankenese ist vielmehr als nur ein Stadtteil von Hamburg. Und wenn die Sonne scheint, spürt man, was der seinerzeit hochgeschätzte Sekretär des Königlichen Commerz-Collegiums zu Altona Dr. Richard Ehrenberg bereits im Jahre 1897 treffend zum Ausdruck brachte, als er diese Gegend »ein wahres Paradies von Weltruf« nannte. Über diesen Ort mit seiner romantischen Hügellage über der Elbe ist viel geschrieben und vor allem viel abgeschrieben worden.

Nach umfangreichen eigenen Archiv- und Ortsrecherchen des Autors ist ein völlig neues Blankenese-Buch entstanden, in dem der ganze Charme des alten Fischerdorfes eingefangen wurde und zum erstenmal auch die Kriegs- und Nachkriegszeit umfassend behandelt wird.

Dieser prachtvoll ausgestattete Blankenese-Bildband ist eine unterhaltsame und informative Mischung aus schönen Geschichten, Geschichte und vielen brillanten Fotos.

VERLAGSGRUPPE
KOEHLER/MITTLER
HAMBURG BERLIN BONN

1819.
en 1819 von F.F. Bernhardt Mit Nachträgen von R. Kerner und F.E. Schuback.
Heil. Geist Feld
Reeperbahn
MILLERN THOR
ALTONAER THOR
ZEUGHAUS MARKT
NEUER STEINWEG
ALTER STEINWEG
PILATUS PO.
KLEINE HUETTEN
KURTZE STR.
POOL STR.
NEUSTAEDTER
NEUE STRASSE
BEI DEM DRAGONER STR.
VALENTINS
UHLENS
ABC
CAPPAMACHER
FUHLEN
TWIETE
KOHL HOEFEN
THEERHOF
IIte MARIEN STR.
IIte ELB STR.
IIIte PETERS STR.
MÜHLEN STR.
SCHLACHTER STR.
Gr. NEUMARKT
Gr. MICHAELIS KIRCHE
Gr. MICHAELIS STR.
BEI DER Kl. MICHAELIS KIRCHE
Kl. MICHAELIS KIRCHE
ENGLISCHE PLANKE
BÖHMKEN STR.
KRAYEN KAMP
ROTHE SOOD STR.
BRUNNE SOOD
NICOLAI STR.
VENUS BERG
EICH HOLZ
SCHAAR MARKT
SCHAAR STEINWEG
BRAUER KNECHTS GRABEN
VORSETZEN
JOHANNIS BOLLW.
SCHAAR THOR
HERREN GRABEN
ADMIRALITÄT STRASSE
HERRLICH KEIT
RÖDINGS MARKT
BINNEN KAIEN
BAUM WALL
STEIN HOEFT
CREMON
NEUER KRAHN
BINNEN HAFEN
KEHR WIEDER
Hafenbassin
Neue Kaje
Alter Jonas Hafen
Alter Dampfschiffs hafen
Neuer Jonas Hafen
Alter Hull Hafen
Neuer Hull Hafen
Nieder Baum
Einfahrt
Ausfahrt
Alter Brandenburger Hafen
Neuer Brandenburger Hafen
Wester Gatt
Süder Gatt
THOR
Schiffbauerstrasse
A
IV
E L B E
Die Zahlen im Hafen bedeuten die Tiefe
bei ... höchsten Wasser in Hamb. Fuss.